NORDKROATIEN

Zagreb &

Kvarner-Bucht

Lore Marr-Bieger

INHALT

Kartenverzeichnis

Zeichenerklärung für die Karten und Pläne

Landkarten

- Autobahn
- Autobahn in Bau
- Hauptverkehrsstraße
- Landstraße
- Nebenstraße
- Piste
- Wanderweg
- Tunnel
- Brücke
- Autofähre
- Personenfähre/ Katamaran

- Gewässerfläche
- Strandfläche
- Badestrand
- Flughafen/-platz
- Kirche
- Berggipfel
- Höhle
- Hütte
- Tankstelle
- Campingplatz

Stadtpläne

- Hauptstraße
- Nebenstraße
- Bebaute Fläche
- Grünanlage
- Taxistandplatz
- Information
- Post
- Parken
- ärztl. Versorgung
- Leuchtturm

Was haben Sie entdeckt?

Vielleicht eine freundliche Konoba weitab vom Trubel, ein nettes Hotel mit Atmosphäre, einen schönen Wanderweg? Wenn Sie Ergänzungen, Verbesserungen oder neue Tipps zu diesem Buch haben, lassen Sie es uns bitte wissen! Wir freuen uns über jeden Brief und jeden Hinweis.

Lore Marr-Bieger
Stichwort „Nordkroatien – Kvarner Bucht"
c/o Michael Müller Verlag
Gerberei 19
91054 Erlangen
E-Mail: lore.marr-bieger@michael-mueller-verlag.de

Allgemeines und Reisepraktisches

Dieses Buch orientiert
sich nicht starr an der „Region Kvarner",
sondern informiert über die gesamte Bucht von
der Opatija Riviera über Rijeka und weiter nach Süden
über Crikvenica, Novi Vinodolski, Senj, Karlobag, Starigrad-
Paklenica bis zur Halbinsel Ravni kotari (Dalmatien) mit den
Städten Nin und Zadar als Endstation.
An großen Inseln beschreiben wir Cres und Lošinj – sowie die kleinen
Inseln Unije, Susak, Ilovik drum herum – und weiter südlich Silba, Olib,
Premuda, Ist und Molat, die bereits kurz vor Zadar liegen.
Östlich davon stellen wir die Inseln Krk, Rab, Pag und Vir vor. Zudem
ein Kapitel zur Hauptstadt Zagreb, die einen lohnenden Stopp
schon bei der Anreise bietet.

Viel Spaß beim Erholen und Entdecken
wünscht Ihre Lore Marr-Bieger!

Blick über Vrbnik (Insel Krk) auf das Vinodol-Küstengebirge

Nordkroatien entdecken

Kaffeehauskultur, Gründerzeitpaläste, Museen – Zagreb

Die Hauptstadt Kroatiens liegt durch die neu erbauten Autobahnen nicht mehr abseits, sondern ist Mittelpunkt und Drehscheibe des Landes und empfiehlt sich als Stopp oder Einstieg bei der Anreise. Zagreb bietet eine Fülle an sehenswerten Museen und Galerien, hat eine ausgeprägte Musik- und Kunstszene und ist eingehüllt in unzählige Parks, durch die man gemütlich schlendern kann. Zagrebs Altstadt ist klein und überschaubar, die Laufwege zu den Sehenswürdigkeiten sind relativ kurz, zudem rattert die Straßenbahn fast rund um die Uhr durch die Straßen und bringt die Nachtschwärmer, für die es zahllose Clubs und Bars gibt, bequem und preiswert zu ihrer Unterkunft.

Kirchen, Burgen und Paläste – die Küstenregion

Die *Opatija Riviera* lockt seit dem 19. Jh. mit prachtvollen Seebädern, mildem Klima, subtropischer Vegetation und dem hoch aufragenden Učka-Gebirge im Hintergrund. Die quirlige Handelsmetropole *Rijeka* prunkt mit Architektur des italienischen „Novecento" und sehenswerten Museen – die Großstadt ist Ausgangspunkt für die Reise per Schiff oder Auto nach Süden. Entlang des *Vinodol-Küstengebirges* werben die Touristen- und Badeorte Crikvenica, Selce und Novi Vinodolski mit buntem Sport- und Unterhaltungsprogramm. Weiter südlich, zu Füßen des *Velebit*, wird es dann ruhiger, die Küste steiler. Einen Bummel durch die mittelalterlichen Gassen von *Senj* mit Abstecher auf die Festung Nehaj sollte man sich nicht entgehen lassen. Und ganz im Süden, auf der bereits zu Dalmatien gehörenden Halbinsel Ravni kotari, beeindrucken das beschauliche *Nin* und die Kulturmetropole *Zadar* mit schönen Altstädten.

Üppiges Grün und Mondlandschaft – die Inselwelt

Von Ferne wirken die Kvarner-Inseln wie Mondlandschaften: karstige Bleiche im Adriablau, im Innern von würzig duftender Macchia, teilweise von Wald und Feldern bedeckt. Obwohl in der Kvarner-Bucht die viel besuchten „Inselriesen" liegen, beschränkt sich der Tourismus auf wenige Orte, sodass die Landschaft bisher weitgehend unberührt blieb.

Die **Insel Krk** ist mit 16.500 Bewohnern und 410 km^2 Fläche die größte der Kvarner-Inseln, zugleich die größte des Adriatischen Meeres. Eine Brücke verbindet sie mit dem Festland, und auch der Flughafen von Rijeka befindet sich hier. Karstig-kahl und üppig-grün ist Krk und mit einem engen Straßennetz, Hotels, Campingplätzen, Sportangeboten und Jachthäfen touristisch gut erschlossen. All diese Annehmlichkeiten locken im Sommer natürlich die Besucherschwärme an. Zentren des Getümmels sind Krk, Punat, Baška, Njivice und Malinska.

Die **Insel Cres,** die zweitgrößte Insel der Kvarner-Gruppe, erstreckt sich auf über 407 steinigen, würzig duftenden Quadratkilometern im Adriatischen Meer. Nur 3300 Menschen leben auf der eher provinziellen Insel mit den Städten Cres und Osor als Zentren. Eine gut ausgebaute Straße verbindet die kleinen Ortschaften und schön gelegene Campingplätze. Hotels gibt es kaum, dafür viele Pensionen und Appartements.

Die Insel **Pag,** eine bleiche und karstige Schönheit, ist mit 285 km^2 und 8450 Bewohnern flächenmäßig die drittgrößte der Kvarner- und fünftgrößte der Adriainseln und durch eine Brücke mit dem Festland verbunden. Wegen ihrer Nähe zu Zadar zählt sie schon zu den Dalmatinischen Inseln; da ihre Nordwestspitze jedoch verwaltungstechnisch zu Senj-Gospić gehört, lassen wir sie im Kvarner Verbund. An ihrer zergliederten Küste reihen sich ungezählte Badebuchten, schön gelegene Campingplätze, Hotels, Pensionen – und es wird viel gebaut, um den touristischen Ansprüchen noch besser zu genügen. Doch es gibt noch stille Winkel genug, wo man hausgemachten Schafskäse oder gedörrte Feigen genießen kann. Die Pager Zentren sind die Orte Pag und Novalja.

Grün und dicht besiedelt ist die **Insel Rab,** die 2009 120 Jahre Tourismusgeschichte feierte. Die 8500 Raber/innen leben auf nur 94 km^2. Gute Hotels, Pensionen aller Kategorien, Campingplätze, Jachthäfen, ein großes Kulturangebot und die Schönheiten des alten Kurortes Rab sind Anziehungskraft genug, um die Insel in der Hochsaison aus den Fugen geraten zu lassen. Das Raber Klima ist sehr mild, und so kann man sich auch in der Nachsaison und im Winter angenehm erholen – etliche Pensionen und Hotels sind ganzjährig geöffnet.

Die üppig bewachsene, 75 km^2 große **Insel Lošinj** ist Zuhause für 8000 Menschen. Das milde Klima – 2580 Sonnenstunden jährlich – machte die Insel schon Anfang des 20. Jh. zu einer beliebten Kurregion, und vielleicht fand man seinen „Schatten" in einer der prachtvollen Seefahrer-Villen, die bis heute an die Blütezeit der Lošinjer Segelschifffahrt erinnern. Hotels, Pensionen und Campingplätze gibt es in Fülle, und für Bootsbesitzer ist Lošinj ein guter Ausgangspunkt für einen Trip zu den vorgelagerten Inseln:

Die autofreien **kleinen Kvarner-Inseln** laden mit Pensionen und Restaurants zu aktiven oder eher beschaulichen Urlaubstagen ein: *Unije* mit 17 km^2 Fläche bietet sich für Wanderungen zu entlegenen Badebuchten an. Das 3,8 km^2 große *Susak* lockt mit Sandstrand und kräftigem Inselwein die Tagesausflügler. Ebenso lebhaft

Lauschige Badebuchten finden sich rund um die Insel Cres

ist es an den Stränden der 5,8 km² kleinen Blumeninsel *Ilovik*, die gerne von Bootsbesitzern angelaufen wird.

Weiter südlich folgen die (meist) autofreien kleinen **Inseln im Archipel vor Zadar**, gleichfalls ein beliebtes Ziel von Bootstouren. *Olib* ist mit 25,6 km² ein sehr ruhiges Eiland im Gegensatz zur 15 km² großen Nachbarinsel *Silba*. Hier herrscht schon seit einiger Zeit reges Badegetümmel. Die abgeschiedene Insel *Premuda* erstreckt sich auf 9 km² und wird fast nur von Bootsbesitzern und Tauchern angelaufen. Die 10 km² große Insel *Ist* setzt seit einigen Jahren auf den Tourismus und lockt mit einem Tauchzentrum. Die üppig bewachsene, 27 km² große Insel *Molat* hat einen schön gelegenen Jachthafen und ist inzwischen auch mit dem Auto erreichbar. Und auf den Inseln *Žverinac, Sestrunj* und *Rivanj* halten sich außer Bootsbesitzern kaum noch ausländische Touristen auf.

Berge, Höhlen, Wasserfälle – Ausflüge ins Hinterland

Einen Besuch, vielleicht schon bei der Anreise, lohnen die noch in Slowenien gelegenen weltberühmten *Grotten von Postojna* mit ihren bizarren Tropfsteingebilden. Kilometerweit, rund 1:30 Std., geht es per Elektrobähnchen durch die kalte Unterwelt, durch verschiedenfarbige Säle aus Stalaktiten und Stalagmiten – von Opatija aus in etwa einer Autostunde zu erreichen.

Ebenfalls rund eine Stunde dauert die Fahrt von Rijeka zum *Risnjak-Nationalpark*, eines der unberührtesten und waldreichsten Gebiete Kroatiens – Ausgangspunkt für wunderbare Wanderungen bis auf über 1500 m Höhe.

Von Senj geht es auf 90 km kurvenreicher Straße zu den weltbekannten *Plitvicer Seen*. Der zum Weltkulturerbe zählende Nationalpark mit seinen durch Wasserfälle verbundenen 16 Seen ist fast 30.000 ha groß – ein unvergessliches Naturerlebnis! Wenigstens einen Tag sollten Sie für diese Tour einplanen.

Etwas südlich von Senj, bei Sv. Juraj, ist der Abzweig zum Nationalpark Nord-Velebit mit dem *Botanischen Garten Velebit;* es bieten sich Wandertouren mit herrlicher Weitsicht inmitten einer üppigen Pflanzenpracht. Hautnah Braunbären beobachten kann man an der Westseite des Velebit bei Kuterevo.

Zu Klettertouren im Felsmassiv und wunderschönen Wanderungen durch Karst-schluchten, die schon in Winnetouf ilmen als Kulisse dienten, lädt der *Paklenica-Nationalpark* an. Den Park erreicht man von Starigrad-Paklenica.

An Fels und Sand – die schönsten Badebuchten

Baden, Schnorcheln, Tauchen kann man im glasklaren Meer fast überall. Vom Fels ins kühle Nass springen ist allerdings nicht jedermanns Sache. Bootsbesitzer ha-ben's gut: Sie können unkompliziert vom Meer aus ihren Badeplatz aufspüren und fast überall den Anker werfen – kleine Buchten mit Kies/Feinkies, manchmal auch mit Sand gibt es rund um die Inseln zuhauf. Zu Land sind sie manchmal nicht so einfach zu erreichen. Ein (meist überwindbares) Hindernis ist die Steilküste oder urwüchsige Macchia, die, will man durch sie hindurch, ganz schön an den Beinen kratzt. Aber es gibt ja die kleinen Touristenorte mit fast immer guten Bademöglich-keiten drum herum; und wem es dort zu voll ist, der packt sein Rucksäckchen und läuft ein Stück zur nächsten Bucht.

Insel Rab, Lopar: Größter Sandstrand ist der so genannte Paradiesstrand, für Kinder optimal, da es ganz flach ins Meer geht; doch auch an der Nordwestseite gibt es viele Badebuchten mit Sand. In der Hoch-saison allerdings sehr voll, die wenigen Schattenplätze sind schnell besetzt.

Insel Krk: Rund um Baška Kies- und Feinkiesstrand.

Insel Silba: Rund um die Insel viele schöne Buchten mit Blick auf andere Inseln, zum Teil mit Sand im Wasser.

Halbinsel Pag: Rund um die *Pager Bucht* viele – allerdings schattenlose – Kies- und Feinkiesstrände mit grandiosem Blick auf die umgebenden weißen Berge und das Velebit-Küstengebirge im Hintergrund. In *Povljana* Buchten mit Sand; sehr schöne Badebuchten auf der *Halbinsel Lun*, immer wieder Kiesbuchten.

Insel Susak: Schöner, flacher Sandstrand. Wird von Ausflugsbooten und Bootsbesit-zern gerne angelaufen, doch nur wenige Tamarisken spenden Schatten.

Insel Unije: Baden ohne Rummel an Fein-kies- und Kiesbuchten, schattenlos.

Insel Cres: Um den Ort Cres schöne Kies-buchten, tief unterhalb des Felsplateaus von Lubenice schöner Kiesstrand.

Crikvenica (Vinodol-Küste): 2 km langer Sand-/Kiesstrand hinter der Uferpromenade, wer etwas Rummel und Abwechslung mag, ist hier richtig.

Mošćenička Draga (Opatija-Riviera): Schö-ner, gepflegter Feinkiesstrand, allerdings in der Hochsaison überlaufen.

Wellness und Kurorte

Wellness ist auch in Kroatien kein Fremdwort mehr – besonders die Kvarner Region war schon zu k.-u.-k.-Zeiten mit ihren Kurorten und Seebädern beliebt, v. a. das durch seine prächtigen Villen herausragende Opatija. Auch heute noch setzt man in Opatija, Crikvenica und Novi Vinodolski auf die altbewährte Thalasso-The-rapie (Meerwassertherapie), mit der man hier zahlreichen Leiden zu Leibe rückt. Auf der Insel Lošinj kurt man seit Ende des 19. Jh. im bekannten Luftkurort Mali Lošinj und v. a. in Veli Lošinj. Salzsole, Aerosole zur Inhalation sowie Heilerde und mineralische Peliode setzt man auch in Nin zur Therapie ein. Wer sich ohne ärztliche Aufsicht einfach nur den heilsamen Schlamm z. B. auf die schmerzenden Knie schmieren möchte, kann dies in Pag, auf Krk und Rab tun. Darüber hinaus gibt es inzwischen zahlreiche Hotels, die sich auf ihre gesundheitsbewusste Klientel einge-stellt und luxuriöse Wellness- und Beauty-Oasen geschaffen haben. Hier werden neben den traditionellen Therapien u. a. auch Ayurveda-, Thai- und Akupressurmas-sagen, Bäder mit Ölen und Algenpackungen, Aroma-Therapie, Anti-Stress- und Fitness-Programme und vieles mehr angeboten (Tipps und Adressen im Reiseteil).

Nordkroatien – das Land

Steckbrief Kroatien

Fläche: 56.542 km^2
Hauptstadt: Zagreb, 780 000 Einwohner.
Bevölkerung: Ca. 4,4 Mio. Einwohner.
Religion: Die Mehrheit der Bevölkerung ist römisch-katholisch.
Sprache: Landessprache ist Kroatisch; in den Touristenzentren wird deutsch, englisch und italienisch gesprochen.
Politisches System: Parlamentarische Demokratie.
Küste und Inseln: Küstenlänge insgesamt (inkl. Inseln) 5835 km; 1777 km entlang der Adria, 1185 Inseln und Riffs.
National- und Naturparks: Insg. 36.000 ha; *Nationalparks*: im Norden Brijuni-Archipel, Risnjak, Nord-Velebit, Plitvicer Seen und Paklenica-Schlucht; im Süden Archipel Kornati, Krka Wasserfälle, Mljet. *Naturparks*: im Norden Učka und

Velebit; im Süden Vransko jezero, Telašćica und Biokovo; im Landesinneren Medvednica, Žumberak-Samoborsko gorje, Papuk und die Sumpfgebiete Kopački rit, Lonjsko polje.
Istrien: 2820 km^2, 206.000 Einwohner, größte kroatische Halbinsel in der Adria. Pazin ist Verwaltungssitz, Pula die größte Stadt (ca. 60.000 Einwohner), zweisprachig (kroatisch/italienisch).
Zeitzone: Mitteleuropäische Zeit.
Währung: Kuna (KN), 1 € beträgt ca. 7,3 KN, 1 KN beträgt ca. 0,13 €.
Telefonvorwahl Kroatien: 00385
Rauchverbot: seit April 2009 auch in Kroatien; u. a. in allen öffentlichen Gebäuden, Restaurants (auch auf Terrassen, wenn es Gäste stört!), Diskotheken, außer es gibt Nebenräume.

Klima/Reisezeit

Die Kvarner-Bucht und die Küste haben *mediterranes Klima* – mit warmen Sommern mit geringen Niederschlägen. Der Regen kommt im Herbst, die Winter sind mild. Im Jahresdurchschnitt steigen die Temperaturen weder extrem an noch fallen sie extrem ab – beste Bedingungen für einen gelungenen Urlaub. Mit einer Ausnahme: Wenn die *Bora* vom Gebirge in den Küstenraum hinunterbläst, sind kurzzeitige Temperaturstürze die Folge. Weht im Sommer der *Maestral*, ein angenehm erfrischender Wind, vom Meer, ist mit klarem, schönem Wetter zu rechnen. Im Frühjahr und Herbst bringt der warme *Jugo* Wolken und Regen. Im Landesinneren herrschen ganzjährig durch den kalten Nordostwind deutlich kühlere Temperaturen, die bereits ab Spätherbst für Frost und Schnee sorgen. Zagreb ist dagegen gesegnet mit milden Wintern – es wird durch das Mittelgebirge Medvednica geschützt – und hat relativ heiße Sommermonate.

Die Badesaison beginnt im Juni, dann steigen die Wassertemperaturen auf durchschnittlich 20 °C und bleiben bis Ende September an der Küste konstant zwischen 20 °C und 24 °C. Auch in den heißesten Monaten Juli und August sorgt das mediterrane Klima für erträgliche Temperaturen. Nachts wird es nicht zu kalt (zwischen 18 °C und 20 °C), tagsüber steigt das Quecksilber bis auf 30 °C.

Klimatabelle von Rijeka (Durchschnittswerte)

	April	Mai	Juni	Juli	Aug.	Sept.	Okt.
Tagestemperatur in °C	17	23	26	28	28	25	19
Nachttemperatur in °C	10	14	18	20	19	16	12
Wassertemperatur °C	13	17	20	22	24	22	19
Sonnenstunden/Tag	6	8	8	11	9	8	5
Regentage/Monat	4	6	4	5	3	7	8

Beste Reisezeit für die Kvarner-Region sind die Monate Mai, Juni und September bis Mitte Oktober. Im Juli und August herrscht Hochbetrieb – für die vielen ausländischen Touristen und auch die Einheimischen ist Ferienzeit. Für Zagrebbesucher sind gerade diese beiden Monate bestens.

Die aktuellen Wetterprognosen vor Ort erfahren Sie aus dem kroatischen Rundfunk (im Sommer auch in deutscher Sprache), zudem in Aushängen u. a. an Marinas, Hotels, Campingplätzen und Touristinformationen sowie im Internet unter www.meteo.hr (s. a. Wissenswertes von A–Z, Nachrichten/Wetterprognosen).

Winde

An der kroatischen Adria blasen die Winde aus allen Himmelsrichtungen. Die wichtigsten sind *Bora (bura), Jugo* und *Maestral.*

▸ **Bora:** Sie kann das ganze Jahr auftreten, kommt aus nordnordöstlicher und ostnordöstlicher Richtung und weht vom Land zum Meer, im Winter ist sie häufiger und stärker. Der trockene, kalte Wind tritt plötzlich auf, schwillt zum Sturm an und bläst in unregelmäßigen Windstößen. Mit Geschwindigkeiten von bis zu 180 km/h fegen dann eiskalte Böen vom Gebirge herab und höchste Vorsicht ist geboten. Besonders stark tritt die Bora im Bereich der Nord-Adria auf. Achtung bei Segeltörns, aber auch beim Auto- und Motorradfahren! Unterarten der Bora sind die **Tramontana,** die ebenfalls aus Norden, häufiger aber im südlichen Adria-Raum weht, sowie der **Levant,** *istočnjak;* er bläst schwächer und regelmäßiger als die Bora und ist eine Art Mischung aus Bora und Jugo.

▸ **Jugo:** Ein feucht-warmer Wind von gleich bleibender Stärke aus südsüdöstlicher und ostsüdöstlicher Richtung. Innerhalb von 36 bis 48 Stunden wird er etappenweise stärker, bringt Wolken, unruhige See und Regen.
Der **Lebič** bläst aus südwestlicher, der **Punenat** aus westlicher Richtung. Beide halten nur kurze Zeit an.

▸ **Maestral:** Der Maestral ist ein „Schönwetterwind". Er bläst aus nordwestlicher Richtung und im Sommer vom Meer zum Land. Seine Stärke hängt vom Temperaturunterschied zwischen Meer und Land ab, doch weht er regelmäßig. Er beginnt gegen 9 Uhr, ist gegen 14 Uhr am stärksten und endet vor Sonnenuntergang.
Der **Burin** kommt aus nordöstlicher Richtung, ist schwächer als der Maestral und weht nachts vom Land her.

▸ **Newera** *(Neverin):* Diese fast schon launische Winddame, deren Auftritt sich im Wesentlichen auf den nordadriatischen Raum beschränkt, ist ebenfalls nicht zu unterschätzen und vor allem nicht auf den Tag vorhersehbar. Die Newera bringt örtlich begrenzte unwetterartige Stürme, auch Hagel oder extreme Regengüsse. Warnende Vorzeichen sind extreme Hitze und Schwüle, Sturmwolken, Luftdruckabfall, Temperaturanstieg und ein Sinken der relativen Luftfeuchtigkeit. Besonders gefährdet sind dann vor allem kleine Boote, die nicht schnell genug den sicheren Hafen erreichen. Daher die Wetterprognosen unbedingt beachten!

Flora

Zum besonderen Reiz des Mittelmeerraums trägt sicherlich die üppige Welt der Pflanzen bei, die in Kroatien um einiges vielfältiger und artenreicher ist als bei uns in Mitteleuropa.

Die Adriaküste ist von Karst, Macchia und von subtropischer Vegetation geprägt. Die Inseln bestehen hauptsächlich aus *Kalkstein.* Kalkstein ist wasserlöslich; seine

Nur im Frühling leuchtet der Ginster zwischen dem kahlen Gestein (Bucht bei Stara Baška)

horizontalen Schichten wurden in geologischer Vorzeit aus dem Erdinnern hochgeschoben und gebrochen – *Karst* entstand. Aber auch der Mensch hat zur Verkarstung der Landschaft beigetragen: durch Rodung der Wälder. Die nunmehr haltlose Erde wurde vom Regen weggespült und von starken Winden abgetragen, sodass der Kalkstein zu seiner heutigen, typischen Form verwitterte – Karren, Schratten, Rillen, Wannen, Löcher blieben übrig. Durch die Spalten drang Wasser in die unterirdischen Schichten und spülte all die Höhlen aus, in denen sich später Tropfsteine entwickelten.

Von den einst riesigen Flaumeichenwäldern sind nur noch Waldflecken übrig geblieben, die den steinigen Boden bedecken. Den größten Baumbestand bilden heute die wieder aufgeforsteten Aleppokiefern oder Seestrandföhren.

Die vom mediterranen Klima begünstigte Flora hat für Pflanzenliebhaber aus unseren Regionen eine besondere Anziehungskraft. Das Klima – lange Regenzeit im Winter, kaum Fröste, mehrmonatige heiße Trockenperiode im Sommer – bewirkt spezielle Wachstumszyklen: Im Herbst, mit dem Einsetzen der Regenfälle, beginnen die Pflanzen zu wachsen. Bis auf wenige Arten, die auch im Winter blühen, setzt die Blüte im April und Mai mit dem Ende der Regenperiode ein. Die Sommerhitze lässt die Blütenpracht schnell wieder verschwinden – es sei denn, die Pflanzen bekommen durch Küstennähe oder künstliche Wasserzugabe mehr Feuchtigkeit. Bäume und Sträucher überleben die Trockenzeit dank ihres tief reichenden Wurzelwerks. An krautigen Pflanzen überleben nur die einjährigen, die sich noch schnell durch Samenabwurf fortpflanzen, sowie die Knollenpflanzen, die sich, wie bei uns, zurückziehen und nach dem so genannten Winterschlaf mit der Regenperiode wieder austreiben. Im Spätsommer schließlich präsentiert sich die Pflanzenwelt mit Früchten und Blättern wieder in ihrer ganzen Farbenpracht.

▶ **Wälder:** Ausgedehnte Wälder befinden sich lediglich im Landesinnern, u. a. im Nationalpark Risnjak und bei den Plitvicer Seen, wo Buchen, Kiefern und Tannen wachsen. Auf den Inseln gedeihen durch den Raubbau des Menschen keine dichten, urwüchsigen Wälder mehr; sie wurden durch Forste mit Seestrandföhren- oder Aleppokieferbeständen ersetzt, die oft von Macchia-Unterwuchs begleitet werden. Vereinzelt treten immergrüne Steineiche, Flaumeiche, orientalische Hainbuche, Rotbuche, Zedernwacholder, Pinie, Schwarzkiefer, Lorbeerbaum und Johannisbrotbaum auf.

▶ **Macchia:** Die Macchia ist eine Landschaftsform, die durch menschliches Einwirken entstand – vor allem durch Rodung der immergrünen Wälder seit der Antike und später durch ständige Holzentnahme: Die Pflanzen lieferten nützliche Produkte wie Brennholz, Holzkohle, Harz, Gummi, Farben und Fasern. Aber auch Ziegen- und Schafverbiss richtete viel Schaden an.

Eine prachtvolle Bougainvillea zum Verstecken

Meist ist die Macchia dicht und undurchdringlich. 2 m und höher sind die Sträucher, die oft ledrige Blätter haben und deren Schönheit man eigentlich nur im Frühling betrachten kann. In dieser Jahreszeit verwandelt sich die Landschaft in ein duftendes Blütenmeer – weiß und rosafarben blüht die Zistrose, weiß bis zartrosa die Baumheide, dazwischen leuchten die Gelbtöne verschiedener Ginsterarten und all die Blüten der Knollengewächse. Im Verlauf des Jahres wird die Macchia farbloser und zeigt sich nur in ihrer Gesamtheit als graugrüner Kontrast zu den Felsen. Allerdings duftet sie dann, denn durch die niederbrennende Sonne werden all die ätherischen Öle aus den Blättern freigegeben. Oft atmen wir sie tief ein und genießen ihr „würziges" Aroma. Im Spätherbst lebt die Macchia noch einmal kurz auf: Die orangeroten Früchte des Erdbeerbaums, das kräftige Rot des Mastixstrauches, das Blau des Wacholders und der Ölbaumgewächse leuchten in ganzer Pracht.

Hohe Macchia: Sie ist geprägt von den 4–5 m hohen Bäumen der Kermeseiche, Aleppokiefer, des Judasbaums, Erdbeerbaums und phönizischen Wacholders, den stattlichen Sträuchern der Baumheide, Myrte, Steinlinde und des Pfriemenginsters.

Niedrige Macchia zeigt sich in den 1,5–2 m hohen Sträuchern des Rosmarins, des lor-beerähnlichen Schneeballs, des Herbstseidelbasts, Mastix, Mäusedorns, der Zistrosen und Erika-Arten. An offenen Stellen wachsen vor allem Zwiebel- und Knollengewächse.

Gemischte Macchia: Sie besteht aus Johannisbrotbaum, Dornenginster, immergrünem Kreuzdorn, Stechwinde.

▶ **Garigue:** Diese Vegetationsart tritt in heißen, trockenen Gebieten mit felsigem und flachgründigem Boden auf. Hier halten sich nur kleine Sträucher bis 0,5 m Höhe. Die meisten Pflanzen sind aromatisch, einige haben Dornen: Es sind vor allem unsere

Gewürzkräuter wie Thymian, Bohnenkraut, Rosmarin, Salbei und Lavendel, aber auch Knollenpflanzen wie Krokus, Schwertlilie, Hyazinthe, Schachblume, Affodill, Immortelle, Wolfsmilchgewächse und viele Orchideenarten. Besonders im Frühling, nach der Regenzeit, kann man ihnen fast beim Wachsen und Erblühen zuschauen.

▸ **Felsentrift:** Hier wurde durch Mensch und Tier jede Vegetation fast vollständig zerstört – der kahle Fels tritt zutage. Trotzdem halten sich in den Felsritzen noch kleine, aber farbenprächtige Pflanzen wie Anemone, Alpenveilchen, Schwertlilie, spanische Winde, Gamander, Backenklee, Thymian, Affodillenarten und dornige Wolfsmilch.

▸ **Kultur- und Zierpflanzen:** Durch Handelsbeziehungen mit teils sehr weit entfernten Ländern gelangten auch exotische Pflanzen nach Kroatien und wurden hier heimisch – so z. B. Oliven, Feigen und Granatäpfel aus dem Orient. Die Araber brachten Zitrusgewächse wie die Apfelsine aus China mit. Eukalyptusarten und Akazien stammen aus Australien und die unechte Dattelpalme von den Kanarischen Inseln. Agave, Bougainvillea, Rizinus, der Feigenkaktus, Oleander und die Tamariske wurden aus den tropischen Zonen Amerikas eingeführt. Auf einigen Inseln mit sandigem Untergrund pflanzte man Bambusrohr als Windschutz und zur Verhinderung der Bodenerosion an.

All diese Pflanzen, die Städte und Dörfer verschönern, sind heute aus Kroatien kaum mehr wegzudenken.

Fauna

Wegen der spärlichen Besiedelung der Inseln und des fast menschenleeren Küstengebirges leben hier zahlreiche Tierarten weitgehend ungestört.

An der Küste und auf den Inseln begegnet man auf Schritt und Tritt Eidechsen, die sich in der Sonne aalen und durchs Gebüsch rascheln. Sie haben sich von Insel zu Insel ganz unterschiedlich und unabhängig voneinander entwickelt. Die prächtigste ist die bis zu einem halben Meter lange *Smaragdeidechse* mit ihrem leuchtenden Grün. Der *Mauergecko*, eine kleine Echse, ist harmlos, obwohl man ihn Tarantula nennt – er klettert lediglich die Wände hoch. Der *Scheltopusik* sieht wie eine Schlange aus, zählt aber ebenfalls zu den Echsen.

Geht man auf schmalen Pfaden durch die Macchia spazieren, verheddert man sich oft in prachtvollen Spinnennetzen, doch die meisten *Spinnen* sind harmlos.

Augenfällig ist die Vielfalt der *Käfer* und *Schmetterlinge.* Vom Nachtpfauenauge über den Schwalbenschwanz und Apollo bis zum gemeinen Blutströpfchen – überall flattert, hüpft, surrt und leuchtet es in allen Farben.

Zahlreich sind auch die *ganzjährig heimischen Vogelarten:* Es gibt Meisen, Lerchen, Stieglitze, Wachteln, Zaunkönige, Amseln, Krähen.

Auch Bären sind hier heimisch

Zugvögel, die im Sommer an der Küste und auf den Inseln nisten, sind Nachtigall, Schwalbe, Wiedehopf, Kuckuck und Turteltaube.

An *Greifvögeln* gibt es den Habicht und den Sperber. In entlegenen Gebieten findet man Wanderfalken, Eulen, Uhus und Steinkäuze. Manchmal bekommen die Inseln auch Besuch von Adlern und Königsgeiern, die im Küstengebirge leben. Die sehr seltenen Gänsegeier gibt es auf der Insel Cres. Der Schlangenadler gehört zu den Greifvögeln und ernährt sich von Schlangen und Eidechsen. Der Steinadler lebt im Velebit-Gebirge, aber auch auf Cres und Lošinj. Beliebte Jagdobjekte sind *Hühnervögel,* wie die reichlich vorhandenen Fasane und Rebhühner. An Sümpfen und Gewässern findet man *Wildgänse* und *Wildenten,* natürlich die Möwe und viele andere *Wasservögel.*

Schildkröten, die einem früher oft begegneten, sind heute leider nur noch selten zu sehen.

Marathonflieger mit Adlerblick: der Gänsegeier

Er hat eine Spannweite bis 2,80 m, fliegt bis zu 120 km/h schnell und kann täglich Hunderte von Kilometern zurücklegen. Geradeaus erspäht er seine Beute bis zu 12 km weit, von oben sieht er bis zu 6 km tief. Der Gänsegeier *(Gyps fulvus)* wird etwa 60 Jahre alt und zählt mit maximal 15 kg Körpergewicht zu den größten Vögeln der Erde.

Seinen Horst baut der Gänsegeier im nördlichen Bereich der Insel Cres sowie auf Krk und Privić auf steil abfallenden Klippen, teils nur 10 m über dem Meer. Das Weibchen legt pro Jahr, meist im Dezember, nur ein Ei, das geschlüpfte Vögelchen bleibt danach noch vier Monate im sicheren Horst und lässt sich füttern. Erst dann wird ihm in weiteren 1–2 Monaten von den Eltern das Fliegen und die Nahrungssuche beigebracht.

So durchtrainiert fliegen die Teenager-Geier dann gleich ganz allein nach Norden in den Alpenraum und von dort anschließend Richtung Süden bis nach Afrika. Wird der Vogel nach etwa fünf Jahren geschlechtsreif, sucht er sich seinen Lebenspartner und kehrt mit ihm in die alte Heimat zurück, manchmal sogar auf den gleichen Felsvorsprung, auf dem er geschlüpft ist, um seinen eigenen Horst zu bauen.

Gänsegeier sind streng geschützt und leisten einen wertvollen Beitrag zur Beseitigung von Tierkadavern, wie Schafe, Füchse, Hasen, von denen sie ausschließlich leben. Auf Cres sind es hauptsächlich die Schafe, mit denen sie im Verbund leben. Die toten Tiere beseitigen sie fein säuberlich und verhindern dadurch die Ausbreitung von Infektionskrankheiten.

Es ist herrlich, diese majestätischen Vögel am Himmel kreisen zu sehen.

Rund 70 Gänsegeier-Paare werden z. Zt. vom Eco-centar Beli auf Cres betreut – mehr dazu im Kapitel Insel Cres/Beli.

Viele der hier lebenden *Schlangen* wie Wasserschlangen, Blindschleichen, Eidechsennattern, Katzennattern, Zornnattern und Leopardnattern sind, obwohl sie der Volksmund als Giftschlangen bezeichnet, völlig ungefährlich. Vor der Hornviper und – seltener – der Kreuzotter sollte man aber auf der Hut sein – sie sind in der Tat giftig.

Hornotter oder Hornviper (vipera ammodytes) – eine gefährliche Sonnenanbeterin

Auf den Inseln und im Küstengebirge ist diese Giftschlange keine Seltenheit. Wer die Gepflogenheiten dieses Tieres kennt, kann sich schützen. Bei Temperaturen unter 25 °C, d. h. meist im Frühjahr und Herbst, sucht die Schlange die Sonne, um sich zu wärmen. Sie kann dann mitten im Weg liegen oder an einem Steinmäuerchen. Ihrer Vipernatur entsprechend weicht sie bei Geräuschen nur sehr langsam oder auch gar nicht aus, d. h. immer darauf achten, wohin man steigt! Bei hohen Tagestemperaturen versteckt sich die Viper in den Steinmäuerchen (Achtung beim Rasten!) und kommt dann nur morgens oder abends aus ihrem Plattenbau. Im Spätsommer wird sie zum Climber, um der Sonne näher zu kommen. Sie hält sich auf Gebüsch oder niederem Baumgeäst auf, nun heißt es wirklich achtsam sein, denn ein Biss in Hals oder Kopf kann tödlich sein. Wichtig ist es deshalb, behutsam durch die Natur zu laufen, zudem lange Kleidung, evtl. Hut und gutes Schuhwerk zu tragen.

Fast nie sind dagegen Braunbären, Wölfe, Wildkatzen und Luchse zu sehen, die in den entlegenen Winkeln der Nationalparks Risnjak und Plitvicer Seen und des Naturparks Velebit leben.

Sehr häufig findet man *Hasen* und *Kaninchen, Erdhörnchen, Steinmarder, Damhirsche* und *Wildschweine*.

Im Meer tummelt sich verschiedenartigstes *Wassergetier:* Seebarsch, Steinbutt, Seezunge, Makrele, Thunfisch, Aal, Zander, Sardelle, Tintenfisch, Drachenkopf, Scholle, Languste. Hummer, Austern und Muscheln werden gezüchtet. In tieferen Gewässern gibt es kleine *Haie* und man sieht munter springende *Delphine*, vor allem im Gebiet Kvarnerić. Wer möchte, kann das Delphinprojekt „Blue World" aktiv oder passiv unterstützen (siehe Insel Lošinj/Veli Lošinj). Eine weitere Rarität ist die *Meeresschildkröte*, die sich ebenfalls in Cres-Lošinjer Gewässern aufhält und akut vom Aussterben bedroht ist. Rar sind auch die bei der Insel Pag gesichteten *Mittelmeermönchsrobben* – sie gehören zu den seltensten und bedrohtesten Tierarten Europas.

Relikte der Römerzeit – das Forum in Zadar

Geschichte im Überblick

Jungsteinzeit: Seit dem 6. Jt. v. Chr. leben in den Küstengebieten der östlichen Adria Ackerbauern und Viehzüchter. Bekannt geworden ist die *Danilo-Kultur,* die zur Gruppe der Bandkeramiker gehört. Ein berühmtes Gefäß aus der Umgebung von *Šibenik* zeigt das erste Segelschiff, das jemals dargestellt wurde.

Illyrien: Seit dem 2. Jt. v. Chr. werden die östliche Adriaküste und weite Teile des Hinterlands von den indogermanischen *Illyrern* bewohnt. Im 8. Jh. dringen die Griechen zur Küste vor und gründen dort Handelsniederlassungen. Die Illyrer werden ins Hinterland abgedrängt, die Griechen aber müssen sich gegen Angriffe und Seeräuberei der illyrischen Stämme zur Wehr setzen. Römische Truppen kommen zu Hilfe und schlagen 229 v. Chr. im ersten illyrischen Krieg die Truppen der Königin *Teuta.* Rom führt noch sechs weitere Kriege, bevor Illyrien dem Reich einverleibt wird. Das effiziente römische Verwaltungssystem und die Romanisierung von Sprache und Kultur tragen bald Früchte: Illyrische Soldaten stellen im 3. und 4. Jh. den Hauptteil des Heeres und sind ein bedeutender Machtfaktor. Allein sechs römische Kaiser gehen aus Illyrien hervor.

Kroatien entsteht: Im 6. Jh. n. Chr. lassen sich die *Kroaten,* ein südslawischer Großstamm, in Dalmatien und Istrien nieder. Einen ersten, über den Stammesverband hinausgehenden kroatischen Staat gründet Fürst *Trpimir.* 788 besetzt *Karl der Große* Istrien, 806 gerät ganz Kroatien vorübergehend unter fränkischen Einfluss. Die Kroaten wehren sich mit Erfolg. Fürst *Branimir* begründet die Unabhängigkeit Kroatiens. Er festigt seine Herrschaft durch enge Kontakte mit der katholischen Kirche in Rom. Die frühe *Christianisierung* des Landes dokumentieren die Bischofssitze in Trogir und Zadar. Erster König wird 925 Fürst *Tomislav,* der die kroatischen Gebiete vereint. Deren Grenze entspricht etwa der heutigen Landesgrenze. Der Papst erkennt Fürst *Tomislav* 925 als König der Kroaten an. Im 10. Jh. wird Kroatien um Dalmatien erweitert. Mit der Eroberung einiger dalmatinischer Küstenstädte und Inseln im Jahr 1000 festigt jedoch die aufstrebende *Handelsmacht Venedig* ihren Einfluss im Mittelmeerraum. Noch gelingt es König *Krešimir*, Kroatiens Macht zu erhalten, doch nach der Ermordung des letzten Königs *Zvonimir*, dem Schwager des ungarischen Königs *Koloman*, geht Kroatiens Unabhängigkeit verloren. Streitigkeiten unter den Adelsgeschlechtern verhindern die Wahl eines Nachfolgers. 1102 lässt sich Koloman zum kroatischen König krönen.

Kroatien vergeht: Ende des 13. Jh. geraten die ersten Küstenstädte Istriens unter venezianische Herrschaft. Als im Jahr 1330 auch noch Pula eingenommen wird, kommt der größte Teil Istriens für rund 500 Jahre zu Venedig. Konkurrent um die dalmatinischen Städte ist Ungarn. Die Rivalität zwischen Ungarn und Italien zieht sich über Jahrhunderte, und die Küstenstädte wechseln immer wieder den Besitzer – Zadar allein achtmal. Anfang des 15. Jh. gibt sich das durch Türkenangriffe geschwächte Ungarn geschlagen. 1409 kauft Venedig dem ungarischen König *Ladislaus* für 100.000 Dukaten Zadar und ganz Dalmatien ab. Ab 1421 beherrschen die Venezianer Dalmatien mit Ausnahme von Ragusa, dem heutigen Dubrovnik.

Kroatien als Vorposten der Christenheit: Als Konstantinopel 1453 in türkische Hände fällt, hat das christliche Abendland einen gemeinsamen Feind. 1529 steht Sultan *Süleyman der Prächtige* mit seinem Heer vor den Toren Wiens. Kroatien wird zum „Vorposten der Christenheit", und eine groß angelegte Grenzsicherung unter Führung Österreichs wird in Angriff genommen. Die Kroaten bewähren sich als tapfere Kämpfer und tragen die Hauptlast im Kampf gegen die Türken. Trotz der oft unbesiegbar erscheinenden türkischen Heeresmacht fällt Zagreb nie in türkische Hand, wohl aber Budapest – und das für 150 Jahre.

Kroatien aber bleibt auch in dieser Zeit der Türkenabwehr größere Eigenständigkeit verwehrt. Als „Kronland" Ungarns verliert es Ende des 18. Jh. seine letzte Souveränität – u. a. wird an den kroatischen Schulen Ungarisch zum Pflichtfach. Von Österreich ist keine Hilfe zu erwarten, die Habsburger haben Kroatien sogar um seinen istrischen und dalmatinischen Besitz erleichtert und diesen unter ihre Verwaltung gestellt. Der Status quo wird festgeschrieben, als 1867 Österreich Doppelmonarchie wird, die Auseinandersetzung mit den Wünschen Kroatiens aber den Ungarn überlässt. Der im folgenden Jahr beschlossene ungarisch-kroatische Ausgleich erweist sich dabei als gänzlich unbefriedigend. Die Hoffnungen, die manche Kroaten auf eine von Erzherzog *Franz Ferdinand* vielleicht gewünschte Dreiteilung setzen, müssen nach dessen Ermordung am Vorabend des Ersten Weltkrieges begraben werden.

Der Erste Weltkrieg: Am 28. Juni 1914 ermordet *Gavrilo Princip* im Auftrag der serbischen Geheimorganisation „Schwarze Hand" den österreichischen Thronfolger *Franz Ferdinand* und seine Frau. Trotz fehlender Beweise für eine Mitwisserschaft der serbischen Regierung stellt Österreich am 23. Juli ein auf 48 Stunden befristetes Ultimatum, dessen Anerkennung die Aufgabe der serbischen Souveränität bedeutet hätte und das die Serben trotzdem nur in einem Punkt ablehnen. Am 28. Juli, dem Tag der Kriegserklärung Österreich-Ungarns an Serbien, beschießen Truppen der Donaumonarchie die serbische Hauptstadt Belgrad. Der Erste Weltkrieg hat begonnen.

Der Weltkrieg verändert die Staatenkarte Südosteuropas. Die österreichisch-ungarische Doppelmonarchie zerfällt, das Osmanische Reich verliert den größten Teil seines Territorialbesitzes und wird nach der Reform *Kemal Atatürks* zur türkischen Republik. Der erste jugoslawische Staat entsteht – das *Königreich der Serben, Kroaten und Slowenen* (SHS). Bei seiner Gründung 1918 sind künftige Konflikte schon vorprogrammiert: Bereits in der *Deklaration von Korfu* 1917 wird deutlich, dass die Serben in diesem neuen Staat das Sagen haben wollen.

Früh brechen Gegensätze auf. Die kulturellen und konfessionellen Unterschiede sind zu groß, das wirtschaftliche Nord-Süd-Gefälle zwischen Kroatien/Slowenien und Serbien ist zu stark. Hinzu kommt die zentralistische Ausrichtung der Politik, die von Serbien bestimmt und auf das ganze neue Königreich übertragen werden soll. Nach den Wahlen von 1920, bei denen die neu gegründete *Kommunistische Partei* auf Anhieb drittstärkste Fraktion wird, wird eine entsprechende Verfassung ausgearbeitet. In Kroatien besitzt die Bauernpartei unter *Stjepan Radić* die Mehrheit. Er und seine Mitstreiter wettern lautstark gegen den serbischen Vormachtsanspruch – jedoch nur außerhalb der parlamentarischen Gremien.

Die Kommunistische Partei wird 1921 wieder verboten. Der Bauernparteiführer und Anti-Zentralist Radić, dessen Partei zweitstärkste Kraft geworden ist, gibt 1925 seinen Widerstand gegenüber dem Parlament auf, und seine Anhänger nehmen ihre Sitze ein. 1928 wird Radić im Parlament von einem Anhänger Groß-Serbiens und Mitglied der Radikalen Partei erschossen. Damit erreicht der Konflikt seinen Höhepunkt. Kroaten und Serben stehen sich unversöhnlich gegenüber, die konstitutionelle Monarchie ist schwer erschüttert.

Per Dekret löst König *Alexander Karadjordjević* (König Alexander I.) im Januar 1929 das Parlament auf und setzt die Verfassung außer Kraft. Die Parteien werden aufgelöst, strenge Staatsschutz- und Pressegesetze eingeführt. Es gibt nur noch Verwaltungsbezirke, in denen aber noch immer die Serben bevorzugt werden. Der königliche Diktator Alexander gibt seinem Reich auch einen neuen Namen: *Jugoslawien.*

Bereits 1928 gründet der Führer der kroatischen Rechtspartei, *Ante Pavelić*, eine faschistische Geheimorganisation, die *Ustaša*. Pavelić leitet sie aus dem Exil und hat die Abtrennung Kroatiens zum Ziel. 1934 gelingt es der *Ustaša*, in Zusammenarbeit mit der Geheimorganisation IMRO, König Alexander bei einem Besuch in Marseille zu ermorden. Es war eine Schreckenskunde und erinnerte an die Ermordung des Thronfolgers Franz Ferdinand und den Beginn des Ersten Weltkrieges. *König Alexander I.* stand für die Einheit auf dem Balkan und gab Europa Sicherheit. Bis 1939 leitet der Finanzfachmann *Stojadinović* die Regierungsgeschäfte.

Der Zweite Weltkrieg: Nach dem Sturz von Stojadinović Anfang 1939 wird ein Ausgleich mit Kroatien versucht. Die Kroaten sollen sich selbst verwalten dürfen und erhalten fünf Ministerposten. Der Beginn des Zweiten Weltkriegs mit dem Überfall *Hitlers* auf Polen 1939 zerstört die neue Politik im Keim. Anfang April 1941 greifen Hitlers Truppen an, das Königreich zerbricht. Die bedingungslose Kapitulation erfolgt am 17. April.

Nur für Kroatien gelingt es Ante Pavelić, am 10. April einen „Unabhängigen Staat" ausrufen zu lassen, der von *Hitler* und *Mussolini* geduldet wird. Die Ustaša-Führung bedankt sich mit einem Staat, in dem Mord und Terror herrschen. Gezielt werden Juden verfolgt und wird Jagd auf orthodoxe Serben gemacht, die fast ein

Drittel der Bevölkerung stellen. Der Übertritt zum katholischen Glauben rettet vielen das Leben und manchmal sogar das Eigentum. Nur vereinzelt protestiert die katholische Kirche gegen die Verfolgung der Serben, die erzwungenen Kirchenübertritte und die Einrichtung von Konzentrationslagern.

Jugoslawien unter Tito: Der Kroate *Josip Broz*, seit 1937 Generalsekretär der seit 1921 verbotenen Kommunistischen Partei Jugoslawiens (KPJ), nimmt im Untergrund den Namen *Tito* an. Seine Partisanen genießen in der Bevölkerung großes Ansehen. Unter der Parole „Befreiung der Völker Jugoslawiens" gelingt es Tito und den Partisanen schon 1941, größere Gebiete unter ihre Kontrolle zu bringen. Ende 1942 führt Tito etwa 150.000 Mann, bei Kriegsende sind es 700.000. Mit Unterstützung der Roten Armee erobert er im Oktober 1944 Belgrad, die letzten Kämpfe dauern bis ins Frühjahr 1945. Die außenpolitischen Erfolge Titos zeigen sich in Waffenlieferungen der Alliierten und in seiner Anerkennung als alliierter Befehlshaber. So liefern die Alliierten auch die besiegten Ustaša-Verbände an Tito aus. Die Partisanen rächen sich teilweise blutig an den Faschisten. Der Führung und Ante Pavelić gelingt die Flucht.

In den Wahlen zur Nationalversammlung erringt die gemeinsame Volksfront-Liste 90 % der Stimmen. Die verfassungsgebende Versammlung ruft im November 1945 die *Föderative Volksrepublik Jugoslawien* aus. So entstehen die Volksrepubliken *Serbien, Kroatien, Slowenien, Bosnien-Herzegowina, Makedonien* und *Montenegro*. Sie erhalten eigene Verfassungen und Parlamente; die Regionen *Kosovo* und *Wojwodina* bekommen autonomen Status. Dem Bund fällt neben Außenpolitik, Verteidigung und Verkehrswesen auch die Wirtschaftsplanung zu.

Zu ersten Verstaatlichungen von Banken, Bergwerken und Grundbesitz über 45 ha kommt es noch 1945, alle anderen für den Staat wichtigen Unternehmen werden im Dezember 1946 in Staatsbesitz überführt. Die Kollektivierung der Landwirtschaft erweist sich als wirtschaftlicher Fehlschlag – bereits 1956 sind 91 % der landwirtschaftlich genutzten Flächen wieder in bäuerlichem Privatbesitz.

Die KPJ ist die einzige kommunistische Partei Osteuropas, die ohne direkte Mithilfe der Sowjetunion an die Macht gelangt und großes Ansehen in der Bevölkerung genießt. Im Juni 1948 wird Jugoslawien aus der *Kominform* (Nachfolgerin der Kommunistischen Internationale) ausgeschlossen, weil der Nationalismus Titos Stalins Führungsanspruch im Wege steht.

Wehrkirche Sv. Nikola in Nin (11. Jh.)

Die Folge ist eine Wirtschaftsblockade durch die kommunistischen Staaten und der Abbruch der Beziehungen zur UdSSR. Stattdessen wird Jugoslawien nun von den USA und den Westmächten durch großzügige finanzielle und wirtschaftliche Hilfe unterstützt. Der eigene Weg Jugoslawiens zeigt sich außenpolitisch in einer Annäherung an die NATO-Staaten Griechenland und Türkei (*Balkanpakt* 1953). Dezentralisierungsmaßnahmen und die Einführung der Arbeiterselbstverwaltung prägen die Innenpolitik und finden 1953 Eingang in die Verfassung. Durch die Abkehr von zentralistischen Prinzipien und die Stärkung der Eigenverantwortung in Planung, Investition, Produktion und Marktteilnahme sollen die Betriebe marktwirtschaftlich konkurrieren können. Nach dem Tod der Integrationsfigur *Tito* am 4. Mai 1980 treten die Eigeninteressen der Teilrepubliken wieder in den Vordergrund.

Jugoslawien zerfällt: In den 80er Jahren geraten die wirtschaftlichen Probleme – galoppierende Inflation und eine hohe Arbeitslosigkeit – außer Kontrolle. Zwei Lager stehen sich gegenüber: Auf der einen Seite der hoch entwickelte slowenische Norden, der mit seinem Anteil von nur acht Prozent an der Gesamtbevölkerung ein Fünftel des Exports erwirtschaftet. Er ist, unterstützt von Kroatien, nicht mehr bereit, den bankrotten Selbstverwaltungssozialismus weiterhin zu finanzieren. Auf der anderen Seite stehen die serbischen Zentralisten in Partei und Armee, die auf dirigistische Maßnahmen setzen und den Kurs der Reformer auf mehr Marktwirtschaft ablehnen.

Kroatien macht sich selbständig: Anfang 1989 bilden sich aus den Kreisen verfolgter Wissenschaftler und Schriftsteller die Parteien *Kroatischer Sozialliberaler Bund* und *Kroatische Demokratische Union*. Anfang 1990 wird das Mehrparteiensystem legalisiert, nach den Wahlen wird *Dr. Franjo Tudjman* Präsident. Im Mai des gleichen Jahres wird die souveräne *Republik Kroatien* gegründet.

In der Verwaltung werden Serben durch Kroaten und wird die kyrillische Schrift durch die lateinische ersetzt. Im Polizeiamt von Knin bricht am 17. August 1990 der Serbenaufstand gegen die neue Rechtsordnung aus. Die nationalistisch orientierten und bisher autonom lebenden Serben aus der *Krajina*, einem Landstrich Kroatiens, fordern die Wiederherstellung der Autonomie und den Anschluss an Serbien, obwohl es keine gemeinsame Grenze gibt. Der Balkankrieg nimmt seinen Anfang. Die jugoslawische Armee rückt an, um die Krajina-Serben zu verteidigen. Die Kroaten werden entwaffnet. Die Entwicklung zerstört jeden Gedanken an ein weiteres gemeinsames Wirtschaften und Zusammenleben.

Am 8. September 1991 erklärt Kroatien seine Unabhängigkeit, im Dezember 1991 wird die Verfassung der jungen Demokratie verabschiedet. Im Januar 1992 wird die Republik Kroatien völkerrechtlich anerkannt, im Mai 1992 Mitglied der Vereinten Nationen.

In sämtlichen Regionen wird gekämpft, und Kroatien muss Gebiete abgeben. Die Serben dringen im Norden bis Slawonien und im Süden bis Zadar vor und blockieren die Landverbindung zwischen Nord- und Südkroatien. Dalmatinische Städte werden bombardiert; es trifft Zadar, Šibenik, Split und Dubrovnik.

Die Krajina und drei weitere vorwiegend serbische Gebiete werden zu Uno-Schutzzonen. Doch die Uno-Truppen müssen tatenlos mit ansehen, wie das Morden weitergeht. Die Entwaffnung der serbischen Milizen und die Wiedereingliederung kroatischer Bewohner misslingt.

Beeindruckende Kulisse – Ruinen des Benediktinerklosters in Osor (11. Jh.)

Im Januar 1993 durchqueren kroatische Panzer und schwere Artillerie die Waffenstillstandslinie und dringen in die Krajina ein. Die serbische Regierung kündigt sofortige Mobilmachung an, da der Schutz der Serben durch die UN nicht mehr gewährleistet ist. Die Friedenstruppen retten sich in sicheres Gebiet. Es entbrennen neue Kämpfe, in deren Verlauf Kroatien fast alle von den Serben eroberten Gebiete zurückgewinnt.

Im Dezember 1995 wird der *Friedensvertrag von Dayton* geschlossen. In Kroatien ist nun Ruhe eingekehrt. Der Tourismus, der dringend benötigtes Geld bringt, ist im nördlichen Adriaraum seit 1995 wieder in vollem Gange.

Politisch ist ebenfalls eine Umstrukturierung vollzogen worden. Der Tod des langjährigen Staatspräsidenten Dr. Franjo Tudjman im Dezember 1999 brachte auch eine politische Neuorientierung: Die Präsidentschaftswahl gewann im Februar 2000 *Stipe Mesič* (SDP, Kroatische Volkspartei). Stipe Mesič war Mitglied der Tudjman-Partei HDZ, 1990 Premier in Zagreb, 1991 letzter Staatschef des alten Konföderativen Verbundes Jugoslawien, ehe er sich 1994 von der HDZ-Partei wegen Meinungsverschiedenheiten trennte. Mesic war einer der größten Kritiker des Balkankrieges und dessen Kriegsherren. Nach der Parlamentswahl im November 2003 wird *Ivo Sanader* Premierminister der Kroatischen Demokratischen Gemeinschaft (HDZ). Seit 2005 werden Beitrittsverhandlungen zur Aufnahme Kroatiens in die Europäische Union geführt. Zudem gewinnt *Stipe Mesič* erneut die Präsidentschaftswahlen. Seit 1. April 2009 ist Kroatien Nato-Mitglied. Kroatien konnte im Jahr 2008 ca. 11 Millionen Touristen und 57 Millionen Übernachtungen verbuchen und zählt zu den beliebtesten Urlaubsländern.

ACI-Cres liegt geschützt in schöner Lage – beste Ausgangsposition für einen Bootstörn

Anreise

Kroatien liegt vor unserer Haustür! Am schnellsten, bequemsten, aber auch am teuersten erreicht man es mit dem *Flugzeug* – z. B. von München nach Rijeka oder Zadar in knapp 1:30 Stunden. Sehr bequem reist es sich auch mit der Eisenbahn, falls die Waggons nicht gerade überfüllt sind – rund 11 Stunden dauert die Fahrt von München nach Rijeka. Ein *Reisebus* benötigt je nach Abfertigung, Straßenverhältnissen und Pausen zwischen 8:30 und 10 Stunden.

Mit dem *Auto* braucht man von München bis Rijeka 6:30 Stunden, ohne mit dem Bleifuß fahren zu müssen. Vorausgesetzt, die Straßen sind frei. Doch damit ist zu Beginn der Schulferien an Ostern, Pfingsten, im Sommer und an langen Wochenenden nicht zu rechnen – man muss sich auf Wartezeiten an den Tunnels und Grenzen gefasst machen.

> **Entfernungen ca.**: München–Salzburg 140 km, Salzburg–Villach 180 km, Villach–Ljubljana 120 km, Ljubljana–Rijeka 130 km, Ljubljana–Zagreb 136 km, Maribor–Zagreb 120 km, Zagreb–Rijeka 150 km.

Mit dem eigenen Fahrzeug

Wer seinen Urlaub flexibel und unabhängig gestalten und nicht nur an einem Ort verweilen möchte, für den bringt das eigene Fahrzeug die größtmögliche Beweglichkeit.

Für Wassersportfreunde, die ihr eigenes Gummiboot, Surfbrett oder Kajak mitnehmen wollen, aber auch für Familien mit Kindern, wo tausend Kleinigkeiten anfallen, bleibt als billigste Variante nur das eigene Vierrad. Das Busnetz ist zwar in Kroatien gut ausgebaut, aber in der Hauptreisezeit auch überlastet – es muss dann reserviert werden. Fährt man aber ohne viel Gepäck oder hält sich überwiegend an einem Ort auf, kann man sich mit öffentlichen Verkehrsmitteln gut fortbewegen.

Papiere: Autofahrer benötigen die üblichen Papiere (Personalausweis oder Reisepass, nationalen Führerschein, Fahrzeugschein) und das Nationalitätenschild. Die *Grüne Versicherungskarte* (nur Schweizer) ist nicht mehr vorgeschrieben, vereinfacht das Verfahren aber im Schadensfall.

Versicherung: Empfehlenswert ist der Erwerb eines *Auslandsschutzbriefs*, der etwas Glück ins Unglück bringt. Fahrzeugrücktransport, Flug, Zugfahrt oder Leihwagen, Hotelkosten usw. werden übernommen, Kredite für Reparaturen etc. gewährt. Auslandsschutzbriefe gibt es bei den Automobilclubs und Haftpflichtversicherungen.

Empfehlenswert ist der Schutzbrief des *VCD* (Verkehrsclub Deutschland), der sich nachdrücklich für die Interessen der Umwelt einsetzt. VCD, Rudi-Dutschke-Str. 9, 10969 Berlin, Tel. 030/2803-510, www.vcd.org.

Warnwesten: Das Mitführen sowie das Tragen derselben ist überall bei einem Unfall vorgeschrieben.

Autobahnen: Die Autobahnen in der Schweiz, Italien, Österreich, Slowenien und Kroatien sind mautpflichtig.

Abblendlicht: Auch tagsüber ist das Fahren mit Abblendlicht in Slowenien, in Kroatien nur noch im Winter vorgeschrieben (seit 2008).

Vignetten, Maut- und Autobahngebühren auf dem Weg nach Kroatien

Schweiz: Vignette (Plakette) auf Autobahnen und autobahnähnlichen Straßen. Pro Kalenderjahr (1. Dez. des Vorjahres bis 31. Jan. des folgenden Jahres, d. h. 14 Monate) pauschal 25 € (Anhänger zusätzlich 25 €).

Österreich: Vignette (Pickerl) auf Autobahnen und Schnellstraßen, Preis abhängig vom Gültigkeitszeitraum. Pkw (Motorrad) z. B. 10 Tage 7,70 € (4,40 €), 2 Monate 22,20 € (11,10 €), 1 Jahr 73,80 € (29,50 €).

Italien: Autobahngebühren (www.autostrade.it) abhängig von der Kilometerlänge, z. B. Pkw Brenner–Triest (ca. 454 km) 24,80 €.

Slowenien: Seit 2008 Vignettenplicht auf Autobahnen/Schnellstraßen. Neuerung seit dem 1. 7. 2009: für PKW/Motorräder Wochenvignette 15 €/7,50 €, Monatsvignette 30 €, für Motorräder nur Halbjahresvignette 25 €, Jahresvignette 95 €/47,50 €.
Durchgehende Autobahn (A1) auf der Ost-West-Achse von Spielfeld nach Koper. Zudem, bis auf ca. 50 km, die Nord-Süd/Ostachse (A2) Jesenice–Ljubljana–Brežice (nach Zagreb). Die Autobahnumgehung von Ljubljana ist ebenfalls fertig. Was fehlt, sind Autobahnen von Postojna bzw. Kozina nach Rupa (kroat. Grenzübergang). Wer die Vignettenpflicht auf Landstraßen umgehen möchte, braucht mehr Zeit. Achtung, wer keine Vignette vorweist, zahlt 300 € Strafe.
Slowenische Autobahnumgehung, s. u. „Routen".
Achtung Radar! Saftige Geldbußen bei Übertretung im Ort von 10 km/h 80 €, 20 km/h 250 €!

Kroatien: Autobahnen sind gebührenpflichtig, zudem Mautgebühren am Učka-Tunnel (28 KN/3,85 €) und Krker-Brücke (30 KN/4,20 €). Gebühren z. B Rupa–Rijeka 0,70 €, Zagreb–Zadar (West) 14,70 €, Zagreb–Rijeka 8,40 €. S. a. www.hak.hr.

Notrufnummern

Schweiz: Polizei ☎ 17 oder 117, Unfallrettung ☎ 144 oder über Polizei.

Österreich: Polizei ☎ 133, Unfallrettung ☎ 144.

Italien: Polizei/Unfallrettung ☎ 113.

Slowenien: Polizei ☎ 113, Rettungsdienst ☎ 112.

Kroatien: Polizei ☎ 92, Unfallrettung ☎ 94, Feuerwehr ☎ 93, Kroatische Engel (touristische Informationen April–Mitte Okt., 24-Std.-Service) ☎ 062/999-999.

Lohnt einen Stopp in Slowenien: der Triglav, 2864 m, im N.P.-Triglav

Die schnellste Anreiseroute führt über die Tauernautobahn und die mautpflichtigen Tunnels der Radstätter Tauern (9,50 €) und dann durch den ebenfalls mautpflichtigen Karawankentunnel (6,50 €) nach Slowenien. Innerhalb von Slowenien auf Autobahn/Schnellstraßen Vignettenpflicht. Auch für Gespannfahrer kein Problem.
Autobahn München – Salzburg – Villach – Karawankentunnel bis slowenische Grenze – Autobahn Ljubljana – Autobahn Postojna – Landstraße Ilirska Bistrica – Autobahn Rijeka.

Wer die Mautgebühren sparen oder – zur Reisezeit – nicht in einem Tunnel im Stau stecken bleiben will, kann auf die parallel zur Tauernautobahn verlaufende Bundesstraße über den **Tauernpass** (1738 m, 17 %) und weiter über den **Katschbergpass** (17 %) ausweichen (ohne Anhänger). Diese Strecke lohnt sich nur für Leute, die Zeit haben und die schöne Landschaft genießen wollen.

> **Per Eisenbahn durch den Tauerntunnel**
> Autobahn München – Salzburg – Werfen – Landstraße St. Johann – Badgastein – Böckstein – Tauerntunnel (Bahnverladung) – Mallnitz – ab Spittal Autobahn Villach.

● *Tauernschleuse* Bahnverladung Böckstein – Mallnitz; ganzjähriger Betrieb, Mo–Fr 5.45–22.45 Uhr alle 60 Min., in der Hauptsaison Sa und So alle 30 Min., Fahrzeit 12 Min., Fahrpreis einfach für Pkw 17 € (ermäßigter Vorverkaufspreis für einfache Fahrt 12 €). Hin- und Rückfahrt 28 €.

Eine gute Alternative zur stauanfälligen Tauernautobahn ist die 300 km lange Pyrhn-Autobahn mit ihren gebührenpflichtigen Tunnels (13 €). Sie verbindet Suben (dt.-österr. Grenze) und Spielfeld/Šentilj (Grenzübergang Slowenien). Wer über Zagreb nach Kroatien reist, dem sei untenstehende Route empfohlen, zudem kann man die slowenische Vignette sparen.

Autobahn Nürnberg – Passau – Regensburg – Wels – Bosruck-Tunnel; Gleinalm-Tunnel – Grailla – Spielfeld – Maribor – Ljubljana (weiter nach Rijeka wie oben).
Oder: Ab slow. Grenzübergang Landstraße Maribor – Landstraße Ptuj – Donji Macelj (kroat. Grenzübergang) – Autobahn Zagreb – weiter nach Rijeka oder Zadar.

Eine ebenfalls gute, aber stauanfällige Route, welche die Einsparung der Vignette in Slowenien ermöglicht, führt durch Österreich und Italien auf der Autobahn bis Triest:
Autobahn München – Innsbruck – Brennerpass/Brennerautobahn – Trient – Vicenza (oder Verona) – Venedig – Triest – Koper und weiter nach Rijeka.

Ohne Vignette durch Slowenien: Am Autobahnende Triest nicht auf die slowenische Autobahn A1, **sondern** auf die Landstraße SS 202 und weiter auf der SS 14 nach Kozina, weiter nach Rupa (kroat. Grenzübergang) – Autobahn Rijeka.

Mit Auto und Fähre von Italien nach Kroatien

Wer über den Brenner oder gar über Mailand kommt, wird sich überlegen, ob er nicht lieber, anstelle in Richtung Triest und Rijeka zu fahren, von Venedig oder Ancona nach Kroatien übersetzen soll. Fähren und Katamarane verbinden diese Städte mit Pula, Mali Lošinj und Zadar. Tatsächlich wird die Fähre rentabler, je weiter man in den Süden will. In der Hauptreisezeit muss eine rechtzeitige Buchung vorgenommen werden.

Anbieter für die Buchung von zu Hause

• *Deutschland* **DER TRAFFIC**, 60424 Frankfurt, Emil-von-Behring-Str. 6, ☎ 069/9588-5800, www.ocean24.de.
• *Österreich* **Adria Reisen**, Burggasse 23, 1070 Wien, ☎ 01/5263-630, www.adriareisen.at.
• *Kroatien (Jadrolinija-Zentrale)* **Jadrolinija**, 51000 Rijeka, Riva 16, ☎ 051/666-111,

☎ 051/213-116, www.jadrolinija.hr. Zudem übersichtlich gestaltete Website auch in deutscher Sprache für Online-Buchung und Information; auch Italienfähren.
• *Schweiz* **Cosulich AG**, 8006 Zürich, Stempfenbachstrasse 151, ☎ 44/3635-255, www.cosulich.ch.

Verbindungen

• *Mit Jadrolinija (www.jadrolinija.hr)* **Ancona–Zadar**, Juni bis Ende Sept. Von Mitte Juli bis Ende Aug. tägl., ansonsten 4-mal wöchentl., 8 bzw. 9 Std. Fahrtzeit. Pkw bis 1,80 m Höhe 60 € (Fr–So 69 €); Motorrad 38 € (43,50 €); Wohnwagen bis 5 m 99 € (114 €), über 5 m 117,50 € (135 €); Deckpassage 45 € (52 €); Schlafsessel 52 € (60,50 €); Kabinen (pro Pers.) z. B. 2-Bett-Außenkabine mit Du/WC ab 108,50 € (125 €).
• *Mit Venezia Lines (www.venezialines.com)* **Katamaran Venedig–Mali Lošinj**, April–Mitte Okt. Jeden Sa, Abfahrt 15 Uhr, Ankunft M.

Lošinj 19 Uhr. Pro Pers. 64 € (zzgl. 14 € Taxen u. Hafengebühren), retour 117 € (zzgl. 16 €); Fahrrad 10 €.
• *Mit Schnellboot Emilia Romagna Lines (www.emiliaromagnalines.it)* Im Aug. 1-mal wöchentl. (Sa) **Pesaro–Zadar**. Fahrtzeit 4:30 Std., 82 €/einfach, 140 €/retour (Topsaison 90 €, bzw. 155 €).
Ende Juni–Anfang Sept. 2- bis 3-mal wöchentl. von **Rimini über Pesaro nach Mali Lošinj**. Fahrtzeit 3:30 Std., 72 €/einfach, 130 €/retour (Topsaison 80 €, bzw. 145 €).

Fähragenturen vor Ort

• *Kroatien* **Rijeka**, Jadrolinija, Riva 16, ☎ 051/211-444, 666-100, www.jadrolinija.hr.
• *Italien* **Venedig**, G. Radonicich & Co., Riva Schiavoni 4150, ☎ 041/706-765.
Ancona, Capt. P. Amatori (für Jadrolinija),

Via Loggia 20, ☎ 071/204-282, www.amatori.com.
Für *Emilia Romagna Lines:* **Cesenatico**, Via Dino Ricci 28, ☎ 0547/675-157, Hotline 899-656501.

Touristenbähnchen fahren Gäste bequem durch viele Urlaubsorte – hier in Punat

Mit der Eisenbahn

Von Deutschland bzw. von München fährt der Eurocity derzeit dreimal täglich, zusätzlich verkehren ein Inter-City und ein Nacht-D-Zug über Salzburg, Villach, Ljubljana (meist umsteigen) und weiter nach Rijeka oder nach Zagreb (ab knapp 9 Std. Fahrzeit). Die Deutsche Bahn bietet unterschiedliche Spartarife an. Ein sehr interessantes Angebot ist derzeit das Europa-Spezial-Ticket, das den Urlauber ab 29 € in die Adria-Städte und auch nach Zagreb bringt. Erkundigen Sie sich auf jeden Fall nach Frühbucher- und Spartarifen (bis zu 50 % Ermäßigung), die die Deutsche Bahn jedes Jahr für alle Altersgruppen bereithält.

Möglich sind auch eine Eisenbahnfahrt bis Venedig, Triest oder Ancona und die bequeme Weiterreise mit dem Schiff.

Deutsche Bahn AG (DB), www.bahn.de, Reiseservice ✆ 11861.
Österreichische Bundesbahnen (ÖBB), www.oebb.at.
Schweizer Bundesbahnen (SBB), www.sbb.ch.
Italienische Staatsbahnen (FS), www.ferroviedellostato.it.
Slowenische Eisenbahnen (SZ), www.slo-zeleznice.si.
Kroatische Eisenbahnen, www.hznet.hr.

● *Preisbeispiele/Person* **München–Ljubljana–Rijeka** (1-mal umsteigen): Einfach 87 € (Normaltarif); u. a. Abfahrt München 8.27 Uhr, Ankunft Rijeka 17.25 Uhr. Kein Fahrradtransport!
Spartarif für Österreicher (auch für Zugreisende aus dem Raum Passau interessant!): Sparschiene ab 29 € Linz–Graz–Ljubljana

oder Wien/Süd–Maribor–Ljubljana oder Wien/Süd–Rijeka (siehe www.oebb.at).
● *Preisbeispiele/Person inkl. Fahrradmitnahme* **München–Salzburg–Villach–Zagreb** (2-mal umsteigen): Einfach 89,20 € (Normaltarif); Eurocity Abfahrt München 10.21 Uhr, Ankunft Zagreb 18.56 Uhr. Zurück Abfahrt Zagreb 9 Uhr, Ankunft München 18.18 Uhr.

München–Venedig–Triest (1-mal umsteigen): Einfach 111,90 € (Normaltarif); Abfahrt München 21.03 Uhr, Ankunft Triest 9.42 Uhr. Zurück Abfahrt Triest 19.18 Uhr, Ankunft München 6.30 Uhr.

München–Bologna–Ancona (1-mal umsteigen): Einfach 115,90 € (Normaltarif); Abfahrt München 21.03 Uhr, Ankunft Ancona 9.24 Uhr. Zurück Abfahrt Ancona 18.35, Ankunft München 6.30 Uhr.

Reservierung/Buchung: Zu Hauptreisezeiten und um Spartarife zu ergattern, sollte man frühzeitig buchen! Platzkarte 4 €. Bei Nachtzügen empfiehlt sich der Liegewagen: im 6er-, 4er- oder 2er-Abteil, pro Pers. zu 20, 30 oder 60 €; das 2er-Abteil (mit Schlafutensilien) kann man preisgleich auch mit WC/Dusche buchen, Frühstück inkl. Infos: www.bahn.de oder telefonisch unter ☏ 11861.

Fahrradversand: Leider gibt es bisher nur wenige Züge mit Fahrradtransport zu akzeptablen Fahrzeiten. Nach Kroatien (s. o.) nur einmal täglich nach Zagreb, über Italien ebenfalls nur einmal täglich nach Triest oder Ancona. Ab dort dann per Schiff (Jadrolinija) u. a. nach Zadar oder Split. Ab Venedig keine Schiffsverbindung mit Fahrrad möglich (Katamaran!). Möglich ist auch die Zuganfahrt bis Ljubljana (Slowenien), ab dort dann radeln oder Zug bis Rijeka nehmen. Es besteht eine Reservierungspflicht für Fahrräder, die max. 3 Monate im Voraus getätigt werden kann (auch für den Rücktransport!). Man benötigt dazu lediglich die internationale Fahrradkarte zum Preis von 10 €. Für Kroatien kann die Fahrradkarte für den Rücktransport von zuhause gebucht werden, für Italien nur im Land. **Radfahrer-Hotline und Buchung** ☏ 01805-996633 (dann Stichwort Fahrrad).

Mit dem Autoreisezug: Der DB-Autozug übernimmt diesen umweltschonenden Transport von Mai bis Oktober von den Terminals Hamburg/Altona und Frankfurt/Neuisenburg direkt nach Villach oder Triest. **Info-Hotline und Buchung** ☏ 01805/996633 (dann Stichwort Autoreisezug) oder unter www.autozug.de.

Mit dem Bus

Der Europabus der Deutschen Touring GmbH bietet von vielen deutschen Großstädten aus zahlreiche Fahrten nach Kroatien an, darunter Linien nach Rijeka, über Rijeka weiter nach Opatija (in Richtung Pula) oder u. a. nach Crikvenica, Novi Vinodolski, Senj oder Zadar, zudem auch über Maribor und Varaždin nach Zagreb. Die Ausstattung der Busse entspricht internationalem Standard. Buchen sollte man mindestens eine Woche vor Reiseantritt. Die Busse verkehren in der Hauptreisezeit meist täglich.

● *Preisbeispiele/Person* Abfahrt in München (Fröttmaning P+R), Haltestellen in allen größeren Orten in Kroatien. **München–Rijeka** (8 Std.), 53 € einfach (82 € hin und zurück). **München–Zadar** (12 Std.), 58 € (93 €). **München–Zagreb** (knapp 9 Std.), 46 € (69 €).

● *Gepäckgebühren* Reisegepäck ist auf maximal 2 Gepäckstücke (in Koffermaßen) und 1 Handgepäck/Person begrenzt. Pro Gepäckstück sind 3 € beim Fahrer zu zahlen. Falls es die Kapazität zulässt, wird ein 3. Gepäckstück gegen 5 € Gebühr mitgenommen.

● *Zentrale Reservierungsstelle* **Deutsche Touring GmbH**, Servicehotline ☏ 069/7903-501, www.touring.de.

● *Ticketverkauf/Reservierung* Beratung, Ticketverkauf etc. in den DTG-Ticketcentern, Touring-Agenturen, DER-Reisebüros oder in den Reisezentren der Deutschen Bahn.

● *Reservierungsstellen in Kroatien* In jedem größeren Ort, meist am Busbahnhof oder bei Autotrans (siehe Reiseteil). Am Zielort muss eine Rückreservierung mindestens 24 Std. vor Abfahrt getätigt werden (gebührenpflichtig!, ca. 3 €).

Mit dem Flugzeug

Von allen großen deutschen Flughäfen gibt es in der Regel mindestens ein- bis vier-
mal täglich Linienflüge mit Croatia Airlines nach Zagreb. Leider gibt es meist keine
direkten Anschlüsse für den Weiterflug nach Pula, Rijeka oder Zadar, d. h. man hat
mitunter lange Wartezeiten. Die Flugzeit von Frankfurt nach Zagreb beträgt
1:20 Std., von Zagreb bis Pula/Zadar sind es weitere 0:45 Std. Alternativ kann man
auch einen Flug nach Ljubljana oder Triest buchen und dann per Bus oder
Eisenbahn nach Rijeka weiterreisen.

Von München (ab Frankfurt, Zwischenstopp in München) gibt es auch Direktflüge
nach Triest (Italien), Flugzeit 1:10 Std. (von Frankfurt 3:35 Std.).

Inzwischen kann man auch mit Billigfluggesellschaften von vielen deutschen Flughäfen nach Italien, Slowenien und Kroatien gelangen. Wer rechtzeitig oder außerhalb von Ferienzeiten bucht, fliegt zum unschlagbaren Taxitarif ab 19,50 € zzgl.
Steuern (Achtung, hier verdoppelt sich dann oftmals der Preis!). Genaue Informationen im Internet. Untenstehend die Nordkroatien bedienenden Fluggesellschaften, jährliche Änderungen sind möglich.

> Flugreisende können mit einer **freiwilligen Emissionsabgabe** Klimaschutz-
> projekte unterstützen, u. a. bei *Atmosfair*. Der Emissionsausstoß eines Hin- und
> Rückflugs von Köln/Bonn nach Rijeka beträgt 520 kg CO_2, die Abgabe liegt bei
> 13 €. Informationen unter www.atmosfair.de.

● *Fluggesellschaften*   **Croatia Airlines**
(www.croatiaairlines.hr), mehrmals tägl. Linienflüge von vielen deutschen, österreichi-
schen und Schweizer Flughäfen nach Za-
greb. Normaltarif ab 280 €. Teils auch gute
Angebote.
German Wings (www.germanwings.com),
Billigfluglinie, preiswert von vielen deut-
schen Flughäfen nach Zagreb, Rijeka Pula
und Zadar.
Air Berlin (www.airberlin.com), z. B. von
Nürnberg nach Rijeka und Split.
Tuifly (www.tuifly.com), von etlichen
deutschen Flughäfen nach Rijeka, Pula und
Venedig.
Air Dolomiti (www.airdolomiti.it), von Mün-
chen preiswert und schnell nach Triest.
Skyeurope (www.skyeurope.com), von
Wien nach Zagreb und Zadar.
Helvetic Airline (www.star-alliance.com),
von Zürich nach Rijeka und Pula.

Ab Zagreb gibt es gute Flugverbindungen in alle Richtungen

Trajekts verbinden die Inseln mit dem Festland

Unterwegs in Kroatien

Wie schon in der Anreise beschrieben, gibt es viele Möglichkeiten der Fortbewegung innerhalb Kroatiens. Am unabhängigsten ist man natürlich mit dem eigenen Fahrzeug, zumal Kroatien über ein dichtes Autobahnnetz verfügt. Genießer und Leute mit Zeit benutzen gerne ab Rijeka die Fähre, um sich zum Urlaubsort ihrer Wahl bringen zu lassen. Es gibt ein breites Spektrum und auch viele Kombinationsmöglichkeiten.

Mit dem eigenen Fahrzeug

Kroatien hat in den letzten 10 Jahren ein dichtes Autobahnnetz durch das gesamte Land gebaut, mit Anbindungen an die Nachbarländer, die zeitlich allerdings nicht mithalten konnten – man muss ein großes Lob aussprechen, blickt man auf das gebirgige Land.

Folgende Autobahnen können Sie nutzen: Von Rupa (kroat.-slow. Grenzübergang) nach Rijeka (A7), von Rijeka nach Zagreb (A6/A1), von Macelj (slow. Grenze) über Krapina nach Zagreb (A2), von Goričan (ung. Grenze) über Varaždin nach Zagreb (A4) und von Zagreb über Karlovac nach Süden durchgehend bis Ploče (A1). Das Hinterland Slawonien ist von Zagreb über die A3 ebenfalls bis hinter Slavonski Brod (Grenze Bosnien-Herzegowina) erschlossen. Was noch fehlt und in den nächsten Jahren gebaut wird, ist die Verlängerung der A1 von Ploče bis Dubrovnik (schwierig wegen der Durchfahrt von Bosnien-Herzegowina – ein Brückenbau nach Pelješac soll hier erst einmal Abhilfe schaffen). Geplant ist auch die Verlängerung der A7 von Rijeka zur A1 nach Žuta Lokva und die Verlängerung der begonnenen Autobahn A5 über Đakovo zur ungarischen Grenze.

Die Anfahrtswege innerhalb Kroatiens haben sich dadurch für diejenigen, die Richtung Zadar möchten, sehr vereinfacht und beschleunigt. Auch bietet die im Hinterland verlaufende Autobahntrasse für viele Reisende sicherlich bisher unentdeckte Weiten und eine grandiose Bergwelt, die man bei fast schnurgerader Autobahnführung genießen kann. Wer von der A1 an die Kvarner- und Norddalmatinische Küste stoßen möchte, kann von Karlovac nach Rijeka fahren, von der Ausfahrt Žuta Lokva nach Senj, von der Ausfahrt Gospić nach Karlobag, von der Ausfahrt Maslenica nach Starigrad Paklenica, zur Insel Pag oder weiter bis Zadar. Ein Blick auf die Straßenkarte genügt, um sich eine Reiseroute zusammenzustellen. Immer wieder ein Highlight ist jedoch die malerische Küstenstraße.

Entlang der Küstenstraße (E 65) – Jadranska Magistrale

Diese zweispurige „Adriaautobahn", die Jadranska Magistrale, verläuft entlang der Küste von Rijeka nach Dubrovnik (608 km) und ist als Panoramastraße ausgebaut. Sie zählt zu den schönsten Küstenstraßen Europas, und das mit Recht: hoch aufragend das Küstengebirge, tiefblau und meist tief unterhalb der Straße das Meer mit der nahen Inselkette, an der Strecke mittelalterliche Hafenstädte und Dörfer.

Der schönste, zum Teil aber auch kurvenreichste Streckenabschnitt liegt zwischen Rijeka und Zadar (226 km). Hoch über dem Meer verläuft die Straße am Velebit-Gebirge entlang und überwindet etliche Schluchten. Besonders zwischen Senj und Karlobag ist für Autofahrer Konzentration angesagt; wenn dazu noch die Bora einfällt und das Auto hin und her drückt, wird es abenteuerlich und für Gespannfahrer gefährlich! Lieber ein paar Stunden anhalten und den Wind abklingen lassen.

Informationen für Kraftfahrer in Kroatien

Abweichende Verkehrsregeln: Unfälle mit Personen- oder erheblichem Sachschaden müssen der Polizei gemeldet werden. Während des gesamten Überholvorgangs muss geblinkt werden. Kolonnenspringen ist verboten. Schul- und Kinderbusse dürfen nicht überholt werden, wenn sie anhalten. Beim Abschleppen muss an der Frontseite des Schleppfahrzeugs und am Heck des geschleppten Fahrzeugs ein Warndreieck angebracht sein.

Die **Promillegrenze** wurde für Fahrzeuge (auch Boote) wieder von 0,0 auf 0,5 (ab 24 Jahre) angehoben. *Aber*: bei Verkehrsdelikten muss man sich für das Vergehen, als auch das Fahren unter Alkoholeinfluss verantworten! Abblendlicht ist am Tag nur noch im Winter vorgeschrieben. Nebelleuchten sind nur bei Sicht unter 50 m erlaubt.

Autobahn- und Mautgebühren: Učka-Tunnel (28 KN/3,85 €) und Krker-Brücke (30 KN/4,20 €). Autobahngebühren z. B Rupa–Rijeka 0,70 €, Zagreb–Zadar (West) 14,70 €, Zagreb–Rijeka 8,40 €, Zagreb–Dugopolje (östl. von Split) 22 €. Siehe auch www.hak.hr.

Höchstgeschwindigkeit: Pkw und Motorräder innerhalb von Ortschaften 50 km/h, außerhalb 90 km/h; auf Schnellstraßen 110 km/h, auf Autobahnen 130 km/h; Wohnmobile bis 3,5 t auf Autobahnen 80 km/h, Wohnmobile über 3,5 t und Pkw mit Anhänger außerhalb von Ortschaften überall 80 km/h. Achtung: viele *Radarkontrollen!*

Kraftfahrzeugdokumente: Führerschein, Fahrzeugschein. Nach Unfällen mit sichtbaren Karosserieschäden sollte man sich von der Polizei eine Schadensbestätigung (Potvrda) ausstellen lassen.

Kraftstoff: Tankstellen sind an den wichtigsten Straßen rund um die Uhr geöffnet, Zahlung mit EC-Karte ist problemlos möglich. Infos unter www.ina.hr, www.hak.hr.

Kraftstoffpreise pro Liter (Febr. 2009): Bleifrei Eurosuper plus (98 Okt.) 1,14, €; Bleifrei Eurosuper (95 Okt.) 0,94 €; Eurodiesel 1,17 €. Es wird auch verbleiter Kraftstoff verkauft. Autogas gibt es in allen großen Städten.

Kroatischer Automobilclub (ADAC-Partnerclub): Hrvatski autoklub (HAK), 10000

Zagreb, Draškovičeva 25, ☎ 01/4640-800, www.hak.hr.

Notrufnummern: Polizei ☎ 92; Rettungsdienst ☎ 94, Feuerwehr ☎ 93.

Pannenhilfe: Die Straßenwacht des Automobilclubs HAK ist rund um die Uhr unter ☎ 987 (mobil 00385/1987) erreichbar.
Der deutschsprachige ADAC-Notruf in Zagreb ist ganzjährig unter ☎ 00385/1/3636-666 und 01/3636-000 erreichbar.

Touristische Informationen sind unter ☎ 062/999-999 (Kroatische Engel) rund um die Uhr erhältlich. Die Zentralen der jeweiligen Fremdenverkehrsämter sind mit dieser Info-Nr. verbunden und geben Auskunft. Auch an den Autobahnen gibt es Infostellen, z. B. Einreise bei Rupa, bei Zadar; Mai–Mitte Okt. tägl. 8–22 Uhr.

Wettervorhersage und Verkehrsservice: ☎ 060/520-520. Zudem werden jede volle Stunde im Zweiten Programm des kroatischen Rundfunks Nachrichten und Informationen zum Straßenzustand (aus den Studios von Ö 3) gesendet (s. A-Z, Nachrichten/ Wetterprognosen).

Mit der Fähre

Für viele Kroaten ein wichtiges Verkehrsmittel. Um auf die Inseln zu kommen, muss man mit dem Auto die so genannten Trajekts benutzen. Wer tiefer in den Süden will und dabei Nerven und Auto schonen möchte, nimmt die Küsten-Eilfähre. Zwischen den autofreien Inseln verkehren Personenfähren und Katamarane. Achtung! – Fahrplanwechsel zum kroatischen Schulbeginn. Infos vorab einholen, auch bei Sturm gibt es Fahrplanänderungen oder Schiffsausfall! Fahrradmitnahme (geringer Betrag) auf Fähren problemlos möglich, ausgenommen Katamarane (keine Beförderung!).

Fährverbindung (Trajekt)	
Insel Cres und Lošinj:	Brestova–Porozina, Rijeka–Cres, Lošinj–Zadar, Merag–Valbiska
Insel Krk:	Lopar–Valbiska, Valbiska–Merag
Insel Rab:	Valbiska–Lopar, Jablanac–Mišnjak
Insel Pag:	Prizna–Žigljen
Zadar:	Nach Mali Lošinj, Pula
Personenfähren/Katamarane u. a.	
Rijeka:	Inseln Cres, Susak, Unije, Rab und Novalja (Insel Pag), Mali Lošinj
Mali Lošinj (Insel Lošinj):	Inseln Unije, Susak, Srakane, Ilovik, Silba, Novalja (Insel Pag) und nach Rijeka
Zadar:	Inseln Olib, Silba, Premuda, Ilovik, Lošinj, Rivanj, Molat, Ist, Sestrunj

Küsten-Eilfähre: Die Seeschifffahrtsgesellschaft Jadrolinija unterhält eine Verbindung von Rijeka nach Dubrovnik (19 Std.) zweimal wöchentlich; ganzjährig Rijeka–Split–Stari Grad (Insel Hvar)–Korčula–Sobra (Insel Mljet)–Dubrovnik–Bari (Italien). Abfahrt in Rijeka ist Montag und Freitag um 20 Uhr (Hauptsaison), bzw. 19 Uhr in der (Nebensaison).

Fischer bei der Arbeit

• *Preisbeispiel (Hauptsaison Ende Juni–Ende Aug.)* **Rijeka–Split:** Pkw bis 1,80 m Höhe 67 €; Motorrad/Fahrrad 23,50 €; Wohnwagen und Anhänger, Wohnmobil bis 5 m 85 €, von 5–7 m 117,50 €. 2-Bett-Außenkabine (Waschbecken) 69 €/Pers., 2-Bett-Außenkabine (Du/WC) 76,50 €/Pers. Couchette 39,50 €, Deckpassage 25 €. Fahrtzeit ca. 10 Std. Für Surfbretter, Hunde und Katzen freie Beförderung. Im Kabinenpreis ist Frühstück enthalten.

Ermäßigungen: Bei gleichzeitigem Kauf von Hin- und Rückfahrkarte werden 20 % Ermäßigung auf die Rückfahrt gewährt. Für Kinder unter 3 Jahren ist die Kabinenbenutzung gratis (kein eigenes Bett), 3–12 Jahre 50 %, über 12 Jahre voller Preis. Die Deckpassage ist für Kinder unter 3 Jahren frei, 3–12 Jahre 50 % Ermäßigung.

• *Buchung/Auskunft* **Jadrolinija** (Zentrale), 51000 Rijeka, Riva 16, ✆ 051/666-111, www.jadrolinija.hr.

Weitere Buchungsagenturen, siehe Kapitel „Mit Auto und Fähre von Italien nach Kroatien".

Auto- und Personenfähren (Trajekts) zu den Inseln: Die Inseln Krk, Pag und Vir in der Kvarner-Bucht sind über eine Brücke vom Festland aus zu erreichen – trotzdem kann sich die Fähre lohnen, wenn man Umwege vermeiden will. Durch eine Brücke untereinander verbunden sind die Inseln Cres und Lošinj. Zwischen dem Festland und den Inseln gibt es regelmäßige Schiffsverbindungen (manchmal zur Hauptsaison sogar stündlich). Zudem verkehren zwischen den Inseln neben Trajekts auch Katamarane und Personenfähren (s. u.). Die im Reiseteil angegebenen Preise beziehen sich auf die Hochsaison, außerhalb dieser beträgt der Fahrpreis 20 % weniger.

Mit dem Bus

Das kroatische Busnetz ist sehr gut ausgebaut und für die Weiterreise sehr empfehlenswert.

Auf längeren Strecken verkehren **Expressbusse** (alle mit Aircondition ausgestattet), z. B. nach Zagreb, Rijeka, Zadar, nach Krk und auch über die Fähre zu den Inseln Cres, Lošinj und nach Rab. Je nach Busunternehmen zahlt man von Rijeka nach Zagreb ca. 15 € (1:30 Std.), zur Insel Pag ca. 21 €; von Novalija (Insel Pag) nach Zagreb ab 24 € (5:30 Std.); von Zadar nach Zagreb ab 17 € (2:30–3 Std.). Die Expressbusse verkehren mindestens einmal täglich. In der Hauptreisezeit ist bei längeren Strecken eine Reservierung notwendig. Zwischen den Städten gibt es sätzlich den regionalen, oftmals stündlichen Busverkehr. Neben Autotrans existieren verschiedene Busunternehmen, die z. T. erheblich günstiger fahren. Die **Busbahnhöfe** liegen meist zentral in der Stadtmitte, am Hafen oder bei den Zugbahnhöfen. Fahrkarten kauft man am Busterminal, die Abfahrtszeiten sind auf Tafeln angeschrieben: Abfahrt heißt auf kroatisch *Polazak*, Ankunft *Dolazak*.

Informationen Der aktuelle Fahrplan ist an den Busterminals oder in den Agenturen erhältlich; zudem unter ✆ 060/313-333, 01/6112-789 oder 01/6008-631, www.autotrans.hr.

Mit der Eisenbahn

Die Eisenbahn ist in Kroatien das billigste Transportmittel. Da es aber keine Direktverbindungen zwischen den Küstenstädten gibt, kommt die Schiene nur für die Anreise in Frage. Der Kilometerpreis ist gering. An den Bahnschaltern gibt es für ein paar Euro das Kursbuch *Red Vožnje.*

Die **Hauptstrecke** verläuft auf der Linie Jesenice (österr. Grenze)–Ljubljana–Zidani most und weiter nach Kroatien (Zagreb–Karlovac–Rijeka) oder von Zagreb an die Küste (Zagreb–Karlovac–Plaški–Gospić–Knin–Split); außerdem Maribor–Celje–Zidani most–Ljubljana–Postojna–Koper (von hier im Sommer Direktverbindungen nach Deutschland).

Die **Nebenstrecken** verlaufen auf eingleisiger Linie nach Istrien (Postojna–Pivka–Ilirska Bistrica–Matulji–Rijeka sowie u. a. auf der Linie zur Kvarner-Küste von Knin nach Zadar.

Die Züge sind sehr langsam, mit dem Bus ist man in jedem Fall schneller. Beispiel Rijeka–Zagreb: Bus ca. 1:30 Std., schnellster Zug 3:20 Std.!

● *Preisbeispiel* (Einfach, 2. Kl.): Zagreb–Rijeka: ca. 10 €; Zagreb–Zadar: 13 €; Platzreservierung 1 €.

● *Fahrradversand* Nur in Zügen mit Gepäckwagen möglich. Den Versand übernehmen alle Bahnhöfe mit Gepäckschalter oder direkt die Gepäckwagen. Preis: z. B. Zagreb–Split 4,50 €.

● *Informationen* in Kroatien unter ✆ 060/333-444, www.hznet.hr.

Mit dem Flugzeug

Bei den kurzen Entfernungen lohnt es sich kaum, das Flugzeug zu besteigen. Es sei denn, man ist nach Zagreb geflogen und möchte auf schnellstem Wege an die Küste. Wer frühzeitig plant, fliegt sehr preiswert, z. B. Zagreb–Zadar (0:45 Std.) ab 25,84 € inkl. aller Steuern.

Der an das internationale Liniennetz angeschlossene Hauptflughafen ist in Zagreb. Weitere kleine Flughäfen, die im Linienverkehr über Zagreb und im Charterverkehr (von Deutschland aus) direkt angeflogen werden, sind u. a. Pula, Rijeka, Zadar, Split, Brač, Dubrovnik. Vom Flughafen (*Zračna luka*) gibt es Busse und Taxis in die Städte.

● *Informationen* **Flughafen Zagreb**: ✆ 01/4562-222, 6265-222, www.zagreb-airport.hr.
Flughafen Pula: ✆ 052/530-111, -105, www.airport-pula.hr.
Flughafen Rijeka: ✆ 051/842-134, Flug-Info unter 051/842-132, www.rijeka-airport.hr.
Flughafen Zadar: ✆ 023/205-800, 313-311, www.zadar-airport.hr.

Inlandsflüge über **Croatia Airlines** in Zagreb: Hauptbüro Zrinjevac 17, ✆ 01/4819-633; Fluginfo ✆ 01/4872-727, 062/777-777, www.croatiaairlines.hr.
Reservierung in **Deutschland**: Croatia Airlines, Frankfurt, ✆ 069/9200-520 und über jedes Flugbüro.

Mit dem Fahrrad

Die Inseln eignen sich gut für Fahrradtouren. Kleine Asphaltstraßen führen durch abwechslungsreiche Landschaft, die man in würziger Luft gemütlich erkunden und genießen kann. Kondition ist jedoch erforderlich, denn die Inseln sind hügelig bis bergig. Ebenfalls wunderbar für anspruchsvolle Touren ist die Gegend um Zagreb, Zagorje, die Nationalparks Risnjak, Velebit und besonders die Plitvicer Seen. Fahrradvermieter gibt es inzwischen in allen größeren Städten und Touristenorten. **Achtung:** Möglichst die verkehrsreiche Küstenstraße meiden!

Die Inseln und Küste per Fahrrad erkunden ist umweltschonend und macht fit

Tourenvorschläge

Von *Rijeka* mit der Fähre (diese Personenfähre verkehrt nur Juli und August!) nach **Cres** (Insel Cres); ab hier mit dem Fahrrad bis **Mali Lošinj** und weiter mit der Fähre nach *Zadar*. Von Zadar aus entweder mit der Fähre zurück nach Rijeka oder mit dem Fahrrad weiter Richtung **Pag** fahren. Von *Žigljen* (Pag) mit der Fähre nach *Prizna* (Festland), ca. 35 km auf der stark befahrenen Küstenstraße (sehr anstrengend) und von *Jablanac* (Fährhafen) nach **Rab** *(Mišnjak)*. Durch Rab bis *Lopar* radeln und mit der Fähre nach **Krk** *(Valbiska)* übersetzen. Durch Krk radeln und über die Brücke Richtung *Rijeka* zurück.

Gerade dieses letzte, bergige Stück (ca. 25 km) ist nicht empfehlenswert, da man in Auspuffhöhe an Kolonnen von Autos und Lastwagen vorbeifährt. Zudem führt die Straße hier durch die landschaftlich hässlichste Gegend an der gesamten Adria. Besser wieder von der Insel Krk (Fährhafen Valbiška) mit der Fähre zur Insel Cres (Fährhafen Merag), dann nach Brestova (Festland) radeln und über Opatija nach Rijeka. Dieser Abschnitt der Küstenstraße ist zwar landschaftlich sehr reizvoll, jedoch auch kurvenreich, schmal, bergig und voller Autos (wenig Lastwagen). Leider transportieren Katamarane keine Fahrräder, sonst könnte man von Cres aus nach Rijeka schippern.

	Inselprofile
Cres	Der Norden ist bergig, gen Süden geringe Steigungen
Lošinj	Leichte Steigungen
Krk	Im Süden relativ anstrengend
Rab	Sehr wenig Steigungen
Pag	Empfehlenswert, geringe Steigungen
Vir	Flach, kein Problem, aber man muss wieder zurück

Mit dem Mietwagen

Autovermietungen gibt es in allen größeren Ferienorten und Städten, zudem an den internationalen Flughäfen in Zagreb und Rijeka (Insel Krk). Die Preise sind relativ hoch, Preisvergleiche lohnen sich. Neben den internationalen Autoverleihern wie Avis, Europcar, Hertz und Budget (ab 56 €/1-Tag-Anmietung Opel Corsa 1.2, inkl. Haftungsreduzierung-CDW und Diebstahlversicherung) gibt es kroatische Anbieter, die etwas billiger sind.

Die Verträge sollten genau studiert werden, sie unterscheiden sich von Anbieter zu Anbieter, ebenso die Klauseln wie Vollkasko mit/ohne Eigenbeteiligung und mit/ohne Kilometerbegrenzung. Man kann den Wagen 1 bis 3, 4 bis 6 oder 7 Tage zuzüglich Kilometergeld mieten, je länger die Anmietung, desto billiger natürlich der Tagessatz; zudem gibt es auch günstige Wochenendpauschalen. Eine Mietwagenreservierung von zu Hause aus bringt mitunter Preisvorteile. Günstige Anbieter findet man auch im Internet, u. a. www.billiger-mietwagen.de; hier zahlt man rund 50 % (ab 38 €/1-Tag-Anmietung, Fiat Seicento, Vollkasko/Diebstahl ohne Selbstbeteiligung). Anbieter siehe in den jeweiligen Ortskapiteln.

Motorräder, **Mofas** und **Fahrräder** kann man in fast jedem Touristenort mieten (übrigens gilt auch in Kroatien Helmpflicht!). Ein Scooter kostet ca. 10 €/Stunde, halber Tag ab 20 €, ganzer Tag ab 30 €. Fahrradmiete ab 12€ pro Tag.

Mit dem Taxi

Taxistände befinden sich in größeren Orten im Zentrum, an Omnibusbahnhöfen, am Hafen und an Flughäfen. Taxiservice u. a. unter ☎ 970. Für Überlandfahrten ist es sinnvoll, den Preis vorher auszuhandeln. Startpreis in der Stadt 23 bis 28 KN (3,80 €), jeder weitere Kilometer kostet 7–9 KN; Gepäck ca. 3 KN; zudem Nacht- (22–5 Uhr), Sonn- und Feiertagszuschlag von 20–22 %. Von Rijeka zum Flughafen Rijeka (Insel Krk) zahlt man ca. 55 €; Zagreb Flughafen – Innenstadt ca. 35 €. In einigen Städten gibt es auch preiswertere Taxen, u. a. in Rijeka (Cammeo-Taxi).

Vela Luka – Taxiboote fahren zu schönen, abgelegenen Badebuchten

Übernachtungsquartiere für jedes Budget warten – hier Opatija (Hotel Miramar)

Übernachten

Das Übernachtungsangebot in der Kvarner-Region ist groß und vielfältig – man hat die Wahl zwischen Privatunterkünften, Hotels, Appartements, einigen Jugendherbergen und zahlreichen schön gelegenen Campingplätzen.

In den Hochsaison-Wochen von Anfang bis Mitte August, wenn auch die Italiener Ferien machen, wird es in der Kvarner-Region schwierig, eine hübsche Unterkunft ohne Voranmeldung zu ergattern – sicherer ist es, für diese Zeit vorher rechtzeitig zu reservieren. Für Zagreb ist dies zu Messezeiten im Frühjahr und Herbst zu empfehlen. In den anderen Wochen und Monaten dürfte es aber kein Problem sein, kurzfristig eine passable Unterkunft zu finden. Die Campingplätze sind in der Hochsaison zwar meist voll, wer aber kein riesiges Hauszelt aufstellen möchte, findet sicher noch ein schattiges Plätzchen.

Ein jährlich neu erscheinendes Verzeichnis der Hotels, Privatunterkünfte, touristischen Bauernhöfe und Campingplätze ist über den kroatischen Tourismusverband gratis erhältlich.

Haupt- und Nebensaisonpreise sind an der Küste üblich, in den Touristenhochburgen gibt es von Anfang bis Mitte August sogar Top-Hochsaisonpreise; dagegen vermieten die Pensionen und kleinen Hotels im Landesinneren meist ganzjährig zum gleichen Preis. Einen Aufschlag von 20 % muss man auch zu Messezeiten in Zagreb bezahlen.

Die angegebenen Übernachtungspreise gelten für die Hauptsaison und einen Aufenthalt ab 3 Tagen, für weniger Tage ist ein Aufpreis von 30 % fällig. Nebensaisonpreise sind bis zu 50 % günstiger. Zusätzlich zum Übernachtungspreis ist eine Kurtaxe zu entrichten, je nach Gebiet in der Hauptsaison von 4 bis 7 KN, in der Nebensaison von 2,50 bis 5,50 KN. Bootstouristen müssen neuerdings ebenfalls die Kurtaxe von 7 KN (keine Nebensaisonermäßigung!) bezahlen und dazu noch im Voraus!

Wer seinen Urlaub größtenteils an einem Ort verbringen möchte, kann mit den Privatvermietern einen reduzierten Preis aushandeln. Auch über die Reiseveranstalter kostet dasselbe Zimmer rund ein Drittel weniger, und dazu gibt's noch Halbpension; allerdings hat die Hotelküche der preiswerten Hotels nie das Niveau der meist sehr guten lokalen Restaurants, und Sie werden die Gaumengenüsse Kroatiens so nicht kennen lernen.

Wer mit dem Fahrrad unterwegs ist, findet auch **Bike- & Bed-Unterkünfte**, vor allem in *Istrien,* um *Karlovac,* in *Slawonien* und einige auf der *Insel Pag.* Jährlich werden es regional mehr. Siehe dazu www.bike-bed.com und www.crobike.com.

> **Anmeldepflicht**: In Kroatien muss man innerhalb von 24 Stunden polizeilich angemeldet sein. Normalerweise wird dies von Hotels, Campingplätzen und Zimmeranbietern automatisch geregelt. Wer allerdings Freunde besucht, muss die Anmeldung eigenständig bei der Polizei (Bootsbesitzer am Hafenamt oder bei der Polizei siehe Kurtaxe) gegen eine einmalige Gebühr von 2 € tätigen.

Privatzimmer

In allen Touristenorten weisen an den Häusern *sobe*-Schilder auf Zimmer hin. Privatzimmer werden von den Agenturen vermittelt, man kann sich aber auch direkt

Agrotourismus bei Starigrad Paklenica –
absolute Ruhe, bestens zum Auftanken

an den Vermieter wenden. Die meisten Zimmervermieter sind registriert und bezahlen für die Vermietung eine Gebühr. Manche Vermieter versuchen, dies zu umgehen und sprechen Touristen deshalb bereits am (Bus-)Bahnhof oder am Auto an. Privatzimmer sind in verschiedene Kategorien unterteilt, üblich sind ** bis ***. Die Preise liegen zwischen 24 und 35 € pro Doppelzimmer. Einzelzimmer kosten 30 % mehr als ein Bett im Doppelzimmer. Die Preise verstehen sich ohne Frühstück – dieses kostet zusätzlich 4 bis 6 € pro Person. In manchen Gegenden, vor allem dort, wo Restaurants rarer sind, wird Halb- oder Vollpension für 12 bis 23 € pro Person angeboten.

Appartements

In jedem Touristenort werden Appartements vermietet – in Privathäusern oder in Feriensiedlungen. In den Siedlungen befinden sich dann meist auch Restaurants, Bars, Einkaufsmöglichkeiten und Sportangebote. Es gibt Appartements für 2 bis 10 Personen. Üblich sind für 4 Personen 2 Räume, Kochnische, Bad/Dusche/WC, evtl. noch ein kleiner Aufenthaltsraum und Terrasse. Es gibt auch sehr komfortable, mit allem Erdenklichen ausgestattete Appartements. Auch die Appartements sind in Kategorien unterteilt (** bis *****) und kosten für 2 Personen ab 35 bis 100 €.

Hotels

Die Hotels sind in verschiedene Kategorien von ** bis ***** eingeteilt. Wie üblich sind Lage, Komfort des Hauses, Animation, Sportplätze und Fitnessprogramme, Ausstattung der Räume, Balkon und Meeresblick ausschlaggebend. Viele Hotels verfügen auch in Kroatien mittlerweile über einen Wellness- und Beautybereich und natürlich WiFi-Zugang. Auch ein paar All-inclusive-Hotels kamen hinzu, was aber eigentlich bei der guten Infrastruktur kaum lohnt. Die Preise bewegen sich von 60 bis 200 € (und weitaus mehr!) für ein Doppelzimmer. Die Preise schließen meist Frühstück ein. Der größte Teil der Hotels in Kroatien gehört zur Kategorie der Drei- bis Viersternehotels.

Alle im Reiseteil aufgeführten Preise sind **Hochsaisonpreise** und beziehen sich meist auf das Doppelzimmer inkl. Frühstück für 2 Personen (DZ/F). Preisangaben nur für DZ bedeutet: Zimmer ohne Frühstück.

Jugendherbergen

In Kroatien gibt es einige Jugendherbergen und Hostels, die preiswerte Übernachtungsmöglichkeiten bieten. Erforderlich ist zum Teil (oder gegen einmalige Gebühr) ein internationaler Jugendherbergsausweis mit Passbild. Die meisten Jugendherbergen liegen zentral, sind mit 2- bis 8-Bett-Zimmern ausgestattet (teils auch Dusche/WC im Zimmer), haben Aufenthaltsraum und Restaurant, Internet, manchmal auch Garten, Vorplatz oder Sportplatz. Je nach Ausstattung und Lage kostet die Übernachtung ca. 13–20 €/Person. Es werden meist auch preiswertes Frühstück und Halbpension angeboten. Zu Ferienzeiten sind Jugendherbergen in der Regel oft ausgebucht, daher ist eine Voranmeldung sinnvoll. In unserer beschriebenen Region u. a. in Zagreb (zahlreich!), Rijeka, Zadar, auf der Insel Lošinj (Veli Lošinj) und der Insel Krk (Punat).

Information Im Internet unter www.hfhs.hr oder auch über den **Internationalen Jugendherbergsverband** www.jugendherbergen.de.

Campingplätze warten in reicher Auswahl –
hier mit kopfreicher Aussicht am Kanal von Osor

Camping

An der Küste reihen sich die Campingplätze aneinander, auch die Inseln in der Kvarner-Bucht sind diesbezüglich gut versorgt. Die großen Campingplätze an der Küste liegen meist in einer eigenen Bucht unter Olivenbäumen oder Strandkiefern, haben Restaurant und Supermarkt, moderne Sanitäranlagen, Kühlboxen, Grillplätze und Internetzugang, auch mit Hotspots. Je nach Größe des Platzes gibt es Animation für Groß und Klein, Sportanlagen, Boots- und Wassersportgeräteverleih sowie Molen und Slipanlagen für Boote. Auch im Landesinneren, vor allem an touristischen Plätzen wie den Plitvicer Seen, gibt es Campingareas. Spitzenkategorie-Campingplätze sind selten.

Stattdessen findet man vielerorts Naturcamps ohne jeglichen Komfort, die angesteuert werden, weil **wildes Campen in Kroatien verboten** ist. Dasselbe gilt für kleine Privatcamps, die oft mitten in den Siedlungen auf einer Wiese vor dem Haus des Inhabers platziert sind und manchmal nur über einen Wasserhahn verfügen. Aber es gibt auch nette Camps mit Meerzugang, Warmwasserduschen und quasi Familienanschluss. Freikörperkultur-Freunde können sich auf eigene FKK-Campingplätze freuen, die zahlreich über die Kvarner-Inseln verteilt sind. Manche Camping-Areale gliedern sich in textile und textillose Zonen.

Die meisten Campingplätze sind vom 1. Mai bis 30. September geöffnet, einige große vom 1. April bis Ende Oktober. In der Hauptsaison wird es ganz schön eng, denn auch viele Einheimische verbringen ihre Ferien gern auf den Autocamps.

• *Information* Der kroatische Tourismusverband (s. Wissenswertes von A bis Z/Informationen) bietet jährlich die aktualisierte Gratis-Broschüre *Camping*. Der *ADAC-Campingführer* mit dem Kroatien-Teil ist sehr umfangreich, verzeichnet aber nicht jeden Platz/Ort.

Schwimmender Obst- und Gemüsestand (Mali Lošinj)

Essen und Trinken

Die Küche der Kvarner-Bucht ist von der österreichisch-ungarischen, italienischen und natürlich regionalen Kochkunst beeinflusst, ebenso die Binnenküche von Gorski Gotar und Zagorje. Nach Omas Rezepten garen aber auch heute noch die unterschiedlichsten Gerichte in den Töpfen und am kroatischen Meer wird frischer Fisch köstlich zubereitet. Serviert wird dazu weißer oder roter Landwein, der bei keinem Essen fehlen darf.

An der Küste und auf den Inseln ist die Küche in der Regel von *Fisch, Krusten-* und *Schalentieren* geprägt, die in guten Lokalen fangfrisch auf den Teller kommen: neben verschiedensten Fischsorten finden vor allem die leckeren, saftigen Scampis aus der Kvarner-Region großen Anklang, ebenso die im nahen Limski kanal gezüchteten Muscheln und Austern.

Vor allem im Landesinneren sind Spanferkel, Wildschwein vom Grill und im Herbst Wildgerichte wie Fasan und Hase beliebte Spezialitäten. Die Kvarner-Inseln locken mit zartem Lamm oder Zicklein. Um Zagreb bietet die Wiener Küche Backhendl, Wiener Schnitzel oder gefüllten Truthahn. Eine typische und wichtige Zutat, mit der von der Vor- bis zur Nachspeise gern verfeinert oder gewürzt wird, sind die im nahen Istrien beheimateten weißen und schwarzen *Trüffel (tartuf).* Der Wildspargel *(šparoge),* der als Salat, Gemüse oder in Omeletts serviert wird, sprießt im Frühjahr überall. Sehr beliebt sind auch Pilzgerichte, z. B. mit *Gnocchi, Fuži* oder *Surliče* oder zu Fleischspeisen. Und auch Naschkatzen kommen auf ihre Kosten – sie haben die Wahl zwischen Pfannkuchen *(palačinke),* verschiedensten Strudeln oder Krapfen. *Maronen* sind ebenfalls eine Spezialität, ob geröstet, als Suppe oder im Kuchen. Um Zagreb gibt es leckere Erdbeeren, die frisch oder in verschiedensten Varianten auf den Tisch kommen. Auch Waldfrüchte wie Schwarz-, Brom- oder Himbeeren werden im waldreichen Inland verarbeitet, ob zu Törtchen oder im Ofen mit hauchzartem Teig überbacken.

Die Lokale

Restoran (Restaurant): Ein gehobeneres Speiselokal mit großer Auswahl an Vor- und Nachspeisen, Fisch- und Fleischgerichten.

Riblji restoran (Fischrestaurant): Hier gibt es Meeresspezialitäten, vorwiegend Adriafische. Wer gerne Fisch isst, darf sich hier bestens aufgehoben fühlen, da die Zutaten immer frisch sind und man die Art der Zubereitung bei uns zu Hause nicht findet.

Gostiona (Gasthaus): Gasthäuser sind meist Familienbetriebe. Oft kochen Wirt oder Wirtin selbst, das Essen wird aus frischen Zutaten nach Art des Hauses zubereitet. Das Ambiente reicht von einfacher ländlicher bis zur gehobenen modernen Ausstattung. In kleineren Gasthäusern beschränkt sich die Auswahl auf wenige preiswerte Fleisch- und Fischgerichte.

Konoba: Ursprünglich ein Weinkeller oder ein winziges Lokal, das Wein und ein paar Vorspeisen wie Oliven, Schinken und Käse, gelegentlich auch kleine Fischgerichte anbietet. Heute bezeichnen sich auch kleine Gostionas als Konobas und haben eine deutlich größere Essensauswahl, z. B. oft die leckeren Peka-Gerichte.

Kavana (Café) und **Bife** (Buffet): Im Café gibt es Kaffee, Tee, türkischen Kaffee, Torten, Gebäck, Eis, Getränke und manchmal kleine Snacks. Bifes sind mehr eine Art Bar und Treff.

Pizzeria: Auch in Kroatien ein preiswertes, schnelles Essen und eine willkommene Abwechslung zu den Fleischgerichten. Jedoch wird in den Pizzerias, im Gegensatz zu ihren deutschen Schwestern, meist tatsächlich nur Pizza angeboten (außer es

heißt Restaurant/Pizzeria), dafür meist in großer Auswahl und oft auch die wohlschmeckende Holzofen-Pizza.

Vinoteka (Weingeschäft): Hier kann man vor allem Weine, Grappa und Hochprozentiges verkosten und kaufen.

Samoposlužni restaurant: Selbstbedienungsrestaurant, meist in Städten und größeren Feriensiedlungen an der Küste zu finden – ein preiswertes Esslokal.

Slastičarna: Eisdiele/Café – hier werden Espresso, Cappuccino, Kuchen, Torten und Eis serviert.

Vorspeisen und Snacks

Als Vorspeise kennt man in der Küstenregion luftgetrockneten Schinken *(pršut)* und Käse *(sir)*, meist vom Schaf oder von der Ziege. Berühmt ist der Schafskäse von der Insel Pag *(paški sir)* mit seinem würzigen Aroma. Im kühleren Landesinneren, z. B. in der Lika (Plitvicer Seen), isst man gerne auch milden Quark oder Frischkäse als Vorspeise, aber auch der Hartkäse aus dem Velebit schmeckt vorzüglich. Dazu werden Oliven oder eingelegte Zwiebeln *(kapulica)* und Weißbrot gereicht.

Eingesalzener Fisch *(usoljena riba)* ist eine ebenso beliebte Vorspeise wie Zwischenmahlzeit. Es werden hauptsächlich rohe Sardinen verwendet, die, in Öl und Essig mit Lorbeerblättern eingelegt, ein paar Wochen durchziehen. Auch Tintenfischsalat, *Bakalar* (gekochter Stockfisch) oder Scampi-Cocktail sind als Appetizer beliebt.

Marinierter Fisch *(marinirana riba)* wird in einem anderen Verfahren zubereitet: Makrelen oder Sardinen werden gebraten, dann in Essig, Öl und Zwiebeln für ein paar Tage eingelegt.

Hummer ist auch in Kroatien eine etwas teurere Delikatesse

Eine bosnische Spezialität, aber auch in Kroatien eine beliebte Zwischenmahlzeit, ist *burek*, Blätterteigpasteten mit Fleischfüllung oder auch mit Apfel oder Quark. *Omelettes* mit Pilzen, Käse oder Schinken serviert jedes Restaurant.

Beliebte Vorspeisen sind auch Suppen u. a. die Minestrone *(maneštra)*, mit je nach Jahreszeit wechselnden Gemüsesorten, Gulaschsuppe *(gulaš juha)*, Fischsuppe *(brodet* oder *riblja juha)* sowie Lammsuppe *(jagjeća čorba)*. Im Herbst lockt an der Opatija Riviera die leckere *Maronensuppe*.

Essenspreise: Kalte und warme Vorspeisen wie Schinken (pršut), Salat aus Meeresfrüchten, Reis- und Nudelgerichte gibt es ab ca. 5–10 €, Fleischgerichte kosten rund 6–12 €, Gerichte von Meeresfrüchten ab 8 €, ganze Fische (z. B. Zahnbrasse) sind ab 15 € zu haben.
Getränke: Espresso ab 0,70 €, Cappuccino ab 1,20 €, Tafelwein ab ca. 6,70 €/Liter, Barriqueweine ab 16 € für die 0,75-Liter-Flasche, Grappa ab ca. 1,30 €. Einheimische Biere ab 1,60 € für die 0,33-Liter-Flasche.

Gerichte von Fisch und Meeresfrüchten

Charakteristisch für die Küste und die Inseln sind die Fisch- und Krustentiergerichte, die auf vielfältigste Art zubereitet werden. Gängig sind Drachenkopf, Gold- und Zahnbrasse, Petersfisch, Seezunge, Meeresspinne, Scampi, Langusten, Hummer, Tintenfisch, Muscheln und Austern.

Na žaru heißen die gegrillten Fische, und der Holzofen, geschürt mit Olivenholz oder dem Reisig der Weinstöcke, verleiht Fischen und Schalentieren besondere Würze. Mit Knoblauch gespickte Gold- und Zahnbrassen, Seebarsche, Meeräschen, aber auch Makrelen und Sardinen werden mit Kräutern und Lorbeerblättern gewürzt und gegrillt.

Für den gekochten Fisch *(na lešo)* müssen Drachenkopf, Zahnbrasse oder Hechtdorsch in den Topf und werden dann in Wasser, Öl, Weinessig und mit Lorbeerblättern, Zwiebeln und Pfefferkörnern gegart.

Besonders lecker schmeckt die Fischsuppe *(brodet)*, für die verschiedenste kleine Fische verwendet werden, die mit Wein, Öl, Lorbeerblättern, Zwiebeln, Petersilie und Tomatenmark lange Zeit im Topf garen. Dazu wird Maisgrieß *(pura)* gereicht. *Fischpaprikasch* heißt der leckere Binnenlandfischeintopf (siehe dazu „Eintöpfe und Aufläufe).

Eine Delikatesse sind die gedünsteten Fische, z. B. Langusten *(scampi na buzaru)* oder gefüllte Tintenfische *(punjene lignje)*; sie schmoren mit Knoblauch und Zwiebeln gespickt in einem mit Knoblauch ausgeriebenen und mit Öl und Wein gefüllten Topf. Auf ähnliche Weise dünstet man Muscheln in Wein und viel Knoblauch. Dazu wird Weißbrot gereicht, mit dem man die leckere Soße aufsaugt. Auch im Ofen gebackener Fisch mit Kartoffeln wird gern serviert.

Schalentiere sind ein etwas teurer Genuss: Hummer *(jastog)* wird gekocht und überbacken in Weißwein und Kräutern mit Hausnudeln oder Mayonnaise oder nach individuellem Wunsch serviert. Fast immer stehen auch Muscheln, manchmal Austern auf der Karte.

Gebackene und panierte Fische sind eine Variation der österreichischen Küche. Dazu nimmt man Sardinen oder Thunfisch *(pečena tuna)*.

Fleischgerichte

Fangfrischer Fisch wartet auf Kunden

Fleischspezialitäten in der Kvarner-Region sind Lammgerichte: Lammsuppe, Lammbraten (unter der *peka*), Lamm gekocht und auch Lamm am Spieß. Immer beliebter wird auch im Norden Kroatiens das Fleischgaren auf dem Holzkohlengrill unter der *peka* (auch *cripnja* genannt), einer Art Tonglocke, die mit Glut und Asche bedeckt ist *(meso pod pekom)*. Auf diese Weise wird Wildschwein, Kalb, Huhn oder Lamm zubereitet (auch Oktopus); das Fleisch wird langsam und schonend gegart und bleibt dabei zart und saftig. Fleischspeisen vom Holzkohlengrill gelten als Nationalgerichte Ex-Jugoslawiens und stehen überall auf der Karte. Die bekanntesten und verbreitetsten sind *čevapčići* (Fleischröllchen aus gehacktem Schweine-, Hammel- oder Kalbfleisch), *ražnjiči* (gemischte Fleischspieße) und *pljeskavica* (eine Art Hamburger). *Mixed Grill* ist eine Grillplatte mit verschiedenen Fleischgerichten – čevapčići, ražnjiči, Lamm- und Schweinekotelett sowie Leber. *Hajdučki ćevap*, der

Spieß der *Heiduken*, wird aus mariniertem Lamm- und Rindfleisch mit Zwiebeln zubereitet und mit Djuveč-Reis serviert. Um Zagreb sehr beliebt ist Truthahn (oft gefüllt mit Schinken und Käse) mit Plinsen *(Purica s mlincima)*.

Auch Frösche sind im Gorski Kotar, um Zagreb und auch an den Plitvicer Seen beliebt, gegrillt oder gekocht mit verschiedenen Saucen oder zu Polenta oder Pilzen.

Wildgerichte bieten vor allem die binnenländischen Restaurants. Meist werden Hase und Wildschwein, manchmal auch Fasan serviert. Im Zagreber Raum isst man zum Wildgulasch gerne Semmelknödel *(Divljač s valjušcima)*.

Eintöpfe und Aufläufe

Eintöpfe werden hauptsächlich in einfachen Gostionas im Binnenland serviert; beliebt ist u. a. der Lika-Eintopf *(Lički lonac)*, der mit Lammfleisch, Gemüse und Kartoffeln zubereitet wird. Auch gefüllte Paprika stehen häufig auf der Speisekarte. Ein besonderes Schmankerl ist der *Fischpaprikasch*, ein Eintopf aus Süßwasserfischen (u. a. Karpfen, Forellen, Wels, Hecht) mit viel süßem und scharfem Paprika gewürzt und in einem Kessel über offenem Feuer gegart.

In der Zagorje oder Samobor-Region gibt es *Kotlovina*, ähnlich einer Paella, aber mit Kartoffeln und teils auch Pilzen: Auf eine große, flache Pfanne kommen Schweinsfüße, die mit Wein übergossen werden, dann folgen je nach Geschmack und Region Schweinefleischstückchen, Huhn, Kalb oder auch Wild, zudem Paprika, Tomaten, Auberginen, Bohnen, Zwiebeln und Knoblauch. Alles wird ganz langsam durchgegart.

Reis- und Nudelgerichte

Die Venezianer hinterließen Reis- und Nudelgerichte in zahlreichen Variationen mit Meeresfrüchten, Fleisch, mit Gemüse, Pilzen oder Hackfleischsoße.

Reisgerichte *(rižoto)* werden an der Küste mit Tintenfischen (schwarz oder weiß), Muscheln oder Langusten zubereitet. Spaghetti gibt es ebenfalls in allen Varianten: mit Tomatensoße, Hackfleischsoße oder, besonders wohlschmeckend, mit Hummer, Muscheln oder Trüffeln; auch *gnocchi* (zarte Kartoffelmehlklößchen) mit Gorgonzola oder Trüffeln stehen oft auf der Karte. Überhaupt spielen istrische Trüffeln in der nordkroatischen Küche eine große Rolle. Eine Nudelspezialität aus dem nahen Istrien sind *fuži* (bestimmter Nudelteig) oder *surliče* von der Insel Krk, die zu Fleisch oder Wild gereicht werden.

Gemüsegerichte

Eine beliebte Gemüsesorte ist Mangold *(blitva)*, der gekocht und mit Olivenöl abgeschmeckt, vor allem zu Fisch gereicht wird. Gerne gegessen werden auch Bohnen oder gebackene Auberginen und Zucchini und im Frühjahr der beliebte grüne Wildspargel *(šparoge)*. Im Inland ist die Palette an Gemüsesorten noch breiter.

Beilagen

Eine Spezialität in der Kvarner-Bucht ist Maisbrei *(pura* oder *polenta)*, der zu Fischsud oder frischem Tintenfischfleisch und Makrelen gegessen wird. Die zarten *gnocchi, fuži* oder *surliče* sind auch eine leckere Beilage zu Fleisch- oder Pilzgerichten. Die Nudelfladen *mlinci* und auch die *štrukli*, mit Frischkäse gefüllter Ölteig in Salzwasser gekocht, werden gerne zu Fleisch oder Pilzen gereicht, vor allem im Inland. Neben den auch bei uns üblichen Beilagen findet man *djuveč, Reis* mit

Gemüse, oder *ajvar*, ein rötliches Mus aus Tomaten, Paprika und Auberginen, das zu Grillfleisch oder *pljeskavica* gegessen wird. Gehackte Zwiebeln dürfen ebenfalls nicht fehlen. An Salaten gibt es hauptsächlich Tomaten-, Gurken- und Krautsalat.

Nachspeisen

Palačinke – Pfannkuchen mit Marmelade, Schokolade, Walnüssen oder auch mit Eis und flambiert.

Štruklji – die gängigste Variante ist Apfel- oder Topfenstrudel. Es gibt die Strudelfüllung aber auch mit Mohn, Walnüssen, Heidelbeeren oder Pflaumen, vor allem im Landesinneren.

Sirovi štruklji – Ölteig wird mit Topfen gefüllt und in Salzwasser gekocht. Man kann die *štruklji* als Snack oder salzige Vorspeise essen, oder süß – mit in Butter gerösteten Semmelbröseln und Zimt-Zucker bestreut.

Rezanci smakom oder **sorasima** – Mohn- oder Nussrollen aus Hefeteig.

Sladoled – Eiscreme.

Sadna kupa – Obstbecher in verschiedenen Variationen mit Sahne oder Eis.

Kremšnite – eine beliebte Nascherei: ein mit Creme oder Vanillepudding gefüllter Blätterteig, manchmal unter einem Schokoladenüberzug versteckt. Die kremšnite gibt es in Restaurants als Nachspeise oder in Eisdielen (*slastičarnas*).

Fritule und krуštule (in Zagreb **Uštipak**) – diese Süßspeisen-Spezialitäten werden aus Hefeteig zubereitet, in Öl (wie Krapfen) ausgebacken und mit Zucker bestreut.

Rošata – eine Art Eierstich, besteht aus Eiern, Zucker und Milch und wird mit Sirup übergossen.

Getränke

▶ **Wein:** Ist das kroatische Nationalgetränk. Wir empfehlen die offenen Weine der Region, in der man sich gerade aufhält. Angeboten werden Weiß-, Rot- und Roséweine. Nordkroatien hat eine Reihe sehr guter Weine anzubieten: den roten *Teran* und den weißen *Malvazija* aus Istrien; die Insel Krk ist bekannt für den goldgelben *Žlahtina*, von der Insel Pag kommt der ebenfalls goldgelbe *Žutica*. Daneben werden die Weißweine *Silvanec, Pinot, Traminec, Chardonnay* und *Šipon* oder an Rotweinen *Refošk* und *Merlot* angebaut.

Natürlich fehlen auf keiner Weinkarte die leckeren dalmatinischen Rotweine wie Dingač und Postup.

Aus Slawonien kommen übrigens die besten Weißweine des Landes, hier gedeihen an den Südlagen des hügeligen Papuk Naturparks *Graševina, Traminer* und *Raijnski Rizling*.

Gegen Durst hilft gut Gespritzter (halb Wein, halb Wasser), *bevanda* (mit stillem Wasser), *gemišt* (mit Mineralwasser) oder *Mussolini* (Rotwein mit Fanta).

Mini-Weinlexikon

Crno vino Rotwein	*Cuveno vino* Auslese
Bijelo vino Weißwein	*Desertno vino* Dessertwein
Hrvatica Roséwein	*suho* trocken
Pjenusavo vino Sekt	*polusuho* halbtrocken
Stolno vino Tafelwein	*slatko* süß
Kvalitetno vino Qualitätswein	*poluslatko* halbsüß

▶ **Spirituosen:** Der Dessertwein *prošek* ist als „„vinum sanctum" (heiliger Wein) seit römischer Zeit bekannt. Eine Spezialität aus Zadar ist der *maraskino*, ein klarer süßer Likör aus den Kernen der Weichselkirsche Maraska. *Istra-Bitter* nennt sich ein Aperitif, der ähnlich wie Campari schmeckt. Lecker sind auch die Likör-Raritäten aus Mirabellen und Heidelbeeren. An härteren Sachen findet man Spezialitäten wie den Kräuterschnaps *(travarica)* und Grappa *(lozovača, kurz loza)*, und überall gibt es natürlich *šljivovica,* den Slibowitz-Pflaumenschnaps. Fast jede Gostiona hat zudem ihren eigenen Hausschnaps, der dem Gast meist auch vor oder nach dem Essen angeboten wird.

▸ **Biere** *(pivo):* Es gibt viele einheimische Biere, z. B. aus Karlovac, aber auch gute slowenische, bayerische und eine bekannte Marke aus dem hohen deutschen Norden.

▸ **Kaffee:** Traditionell wird er als süßer türkischer *kava* serviert und in einem langstieligen Kupferkännchen zubereitet. Aber in den Cafés und Café-Bars gibt es überall echten italienischen Espresso, Cappuccino und Latte Macchiato, daneben auch Kakao und Tee. Der Kaffee in den meisten großen Hotels entspricht nicht unserem Geschmack, was viele Gäste dazu bringt, ihren mitgebrachten Schnellkaffee aufzubrühen.

Parasailing – Blick auf die Bucht von Rijeka

Sport

▸ **Baden:** Die Küste und die Inseln bieten rundum gute Badebedingungen. Der größte Teil der Küste besteht aus Fels, es gibt jedoch auch einige Buchten mit Feinkies und Kies, manchmal sogar mit Sand. In der Nähe von Touristenorten hat man begonnen, mit Sand oder Beton künstliche Liegeflächen zu schaffen. Die für gute Wasserqualität stehende „Blaue Flagge" weht auch an den Stränden der großen Touristenorte wie Crikvenica, Baška, Rab oder Nin, wo sich Zigtausende von Menschen im Meer tummeln. Das meist klare Meerwasser bietet in die Tiefe oft Sichtweiten von bis zu 50 m – Schnorchelausrüstung nicht vergessen! Die Wassertemperaturen liegen zwischen 20 und 23 °C.

> Zu allen hier erwähnten Sportarten finden Sie im Reiseteil unter den jeweiligen Orten detaillierte Angebote und Adressen.

Kroatien ist neben Südfrankreich das Paradies der Nudisten. Es gibt zahlreiche Campinganlagen, die ausschließlich oder zumindest zum Teil FKK-Anhängern offen stehen. Als einer der Ersten ließ 1936 König Eduard VIII. von England auf der Insel Rab die Hüllen fallen. Heute gibt es in der Kvarner-Bucht keine Insel, auf der man nicht nackt baden kann. Auffallend ist jedoch der aktuelle Trend, sich wieder einzuhüllen.

▶ **Canyoning:** Wird vor allem im Učka-Gebirge und Velebit angeboten – eine Kombination aus Klettern, Erkunden von Schluchten sowie Überspringen und Hinabrutschen von Wasserfällen.

▶ **Fahrradfahren:** Die Kvarner-Bucht und vor allem die Inseln und die Halbinsel Ravni kotari sowie das Inland Zagorje und Samobor sind ideal zum Radeln und Mountainbiken – überall wurden ausgewiesene Fahrradwege angelegt. Fahrräder (meist Mountainbikes) kann man in allen größeren Orten über Touristinformationen, Hotels und Verleihgeschäfte mieten – pro Tag ab ca. 12 €. Wer allerdings Wert auf sehr gute Qualität (Federung!) legt, nimmt seinen Drahtesel besser von zu Hause mit (siehe „Anreise mit dem Fahrrad").

Information und Fahrradkarten In den Agenturen und bei den Tourismusverbänden.

▶ **Fischfang:** Das im Norden bis auf 50 m Tiefe klare adriatische Meer lädt zum Fischen und Angeln ein – 365 verschiedene Fischarten soll es hier geben. Die *Fangmittel* sind gesetzlich festgelegt.

Für das Meer gilt: Mit Ausnahme des Angelns vom Ufer aus braucht man eine Genehmigung der zuständigen Gemeinde. Am Ufer ist ein Fang von bis zu 5 kg täglich erlaubt. In Häfen und Naturschutzparks ist der Fischfang verboten – auch Muscheln und Krebse sind geschützt.

Fischfanggebiete sind die Gewässer rund um die Küste und die Inseln. Gefangen werden von Nord nach Süd hauptsächlich Tintenfisch, Makrele, Goldbrasse, Brauner Serran, Thunfisch, Drachenkopf, Meeräsche, Aal, Zahnbrasse, Gelbstriemen, große Geisbrasse, schwarzer Schattenfisch, Muräne, Sackbrasse, Seebarbe und Rotbrasse.

• *Informationen* Die Broschüre *Sportfischerei* liegt in den Touristinformationen kostenlos aus.
• *Sportfischereiverband* Verband für Sportfischerei auf See von Kroatien, ✆ 01/6106-208, www.hssrm.hr (kroat. Sprache).

▶ **Free-Climbing und Klettern:** Ein tolles Klettergebiet ist die Paklenica-Schlucht im gleichnamigen Nationalpark bei Starigrad-Paklenica. In dieser imposanten Bergwelt des Velebit gibt es alle Schwierigkeitsgrade. In der 1. Maiwoche treffen sich hier die weltbesten Freeclimber zum *Big Wall Street Climbing*. Weitere Reviere sind u. a. das Učka-Gebirge und die Insel Pag.

Anspruchsvolle Klettergärten in der Paklenica-Schlucht

▶ **Joggen**: Läufer finden sicherlich überall beste Bedingungen in aromatischer Luft und auf schönen Wegen ihre Runden zu drehen. Wer mag, kann sich natürlich auch für Marathon-Wettbewerbe anmelden, z. B. in Zagreb oder Plitvicer Seen (s. dort).

▶ **Kanu- und Kajakfahren:** Hierzu fährt man am besten selbst oder per Ausflugsfahrt zum Fluss Zrmanja bei Obrovac (s. Starigrad-Paklenica/Umgebung) oder ins Inland bei Zagreb, u. a. auf Kupa und Sutla.

▶ **Paragliden:** Eine wunderschöne Art, das Land buchstäblich aus der Vogelperspektive kennen zu lernen. Agenturen bieten Paragliding im Učka-Gebirge an (Details in den Ortskapiteln zu Lovran und Opatija).

▶ **Reiten:** Pferdeliebhaber finden u. a. auf der Insel Cres und bei Zaton (Nin) Möglichkeiten zum Reiten.

▶ **Schnorcheln:** Die Felsküsten sind ein Paradies für Schnorchelfreunde, krebsartiges Getier und zahlreiche Fischarten tummeln sich in den klaren Tiefen. Schnorchelausrüstung am besten von zu Hause mitnehmen!

▶ **Sportschifffahrt:** Für Segelfreunde und Motorbootfahrer ist die Küste ein ideales Revier – die kroatische Küste misst insgesamt 6116 km und bietet mehrere hundert Häfen an der Küste und auf den Inseln sowie zahlreiche schöne Jachthäfen (Details siehe Marinas und Jachthäfen im Reiseteil). Und weil der Nautiksport boomt, werden Jahr für Jahr die Marinas ausgebaut – die Zahl der ganzjährig aufgenommenen Segelschiffe und Motorboote steigt ständig, und die schönsten Marinas sind schnell ausgebucht. Auch hier an Anmeldung und Kurtaxe denken.

Immer beliebter werden auch Boots- und Segeltörns in der Adria (s. u. Bootscharter). Wer keinen Segel- oder Bootsführerschein besitzt, kann ihn an der Küste erwerben. Auf fast jeder Insel kann man für 40–60 € pro Tag ein 4-PS-Motorboot mieten, aber ebenfalls, laut Gesetzt, nur gegen Bootsführerscheinvorlage!

• *Information* **Udruženje nautičkog turizma (Verband des nautischen Tourismus)**, Rooseveltov trg 2, 10000 Zagreb, p.p. 630, ✆ 01/4561-792, -570, www.hgk.hr.
Auch in Rijeka: Bulevar oslobodenja 23, 51000 Rijeka, ✆ 051/209-111.
ACI-Club (Zentrale), ✆ 051/271-288, www.aci-club.hr.
• *Bootscharter* Ist von vielen Marinas aus möglich (siehe dazu im Reiseteil). Zudem kann man fast alle in Kroatien ansässigen Vercharterer von Deutschland aus buchen, was das gleiche kostet. Von Vorteil ist dabei, dass die Buchung über eine deutsche Agentur läuft und bei Schadensfall somit auch nach deutschem Recht verfahren wird! Zu den größten Vercharterern zählen: Master Yachting, www.master-yachting.de; Wimmer Yachting, Charterbasis Punat (Insel Krk). Weitere Adressen im Internet: www.sailfun.de, pitter-yachting. com, www.yachtcharterfinder.com. Tipps rund ums Segeln etc. unter www.skipper tipps.de. Eine gute Broschüre für Törns in Kroatien liefert das Magazin *More*, www.more.hr.
Beste Informationen liefert unser Spezialist Karl-Heinz Beständig: *Kroatien, Slowenien, Montenegro – 808 Häfen- und Ankerbuchten* (s. Literaturtipps).

▶ **Surfen:** Die Adriaküste bietet Anfängern wie Profis sehr gute Bedingungen zum Surfen und zum Kite-Surfen – sehr beliebt sind Preluk bei Rijeka/Opatija (frühmorgens thermischer Wind), die Inseln Krk (Punat und Baška), Pag (Novalja) und auch der Strand Kraljičina bei Nin. Anfänger haben die Möglichkeit, sich in windgeschützten Buchten mit dem Brett vertraut zu machen. Surfbrettverleihe gibt es in den meisten Hotels und auf Campingplätzen, manchmal sind auch Surfschulen angegliedert. Ein 5-tägiger Kurs kostet ca. 200 €. Regattakalender unter www.hjs.hr.

▸ **Tauchen:** Die kroatische Adria ist ihrer extrem großen Sichtweite und des sauberen Wassers wegen ein Tauchparadies. Getaucht wird zu Wracks (z. B. alte Handels- und Passagierschiffe), zu Amphorenfeldern und an Steilwänden, in Grotten und Höhlen mit bizarrer Meeresflora und -fauna.

Taucher benötigen einen *Tauchausweis*; dieser ist 1 Jahr ab Ausstellung gültig, kostet 100 KN (ca. 14 €) und ist beim Tauchverband oder bei den Tauchclubs erhältlich. Tauchen kann organisiert oder individuell ausgeführt werden. Individuelle Taucher, d. h. Taucher, die ohne lizenzierten Tauch-club tauchen möchten, benötigen neben dem Tauchausweis noch eine *Tauchge-nehmigung*. Die Tauchgenehmigung ist bei den Hafenämtern erhältlich, ist eben-falls 1 Jahr ab Ausstellung gültig und kostet 2400 KN (ca. 330 €). Die Hafen-ämter informieren auch über die Sperr-gebiete. Für das Unterwasserfotogra-fieren gelten dieselben Vorschriften. Un-terwasserjagd mit der Harpune ist ver-boten.

Tauchschulen gibt es in fast jedem Tou-ristenort an der Kvarner-Küste und auf den Inseln. Nicht vergessen: Für die Lehrgänge braucht es ein Gesundheits-zeugnis, das die Tauchtauglichkeit be-scheinigt; am besten von zu Hause mit-bringen; manchmal wird das Zeugnis auch von Tauchclubs ausgestellt (**Tau-chernotruf:** ☎ 9155).

● *Zentrale Infostelle des Kroatischen Tauch-clubs* **Hrvatski ronilački savez,** ☎ 00385/ 1/4561-570, 4561-792, www.diving-hrs.hr oder www.croprodive.info.

▸ **Tennis:** Alle komfortablen Hotels sowie Sportcenter in manchen Touristenorten verfügen über eigene Tennisplätze. Auch einige große Campingplätze haben eigene Courts, die sich aber oft in schlechtem Zustand befinden. Tennisschläger kann man in den Hotels ausleihen, besser jedoch ist es, die eigene Ausrüstung mitzubrin-gen. Tenniskurse werden ebenfalls in fast allen Touristenorten angeboten.

▸ **Wakeboarden:** Kick und Fun! Per Wasserlift mit dem Board über *pipes* jumpen kann man in Punat, Insel Krk (siehe dort), hier werden auch internationale Meis-terschaften ausgetragen.

▸ **Wandern:** Schöne Wanderungen sind im Učka-Gebirge (Naturpark), im Risnjak-Nationalpark, im Velebit-Gebirge (Naturpark und Nationalpark Nord-Velebit), im Paklenica-Nationalpark, an den Plitvicer Seen (Nationalpark) und im Naturpark Medvednica bei Zagreb möglich. Überall auf den Inseln kann man auf Pfaden wan-dern. Markierte Wege sind selten und dann oftmals auch schlecht gekennzeichnet. Ein bisschen Orientierungssinn sollte man mitbringen – ansonsten vielleicht für längere Touren einen Kompass einstecken oder sich nach einem Bergführer erkun-

Bergtouren und Berge mit herrlicher Aussicht

Insel Lošinj	Berg Televrin und Osoršćica-Gebirgszug
Insel Krk	Berge um Baška
Insel Rab	Berg Kamenjak
Insel Pag	Berg Sv. Vid
Insel Vir	Berg Sv. Juraj
Insel Ist	Berg Straža
Učka- Naturpark	Berg Vojak
Risnjak-Nationalpark	Berge V. Risnjak, Snježnik
Velebit-Nationalpark	Gebirgszug, zudem Berge Vučjak, V. Kozjak, V. Zavižan
Medvednica-Naturpark	Berggipfel Sljeme und Gebirgszug Medvednica
Zumberak und Samobor-Naturpark	Berggipfel Oštrc und Samobor-Gebirge

digen. Gutes Schuhwerk empfiehlt sich, für Bergtouren ist es unabdingbar. Viele Bergpfade können auch Mountainbiker nutzen.

▸ **Wasserski:** In allen größeren Touristenorten an der Küste möglich. Wer kein eigenes Boot und Skier hat, kann sich das Equipment in Hotels oder über die Touristeninformationen mieten.

Bitte beachten: Erst ab einem Mindestabstand von 300 m zum Strand darf der Bootsmotor auf vollen Touren laufen, dann ist der Spaß für den Läufer gesichert. Es muss neben dem Fahrer ein Beifahrer anwesend sein, der den Wasserskiläufer beobachten kann, außerdem muss das Boot über einen Rückspiegel verfügen.

Die Seele baumeln lassen ...

Wissenswertes von A bis Z

Ärztliche Versorgung

Nach dem Versicherungsabkommen mit Kroatien gilt der *Auslandskrankenschein* (HR/D 111). Gegen Vorlage des HR/D 111 erhalten Sie von der örtlichen Krankenversicherungsanstalt Kroatiens *(Hrvatski Zavod Za Zdravstveno Osiguranje – HZZO)* eine „Bescheinigung über die Inanspruchnahme von Sachleistungen", mit der Sie bei jeder medizinischen Einrichtung ärztliche und zahnärztliche Behandlung sowie Heilmittel in Anspruch nehmen können. Zuzahlungen für Medikamente, die nicht auf der Positivliste stehen, müssen getätigt werden.

Die ärztliche Versorgung in Kroatien entspricht europäischen Standards. In jedem größeren Ort gibt es ein **Krankenhaus** *(Bolnica)*, **Krankenstationen** *(Dom zdravlja)* oder eine **Ambulanz** *(Ambulanta)*. Ärzte finden sich in nahezu jedem Ort, in Touristenorten gibt es auch Hotelärzte. Die Ärzte sprechen englisch, deutsch oder italienisch. Im Sommer werden in Touristenorten separate Ambulanzen für ausländische Besucher eingerichtet.

Apotheken *(Ljekarna)* gibt es ebenfalls in jedem größeren Ort; sie sind meist von 8–19 Uhr, samstags bis 14 Uhr (teils auch sonntags) geöffnet. Zudem gibt es wie bei uns auch einen *Apotheken-Notdienst*.

Private Auslandsversicherung: Wer im Krankheitsfall kein Risiko eingehen will, sollte diese Versicherung abschließen, die auch die Kosten des Krankenrücktransports trägt.

In dringenden Fällen wenden Sie sich an den deutschsprachigen **ADAC-Notruf:** ✆ **01/363-6666, -6000.**

Diplomatische Vertretungen

• *Botschaften der Republik Kroatien Deutschland*, Ahornstr. 4, 10787 Berlin, ✆ 030/21915-514, www.zagreb.diplo.de.
Österreich, Haubergasse 10, 1170 Wien, ✆ 01/4802-083, 4864-285.
Schweiz, Gurtenweg 39, P. O. Box 231 Muri/Bern, ✆ 031/9256-659.
• *Botschaften in Kroatien* **Deutsche Botschaft**, 10000 Zagreb, Ul. grada Vukovara 64, ✆ 01/6300-100.
Österreichische Botschaft, 10000 Zagreb, Jabukovac 39, ✆ 01/4881-050, 4881-052.
Schweizer Botschaft, 10000 Zagreb, Bogovićeva 3, ✆ 01/4878-800.

Weitere Infos unter www.mvp.hr.

Feiertage

An diesen Tagen bleiben Geschäfte und Banken geschlossen:

1. Januar: Neujahrstag
6. Januar: Hl. Drei Könige
März/April: Ostersonntag/-montag
1. Mai: Tag der Arbeit
Mai/Juni: Fronleichnam
22. Juni: Tag des antifaschistischen Widerstands
25. Juni: Staatsfeiertag
5. August: Dankfeiertag
15. August: Mariä Himmelfahrt
8. Oktober: Tag der Unabhängigkeit
1. November: Allerheiligen
25./26. Dezember: Weihnachten

Feste und Veranstaltungen

Im Juli und August bieten die größeren Städte und Touristenorte ein breit gefächertes Musik-, Theater- und Folkloreprogramm. Die Tourismusverbände geben jährlich einen Veranstaltungskalender mit genauen Spielzeiten heraus, der in den großen Touristeninformationen erhältlich ist. Weitere Informationen im Internet unter *www.croatia.hr/events*.

Im Folgenden eine Auswahl der größeren jährlichen Kulturereignisse; detaillierte Infos sowie weitere Termine entnehmen Sie bitte den jeweiligen Ortsbeschreibungen unter der Rubrik „Veranstaltungen".

• *Crikvenica* **Sommerfasching** im Juli/Aug.
• *Insel Cres* In der Kathedrale von Osor finden im Sommer allwöchentlich **Abende mit klassischer Musik** statt.
• *Insel Krk* Das **Sommerfestival** mit Musik- und Theateraufführungen wird im Juli/Aug. v. a. in der Stadt Krk und auf der Klosterinsel Košljun veranstaltet.
• *Insel Pag* **Pilgerfest** von der Stadt Pag nach Stari Grad am 15. Aug.
• *Insel Rab* U. a. Rab-Stadt; **Ritterspiele-Armbrustschützen**, am 9. Mai, 30. Mai, 27. Juli, 15. Aug. Riesiges Spektakel mit historischen Kostümen.
Raber Festtage, vom 25.–27. Juli werden die Stadtheilgen Sv. Jakov, Sv. Ana und Sv. Krištofor gefeiert.
Raber Sommer, im Juni, Juli und Aug. **Raber Musikabende**, 1-mal wöchentl., meist Do von Mitte Juni–Ende Sept. mit klassischen Konzerten in der Kirche Sv. Križ.
• *Karlovac* **Bierfestival**, Ende Aug.
• *Nin* Am 1. Montag im Mai **Sv. Marija-Prozession**; per Boot zur vorgelagerten Insel Zečevo (zudem am 5. Mai und 5. Aug.).
• *Opatija* **Festspiele** im Juli/Aug. mit Oper, Ballett und Konzerten.
Karneval, Mitte Jan.–Mitte Feb. mit traditionellen Masken aus Schaffell und Hammelhörnern.
Liburnia-Jazzfestival, 1. Juliwochenende.
Segelregatten, Anfang Juli und am 3. Wochenende im Nov.
In Lovran und Dobreč (bei Opatija) gibt es jedes Jahr Mitte–Ende Okt. das **Maronenfest** *(marunada)*.
• *Rijeka* **Pilgerfest** zur Festung am 15. Aug. Beliebt ist auch der **Karneval**.
• *Starigrad Paklenica* 1. Maiwoche **Big Wall Street Climbing**, intern. Freeclimber-Wettbewerb.
• *Varaždin* **Spancirfest**, 10-Tagesfest ab 3. Augustwoche. **Barockmusikfestival**, Ende Sept. bis Anfang Okt.
• *Zadar* U. a. in der Kirche Sv. Donat gibt es **Musikveranstaltungen** von Anfang Juli–Mitte Aug. Es wird kroatische Musik (Orgel und andere Kircheninstrumente) aus dem 11.–16. Jh. gespielt. **Theatersommer** Mitte Juli–Mitte Aug.
• *Zagreb* Zagreber **Sommerfestival** und vieles mehr (siehe dort).

Nin - eine Schlammschlacht ist auch in Krisenzeiten heilsam und befreiend

Geld

Währung: Kroatische Kuna (KN oder HRK), 1 Kuna = 100 Lipa. 1 KN = 0,13 €; 1 € = ca. 7,30 KN (Stand Frühjahr 2009). Preisangaben oft auch in Euro.

Bargeld sollte man auf jeden Fall zumindest teilweise mitnehmen; der Bargeldumtausch ist in Kroatien günstiger als z. B. in Deutschland. Der Kurs entspricht dem von Reiseschecks.

Bankkarten: In jedem Ort gibt es Geldautomaten (Bancomat), die per EC-Karte (mit Geheimzahl) bedient werden können. In Kroatien die einfachste und bequemste Art, sich Bargeld zu besorgen! Höchstbetrag pro Abhebung kann bis zu 2000 KN (ca. 275 €) sein. Die Gebühr beträgt mit EC-Karte ca. 4,50 € (je nach Bank), mit Kreditkarte ca. 10 € (z. B. bei Mastercard!). Eine gute Alternative ist hier die Postbank-Sparcard

3000, pro Jahr hat man 10 Auslandsabhebungen an Visa-Plus-Automaten gratis.

Kreditkarten: Alle gängigen Kreditkarten werden von Hotels, Autovermietungen, Jachtcharters, Restaurants, Tankstellen und größeren Geschäften akzeptiert. Aufgrund der hohen Gebühr (s. o.) sind Geldabhebungen nicht sinnvoll!

Reiseschecks können an Banken gegen Gebühr eingelöst werden, Wartezeiten für die Einlösung sollte man einkalkulieren. Vorteil: bei Verlust der Schecks erhält man gegen Vorlage der Kaufbescheinigung Ersatz.

Banken sind in der Regel Mo–Fr 8–13 und 17–21 Uhr, am Sa von 8–12 Uhr geöffnet; in größeren Orten auch durchgehender Geschäftsverkehr. Banken gibt es in Kroatien inzwischen an fast jeder Ecke, **Bankomaten** sind auch in kleinen Orten vorhanden.

Zentrale Kartensperre – ☎ 0049/116-116: Sperrnummer für Karten aller Art, die bei Verlust oder Missbrauch die Sperrung von Bankkarten (viele, aber nicht alle Banken haben sich angeschlossen!) über Kreditkarten bis hin zum Mobiltelefon umfasst. Der Verein Sperr e. V. leitet die Anrufe an die zuständigen Firmen weiter (im Ausland kostenpflichtig). Natürlich muss man seine Geheimzahl oder PIN-Nummer wissen!

Internet

Kroatien präsentiert sich mit allem Wichtigen im Netz. D. h. neben Hotels, Restaurants, Firmen und Agenturen der verschiedensten Sparten pflegen auch Orte und Städte eigene Websites. Ebenso werden Kultur- und Sportveranstaltungen vorgestellt. Internetcafés gibt es in allen Städten und größeren Urlaubsorten. In guten Hotels gibt es zumindest eine Internetecke, Internetzugänge in den Zimmern und oft auch WLAN im ganzen Haus. Das gleiche gilt für WLAN-Plätze wie Cafés, Restaurants und auch auf Campingplätzen. Kroatien ist also bestens mit der neuen Technik ausgestattet. Wer Zubehör zu Hause vergessen

Bronzefiguren zieren Osor – hier der Flötist

hat, z. B. Aufladegeräte oder Verbindungskabel, wird in großen Städten ebenfalls fündig.

Informationen

Kostenloses Informationsmaterial und Auskünfte über Kroatien erhält man in Reisebüros oder bei den unten stehenden Tourismusverbänden. Es gibt Karten, Hotel- und Campingverzeichnisse, Informationen über Nautik etc. Auch das Angebot an Internet-Seiten über Kroatien ist sehr groß. Fast jede Stadt präsentiert sich informativ und mit nützlichen Adressen.

● *Tourismusverbände in Kroatien* **Kroatische Zentrale für Tourismus**, 10000 Zagreb, Iblerov trg 10/IV; p.p 251, ✆ 00385/1/4699-333, www.hrvatska.hr, info@htz.hr.
Für Region Kvarner: Tourismusverband, 51410 Opatija, Nikole Tesle 2, ✆ 00385/51/272-988, www.kvarner.hr.
Für Region Zadar: Tourismusverband, 23000 Zadar, Sv. Leopolda Bogdana Mandica 1, ✆ 00385/23/315-107, www.zadar.hr.
● *In Deutschland* **Kroatische Zentrale für Tourismus**, Hochstr. 43, 60313 Frankfurt, ✆ 069/2385-350, info@visitkroatien.de, www.kroatien.hr.
Rumfordstr. 7, 80469 München, ✆ 089/223-344, kroatien-tourismus@t-online.de.
● *In Österreich* **Kroatische Zentrale für Tourismus**, Am Hof 13, 1010 Wien, ✆ 0043/1/5853-884, office@kroatien.at.
Vor Ort wendet man sich an die Touristinformationen TIC, die meist mit Tourismusämtern zusammenarbeiten oder die diversen Agenturen.

Karten

Das in Kroatien erhältliche Kartenmaterial ist von sehr guter Qualität und aktuell. Karten, auch Wanderkarten, gibt es in Touristeninformationen, Buchläden und an Tankstellen.

Autokarten

1 : 250.000, f&b, Kroatien Straßenkarte mit Kulturführer und Farbfotos.
1 : 500.000, K+F, Straßenkarte Kroatien/Slowenien.

Seekarten

Delius Klasing Sportbootkarten. *Satz 7: Adria* bis *Lignano* bis *Zadar;* Maßstab 1 : 80.000, Kartendatum: WGS 84; GPS kompatibel. Delius Klasing Verlag, Bielefeld, 2005.

Bundesamt für Seeschifffahrt und Hydrographie (BSH), *Amtliche Seekarten 1071–1077;* Maßstab 1 : 100.000. Die Karten decken die gesamte Küste Kroatiens ab.

Literaturtipps

Beständig, Karl-Heinz, *Kroatien, Slowenien, Montenegro – 808 Häfen und Buchten*, Eigenverlag Beständig, Pressig; Standardwerk für jeden Skipper! Jährliche Überarbeitung.

Beständig, Karl-Heinz, *1000 GPS Wegepunkte. Istrien, Kvarner Bucht, Dalmatien, Montenegro*, Eigenverlag Beständig, Pressig, Marienstraße 7, 96332 Pressig ✆ 09265/913240; karl-heinz.bestaendig@t-online.de.

Čujić, Boris, *Paklenica*, Verlag Karolina, 2007, ISBN 953-6571-04-8; ein guter Kletterführer, über 400 Touren im Paklenica-Nationalpark.

Grandjot, Werner, *Reiseführer durch das Pflanzenreich der Mittelmeerländer*, Schroeder Verlag, Köln. Informative Einführung in die Pflanzenwelt; neben der Bestimmung viel Geschichtliches über die Pflanzen.

Hösch, Edgar, *Geschichte der Balkanländer*, C. H. Beck Verlag, 2002. Umfassendes Werk zum Verständnis der Entwicklung auf dem Balkan.

Müller, Bodo, *Kroatische Küste – Kvarner Bucht*, Edition Maritim, Hamburg 2006. Landgänge zu den besten Restaurants; Liegeplätze, Hafenbeschreibung und wunderbare Fotos zur Einstimmung.

Petzel, Michael, *Gesammelte Werke, Karl-May Filmbuch*, Karl-May-Verlag 1998; ein nettes Schmökerbuch über die Jadran-Filme, die in Plitvice, bei Rijeka und im Paklenica-Nationalpark gedreht wurden.

Steinbachs Naturführer, *Pflanzen des Mittelmeerraums*, Mosaik Verlag, München 1996. Bestimmungsbuch zur Mittelmeerflora; gute Fotos.

Nachrichten/Medien

Wer wissen möchte, was zu Hause oder in aller Welt passiert, geht am besten ins nächste *Internetcafé* (s. Reiseteil) oder zum *Kiosk*. In allen größeren Touristenorten gibt es an Kiosken eine gute Auswahl an deutschsprachigen Zeitungen und Zeitschriften. In guten Hotels hat man auch über die *Sat.-TV's* eine Auswahl an deutschsprachigen Sendern, die ebenfalls Nachrichten ausstrahlen. *Radionachrichten* sind ganzjährig in englischer Sprache im 1. Programm des Kroatischen Rundfunks um 20.05 Uhr zu hören (10 Min.). Im Sommer informiert das 2. Programm des Kroatischen Rundfunks auch in deutscher Sprache von 8 bis 21 Uhr zu jeder vollen Stunde: 98,5 MHz (Region nordwestl. Kroatien), 105, 3 MHz (Istrien), 93,3 MHz (Gorski kotar); zudem *Verkehrsmeldungen* des Kroatischen Automobilclubs (HAK). Nachrichten und Verkehrsmeldungen gibt es im Sommer wechselweise zur vollen Stunde im 2. Programm des Kroatischen Rundfunks auch aus den Studios von Ö3 (3. Programm).

Öffnungszeiten

Es gibt keine gesetzlich geregelten Öffnungszeiten. In der Saison sind Post, Bank, Touristeninformationen und Geschäfte meist durchgehend von 7 bis 21 oder 22 Uhr geöffnet. In der Nebensaison reduzierte Öffnungszeiten. Auch an Sonntagen haben viele Geschäfte zumindest bis Mittag geöffnet. Nähere Infos dazu in den entsprechenden Rubriken in den Ortskapiteln.

Papiere

Für die Einreise nach Kroatien und einen Aufenthalt von bis zu drei Monaten benötigen Deutsche, Österreicher und Schweizer einen gültigen *Reisepass* oder einen *Personalausweis*. Für unter 16-Jährige braucht man einen Kinderausweis oder einen Eintrag im Pass der Eltern. Für einen Aufenthalt von mehr als drei Monaten ist ein *Visum* erforderlich.

Auto- bzw Motorradfahrer benötigen *Führerschein* und *Fahrzeugschein,* bei einer Fahrzeuganmietung evtl. auch den internationalen Führerschein.

Für Haustiere ist der *EU-Heimtierausweis* mit den vorgeschriebenen Impfungen obligatorisch. Die Tiere müssen über eine lesbare Tätowierung oder einen implantierten Chip verfügen. Eine Primär-Tollwutimpfung muss mindestens 21 Tage alt sein.

Post

Briefe (7,20 KN) und Postkarten (3,50 KN) benötigen ca. 2 bis 3 Tage nach Deutschland. Briefmarken gibt es außer am Postschalter auch an jedem Kiosk. Einschreiben oder Päckchen werden am Schalter abgegeben. Pakete für den Auslandsverkehr sind bis 10 kg zugelassen –internationale Paketkarte und Zollerklärung (dreifach) sind am Schalter erhältlich. Geöffnet meist Mo–Fr 7–19 Uhr, Sa bis 14 Uhr. In kleinen Orten immer nur bis 14 Uhr.

Achtung: Wer auf ein Päckchen aus Deutschland wartet, sollte sich danach auch am Zoll, *Carina* (meist im oder neben dem Postgebäude), erkundigen – hier werden die meisten ausländischen Pakete bis zur Abholung aufbewahrt.

Organisierte Aktivreisen

Wer Kroatien nicht individuell bereisen möchte, kann verschiedenste Pauschalpakete buchen. Auch vor Ort bieten Agenturen Aktivtage an (s. Reiseteil).

Bootstourismus: Sehr beliebt sind 1- oder 2-wöchige Segeltörns mit nachgebauten, alten Motorseglern. Sie verkehren in der Kvarner-Bucht, in Dalmatien. Eine tolle Sache für all diejenigen, deren Geldbeutel nicht prall gefüllt sind, die aber trotzdem Seeluft schnuppern wollen. Die Schiffe schippern entlang der Küste, halten zum Baden an schönen abgelegenen Buchten und ankern direkt in den Häfen der Küstengroßstädte. Ein großes Angebot haben *Riva Tours* (www. idriva.de).

Inselhopping & Fahrradtouren: der Motorsegler, Fahrradtransport inklusive. Auch hier verfügt *Riva Tours* (www. idriva.de) über ein breites Angebot. Weitere ausge-

feilte Angebote, entlang der Küste, aber auch zu den Nationalparks, sowie gute individuelle Reisebegleiter hat die Agentur *Zeit-Reisen* (Konstanz, ☎ 0753/8199-390, www.inselhuepfen.de).

Radtouren: Eine super Sache, gerade auf den Inseln. Hinzu kommt, dass das Gepäck transportiert wird, man/frau tagsüber nur Kleingepäck wie Badesachen am Rücken halftern muss. Agenturen sind *Zeit-Reisen* (s. o.), zudem *Wikinger, Rückenwind, Radissimo, Natours, Pedalo, DRF Rad & Aktiv,* sowie auch *Dertour.*

Meer-Kajaktouren: Diese Touren werden ebenfalls immer beliebter. Gepäck etc. wird transportiert, der Gast paddelt um Küsten und zu Inseln, z. B. um die Insel Rab (s. Banjol) und Cres (siehe Cres). Infos unter: www.adriatic-sea-kayak.com,

Souvenirs

Lohnende Mitbringsel aus Kroatien sind die hochwertigen, kalt gepressten Olivenöle, Honig, regionale Weine oder die leckeren Käsesorten, ob aus der Lika oder von der Insel Pag, nicht zu vergessen natürlich der luftgetrocknete Schinken, *pršut*. Auch ätherische Öle aus Rosmarin oder Lavendel werden überall angeboten. In Städten kann man sich mit Krawatten eindecken, die von Kroatien ihren Weg in die Geschäftswelt und feine Gesellschaft fanden. Um 1630 hatten bereits Kroatiens Soldaten eine Art Schlips um den Hals, die Franzosen fanden Gefallen und diesem Halstextil „à la Croate" und nannten es „Cravate". Die Krawattenläden *Croata* bieten ein Sortiment mit über 2000 verschiedenen Modellen, natürlich alle von Hand gemacht und aus Seide (s. Reiseteil).

Strom

Wechselstrom, 220 V, 50 Hz.

Telefon/Notrufe

Auslandsgespräche vermitteln die Postämter oder (mit Aufschlag) alle größeren Hotels, Touristeninformationen und Campingplätze. *Telefonkarten* (telefonska karta) sind mit verschieden hohen Guthaben an Zeitungskiosken, in

Postämtern und Hotels erhältlich. Zudem gibt es eine Vielzahl von Mobiltelefonläden für Telefonkarten, SIM-Karten, etc. Das Telefonnetz ist gut ausgebaut. Gespräche nach Deutschland kosten pro Min. ca. 0,95 €, in die Schweiz ca. 1 €, nach Österreich und Italien ca. 0,50 €. Innerhalb Kroatiens kostet in der Zone I die Min. 0,19 KN; derselbe Preis gilt in Zone II für 0,36 Gesprächsminuten. Auch das Mobilfunknetz ist bestens ausgebaut. Verbilligte Tarife gelten wochentags ab 21 Uhr sowie an Sonn- und Feiertagen.

Vorwahlnummern von Kroatien nach:	
Deutschland	0049
Österreich	0043
Schweiz	0041
Vorwahlnummer nach Kroatien:	00385

Trinkwasser

Das Trinkwasser ist im ganzen Land einwandfrei und trinkbar. Dennoch bevorzuge ich immer Wasser aus Flaschen.

Zoll

Wichtige Telefonnummern	
Polizei	92
Feuerwehr	93
Erste Hilfe	94
Rettungsdienst	112
Suche u. Rettung auf Meer	9155
SOS	211888
Tauchernotruf	9155
Pannenhilfe	987
Inlandsauskunft	988
Auslandsauskunft	902
Verkehrsservice	060/520520
Kroat. Engel (Touristeninfos)	062/999999
ADAC-Notruf	01/363-6666, -60000

Hinweis: Telefonnummern und Internetadressen unterliegen in Kroatien ständigen Änderungen – für die im Reiseteil angegebenen Nummern können wir deshalb nicht garantieren!

In Kroatien gelten die Zollbestimmungen der EU-Länder, allerdings, da EU-Außengrenze, mit verschärften Kontrollen! Alle wertvollen Gegenstände, die den Rahmen eines normalen Reisegepäcks übersteigen, sollten an der Grenze mündlich deklariert werden, dazu zählen u. a. auch Kameras, Mobiltelefone, Laptops. Bei Missachtung kann eine *Eingangsabgabenschuld* entstehen (s. a. www.zagreb.diplo.de/Vertretung/zagreb/de/04/Wareneinfuhr).
Betriebsgenehmigungen für Funksprechgeräte sind im Voraus beim kroatischen Konsulat oder bei der Botschaft zu beantragen. Über die Mitnahme von Waffen für Jäger und Sportschützen gibt der Tourismusverband Auskunft. An den meisten Grenzübergängen Kroatiens sowie in grenznahen Jachthäfen gibt es *Duty-free-Shops*.

Mehrwertsteuer-Rückerstattung mit PDV-Formular
Ausländer haben bei Kauf und Ausfuhr von Waren (mit Ausnahme von Treibstoff) ab einem Mindestbetrag von 500 Kuna (ca. 68 €) ein Recht auf Rückerstattung der Mehrwertsteuer (22 %). Voraussetzung für die Auszahlung nach dem System Europe Taxfree Shopping ist: Man muss beim Kauf das PDV-P-Formular verlangen, das vom Verkäufer ausgefüllt und quittiert werden muss. Nähere Informationen unter www.carina.hr (auf Englisch).

Zagreb und Umgebung

Blick auf das prachtvolle Theater und das Museum Mimara

Zagreb

Kroatiens Hauptstadt im Osten des Landes zählt knapp 780 000 Einwohner und liegt überschaubar im Talkessel zwischen dem Save-Fluss und den Abhängen des Mittelgebirges Medvednica. Zagreb ist wichtiges Bindeglied zwischen Zentralkroatien, der Pannonischen Tiefebene und dem mediterranen Kroatien. Die Stadt ist eine junge europäische Kultur-, Wirtschafts- und Geschäftsmetropole – dynamisch und expandierend. Ihre Schönheit und ihren Charme verdankt sie dem Erbe unterschiedlichster kultureller Einflüsse aus vergangenen Epochen. Zagreb ist ein Ganzjahresziel und mehr als einen Zwischenstopp auf dem Weg zur Küste wert.

Die geruhsame Altstadt bietet den Besuchern in Laufweite eine Fülle von Sehenswürdigkeiten: prachtvolle Kirchen und Paläste, eine Vielzahl an Museen und Galerien und große, schön gestaltete Parkanlagen. Relaxen kann man am Zagreber Meer, dem Jarun-See, wer's sportlich mag, begibt sich auf Schuster's Rappen oder per Mountainbike hinauf ins Medvenica-Gebirge, das im Winter auch die Ski- und Snowboardfahrer anlockt. Kulinarisch wird man hier nichts vermissen, die Küche bietet einen vielfältigen und guten Mix und auch die Caféhäuser haben Tradition. Wer sich ins Nachtleben stürzen will, findet hier das größte und beste Angebot des Landes. Der Name Zagreb soll angeblich positionsbezogen von *za bregom* kommen, „hinter dem Berg". Nun, auch diese Titulierung ist sicherlich Vergangenheit.

Die Altstadt ist mit nur 900 Jahren relativ jung, birgt aber dennoch reichhaltiges Kulturgut. Beziehungen zum Balkan, dem Osmanischen und Deutschen Reich, Österreich, Ungarn und Italien, prägten das vielfältige Stadtbild Zagrebs – man blickt auf Mittelalter, Renaissance, Barock, Klassizismus, Neugotik, Gründerzeit

Glydothek M

Cafés
- 2 Konditorei Ivica i Marica
- 8 100 % Liquid Health
- 15 Gradska kavana
- 16 Café K & K
- 17 Choco Bar
- 19 Kavana Dubrovnik
- 22 Café Millenium

Essen & Trinken
- 1 Restaurant Baltazar
- 2 Restaurant Ivica i Marica
- 4 Trattoria Noce
- 6 Restaurant Kaptolska klet
- 7 Restaurant Lady Sram
- 9 Restaurant Kerempuh
- 10 Pod Griĉkim topom
- 11 Stari Fijaker
- 24 Restaurant Cantinetta
- 35 Steakhouse Mu

Museum Stadt Zagreb

Naturhistorisches Museum

Atelier Meztrović

Sv. Marko

Kamenita vrata

Museum der Naiven Kunst

Historisches Museum

Sv. Katarine

Klovićevi dvori

Krvavi most

Sv. Museum der Zeitgenössischen Kunst

Lotrŝćak

Uspinjača

Kathedrale

Trg bana Jelačića

Juriŝćeva

Varŝavska

Amruŝeva

Archäologisches Museum

Đorđiceva

Masaryk

Museum für Kunsthandwerk und Kunstgewerbe

Trg mar. Tita

Andrije Hebranga

Trg Zrinjevac

Strossmayer Gemäldegalerie

Strossm trg

Museum Mimara

Trg braće Mažuranić

Ethnograph. Museum

Ludovika Gaja

Kunstpavillion

Tomisl. trg

Marulićev trg

Mihanovićeva

Bot. Garten

Bahnhof

Übernachten
- 12 Pension Jägerhorn
- 13 Hostel Fulir
- 14 Hotel Jadran
- 19 Hotel Dubrovnik
- 29 Hotel Palace
- 30 Jugendherberge Zagreb
- 31 Hotel The Westin Zagreb
- 32 Hotel Central
- 33 Hotel The Regent Esplanade
- 34 Hotel Dora
- 36 Hotel International

Nachtleben
- 3 Club Fanatic
- 5 Café-Bar Funk
- 17 Choco Bar
- 18 Maraschino Bar
- 20 Café-Bar Pif
- 21 Bulldog XL
- 23 Apartman Café Club
- 25 Club Sax
- 26 BP-Jazzclub
- 27 Club Purgeraj
- 28 Lounge-Bar Hemingway
- 37 Route 66
- 38 Club Boogaloo

Ilica Grada

Vukovara

Trg Stjepana Radića

Podv. Miramarska

Zagreb Innenstadt

und Jugendstil. Eine stadtbekannte Parabel besagt: „Wien ist die Mutter Zagrebs, Budapest die Tante, Graz und Ljubljana die lieblichen Schwestern".

Mit der ältesten Universität des Landes, der Vielfalt an Museen, Galerien, dem Nationaltheater, Musik- und Sportveranstaltungen ist kulturell einiges geboten. Die Lebendigkeit der Stadt und der im Sommer spürbare südliche Charme durch viele hübsche, einladende Cafés machen die Stadt sehr anziehend. Auch ihr Kontrastreichtum macht Zagreb attraktiv: So findet man alte Handwerksläden neben schicken Boutiquen, altehrwürdige Caféhäuser neben trendigen Bars – das Publikum wechselt die Plätze ganz ungeniert. Ebenso unkompliziert und ausdrucksstark ist die Kunstszene: Alte Meister finden ebenso Bewunderung wie junge Avantgardekünstler, schon in den 1960er Jahren etablierte sich Zagreb als Zentrum des Projekts „Neue Tendenzen". Wer sich ins Nachtleben stürzen möchte, findet hier, wie nirgendwo in Kroatien, Clubs, Bars, Kneipen und Konzertveranstaltungen der unterschiedlichsten Musikrichtungen und neuesten Trends – das Großstadtleben pulsiert bis in die frühen Morgenstunden. Auch ans Heimkommen wurde gedacht – die Straßenbahnen verkehren rund um die Uhr.

Das Altstadtzentrum ist in drei Bezirke unterteilt, die Unterstadt *Donji Grad*, die ältere Oberstadt *Gornji Grad* und den angrenzenden Bezirk *Kaptol*. Reisende treffen zuerst auf die Unterstadt, die im 18. und 19. Jh. entstand. Hier, in den belebten Einkaufsstraßen und ruhigen Parkanlagen mit ihren monumentalen Bauten schlägt die Geschäftsader des modernen Zagreb. Mittelpunkt ist der Trg bana Jelačića, mit dem Säbel schwingenden Nationalhelden *Ban Jelačića* auf seinem Pferd.

Für das Stadtbild zeichnen u. a. der *Architekt Hermann Bollé* (1845–1926) und vor allem der Bauingenieur *Milan Lenuci* (1849–1924), der das „grüne Hufeisen", eine Aneinanderreihung von acht Parks und Grünflächen vor allem für die Unterstadt entwarf. In Zagreb versuchte man Wohn- und Geschäftsviertel in Grünflächen einzubetten und attraktiv zu gestalten. Das Auto lässt man am besten außerhalb stehen – ein schönes altes Transportmittel, die ratternde Straßenbahn, zeigt dem Besucher unbeschwert die ganze Stadt, ebenso der kleine Touristenzug, der vor allem für Familien mit Kindern ein tolle Sache ist, dazu noch ein „Geschenk der Stadt an die Touristen", wie es heißt, also eine Freifahrt.

Die Neustadt hat schon längst die Sava, die traditionelle Begrenzungslinie, überquert und begrüßt den Autofahrer beim Abzweig von der Autobahn mit unattraktiven Hochhäusern und Wohnsilos. Hier im Süden befindet sich auch das riesige Messegelände, auf dem im Frühjahr und Herbst rund 30 Messen abgehalten werden – mit großer Bedeutung im gesamten Südosteuropäischen Raum und mit internationaler Tradition seit 1864 bzw. 1256 (s. auch Geschichte).

Über der Stadt erhebt sich das *Bergmassiv Medvednica*, das im Winter Schutzwall gegen die eisigen Nordwinde ist. Am Fuße des Berges herrscht angenehm mildes Klima, das einen ausgezeichneten Weißwein gedeihen lässt. Medvednica ist Zagrebs beliebtestes, ganzjähriges Wochenendausflugsziel, hier kann man Wandern, Mountainbiken, Ski oder Snowboard fahren.

Zagreb versprüht eine erfrischende Mischung aus heimeligem, intimem Charakter und unbändigem Freigeist mit avantgardistischen Zügen sowie die Großzügigkeit einer aufstrebenden Großstadt nach dem Motto „leben und leben lassen". Ein Fremder wird sich in Zagreb auf jeden Fall schnell wohl fühlen.

*Ein stiller Zeitzeuge an der Strossmayer Promenade -
Antun Gustav Matoš (von Ivan Kožarić)*

Geschichte

Kaptol und die Oberstadt Gradec, auf zwei Hügeln gelegen und mit ihren engen Gassen und Sehenswürdigkeiten heute Hauptanziehungspunkt für Besucher Zagrebs, waren lange Zeit unabhängige, sich befehdende Siedlungen. Mit der Gründung eines Bistums im bischöflichen Kaptol 1094 ging Zagreb in die Geschichte ein. Dem bischöflichen Kaptol war das weltliche Gradec mit seinem hier ansässigen Adel, seinen Handwerkern und Kaufleuten und deren Wunsch nach Eigenständigkeit ständig ein Dorn im Auge. Die *Krvavi most* (Blutige Brücke, s. u.) erinnert an die erbitterten Kämpfe, für deren Ende ein lachender Dritter sorgte: die Tartaren, die 1242 beide Hügel verwüsteten. Das war die Zeit, als sich *König Bela IV.* auf seiner Flucht vor den Tataren in Gradec versteckte und versuchte, von dort die Verteidigung zu organisieren. Gradec war zwar verwüstet, aber Bela lebte und aus Dankbarkeit verlieh er 1242 den Einwohnern von Gradec die *Bulla Aurea.* Mit diesem Dokument erhielt Gradec den Titel einer freien königlichen Stadt. Nun begann die Blütezeit der Stadt, die man zugleich mit dicken Mauern und Türmen befestigte. 1256 wurde bereits die erste Handwerksmesse abgehalten. Das bürgerlich-weltliche Gradec und das bischöflich-geistliche Kaptol rückten aber nach wie vor nur in Zeiten der Gefahr, wie etwa im 15. Jh. zur Verteidigung gegen die Türken, zusammen. Erst zu dieser Zeit erhielt auch der Bischofshügel unter *König Mathias Corvinus* die Genehmigung zur Befestigung. Für eine weitere Annäherung der beiden Kontrahenten bedurfte es aber noch weiterer 250 Jahre, erst in der Mitte des 19. Jh. wurde aus den beiden Siedlungen eine Stadt.

Zwischen dem 17. und 18. Jh. wurde Zagreb wiederholt durch Brände und Seuchen verwüstet, erholte sich trotz allem immer wieder und wurde zum wissenschaftlichen und wirtschaftlichen Zentrum des Landes. Man entfernte die alten Holzhäuser und baute im Stil des Barock Paläste und Sakralbauten. Reiche Adelige zogen ebenso wie Würdenträger, Beamte und Kaufleute aus ganz Europa in die Stadt. Auch die Bildung wurde angekurbelt, es wurden Schulen gegründet, 1607 unter den Jesuiten ein Gymnasium und 1632 eine Akademie, aus der später die Universität hervorging.

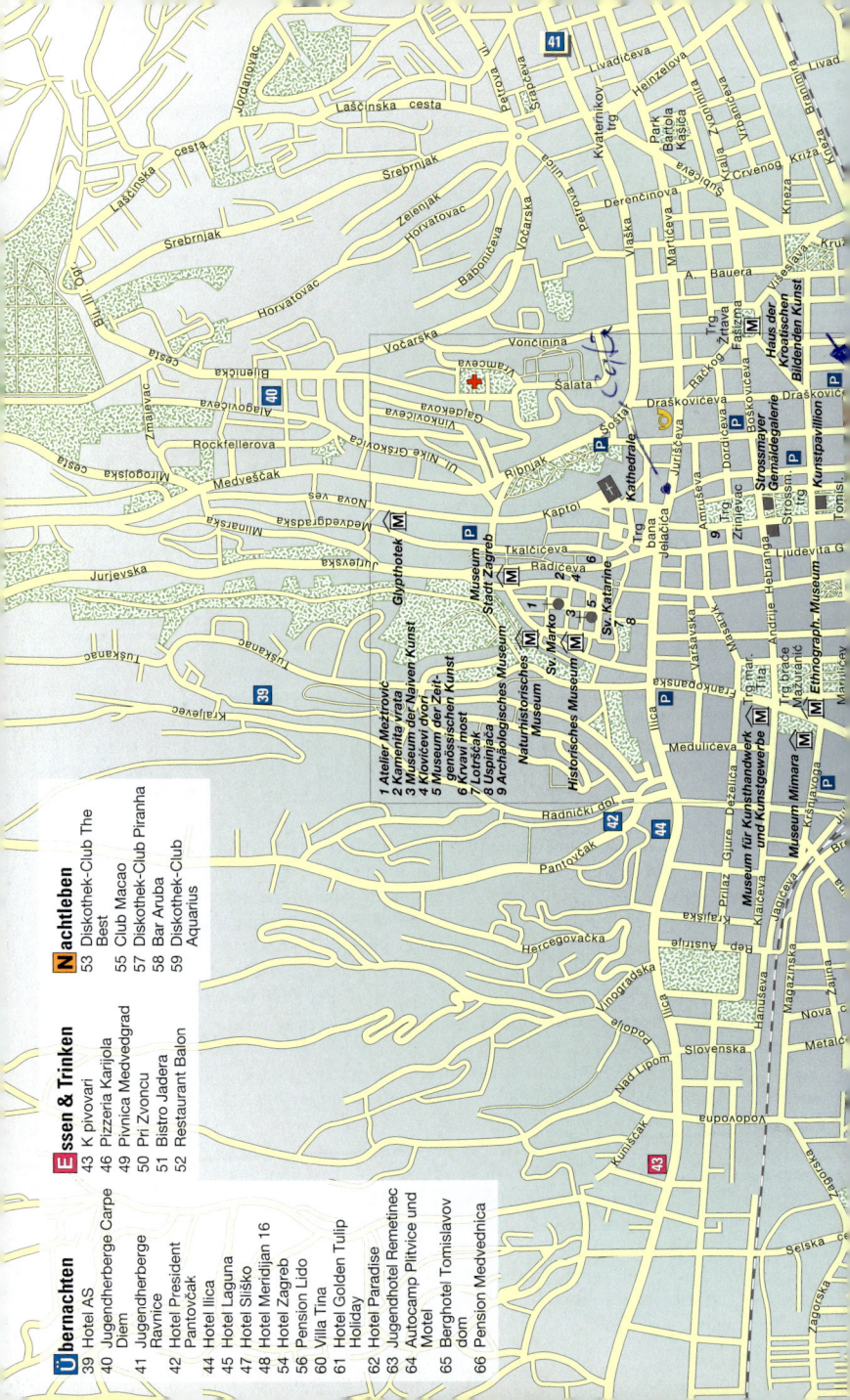

Zagreb

600 m

Detailkarte
siehe Seite 67

Bahnhof

47
48
BUS
54
50
51
46
45
49
52
53
55
56
57
58
59
60
61
62
63
64
65
66

Av. Marina Držića
Vukovara
Grada
Ulica
Strojarska
dv. Miramarska
Trg
Stjepana
Radića
Ulica Grada Vukovara
Ivana Lučića
Cazmanska
Ružičke
Virska
Poljička
Zeleni Trg
Savska Cesta
Trnjanska Andrašeca
Kranjčevićeva
Trakošćanska
Nova cesta
Ur. Grada Vukovara
Kostelska
Krapinska
Bašijanova
Lošinjska
Čalska
Ozaljska
Selska cesta
Dobojska
Sokolgradska
zvonigradska
Nehajska
Crikvenička
Zagrebačka Avenija
Zadarska
Nova cesta
Dužice
D. Bazjanca
Tina Ujevića
B. Cvijića
Selska
cesta
Srednjaci
M. Haberlea
Braće Domany
Horvaćanska cesta
Albahari
Marune Fra
Prozorska
Papova
Dupiska
Savska Cesta
Prisavlje
Jadranska Avenija
Horvaćanska
cesta
Remetinečka cesta
Benčekovićeva
Radoslava
Cimermana
Antalla
Jozsefa
Avenija Dubrovnik
Avenija Dubrovnik
Jadranska Avenija
Slavonska Avenija
Dunavska
Trnjanska cesta
Staro trnjanska
Hrvatske br. Zajedničke
Most Slobode
Trnjanski nasip
Prisavlje
Prisavlje
Cvjetina Aleja
Cvjetina cesta
Sava
Hipodrom
Bundek
Savske Rep. Njemačke
Trumbićeva
Brune Bušića
V. Kovačića
Vankina Baburina
Bundek
Slupova
Držića
Vukovara
Grada
Kruge
Slavonska Avenija
Gruška
Lastovska
Zinke
V. Ruzdjaka
Križna C
Prisavlje
Bosutska

1776 zog das Generalat (die Regierung unter Habsburger Monarchie) von Varaž-din, das seit 1756 die Führungsposition in Kroatien hatte, nach Zagreb.

1850 wurden die beiden Städte Kaptol und Gradec vereint und mit der Unter-stadt offiziell zu Agram zusammengeschlossen. Man lernte friedlich miteinander zu leben – das Symbol des Streites, die „Blutige Brücke" (= Graben mit Brücke), die den Zugang zu den Stadtteilen gewährte, wurde zugeschüttet und betoniert. 1862 erreichte eine Eisenbahnlinie Zagreb, die Stadt wurde dadurch mit der wichtigen aufstrebenden Küstenstadt Rijeka und mit Wien verbunden. Der Bau-boom war nun unaufhaltsam. Das Ende dieser Blütezeit bereitete das schwere Erdbeben von 1880. Erneut musste aufgebaut und saniert werden, dafür enga-gierte man nun die besten europäischen Fachkräfte. Auch die Reiselust der Be-tuchten begann, der Orient-Express, ein Luxuszug, der Paris und Wien mit Is-tanbul verband, machte mit seinen Gästen Zwischenstopp in Zagreb. Doch trotz allem, Großstadtflair, wie ihn die Hofkreise liebten, umwehte die Stadt damals noch nicht – eher ein dörflicher Charme.

Der Erste Weltkrieg beendete jäh die sorglose, aufstrebende Stimmung und mit dem Zerfall der k & k-Monarchie veränderte sich auch schlagartig die Staaten-karte Südosteuropas. 1918 beendete das Parlament in Zagreb das langjährige po-litische Bündnis mit der Österreichisch-Ungarischen Monarchie und prokla-mierte das Königreich der Serben, Kroaten und Slowenen (SHS), das später in Königreich Jugoslawien umbenannt wurde, mit Zagreb als Hauptstadt.

Nach dem Zweiten Weltkrieg wurde Zagreb im anschließenden Vielvölkerstaat ab 1945 Hauptstadt der Teilrepublik Kroatien.

Die Unabhängigkeitserklärung Kroatiens 1991 mit Zagreb als Hauptstadt und Re-gierungssitz löste einen militärischen Flächenbrand aus. Der jüngste Heimatkrieg (1991–1995), dessen Frontlinie nur 40 km südlich der Stadt verlief, schonte Za-greb bis auf einen Angriff aber weitgehend. Am 7. Oktober 1991 verübte die Ju-goslawische Volksarmee einen Anschlag auf den damaligen Präsidenten Tudman in seinem Regierungssitz, der allerdings zu diesem Zeitpunkt nicht anwesend war. Raketen zerstörten das Dach des Regierungsgebäudes und auch weitere Bauwerke. Verletzte und Tote gab es nochmals im Frühjahr 1995, als sogenannte „Glöckchen", auf Personen zielende Minibomben, über der Altstadt abgeworfen wurden. Zahl-reiche Flüchtlinge aus den Kriegsgebieten fanden in Zagreb ihre neue Heimat.

Information

- *Telefonvorwahl* 01
- *Postleitzahl* 10 000 Zagreb
- *Information* **TIC Zentrum** (Turistički Infor-mativni Center), Trg bana J. Jelačića 11, ✆ 4814-051, -052. Ganzjährig Mo–Fr 8.30–21 Uhr (Nachsaison bis 20 Uhr), Sa 9–17, So 10–14 Uhr. Gute Informationen, Übernach-tungen, Kartenmaterial, Stadtführungen.

TIC Bahnhof (Glavni kolodvor), Trg kralja Tomislava 12. Mo–Fr 8.30–16.30, Sa/So 15.30–20.30 Uhr. Informationen.

Tourismusverband Zagreb (Turistička Zajed-nica grada Zagreba), Kaptol 5, ✆ 4898-555,

info@zagreb-touristinfo.hr, www.zagreb-touristinfo.hr.

Croatia Airlines, Trg N. Š. Zrinskog 17, ✆ 4819633, Fluginfos ✆ 4872-727, www.croatia airlines.com. Mo–Fr 8–20, Sa 9–12 Uhr. Zu-dem Flughafenbüro. Auch Tickets für Luft-hansa-Flüge etc.

Lufthansa, Flughafen Zagreb, Pleso b.b., ✆ 091/77314 (mobil), www.lufthansa.com. 7–17 Uhr.

Generalturist, Praška 5, ✆ 4807-661, www.ge neralturist.com. Mo–Fr 8–20, Sa 9–14 Uhr. Tickets, Ausflüge.

Zagreb Card

Für eine Besichtigungstour sehr von Vorteil: uneingeschränkte Gratis-Nutzung des öffentlichen Verkehrsnetzes (18 Straßenbahnen!). Museen, Galerien, Botanischer Garten und Zoo gewähren bei Vorlage bis zu 50 % ermäßigten Eintritt. Auch bei Theater- und Konzertbesuchen, in Restaurants und Diskotheken gibt es 5 bis 20 % Ermäßigung.
72-Std.-Karte (bzw. 3 Tage) 90 KN (ca. 12,50 €); 24-Std.-Karte 60 KN (ca. 8,30 €). Erhältlich in Hotels und Touristeninformationen.

Verbindungen

• *Züge* **Bahnhof** (Željeznički kolodvor), Trg kralja Tomislava 12 (zentral in Laufweite südlich der Altstadt), ✆ 060/333-444, www.hznet.hr. 24-Std.-Gepäckaufbewahrung, 15 KN/Gepäckstück. Es gibt Kioske. Die Straßenbahnen Nr. 6 und 13 halten vor dem Bahnhof und fahren bis Trg Bana J. Jelačića. Gleich vorweg: Wer schnell an die Küste möchte, sollte den Bus nehmen. Züge nach Rijeka 4–5 Std. (nur 1 schneller Zug um 16.55 Uhr in 3:20 Std.!). Gut ist die Verbindung mit Split (ICN), von Anfang Juni bis Mitte Sept. in ca. 5:30 Std. (175 KN). Nach Split gibt es auch einen *Nacht-Disko-Zug* (siehe Nachtleben). Gute, teils schnelle Verbindungen mit Ljubljana

(8-mal tägl.; mit Schnellzug BRZI 4-mal tägl., nur 2:40 Std.), weiter nach Salzburg und München (ab 8:30 Std.).

• *Busse* **Hauptbusbahnhof** (Autobusni kolodvor), Avenija M. Držića 4 (östl. des Bahnhofs), ✆ 6119-077, 6008-607, www.akz.hr. Businfos ✆ 060/313-333. Info-Büro Mo–Fr 8–19, Sa 7.30–14 Uhr. 24-Std.-Gepäckaufbewahrung, 1,50 KN/Std. (bis 15 kg), schwerere Gepäckstücke 2,50 KN/Std. Mehrmals tägl. **Expressbusse** zu allen Küstenstädten: u. a. 9mal Rijeka, 2:30 Std.; 8-mal Zadar ab 3:30 Std.; 11-mal Split ab 5 Std.; 6-mal Dubrovnik ab 11:15 Std.! Auch Verbindungen auf die Inseln – im Sommer werden zu bestimmten Küsten- und Inselorten zudem

Tkalčićeva ulica, einstige Handwerkermeile, heute Kneipenstraße unter Schirmherrschaft von Zagorka

Sonderlinien eingesetzt. Gute Verbindungen auch nach Varaždin (7-mal, 1:45 Std.), Karlovac (mind. 19-mal, 50 Min.) und Triest (1-mal um 5.30 Uhr, 4:10 Std.).

● *Flüge* **Flughafen** (Zrčna luka Zagreb), Pleso b.b., ✆ 4562-222, 6265-222, www.zagreb-airport.hr. 17 km südlich der Altstadt. Autovermietung, Informationsbüro. Linienflüge innerhalb Kroatiens mehrmals tägl. mit Croatia Airlines und Lufthansa: 3-mal Dubrovnik, 2-mal Pula, 3–mal Split, 2-mal Zadar. Flüge nach Deutschland (2-mal Berlin, Frankfurt, Düsseldorf und Hamburg; 3-mal München), Österreich (1-mal Wien) und in die Schweiz (1-mal Zürich). In der Saison zudem Billigfluggesellschaften wie German wings, Czech Airlines; mit Tuifly und AirBerlin bis Rijeka und dann per Bus nach Zagreb. **Flughafenbus** ab Busbahnhof, ✆ 6331-982. Jede halbe Std. zwischen 7 und 20 Uhr, 30 KN (Fahrkarte im Bus, 30 Min. Fahrzeit). Taxi von der Altstadt ca. 250 KN (ca. 35 €).

● *Innerstädtischer Verkehr* **Stadtbusse** z. B. zum Friedhof Mirogoj (Nr. 106, Mihaljevac-Endstation) ab Kaptol (nördl. der Kathedrale). Preise wie bei Straßenbahn. Fahrpläne bei TIC.

Straßenbahn (www.zet.hr): Ein breites Tramnetz verbindet die Stadt tagsüber zwischen 4.30 und 23.30 Uhr; ab Mitternacht gibt es auf den Hauptlinien halbstündliche Verbindungen. Vom Bahnhofsplatz Trg kral-

ja Tomislava gelangt man mit Nr. 6 oder westl. vor dem Hotel Regent Esplanade mit Nr. 13 zum zentralen Altstadtplatz Trg Bana J. Jelačića. Vom Busbahnhof ebenfalls Nr. 6, oder Nr. 2 und dann am Bahnhof in Nr. 6 umsteigen. Fahrkarte beim Schaffner 10 KN (8 KN am Kiosk), allerdings nur in den alten Trams. Tageskarte 25 KN. Ab Hauptplatz Trg Bana J. Jelačića fährt man übrigens 2 Stationen gratis! Fahrpläne bei TIC.

Zahnradbahn (Uspinjača): verbindet Ober- und Unterstadt; fährt von 6.30 bis 24 Uhr im 10-Min.-Takt von Tomićeva b.b. hoch bis Turm Lotršćak. Fahrpreis 4 KN.

Gondelbahn Sljeme: ab ca. 2012 Neubau fertig, siehe Naturpark Medvednica.

● *Taxis* u. a. Radio Taxi, ✆ 970 oder 6600-671. Innerhalb der Stadt ca. 20 KN Startgebühr und ca. 7 KN/km (Nacht-, Sonn- und Feiertagszuschlag von 20 %); zum Flughafen ca. 35 €.

● *Touristenzug* Dieser Gratiszug durch die Altstadt ist super für Familien mit Kindern. Abfahrt vom Trg Bana J. Jelačića (bei TIC) Richtung Tomislavov trg, dann nach Westen vorbei am Botanischen Garten und über Trg maršala Tita wieder retour. Zu- und Ausstieg ist unterwegs nicht möglich. Abfahrt ganzjährig und 9.30–19.30 Uhr jeweils um halb.

Ein weiterer Touristenzug verkehrt zur Badesaison am Jarun- und Bundek-See an Wochenenden und an Feiertagen.

*A*dressen/*D*iverses

● *Autovermietung* **ADB**, Ljudevita Gaja 40 (westl. des Parks Strossmayerov trg, ✆ 4577-565, www.adbnekretnine.com.hr. Mo–Fr 8–16, Sa bis 12 Uhr.

H & M, Flughafen, ✆ 6228-263, www.hmrentacar.hr. Tägl. 8.30–17 Uhr.

M.A.C.K. Concrd, Miramarska 24 (südwestl. des Bahnhofs), ✆ 4562-385, 098/360-042 (mobil). 7–20 Uhr.

Hertz, Flughafen, ✆ 4562-635, www.hertz.hr. tägl. 8–20, So 8–12 Uhr.

● *Parken* Das Parkproblem ist in der Altstadt groß, jedoch verfügen die meisten Hotels über eigene abgesperrte Parkzonen. Für einen Kurzbesuch parkt man seinen PKW am besten an den Zufahrtsstraßen um den Altstadtkern und steigt dann in die Straßenbahn. Es gibt auch Parkhäuser und Garagen: Ilica 45, Martićeva 69, Palmotićeva 25, Petrinjska 59; zudem bei den Einkaufscentern Kaptol Centar, Nova Ves 11 und

Branimir Centar, Branimirova 29. Siehe auch Stadtplan.

● *Fahrradverleih* **Virtus**, Radićeva ul. 3 (beim Hostel Fulir), ✆ 098/1711-523 (mobil). In der Saison 9–22 Uhr

● *Geldwechsel* Am Trg bana J. Jelačića: **Hypo alpe adria bank**, Mo–Fr 7.30–20, Sa 8–12.30 Uhr; **Zagrebačka bank**, Mo–Fr 7.30–19, Sa nur bis 12 Uhr. **Erste Steiermaerkische bank**, Varšavska 3 und Masarykova 1. Mo–Fr 8–19, Sa 9–14 Uhr. Zudem überall Bankomaten.

● *Post* **Hauptpostamt**, Jurišićeva 13 (östl. Trg bana J. Jelačića), Mo–Fr 7–21, Sa 7.30–14 Uhr. **Postamt**, Branimirova 4, ✆ 4840-340. Mo–Sa 24 Std. geöffnet, So 13–24 Uhr.

● *Telefon* Telefonkarten an vielen Kiosken. **Telefonladen** für **SIM-Karten** etc.: **T-mobile**, Trg Petra Preradovića 3; **VIP**, Ljudevita Gaja 2b; Mo–Fr 8–20, Sa 8–15 Uhr.

• *Einkaufen* **Dolac**, Markt (7 Uhr bis nachmittags); die Bauern bieten neben Obst und Gemüse auch Produkte aus der Umgebung an: Käse, Feigen, Olivenöl, Honig, Marmeladen, Waldfrüchte und die leckeren Erdbeeren im Mai und Juni. **Floh- und Antikmarkt** (nur So bis Mittag), Britanski trg. **Einkaufsstraße** ist vor allem die Ilica ulica, hier reihen sich die Shops und auch sehr viele Schuhgeschäfte; zudem gibt es hier Markengeschäfte wie *Concept* und *Sisley & And.* Aber auch Schuster, Juweliere und Hutmacher gibt es in der 5 km langen Straße! Krawattenläden (typisch kroatisches Souvenir) sind *Croata*, Kaptol 13 oder Ilica 5. Des Weiteren: *Escada*, Gundulićeva 15; *Lacoste*, Praška 8; *Dolce & Gabbana*, Dežmanova 1; *Benetton*, Bobovićeva 9. *Delikatessen Gavrilović*, Trg bana J. Jelačića; hier gibt es u. a. leckere Salamis. *Bakina kuća* (tägl. 9–21, Sa bis 17 Uhr), Großmutters Souvenirladen hat beste Produkte, ob Honig, Seifen, Tinkturen, Heilkräutertees oder Hochprozentiges. **Shoppingcenter**: **Oktogon**, Ilica 5, Gebäude von Privredna bank, Passage mit Boutiquen (u. a. Croata, Max Mara) im Jugendstilgebäude. Gegenüber von Oktogon, *Kaufhaus Nama*; weitere Kaufhäuser u. a. am Beginn der Ul. Nova Ves (gegenüber vom Parkhaus) und neben Hotel Jadran.

Öffnungszeiten der Geschäfte: Meist Mo–Fr 8.30/9–20, Sa 8/9–15 Uhr. **Outlet-Center Roses**, Ausfahrt Začretje (ca. 55 km nördl. von Zagreb an der A2), riesig. Bis 21 Uhr geöffnet, über 30 Firmen, u. a. Tom Tailor, Nike, Benetton, Diesel, Puma etc. Wer auf der An- oder Rückreise noch Shoppen möchte, wird hier sicherlich fündig.

• *Internetcafés* **Iskon Internet**, Petra Preradovića 5. Tägl. 9–23, So erst ab 12 Uhr; hier gibt es auch Drucker und Scanner. **Kolding**, Petra Berislaića 8. Mo–Fr 8–20, Sa 8–14 Uhr. **VIP**, Trg Petra Preradovića 5. Nettes Café mit PC's, tägl. 8–23 Uhr. **Sublink Cypercafé**, Nikole Tesle 12. Mo–Sa 9–22, So 15–22 Uhr; hier gibt es neben Café auch Drucker und Scanner. **Wi-fi-Internetzugang**: In vielen Hotels wie Four Points by Sheraton Panorama, Dubrovnik, Westin, Sheraton. Auch in den T-mobile-Shops.

• *Gesundheit* **Apotheken** (ljekarna): Trg bana J. Jelačića, ☎ 4816-198; Ilica 301, ☎ 3750-321. Beide haben 24-Std.-Bereitschaft. **Krankenhäuser** (bolnica): Hospital Center, Šalata 2, ☎ 4920-019; Hospital Sv. Duh, Sveti Duh 64, ☎ 3712-111; Kinderkrankenhaus, Klaićeva 16, ☎ 4600-111. Zudem gibt es alle Fachkliniken.

*N*achtleben/*V*eranstaltungen *(siehe* **K***arten* **S***. 67 und 70/71)*

• *Nachtleben* Unzählige Diskos, Bars etc. Gerade im Aug. (Jazzlokale sogar Juni–Sept.) sind viele angesagte Innenstadtlokale aber geschlossen, denn dann fahren auch die jungen Zagreber ans Meer, u. a. nach Pag (siehe Novalja), Zaton, Insel Krk (Malinska). In der Altstadt locken im Sommer vor allem die Szene-Café-Bars **um den Preradovićev trg** (am Blumenmarkt) – hier tobt der Bär tagsüber und abends: **Pif (20)**, Ul. Preradovićeva 4, 9–1 Uhr; ein paar Meter weiter **Apartman Café Club (23)**, Ul. Preradovićeva 7, 9–1 Uhr. Immer noch angesagt ist die **Maraschino Bar (18)**, Margaretska 1 (Ecke Ul. Ilica), Trauben von gestylten Jugendlichen und Junggebliebenen bevölkern das Lokal und auch die Tische im Freien – gute Atmosphäre und gute Musik! 7–1 Uhr, Fr und Sa bis 4 Uhr. Eine Straße weiter südlich **Bulldog XL (21)**, Bogovićeva 6, www.bulldog.hr; mit Bar und Caféterrasse, im Keller Musikclub mit Konzerten (gratis); Juni–Ende Aug. geschlossen. Studenten treffen sich gerne in der be-

schaulichen **Kneipenstraße Tkalčićeva**: ein Café und Lokal neben dem anderen mit Sitzgelegenheiten im Freien. Hier treffen sich aber auch gerne die Frauen nach dem Markteinkauf auf einen Plausch. **Café Bar Funk (5)**, eine gute Mischung aus Jazz- und Funkkneipe und zudem beliebt tagsüber auf einen Café. Tkalčićeva 52. 11–1 Uhr. **Lounge Bar – Restaurant Hemingway (28)**, Tuškanac 1 (beim Trg maršala Tita, gegenüber vom Nationaltheater), www.hemingway.hr. Bewährte Bar (auch in Split, Opatija, Rijeka), moderne Ausstattung, gute Cocktails und guter Service bei bester Musik, auch Events. **BP-Jazzclub (26)**, Teslina 7, ☎ 4814-444, www.bpclub.hr. Inhaber ist der bekannte Vibraphonist Boško Petrović, heute 74 Jahre alt. Er gründete das Zagreber Jazz-Quartett, spielte mit internationalen Musikgrößen, ihm gehört die Plattenfirma Jazzette und er organisiert viele Jazzevents. Meist am Wochenende ab 21 Uhr gibt es in seinem Lokal beste Sessions und Musik

Zagrebs gute Musikszene ist bekannt – zahlreiche Musikkeller bieten Events

(Eintritt je nach Gruppe ab 20 KN); zudem Cafébar mit Terrasse, 10–1 Uhr. Juli/Aug. geschlossen.

Club Sax (25), Palmotićeva 22/2, ℡ 4872-836, www.sax-zg.hr. Guter, großer Musikclub mit Bühne für Jazz, Rock, Soul, Blues, Pop mit fast täglicher Lifemusik, ab ca. 21 Uhr. Juni–Sept. geschlossen.

Club Boogaloo (38), Ul. grada Vukovara 68 (westl. des Hotels International), ℡ 6313-022, www.boogaloo.hr. Livemusik und Partys, gespielt wird Electronic, Techno, House. Di und Do 20.30–22 Uhr Salsa (mit Unterricht), sonst 20–4 Uhr. Eintritt je nach Veranstaltung und Konzert.

Club Jazz, Gundulićeva 11, ℡ 098/664-948 (mobil). U. a. Jazzkonzerte (ab 20 KN), mehrere Räume mit Kerzenlicht, immer gut besucht. Tägl. 9–1, So erst ab 18 Uhr. Juli/Aug. geschlossen.

Club Purgeraj (27), Park Ribnjak 1 (im gleichnamigen Park), www.purgeraj.hr. Im Gebäude mit Wintergarten ertönen jazzige Laute wie Funk, Acid-Jazz und Groove. Bei Konzerten 20 KN Eintritt. Tägl. 10–2, Fr/Sa bis 4 Uhr. So Ruhetag.

Club Fanatic (3), gleich in der Nähe von Purgeraj, Ul. Ribnjak 26. Schöne Bar, Snacks, Dancefloor; es ertönt Electric House und Funk, alles etwas edler. Di–Sa 20–4 Uhr.

Route 66 (37), Paromlinska 47, im Osten der Stadt hinter der Universitätsbibliothek. Bei Studenten beliebte Roadhouse-Bar; preiswertes und gutes Angebot an Getränken (Velebitska-Bier!). 9–1 Uhr, Sa ab 11, So ab 16 Uhr.

Diskothek Shamballa, Savska 30 (beim Cibona-Turm), ℡ 099/7217-777, www.shamballa.hr. Zählt zu den größten Diskos der Stadt mit besten DJs (auch international). Dresscode ist angesagt, also Jeans sollten im Koffer bleiben. Mo–Do 7–22, Sa 22–6 Uhr, So Ruhetag. Eintritt 30 KN (je nach Veranstaltung mehr).

Diskothek-Club The Best (53), Ul. Jarunska 5 (beim Sportcenter Mladost), Straßenbahn Nr. 17, www.thebest.hr. Auf 3 Ebenen wird vor allem Mainstream-Techno gespielt, es gibt auch Themenabende; Do und Fr oft Kroatische Bands; Sa House-Music mit den besten, auch internationalen DJs. Eher jüngeres Publikum. Eintritt 50 KN. Ab 23 Uhr bis frühmorgens.

Am Jarun-See – südwestlich der Stadt – gibt es etliche gute Clubs zum Abfeiern: **Diskothek-Club Aquarius (59)**, Aleja Mira b.b. Unter der Woche im Musikpavillon am See ausgesuchte, gute Elektronik-Musikleckerbissen (Urban Underground Kosmos Ost) neben verschiedenen Musikrichtungen (Fr R & B, Hip Hop und Rap; Sa House), aber auch Broken Beats, Deep House und Future Jazz, z. B. am So bei Clubnacht Kontrapunkt; daneben Shows und Konzerte. Schöne Lounge Bar und große Terrasse, hier finden die Open-Air-Konzerte statt. 22–5 Uhr. Eintritt je nach Veranstaltung ab 30 KN. Achtung, im Juli/Aug. nur Fr/Sa (da trifft sich die Szene am Strand Zrće in Novalja; s. Insel Pag. Auf Pag von Ende Juni bis Mitte Sept. geöffnet, Eintritt 5 €, besondere Events auch 15–20 €). ✆ 3640-231, www.aquarius.hr.

Diskothek-Club Piranha (57), Jarunsko jezero b.b., am Jarun See. Mi R & B und Hip Hop, Do After-Work-Partys, Fr/Sa kommerziellerer Dancefloor mit House und Techno. Viele bekannte amerikanische House-Musik-DJs haben hier schon am Plattenteller gestanden. Große offene Café-Bar, Restaurant und Terrasse für den Sundowner. Tägl. 8–24 Uhr; Mi, Fr und Sa bis 4 Uhr; Do bis 1 Uhr. ✆ 3832-837. Im Juli/Aug. ist nur am Wochenende geöffnet, Café und Restaurant arbeiten immer.

Nebenan die **Bar Aruba (58)**, ebenfalls mit schöner Theke und Terrasse.

Club Macao (55), auf der westlichen Seeseite, ebenfalls gern besucht. Jarunska obala b.b., ✆ 3090-253. 10–1, Fr/Sa bis 4 Uhr.

Salseras y Salseros: **PK Los Mamberos**, Zlatarova Zlata 43, ✆ 098/9907-771 (mobil). Auch Kurse etc. Di und Do im Boogaloo Club (s. o.). Die Szene trifft sich in verschiedenen Lokations, siehe auch: www.salsacroatia.net.

Disko-Zug Split, das Angenehme mit dem Nützlichen verbinden: wer nach Split möchte, nimmt den Freitags-Nachtzug um 22.55 Uhr (Ankunft 6.57 Uhr) und kann im Party-Waggon bei Cocktails heiße Musik genießen. Zurück: Abfahrt Split 22.22 Uhr (auch nur am Fr), Ankunft Zagreb 6.31 Uhr. Für Müde gibt es Schlafwagen, zudem Autotransport. Infos ✆ 060/333-444.

● *Veranstaltungen* In Zagreb gibt es ganzjährig gute Kulturveranstaltungen und Messen – das Angebot ist riesig.!

Kroatisches Nationaltheater, Trg maršala Tita 15, ✆ 4888-415, www.hnk.hr. Sommerpause!

Jazz spielt eine große Rolle in Zagreb, ganzjährig gibt es zahlreiche Jazzevents, u. a. **Springtime Jazz Fever** (Intern. Jazzfestival), Ende März für ca. 1 Woche. www.bpclub.hr.

Zageber Festival, im Juni/Juli tägl. Kulturprogramm; es gibt Konzerte mit Klassik, Jazz, Pop und Folkloremusik; Theater- und Tanzaufführungen. Eventkalender über TIC.

PIF – Internationales Puppenfestival, 1 Woche, von Ende Aug. bis Anfang Sept. Seit 1968 tanzen die Puppen mit ca. 20 int. Puppentheatern in den Straßen, auf Plätzen und im Theater. Zagreber Puppentheater, Trg kralja Tomislava 19, ✆ 4878-444, 6601-626, www.mcuk.hr.

Amadeo, Musical- und Theateraufführungen den ganzen Juli. Veranstaltungsorte sind das Atrium im Naturhistorischen Museum und das Museum für Kunst und Handwerk. Bei Regen wird ins Mimara-Museum umgezogen. Infostand, Museum Kunst und Handwerk, Trg maršala Tita 10, ✆ 091/1685795 (mobil, engl.-sprach. Info). 10–21 Uhr (außer Mo).

EUROKAZ, 3. bis 4. Juniwoche, Festival der Avantgarde-Theater, www.eurokaz.hr.

Anima-Filmfestival, 2. Juniwoche, Weltfestival des Zeichentrickfilms, www.animafest.hr.

Zagreber Theater-Sommer, Dramen, Komödien und Performances auf der Open-Air-Bühne Opatovina, im Park oberhalb der Ul. Opatovina. Infos Theater (Histrionski dom), Ilica 90, ✆ 5496-386, www.histrion.hr.

Zagreb Marathon, Anfang Okt., Infos unter www.zagreb-marathon.com.

Filmfestival des Neuen Films, im Sept./Okt.

FIS Weltcup – „Snow Queen Trophy", im Jan. auf dem Zagreber Hausberg Sljeme, ein Nachtlauf mit den besten Skiläuferinnen.

● *Veranstaltung/Messe* Zagreber Messe, Avenija Dubrovnik 15, ✆ 6503-111, www.zv.hr. Südlich des Sava-Ufers finden vor allem im Frühjahr und Herbst alle wichtigen Messen statt.

Essen & Trinken (siehe Karten S. 67 und 70/71)

Die Zagreber Küche – Zagorje – ist eine Mischung aus österreichisch-ungarischer Rezeptur. Wer deftige Küche mag, ist hier richtig: Gefüllte Paprika oder gefüllter Truthahn, Wiener Schnitzel oder Wiener Backhendl, aber auch Wild- und Pilzgerichte mit Semmelknödeln, Tafelspitz mit Meerrettich; als Beilagen werden Nudelteigblätter (Mlinci) und auch Štrukli (gekochte Hefeteigquarktaschen, pikant) gern gegessen, zudem Weißkraut mit Würsten. An Fischgerichten sind Karpfen und

Forellen beliebt, aber natürlich auch Seefisch. Als Nachspeise verführen Mohn-, Nuss-, oder Pflaumennudeln (aus Hefeteig) oder auch Apfel- und Kirschstrudel, zudem Cremeschnitten. Gute Snacks gibt es auch an Kiosken oder am Markt, u. a. *Burek*, Blätterteig pikant mit Quark oder Hackfleisch oder süß mit Apfel gefüllt; meist wird auch Apfel- oder Quarkstrudel angeboten. Eine süße Zagreber Spezialität ist *paprenjaci*, eine Art Pfefferkuchen und die *Zagreber Torte*, ähnlich der Sacher Torte.

● *Restaurants*   **Restaurant Kaptolska klet (6)**, am Kaptol. Das bekannte, alte gemütliche Bierhaus ist inzwischen sehr touristisch. Schöner Innenraum mit Stuckdecke und massiven Holzmöbeln, schöne schattige Terrasse. Relativ preiswerte Zagorje-Küche. Kaptol 5, ✆ 4814-838.

Restaurant Kerempuh (9), vom Lokal schöner Blick auf das Marktgeschehen. Mittags werden hier von den Berufstätigen gerne Snacks und die guten, preiswerten Tagesgerichte verspeist. Kaptol 3, ✆ 4819-000. 7–23, So 7.30–16 Uhr.

Pivnica Medvedgrad (49), bietet preiswerte Hausmannskost und dazu selbstgebrautes gutes Bier, u. a. Eintopf mit Würsten, Wiener Schnitzel oder Kalbshaxen mit Kraut. ✆ 3646-546, Božidara Adžije 16. Tägl. 10–24, So ab 12 Uhr.

Pod Gričkim topom (10), schöne Atmosphäre vor allem auf der Gartenterrasse mit Blick auf die obere Altstadt. Gute Küche, ob frischer Seefisch oder leckere Steaks, alles bestens, ebenso der Service. Zakmardjieve stube 5, ✆ 4833-607. Tägl. 17–24 Uhr, So Ruhetag. Im Aug. geschlossen.

Restaurant Okrugljak, am Fuße des Sljeme liegt dieses exzellente Restaurant mit hervorragendem Service. Das lange L-förmige Gebäude ist im Innern stilvoll eingerichtet; im Freien tafelt man auf der großen Terrasse mit mächtigen Bäumen. Traditionelle, beste Zagorje-Küche, dazu hervorragende Weine aus allen Landesteilen. Reservierung sinnvoll. Mlinovci 28, ✆ 4674-112. Tägl. 11–24 Uhr. Per Straßenbahn Nr. 18 bis Endstation, weiter zu Fuß oder 1 Haltestelle per Bus Richtung Sljeme.

K pivovari (43), traditionsreiches Brauhaus (Ožujsko Bier) seit 1893, mit großem Saal. Neben Bier gute Gerichte und Snacks, große Auswahl an deftigen Suppen, u. a. auch mit Rot- und Weißkraut. Ilica 222, ✆ 3751-808. 9–23, Fr/Sa bis 24 Uhr, So 10–17 Uhr.

Restaurant Baltazar (1), beliebtes Zagreber Feier- und Esslokal in einem stattlichen Herrschaftshaus mit Innenhof und Terrasse. Gediegenes Inneres mit Gewölbe, beste Zagreber Spezialitätenküche mit saisonalen frischen Zutaten und gutem Service. Es gibt drei Abteilungen: für Fleisch- und Fischliebhaber, zudem die gut sortierte Vinothek Melkior. Nova Vez, ✆ 4666-999. Ab mittags bis 24 Uhr, So Ruhetag.

Restaurant Cantinetta (24), zentrale Lage. Modernes, gemütliches Lokal mit leichter mediterraner kroatischer Küche und ausgesuchten Weinen. Nikole Tesle 14, ✆ 4811-315. 12–23 Uhr, So Ruhetag.

Stari fijaker 900 (11), in der Straße der Dichter und Bürgerhäuser liegt das gediegene, gutbürgerliche Lokal mit Atmosphäre

Zagrebs Cafés verwöhnen ...

und gutem Service. Hier gibt es gehobene Hausmannskost, u. a. gefüllte Paprika, Gulasch, Truthahngerichte und selbst gemachte Kuchen. Mesnička 6, ✆ 4833-829. Tägl. 7–23, So 10–22 Uhr.

Restaurant Lady Sram (7), erinnert an die hübsche Schauspielerin, in die sich ein Arzt verliebte, der ihr, da sie an Tuberkulose erkrankte, ein Sanatorium oberhalb dieser Straße erbaute. Die Innenwände des gemütlichen, gutbürgerlichen Lokals sind geschmückt mit Lady Sram und alten Stadtansichten. Auch vor der Tür Sitzgelegenheiten. Spezialität ist Šramičin specijalitet: gefüllter Truthahn (mit Schinken und Käse) mit Plinsen; als Nachtisch Pflaumennudeln oder Kirschstrudel. Mesnička Ulica 12, ✆ 4851-122. 8–22 Uhr, Mo Ruhetag.

Bistro Jadera (51), hier kommen Fischliebhaber auf ihre Kosten; beste frische Qualität, zubereitet nach dalmatinischer Kochkunst. Innen nett zum Sitzen ohne Schnickschnack. Zeleni trg 4, ✆ 6055-250. Tägl. 8–23, So erst ab 12 Uhr.

Pri Zvoncu (50), östlich von Jadera liegt dieses gutbürgerliche Lokal im rustikalen Stil mit romantischem Laubengarten. Serviert wird Zagorje-Küche mit frischen Zutaten, u. a. Gulasch, verschiedenste Steaks, Lungenbraten, Peka-Gerichte (Lamm, Kalb) und leckere Pfannkuchen zur Nachspeise. XI Vrbik 1, ✆ 6198-473. Tägl. außer So 8–23 Uhr.

Restaurant Balon (52), etwas außerhalb der Altstadt. Beste kroatische und internationale Küche zu vernünftigen Preisen. Sitzmöglichkeiten auch im Sommergarten. Reichhaltige Speisekarte, Vorspeisen u. a. Štrukli, es gibt gute Steaks, Peka-Gerichte (Lamm), gefüllten Truthahn mit Pilzen, hausgemachten Schinken und Mozarella; zum Nachtisch vielleicht Panna Cotta mit Waldfrüchten. Die Kinder können sich nebenan am Spielplatz austoben. Prisavlje 2 (östl. Savska cesta), ✆ 6040-918. Tägl. 11–24 Uhr.

Steakhouse Mu (35), exklusives, aber sehr gutes Steakhouse, östlich des Hotels International. Avenija grada Vukovara 72, ✆ 6310-090. Tägl. 8–24, So 10–17 Uhr.

Pizzeria Karijola (46), angeblich die besten Pizzen der Stadt aus dem Holzofen, zudem gute Preise, nette Atmosphäre. Kranjčevićeva 7, ✆ 3667-044. 11.30–24 Uhr.

• *Cafés* Zagreb ist bekannt für seine Kaffeehäuser mit vielfältigsten Eis- und Kuchenkreationen – bei den Köstlichkeiten kann man fast das Abendessen auslassen.

Sich auf einen Plausch im Kaffeehaus zu treffen, hat Tradition und ist nicht nur bei Kaffeetanten beliebt, sondern auch bei den Jüngeren. Spezialität ist die **Zagreber Torte** (Sacherica), ähnlich der Sacher Torte, aber mit mehr Schokocreme; ebenso die Cremeschnitte (Kremšnite), manchmal mit Waldbeeren verfeinert. In Souvenirshops erhältlich und ein gutes Mitbringsel ist **Paprenjak**, eine Art kleiner Lebkuchen.

Gradska kavana (15), Traditionskaffeehaus mit großem Saal und ausladendem Aufgang in den 1. Stock, auch Bestuhlung auf dem zentralen Platz. Hier gibt es natürlich Zagreber Torte. Trg bana Jelačića. Tägl. 9–23 Uhr.

Kavana Dubrovnik (19), gehört zum gleichnamigen Hotel. Beliebter Treff – sehen und gesehen werden, also stylen und nichts wie hin. Ljutevita Gaja 1 (Zugang vom Trg bana Jelačića). Tägl. 7–23 Uhr.

Café K & K (16), beliebtes, stilvolles Kaffeehaus und Treff auch für den Abend. Auf zwei Ebenen, dementsprechend voll. Zudem unzählige Gemälde an den Wänden. Jurišićeva 5. 8–23 Uhr, So Ruhetag.

Café Millenium (22), beliebtes gutes Café für die, die „nur" guten Kaffee und Sweeties möchten. Es gibt auch eine breite Auswahl an Kakaogetränken (nicht im Hochsommer), zudem beste Kuchen, Torten (Walnuss-Torte!) und zart schmelzende Eiskreationen. Bogovićeva 7.

Choco Bar – Bonbonniera Kraš (17), alles aus Schokolade, in edler moderner Verpackung. Wer auf den braunen (auch weißen) Zartschmelz steht, sollte hierher – von Kakaogetränken und Cocktails mit und ohne Alkohol über Pralinen, Schokolade, Kuchen und Törtchen ist alles zu haben (Schokofirma Kraš). Es gibt natürlich auch Kaffee und Drinks ohne Schoko. Ilica 15, ✆ 4876-362. 7–23 Uhr.

100 % Liquid Health (8), kein Krankenhaus – aber eine nette Cafébar, wo man durchaus seinen „Kater" besänftigen und kurieren kann. Angeboten werden neben einem Frühstück vitaminreiche Getränke in großer Auswahl – Fruchtcocktails, Milchshakes, Smoothies. Tkalčićeva 5. 10.30–22 Uhr, So Ruhetag.

Konditorei & Restaurant Ivica i Marica (2), „Hänsel und Gretel" ist für Naschkatzen ein Muss: selbst gemachte süße Teilchen, Kuchen und Torten mit natürlichen Zutaten. Nun wurde noch ganz rustikal ein Restaurant mit gesunder Küche eröffnet, sehr

In Luxushotels nächtigen wie einst Josephine Baker, ob im Esplanade.....

lecker z. B. das Fischgulasch. Tkalčićeva 70. Tägl. 12–23, So 14–22 Uhr.
Daily Fresh Gourmet Food & Coffee, Trg bana J. Jelačića (westl. des Hotels Dubrovnik). Auf Barhockern kann man die leckeren Kuchen, Torten und Teilchen naschen, dazu einen hervorragenden Café genießen, durch die Fensterfronten aufs Geschehen blicken und der Tag kann beginnen; preiswerte, natürlich tägl. frisch gemachte Nudelgerichte, Aufläufe; alles auch zum Mitnehmen. 8-23 Uhr.

Übernachten (siehe Karten S. 67 und 70/71)

Das Bettenangebot in Zagreb ist sehr vielfältig und groß, trotzdem ist die Stadt fast immer ausgebucht. Vor allem die preiswerten Hotels sind zu Messezeiten rar, d. h., unbedingt vorab buchen! Anders ist es im Hochsommer, zu Kroatiens Ferienzeit – dann sind alle, auch die Geschäftsleute, am Meer. In Zagreb gibt es keine saisonabhängigen Zimmerpreise, dafür zu Messezeiten (Frühjahr und Herbst) 20 % Aufschlag. Messezeiten siehe www.zv.hr. Die kleineren Hotels werben außerhalb von Messezeiten mit günstigen Angeboten. Übernachtungen im Medvednica-Gebirge, siehe dort.

● *In der Altstadt*   ***** **Hotel The Regent Esplanade (33)**, in Bahnhofsnähe. Prunkvoller Prachtbau von 1920 mit erlesenem Interieur wie dem einzigartigen Emerald Ballroom und Sitzecken und Aufgängen aus weißem Marmor. Wer hier nächtigt, kann in alten Zeiten schwelgen, hier stiegen schon die betuchten Orient-Express-Reisenden und Berühmtheiten des 20. Jh., wie Josephine Baker, Charles Lindbergh und Jason Wells, ab. 2003 wurde der neoklassizistische Bau komplett und luxuriös modernisiert. Im Restaurant Zinfandel gibt es erlesene mediterrane und orientalische Küche, die Lounge- & Cocktailbar Esplanade lockt zu Drinks, ebenso die Sommerterrasse Oleander. 209 luxuriös mit modernster Technik ausgestattete Zimmer, Wellnesscenter. Haustiere erlaubt, 20 €. DZ/F ab 189 €. Mihanovićeva 1, ℡ 4566-666, info.zagreb@rezidorregent.com, www.regenthotels.com.

****** **Hotel The Westin Zagreb (31)**, im Hochhausstil, zentral nahe den Museen. Knapp 400 Zimmer, von den oberen Stockwerken herrlicher Blick auf die Altstadt. Gutes Restaurant und Bar, Fitnesscenter, Sauna. Komfortable, auch technisch bestens ausgestattete DZ ab 155 €. Kršnjavoga 1, ✆ 4892-000, westinres.zagreb@westin.com, www.westin.com.

**** **Hotel Palace (29)**, zentral gelegener Gründerzeitprachtbau von 1891 am Park. Es ist Zagrebs erstes Hotel und beherbergt seit 1907 Gäste. Herrliche Lobby und gutes Restaurant, guter Service, auch Haustiere erlaubt, 15 €. Gemütliche DZ/F (mit Internetzugang) ab 145 €. Trg J. J. Strossmayera 10, ✆ 4899-618, palace@palace.hr, www.palace.hr.

**** **Hotel Dubrovnik (19)**, seit 1929 hat das Hotel seine Pforten für Gäste geöffnet. Zentral in der Kaffeehausszene mit schönem Blick auf die Obere Altstadt mit Dom und die Berge. 258 Zimmer und 8 Appartements; sehr gute Ausstattung und Service, Minifitnesscenter. Gutes Restaurant und das bekannt gute Café. DZ/F (mit Internetzugang) ab 130 €. Ljudevita Gaja 1, ✆ 4863-555, sales1@hote-durbrovnik.hr, www.hotel-dubrovnik.hr.

**** **Hotel International (36)**, komfortabler modernisierter 10-stöckiger Bau mit 205 Zimmern und Appartements mit WLAN-Zugang. Von den oberen Etagen fantastischer Weitblick über Zagrebs Altstadt. Gut ausgestattete DZ/F ab 138 €. Mirmarska cesta 24, ✆ 6108-000, hotel@hotel-international.hr.

**** **Hotel AS (39)**, für Ruhebedürftige. Sehr gut geführtes 22-Zimmer-Hotel im grünen Villenviertel, nördlich der Altstadt, aber dennoch schnell zu erreichen. Ein schöner Baum bestandener Park umgibt das Hotel mit Restaurant und herrlicher Frühstücksterrasse. Elegante Ausstattung im Biedermeierstil. Kleine Haustiere möglich, gratis. DZ/F ab 135 €. Zelengaj 2a, ✆ 4609-111, as@hotel-as.hr, www.hotel-as.hr.

**** **Hotel President Pantovčak (42)**, kleines Designerhotel abseits und doch zentral im Grünen. Luftiger, architektonisch gelungener Bau mit Art-déco-Elementen im Innern. 10 individuell gestaltete Zimmer mit Balkonen, zudem Restaurant und Lounge-Bar. DZ/F ab 135 €. Pantovčak 52, ✆ 4881-480, hotel@president-zagreb.com, www.president-zagreb.com.

... oder im Hotel Palace

*** **Hotel Laguna (45)**, etwas abseits, aber doch schnell bei den Museen und per Tram (Nr. 12, 4 Haltestellen) in der Altstadt. 155 behagliche, moderne Zimmer mit AC, Minibar. Zudem Fitness, Sauna, Internetterminal, Minishop etc. Haustiere möglich, 20 €. DZ/F 115 €. Kranjčevićeva 29, ✆ 3047-000, info@hotel-laguna.hr, www.hotel-laguna.hr.

*** **Hotel Central (32)**, gegenüber dem Bahnhof. Moderner 5-stöckiger Bau mit 76 gut ausgestatteten Zimmern mit AC, auch DSL-Anschluss und einige mit Kühlschrank. DZ/F 110 € (franz. Bett). Kneza Branimira 3, ✆ 4841-122, info@hotel-central.hr, www.hotel-central.hr.

*** Hotel Jadran (14), zentral gelegenes, modernisiertes 48-Zimmer-Hotel mit AC und Restaurant. DZ 100 €. Vlaška 50, ☎ 4553-777, jadran @hub-zagreb.hr, www.hotel-jadran.hr.

*** Hotel Dora (34), südlich des Bahnhofs. 21 Zimmer (auch viele EZ) mit Internetzugang und gutem Restaurant. Gemütliche DZ 95 € (am Wochenende DZ/F 69 €!). Trnjanska 11e, ☎ 6311-900, dora@zug.hr, www.zug.hr.

** Pension Jägerhorn (12), seit 1827 werden Gäste beherbergt und verköstigt. Zentral beim Hauptplatz und der Vergnügungsmeile gelegen, daher auch gerne gebucht. Angeschlossen das gleichnamige Restaurant, das gute Wildgerichte bietet, zudem Parkplatz. 14 Zimmer mit Internetzugang, einfache Ausstattung. DZ/F 95 € (Preisnachlässe durch verschiedene Angebote). Ilica 14, ☎ 4833-877, info@hotel-pension-jaegerhorn.hr, www.hotel-pension-jaegerhorn.hr.

** Hotel Ilica (44), wer zentrumsnah und preiswert wohnen möchte, ist in diesem nostalgisch anmutenden Familienhotel mit 25 Zimmern richtig. Zudem gibt es guten Service, Restaurant, kleines Fitnesscenter, Fahrrad- und Laptopverleih, WLAN-Internet und bewachten Parkplatz (50 KN/Tag), Haustiere ebenfalls möglich. DZ/F 82 €. Ilica 102 (Tram Nr. 6, 1, 11, ab Trg. Jelačića nur 2 Stopps), ☎ 3777-522, omfp@hotelilica.hr, www.hotel-ilica.hr.

*** Hotel Meridijan 16 (48), etwas südlich des Busbahnhofs. 25 schicke und gut ausgestattete Zimmer mit LCD-TV, Internet, AC, gesicherter Parkplatz gegen Gebühr; erst Ende 2005 eröffnet. DZ/F 81 €. Ulica Grada Vukovara 241, ☎ 6065-200, desk@medridijan16.com, www.meridijan16.com.

** Hotel Sliško (47), zentrale Lage gegenüber dem Busbahnhof. 15 Zimmer und 3 Appartements, mit Internetzugang. DZ/F 72 €. Bunićeva 7, ☎ 6184-777, hotel@slisko.hr, www.slisko.hr.

• *Außerhalb der Altstadt* ***** Villa Tina (60)**, nordöstlich des Friedhofs Mirogoj im Stadtteil Gornji Bukovac, nahe Park Maksimir. 25 hübsche, freundliche Zimmer, es gibt ein gutes Restaurant und eine kleine Wellness-Oase mit Schwimmbad, Sauna, Fitness und gratis viel Ruhe. DZ/F 92 €. Bukovačka cesta 213 (Bus Nr. 2 und 3), ☎ 2445-138, vila-tina@zg.htnet.hr, www.vilatina.com.hr.

*** Hotel Golden Tulip Holiday (61), super für einen Zwischenstopp, aber auch um Zagreb zu besuchen. Im Westen, kurz nach der Autobahnausfahrt an der Zufahrtsstraße in die Altstadt. In der Nähe das Shoppingcenter Metro und der Jarun-See. 163 moderne und luxuriöse Zimmer, Restaurant, Bar und Casino. Haustiere möglich, 10 €. DZ/F ab 84 €. Ljubljanska avenija b.b., ☎ 3496-621, hotel-holiday@zg.t-com.hr.

Hotel Paradise (62), im Westen der Stadt und nördlich des Hotels Holiday. Freundliches, modernes Haus mit 12 Zimmern. DZ/F 70 €. Štrokinec 26, ☎ 3464-959, info@hotel-paradise.hr, www.hotel-paradise.hr.

** Pension Lido (56), fast direkt am Jarun-See gelegen, daher im Sommer nicht zu verachten. Einfache, dunkle Zimmer (58 €). Malo jarunsk jezero b.b., ☎ 3832-837, www.lido.hr.

** Hotel Zagreb (54), südlich der Sava, nahe dem See Bundek. Einfache und schnelle 10-Min.-Anfahrt in die Altstadt. 40 gute und preiswerte DZ/F 52 €. D. Tomljenovića Gavrana b.b. (Bundek), ☎ 6637-333, zagreb@hub-zagreb.hr, www.hub-zagreb.hr.

• *Jugendherbergen- und Jugendhotels* Zagreb bietet Jugendlichen und Junggebliebenen eine große und gute Auswahl an Hostels, hier eine kleine Auswahl. Im Sommer unbedingt reservieren.

Hostel Fulir (13), die zentralste, aber auch einfachste Jugendherberge. Je 1 Schlafsaal mit 12 und mit 4 Betten; zudem Küche, Gemeinschaftsraum und Dusche. 19,50 €/Pers. Radićeva 3a (westl. um die Ecke vom Trg. Jelačića), ☎ 4830-882, www.fulir-hostel.com.

Jugendherberge Zagreb (30), im Altstadtzentrum, östlich des Trg Kralja Tomislava. 50 Zimmer mit 210 Betten, neu renoviert. Es gibt 1- und 2-Bettzimmer mit/ohne WC/Dusche, zudem 3- und 6-Bettzimmer. DZ 51 € (40 € ohne WC/Dusche), im 3-Bettzimmer 17 €/Pers. Petrinjska 77, ☎ 4841-267, zagreb@hfhs, www.hfhs.hr.

Jugendherberge Carpe Diem (40), gute Lage ca. 15 Min. zu Fuß nördlich vom Kaptol. 2-, 4- und 6-Bettzimmer, Stockbetten. Großer Garten mit Grill, auch Zelten kann man für 10 €/Pers. Gratis WIFI, Internet, Kaffee oder Tee; zudem Parkplatz, Fahrradverleih und gute Infos über Events. 16 €/Pers., im 2-Bettzimmer 20 €/Pers. Milana Šufflaya 3, ☎ 4680-199, 091/9019-266 oder 091/7622-639 (mobil), carpediem@hostel.com, www.hostel.com.hr.

Der Markt Dolac – Herz und Seele der Zagreber

Jugendherberge Ravnice (41), 4 km entfernt im grünen Osten der Stadt, nahe Maksimir Park und kurz nach Fußballstadion Dinamo. Das angenehme Privathaus von Vera ist für Reisende jeglichen Alters gedacht und bietet 36 Betten in 2-, 4-, 6- und 10-Bettzimmern; alle farbenfroh, nett und sauber. Gratis Küchenbenutzung und Kaffee, es gibt Internet (1 Std. gratis), Parkplatz, großen Garten, Fahrradverleih und Wäscherei. 15 €/Pers. mit Frühstück. (Anreise in Richtung Dubrava, Haltestelle Ravnice: vom Trg Jelačića mit Tram Nr. 12 und 11 in 8 Stopps; vom Busbahnhof mit Nr.7; vom Bahnhof mit Nr. 4). Ravnice 38 d, ☏ 2332-325, ravnice-youth-hostel@zg-t-com.hr, www.ravnice-youth-hostel.hr.

Jugendhotel Remetinec (63), südlich der Sava und nahe des Autobahnkreuzes A1/A3, Anfahrt von der Autobahn über Jadranska avenija. Gute Busverbindung zum Bahnhof (20 Min.; Straßenbahn Nr. 7 bis Savski most, letzter Stopp, dann Bus Nr. 110). Alle 40 Zimmer (1-,2- und 3-Bettzimmer) mit Dusche/WC; Cafeteria mit Internet,

Restaurant. EZ 27 €/Pers. und Frühstück, DZ 46 €; mit JH-Ausweis 10 % Rabatt. Remetinečki gaj 28, ☏ 6140-042, www.nazor.hr.

Hostel Lika, gute Lage, südlich des Busbahnhofs (Tram Nr. 7, 8 und 6, zwei Stopps). Pašmanska 17, ☏ 098/561-041 (mobil), hostel_lika@yahoo.com.

Hostel Granešina (Grad mladih), im Osten, im Stadtteil Granešina. Hrvtske mladezi b.b., ☏ 2984-073, gmg@nazor.hr, www.nazor.hr.

● *Camping* **Autocamp Plitvice (Lučko) und ** Motel (64)**, der einzige Campingplatz weit und breit um Zagreb. Ca. 12 km südwestlich im Stadtteil Lučko direkt an der Autobahn (Autobahnausfahrt und Autobahnkreuz A1/A3), im Grünen und unter schattigen Bäumen. 1,4 -ha-Platz, geöffnet von Mai bis Ende Okt. Als Standplatz für 1 Nacht auf jeden Fall in Ordnung, die Rezeption ist rund um die Uhr geöffnet. Es gibt eine Bar, Shops und das Autobahnrestaurant, das über den Übergang erreicht werden kann. Wer nicht campieren möchte, geht ins Motel mit 56 einfachen Zimmer. Lučko b.b., ☏ 6530-444, www.motel-plitvice.hr.

Sehenswertes

Die drei Stadtteile liegen eng beisammen und können gut bei einem Spaziergang besichtigt werden. Bei der Stadterkundung muss man sich zudem nicht durch Häuserschluchten quälen, sondern kann ganz entspannt durch hintereinander liegende grüne Parkanlagen, das sog. *Lenuci Hufeisen,* schlendern – eine Kette von acht

Parks vom Trg Zrinjevac und Tomislavov trg über den Botanischen Garten wieder hoch zum Trg maršala Tita. Für Grün sorgen auch die von Norden in die Stadt reichenden Hügel und Parks, die eine Fortsetzung des Medvednica-Gebirges bilden. Ganz bequem kann man auch per Straßenbahn ab Trg bana Jelačića in alle Stadtrichtungen fahren, und wer keine Treppchen steigen mag, nimmt zwischen Ober- und Unterstadt die Zahnradbahn. Das kulturelle Erbe Zagrebs ist riesig, ebenso die Anzahl an Museen und Galerien; die unten aufgeführten sind nur die wichtigsten, mindestens 40 weitere warten auf Besucher. Interessierte sollten sich also eingehend erkundigen und viel Zeit einplanen. Einen ersten Eindruck über die Unterstadt vermittelt eine Fahrt mit dem Touristenzug (s. u.).

Stadtführungen

Mit den täglichen Stadtführungen, ob zu Fuß oder per Bus, lässt sich die Vielfalt der kulturellen Denkmäler der Stadt am besten kennen lernen. Tickets und Reservierungen vorab bei TIC, in Hotels und Agenturen oder über ¢ 3694-333. Treffpunkt tägl. um 10 Uhr in Ul. Bakačeva (neben der Kathedrale). Angeboten wird z. B. die 3-Std.-City-Tour; zahlreiche Sehenswürdigkeiten werden zu Fuß besichtigt und per Bus angefahren (auch Friedhof Mirogoj). Preis: 165 KN, Kinder 2–12 Jahre 20 % Ermäßigung, mit Zagreb Card ebenfalls 20 % Rabatt. Auch individuelle Stadtführer können engagiert werden.

Kaptol

Der Kaptol-Hügel (bischöfliche Hügel), ist der älteste Teil Zagrebs, von hier ging die Besiedelung aus. Der Hügel und seine Kirche wurde schnell bedeutend, als ihn König Ladislavs I. 1094 zum Bistum (Kaptol) erhob. Das damals beliebte Götzentum sollte ein Ende haben. Noch heute ist die *Kathedrale* (s. u.) mit ihren beiden Türmen das alles überragende Wahrzeichen der Stadt und ein Muss auf jeder Besichtigungstour.

Nördlich der Kathedrale erstreckt sich der schöne *Ribnjak Park* mit Musikpavillon, der im Sommer für Theateraufführungen und Open-Air-Konzerte genutzt wird. Wir schlendern hinab zum Markt *Dolac*, Herz und Seele der Zagreber. Im Innern wird um Fisch und Fleisch gefeilscht, auf dem Freigelände oberhalb, unter Marktschirmen geschützt, biegen sich die Tische unter Bergen von frischem Obst und Gemüse – wenn irgendwie möglich, wird hier eingekauft, zumindest ein Sträußchen frisch geschnittener Blumen für die Lieben. Eine weitere Oase ist die abzweigende Kneipengasse *Tkalčićeva ulica* (s. u.), eine Café-Bar reiht sich an die andere in diesem heute idyllischen Viertel, das sich prächtig für einen Plausch oder Snack nach dem Markteinkauf anbietet. Ab Spätnachmittag bis spät in die Nacht wechselt dann die Szene hin zu Jugendlichen und Studenten, die in den Bars zu verschiedensten Musikrichtungen diskutieren und sich vergnügen. Geht man die *Tkalčićeva ulica* nordwärts bis ans Ende, kann man in der Glyptothek interessante Steindenkmäler betrachten. Vom Markt südwärts geht's hinab zum zentralen Platz der Stadt, dem großen *Trg bana Jelačića* (s. u.) mit der Reiterstatue des Fürsten (Ban), umringt von stattlichen Häusern der k & k-Monarchie und deren Kaffeehauskultur. Der Platz ist Treffpunkt der Jungen und Alten, die von dort in eines der nahe gelegenen Cafés oder zu den zig Boutiquen und Schuhläden, die entlang der Ilica ulica liegen, entschwinden. Der Platz ist ein guter Ausgangspunkt für Stadtbesichtigungen, zudem Verkehrsknotenpunkt der ratternden, von allen Seiten kommenden Straßenbahnen. Dieser Platz trennt auch die Unter- von der Oberstadt.

Trg bana Jelačića: Die Reiterstatue, gefertigt vom Bildhauer *Anton Fernkorn,* zeigt den treuen Diener der k. u. k.-Monarchie, Ban Josip Jelačić, der 1848, im Jahr der Revolution, gegen die Ungarische Krone und für die kroatische Unabhängigkeit kämpfte. 1947 wurde der Nationalheld unter Titos Anweisung demontiert, seit 1991 bildet die Statue wieder den Mittelpunkt des beliebten Platzes. Prachtvolle Fassaden und Gebäude ab Mitte des 19. Jh. zieren den Platz, zudem der Brunnen Manduševac, der mit vielen Wünschen in Form von Münzen gefüllt ist. Hier soll, laut einer Legende, einst eine Quelle gewesen sein.

Kathedrale Mariä Himmelfahrt (Katedrala Marijinog uznezenja): Die im gotischen Stil zwischen dem 12. und 18. Jh. errichtete dreischiffige Kathedrale besitzt zwei 105 m hohe Glockentürme (erst im 20. Jh. unter H. Bollé entstanden), damit die höchsten Kirchtürme und das größte Kirchengebäude der Balkanhalbinsel. Die Grundsteine der Kirche wurden bereits 1093 gelegt. Durch die Erhebung des Kirchensprengels 1094 zur Diözese füllte sich in den folgenden Jahrzehnten auch der Kirchensäckel und man beschloss, eine standesgemäße Kirche zu erbauen. Sie wurde der Jungfrau Maria und den beiden Königen Stephan und Ladislaus geweiht, 1217 erfolgte die Einweihung der Kathedrale unter *König Andrija II.* Nach den Verwüstungen der Tataren 1242 wurden die Kathedrale und die angrenzenden Bischofsgemäuer

Der Nationalheld Ban Josip Jelačić

erneuert. Es folgten immer wieder Zerstörungen durch kriegerische Auseinandersetzungen. Den Garaus gab dem Kirchenschiff und den Türmen das gewaltige Erdbeben von 1880. Der Architekt *Herrmann Bollé* erhielt Ende des 19. Jh. die Aufgabe, die Fassade der Kathedrale originalgetreu zu restaurieren – noch heute glänzt sie im neugotischen Stil. Die Innenausstattung und Kunstschätze datieren aus dem 16. und dem 19. Jh., von den Rennaissancebänken kann man den Blick rundum schweifen lassen. Prunkstück ist die barocke Kanzel, 1696 gefertigt, die von einem Engel gehalten wird. Besuchermagnet von Gläubigen, Pilgern und Kunstliebhabern ist der Sarkophag des heilig gesprochenen Kardinals *Alizija*

Stepinac im Chor der Kathedrale, mit silbernen Reliefs verziert, kreiert vom Bildhauer Ivan Meštrović. Ein monumentales Klangwerk ertönt aus der zweistöckigen

E. F. Walcker-Orgel (Ludwigsburg), die 1852, als Zagreb zum Erzbistum erhoben wurde, in Auftrag gegeben wurde. Wer ein Werk Albrecht Dürers sehen möchte, geht in die Sakristei, dort steht sein Golgota-Altar vom Ende des 15. Jh. Die Schatzkammer hinter der Sakristei birgt wertvolle Kunstwerke, unter anderem ein byzantinisches Elfenbein-Diptychon aus dem 10. Jh. und den „Umhang von Ladislaus", eine Stickerei aus dem 11. Jh. (aus Regensburg), die im 14. Jh. zu einem Messgewand umgeschneidert wurde. Zur Kathedrale gehört auch der barocke Erzbischöfliche Palast, 1730 erbaut.

Adresse/Öffnungszeiten Kaptol 31. Tägl. 8–19 Uhr. Messen um 7, 8, 9 Uhr; zusätzlich am So noch 10 und 11.30 Uhr.

Tkalčićeva ulica: Ein idyllisches Eck Zagrebs und beliebte Kneipenstraße. Auf das Getümmel blickt eine resolute Dame mit Schirm und Hut, es ist die Bronzefigur der ersten südosteuropäischen Journalistin, *Marija Jurić Zagorka* (geboren Ende des 19. Jh., gestorben 1956). Sie berichtete aus Budapest, war Lehrerin und schrieb historische Romane, ihr größter Erfolg war „Die Hexe von Grič". Die kleine, nach Westen abzweigende Gasse *Krvavi most* (= Blutige Brücke) erinnert an die ehemals hier verlaufende heiß umkämpfte Grenze der beiden sich im 13. Jh. befehdenden Städte Gradac und Kaptol. Hier floss

Die prachtvolle Kathedrale Mariä Himmelfahrt

einst der Bach Medveščak, an dem sich die Mühlen drehten und die Zagreber Industrie mit der Textilmanufaktur ihren Anfang nahm. Der Bach wurde 1898 zugeschüttet und ist heute die Radićeva ulica.

Glyptothek: 1937 wurde die Glyptothek der Kroatischen Akademie der Wissenschaft und Künste (HAZU) gegründet. Aufgabe war es, wertvolle Denkmäler zu sammeln und von wichtigen kulturhistorischen Denkmälern (u. a. Tafel von Baška) und Skulpturen aus Kroatien und aus der Antike Gipsabdrücke zu fertigen. Die Sammlung birgt nun über 13.000 Werke aus der Bildhauerkunst vom 5.Jh. v. Chr. bis heute. Das Museum richtet auch die Triennale der kroatischen Bildhauer aus.

Adresse/Öffnungszeiten Medvedgradska 2, ℡ 4686-060, www.mdc.hr/gliptoteka. Di–Fr 11–19, Sa/So 10–14 Uhr. Eintritt 10 KN, Kinder 5 KN.

Die farbenprächtige Markuskirche mit ihrem Stadt- und Landeswappen

Gornji Grad (Oberstadt) / Gradec

Westlich vom Kaptols-Hügel, auf dem Hügel Vlaška Ves, aus dem dann Gradec wurde, entwickelte sich parallel zum Bistum ein Wirtschafts- und Handwerkszentrum. Noch heute werden die Geschicke des Landes in dieser Oberstadt entschieden und die Zeit scheint stehen geblieben zu sein, schlendert man durch die ruhigen Gassen. Mit der *Zahnradbahn Uspinjača*, 1888 nach Grazer Vorbild erbaut, kommt man ab Tomičeva Ulica ganz bequem hinauf. Schon beim Ausstieg fällt der Blick auf den *Turm Lotršćak*, ein Überbleibsel der Befestigungsanlage. Man kann hinaufsteigen und die Aussicht genießen (tägl. außer Mo 11–19 Uhr, Eintritt 10 KN). Wer schreckhaft ist, sollte nicht zur Mittagszeit hier oben weilen – Punkt 12 Uhr donnert es aus der Kanone. Hier um die Oberstadt verläuft auch die Baum bestandene *Strossmayer-Promenade* – einer sitzt hier immer und genießt die Aussicht auf die Unterstadt, es ist der in Stein verewigte Dichter *Antun G. Matoš* (1873–1914). Weiter nördlich stoßen wir auf den großen Katharinenplatz mit den *Palais Kulmer* (s. u. Museum der Zeitgenössischen Kunst) und *Dverce* und die schöne Namen gebende *Katharinenkirche* (s. u.). Nördlich, am Jezuiski trg mit schönem Springbrunnen „Fischer mit Schlange" von Simeon Roksandić, steht das Jesuitenkloster; es wurde zu einer sehr sehenswerten Galerie umgebaut und heißt heute *Klovićevi dvori*. Hier sind wechselnde Ausstellungen zu sehen, am Abend finden im Sommer in den schönen Innenhof Konzerte statt, auch gibt es ein nettes Café, um sich für die weitere Besichtigungstour zu stärken. Weiter nördlich erreichen wir den Regierungsbezirk mit Parlament und den Markusplatz mit Markuskirche (s. u.), alles nah beieinander, ebenso die lohnenswerten Museen (s. u.) wie das *Museum der Stadt Zagreb*, das *Museum Meštrović*, das bedeutsame *Museum der Naiven Malerei* und das *Museum der Zeitgenössischen Kunst*. Des Weiteren gibt es noch das *Historische Museum* und das *Naturhistorisches Museum*. Wer genug hat, verlässt den kulturträchtigen Stadtteil durch das *Steinerne Tor* mit Kapelle der Muttergottes (s. u.). Kurz vor dem Tor kann man noch einen Blick in die alte *Apotheke* werfen (s. u.).

Hermann Bollé (geb. 1845 in Köln, gestorben 1926 in Zagreb)

Bollé lernte an der Berufsbildenden Schule für Bauwesen in Köln und war anschließend Planzeichner für Sakralbauten im Atelier Heinrich Wiethase. Ab 1872 studierte er in Wien Architektur, war Schüler von Otto Wagner und arbeitete gleichzeitig, um sich seinen Lebensunterhalt zu verdienen, beim Dombaumeister Freiherr Friedrich von Schmidt (geb. 1825 in Frickenhofen, Baden-Württemberg). Dieser hatte kurze Zeit in Mailand gewirkt, ab 1959 bis zu seinem Tod 1891 in Wien, wo er ein Atelier besaß und einen Stuhl an der Akademie der Bildenden Künste inne hatte, zudem

Vorlesungen an der TH gab und neben Burgen- und Kirchenrestaurierungen etliche bedeutende Gebäude, u. a. das Wiener Rathaus, errichtete. So vermittelte Friedrich von Schmidt seinem Zögling Hermann Bollé ein wegweisendes Basiswissen. Bei Italienaufenthalten 1875 und 1876 lernte Hermann Bollé den deutschstämmigen Josef Georg Strossmayer, Bischof von Dakovo, kennen. Dieses Treffen war bedeutsam für seinen weiteren Lebensweg. Nach dem Italienaufenthalt begab er sich sofort nach Dakovo, um einen bereits angefangenen Kirchenbau zu übernehmen – weitere Bauten, auch in anderen Städten und auf dem Land folgten. So auch Zagreb, das zu seinem Hauptwirkungsfeld und Wohnsitz ab 1878 wurde: Er restaurierte nach Plänen seines Lehrmeisters Schmidt u. a. die Kathedrale, den Bischofssitz, Sv. Markus, erbaute das Museum für Kunst und Gewerbe und die Berufsbildende Schule (hier gründete und leitete er die Abteilung Bauwesen), war für Planung und Bau des Friedhofs Mirogoj zuständig. Der engagierte Kunstfreund Hermann Bollé prägte durch Planung und Details das Stadtbild Zagrebs.

Markuskirche (Sv. Marko): Die Pfarrkirche steht am gleichnamigen großen Platz und bildet den Mittelpunkt des Stadtteils Gradec. Sie wurde 1242 erbaut und danach mehrmals umgebaut. Das Südportal ist mit zahlreichen Statuen aus dem 14. Jh. verziert. Schmuckstück ist die auffällige und schon von weitem sichtbare Dachverzierung aus rot-weiß-blau emaillierten Ziegeln von 1880 – sie zeigen das Stadtwappen von Gradec, bzw. des heutigen Zagrebs und das Wappen Kroatiens mit seinen Regionen (Kroatien-Gesamt, Dalmatien und Slawonien). Auch hier hinterließ das Erdbeben schwere Schäden, unter Leitung von Hermann Bollé wurde im 19. Jh. renoviert, auch das bunte Ziegeldach war sein Einfall. Mit den Renovierungen im Kircheninneren im Jahr 1936 beauftragte man *Ivan Meštrović*, der auch ein Kruzifix fertigte. Die gewaltigen Fresken mit Motiven aus dem Alten und Neuen Testament sind Arbeiten von *Jozo Klajković*.

Adresse Trg Sv. Marka 5.

Rund um die Markuskirche befindet sich das Regierungsviertel: an der Ostseite des Markov Trg (Markusplatz) das kroatische Parlament, der *Sabor*; rechts gegenüber der Regierungssitz, *Banski dvori*.

Katharinenkirche (Sveta Katarine): Sie ist sicherlich die schönste Barockkirche der Stadt, unter den Jesuiten von 1620 bis 1632 erbaut. Vorbild war die Kirche Il Gesù in Rom. Namensgeberin ist *Katharina Zrinski*, Schwester von Fran Krsto Frankopan und Ehefrau von Petar Zrinski, die wegen Verschwörung gegen die Habsburger 1671 hingerichtet wurden. Der einschiffige Gottesbau birgt sechs Seitenkapellen mit Holzaltären, Mitte bis Ende des 17. Jh. gefertigt, zudem das große Prachtstück

im hinteren Kirchenteil, einen marmorisierten Altar von 1729, sowie beeindruckende Reliefs, Stuckausschmückungen und illusionistische Gemälde. Die Kirche sollte vor allem dem 1607 nebenan eröffneten Jesuitengymnasium dienen, dem ersten der Stadt. Es wurde im späten Renaissancestil errichtet, die Schülerpulte waren ein Geschenk aus Paderborn. Das zugehörige *Jesuitenkloster*, im 17 Jh. erbaut, steht nördlich der Katharinenkirche (s. o.).

Adresse Katarinin trg b.b.

Steinernes Tor (Kamenita vrata): Das einzige erhaltene von vier Toren aus dem 13. Jh. und Zugang zur damals befestigten Oberstadt. Bei dem Erdbeben 1731 und einem darauf folgenden Brand wurde ein Großteil der Oberstadt zerstört. Einer Legende zufolge blieb ein Bild der Muttergottes mit dem Jesuskind inmitten der Asche unversehrt. Seitdem gilt es als wundertätig. Um 1760, eine eingelassene Steintafel weist darauf hin, wurde das Stadttor saniert und im Torinnern eine kleine Kapelle errichtet, das Muttergottes-Bild angebracht und ein schützendes schmiedeeisernes Gitter davor aufgestellt. Blickt man in die Nische an der Westfassade, entdeckt man noch eine Frauenskulptur, 1929 von Ivo Kerdić gefertigt. Es zeigt

August Šenoa blickt auf die älteste Straße Zagrebs

Zagreb
Karte S. 70/71

Dora Krupić, die unglücklich verliebte Tochter des Goldschmiedes, die hier im Tor heimlich ihren Geliebten traf. Diese Liebesgeschichte á la Romeo & Julia wurde in *August Šenoas* Roman „Das Gold des Goldschmieds" berühmt. Viele Menschen, vor allem Frauen, beten in dem Torinnern, legen Gelübde ab, gedenken der Toten und zünden ihre gespendeten Kerzen an – meist brennt ein Meer von Lichtern.

Stadtapotheke: Kurz vor dem Steinernen Tor kann man die Innenausstattung der drittältesten Apotheke (nach Rab und Dubrovnik), die bereits 1355 erwähnt wurde, bewundern – vielleicht auch einen heilenden Kräutermix gegen Liebeskummer erstehen, falls die Gebete bei der Jungfrau Maria nicht halfen. Seit dem 14. Jh. werden hier Arzneimittel verkauft, zu jener Zeit arbeitete hier auch Niccolo Alighieri, ein Enkel des berühmten Dante Alighieri („Göttliche Komödie"). Das Gebäude selbst stammt aus dem 19. Jh.

Adresse Kamenita 9.

Museen in Gornji Grad (Oberstadt)

Museum der Stadt Zagreb (Muzej grada Zagreba): Ein modern gestaltetes Museum zur Stadtgeschichte Zagrebs von der prähistorischen Zeit bis heute. Zu

Strossmayer (von Meštrović) vor seiner Galerie

sehen sind U. a. eine Kopie der Felicijans-Urkunde, die erstmalige Namensgebung Zagrebs von 1134 (Zagrabiensem episcopatus), des Weiteren Nachbildungen eines Dorfes aus der Eisenzeit, Plastiken des gotischen Doms und die 13 Figuren des Barockportals.

Adresse/Öffnungszeiten Opatička 20 (im ehemaligen Klarissinnenkloster), ℡ 4851-361, www.mgz.hr. Di–Fr 10–18 (Do bis 22 Uhr), Sa 11–19, So 10–14 Uhr. Eintritt 20 KN, Schüler/Studenten 10 KN.

Museum Ivan Meštrović – Stiftung (Meštrović Atelier): In dem lichtdurchfluteten Haus mit Garten lebte und arbeitete der große kroatische Skulpturenmeister (s. Kasten) zu Beginn des 20. Jh. Viele seiner ersten Arbeiten wurden hier gefertigt. Gezeigt wird eine schöne Sammlung seiner Werke.

Adresse/Öffnungszeiten Mletačka 8, ℡ 4851-123, www.mdc.hr/mestrovic. Di–Fr 10–18 und Sa/So 10–14 Uhr. Eintritt 30 KN, Schüler/Studenten 15 KN.

Museum der Naiven Malerei (Hrvatski muzej naivne umjetnosti): Der Raffay-Plavšić-Palast aus dem 18. Jh. beherbergt das bedeutende und weltweit einzige Museum für Naive Kunst. Gegründet 1931, werden hier 1600 Bilder, Plastiken und Zeichnungen, vor allem von kroatischen Künstlern, verwaltet. Die Ausstellung zeigt ca. 80 bedeutende, zum Teil farbenfrohe Werke aus der Zeit seit der Gründung bis heute, u. a. von Ivan Generalić, Mirko Virius, M. Kovačić, Ivan Lacković, Ivan Rabuzin.

Adresse/Öffnungszeiten Sv. Ćirila i Metoda 3 (auch Ćirilometodska) 3, ℡ 4851-911, www.hmnu.org. Di–Fr 10–18 und Sa/So 10–13 Uhr. Eintritt 20 KN, Schüler/Studenten 10 KN.

Ivan Meštrović – Bildhauer, Architekt und Mystiker

Es gibt wohl kaum eine kroatische Stadt, die sich nicht mit einer Arbeit des großen kroatischen Bildhauers schmückt. Geboren wurde Ivan Meštrović am 15. August 1883 in Vrpolje, einem Städtchen im Nordosten Kroatiens. Seine Kindheit verbrachte er in Otavice, einem Dorf östlich von Drniš. Schon als kleiner Junge schnitzte und meißelte er auf dem Feld kleine Figuren aus Holz und Stein. Seine sehr gläubigen, aber nicht eben mit Geld gesegneten Eltern ließen den Jungen bald ziehen. Nach der Steinmetzlehre in Split ging der 17-Jährige nach Wien und studierte dort von 1901 bis 1906 an der Akademie der Schönen Künste. Von 1903 bis 1910 war er Mitglied der Wiener Sezession, einer Vereinigung von Künstlern des Jugendstils.

Besonders der österreichische Architekt Otto Wagner und der französische Bildhauer Auguste Rodin inspirierten den jungen Künstler. Die geistige Basis seines Schaffens fand Meštrović in der Religion, im Humanismus, in der Mythologie und der Liebe zu seiner Heimat, nicht aber im kroatischen Patriotismus. Schon 1911 – er arbeitete gerade am Tempel von Kosovo – begeisterten seine Skulpturen auf der Weltausstellung in Rom. Ein beeindruckendes Werk gelang ihm mit der *Statue von Bischof Gregorius* (Variationen der Werks stehen in Split und Nin); zwei seiner *Pferdeskulpturen* zieren den Park von Chicago – eine Hommage an die indianischen Ureinwohner Nordamerikas.

Meštrovićs Plastiken und Reliefs aus Marmor, Holz und Bronze fesseln nicht allein durch Ausdruckskraft, sie spiegeln die Psyche der Dargestellten, ihr Leid, ihre Sehnsucht in jedem Körperdetail, in der Mimik, in Händen und Füßen.

Meštrovićs künstlerisches Wirken reichte über die Bildhauerei weit hinaus – seit seiner Wiener Zeit faszinierte ihn die Kombination von bildender Kunst und Architektur. Beispiele für seine architektonischen Werke sind neben seinem *Atelier in Zagreb* und dem *Haus der kroatischen Bildenden Kunst* vor allem auch das *Kastell Meštrović* und die *Galerie Meštrović*, beide in Split, sowie die *Mausoleen* in Cavtat und Otavice.

1947 emigrierte Ivan Meštrović in die USA. In den letzten Lebensjahren widmete er seine Arbeit ausschließlich religiösen und spirituellen Themen. Am 16. Januar 1962 starb Meštrović in South Bend, USA. Beigesetzt wurde er in dem von ihm entworfenen Familiengrab in Otavice. Mit Ivan Meštrović starb „das beeindruckendste Phänomen unter den Bildhauern unserer Zeit", so Auguste Rodin über den wohl größten bildenden Künstler Kroatiens im 20. Jh.

Der lauschige Park Trg Zrinjevac mit Musikpavillon – schattige Oase im Sommer

Museum der Zeitgenössischen Kunst (Muzej suvremene umjetnosti): Gezeigt wird im Palais Kulmer moderne und zeitgenössische Kunst von 1945 bis heute. Neben festen Kollektionen gibt es wechselnde themenbezogene Ausstellungen nationaler und internationaler Künstler.
Adresse/Öffnungszeiten Katarinin trg 2, ☎ 4851-930, www.mdc.hr/msu. Di–Sa 11–19, So 10–13 Uhr. Eintritt 20 KN, Schüler/Studenten 10 KN.

Galerie Klovićevi dvor: Gewidmet dem berühmten Maler *Juraj Julije Klović* (siehe auch Grižane bei Crikvenica). Hier stoppen die bedeutendsten weltweiten Wander-ausstellungen, für Kunstliebhaber ein Muss.
Adresse/Öffnungszeiten Jezutski trg 4, ☎ 4851-926, www.galerijaklovic.hr. Tägl. außer Mo 11–19 Uhr. Eintritt 40 KN, Kinder 10 KN.

Historisches Museum (Hrvatski povijesni muzej): Im prachtvollen Barockpalast Oršić-Rauch wird in wechselnden Ausstellungen das reichhaltige Kulturerbe vom frühen Mittelalter bis in die heutige Zeit gezeigt, u. a. ein schönes Barockzimmer. Zudem gibt es 15 Sammlungen, hervorzuheben sind die Sammlungen von Land-karten und Plänen aus dem 16. bis 18. Jh. und die Wappensammlung.
Adresse/Öffnungszeiten Matoševa 9, ☎ 4851-900, www.hismus.hr. Mo–Fr 10–18 und Sa/So 10–13 Uhr. Eintritt 10 KN, Schüler/Studenten 5 KN.

Naturhistorisches Museum (Hrvatski prirodoslovni muzej): Gezeigt werden bota-nische, zoologische und mineralogische Sammlungen.
Adresse/Öffnungszeiten Demetrova 1, ☎ 4851-700, www.hpm.hr. Di–Fr 10–17 und Sa/So 10–13 Uhr. Eintritt 10 KN, Kinder/Studenten 5 KN.

Donji Grad (Unterstadt)

Die Unterstadt liegt südlich vom Zentralplatz Trg bana Jelačića und der 6 km langen Einkaufsmeile Ilica ulica. Sie entstand im 18. und 19. Jh. – hier kann man deutlich die durchdachte grüne Stadtplanung in Form eines Hufeisens oder großen

„U" erkennen. Die grünen Parkoasen bilden einen schönen Kontrast zu den alten Bauwerken. In Richtung Bahnhof finden sich prachtvolle Paläste aus der Gründerzeit, die zum Teil noble Hotels beherbergen, in denen damals wie heute gut betuchte Gäste logieren. Gesäumt ist die Hauptachse von drei großen angelegten und hintereinander folgenden Parks und Plätzen (s. u.): *Trg Zrinjevac*, mit mächtigen Schatten spendenden Platanen und Ahornbäumen, Springbrunnen, metrologischer Station von 1893 und Musikpavillon, gesäumt von Büsten und Skulpturen berühmter Kroaten. Dann folgt der *Strossmayerov trg* mit dem Strossmayer-Galerie und Blumenrabatten. Den angrenzenden *Tomislavov trg* ziert neben Skulpturen der schöne Kunstpavillon. Am Parkende das Reiterstandbild König Tomislavs, des ersten kroatischen Königs, 925 gekrönt. Nur wenige Gehminuten voneinander entfernt haben hier auch drei sehenswerte und landsweit bedeutende Museen (s. u.) angemessene Standorte: das *Archäologische Museum*, die *Moderne Galerie* und die *Galerie der Alten Meister*, auch *Strossmayer-Galerie* genannt. Ein paar Straßenzüge östlich vom *Strossmayerov trg* der Rundbau, bzw. das *Haus der Kroatischen Bildenden Kunst*, für Kunstliebhaber interessant.

Am Bahnhofsplatz mit *Bahnhofsgebäude* (Glavni Kolodvor) – ein bauliches Schmuckstück, Ende des 19. Jh. vom Architekten Pfaff errichtet – flanierte die Hautevolee bei einem Zwischenstopp des legendären Orient-Express. Dem ankommenden Reisenden wird durch den schönen Blick auf die Altstadt und die Berge Großstadtflair vermittelt. Westlich vom Bahnhof lockt eine weitere grüne Oase, der *Botanische Garten*, durch den man kostenlos schlendern kann. Dem grünen Hufeisen nach Norden folgend erreicht man die großen majestätischen Plätze *Marulićev trg, Mažuranićev trg* und *Trg maršala Tita* mit dem Nationaltheater. Das prachtvolle gelbe *Nationaltheater* mit eindrucksvoller Fassade ist ein Bauwerk der Architekten Helmer und Fellner und wurde 1895 eröffnet. Das Innere wurde von kroatischen und österreichischen Künstlern, u. a. mit 5 Bühnenvorhängen, ausgeschmückt; darunter auch „Die kroatische Erneuerung" von Vlado Bukovac. Sehenswert auch der runde Lebensbrunnen mit einer bronzenen Figurengruppe von Ivan Meštrović in der Mittelachse des Parks. Die Paläste beherbergen weitere besuchenswerte Museen (s. u.) wie das *Museum für Kunsthandwerk und Gewerbe*, das *Ethnographische Museum* und das schöne *Museum Mimara*.

Museen in Donji Grad

Archäologisches Museum (Arheološki muzej): Es ist Kroatiens wichtigstes kulturgeschichtliches Museum mit 460.000 Exponaten. Es zeigt archäologische Funde, die bis ins Paläolithikum zurückreichen. Bedeutsam und in Südosteuropa einzigartig ist auch die Ägyptische Sammlung, die u. a. 3 Mumien mit Sarkophagen aus der Zeit von 332 v. Chr. bis zum Jahr 30 zeigt. Einzigartig ist auch die in Leintücher gewickelte *Zagreber Mumie*, bei der man einen langen, gut erhaltenen Text in Etruskischer Sprache fand. Eine der schönsten Steinskulpturen ist der *Kopf einer Frau aus Solin*. Die reichhaltige Münzsammlung zählt europaweit zu den wichtigsten. Den schönen Hinterhof ziert ein Lapidarium mit römischen Denkmälern; im Sommer gibt es hier ein nettes Café.

Adresse/Öffnungszeiten Trg Nikole Šubića Zrinskog 19, ℅ 4873-101, www.amz.hr. Di–Fr 10–17 (Do bis 20 Uhr), Sa/So 10–13 Uhr. Eintritt 20 KN, Kinder/Studenten 10 KN.

Strossmayer Gemäldegalerie alter Meister (Strossmayerova Galerija starih majstora): Die älteste Galerie Südosteuropas für Renaissance- und Barockkunst befindet sich im 1. Stock des Palastes der Kroatischen Akademie für Wissenschaft und Kunst, gegründet 1861. Den Prachtbau im italienischen Renaissancestil entwarf Freiherr Friedrich von Schmidt, gebaut wurde er von Bollé (s. Kasten). Einzug in die schönen Räumlichkeiten hielt die Galerie 1884. Vor dem Aufgang steht das Denkmal des Gründers, Stifters und Mäzens *Bischof Strossmayer*, gestaltet von Ivan Meštrović. Im Atrium des Gebäudes ist die berühmte Schenkungsurkunde König Zvonimirs aufgestellt, die Tafel von Baška, Bašćanska ploča (s. a. Insel Krk, Baška). Gezeigt werden Werke namhafter europäischer Schulen und verschiedenster Epochen vom 14. bis zum 19. Jh. Gemälde von Pieter Bruegel, Carpeaux, Giovanni Bellini, Anton van Dyck, Albrecht Dürer, El Greco und Eugène Delacroix sind zu bewundern. Hervorzuhebendes frühes Renaissancewerk ist das Gemälde *Virgo inter Virgines* aus der niederländischen Schule des 15. Jh.

Adresse/Öffnungszeiten Trg Nikole Šubića Zrinskog 11, ℅ 4895-117, www.mdc.hr/stross mayer. Di–So 10–13 Uhr, am Di zusätzlich 17–19 Uhr, Mo und Feiertage geschlossen. Eintritt 10 KN, Kinder/Studenten 5 KN.

Kunstpavillon (Umjetnički paviljon): Mitten im Park im sog. Wiener Schönbrunnergelb residiert die Kunstgalerie mit schönem Café-Restaurant und Terrasse (tägl. außer So 12–24 Uhr). Hier finden und fanden hervorragende Ausstellungen nationaler wie internationaler Künstler (Henry Moore, Auguste Rodin) statt, zudem auch der „Zagreber Salon". Das Gebäude selbst, eines der ersten sog. Fertigbauhäuser, wurde auf einer mobilen Stahlkonstruktion erbaut und war Teil des kroatischen Beitrags 1896 auf der Weltausstellung in Budapest. Anschließend wurde es hier in Zagreb wieder aufgebaut. Der bedeutende Renaissancemaler Andrija Medulić, von *Ivan Meštrović* gefertigt, wacht über die Kunstszene vor dem Pavillon.

Adresse/Öffnungszeiten Trg kralja Tomislava 22, ℅ 4841-070, www.umjetnicki-paviljon.hr. Tägl. 11–19, So 10–13 Uhr. Mo freier Eintritt, ansonsten Erwachsene 20 KN, Schüler/Studenten 10 KN.

Moderne Galerie (Moderna galerija): Eine bedeutende Sammlung kroatischer Gemälde und Skulpturen von 1850 bis 1950.

Adresse/Öffnungszeiten Hebrangova 1, ℅ 4922-368. Di–Fr 10–18 und Sa/So 10–13 Uhr. Eintritt 10 KN, Kinder/Studenten 5 KN.

Haus der Kroatischen Bildenden Kunst (HDLU-dom hrvatskih likovnih umjetnika): Ein schlichter, funktionalistischer Rundbau aus dem Jahr 1938, erbaut von Ivan Meštrović. Hier können im Turnus von zwei Jahren Künstler bis zum Alter von 30 Jahren ihre Werke ausstellen. Vertreten sind neben der Bildenden Kunst alle Ausdrucksmedien, d. h. von Malerei, Graphik, Bildhauerei, Installationen, Fotographie bis hin zu Internetprojekten. Die besten Arbeiten werden vom Komitee prämiert. Seit Ende der 1960er Jahre gibt es den „Salon junger Künstler" (Salon mladih).

Adresse/Öffnungszeiten Trg žrtava fašizma b.b., ℅ 4611-818, www.hdlu.hr. Di–Fr 11–19 und Sa/So 10–14 Uhr.

Botanischer Garten: Das 4,7 ha große Gelände bildet den westlichen Teil des Zagreber Hufeisens. Die grüne Oase beherbergt rund 10.000 einheimische und internationale, auch vom Aussterben bedrohte Pflanzenarten. Es gibt kleine Seen und Brückchen, schöne Wege und Bänke zum Ausruhen, themenbezogene Blumenrabatten und einen großen Baumbestand.

Adresse/Öffnungszeiten Mihanović ulica. Im Sommer tägl. 9–19/20 Uhr, Mo/Di 9–15 Uhr; im Winter kürzer. Eintritt frei.

Ethnographisches Museum (Etnografski muzej): Große Sammlung zur Volkskunde ganz Kroatiens, u. a. typische Trachten, Stickereien (auch von der Insel Pag), Schmuck und handwerkliche Geräte. Auch eine Sammlung der unterschiedlichsten

Das Zagreber Theater

weltweiten Kulturen, u. a. zu Kleidung, Schmuck, Waffen und Musikinstrumenten ist zu sehen.

Adresse/Öffnungszeiten Mažuranićev trg 14, ✆ 4826-220, www.etnografski-muzeij.hr. Di–Do 10–18, Fr–So 10–13 Uhr. Eintritt 10 KN, Kinder/Studenten 5 KN. Do freier Eintritt.

Museum Mimara (Muzej mimara): Ein auffallendes, langes Neorenaissancegebäude aus dem 19. Jh., das vom Gymnasium zum Kunstmuseum wurde. Namensgeber und Stifter ist der Maler und Restaurator *Ante Topić Mimara* (1898–1987). Nach seinem Tod hinterließ er der Stadt Zagreb sein riesiges Kunstvermächtnis, das hier in 42 Sälen zu bewundern ist und weltweit als eine der größten Privatsammlungen gilt. Sein Lebenslauf scheint wie aus einer Hollywood-Soap: Als armer Kroate zog er nach dem Ersten Weltkrieg in die Welt und verdiente sich zuerst als Restaurator seine Lire in Italien. Weltweit suchte und kaufte er dann auf Flohmärkten und in Antiquariaten Kunstobjekte – sein gutes Gespür für wertvolle Kunst brachte ihn zu Reichtum. Die Sammlung von ca. 3750 Exponaten umfasst Gemälde, Skulpturen und Kunsthandwerk aus den verschiedensten Materialien, Kunstrichtungen und Epochen aus aller Welt. Gotische Plastiken neben Glaskollektionen, Gemälde alter und neuer Meister, u. a. Raffael, Velázquez, Rubens, Rembrandt, Goya. Bedeutsam die „Infanta Margarita" von Diego Velázquez um 1654; ebenso der „Erzengel Gabriel mit den Engeln", eine gotische Holzschnitzerei aus Flandern aus der ersten Hälfte des 15. Jh. Angeschlossen ist eine Fachbibliothek mit 4500 Titeln.

Adresse/Öffnungszeiten Rooseveltov trg 5, ✆ 4828-100, www.artfacts.net. Di–Sa 10–17 (Do bis 19 Uhr), So 10–14 Uhr. Eintritt 40 KN, Kinder/Studenten 30 KN.

Museum für Kunsthandwerk und Kunstgewerbe (Muzej za Umjetnost i Obrt): Im prachtvollen gelben Gebäude hat dieses Museum seit 1880 seinen Sitz. Die Intention war und ist, bedeutsames Kunsthandwerk und Unikate vor dem Untergang zu

Friedhof Mirogoj – einer der schönsten Landschaftsfriedhöfe Europas

bewahren. Auf drei Stockwerken kann man über 3000 Exponate besichtigen, darunter kroatische und europäische Kunst und Kunsthandwerk von der Gotik bis zu Art-déco, ebenso gewährt die Sammlung Einblicke in Inneneinrichtungen, Dekorationen und Gebrauchsgegenstände von Schlössern etc., u. a. Möbel, Uhren, Musikinstrumente, Buchdruckkunst, Glas, Keramik, Textilien.

Adresse/Öffnungszeiten Trg maršala Tita 10, ✆ 4882-111, www.muo.hr. Di–Sa 10–19 (Do bis 22 Uhr) und So 10–14 Uhr. Eintritt 30 KN, Kinder/Studenten 20 KN.

Technisches Museum (Tehnički muzej): Für technisch Interessierte sicherlich eine nette Abwechslung zur reichhaltigen Kunstwelt Zagrebs. Der Sprung nach Süden, westlich des Bahnhofs, lohnt. Gezeigt werden technische Errungenschaften und eine naturwissenschaftliche Abteilung.

Adresse/Öffnungszeiten Savska cesta 18, ✆ 4844-050, www.mdc/tehnicki.hr. Di–Fr 9–17 und Sa/So 9–13 Uhr.

Sehenswertes außerhalb der Altstadt

Nicht weit vom alten Stadtzentrum entfernt und gut mit öffentlichen Verkehrsmitteln zu erreichen ist der *Friedhof Mirogoj,* der zu Europas schönsten Totenparks zählt. Ebenso hübsch, um etwas mehr Frischluft zu schnappen, ist der schön angelegte Park *Maksimir.* An heißen Sommertagen lohnt der Ausflug hinaus zum großen *Jarun-See,* hier kann man Schwimmen, Joggen, Rudern, Inlinern oder einfach nur Faulenzen und sich dann abends ins dort stattfindende Nachtleben stürzen.

Friedhof Mirogoj: Er zählt zu den beeindruckendsten Park-Friedhofsanlagen Europas und zu den Highlights der Stadtbesichtigung. Er liegt außerhalb der Stadt, auf einer Anhöhe am Fuß des Medvednica-Gebirges, umgeben von üppigem Grün, und gleicht mit seinen Türmchen und hohen Mauern einer großen Festung. Der große Friedhof wurde im Jahr 1876 auf dem Grundstück des Sprachgelehrten *Ljudevit Gaj* angelegt und sollte die vielen kleinen, um Kirchen liegenden Grabstätten ersetzen. Der Architekt *Hermann Bollé* (s. o. Kasten) gestaltete die Anlage und entwarf die Hauptgebäude. Der Bau der Arkaden, der Kuppeln und der Kirche im Eingangsportal wurde im Jahr 1879 begonnen, erst 1929 war die gesamte Anlage fertig gestellt. Interessant ist neben der baulichen Symmetrie und der Landschaftsgestaltung auch die Gleichstellung der verschiedenen Religionen – auf den Kuppeln sind alle Religionssymbole vereint, das katholische und orthodoxe Kreuz und der Davidstern. Auf Zagrebs Monumentalfriedhof und in seinen Arkaden fanden viele bedeutende kroatische Persönlichkeiten ihre letzte Ruhestätte. Auch der ehemalige Präsident Dr. Franjo Tudman wurde hier 1999 vor der Kuppelkirche beigesetzt. Der Friedhof birgt prachtvoll gestaltete Grabmale und Skulpturen kroatischer Bildhauer, u. a. auch von Ivan Rendić, und gleicht einem Freilandmuseum.

Anfahrt Mit Bus Nr. 106 ab Kaptolsplatz bis Endstation.

Parkanlage Maksimir: Im Osten der Stadt, auf einer Fläche von rund 18 ha, erstreckt sich dieser Landschaftspark, einer der bedeutendsten im südöstlichen Mitteleuropa. 1787 hatte der Namen gebende *Maksimilijan Vrhovac de Ehrenberg et Rakitovec* nach seiner Ernennung zum Zagreber Bischof die Idee, den alten Diözesenwald, bewachsen nur mit Eichen, in einen ganz unchristlichen „Lustgarten" mit Promenaden, Nischen, Rosentoren etc. nach französischem Vorbild anlegen zu lassen. 1794 wurde der Park eingeweiht. Nach dem Tod von Bischof Vrhovac fand der nachfolgende Bischof Aleksandar Alagović Gefallen an der Parkgestaltung und setzte das Werk seines Vorgängers fort. Sein heutiges Aussehen verdankt der Park dem im Jahr 1837 ernannten *Erzbischof Juraj von Haulik de Varallya,* der zwischen 1839 und 1843 nochmals Hand anlegte. Er engagierte erfahrene österreichische Landschafts- und Schlossgartengestalter und gewann Michael Sebastian Riedl (1793–1872) für die Bauleitung. Die Parkfläche wurde nun im Stil eines Englischen Gartens umgestaltet. Ein Spaziergang vorbei am Belvedere, einem Echopavillon, am Schweizerhaus oder rund um die beiden künstlich angelegten Seen mit Wasserfall ist auch heute zu jeder Jahreszeit ein Erlebnis – im Winter übrigens ein herrliches Rodelgebiet. Zum Park gehört der *Zoologische Garten* (✆ 2302-198, www.zoo.hr; 9–18 Uhr, im Winter bis 16 Uhr).

Anfahrt Mit Straßenbahn Nr. 11 oder 12 (ab Trg bana Jelačića) oder Nr. 7 (ab Busbahnhof); Haltestelle Bukovačka ulica.

Jarun-See: Das „Zagreber Meer" ist ein künstlich angelegter, über 4 km lang gezogener See mit Inselchen. Er wurde 1987 zur *Universiade,* der internationalen Jugendolympiade, errichtet. Eingebettet in Wiesen und Bäume, umgeben von schmaler Teerstraße und Fußwegen, kann man hier gut Inlinern, Mountainbiken und Joggen. Der See mit seinen aufgeschütteten Sandstränden lockt im Sommer zum Baden und Relaxen. Es gibt Fahrrad-, Kanu-, und Surfbrettverleih, man kann Reiten und Tennis spielen und es finden u. a. Ruderwettbewerbe, Veranstaltungen und Konzerte statt. Kinder können sich auf den großen Spielplätzen austoben, die Älteren nachts in den zahlreichen Clubs, Cafébars und Pizzerien. Die Zufahrt verwehrt eine gebührenpflichtige Schranke (3 KN/1 Std., 10 KN/ganze Nacht) und dezimiert so den Autoverkehr. Wild zelten oder im Auto übernachten ist natürlich verboten (Kontrollen!).

Anfahrt Mit Straßenbahn 5 und 17 und wenige Meter laufen.

Zagreb
Karte S. 70/71

Gut platziert mit Weitblick – die Burganlage Medvedgrad

Naturpark Medvednica: Nördlich der Stadt erhebt sich dieser schützende Gebirgs-zug. Er ist ganzjährig ein beliebtes Ausflugsziel der Zagreber. Viele schöne Wander-wege durchziehen die sattgrünen Buchen-, Eichen-, Kastanien- und Tannenwälder. Zahlreiche Höhlen, Schluchten und Wasserfälle machen Medvednica zu einem attraktiven und erholsamen Kontrastprogramm zur Metropole. Die Bären, die Namensgeber, sind schon lange abgewandert. Schon von Zagreb kann man die große *Burganlage Medvedgrad* erkennen, die vom Adelsgeschlecht Cilli (Celje, Slo-wenien) bis ins 15. Jh. verwaltet wurde, bevor sie ein Erdbeben im 16. Jh. komplett zerstörte. Der Aufbau der Außenmauern, der Kapelle und des Turmes (von Fach-leuten sehr kritisiert) wurde erst 1993 in der Tudman-Ära veranlasst. Am Heimatal-tar brennt das ewige Licht, die verschiedenen Steinquader aus allen Teilen Kroa-tiens symbolisieren die Flagge. Auf dem Gelände gibt es eine Gaststätte (s. u.) und bei guter Sicht bietet sich ein herrlicher Weitblick über Zagreb.
Einen Rundumblick genießt man vom Gipfel *Sljeme*, 1033 m, mit Kroatiens größ-tem Skigebiet. Hier wird u. a. jährlich der Damenweltcup *Snow Queen Trophy* aus-getragen und hier trainierten erfolgreich die *Kostelić-Geschwister Janica* und *Ivica*. Janica, heute nicht mehr aktiv (nun von ihrem Bruder vertreten), war mehrfache Olympia- und Weltcupsiegerin (Slalom, Abfahrt). Hier oben kann man Rodeln oder Langlaufen, Wanderwege durchziehen auf ca. 500 km das Ausflugsgebiet, was na-türlich auch ideal für Mountainbiker ist. Die Gondelbahn, deren Talstation am Rande Zagrebs liegt, ist momentan außer Betrieb, da neben der alten ab 2010 eine neue erbaut wird; ab ca. 2012 soll sie die Gäste wieder auf den Gipfel bringen. Al-lerdings kann man den Berg auch in 3:30 Std. erklimmen. Wer sich lieber fahren

lässt, nimmt den Bus. Neben der Straße verläuft auch eine Down-Hill-Strecke. Rund 15 Hütten, ein paar nette Pensionen und ein Berghotel versorgen oben die Gäste. Bei TIC gibt es gute Wander- und Fahrradkarten.

- *Adresse* Verwaltung Park Prirode Medvednica, Bliznec b.b., ℘ 4586-317, www.pp.medvednica.hr.

- *Anfahrt* **Straßenbahn/Bus**: Mit Straßenbahn Nr. 14 (ab Trg bana Jelačića) oder Nr. 8 (ab Busbahnhof) bis Endstation Mihaljevac, dann weiter mit Bus (Sljeme) hoch bis Berghotel Tomislavov dom. Der Bus pendelt im Sommer halbstündlich von 7 bis 22.30 Uhr. Ab 2012 ab Mihaljevac wieder Umstieg in Tram Nr. 15 bis Endstation Gračani, dann per Gondel hoch.

Auto oder Mountainbike (gut ausgeschildert!): Ab Kaptol nordwärts über die Ribnjak ulica und Medveščak ulica bis zum Stadtteil Mihaljevac. Wer zur Burganlage Medvedgrad möchte, muss sich hier links halten und fährt über Mlinovi nach Lukšići, dann bergan bis zum Parkplatz. Die Straße ist sehr schmal. Wer zur Talstation der Gondelbahn Sljeme möchte (bis 2012 außer Betrieb!), fährt ab Mihaljevac rechts nach Remete, dann Abzweig links hinauf nach Pilana Bliznec zur Talstation (Žičara Sljeme) und parken oder weiter bis hoch. Ein Wanderweg führt ab der Talstation in gut 3:30 Std. hinauf bis zum Berghotel. Die Nordseite des Gebirgszuges erreicht man über Straße oder Autobahn Zagreb–Donja Stubica.

- *Übernachten/Essen* **Restaurant Medvedgrad**, in der Burganlage; in den Kellerräumen gibt es Getränke und u. a. Lamm und Gulasch. In der Saison tägl. 10–20 Uhr (Nebensaison nur am Wochenende).

*** Berghotel Tomislavov dom, auf 1000 m. 41 nette Zimmer mit Internetzugang, gemütliches Restaurant; gegen Gebühr gibt es Fitness, Sauna, Massagen und einen großen Swimmingpool. DZ/F 100 € (Standard) oder 120 €. Sljeme b.b., ℘ 01/4560400, tomislavovdom@sljeme.hr, www.hotel-tomislavovdom.com.

Pansion Medvednica, westlich und unterhalb vom Berghotel auf 960 m. 28 Zimmer; es gibt einfache 4-Bettzimmer mit Dusche/WC, für 2 Pers. 44 €; Frühstück 3,50 €. Einfaches Restaurant. ℘ 01/4550-737, pansionmedvednica@sljeme.hr, www.pansionmedvednica.com.

Apartmanska kuća Snježna kraljica (Snow Queen), 17 hübsche und gut ausgestattete 4- bis 8-Personen-Appartements östlich vom Berghotel, mit Küche und teils mit Kamin. Ab 80 €/4 Pers. ℘ 01/4604-555, snjeznakraljica@sljeme.hr, www.snjezna-kraljica.com.

Das Medvednica-Gebirge bietet auch Sehenswertes: Die ca. 7 km lange *Veternica-Höhle (Spilja Veternica)* im Nordwesten am Südhang erinnert wieder daran, dass wir uns im Karstland befinden. Hier lebten vor 42.000 Jahren Neandertaler. Funde, u. a. der Schädel von einem Höhlenbären und Knochen, kann man im Naturkundemuseum besichtigen. Nur der vordere Höhlenteil ist für Besucher zugänglich.

Anfahrt/Öffnungszeiten Über Stadtteil Gornji Stenjevec erreichbar, Straßenbahn Nr. 6 oder 11, dann Bus Nr. 124. April–Okt. nur Sa/So und Feiertage 10–15 Uhr.

Ein weitere Besonderheit ist die *Zrinski Mine*, nach dem gleichnamigen Grafen benannt, der 1463 das Silberbergwerk im Medvednica-Gebirge erwarb. 1527 gingen die Rechte an reiche Zagreber über, Mitte des 18. Jh. wurde die Mine geschlossen. Heute ist Kroatiens einziges Bergwerk für die Öffentlichkeit zugänglich gemacht worden.

Anfahrt/Öffnungszeiten Ab Tomislavov dom nach Westen in Richtung Hütte Grafičar; unbedingt Wanderkarte Sljeme besorgen! Sa/So 10–16/17 Uhr.

*Dominanter Mittelpunkt in der Barockstadt Varaždin –
die Renaissanceburg Varaždin*

Umgebung von Zagreb

Auch das Zagreber Umland birgt reichhaltiges Kulturgut und landschaftliche Schönheiten – Hügellandschaft, Weinberge, Mittelgebirge und Schwemmland, unzählige Burgen und Schlösser und viele malerische Dörfer – per Mountainbike und auf Wanderwegen gut zu erkunden.

Nördlich von Zagreb und dem Medvednica-Gebirgszug, zwischen den Autobahnen A2 und A4, liegt das Bauernland **Zagorje,** was ebenfalls „hinter den Bergen" bedeutet (za gorom) - eine sanft bewaldete Hügel- und Berglandschaft, die im *Ivanščica-Bergzug* bis auf 1060 m ansteigt, durchsetzt von Weiden, Feldern, Obstgärten, Weinbergen und Wiesen, auf denen Wildblumen gedeihen. Der Verwaltungsbezirk dieser Region ist seit 800 Jahren Krapina. Die Landschaft mit den hübschen Holzhäusern und Barockbauten, den Zwiebelhauben-Kirchtürmen, den weißen Türmen zahlreicher alter Schlösser, und vor allem die Küche Zagorjes erinnern stark an Österreich. In diesem malerischen Ambiente ließ sich der Dichter *Mihanović* für die kroatische Nationalhymne „Unser schönes Vaterland" inspirieren. Zagorje ist mit mildem Klima gesegnet, zudem gibt es eine Reihe altbekannter Kurorte mit rund 15 heilsamen Thermalquellen, u. a *Tuheljske Toplice, Krapinske Toplice, Sutinske Toplice* und *Stubičke Toplice.*

Das kleine Halbrund zwischen dem breiten Fluss Drava und der schmaleren Mura, an den Grenzen zu Slowenien und Ungarn heißt **Međimurje** und bedeutet Murinsel. Hier liegen auch die Barockstadt **Varaždin,** einstiges Generalat von Kroatien, und das Städtchen **Čakovec** mit seiner Burg.

Information **Tourismusverband der Region Zagorje**, Krapina (s. u.), www.tz-zagorje.hr.

Sehenswertes im Norden von Zagreb

Kloster Lužnica: Bei Zaprešić, ca. 10 km nördlich von Zagreb (A2, Ausfahrt Zaprešić), liegt das Kloster, das der Ordensgemeinschaft *Barmherzige Schwestern Hl. Vinzenz von Paul* gehört, die sich seit ihrer Gründung im Elsass 1734 auch im deutschsprachigen Raum ausbreiteten. Die Ordensgemeinschaft in Kroatien, mit Zweigstellen neben Zagreb auch in Rijeka und Split, kamen um 1845 aus Tirol. Seit 1856 waren sie in Zagreb tätig, arbeiteten in Krankenhäusern, Schulen, Altenheimen und Kindergärten, die sie z. T. selbst gründeten. Das heutige große *Kloster Lužina* entstand, als der deutsche Baron Rauch im Spätbarock einen kleineren Vorgängerbau zu einem Schloss umbauen ließ – das einzig erhaltene Dokument ist von 1761 und wird in der Kapelle aufbewahrt. 1925 kauften die Barmherzigen Schwestern dieses Schloss hier außerhalb von Zagreb für Verwaltungszwecke, renovierten es und erweiterten den Komplex mit einem Neubau für ein Bildungszentrum (auch Übernachtungsmöglichkeiten bei Seminaren) in Zusammenarbeit mit der Diözese Freising. Das Kloster ist nach englischem Vorbild von einem Landschaftspark von 18 ha umgeben, hat einen See und 35 ha Wald. Momentan bewohnen 29 sehr gut organisierte Nonnen, die auch mit Internet keine Berührungsängste haben, das Kloster. Schulklassen kommen hierher zu Bildungszwecken, es gibt einen kleinen Souvenirladen, der Liköre und Tees verkauft. Besichtigung nur So 14–18 Uhr (oder nach tel. Vereinbarung), ¢ 01/3350-943, 098/9323-201 (mobil, Schwester Miroslava Bradica), www.luznica.hr.

Tuheljske Toplice: Die schon in der Antike genutzte Therme liegt kurz vor der slowenischen Grenze und ist über die A2 (Ausfahrt Zabok) erreichbar. Hier kann man Rheumaleiden lindern, bei Massagen und in Saunen entspannen und in der groß angelegten Wasserlandschaft planschen. Ganz in der Nähe liegt das schöne Schloss **Dvorac Mihanović** aus dem 18. Jh., das 1983 zu einem schönen und sehr guten Schlossrestaurant umgebaut wurde. Ebenso sehenswert und nah an der Autobahn gelegen (Ausfahrt Zabok) ist das Schloss **Dvorac Gjalski** aus dem Jahr 1700.

• *Informationen/Übernachten/Essen*
Therme Tuhelj, ✆ 049/203-000, www.terme-tuhelj.hr. Hier auch Hotel.

Dvorac Mihanović, das Schlossrestaurant bietet beste traditionelle Zagorje-Küche und exzellente Weine. ✆ 049/203-773. Ganzjährig tägl. 11–23 Uhr.

*** Dvorac Gjalski, in Alleinlage idyllisch auf einem Hügel mit wunderbarer Terrasse. In dem im Jahr 1700 erbauten Schloss gibt es 19 Zimmer (DZ/F 77 €), einen hübschen, in Dunkelviolett gehaltenen Speiseraum und einen riesigen Keller, einst als Diskothek und heute für Hochzeiten genutzt. Spezialitäten sind Steakgerichte, Lungenbraten

Gjalski oder Lamm. Es gibt gute Weine. Als Stopp ein lohnender, ruhiger Platz. Gredice Zaboćke 7, ✆ 049/201-100, www.dvorac-gjalski.hr.

Klet Kozjak, kurz nach der Ausfahrt Zaćretje und dem Outletcenter Roses (s. Zagreb), in Alleinlage auf einem Weinhügel. Erst 2008 wurde der Neubau mit altem Inventar eröffnet. Schöne Terrassen, Innen- und Kellerräume, hier gibt es gute Küche und Weine aus eigenem Anbau. 8 hübsche Zimmer und 2 Appartements werden vermietet. DZ 55 €, Frühstück 9 €. Ganzjährig geöffnet. Sv. Križ Zaćretje, Kozjak 18a, ✆ 049/228-800, 098/55-414 (mobil).

Kumrovec: 55 km nördlich von Zagreb (Anreise wie Tuheljske Toplice) liegt der winzige Ort an der Grenze zu Slowenien und am ruhigen, zum Angeln einladenden Fluss Sutla. Kumrovec ist der Geburtsort des einstigen langjährigen jugoslawischen Staatspräsidenten *Tito* (1892–1980). Sein Geburtshaus sowie weitere Häuser im Ort wurden zum *Freilandmuseum Staro Selo* umgestaltet. Am Tag der Jugend, dem 25. Mai, sollte man die Anlage meiden, aus ganz Kroatien kommen dann Jugendliche mit Bussen zur Besichtigung.

Öffnungszeiten/Eintritt Tägl. 9–12 Uhr. Eintritt 20 KN, Kinder 10 KN. ✆ 049/225-830.

Zagreb
Karte S. 70/71

Krapina: Krapina ist das Verwaltungszentrum der Zagorje und liegt an der A2 (ca. 70 km nördlich von Zagreb). Der Ort ist zudem Geburtsstadt von *Ljudevit Gaj* (1809–1872), der als Begründer des kroatischen Schriftwesens und eines Nationalgefühls gilt. Der Kurort mit der Therme *Krapinske Toplice* (www.aquae-vivae.hr) hat außerdem Überreste einer mittelalterlichen Festung und ein barockes Franziskanerkloster zu bieten. Das *Freilichtmuseum des Urmenschen (Hušnjakovoa) von Krapina* dokumentiert eine Besiedlung schon zu prähistorischen Zeiten – es handelt sich hier um einen weltweit bedeutenden Neandertaler-Fundort.

- *Öffnungszeiten/Eintritt* April–Sept. 9– 17 Uhr, sonst 9–15 Uhr. Eintritt 20 KN, Kinder 10 KN. ✆ 049/371-491.
- *Information* **Tourismusverband Krapina**, Zagrebacka 6, 49217 Krapinske Toplice, ✆ 049/233-653, www.krapina.hr, www.tz-zagorje.hr.

Veliki Tabor: Die malerische alte Festung liegt ca. 28 km westlich von Krapina. Schon im 2. Jh. von Römern bewohnt, stammt ihr heutiges Aussehen aus dem 15./16. Jh. Bauherren waren die Grafen Rattkayi, die die Burg im gotischen Renaissancestil errichten ließen, einzigartig in Zentralkroatien. Die Burg mit ihren ca. 3000 m² birgt einen herrlichen Arkadenhof, Holzbrückchen, Kachelofen mit Motiven der Meerjungfrau, sogar eine Toilette aus dem 16. Jh. Seit 2000 wird die Anlage restauriert. Bis 2011 soll das Museum ausgebaut sein und wird dann auf der UNESCO-Liste stehen. Beim jährlich stattfindenden Mittelalterfest (Samstag um den 14. Sept.) wird die Legende um die schöne Veronika Desinić nachgespielt, die sich in einen Cilli-Grafen verliebte und damit dem Vater widersetzte. Sie soll hier eingemauert worden sein, während ihr Liebhaber, im Turm eingesperrt, den Hungertod starb. Mehr Leichtigkeit versprechen da die jährlich stattfindenden Filmfestspiele in der ersten Juliwoche (www.tabor-filmfestival.com).

Essen **Gostiona Grešna Gorica**, ca. 1 km vor Veliki Tabor, auf einem Hügel gelegen. Es gibt schmackhafte Hausmannskost und leckeren Wein. Ganzjährig geöffnet.

Trakošćan: Rund 26 km nordöstlich von Krapina, nahe der slowenischen Grenze, windet sich die Straße auf ca. 600 m hoch zum Schloss Trakošćan (nach Varaždin ca. 45 km). Das prachtvolle Schloss, einst als Jagd- oder Sommersitz gedacht, steht idyllisch auf einem Hügel, Neuschwanstein von der Ferne nicht unähnlich. Zu Füßen ein großer See, umgeben von alten Buchenwäldern - es zählt zu den schönsten kroatischen Schlössern und lohnt auf jeden Fall einen Stopp. Trakošćan wurde in der 2. Hälfte des 13. Jh. als Kontrollposten der hier durchlaufenden Handelswege (Ptuj-Bednja-Tal) errichtet. Es gab einige Besitzer, prägend war allerdings die wohlhabende Adelsfamilie Drašković, die hier ab 1584 fast 400 Jahre residierte. Im 18. Jh. verwahrloste die Burg, nach einem Besuch Titos um 1952 veranlasste dieser die Renovierung und Umgestaltung zum Museum. Auf vier Stockwerken und ca. 1200 m² kann man wertvolles Mobiliar aus dem 19. Jh. in verschieden eingerichteten Salons bewundern, ebenso Gemälde. Zum Spazierengehen laden Wege um den See ein.

Öffnungszeiten/Eintritt Tägl. 9–18 Uhr (Nov.–März nur bis 16 Uhr). Eintritt 30 KN, Kinder 15 KN. www.trakoscan.hr. Es gibt auch eine Gaststätte.

Lepoglava: Auf dem Weg Richtung Varaždin hat der Paulaner-Orden hier ein großes Kloster. Die Fresken sollen freigelegt, die Räume renoviert werden. Das gegenüberliegende, einst zum Kloster gehörige große Gebäude haben einige Berühmtheiten wie Tito, Kardinal Stepinac und Stipe Mesić bereits von innen besichtigt, mussten aber länger bleiben: es ist Kroatiens größtes Gefängnis.

Varaždin: Die sehenswerte, malerische Stadt (über die A4 nach ca. 78 km von Zagreb zu erreichen) hat rund 49.000 Einwohner und liegt an der Drava (Drau). Operettenfreunden ist sie aus „Gräfin Mariza" bekannt. Der Altstadtkern mit ausnehmend hübschen Gassen prunkt mit Barockbauten, prachtvollen Kirchen und Palästen, einem parkähnlichen Friedhof und dem beliebten Fotomotiv, der großen *Renaissanceburg* mit *Museum* – ein damals wichtiges Bollwerk zur Türkenabwehr. Im 15. Jh. war die Burg Sitz der Cilli-Grafen (Celje), ab 1585 wohnten hier die ungarischen Grafen Erdödy und bauten nach allen Seiten auch mit Türmen an, zudem umgab damals ein wassergefüllter Graben die Anlage. 1925 musste die Burg der Stadt übergeben werden, die sie zu einem sehenswerten Museum (Di–Fr 10– 17 Uhr, Sa/So nur bis 13 Uhr) ausbaute. Gezeigt werden u. a. Möbel, Kunsthandwerk, Waffen. Heute ist die Burg trocken gelegt und nur noch von Erdwällen umgeben, auf denen Kinder tollen. Ein Brand um 1700 schädigte das aus dem 15. Jh. stammende *Rathaus,* das man 1793 wieder aufbaute – es ist immer noch der Stolz der Stadt. Das Theater baute Hermann Helmer 1873. Nicht versäumen sollte man das *Barockmusikfestival* (letzte September- und erste Oktoberwoche) mit besten internationalen Ensembles und Solisten. Ein weiteres jährliches Ereignis ist das *Špancir-Fest* (www.spancirfest.com), das ab der dritten Augustwoche für 10 Tage abgehalten wird. Innerhalb der Altstadt kann man an Buden altes Kunsthandwerk und kulinarische Köstlichkeiten erstehen und einen Blick in die Handwerksläden werfen. Zudem gibt es unzählige Bühnen mit den verschiedensten Musik- und Theateraufführungen. In der Nähe liegt der Kurort *Varaždinske Toplice,* bekannt vor allem für seine heilenden Schwefelquellen.

● *Information* **Touristinformation TIC Varaždin** (TZG), Ulica Ivana Padovca 3, 42000 Varaždin, ☎ 042/210-987, www.turism-varazdin.hr.

● *Verbindungen* Gute **Bus**verbindungen mit Zagreb. Busbahnhof, Zrinski i Frankopana b. b., ☎ 042/407-888.

● *Übernachten/Essen* ***** Hotel Turist**, am Rande der Altstadt. 104 Zimmer, zweckmäßig modernisiert mit Restaurant, Bar, Internet. DZ/F 104 €. Aleja kralja Zvonimira 1, ☎ 042/395-395, www.hotel-turist.hr.

**** Hotel Istra, nettes Gebäude von 1911, einst das Grand Hotel Novak, mit 11 gut ausgestatteten Zimmern, Internet, Restaurant und Café, inmitten der Altstadt. DZ/F 115 €. Ulica Ivana Kukuljevića 6, ☎ 042/659-659, www.istra-hotel.hr.

Restoran Zlatne Ruke, eine sehr ideenreiche und kreative Speisekarte verführt und hält, was sie verspricht, auch im Geschmack. U. a. zweifarbiges Filetsteak mit Pinienkernen, Schweinefilet mit Aprikosen und Cognac in Blätterteig; auch an Vegetarier ist mit einigen Kreationen gedacht. Zur Nachspeise Birnenstrudel mit Walnüssen. Gegessen wird im modern gehaltenen Innenhof und in den Kellerräumen, ebenfalls in modernem Weiß. Ilica Kukuljevića 13, ☎ 320-065, www.zlatneruke.com.

Zlatne Gorice, wem es oben geschmeckt hat, der kann getrost zum goldenen Weinhügel aufs Land, ca. 5 km südlich von Varaždin, fahren. Das Restaurant gehört ebenfalls der Familie Jambriško, die sich hier ein gemütliches Weinschlösschen baute. Auf der Terrasse speist man traditionell und gut, u. a. Truthahn mit Mlinci. Auch Zimmervermietung. Banjščina 45, Turčin, ☎ 042/666-054, www.zlatne-gorice.com.

Kneginečka Hiža, ebenfalls Richtung Süden in Kneginec Gornji (Richtung Varaždinske Toplice). Hier gibt es sehr gute Hausmannskost. Täglich geöffnet.

Čakovec: Das 20.000-Einwohner-Städtchen liegt nördlich von Varaždin, im Grenzgebiet zu Ungarn, der Medimurje, und ist deren Verwaltungszentrum. Es gibt Textil- und Baustofffabriken und eine Philosophische Fakultät. Nicht verwunderlich, denn nahe Čakovec, in Kraljevec, ist der Anthroposoph *Rudolf Steiner* geboren (1861–1925). Ihm zu Ehren werden Anfang Juni die Rudolf-Steiner-Tage abgehalten (www.tzm.hr). Persönlichkeiten zeigten sich auch bei einem Stopp des

Čakovec prunkt mit seiner großen Burganlage und mit Rudolf Steiner

legendären Orientexpresses, hier fuhr 1860 Kroatiens erste Eisenbahn auf der Linie Ptuj-Budapest. Wichtigste Sehenswürdigkeit der Stadt ist allerdings die große Burg *Grad Zrinskih,* in der ersten Hälfte des 14. Jh. erbaut und von einer großen Parkanlage umgeben. Sie beherbergt ein *Museum* (Di–Fr 10–15 Uhr, Sa/So bis 13 Uhr; Eintritt 20 KN, Kinder 10 KN) mit ethnographischer und archäologischer Abteilung sowie eine *Gemäldesammlung.* Hier residierte ab 1546 die Grafenfamilie *Zrinski.* Wegen drohender Türkengefahr wurde die Festung prachtvoll zu einem Renaissancepalast ausgebaut. Augenfällig in der Altstadt am Trg republike ist das Handelsgebäude *Trgovački Kasino* von 1903 im Sezessionsstil. Heute ist darin der Gewerkschaftssitz und es werden Konzerte abgehalten. Um die Ecke sitzt man gemütlich im hübschen *Kavana Royal* von 1913 und isst vielleicht die Međumorska Gibanica, rund 4 Schichten Strudelteig, gefüllt u. a. mit Mohn, Apfel, Quark, Rosinen und Nüssen.

• *Information* **Tourismusverband Čakovec,** Kralja Tomislava 1, ☎ 040/313-319.
• *Übernachten/Essen* ***** Hotel Royal,** nahe Bahnhof, leider nicht so gut wie das gleichnamige Café. Nur für Stopp zu empfehlen. Kolodvorska 13, Čakovec, ☎ 040/384-196.

Zum Essen wird empfohlen: **Restaurant Katarina,** Matice hrvatske 6, ☎ 040/311-990; hier gibt es regionale und italienische Küche. Beliebt ist auch **Mala Hiša**, 3 km nördlich in Mačkovec.

Sehenswertes im Süden von Zagreb

Südöstlich von Zagreb (ca. 70 km, Autobahn) erstreckt sich entlang der Save der ca. 500 km² große **Naturpark Lonjsko polje** (www.pp-lonjsko-polje.hr), das größte mitteleuropäische Schwemmgebiet, umgeben von uralten Eichenwäldern. Hier leben und brüten u. a. zahlreiche Störche, Wildenten und Reiher. Reizvoll sind die Dörfer mit ihren Storchennestern auf den Hausdächern, verewigt auf Briefmarken.

Wer gerne die Aussicht ins Weinglas genießt, dem sei nördlich von Lonjsko polje der Weinort **Kutina** im Gebiet Moslavina empfohlen, nach weiteren 40 km wird „das" Weißweinanbaugebiet Kroatiens an den Südlagen des hügeligen **Naturparks Papuk** (www.pp-papuk.hr) erreicht. Hier gedeihen Graševina, Traminer und Rheinischer Riesling, bekannte Weinorte sind u. a. *Lipik* und *Kutjevo* mit dem bekanntesten Winzer Krauthacker. Die Gegend ist auch bestes Wander- und Mountainbikegebiet.

Ein beliebtes, sehr nahes Wochenendziel der Zagreber ist der bergige, waldreiche und von Schluchten durchzogene **Naturpark Žumberak-Samoborske gorje** (www.pp-zumberak-samoborsko-gorje.hr), südwestlich der Hauptstadt gelegen. Zur Zeit des Heurigen besonders beliebt ist ein Ausflug in die von Zagreb nur 20 km entfernte alte Weinstadt **Samobor** mit sehenswertem Stadtmuseum. Vom Städtchen aus kann man in ca. 6 Std. den *Samobor Gebirgszug* umrunden und dabei vom höchsten Gipfel, dem Oštrc (ca. 750 m), den Ausblick genießen. Wer hungrig ist, stärkt sich mit dem Samoborer Kotlovina, einer hiesigen deftigen Spezialität (siehe „Essen & Trinken" S 50).

- *Übernachten/Essen* ***** Hotel Livadić**, 12 stilvolle komfortable Zimmer mitten in der Stadt, zudem Traditionscafé mit hübschem Innenhof und Blick auf die Rundbogenfenster. Hier kommen Naschkatzen auf ihre Kosten, lecker die Cremeschnitten. DZ/F 64 €. Trg kralja Tomislava 1, ✆ 01/3365-850, www.hotel-livadic.hr.

Samoborska Pivnica, der Bierkeller mit Restaurant bietet deftige regionale Küche. Šmidhenova 3, ✆ 01/3361-623.

Richtung Rijeka und Küste

Karlovac: Ca. 50 km von Zagreb entfernt liegt die nächst größere Stadt in Richtung Rijeka und Küste. Die Vier-Flüsse-Stadt (Kupa, Korana, Mrežnica und Dobra) entwickelte sich aus einer mittelalterlichen Burganlage, die sechseckig und einst uneinnehmbar auf sumpfigem, teils unzugänglichem Gelände errichtet wurde und schon immer ein wichtiger Verkehrsknotenpunkt zwischen Binnenland und Küste war. Auch im letzten Krieg bildete die Stadt eine Pufferzone und wurde durch Artilleriebeschuss stark beschädigt. Durch die barocke Altstadt, die zum großen Teil saniert wurde, ist man schnell gelaufen, einen schönen Blick hat man von der westlich gelegenen *Burg Dubovac*, ebenso von der flussaufwärts (Kupa) gelegenen *Ritterburg Ozalj* der Adelsgeschlechter Frankopan und Zrinski. Wer's sportlich mag, nimmt sich hier ein Kajak oder Kanu. Was in Karlovac vor allem lockt, ist das gute Bier – Karlovačko – beliebt auch das 10-tägige *Bierfestival,* das jährlich Ende August stattfindet.

- *Information* **Tourismusverband Karlovac** (TZG), Petra Zrinskog 3, 47000 Karlovac, ✆ 047/615-115, www.karlovac-touristinfo.hr.
- *Verbindungen* Beste Verbindungen mit **Bus** und **Zug** nach Zagreb (50 km) und Rijeka (90 km).
- *Übernachten/Essen* ****** Hotel Korana Srakovčić**, zum Abschluss der Reise durch diese Region noch ein Schlösschen von 1906. Es steht in einem Park und direkt am Fluss Korana. 15 gut ausgestattete Zimmer,

Restaurant und Gartenterrasse. Perivoj Josipa Vrbanića 8, ✆ 047/609-090, info@hotelkorana.hr, www.hotelkorana.hr.

Autocamp Slapić, 15 km südl. in Richtung Duga Resa (N 23) und Senj. Schöne Lage am Flüsschen Mrežnica auf 2 ha Wiesengelände. Es gibt Restaurant, Cafébar, Kanuverleih, Kinderspielplatz. Man kann im Fluss schwimmen und in der Nähe reiten. Guter Stopp. Mrežnički Brig, Duga Resa, ✆ 047/854-700, www.campslapic.hr. Geöffnet April–Okt.

Zagreb Karte S. 70/71

Kvarner – Bucht

Blick auf Valun, die Insel Cres und die istrische Küste

Kvarner-Bucht

Die Kvarner-Bucht ist eine riesige Meereseinbuchtung mit einer Inselgruppe, die begrenzt wird durch die Halbinsel Istrien im Nordwesten, das Kroatische Küstenland im Osten und die bereits zu Dalmatien gehörende Halbinsel Ravni kotari im Süden.

Der Name „Kvarner" bezieht sich eigentlich nur auf das Meeresstück zwischen der istrischen Küste und den Inseln Cres und Lošinj. Zur Region Kvarner gehören jedoch auch der ganze Golf von Brestova bis kurz hinter Novi Vinodolski sowie die Inseln Cres, Lošinj, Krk und Rab. Die Herkunft des Namens „Kvarner" ist nicht ganz geklärt. Wahrscheinlich leitet sich „Quarner" vom lateinischen *mare quaternarium* („vierteiliges Meer") ab.

Ein Blick auf die Karte zeigt eine Inselgruppe, die sich in zwei Reihen gliedert: Parallel zur Küste ziehen sich die Inseln Krk, Rab und Pag hin und säumen den Vinodol- und Velebit-Kanal; die Inseln Cres und Lošinj, südwestlich davon, trennen den Kvarner vom Kvarnerić und begrenzen den Golf von Rijeka. Cres und Lošinj, die einst durch einen Kanal voneinander getrennt waren, bilden zusammen die *vierte* Hauptinsel.

Die Hauptinseln *Cres, Lošinj, Krk, Rab* und *Pag* sind mit Übernachtungsmöglichkeiten touristisch gut erschlossen – ein Paradies für Nudisten, denen immer mehr Strände, Campingplätze, ja sogar Hotels, offen stehen. Für Bootsbesitzer gibt es gut ausgebaute Marinas und viele kleine Inseln als Tourenziele. An der Küste laden Städte wie *Opatija, Rijeka, Senj, Nin* und *Zadar* zum Bummeln und Besichtigen ein, und das Hinterland lockt u. a. mit Ausflügen in den *Naturpark Učka,* zu den *Grotten von Postojna* (Slowenien), zum *Nationalpark Risnjak,* zum *Nationalpark Plitvicer Seen,* zum *Nationalpark Nord-Velebit* und seinen *Botanischen Garten,* zum *Bärenrefugium* bei Kuterevo (Naturpark Velebit) und zum *Nationalpark Paklenica.*

Kvarner-Küste – von Opatija nach Brestova

Die „Riviera von Opatija" – der 30 km lange Küstenabschnitt von Opatija bis Mošćenička Draga – war schon Ende des 19. Jh. ein wegen ihres milden Klimas europaweit bekanntes Winter- und Sommererholungsziel. Opatija, der Hauptort der Riviera, blickt heute auf über 150 Jahre Tourismusgeschichte zurück und ist zu Beginn des 21. Jh. immer noch einer der populärsten Urlaubsorte Europas.

Das Učka-Gebirge mit der höchsten Erhebung Istriens, dem 1401 m hohen Berg *Vojak*, schützt die Region vor Austrocknung und kalten Winden. Ein Hinweis auf das subtropische Klima, das Zypressen, Palmen und Agaven gedeihen lässt, ist der Ortsname *Lovran* – Lovran ist vom lateinischen Wort für Lorbeer abgeleitet. Das milde Klima der Region mit 13,3 °C mittlerer Jahrestemperatur begünstigt in der Tat das Wachstum der Lorbeerbäume, die hier bis zu 10 m hoch werden. Bei Opatija, dem früheren Winterkurort, der heute für seine Meerwassertherapie bekannt ist, beginnt die Riviera – sie ist durch die Meerengen *Srednja vrata* (Mittlerês Tor) und *Vela vrata* (Großes Tor) mit dem offenen Meer verbunden.

Früher war es fast unmöglich, im Sommer in Opatija ein Hotelbett zu ergattern. Heute ist es etwas ruhiger und exklusiver geworden. Die alten Nobelherbergen wurden restauriert, vor Luxushotels und Villen stehen schicke Karossen, der Jachthafen ist voll mit eleganten Jachten. Opatija zählt heute zur selben Kategorie von Urlaubsorten wie Brighton, Nizza und San Remo, es finden sich aber auch für schmalere Geldbeutel Quartiere. Wer gut zu Fuß ist, kann von Opatija nach Volosko, auf der vor hundert Jahren erbauten Uferpromenade, dem *Lungo Mare*, etwa 12 km bis nach Lovran laufen oder joggen.

Bis *Mošćenička Draga* führt die Küstenstraße immer am Meer entlang mit Blick auf die Insel Cres. Hinter Mošćenička Draga wird es einsam, und die Küstenstraße verläuft oberhalb des Meeres. Es folgen die kleinen Orte *Brseč* und *Zagore,* danach kommt der Abzweig zum tief unten liegenden Fährort *Brestova* (Schiffsverbindung mit der Insel Cres).

Opatija (Abbazia)

Kroatiens ältestes Seebad strotzt vor subtropischer Üppigkeit – herrschaftliche Prachtbauten versinken im Grün von Palmen und Akazien, im Blütenmeer der Kamelien und Magnolien. Opatijas extravagante Traditionsherbergen und Villen zeugen von einer Epoche, in der das Wort „Tourismus" noch ohne den Zusatz „Massen" auskam. Das Flair dieser Zeiten kann man bis heute genießen, allerdings nur in der Nebensaison.

Dass es sich hier besser leben lässt als in Rijeka, ist kein Geheimnis – Opatija mit seinen nun 15.000 Einwohnern ist schon seit 1889 Kurort. Die Učka-Bergkette schützt den Küstenabschnitt vor kalten Nordwinden, der Jugo sorgt für ein laues Lüftchen aus Afrika. Hier überwinterten, angezogen vom milden Klima, die Reichen und Schönen Europas, auf Opatijas rauschenden Silvesterbällen trafen sich die Wiener Hofkreise. Die prachtvollen Villen aus dieser Zeit mit ihren reich

Opatija-Volosko – malerisch schmiegen sich die Häuser um die Bucht

verzierten Fassaden und viele Parks mit hübschen Blumenrabatten prägen das Stadtbild bis heute, ebenso der zu allen Jahreszeiten beschauliche *Lungo Mare* (heute ganz schick *Franza Josefa I* genannt), die herrliche, vor über 100 Jahren angelegte, 12 km lange Uferpromenade, die zwischen Opatija-Volosko und Lovran am Meer entlang verläuft.

Weniger beschaulich ist im Hochsommer die Parkplatzsuche, Opatijas Problem Nummer eins, das aber Zug um Zug gelöst wird. Opatija versucht seine Gäste immer noch zu verwöhnen, wie einst, sei es mit einem großen Kulturangebot, reichhaltigen Wellnessprogrammen und in vielen komfortablen Hotels oder mit den guten Restaurants und gemütlichen Cafés, die leckerste Tortenkreationen anbieten. Für Nachtschwärmer gibt es eine Reihe unterschiedlichster Lokalitäten, um das Tanzbein zu schwingen oder um zu Chillen, ob bei Standard- und Lateinmusik in prunkvollen Hotelsälen oder in Diskotheken oder gestylten Loungebars am Meer. Wer's nostalgisch mag oder sich für die Habsburger Monarchie interessiert, kann zahlreiche Ausstellungen und Events zum Thema k. u. k.-Zeit besuchen.

Geschichte

1453 wird Opatija erstmals schriftlich erwähnt; ihren Namen erhielt die Stadt von der früheren Abtei Jacobus ad Palum (Abtei = *opatija*). Erst nach der französischen Besetzung 1813 begann die Besiedlung um die Abtei. Bis nach dem Ersten Weltkrieg gehörte Opatija zu Österreich, im Frieden von Rapallo fiel die Stadt 1921 an die Italiener, die sie *Abbazia* nannten.

Bekannt wurde das gerade mal 30 Häuser zählende Fischerdorf mit dem Bau der *Villa Angiolina,* die sich der reiche Kaufmann Iginio Scarpa aus Rijeka 1844 als Feriendomizil bauen ließ. Großzügig stellte er Kaiser Ferdinands Gemahlin das Anwesen zum ärztlich verordneten Kuraufenthalt zur Verfügung. Ein paar Jahre

Essen & Trinken
- 3 Villa Vranješ
- 5 Rest. Ariston
- 14 Buffet Vongola
- 16 Taverna
- 19 Rest. Terrasse
- 20 Restaurant Sv. Jakov
- 21 Adria-Relaxresort Miramar
- 27 Rest. Bevanda-Lido

Cafés
- 7 Café-Bar Mimoza
- 9 Schoko-Palace
- 10 Café-Bar Monokini
- 13 Grand Café
- 18 Café Wagner
- 24 Café-Bar Hemingway
- 26 Café-Bar Lido

Nachtleben
- 10 Café-Bar Monokini
- 12 Villa Madonna
- 15 Casino Royal é Cocktailbar
- 17 Diskothek Seven
- 24 Café-Bar Hemingway
- 25 Café-Bar Galija

Übernachten
- 1 Villa Marija
- 2 Hotel Opatija
- 3 Villa Vranješ
- 4 Hotel Bellevue
- 5 Hotel Ariston
- 6 Hotel Palace
- 8 Designer-Hotel Astoria
- 11 Hotel Imperial
- 18 Hotel Milenij
- 20 Villa Milenij
- 21 Adria-Relaxresort Miramar
- 22 Hotel Amalia
- 23 Hotel Kvarner

später kaufte die Eisenbahngesellschaft, die auch die Bahnlinie von Postojna–Pivka nach Rijeka baute, das Land um Scarpas Villa und errichtete darauf das Hotel Quarnero, das heutige Hotel Kvarner. Das wohltuende Meeresklima und die angenehme Atmosphäre der Stadt sprachen sich im kaiserlichen Wien schnell herum, Opatija boomte. Die Reichen und Schönen aus Wien, Graz und Budapest ließen sich prächtige Villen bauen – und ihrem heimatlichen Geschmack freien Lauf: Gutshöfe in alpenländischer Architektur, barocke Paläste, Residenzen im venezianisch-gotischen und im österreichischen Jugendstil entstanden.

Schillernde Persönlichkeiten, Reiche und Superreiche, Berühmtheiten – sie alle kamen in den Glanzzeiten Opatijas: Anton Tschechow fand sich hier ebenso ein wie James Joyce, der seinen Kaffee bevorzugt im Café Imperial einzunehmen pflegte, die Ballerina Isadora Duncan, der österreichische Kaiser Franz Joseph, der mit der Wiener Schauspielerin Katharina Schratt flirtete, der deutsche Kaiser Wilhelm II., der italienische König Umberto von Savoyen, die Komponisten Gustav Mahler, Giacomo Puccini, Franz Lehár ...

Information

Die **Rijeka Card** ist auch in Opatija gültig. Nach Erwerb erhalten Sie zwischen 15 und 50 % Ermäßigungen. Erhältlich bei TIC in Rijeka und Opatija und etlichen Hotels (mehr dazu, siehe Rijeka).

- *Telefonvorwahl* 051
- *Postleitzahl* 51410 Opatija
- *Information* **TIC**, Ulica Maršala Tita 101, ✆ 271-310. Mo–Sa 8–20 Uhr (Juli/Aug. bis 21 Uhr), So 18–21 Uhr (nur ab Ostern bis Ende Sept.); www.opatija-tourism.hr. Infos zur gesamten Riviera: www.kvarner.hr.
  TIC Volosko, I.M. Ronjgova b.b., ✆ 703-145.

Agentur DaRiva, Ulica Maršala Tita 170, ✆ 272-990, ✉ 272-482, www.da-riva.hr. Ausflüge, Fahrradvermietung.

Agentur GIT, Ulica Maršala Tita 65, ✆ 273-030, gi-trade@ri.t-com.hr. Privatzimmer.

Agentur Katarina Line, Ulica Maršala Tita 75/1, ✆ 272-110, ✉ 271-372, www.katarina-line.hr. Bootscharter, Kreuzfahrttickets etc.

Agentur Kompas, Ulica Maršala Tita 110/2, ✆ 271-912, www.kompas-travel.com. Ausflüge.

Agentur Autotrans, Trg V. Gortana 4/1, ✆ 271-617, opatija@autotrans.hr. Bustickets etc.

Verbindungen

● *Bus* **Lokaler Busbahnhof** im Zentrum, alle 20 Min. Richtung Lovran (Linie 32), nach Veprinac (Linie 34 stündl.), zum Poklon-Sattel (Nr. 33, 34, 37 nur So 9.30 und 14 Uhr; Haltestelle auch Slatina im Zentrum) und nach Rijeka (Nr. 32). Auskunft über Autotrolley, Ul. M. Tita 200, ✆ 333-010.

Regionaler Busbahnhof ca. 2 km nördlich von Opatija. Tägl. Verbindungen nach Brestova und Pula, Ljubljana, Rijeka, Split und Zagreb. Alle Informationen bei Autotrans (s. o.).

Touristenbus: Großer offener Doppeldeckerbus fährt von Opatija (Slatina) nach Rijeka (Jadranska trg, hoch nach Trsat), in der Saison 7-mal tägl., per Kopfhörer in deutscher Sprache Erklärungen zu Sehenswertem. 70 KN (10 €), 48 Std. Gültigkeit, 50 % Ermäßigung mit Rijeka Card.

● *Zug* Der **Bahnhof** (Postaje) **von Opatija** liegt ca. 4 km nördlich in Matulji an der Hauptlinie Ljubljana–Rijeka (Busverbindung alle 30. Min. von Opatija nach Matulji mit Linie 33), ✆ 274-102. Der **Bahnhof Rijeka** ist nur 15 km entfernt, ✆ 213-333.

● *Flug* Die nächsten Flughäfen sind bei Rijeka (Insel Krk), 44 km entfernt, und in Pula, 85 km entfernt. Croatian Airlines Rijeka, ✆ 330-207. **Panoramaflüge** vom Flughafen Grobnik (20 km in Richtung Zagreb); geflogen wird mit Cessnas, ✆ 259-107 und 481-695 (mobil).

● *Taxi* u. a. Taxistand beim Busbahnhof, ✆ 711-618; vor Hotel Palace, ✆ 711-366; günstig ist **Hallo Taxi**, ✆ 704-100.

● *Boot* Vom kleinen Hafen unterhalb des Hotels Atlantik fahren Taxiboote nach Lovran und Volosko.

Angiolina-Park – Pflanzen aus fernen Ländern waren schon früher beliebte Gastgeschenke

*A*dressen/*D*iverses*(siehe *K*arte *S. 112/113)*

● *Auto* **Parken**, das größte Problem in Opatija: gebührenpflichtige Plätze am Hafen, Thalassotherapie-Haus oder Tiefgarage beim Hotel Milenij (12 €/Tag).

● *Autovermietung* z. B. **Budget**, im Hotel Milenij, ✆ 711-978, www.budget.hr. **Bo Mo**, im Hotel Palace, M. Tita 144, ✆ 273-020, www.renta.hr.

● *Fahrradvermietung* **Agentur Da Riva**, M. Tita 162, ✆ 272-482; verschiedenste Mountainbikes.

● *Wander-/Mountainbike-Touren* über **Agentur Olinfos** (siehe Lovran), auch von Opatija aus.

● *Gesundheit* **Erste Hilfe**, Vladimira Nazora 2, ✆ 271-266 und ✆ 94. **Apotheke**, M. Tita 175, ✆ 271-856.

Thalassotherapie-Haus, die Meerwassertherapie ist heilsam bei Lungenschäden, Herz- und Gefäßkrankheiten, Erkrankungen des Bewegungsapparates; gegenüber Hotel Kristall, M. Tita 188, ✆ 271-322.

● *Jachthafen* **Marina Admiral** im gut geschützten Hafen, zum Hotel Admiral gehörend; 160 Liegeplätze zu Wasser, 40 an Land, alle mit Strom-, Wasseranschluss und allem Erforderlichen ausgestattet, guter Reparaturservice, 5-t-Kran. Alle Angebote des Hotels Admiral, wie Sauna, Pools, Restaurant etc. können mitbenutzt werden.

Tankstelle im Stadthafen, 0,5 Seemeilen entfernt. ✆ 271-882, www.liburnia.hr. **Hafenkapitän:** ✆ 711-249.

● *Nachtleben* **Tanzterrassen**: z. B. Hotel Kvarner, Hotel Opatija, Hotel Palace und **Villa Madonna (12)**. Geöffnet meist 20.30–24 Uhr.

Disco Seven (17), M. Tita 125 (beim Hotel Savoy); im Sommer tägl., ansonsten nur am Wochenende.

Casinos: im Hotel Adriatic, tägl. 21–3 Uhr, ✆ 719-000. Zudem Casino Admiral, in Villa Madonna und **Casino Royal (15)** mit Cocktailbar am Lungo Mare (neben Hotel Savoy).

Nightlife-Cafébars: **Hemigway (24)** am Hafen; gutes mediterranes Restaurant, riesige Bar im Wintergarten, offener Lounge-Bar-Bereich und Disko mit Tanzterrasse; hier tanzt man zu Latino-Musik, Hip-Hop etc. bis in die Morgenstunden.

Gegenüber, direkt am Hafen, das beliebte Szene-Lokal **Café-Bar Galija (25)**.

Als weiteres In-Lokal gilt die Cafébar **Monokini (10)** mit Internet und Galerie, M. Tita (gegenüber Hotel Agava). Nett ist für tagsüber und abends **Café Mimoza (7)**, Ecke M. Tita/Eugena Kumičića.

● *Post* Ulica V. Spinčića, mit Poste restante; Mo–Sa 7.30–21 Uhr.

• *Veranstaltungen* **Stadtfest Sv. Jakov**, gefeiert wird an dem Wochenende, das dem 25. Juli folgt, mit Konzerten, Ausstellungen etc.

Opatija-Karneval: Bei den bunten Straßenumzügen im Februar marschieren neben den großen Teilnehmern auf Stelzen auch die ganz Kleinen aus dem Kindergarten mit. Die traditionellen Masken sind aus Schaffell und Hammelhörnern gefertigt, die Masken mit großen Glocken heißen *Zvončari*. Am letzten Tag des Karnevals wird die *Pust-Maske* (eine Puppe aus Stroh und Lumpen) verbrannt – und damit alles Böse aus dem vergangenen Jahr. Eine Regatta mit geschmückten Segelbooten begleitet das Treiben zur See.

Promenadenkonzerte gibt es von Mai bis Sept. auf der Terrasse des Hotels Imperial: einheimische Blasorchester, Folkloreauftritte und kleine Nachtkonzerte im Park.

In den Sommermonaten breites **Veranstaltungsprogramm**, wie das „Festival der Lieder", Misswahlen in der Kristallhalle (Festivalhalle) im Hotel Kvarner sowie Konzerte in der Villa Angiolina.

Liburnia-Jazzfestival am 1. Juliwochenende auf den Plätzen der Stadt sowie in der Villa Angiolina.

Internationaler Malwettbewerb Mandrač, letztes Juliwochenende, am Hafen Manrač in Volosko.

Segelregatten am 3. So im Sept. (Galijola) und am 3. Novemberwochenende (Cup Opatija); veranstaltet vom Jachtclub Opatija.

Nacht-Autoralley (Učka Night Trek), von Opatija ins Učka-Gebirge; Ende Okt.

Učka-Fest, 2. So im Sept. (→ Ucka).

Anglerwettkampf im Juli, die erfolgreichsten Petrijünger werden mit einem Preis belohnt.

• *Wellness* **Wellnessangebote** mit Pools bieten die Hotels Milenij, Admiral, Miramar, Villa Marija, Grand Hotel Belvedere (☎ 271-315). Das größte Angebot von allen hat das **Hotel Admiral**: auf 2000 qm erstreckt sich das Thallasso-Wellness-Center mit Beauty-, Wellness-, Fitnessbereich und Pool.

Übernachten/CAMPING (siehe Karten S. 112/113 und 117)

• *Übernachten* Die Vielfalt und Kapazität an Übernachtungsmöglichkeiten in Opatija ist groß, vom einfachen Pensionszimmer bis zur Luxuskategorie ist alles zu haben. Bei den preiswerten Traditionsherbergen muss man allerdings bei Zimmerausstattung und Frühstücksbüffet Abstriche hinnehmen. Eine Auswahl:

Privatzimmer ab 25 €/Pers.; Appartements ab 60 €/Tag für 2 Pers. Luxuriös-herrschaftliche Übernachtungsquartiere gibt es in den Villen am Lungo Mare, Auskünfte erteilen die Agenturen.

***** Hotel Milenij (18) & Villen (20), rosafarbener Prachtbau mit großer Arkadenterrasse von 1886, im Jahr 2000 stilvoll und komfortabel mit neuester Technik ausgestattet; direkt an der Uferpromenade bei den Meerwasserpools. Schöner Wellnessbereich (Massagen, u. a. Schoko, Hot Stone und Lomi-Lomi-Nui; Mesotherapie, verschiedene Saunas) mit Pool im Wintergarten, durch die Öffnung des Dachs wird er zum Außenpool. Sehr gutes Restaurant und exzellentes Frühstücksbüffet im prachtvollen Saal; zudem das gute Café Wagner (s. u.) und eigene Schoko-Pralinenherstellung. Tiefgarage (12 €/Tag). DZ/F ab 170 €. Ul. Maršala Tita 109, ☎ 202-000, www.ugohoteli.hr.

**** Adria-Relaxresort Miramar (21), am östlichen Ortsende am Lungo Mare. 2004 eröffnetes Hotel aus der aufwändig renovierten Villa Neptun aus k.-u.-k.-Zeiten als Haupthaus sowie stilvollen, von einem Park umgebenen Nebengebäuden. Schöner, großzügig gestalteter Beauty- und Wellnessbereich mit Innen- und Außenpool, komfortabelsten Zimmern, Suiten und Gourmetküche. Eigener Felsbadestrand. Kurz: ein Haus zum Wohlfühlen. DZ/F ab 170 €. Ive Kaline 11, ☎ 280-000, info@hotel-miramar.info, www.hotel-miramar.info.

**** Villa Ariston (5), nostalgischer Bau am Ortsbeginn (noch vor der Marina Admiral) an der Uferpromenade. Sehr schön und ruhig, eingebettet in üppiges Grün. Gutes Restaurant, auf dessen lauschiger Terrasse man angenehm speisen kann. DZ/F ab 110 €. M. Tita 179, ☎ 271-379, info@villa-ariston.com, www.villa-ariston.com.

*** Designer-Hotel Astoria (8), erbaut 1904 von Franz Eduard. Modernes, komfortables und helles Interieur mit neuester Technologie und WLAN, ca. alle 5 Jahre neues Innendesign. DZ/F ab 104 € (Superior), ab 114 € (Deluxe). Topssaisonpreise nochmals höher. M. Tita 145, ☎ 706-350, www.hotel-astoria.hr

Kvarner Küste Opatija – Brestova

Karte S. 109

*** Hotel Kvarner (23), ruhig, direkt an der Uferpromenade. Das Hotel aus dem Jahr 1884 wurde durch seinen „Kristallsaal" berühmt – hier logierte schon Kaiser Franz Josef. Abends Tanzterrasse. Soll komfortabel umgebaut werden. DZ/F ab 82 €. Pava Tomašića 2/2, ✆ 271-233, www.liburnia.hr.

** Hotel Amalia (22), neben Hotel Kvarner an der Uferpromenade, ruhiger und etwas preiswerter. Stilvoller Bau hinter üppig wuchernder Pflanzenwelt. Park 1. Maja 4, ✆ 271-944, www.liburnia.hr.

*** Hotel Imperial (11), der gelbe Prachtbau mitten im Zentrum an der Durchgangsstraße (nahe den Badestränden) schmückt sich mit einer langen Liste berühmter Gäste, von Kaiser Wilhelm, Anton Tschechow bis Josip Broz Tito. Stilvolles Inventar und ein herrlicher „Goldener Saal", der häufig für Modenschauen und ähnliche Edelevents genutzt wird; schönes Café. Einfache DZ/F ab 62 €. M. Tita 124/3, ✆ 271-677, www.liburnia.hr.

*** Hotel Palace-Bellevue (6/4), alter Prachtbau mit neuer Dependance nebenan, genau im Zentrum an der Durchgangsstraße; gegenüber die Meerwasserpools. Sehr geräumige Zimmer mit schönen Balkonen. DZ/F ab 76 €. M. Tita 144–146, ✆ 271-811, www.liburnia.hr.

** Hotel Opatija (2), wunderschöne Traditionsherberge in zentraler Lage, oberhalb vom Busbahnhof. Die Zimmer mit Balkon zum Meer sind herrlich. Hallenbad. Preiswerte DZ/F ab 65 € (Topsaison mehr).

Gortanov trg 2/1, ✆ 271-388, www.hotel-opatija.hr

** Hotel Belvedere, am Ortsende von Opatija, kurz vor Volosko an der Uferpromenade. Schön und ruhig in einem Park gelegen. Meerwasserhallenbad, Sauna, Fitnesscenter, Tennisplätze. Schön sitzt man oberhalb des Meeres auf der Restaurantterrasse. Nebenan in der herrschaftlichen Villa Rosalia das alte Casino. Einfache DZ/F ab 62 €. J. Kaline 7, ✆ 271-044, www.liburnia.hr.

*** Villa Marija (1), oberhalb der Umgehungsstraße am Berg mit herrlichem Weitblick. Wird verkauft und dann evtl. umgebaut. DZ/F ab 75 €. Nova Cesta 80, ✆ 703-955, www.villa-marija-opatija.com

*** Villa Vranješ (3), oberhalb von Opatija, mit Restaurant und schöner Terrasse mit Blick aufs Meer. DZ/F 73 € (HP 11 €/Pers. – lohnend). 11. A. Mikića 9 (Abzweig an der Hauptstraße in Höhe Hotel Admiral), ✆ 711-540, www.villavranjes.hr

**** Pension Villa Kapetanović (28), stadtauswärts Richtung Matulji. Komfortable Zimmer, kleine Wellnessoase, Terrasse mit schönem Blick und sehr gutes Restaurant. DZ/F ab 76 € (Juli/Aug. nur wochenweise, 82 €/Tag). Nova cesta 12a, ✆ 741-355, villa-kapetanovic@inet.hr, www.villa-kapetanovic.hr.

● *Camping* **Camping Opatija**, vor Opatija beim Ort Ičići (siehe dort).

Camping Preluk, kurz vor Rijeka, einfacher Platz mit schönem Blick auf Opatija und gut für Surfer; nur im Hochsommer geöffnet.

*Essen (siehe **K**arten **S**. 112/113 und 117)*

Die Hotelrestaurants bieten eine große und gute Auswahl an Gerichten. Ruhige Terrassen am Meer und gute Küche haben z. B. die Hotels **Milenij (18)**, **Miramar (21)** und **Kvarner (23)**. In der **Taverna (16)** (Hotel Admiral, ✆ 271-882) gibt es gute Steaks, außerdem selbst gebackenes Brot und leckere Pizza. Direkt am Meer auch das **Restaurant Terrasse (19)**, lauschig und romantisch mit moderner Musik.

Restaurant Ariston (5), hier sitzt man sehr schön auf der lauschigen Terrasse oberhalb von Uferpromenade und Meer. Moderne mediterrane Küche. M. Tita 179, ✆ 271-379.

Restaurant Sv. Jakov (20), in der Villa Milenij. Sehr gute Kvarner Küche und Fischgerichte, zudem auf Vorbestellung alte Menüs von 1860 nach Rezepten von Julius Glax. M. Tita 105, ✆ 202-000.

Restaurant Bevanda-Lido (27), große, überdachte Terrasse direkt am Meer mit Blick auf Rijeka. Schöne Lage und große, vielfältige Speisekarte. Zert 8, ✆ 701-412.

Restaurant Villa Vranješ (3), oberhalb von Opatija, mit schöner Terrasse und Blick aufs Meer. Grillspezialitäten, zudem Fischgerichte. A. Mikića 9 (Abzweig an der Hauptstraße in Höhe Hotel Admiral), ✆ 711-907.

Restaurant Laurus (28), in Villa Kapetanović (stadtauswärts Richtung Matulji), Terrasse mit schönem Blick, traditionelle gute Küche. Nova cesta 12a, ✆ 741-355.

Buffet Vongola (14), direkt an den Meerwasserpools mit Sitzmöglichkeiten im Freien, dazu Diskomusik. Es gibt Snacks, Fleisch- und Fischgerichte. Preiswert und für Kinder viel Platz zum Herumtollen.

• *In Opatija-Volosko* Empfehlenswert am Hafen sind die drei traditionellen Fischrestaurants mit Terrassen:
Mandrač (31), Obala Frana Supila 10, ✆ 701-357; kurz danach **Plavi Podrum (30)**, Obala Frana Supila 12, ✆ 701-223, sowie das noble **Amfora (29)**, gegenüber am Hafenende mit großer, baumumstandener Terrasse, Panoramafenstern, Pianomusik und gutem Service; Črnikovica 4, ✆ 701-222.

• *Restaurants in umliegenden Dörfern* z. B. in Richtung Učka oder Mošćenice. Auch hier kann man lecker speisen – und natürlich preiswerter als in Opatija.

• *Cafés in Opatija* **Café Wagner (18)**, Hotel Milenij, hier gibt es köstliche Kuchen und Torten aus eigener Konditorei und die leckeren Schokoriegel und Pralinen, ebenfalls aus eigener Herstellung nach Schweizer Rezeptur. Die schöne Terrasse mit Blick aufs Meer lässt jegliches Kalorienzählen vergessen. M. Tita 109.

Grand Café (13), zum gleichnamigen stilvollen Hotel gehörend (gleiche Konditorei wie Café Wagner). Hier gibt es das große Schoko- und Pralinensortimet; schön sitzt man unter der prachtvollen Glyzine und auf dem blumengeschmückten balkonartigen Freisitz entlang des Hauses. M. Tita/V. Cara Emina.

Schoko-Palace (9), gegenüber Grand Café, hier gibt es alles, was aus Schokolade machbar ist: Getränke, Eis, Kuchen, Cocktails, Pralinés und Schokoriegel. Gemütlich versinkt man in den Sesseln unter der Veranda und genießt die Schokoträume. M.Tita.

Schön ist auch die **Café-Bar am Lido (26)** mit Liegestühlen im Sand.

Weitere Cafés, die auch tagsüber geöffnet haben (u. a. Galija, Hemingway), siehe Nachtleben.

Sehenswertes

Bei den ersten Feriengästen Opatijas gehörte es bald zur guten Sitte, dem Kaufmann Scarpa von Fernreisen Pflänzchen mitzubringen. Noch heute findet man im **Angiolina-Park,** dem heutigen *Botanischen Garten,* die Auswüchse dieser exotischen Geschenke: einen riesigen Mammutbaum, Zedern, Eukalyptusbäume, Bambussträucher, Zitronen, die großblütige Magnolie, Kokos- und Dattelpalmen, Mispelbäume, Akazien, Agaven und die japanische Kamelie, heute das Markenzeichen des Luftkurorts. Mitten im Park die hübsche *Villa Angiolina,* heute beliebter Veranstaltungsort für Ausstellungen und Konzerte. Ein zweiter Park, der **Margarita-Park,** liegt zwischen der Uferstraße und der neuen Umgehungsstraße beim Hotel Opatija. Ebenfalls schön, nur ein wenig kleiner.

Dem Chirurgen *Dr. Theodor Bilroth,* einem der Initiatoren des Kurtourismus in Opatija, ist die Tafel am Uferweg unterhalb der *St.-Jakob-Kirche* (Sveti Jakov) gewidmet. Die Kirche entstand 1937 durch Umbau eines älteren Vorgängerbaus aus dem Jahr 1793.

Etwas westlich davon steht der **Juraj-Šporer-Kunstpavillon,** in dem heute eine Gemäldegalerie untergebracht ist. Der 1900 gebaute Pavillon, benannt nach dem Gründer der „Gesellschaft zum Ausbau Opatijas als Bade- und Kurort", war damals eine Zuckerbäckerei. Erst 2003 wurde das Bauwerk gründlich renoviert und den Künsten geöffnet.

Unweit des Pavillons auf einem Felsen am Meer hält ein Mädchen eine Möwe in der Hand – die von *Zvonko Car* geschaffene Bronzeskulptur *Gruß an das Meer (*1956). An ihrer Stelle stand bis 1951 die *Madonnina,* eine trauernde goldene Madonna, 1891 geschaffen von dem Grazer Künstler Rathausky. Nach seiner Beinahe-Zerstörung wurde das Original restauriert und in Verwahrung genommen, eine Kopie steht heute vor der St.-Jakob-Kirche.

In **Erinnerung an die k. u. k.-Monarchie** wurden in Opatija verschiedene Veranstaltungen und auch Ausstellungen ins Leben gerufen. Am zweiten Juniwochenende gibt es u. a. in der Villa Angelina und in der Villa Amalia Musik und Kostüme aus jener Zeit zu bewundern. *Ausstellungen* zum Thema Habsburger Zeit gibt es im Hotel Miramar, in der Villa Jeanette mit Musik von Gustav Mahler (M. Tita 166) und im Rathaus (M. Tita 3, Mo–Fr 8–16 Uhr). Im Thalassotherapie-Haus wird die Geschichte des Gesundheitstourismus aufgezeigt.

Musikalische Pause im Park

Baden: Opatija ist kein Seebad – Bademöglichkeiten gibt es nur an den angelegten Badeständen und in den Meerwasser-Swimmingpools. Wer trotzdem ins kühle Nass möchte: das „Strandbad" mit betonierter Liegefläche, Liegestuhl- und Sonnenschirmverleih ist eine Alternative. Am künstlich angelegten großen *Slatina-Strand* gibt's auch einen Surfbrettverleih, zudem am *Lungo Mare* (Richtung

Lovran) immer wieder hübsche kleine Badebuchten. Die Hotels in Meeresnähe haben eigene Badebuchten und meist auch Pools.

Surfen: Die Bucht zwischen Opatija und Rijeka ist bestes Surfrevier, besonders frühmorgens herrschen gute Windverhältnisse, zudem ist es hier wellengeschützt.

Wandern: Sehr erholsam und wunderschön romantisch ist ein Spaziergang entlang der Uferpromenade, dem nach Lovran führenden 12 km langen *Lungo Mare*. Der betonierte Fußweg schlängelt sich oberhalb des Meeres entlang der Prachtvillen mit ihren Parks; zum Ausruhen laden Bänkchen ein, Pinien- und Lorbeerbäume spenden mitunter Schatten. Badesachen kann man durchaus einpacken, überall bieten sich Gelegenheiten für einen Sprung ins kühle Nass. Wer nicht mehr zurücklaufen möchte, nimmt den Bus oberhalb an der Hauptstraße (alle 20 Min.). Übrigens: Wer gerne joggt – der *Lungo Mare* ist eine herrliche Laufstrecke ...

Nach Veprinac: Schön ist auch die ca. anderthalbstündige Wanderung zum mittelalterlichen Örtchen Vebrinac (s. u.) mit einigen sehenswerten Gebäuden. Hinter dem Hotel Palace biegt man in den Veprinački put ein, der die stark befahrene Umgehungsstraße Nova cesta kreuzt und gegenüber weiter bergan führt. Bald erreicht man die letzten Häuser, der Weg führt nun weiter durch Wald nach Veprinac (Wegmarkierung: X-Zeichen). Weiter hoch ins Učka-Gebirge führen ebenfalls Wanderwege (mehr dazu siehe Učka-Gebirge).

Opatija/Umgebung

„Gruß an das Meer"

Veprinac steht an der Stelle einer einstigen Fluchtburg. Im 14. Jh. war der Ort in den Händen der Familie *Duino*, später fiel er an die Habsburger. Die alte *Stadtmauer* ist teilweise erhalten, ebenso das *Stadttor* mit *Rathaus* (Komuna). Das *Kastell*, die barocke *Kapelle heilige Anna* und die *Stadtloggia* gegenüber sind sehenswert. Auf einem breiten Stufenweg erreicht man die *Pfarrkirche St. Markus* (Sveti Marko), ihr Inneres ziert ein schön geschnitztes Chorgestühl. Opatija ist von Veprinac aus zu Fuß in eineinhalb Stunden zu erreichen (Bus Nr. 34, fast stündlich ab Station Slatina in Opatija).

Die „Orgel" in den Grotten von Postojna

Ausflug ins slowenische Höhlenlabyrinth

Von Opatija ist es nur ein Katzensprung ins slowenische Postojna, wo den Besucher ein gigantisches Höhlensystem erwartet. Die **Grotten von Postojna** (Adelsberger Grotten) schuf der Fluss Pivka, der neben dem Höhleneingang in der Unterwelt verschwindet. Seine Arbeit wurde durch Brüche im Kalkstein erleichtert, die entstanden, als die horizontal gelegenen Schichten vor mehreren Millionen Jahren durch die Urgewalten unter der Erdoberfläche gefaltet wurden. Das heute bekannte Höhlensystem umfasst zwischen dem Eingang bei Postojna und der Höhle von Planina auf zwei Ebenen mehr als 21 km unterirdischer Gänge. In einem Teil der oberen, trockenen Ebene finden Führungen für die staunenden Besucher statt (Teile davon absolviert man in rauschender Fahrt mit der Höhlenbahn), die untere Ebene mit der sprudelnden Pivka ist nur für Höhlenforscher zugänglich. Die höhleneigene Tierwelt wird im Vivarium Proteus anschaulich gemacht. In der Umgebung finden sich noch viele weitere attraktive Höhlensysteme und -schlösser, u. a. *Pivka jama, Črna jama, Otoška jama, Planinska jama* und das beeindruckende **Höhlenschloss Grad Predjama.**

● *Öffnungszeiten/Eintritt Grotten von Postojna* Ganzjährig tägl. Führungen (Dauer ca. 1:30 Std.) in der Saison von Mai–Sept. 9–18 Uhr (Mai nur bis 17 Uhr) stündl.; im April und Okt. 10, 12, 14, 16 Uhr; Nov.–März 10, 12, 15 Uhr. Erwachsene 20 €, Studenten 16 €, Kinder (6–15 Jahre) 13 €, Kinder (bis 6 Jahre) 1 €.

Sammelticket für den Besuch mehrerer Höhlen.

● *Information* **TIC**, innerhalb des Vivariums, Öffnungszeiten wie Postojna-Höhlen, ganzjährig. Infos, Kartenmaterial, Unterkunft, etc. ✆ 7282-511.

Besucherzentrum, gegenüber Vivarium, als Entlastung zu TIC in der Saison, 1. Mai–30. Sept. 9–18 Uhr. ✆ (00386)05/7000-163. Infos, Karten und Internet.

Postojnska jama, Information und Reservierung, auch Unterkünfte, Jamskacesta 30,

📞 7000-100, -103, -178, www.turizem-kras.si.
- *Anreise* A1 Ljubljana–Postojna. Die Höhlen sind ca. 1 km nördlich vom Zentrum Postojnas entfernt. Es gibt große Parkflächen, aber keine Busverbindung.
- *Diverses* Höhlentemperatur ganzjährig ca. 8–10°C. War[...] Schuhwerk nötig. [...]
Vor den Höhleneinga[...] rastruktur: Cafés, Re[...] shops; in der Nähe Ho[...] platz (24-Std.-Standplatz ink[...]

Wer nun höhlenmäßig auf den Geschmack gekommen ist, sollt[...] versäumen, die leider nicht so bekannten, dafür auf der UNESCO-We[...] stehende **Škocjanske jame** (St.-Kanzian-Höhlen) zu besuchen. Nur knapp[...] westlich von Opatija, ebenfalls leicht über die A1 zu erreichen, befindet sich [...] gigantische Höhlensystem, das vom Canyon des Reka-Flusses durchströmt w[...] Hier herrscht weniger Touristentrubel.

- *Öffnungszeiten/Eintritt* Ganzjährig tägl. Führungen (ca. 90 Min.) Juni–Sept. stündl. 10–17 Uhr; April/Mai, Okt. 10, 13, 15.30 Uhr. In den restlichen Monaten 10 und 13 Uhr, So und Feiertage auch um 15 Uhr. Erwachsene 14 €, Studenten (bis 26 Jahre) 10 €, Kinder (6 bis 14 Jahre) 6 €, Kinder (bis 6 Jahre) gratis, Senioren (ab 65 Jahre) 10 €. Gutes Schuhwerk und warme Kleidung erforderlich! Die Höhlentemperatur beträgt 12°C.
- *Information* Škocjanske jame, 6215 Divača, Škocjan 2, 📞 (00386)05/7082-110, www.park-skocjanske-jame.si.
- *Anreise* A1 Ljubuljana–Koper, Ausfahrt Divača, danach ausgeschildert (noch ca. 2 km).

Mehr zum Nachbarland Kroatiens finden Sie in unserem Reisehandbuch **„Slowenien"** von Lore Marr-Bieger, 2. Auflage 2008.

Ičići und Ika

Unmittelbar auf Opatija folgen zwei winzige ehemalige Fischerdörfer mit kleinen Häfen. Ičići war einmal der Hafen der Einwohner von Veprinac oberhalb der Küste. Der Name des am Banina-Bach liegenden Ika stammt wahrscheinlich von der illyrischen Göttin Ika. Heute sind Ičići und Ika zusammengewachsen. An der Steilküste mit hauptsächlich Fels- und sonst Kiesstrand wird jeder freie Meter zum Baden genutzt. Der große Jachthafen prägt den Ort, im Hintergrund die Silhouette von Rijeka und das Risnjak-Gebirge.

- *Telefonvorwahl* 051
- *Postleitzahl* 51414 Ičići
- *Information* **TIC**, Liburnijska cesta b.b., 📞/📠 704-187, www.tourism-icici.hr.

Touristagentur Marea, Poljanska cesta 1, 📞 704-125, 📠 704-290, marea@ri.tel.hr, www.kroatien-online.com. Gut organisiert.

- *Jachthafen* **ACI Marina Opatija-Ičići**, an der Hauptstraße nach Opatija, geschützt hinter einer vorgezogenen Mole, 300 Liegeplätze im Wasser, weitere 30 an Land, alle nautischen und technischen Dienstleistungen, Nautikgeschäft, 15-t-Kran, Helling, Tankstelle 2 Seemeilen entfernt im Stadthafen Opatija. Wäscherei, Sanitäranlagen, Supermarkt, Restaurant, Café; ganz in der Nähe feiner Kies- und Betonstrand. 📞 704-004, www.aci-club.hr.

- *Essen* **Restaurant Comodor**, in der Marina, gutes Fischrestaurant mit schöner Terrasse. 📞 704-049.
Ein weiteres kleines **Fischlokal** liegt direkt westlich neben dem Strand.
Ebenso empfehlenswert **Restauran Galeb**, mit lauschiger Terrasse. Poljanska b.b. (kurz nach Agentur Marea).
Bistro Maestral, oberhalb im Ort, ganz am Ende der Ul. 43. Istarske div. (Abzweig von

Lovran – prachtvolle Villen entlang der Uferpromenade Lungo mare

der Liburnijska Ul. gegenüber der Marina in die Ul. Antona Dminaka, dann 5. Straße links).

● *Übernachten* **Privatzimmer**, DZ ab 30 €; Appartements ab 35 €.

*** Hotel Ika, in Ika direkt am Meer. 44-Betten-Hotel mit eigenem Badestrand, ganzjährig geöffnet, gutes Restaurant. DZ/F 80 € (die ruhigere Meerseite 100 €). Primorska 16, ✆ 291-777, www.hotel-ika.hr.

** Hotel Ičići, am Ortsende von Ičići an der Straße mit ca. 155 Betten. Eigener Badestrand gegenüber auf der anderen Straßenseite. DZ/F ab knapp 70 €. Liburnijska b.b., ✆ 704-199.

*** Villa Klara, etwas oberhalb der Hauptstraße, ca. 12 schöne Zimmer mit Balkon und Blick aufs Meer, Terrasse mit Garten und Restaurant. Put za Veprinac 2, ✆ 704-119, villa-klara@ri.tel.hr, www.hotel.hr/villa-klara.

● *Camping* *** Autocamp Opatija**, 3-ha-Camp oberhalb der Hauptstraße von Ika nach Ičići, Hanglage mit Terrassen, Parklandschaft, Hotspot, Tennisplätze, Kinderspielplatz, gute Sanitäranlagen, Restaurant, Minimarkt. Kiesstrand und Bootsanlegestelle – dazu muss man allerdings die Küstenstraße überqueren. Geöffnet 1. April bis 30. Sept. Pro Pers. 5 €, Auto und Zelt ca. 7 €. Liburnijska 46, ✆ 704-836, www.rivijera-opatija.net.

Lovran (Lovrana)

Neben Opatija ist Lovran der bekannteste Fremdenverkehrsort an der Riviera Kroatiens. Lovrans alte herrschaftliche Villen verstecken sich hinter dem üppigen Grün mächtiger Bäume, im Hintergrund steigt das Učka-Gebirge an. Die Stadt verdankt ihren Namen den mächtigen Lorbeerbäumen, die entlang der schönen Uferpromenade Schatten spenden.

Mit seinen prächtigen Häusern und Villen zieht sich Lovran die Hauptstraße entlang und die Hänge hinauf – mittendrin ein kleiner mittelalterlicher Stadtkern. Die über 100 Jahre alte Uferpromenade, der *Lungo Mare*, verbindet die Stadt mit Opatija, der schattige Weg an den Fels- und Kiesbuchten entlang ist malerisch; zum Ausruhen stehen Bänke bereit, von denen man einen herrlichen Blick auf die

Riviera und die Kvarner-Bucht genießt.
Der Ortsname Lovran geht auf das antike *Lauriana* zurück, abgeleitet vom lateinischen *Laurus* – Lorbeer. Und in
der Tat wachsen hier neben Pinien, Kas-
tanien und Eichen riesige Lorbeerbäume und -sträucher. Bekannt ist
Lovran übrigens auch für seine Maronenbäume, die etwas oberhalb des Ortes gedeihen – Kenner behaupten, hier
wüchsen die besten Maronen. Ein guter
Grund, diesen Umstand jedes Jahr mit
einem mehrtägigen Maronenfest zu feiern. Und weil auch die hiesigen Kir-
schen die besten der Region sein sollen,
gibt es im Juni ein großes Kirschenfest.

Geschichte

Der Überlieferung nach soll ein rö-
mischer Patrizier, wahrscheinlich ein
Schwiegersohn des *Kaisers Augustus*, zu
Beginn der Zeitenwende einen Som-
mersitz in Lovran unterhalten haben.
Verschiedentlich wird Lovran auch als
Schiffs- und Handelszentrum erwähnt.

*Rathauseingang – St. Georg auf
seinem Pferd erlegt den Drachen*

Zur Zeit des Kroatischen Königreichs vom 9. bis ins 11. Jh. gehörte Lovran zum
Verwaltungsgebiet Liburnische Küste, das sich bis zum Raša-Fluss erstreckte. Im
14. Jh. kam Lovran in den Besitz der Habsburger und blieb bis 1918 österreichisch –
abgesehen von einer kurzen Unterbrechung von 1809 bis 1815, als *Napoleon* nach
seinem Sieg über Österreich auch Lovran besetzt hielt.

Mitte des 19. Jh. erlebte Lovran durch den Aufstieg Opatijas zur Kurstadt eine neue
Blüte – schon vor dem Ersten Weltkrieg wurden zehn Hotels, über 50 Pensionen
und 80 Villen, eine moderne Infrastruktur, zwei Badeanstalten und ein Theater aus
dem Boden gestampft. Der kleine mittelalterliche Stadtkern blieb trotz des Bau-
booms glücklicherweise erhalten.

*I*nformation/*V*erbindungen/*D*iverses

● *Telefonvorwahl* 051
● *Postleitzahl* 51415 Lovran
● *Information* **Tourismusverband**, Šetalište
Maršala Tita 63 (auf der Halbinsel beim
Jachthafen), ☎ 291-740, 🖷 294-387,
information@tz-lovran.hr, www.tz-lovran.hr.
Geöffnet Mitte Juni bis Mitte Sept. Mo–Sa
8–20, So 8–13 Uhr; sonst Mo–Fr 8–15 und Sa
8–13 Uhr. Gute Infos über das gesamte
Gebiet.
Lovranske Vile d.o.o., Viktoria Cara Emina
11, ☎ 294-604, sales@lovranske-vile.com,

www.lovranske-vile.com. Hier kann man
luxuriöse Zimmer, Villen und Wohnungen
am Meer und an den Abhängen des Učka-
Gebirges auch mit Verpflegung mieten
(siehe Übernachten).
Agentur Lovrana 1873, Stari Grad 1, ☎ 294-
910, lovrana@lovranske-vile.com. Zimmervermittlung etc.
Agentur Oriana, Trg Slobode 8, ☎ 292-822,
tourist.agency.oriana@ri.t-com.hr. Zimmervermittlung.
Agentur Olinfos, organisiert Wandertouren

unterschiedlichster Länge und Schwierigkeitsgrade durch das Učka-Gebirge. Auch geführte Mountainbike-Touren, Freeclimbing, Tauchen, Canyoning, Rafting, Paintball etc. Rezine 4, ✆ 292-481, ✆ 091/292-4810 (mobil), www.olinfos.hr.

• *Verbindungen* **Bus** Linie 32 Rijeka–Opatija–Lovran im 20-Min.-Takt; Bushalt gegenüber vom Altstadteingang. Linie 36 Lovran–Liganj–Dovreć–Lovranska Draga, Bushalt gegenüber Krankenhaus. Weitere Infos beim Tourismusverband.

• *Gesundheit* **Krankenhaus**, Šetalište Maršala Tita 1, ✆ 291-122. **Ambulanz**, Ulica 9. rujna 6, ✆ 291-042. **Apotheke**, Šetalište Maršala Tita 48, ✆ 291-051.

• *Post* An der Durchgangsstraße, Mo–Sa 7–21 Uhr.
• *Veranstaltungen* **Kirschenfest**, 2. Juni-Wochenende. **Fischerfeste** im Sommer am Hafen. **Marunada**, das Maronenfest, am 2. Oktoberwochenende. **Klassikabende** im Sommer in der Georgskirche. Im Feb. wird ausgiebigst der **Karneval** gefeiert.
• *Wandern* Entlang dem Lungomare von Lovran nach Opatija 9 km, ca. 1:30 Std. (bis Volosko 12 km); hinauf ins Učka-Gebirge von Lovran nach Liganj in 45 Min., zum Vojak-Gipfel in ca. 5 Std. Der Weg (roter Kreis auf weiß) Lovran–Sv. Roka–Ivulići–Kaluža–Poklon in ca. 2:30–3 Std., Lovran–Dobreć–Berg Poklon ca. 4 Std., Poklon–Vojak 1:30 Std.

Übernachten/Essen

• *Übernachten* **Privatzimmer**: DZ ab 30 €, private Appartements für 2 Pers. ab 40 €. Frühstück ab 4 €/Pers. U. a. **Pension Stanger (**), ca. 2 km stadtauswärts in Richtung Mošćenička Draga; eigener kleiner Felsbadestrand. DZ/F ab 60 €. M. Tita 128, ✆/✆ 291-154, pansion.stanger@ri.htnet.hr. Zahlreiche schöne Pensionen finden sich auch oberhalb von Lovran, in Richtung Lovranska Draga.

**** Hotel Excelsior**, großer, modernerer, von einem Park umgebener Bau oberhalb der Uferpromenade. Schwimmbad, Sauna etc.; am Meer betonierte Bademolen. Ganzjährig geöffnet. DZ/F ab 100 €. Maršala Tita 15, ✆ 292-233,, www.liburnia.hr

**** Villa Eugenia**, im Zentrum von Lovran. Der stilvolle Bau vereint sich prächtig mit modernster Technik: postmoderner Wintergarten und Restaurant, mit High-Tech ausgestatteter Konferenzraum (Smartboard erlaubt Live-Konferenzschaltungen), Plasma-Bildschirme überall, Billardraum, Spa-Bereich. Komfortable Zimmer (wireless Internet etc.) ab 200 € mit Frühstück. Šet. M. Tita 34, ✆ 294-800, eugenia@eto.hr, www.eto.hr

**** Hotel Lovran**, besteht aus den herrschaftlichen Villen Beauregard (DZ/F ab 72 €) und Blankenstein (DZ/F ab 88 €) von 1880. 1909 wurden die Gebäude erweitert und später durch Rezeption und Bar miteinander verbunden. Architect der Anlage war der Österreicher Carl Seidl. 2003 komplett renoviert und modernisiert. Ca. 30 Zimmer, 18 Appartements, gemütlich eingerichtet im 1950er-Jahre-Stil; die Einrichtungen des Hotels Excelsior könnnen mit-

genutzt werden. Das Restaurant serviert sehr gutes À-la-carte-Essen. Preise beziehen sich auf die Straßenseite, die Meerseite ist schöner, aber teurer. Maršala Tita 19/2, ✆ 291-222,, www.hotel-lovran.hr

**** Hotel Bristol**, stilvoller, von einem Park umgebener Bau an der Uferpromenade in Zentrumsnähe. Große, geräumige Zimmer mit kleinen, überdachten Balkonen; große Terrasse, am Meer betonierter Badestrand. DZ/F ab 90 €. Maršala Tita 27, ✆ 291-022, www.liburnia.hr

**** Hotel Park**, 2006 wieder neu eröffnet, direkt an der Hauptstraße, gegenüber der kleinen Landzunge und dem Meer. Schöner, hellblauer, stattlicher Bau mit Hallenbad und Spa-Bereich. DZ/F ab ca. 90 €. M. Tita 60, ✆ 706-200,, www.hotelparklovran.hr

Hostel Lumber, preiswerte Unterkunft in 51 Mehrbettzimmern, allerdings nur vom 15.7.–30.8. für Gäste geöffnet, ansonsten ein Schülerheim. 12,50 €/Pers. und Frühstück, 15 €/HP, 21 €/VP. Ul. 43. istarske divizije 3, ✆ 292-444.

• *Übernachten in schönen Lovraner Villen* unter einem ökologisch und gesundheitsbewussten Management (siehe Information, Lovranske Vile).

**** Villa Astra**, Ortsende in Richtung Opatija. Herrschaftliche Villa, im gotisch-venezianischen Blumenstil, 1903 vom venezianischen Architekten Renato Renosco erbaut. Das renovierte Schmuckstück steht inmitten eines palmenbestandenen Parks mit Terrasse und schönem, beheiztem Meerwasserpool am *Lungo Mare*. Stilvolle Räumlichkeiten zum Entspannen, zudem

Wellnessbereich, Tennisplatz und Privatstrand. An Aktivitäten werden u. a. Yoga, Tai Chi, Qi Gong, Pilates angeboten, aber auch Gesundheits- und Gewichtsprobleme besprochen; zudem gibt es verschiedenste Massageanwendungen. Das Restaurant mit seinen drei Salons bietet vorzügliche Küche. Ein sehr erholsamer Platz. 6 unterschiedlich ausgestattete Zimmer, DZ/F ab 285 €. Ulica Viktora Cara Emina 11, ✆ 294-400,, www.lovranske-vile.com

***** **Villa Adela**, die Villa in einem üppigen Park oberhalb des Lungomare wurde 1905 erbaut; ein Lovraner Kapitän taufte sie auf den Namen seiner Gattin, einer spanischen Sängerin. Zu mieten ist ein luxuriöses Appartement für 4 Pers. zu 254 €. Šetalište M. Tita 47, ✆ 704-276, www.lovranske-vile.com.

**** **Villa San Giovanni**, in der hübschen, renovierten Villa nahe obiger werden 3 verschieden große Appartements (110–311 €) auf einer Etage vermietet. www.lovranske-vile.com.

***** **Landhaus Oraj**, (s. Lovranska Draga).

● *Essen* **Restaurant Knez Grad**, beim Hauptplatz neben dem Kino. Sehr gute Fischgerichte und einheimische Küche wie Gulasch und Gnocchi. Auf der Terrasse sitzt man sehr gemütlich. Trg slobode 12, ✆ 291-838.

Fischrestaurant Najade, mit schöner, weinumrankter Terrasse; beim Ortsbeginn direkt am Meer. ✆ 291-866.

Restaurant Villa Astra, hier lässt es sich nach Voranmeldung bestens und in zeitloser Eleganz speisen: Slow-Food aus der fantasiereichen Küche verwöhnen Auge wie Gaumen, der hier auf genussvolle wie vitalstoffreiche Gerichte stößt, die den Jahreszeiten angepasst sind. Gemüse und Früchte sind aus ökologischem Anbau und mit Bedacht ausgewählt, auch Käse und Fleisch sowie die Kräuter und Tees sind aus dem Učka-Gebirge. Leckerstes Naschwerk und erlesene Weine runden ein Essen ab. V.C. Emina 11, ✆ 294-400.

● *Übernachten/Essen außerhalb* (siehe Lovran/Umgebung).

Marunada

Das Maronenfest *Marunada*, das früher nur in Dobreć gleich oberhalb von Lovran gefeiert wurde, hat sich mittlerweile zu einem regionalen Spektakel ausgeweitet. Liganj macht den Beginn am ersten Oktoberwochenende, danach folgt Dobreć und am dritten Wochenende in großem Stil Lovran. Dann werden überall in den Riviera-Hotels leckere Maronentörtchen und -kuchen sowie auf den Straßen geröstete Maronen angeboten. Dazu gibt es Theateraufführungen zum Thema Maronen mit maronengeschmückten Kindern, Musik und natürlich jeder Menge Wein. Übrigens ist das Sammeln von Maronen vor dem Fest verboten – die Bäume sind allesamt in Privatbesitz, und jeder möchte natürlich seine Früchte zum Fest verkaufen. Die Maronen werden vom Baum geschlagen und reifen dann in den Körben nach – so halten sie sich bis zu sechs Wochen frisch.

Worin unterscheiden sich eigentlich Maronen von Kastanien? Maronen sind frostempfindlich, in der Regel größer und vor allem essbar, da weicher und aromatischer als ihre harten Schwestern.

Sehenswertes

Lovrans mittelalterliches Zentrum betritt man durch das südliche Stadttor gegenüber dem Hafen. Zum großen Kirchplatz führen malerische Gässchen mit einfachen, aber sehr unterschiedlich gestalteten Häusern; einige haben Außentreppen, andere barocke Portale, Balkone, Gärten oder Erker. Viele sind mit Blumen geschmückt und beherbergen kleine Läden, Cafés oder Schmuckgeschäfte.

Am Kirchplatz fallen zwei Gebäude ins Auge: Gegenüber dem Gotteshaus das mit einem Holzrelief über dem Steinportal geschmückte **Rathaus** – Sankt Georg, auf seinem Pferd sitzend, durchbohrt mit fester Hand den teuflischen Drachen. Ein paar Meter daneben das **Mustaćon-Haus** (Mustaćon = Schnurrbart), das mit seinem dämonisch dreinblickenden schnurrbärtigen Gesicht über dem Portal die bösen Geister und Feinde abwehren soll.

Eine Steintafel an einer Gartenmauer gegenüber dem Kirchplatz erinnert daran, dass 1845 der sächsische König *Friedrich August II.* hier zu Gast war. Auf dem Platz erhebt sich die **Kirche des heiligen Georg.** Der romanische Campanile aus dem 12. Jh. steht unverändert da, doch die Kirche des Stadtpatrons wurde wegen wiederholter Zerstörungen immer wieder umgebaut. Ihr gotisches, mit alten Fresken bemaltes Gewölbe aus dem 15. Jh. zählt zu den besterhaltenen der Region; die Malereien illustrieren das Leben Christi und die Passionsgeschichte. Sehenswert am Hafen ist die romanische **Dreifaltigkeits-Kapelle** (Sv. Trojstva) mit spätgotischen Wandmalereien und einer Grabplatte mit glagolitischer Inschrift aus dem Jahr 1595. Kunstliebhaber sollten nicht versäumen, die **Galerie von Charles Billich** im *Fortezza-Haus* im Stadtturm zu besuchen. Der international renommierte Künstler lebt und arbeitet meist in Australien. Er war an der künstlerischen Gestaltung der Olympiade in den USA maßgeblich und in China teilweise beteiligt. Von seinem Aufenthalt in Peking sind eindrucksvolle Arbeiten ausgestellt.

In Lovrans mittelalterlichem Zentrum

Öffnungszeiten Aug.–Mitte Sept. 11–13 und 16–20 Uhr. Trg Slobode 1, ☏ 292-450, www.billich.info.

Von seiner schönsten Seite erlebt Lovran, wer den **Lungo Mare,** die traditionsreiche, vor über 100 Jahren erbaute Uferpromenade, zu Fuß erkundet: Durch üppig bepflanzte Parkanlagen schlängelt sich der Weg vorbei an steilen Felsen Richtung Ika. Wer noch weiter will, kann auf der Promenade bis nach Opatija-Volosko laufen (von Lovran aus ca. 12 km). Oder man begibt sich oberhalb der Stadt auf Entdeckungstour, wo an den Abhängen riesige Maronenbäume wachsen. Siehe dazu Lovran/Wandern oder Učka-Gebirge.

Lovran/Umgebung

Lohnenswert ist eine Fahrt oder Wanderung hinauf ins Učka-Gebirge mit seinen hübschen Dörfern **Dobreć** und **Liganj** oder dem noch höher liegenden **Lovranska Draga** (12 km). Von dort kann man in 4:30 Std. durch schattige Wälder zum *Berg*

Vojak (1401 m) aufsteigen und oben den fantastischen Ausblick über die Kvarner-Bucht und Istrien genießen (siehe Wandern, Lovran und Medveja). In Liganj ist die Verwaltung des Naturparks Učka (siehe Naturpark Učka-Gebirge). Busverbindungen gibt es von Lovran bis Lovranska Draga. Eine hübsche Kurzwanderung von insgesamt ca. 1 Std. Laufzeit bietet sich von Lovranska Draga zum Wasserfall **Šetnica Slap** an. Wer Glück hat, sieht sogar Erdkröten und Feuersalamander. Der Weg führt entlang des Wildbaches durch Kastanienhaine sowie Eichen- und Hainbuchenwald.

• *Übernachten/Essen* Zwei Restaurants bieten gute istrische Küche: **Restaurant Bojana**, Liganj Nr. 79, ✆ 292-609, und **Konoba Lovranska Draga**, Cesta za Lovranska Dragu 19b, ✆ 292-720.

Hotel Draga di Lovrana, die alte Zollstation auf dem einstigen Schmugglerweg hat seit 2006 wieder ihre Pforten geöffnet und zählt zu den gastronomischen Topadressen des Landes. Von außen eher schlicht anmutend, besticht das Innere durch unauffällige Eleganz und Feinheit mit besten Materialien (u. a. Murano-Glas, Marmor). Durch den breit verglasten, weißen Speiseraum und von der Terrasse hat man einen herrlichen Blick auf Učka und das Meer. Schon morgens durchzieht das Haus der Duft der verschiedenen selbst gebackenen Brötchen, Fische und frisches Gemüse liegen parat. Spezialität des Hauses sind Fischgerichte, der Eigentümer ist landesweit die Topadresse für beste Fischlieferung. Die Zimmer sind komfortabel und behaglich eingerichtet und bieten wireless Internetzugang. Ganzjährig geöffnet. DZ/F 120 €, Appartment mit 2 Schlafzimmern 390 €. Lovranska Draga 1, ✆ 294-166, www.dragadilovrana.hr

***** **Landhaus Oraj**, wundervoll renoviertes, 200 m² großes Landhaus (für 8–10 Pers.) von 1896 mit Blick aufs Meer oberhalb von Lovranska Draga. Wer Abgeschiedenheit sucht, ist hier richtig. Neben 4 Schlafzimmern (eigene Bäder) gibt es einen Wohnraum, einen großen Speiseraum, Feuerplatz, Terrasse und einen schönen, verwilderten Garten. Das einzig „Stillose", aber Nützliche hier, ist der kleine Plastikpool. Wer mag, kann sich hier mit köstlicher Landhausküche verwöhnen lassen. Tagesmiete 440 €, Frühstück etc. extra buchbar. Buchung unter www.lovranskevile.com.

Naturpark Učka-Gebirge

Dem sanft von der Plomin-Bucht in Richtung Norden ansteigenden Bergzug ist es zu verdanken, dass an der Opatija Riviera auch im Winter milde Temperaturen herrschen, sodass die subtropische Pflanzenwelt üppig gedeihen kann. Seine höchste Erhebung, der Berg Vojak, misst 1401 m.

Das Učka-Gebirge, wegen seines 922 m hohen *Poklon-Bergsattels* auch *istrischer Olymp* genannt (Učka – lat. *mons maximus*), ist im Norden mit der *Ćićarija-Gebirgskette* verbunden; die Straße über den Poklon-Bergsattel verbindet seit alters her das istrische Hinterland mit der Kvarner-Bucht. Seit 1981 ist dieser Weg kürzer: Der Verkehr von der Nordwestküste Istriens nach Opatija und Rijeka fließt seitdem durch den 5 km langen Učka-Tunnel (Maut 28 KN/3,85 €).

Von Lovran (0 m) bis auf den 1401 m hohen *Vojak*, den höchsten Berg im Učka-Gebirge, sind es gute 5 Std. Aufstieg. Schöne Wanderwege (rote Markierungen) führen von Lovran, aber auch von Medveja, Mošćenička Draga und Opatija (vor dem Hotel Palace) hinauf. Die Pfade verlaufen durch eine unbesiedelte Gegend mit etlichen Höhlen, Wasserfällen (u. a. Šetnica Slap, siehe Lovranska Draga), einer Vielzahl an geschützten endemischen Pflanzen (u. a. die hübsche rosafarbene Učka-Glockenblume) und Tieren; Bären und Wölfe gibt es im Učka-Naturpark zwar keine mehr, aber in den heißen Monaten sollte man auf Schlangen achten (mehr Infos zu Fauna und Flora im Kapitel „Flora/Fauna"). Mountainbikefans mit Kondition können das Učka-Gebirge auf einer 200 km langen Tour umrunden.

Naturpark Učka - der Aussichtsturm vom Gipfel Vojak (1401 m) ...

Eine Besonderheit des Naturparks ist das **Naturdenkmal Vela Draga** mit seinen meterhoch aufragenden Kalksteintürmen an der Nordostflanke des Gebirges; auf einem am Rand des Canyons entlang führenden *Lehrpfad* kann man den Vela Draga in ca. 1:30 Std. mit gutem Schuhwerk umrunden (Startpunkt ist unterhalb der nördlichen Tunnel-Mautstelle; es gibt auch geführte mehrstündige Wanderungen durch den Canyon).

Den *Poklon-Bergsattel* erreicht man von Opatija oder Ičići aus. Auf der Strecke gibt es viele gute, preiswerte Restaurants mit schönen Terrassen und Blick über die Kvarner-Bucht. Auf dem Bergsattel steht die *Unterkunftshütte Poklon,* an der Straße die *Restaurant-Pension Učka,* wo man parken kann. Von hier ist in gut 1:30 Std. Laufzeit auf dem *Lehrpfad Plas* der 1911 erbaute Aussichtsturm (mit Info-Stelle) auf dem Vojak-Gipfel erreicht (auch per Auto erreichbar).

Ein Aufstieg zum Vojak ist lohnenswert. Bei klarer Sicht sind im Südosten alle vier großen Kvarner-Inseln und das Velebit-Gebirge zu sehen – im Norden reicht der Blick bis in die rund 120 km entfernten Julischen Alpen mit dem Triglav! In den Sommermonaten gibt es organisierte Bus- und Wanderausflüge von Lovran und Opatija bis zum Restaurant (Infos in den Agenturen); zusätzlich pendelt an den Sonntagen im Juli und August ein Bus von Opatija ins Učka-Gebirge.

Mehr zu Istrien finden Sie in unserem Reisehandbuch „Istrien" von Lore Marr-Bieger, 2. Auflage 2008.

... bietet weiten Blick über die Kvarner-Inseln und Istrien

• *Information* **Naturpark Učka**, Verwaltung, 51415 Lovran, Liganj 42, ✆ 051/293-753, park.priode.ucka@inet.hr, www.pp-ucka.hr. Geöffnet Mo–Fr 8–16 Uhr.
Info-Punkt am Vojak (Turm) von Mai bis Okt. tägl. 9–17 Uhr. Info-Punkt auch am Poklon-Sattel.

• *Anfahrt zum Poklon-Bergsattel* Per Bus (Nr. 33, 34, 37), So 9.30 und 14 Uhr von Opatija, zurück um 10.30 und 15.40 Uhr. Per Auto von Opatija-Ičići ca. 18 km auf guter, aber kurvenreicher, teils schmaler Straße über Veprinac hoch; oder fast kurvenlos über Opatija-Matulji, dafür aber 8 km länger.

• *Anfahrt zum Vojak* Zuerst wie oben, dann vom Poklon-Bergsattel weiter, kurz nach dem Restaurant Dopo Lavoro links in schmale Asphaltstraße abzweigen, in ca. 6 km erreicht man den Parkplatz unterhalb des Aussichtsturms – von hier ist der Gipfel in ein paar Minuten erklommen.

• *Übernachten/Essen* **Restaurant-Pension Učka**, am Poklon-Bergsattel. Schöne Terrasse mit Blick über die Kvarner-Bucht. 10 Zimmer werden vermietet; Fahrradvermietung und organisierte Wanderungen. Die Küche serviert gutes istrisches Essen. Vela Učka b.b., ✆ 603-340.

Restaurant Dopo Lavoro, bekannte und gute Adresse in Vela Učka. Leckere istri-sche Spezialitäten wie Aufschnitt, Gnocchi, Wild, Trüffelgerichte ... Sitzgelegenheiten auch vor dem Haus. Keine Zimmervermietung. Vela Učka 9, ✆ 299-641.

Berghütte Na Poklonu, ✆ 712-785, ✆ 091/783-3564 (mobil, Fr. Marica Tomaško), ganzjährig am Wochenende bewirtschaftet; auch Schlafgelegenheiten. Oberhalb der Straße.

Käse-Alm auf dem Mala Učka, Deutsch sprechende Senner.

• *Veranstaltung* **Nacht-Autoralley** (Učka Night Trek), von Opatija ins Učka-Gebirge; Ende Oktober.

Učka-Fest (Učkarski Sajam), 2. So im Sept.,10–20 Uhr, am Parkplatz Poklon-Sattel. Gezeigt werden u. a. Kohle- und Käseherstellung, und natürlich gibt es Essen, Trinken und Ethnomusik.

• *Wander-/Mountainbike-Touren* siehe Opatija, Lovran, Medveja und Mošćenička Draga (ebenso Busverbindungen). Mountainbiker können sich auf 200 km vergnügen, empfehlenswert die Broschüre **Učka-Bike**.

Wanderkarte Učka, 1:30000, in allen Agenturen erhältlich.

Agentur Olinfos, organisiert Wandertouren durch das Učka-Gebirge (siehe Lovran).

Medveja – herrliche Badebuchten warten

Medveja

Der kleine Fischerort liegt direkt an der im Sommer stark frequentierten Küstenstraße. Gebadet wird am schönen Kiesstrand und in den kleinen Buchten rundum. Auf Wanderfreunde warten reizvolle Pfade hoch ins Učka-Gebirge.

Auf dem Kap Cesara erhebt sich die Villa Castello mit ihrem romanischen runden Turm, gegenüber auf dem Kap Medveja die Villa Susmel – dazwischen ein langer, sonnenverwöhnter Strand. Die Schattenseite der Strandidylle ist das Parkproblem, die Küstenstraße ist im Sommer meist zugeparkt.

Ob sich der Bär von Učka hier schon einmal blicken ließ, darf allerdings bezweifelt werden, obschon sich der Name Medveja wahrscheinlich von Medvjed (Bär) und nicht vom griechischen Medea ableitet, wie einige Historiker meinen.

● *Telefonvorwahl* 051

● *Postleitzahl* 51416 Medveja

● *Information* **Touristinformation**, Medveja 6a, ✆/📠 291-296.

● *Verbindungen* Der **Bus** von Opatija nach Mošćenička Draga verkehrt im 60- bis 90-Min.-Takt und hält in Medveja.

● *Übernachten* **Privatzimmer** ab 20 € pro Pers.; **Bungalows** gibt es auf dem Campingplatz.

*** **Hotel Medveja**, an der Hauptstraße. DZ/F ab 80 €. ✆ 294-990,, www.am-hoteli.hr

*** **Camping Medveja**, schöner 9-ha-Platz auf bewaldeter Wiese, durch die Uferstra-ße von Meer und Strand getrennt (Fußgängerunterführung). Die Anlage zieht sich in der langen Talsenke weg vom Meer und von der Uferstraße. Mit Restaurants, Disco, Bar und Supermarkt. Tauchclub, kleiner Hafen, Windsurfen. Zudem gibt es Mobilwohnheime und Bungalows zu mieten. Geöffnet Anfang April bis Mitte Okt. Pro Pers. 5,50 €, Zelt 3,50 €, Auto 3,50 €. ✆ 291-191, www.liburnia.hr.

● *Essen* **Restaurant Medvejica**, am Campingplatz. **Konoba Punta**, klein und gemütlich, Medveja 33.

● *Tauchen* Am Strand gibt es Sub-Service; Tauchgänge, Kurse, Füllung. ✆ 272-153.

● *Wandern* Rundtour zum Gipfel Vojak und Mala Učka (ca. 9 Std.): Beginn ist beim Taleinschnitt, nördlich vom Campingplatz (rote Markierung) in Richtung Lovranska Draga. Dort bietet sich die Möglichkeit, den nördlich erhöht vom Ort liegenden Wasserfall (Slap) zu besuchen (ca. 1 Std. insg.). Der Weg muss unten fortgesetzt werden. Es geht kontinuierlich über Na Dole bis zum Sedlo bergan. Einen kurzen Gipfelbesuch auf dem Vojak sollte man nicht versäumen. Vom Sedlo geht es auf der Rundtour nach Süden zum Mala Učka, dort kann man sich in der Käse-Alm stärken und frisches Quellwasser trinken (siehe Mošćenička Draga). Dann folgt der steile Abstieg zurück nach Medveja über Pavlinov dolac (Wegverlängerung nach Mošćenička Draga möglich, s. u.).

Mošćenička Draga   (Porto Moschienizze)

Der kleine Touristenort mit schönem Kiesstrand und Uferpromenade liegt an der kilometerlangen, viel besuchten Bucht von Draga, vor den grünen Abhängen des Učka-Gebirges.

Das einstige Fischerdorf, dessen Häuser sich um den Hafen gruppieren, ist wegen seiner guten Bade- und Übernachtungsmöglichkeiten beliebt und im Sommer oft überlaufen. Dicht an dicht lagern dann die Sonnenhungrigen am berühmten Kiesstrand der *Bucht von Draga*, auch Sv.-Marina-Bucht genannt. Zum Bummeln lädt die baumbestandene Uferpromenade ein, die Richtung Süden zu einer weiteren Kiesbucht, der *Sv.-Ivan-Bucht* beim Hotel Rubin, führt. Hier tummeln sich die Taucher, die in der Nähe ihre Basis haben. In der Nebensaison ist der Ort eher beschaulich, und wer ein Boot hat, kann dann zu weiteren einsamen Buchten schippern.

Sehenswert in Mošćenička Draga ist unten am Meer die *Peterskapelle* mit glagolitischen Inschriften. Vom Hotel Rubin führt eine schweißtreibende Treppe mit über 700 Stufen hinauf zum mittelalterlichen Städtchen *Mošćenice*.

Mošćenice – das mittelalterliche Städtchen thront oberhalb der Küste

Kvarner Küste Opatija – Brestova
Karte S. 109

Information/Verbindungen/Diverses

- *Telefonvorwahl* 051
- *Postleitzahl* 51417 Mošćenička Draga
- *Information* **Touristinformation TIC**, am Parkplatz (neben Camp), Stari Grad, ☎ 739-166, 🖃 737-533, www.tz-moscenicka-draga.hr.

Touristagentur Annalinea, Stari Grad 1 (Ortsmitte); geöffnet Juni–Sept. Mo–Sa 8–22 Uhr, sonst nur bis 20 Uhr. ☎ 737-207, 🖃 737-400, www.annalinea.com.

An der Hauptstraße (Nr. 21) im Container eine Dependance der **Agentur Annalinea**, ☎ 737-506.

- *Verbindungen* **Bushalt** an der Hauptstraße, Juli/Aug. auch im Ort; gute Verbindungen nach Opatija und Rijeka, auch mehrmals tägl. nach Mošćenice; nach Medveja Bus 32 stündl.
- *Post* Im Zentrum in Strandnähe; Mo–Sa 8–21 Uhr.
- *Veranstaltungen* Mošćenička Draga ist bekannt für seinen **Karneval**, bei dem „pust", eine 25 m hohe, bemalte Holzfigur, am Hafenplatz in Flammen aufgeht.
- *Gesundheit* **Apotheke** ☎ 737-645; **Ambulanz** ☎ 737-608.

Übernachten/Camping

Privatzimmer ab ca. 15 € pro Pers., Ferienwohnungen für 2 Pers. ab 45–55 €/Tag.

Lauschige Badeplätzchen mit Unterwasserwelt

Sehr schön liegen die Appartements an der Uferpromenade, z. B. ***** Villa Kleiner**, mit Sauna, beheiztem Pool und Garten. Schöne geräumige Appartements mit Terrasse und Blick aufs Meer. Ganzjährig geöffnet. 70 € für 2 Pers. (1. Okt. bis 30. April 60 € inkl. Frühstück). Šetalište 25. travnja 28; ☎ 737-544, 🖃 737-746.

**** Villa Istra, gleich nebenan, ebenfalls an der Uferpromenade. Es gibt vier 60 qm große, schön eingerichtete Appartements, alle mit Meerblick. Große Terrasse unter mächtigen Laubbäumen mit Blick aufs Meer, Pool, Fitness- und Saunabereich. 124 € für ca. 3 Pers. Šetalište 25. travnja 27, ☎ 737-347, -737, 🖃 737-721.

*** Hotel Mediteran, schön am Hafen und direkt am Strand gelegen. Die unterschiedliche Ausstattung und Lage der Zimmer schlägt sich preislich nieder. DZ/F ca. 100 €. Aleja Slatina 2, ☎ 737-622, www.liburnia.hr.

**** Hotel Marina, neben Hotel Mediteran, etwas nach hinten versetzt. Wurde 2008 renoviert. Mit großem Innen-Schwimmbad; auch Tauchcenter. DZ/F je nach Zimmerlage ab 100 €. ☎ 737-504, www.liburnia.hr.

*** Villa Rubin, schöne Lage, direkt am Strand Sv. Ivan. DZ/F 75 €. Šetalište 25. travnja 37, ☎/🖃 737-637.

- *Camping* ***** Eurocampus – Mošćenička Draga**, kleines, schattiges 2,2-ha-Gelände im Ort. Teils ebenes, teils terrassenförmiges Terrain. Supermarkt. Geöffnet 1. März bis Mitte Okt. Pro Pers. 5,50 €, Zelt 3,80 €, Auto 3,40 €, Parzelle 12,50 €. ☎ 737-523, 🖃 737-339.

Essen

Zahlreiche Cafés und Eisdielen reihen sich an der Uferpromenade entlang.

Benito serviert Fischgerichte und schmackhafte Kalamari auf der schönen Terrasse gleich neben den dümpelnden Booten im Hafen, mit Blick über den Strand. ✆ 737-502.

Restaurant Johnson, kurz nach dem Abzweig hoch nach Mošćenice, mit netter, überdachter Terrasse; nur aus besten frischen Zutaten kreieren die Brüder Dean und Dragan Jurdana ihre schmackhaften Fisch- und Fleischgerichte, dazu werden ausgewählte Weine serviert. Tel. 737-578.

Restaurant/Bar Sportsko, neben dem Campingplatz; immer geöffnet.

Einen wunderbaren Blick über die Kvarner-Bucht genießt man von der Terrasse der **Restaurant-Pension Perun** in Mošćenice. Die Küche serviert Fleisch- und Fischgerichte. ✆ 737-515.

Sport

● *Tauchen* **Marine Sport Diving Center**, Ausbildungen zum OWD, AOWD, Spezialkurse, Schnuppertauchen, Ausrüstung; Tag- und Nachttauchen an Wrack oder Steilwand. Tauchbasis Hotel Marina, Aleja Slatina 2, ✆ 091/515-7212 (mobil), info@marinesport.hr, www.marinesport.hr.
● *Wanderung ins Učka-Gebirge* Rundweg Mošćenička Draga–Mala Učka–Medveja (zurück mit Bus Nr. 32 jede Stunde) in ca. 9 Std. Der rot markierte Weg beginnt rechts neben dem Bushalt an der Hauptstraße, führt über den Weiler Sv. Petar hoch nach Trebišća, einem alten slawischen Platz mit Quelle, und weiter bergan zum Gipfel Mala Učka auf ca. 1100 m (bis hierher ca. 4:30 Std.). Hier gibt es eine Käse-Alm (deutschsprechend) und Quelle. Für den Rückweg gibt es zwei Möglichkeiten: entweder ab Mala Učka in 4:30 Std. den steilen Abstieg über Pavlinov dolac, Vlasin nach Kali und Mevja nehmen oder alternativ den Weg in Richtung Vojak, unterhalb, beim Sattel (Sedlo), den Abzweig ins Tal nehmen. Ein Abstecher bzw. Aufstieg auf den Vojak-Gipfel, 1401 m, lohnt; ca. 1 Std. zusätzlich. Ab Sedlo geht es dann in 4:30 Std. über Vrata, Na Dole nach Lovanska Draga, Kožaca ins Tal nach Medveja.

Mošćenička Draga/Umgebung

Mošćenice (Moschienizze): Das mittelalterliche Städtchen thront etwa 2 km oberhalb von Mošćenička Draga. Der anstrengende Aufstieg lohnt – von hier oben genießt man einen weiten Blick über die Kvarner-Bucht und die Inseln. Die wehrhafte Altstadt ist sehr klein – der Hauptplatz liegt außerhalb vor dem Zentrum; die Außenmauern der dicht im Kreis zusammengedrängten Häuser boten in früheren Jahrhunderten Schutz vor den Truppen Venedigs, von hier oben kontrollierten die Piraten die Meerenge Vela vrata. Heute sind noch ein paar Hausmauern, der Turm und das Tor aus dem 17. Jh. erhalten. Im *Museum* (Juli/Aug. 9–13 und 17–21 Uhr, sonst 10–17 Uhr) gleich am Stadteingang ist u. a. eine alte Olivenpresse zu besichtigen, die bis in die 1970er Jahre in Betrieb war. Schließlich geht es auf 700 steilen Stufen wieder abwärts nach Mošćenička Draga zur Villa Rubin.

Essen/Übernachten **Restaurant-Pension Perun**, von der Terrasse genießt man einen weiten Blick über die Kvarner-Bucht. Es gibt Fisch- und Fleischgerichte. DZ/F ca. 70 €. ✆ 737-515, ✆ 737-510.

Südlich von Mošćenička Draga windet sich die Straße die Steilküste durch unberührte Landschaft hoch, tief unten leuchtet das Meer, gegenüber sieht man die Insel Cres. Die macchiaüberwucherten Ausläufer des Učka-Gebirges fallen fast senkrecht ins Meer ab. Wer hier baden will, muss am Straßenrand parken und einen halsbrecherischen Abstieg wagen. Weiter geht es durch die beiden idyllischen Bergdörfer **Brseč** und **Zagore**.

Hoch oben thront Brseč vor der Kulisse Rijekas

Brseč (Bersez): Etwa 10 km westlich von Mošćenička Draga in Richtung Labin thront auf einem 157 m hohen Felsen, der schon in der Vorgeschichte besiedelt war, der mittelalterliche Ort. Die Brseč umgebende Wehrmauer mit einigen glagolitischen Inschriften ist noch gut erhalten; den Ort überragt der Glockenturm der *St. Georg-Kirche.* Etwas unterhalb auf einem Felsvorsprung direkt über dem Meer steht die *Kapelle Sv. Magdalene* – und noch weiter bergab geht's zu einer schönen Badebucht. Oben im Ort gibt es Supermarkt, Ambulanz, das Restaurant Šip und Übernachtungsmöglichkeiten in Appartements.

Ein *Wanderpfad* führt von Breseč zur südlichsten Spitze des Učka-Gebirges auf den 835 m hohen *Berg Sisol;* die Fernsicht von hier oben auf die gegenüberliegenden Kvarner-Inseln ist fantastisch. Wer mag, kann die Wanderung am Kamm in Richtung Mala Učka fortsetzen.

Wenige Kilometer südlich von Zagore, einem winzigen Bergdorf, kommt der Abzweig zum Trajekthafen **Brestova**, das Sträßchen führt in steilen Serpentinen hinab. Vom Hafen ist man per Trajekt in ca. 30 Min. auf der Insel Cres (Fährort Porozina).

Insel Cres

Eine zerklüftete Hügelkette, kahl, karg, durch Steinmäuerchen unterteilt und kaum besiedelt – so erscheint die Insel von weitem. Für viele ist Cres häufig nur Transitstrecke zur Touristeninsel Lošinj. Mit 3300 Bewohnern und 407 km² Fläche ist sie nach Krk die zweitgrößte der kroatischen Inseln.

Das 66 km lange, bis zu 12 km breite Cres liegt im nordwestlichen Teil der Kvarner-Bucht. Während die anderen Inseln des Kroatischen Küstenlands parallel zum Festland liegen und mit ihrer Bergseite die Bora abhalten, verläuft Cres in Nord-Süd-Richtung und lässt den Sturm ungehindert vom Küstengebirge hinuntertoben.

Kaum ein Baum im Westteil der Insel überlebt diese Gewalten und Macchia macht sich breit. Nur im Osten gedeihen Laubbaumgrüppchen neben mediterranem Gestrüpp – hier begünstigen der Schirokko, der regnerisch-warme Südwind, und der Maestral, der Gutwetterwind mit seinen leichten, kühlen Brisen, die Vegetation. Verwaltungsmäßig gehört das Gebiet südlich des Vraner Sees, also Ustrine, Osor und Punta Križa, zur Insel Lošinj.

Die Inselstraße, die bis auf wenige Kilometer zur breiten Schnellstraße (Achtung Radar!) ausgebaut wurde, führt von Nord nach Süd über eine Drehbrücke auf die Insel Lošinj. Cres und Lošinj waren früher durch einen 11 m breiten Kanal getrennt – ob von Illyrern oder Römern gebaut, ist ungeklärt. Auf halber Strecke Richtung Lošinj liegt nahe der Straße der 5,7 km² große *Vraner See*, der als Süßwasserspeicher dient. Die Ausflugsagenturen preisen das Fischerdörfchen *Valun* an, das durch die Fernsehserie „Der Sonne entgegen" bekannt wurde, sowie das geschichtsträchtige Musikstädtchen *Osor* und die Badebucht *Punta Križa*; manchmal auch die Städte *Cres* und *Martinšćica*. Eine Besonderheit auf der Insel sind die Gänsegeier, für deren Wohlergehen und Erforschung das Team des *Eco-Zentrums* in Beli sorgt. Giftschlangen sind auf der Insel Cres wie auch auf Lošinj ein Fremdwort: Einer Legende zufolge hat der Osorer Bischof, der hl. Gaudentius, die Inseln gesegnet und sie dadurch von Giftschlangen befreit.

Ansonsten bedecken Karstweiden rund die Hälfte der Inselfläche, Wald nimmt ein Drittel ein, ein Zehntel wird landwirtschaftlich genutzt, vor allem für den Wein- und Olivenanbau. Ende des 19. Jh. begann die Zahl der Inselbewohner zu schrumpfen. Damals fraß die Reblaus den Wein, das Dampfschiff verdrängte die Segler, und die Handelsstraßen verliefen nicht mehr längs der adriatischen Ostküste: Der Überseehandel war in den Brennpunkt des Interesses gerückt.

Insel Cres
Karte S. 137

Insel Cres – Blick auf Predošćica und die Insel Plavnik

Wichtiges auf einen Blick

Telefonvorwahl: 051

Fährverbindungen: *Trajekt Brestova–Porozina* (Cres): In der Hauptsaison stündl. fast rund um die Uhr, sonst von 6.30 bis 20.30 Uhr; Fahrzeit 30 Min., Pkw 14,80 €, 2,20 €/Pers.

Trajekt Merag–Valbiska (Krk): Die Linie verkehrt in der Hauptsaison 13-mal zwischen 6.30 und 1 Uhr. Fahrzeit 45 Min. Pkw 14,80 €, 2,20 €/Pers.

Katamaran: *Rijeka–Cres–Martinšćica–Unije–Susak–Ilovik–Mali Lošinj*: (ganzjährig und tägl.): nach Rijeka (Mo 9, Di 7.55, Mi 8, Do und Sa 8.25, Fr und So 8.35 Uhr); nach Martinšćica (nur Mo, Do, Sa); Unije

und Susak (beide Inseln nicht Di, Do); Ilovik nur Mo, Do, Sa und So; nach Mali Lošinj tägl. Abfahrt 18.20 Uhr. Achtung: ab Anfang Sept. Abfahrt in Rijeka nicht um 17 Uhr, sondern bereits um 14.30 Uhr (So 15 Uhr).

Busverbindungen: Gute Verbindung zu allen Inselorten und zur Insel Lošinj. Mit der Fähre über Brestova nach Rijeka, Ljubljana, Triest und Zagreb.

Tankstellen: Nur im Hauptort Cres, in der ACI-Marina Cres und auf Lošinj.

Brückenverbindung zur Insel Lošinj: Um 9 und um 17 Uhr jeweils für eine halbe Stunde geschlossen.

Geschichte

Cres und Lošinj bildeten in der Antike eine einzige Insel, die so genannte *Apsirtides-Insel*. Schon in der Vorzeit war sie bewohnt, davon zeugen Überreste der Gradina-Kultur. Ab 1600 v. Chr. gehörte Cres dem illyrischen Stamm der Liburnen, die Krieger und Seefahrer waren. Die griechischen Händler siedelten damals überall an der adriatischen Küste und gaben der ersten bedeutenden Inselstadt den Namen – *Apsorus* (Osor). Als Apsorus durch einen 11 m breiten Kanal geteilt wurde, nannte man den größeren Inselteil nach der Stadt Crepsa, Cres, der kleinere Teil hieß lange Zeit Osor.

Am Anfang unserer Zeitrechnung wurde der Inselraum der *Osors*, wie damals die beiden Inseln hießen, von den Römern besetzt und besiedelt. Als im Laufe der Jahrhunderte die Herrschaft Roms verfiel und die Mongolen das Hinterland eroberten, sah man es gern, dass sich die Kroaten auf der kleineren Insel Osor ansiedelten, da sich auf Cres bereits mehrere Siedlungen und die befestigte Stadt Osor befanden, in der sich die römischen Einwohner in Sicherheit bringen konnten. Die Insel Osor hingegen war mittlerweile nur noch ein Weideplatz der reichen Bauern, von Wald und Gestrüpp bedeckt, weglos, die einstigen römischen Villen überwuchert und verwahrlost. Dieser Zustand brachte ihr den Namen Lošinj (loš = schlecht) ein. Bis ins 11. Jh. unterstanden Cres und Lošinj der Oberherrschaft von Byzanz und damit kirchlich dem Patriarchen von Konstantinopel. Verwaltungsmäßig wurden sie seit dem Jahr 1000 von Venedig kontrolliert. In dieser Zeit errichtete man zu Ehren des Hl. Nikolaus, des Schutzpatrons der Seefahrer, die Kapelle auf dem gleichnamigen Berg bei Veli Lošinj.

Mittlerweile wurden die ersten kroatischen Fürsten zu Königen gekrönt und erkämpften die Unabhängigkeit von Byzanz. Allerdings wuchs Venedigs Einfluss, und die Inseln wie auch das byzantinische Dalmatien gerieten unter die Hoheit der venezianischen Republik. Auf Osor war man in jener Zeit sehr geschickt und kaufte sich von Venedig 1018 mit Marderfellen frei (siehe dazu Osor/Geschichte). Unter dem ersten kroatisch-ungarischen König *Koloman* fielen Cres und Lošinj 1102 bis 1409 nochmals an Kroatien und erst dann an Venedig. Da Cres die Venedig nächstgelegene Insel war, stand sie von allen Adriainseln am längsten unter scher Herrschaft. Die Amtssprache war Latein. Lediglich in der Schrift widersetzte man sich dem fremden Einfluss. Auf Cres und vielen anderen Inseln im Norden verfasste man Messbücher, Urkunden, Kirchenbücher, Bekanntmachungen und private Briefe in glagolitischer Schrift (siehe Insel Krk/„Glagoliza"). Und in den Kirchen wurde altkirchenslawisch gesungen, eine Tradition, die sich auf manchen Inseln bis heute gehalten hat.

Erst zu Beginn des 20. Jh. erwachte das Nationalbewusstsein der kroatischen Bevölkerung wieder, die unter der langen Fremdherrschaft litt. Aber schon 1918 brachte ein italienisches Kriegsschiff neue Besatzer an Land, und alles, was die venezianische, französische und österreichische Fremdherrschaft überdauert hatte, wurde hinweggefegt: Die Franziskaner und die altkirchenslawisch predigenden Priester wurden des Landes verwiesen, die kroatischen Schulen geschlossen, die kroatische Sprache verboten. Der Zweite Weltkrieg entfachte den Volksbefreiungskampf gegen die Besatzer neu. Dann kamen die Nazis und neue Gräueltaten. Die Denkmäler der kroatischen Widerstandskämpfer in Cres, Mali und Veli Lošinj und auf Ilovik erinnern an diese Zeit.

Von Porozina nach Beli

Porozina ist der Fährort von Cres mit Restaurant, Pension und einigen Ständen an der Anlegestelle. Man sitzt unter Markisen und kann die schaukelnden Boote im türkisblauen Wasser betrachten. Oberhalb der Anlegestelle liegen die Ruinen des Franziskanerklosters St. Nikolaus und die Reste einer Kirche aus dem 15. Jh.
Die Inselstraße Richtung Cres verläuft durch Macchialand, von Felsbrocken übersät, von Steinmäuerchen durchzogen und würzig duftend. Bald tauchen einzelne knorrige, efeuumrankte Laubbäume auf, bald stehen sie in kleinen Wäldchen zusammen. Die Natursteinhäuser von **Dragozetići** ziehen vorüber.

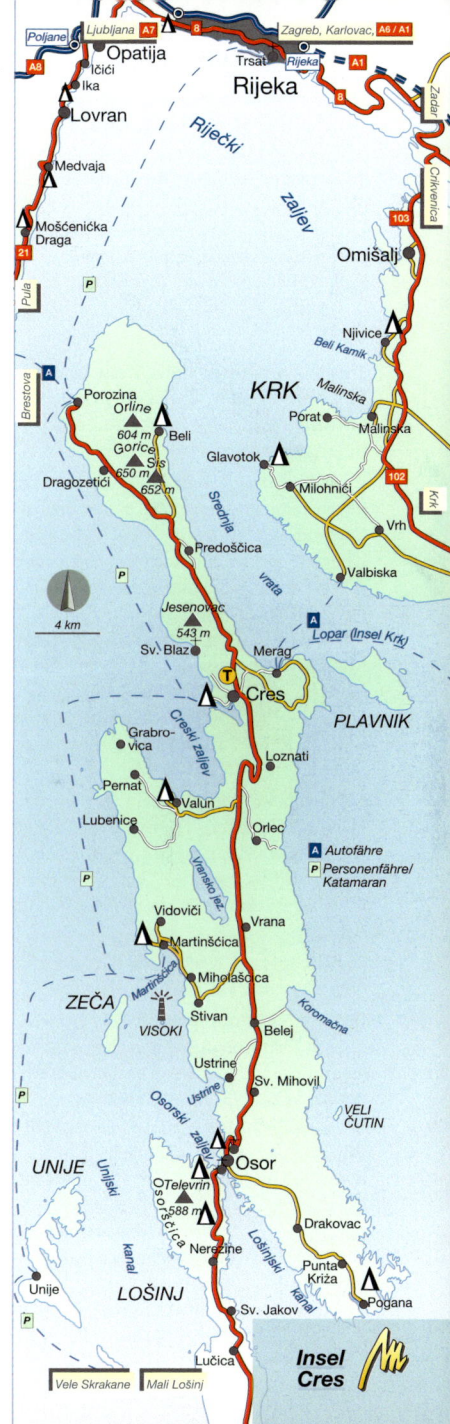

Die Abzweigung führt auf die Ostseite der Insel nach **Beli.** Hier, in der *Tramuntana*, erheben sich landeinwärts die höchsten Berge der Insel (Sis 639 m, Gorice 648 m). Und hier gibt es unzählige Dolinen, Grotten, Höhlen, Karsttäler und an die 40 Kapellen – angesichts der dünnen Besiedlung eine große Zahl. Die schmale Asphaltstraße schlängelt sich durch mit Schlingpflanzen bewachsene Eichenwälder hinab, Grillen zirpen, es duftet nach Salbei, Thymian und Immortelle. Eine alte Römerbrücke (rimski most) führt über eine Schlucht nach Beli, das auf einer Bergkuppe über dem Meer thront, mit weitem Blick nach Glavotok auf der Insel Krk.

Beli

130 m hoch über dem Meer türmt sich kegelförmig die Fluchtburgsiedlung aus antiker Zeit. Zwischen den Häusern ragt der Kirchturm empor, in den Lüften kreisen die Gänsegeier, die von den Umweltaktivisten des Eco-centar betreut werden.

Caput insulae, wie man Beli in der Antike nannte, war als zentraler Ort der Insel durch seine strategisch günstige Lage an der Bernsteinstraße einst einer der bedeutendsten Orte um Cres, heute leben hier nur knapp 40 Menschen.

Über die gut erhaltene römische Brücke, die sich über einen 12 m breiten Taleinschnitt spannt, gelangt man in den Ort. Vor dem kleinen Friedhof am Ortseingang mit gotischer Kirche aus dem 15. Jh. stehen Granatapfelbäume. Sentimentale Musik dringt aus einer nahen Kneipe, vor der Männer sitzen und die Urlauber mustern. Ruhig wirkt der Ort: enge Gassen, Treppchen, Stufen, ein kleiner Platz, rot-schwarz gefleckt von den überreifen Beeren des großen Maulbeerbaums. An der höchsten Stelle die Pfarrkirche aus dem 18. Jh., erbaut auf den Fundamenten einer romanischen Kirche. In ihrem Inneren finden sich Fragmente einer Flechtwerksskulptur und glagolitische Inschriften.

Mühevoll werden die steinigen Gärtchen bearbeitet, die sich terrassenförmig den Hang hinabziehen – Gemüse, Wein, Feigen, Oliven- und Obstbäume gedeihen. Von der Ostseite des Ortes führt eine schmale Straße steil zum Hafenbecken und zum Strand hinab, gesäumt von Bootshütten aus Naturstein. Kunterbunte Sonnenschirme stecken im Kies, dazwischen toben Kinder.

Wer gerne wandert, unternimmt Touren zu den umliegenden Bergen oder entlang der Küste, und wer Glück hat, sieht die Gänsegeier am Himmel kreisen, die hier überall an den Felswänden nisten.

Eco-centar Caput Insulae: Das Umweltschutzzentrum ist in der hübschen Villa am oberen Ortseingang, einer ehemaligen Schule, untergebracht. Das Team, ein nichtstaatlicher Verein, betreut und registriert die Gänsegeier oder Weißkopfgeier *(Gyps fulvus)* seit 1993. Im Rehabilitationsgehege werden verletzte Tiere, vor allem Jungtiere, die bei ihren ersten Flugversuchen ins Meer abstürzten, wieder aufgepäppelt. Im Gebäude ist ein kleines Museum eingerichtet, das über Cres und Lošinj sowie über die Geschichte Belis und der *Tramuntana* informiert und eine Einführung in die Pflanzen- und Tierwelt gibt.

Für Wanderer und Kunstbegeisterte gleichermaßen interessant: Vom Umweltzentrum führen wundervoll angelegte *Wander-Lehrwege* verschiedener Längen rund um Beli und hoch in die Berge; den Weg zieren moderne Skulpturen u. a. des renommierten Bildhauers *Ljubo de Karina,* die in Glagoliza eingravierten Verse schuf der in Beli geborene Literat *Andro Vid Mihičić.* Das Eco-Team wird von kroatischen

Die Fluchtburgsiedlung Beli

und ausländischen Helfern unterstützt; das Büchlein „Tramuntana – Geschichte und Kunst in der Natur" dokumentiert die Arbeit des Zentrums, informiert über Pflanzen und Geschichte der Region und gibt Hinweise zu den Skulpturen (mehr zum Thema Gänsegeier im Kapitel Fauna).

Informationen/Öffnungszeiten Wer mehr über Gänsegeier wissen möchte oder vielleicht auch aktiv oder finanziell helfen will, wende sich dorthin. Es werden auch Volontärprogramme angeboten. Geöffnet in der Saison von 9–20 Uhr, Eintritt 10 KN. Beli 4, 51559 Beli, ✆ 840-525, www.supovi.hr.

● *Übernachten* **Pension Tramontana mit Restaurant**, neben dem Eco-centar am oberen Ortseingang. Einfache, große Zimmer (bis zu 4 Betten) mit Etagenduschen. Hinter dem Haus überdachte Terrasse; nette Wirtsleute. Angeschlossen ist eine Tauchschule. DZ/F ca. 40 €. ✆/✉ 840-519, pansion-tramontana@ri.t-com.hr.

● *Camping* **Autocamp Brajdi na Moru**, ca. 300 Plätze unter Laubbäumen in dem Taleinschnitt hinterm Strand. Viele Kroaten und Slowenen verbringen hier ihren Urlaub. Die Sanitäranlagen sind in der Hauptsaison nicht ausreichend. Die Zufahrt vom Ort herab ist sehr steil und schmal. In der Saison gibt es vor dem Camp einen kleinen Supermarkt, ansonsten muss nach Cres gefahren werden. Pro Person inkl. Auto/Zelt etc. 9 €. ✆ 840-532.

● *Essen* Empfehlenswert lediglich **Restaurant Tramontana**. Ansonsten eine **Snackbar** am Hafen und das **Buffet Beli** am Ortseingang.

● *Tauchen* *Tauchbasis Beli* mit PADI-Ausbildung, ✆/✉ 840-519.

Baden: Am Hauptstrand mit feinem Kies. Die Bucht ist mit Agaven, Wolfsmilchgewächsen und Kräutern bewachsen. Ein Pfad führt zu den südlich gelegenen kleinen Kiesbuchten.

Von Beli nach Cres

Weiter geht es auf der Inselstraße durch kahle Landstriche. Auf beiden Seiten sieht man tief unten das Meer, weit in der Ferne im Westen Istrien und im Osten Krk. Umgeben von Weinbergen und Feldern, eingerahmt von Steinmäuerchen, erreichen wir **Predošćica** mit seiner weiß getünchten Kirche – im Hintergrund leuchten die

Inseln im Meeresblau. Ein paar Kilometer vor Cres lehrt uns eine Tafel, dass wir uns in der Mitte der nördlichen Erdhalbkugel, am 45. Breitengrad befinden.

An der Straßenkreuzung oberhalb von Cres führt links die Abzweigung zu einem Landvorsprung und dem **Fährhafen Merag** (4 km von Cres entfernt) mit Café. Die Fährlinie verbindet die Insel Cres mit Krk (Valbiska). Die breite Asphaltstraße verläuft durch Kiefernwald, abgelöst von meterhoher Macchia. Der Blick wird frei auf die U-förmige Bucht von *Draga Krušćica* und das weiß gesäumte **Kap Tarej**. Vorgelagert sieht man die Insel *Plavnik* – baumlos –, dahinter die Insel Krk mit ihren weißen, kahlen Bergen, Krk-Stadt und Punat.

Cres

Der Hauptort der Insel (2300 Einwohner) liegt in einer Flaschenhalsbucht und wie alle wichtigen Orte der Kvarner Inselgruppe an der Westküste. Der autofreie Altstadtkern lädt zum Bummeln und Verweilen ein. Bootsbesitzer können in der großen und modernen Marina anlegen. Per Mountainbike oder zu Fuß lassen sich die herrliche Landschaft oder schöne Strände erkunden.

Von der Werft abgesehen, wo auch mal ein größerer Pott im Hafenbecken ankert, wirkt das Städtchen eher ruhig und in sich gekehrt. Ohne Hektik kann man seinen Kaffee schlürfen und durch die marmorgepflasterten Gassen bummeln. Von der venezianischen Stadtbefestigung sind nur noch zwei Tore und ein Wehrturm erhalten. Bis auf einen kurzen Mauerabschnitt wurde im 19. Jh. alles eingerissen. Das eine reliefverzierte **Stadttor** steht an der schattigen Promenade vor dem Altstadtkern. Es empfiehlt sich, dort zu parken.

Um das Hafenbecken selbst, Mandrač genannt, herrscht gemächliches Treiben: Ausflugsboote, Fischer und überall viele Einheimische, die auf den Bänkchen sitzen und palavern. Stattliche, pastellfarbene Bürgerhäuser, ein alter Palast, das Stadthotel Cres und ein paar nette Cafés komplettieren das Bild - nur der Lärm der gelegentlich ein- oder abfahrenden Motorboote stört das Idyll. Ansonsten kann man versonnen unter Markisen sitzen und beobachten, wie die Kaimauern die Wellen brechen.

Verwinkelte Gässchen gehen vom Hafenplatz aus, eines führt zur Pfarrkirche **Sv. Marija** aus dem 15. Jh. mit frei stehendem Turm, einem dreischiffigen Bau mit Mosaikfenstern in der Apsis und halbrund verlaufendem Chorgestühl im Innern; die Kunstwerke der Kirche wurden ins Pfarrhaus ausgelagert.

Unweit davon die älteste Kirche der Stadt, die romanisch-gotische **Isidor-Kirche** aus dem 14. Jh. Geht man weiter, erreicht man durch ein Tor den Hauptplatz von Cres mit Stadttor, Uhrturm, Rathaus, Loggia mit Souvenirständen und vielen bunten Booten im Hafenbecken.

Im Palais Arsan befindet sich das **Stadtmuseum**. Zu besichtigen sind archäologische, kulturhistorische und ethnografische Exponate, u. a. Amphoren aus dem 2. Jh. v. Chr., die beim Kap Pernat, in der Nähe von Valun, gefunden wurden, und Skulpturen mit Flechtwerkornamentik. Geöffnet 9–11 und 19–22 Uhr. Auf dem Platz vor dem Stadtmuseum prunkt die Statue von Franjo Petrić (siehe Kasten).

Nördlich des Städtchens ist das **Franziskanerkloster** mit der Kirche **Sv. Franjo** aus dem 14. Jh. sehenswert. Die Kirche ziert ein holzgeschnitztes Chorgestühl, im Kloster findet man u. a. eine Sammlung von gotischen Plastiken und ein Messbuch in glagolitischer Schrift.

In der Nähe steht ein **Benediktine**
wahrt werden.

Entlang der Uferpromenade in westlicher
und anschließend den auf der Landzunge lie
ein Fahrrad besitzt, tut sich leichter, denn schne

Geschichte

Die Geschichte des kroatischen Cres reicht bis ins frühe
zeugen am Berg über der Stadt die Ruinen einer frühchristli
jedoch schon unter Liburnen, Griechen und Römern eine Siedl
die auf vorgeschichtlichen Fundamenten ruht. Stadtrecht erhielt C
mischen Kaisern Tiberius oder Augustus. Die lange Herrschaft Vene
bis 1797, die nur 1102 bis 1409 durch die kroatisch-ungarischen Könige
brochen wurde, prägte die Stadt. Bedeutung gewann Cres aber erst, als es im
zum Zentrum von Osor aufstieg (siehe Inselgeschichte). Die meisten historisc
Gebäude stammen aus dieser Zeit. Seit 1845 beherbergt das Städtchen Touristen.

Franjo Petrić

Franjo Petrić, einer der bedeutendsten Philosophen seiner Zeit,
wurde 1529 im Palais Arsan geboren. Das blaue bosnische Blut
seiner Eltern nährte auch Franjos
Abneigung gegen die Venezianer.
Seine Sympathie für den Protes-
tantismus erboste die Stadtobe-
ren, die ihn der Stadt verwiesen.
Franjo Petrić ging nach Wien,
studierte von 1520–1575 in In-
golstadt bei Matthias Flavius Illy-
ricus, einem Mitarbeiter Luthers,
und beendete sein Studium in
Padua. Er schrieb Bücher über
Geschichte und Geometrie, über-
setzte aus dem Griechischen ins
Lateinische (Hermes Trismegist
und die Prophezeiungen des Za-
rathustra) und besaß eine wertvolle Sammlung griechischer
Texte (heute teils im Escorial in
Madrid). Er starb 1597 in Rom.

Franjo Petrić und sein Geburtshaus

Information/Verbindungen

- *Postleitzahl* 51557 Cres
- *Information* **Tourismusverband Cres
(TZG)**, Cons 10 (hinter dem Hafenbecken),
✆/✉ 571-535, www.tzg-cres.hr. Geöffnet
Mitte Juni bis Mitte Sept. Mo–Fr 8–14 Uhr,
Sa u. So 9–13 Uhr; Juli/Aug. Mo–Sa 8–21
Uhr, So 9–13 Uhr; sonst Mo–Fr 8–14 Uhr.
Agentur Cresanka, am Hafenbecken. Zim-
mer-, Fahrradvermietung, geöffnet 7.30–
12.30 und 15–21 Uhr. Cons 11, ✆ 571-161,

Cres–Martinšćica–Unije–
Lošinj (ganzjährig und
(Mo 9, Di 7.55, Mi 8, Do
d So 8.35 Uhr); nach Mar-
Do, Sa); Unije und Susak
t Di, Do); Ilovik nur Mo,
nach Mali Lošinj tägl. Ab-
chtung: ab Anfang Sept.
nicht um 17 Uhr, sondern
Uhr (So um 15 Uhr). Weite-
leitung.

erkloster, in dem Ikonen aus dem 15. Jh. aufbe-

Richtung erreicht man das Hotel Kiemen
genden Campingplatz Kovačine – wer
ll läuft man viele Kilometer.

Mittelalter zurück. Davon
hen Kirche. Hier stand
ng namens Crepsa,
es unter den rö-
igs von 1000
urz unter-
15. Jh.
hen

Insel Cres, Karte S.

es.
Diskothek Štala mit Cafébar
ägl. 22–4 Uhr (Juli/Aug.), Juni
n Wochenende.
upermarkt am Hafenbecken
leine Läden in den Gassen.
eim Hotel Kimen und Auto-
e. Obst- und Gemüsemarkt.
füllung und Einkauf nördlich
der Stadtmauern; Gasflaschenabfüllung
auch im Autocamp Kovačine.

werden Konzerte auf dem Stadtplatz,
Stadtfest Cres, 5.–7. Aug. mit Konzerten
und **Semenj** (Bauernmesse) mit Produkten

Übernachten/Camping

• *Übernachten* **Privatzimmer** ab 16 € (Top-
saison19 €)/Pers.

Ferienwohnungen/Appartements ab 42 €
(Topsaison 50 €)/2 Pers., ab 65 € (Topsaison
75 €)/4 Pers.

*** Hotel Kimen**, Anlage im Pinienwald mit
Restaurant, hinter der Uferpromenade.
Sportanlagen. DZ/F 78 € (Topsaison 84 €).
Fährpreisreduzierung wie Campingplatz
(siehe dort). Melin I/16, ☎ 571-161, hotelkimen
@hotelkimen.com, www.hotel-kimen.com.

*** Bungalows Stara Gavza**, nördlich vom
Campingplatz in ruhiger Lage inmitten von
Olivenbäumen am Hang, unterhalb Kiesbuchten. Für 2–5 Pers. ab 40–80 € (Topsaison 48–85 €). Agentur Crepsa (s. o.).

Zimmer Kovačine, auf dem Gelände des
Campingplatzes beim Restaurant (in der
Saison laut). Gut ausgestattete Zimmer mit
Klimaanlage, Minibar und Sat-TV. DZ/F 88 €
(Topsaison 104 €). Weiter Infos siehe
Camping.

Pension Anić, die legendäre Pension im
Zentrum nahe Hafen, soll aus Altersgründen
geschlossen werden. Zazid 5, ☎/📠 571-113.

Hostel Rivijera, das prachtvolle Gebäude
am Hafenbecken dient heute als Jugendherberge mit sauberen, aber einfachen 1-
bis 4-Bett-Zimmern von 18–46 € (Topsaison
24–56 €). ☎ 571-161, www.cresanka.hr.

• *Camping* * **Autocamp Kovačine**, ca.
1,4 km nordwestlich von Cres, rund um die
Halbinsel. Sehr gut ausgestatteter 18 ha
großer Platz unter schattigen Aleppokiefern
und Olivenbäumen. Restaurant und Café
an der Landspitze beim Leuchtturm, gebadet wird an der Uferpromenade mit Kiesbuchten, im FKK-Bereich, ebenfalls mit Kiesbuchten, oder an der Felsküste. Ordentliche
Sanitäranlagen, Kühlboxen, Waschmaschi-
nen, Laden, Tennisplätze, Wassersportgeräteverleih, Bojen für kleine Boote, Tauchschule. 9 €/Pers. (Topsaison 9,60 €), Parzelle
inkl. Auto, Zelt 7,80 € (Topsaison 8,40 €). Es
werden auch hübsche moderne Mobilhäuser (4–6 Pers.) mit kleiner Terrasse für
94 € (Topsaison 109 €) vermietet. Fährpreiser-
stattung hin und zurück bei 14-täg. Aufenthalt, bei 7 Tagen nur einfach. Geöffnet 15.3.–
15.10. ☎ 571-423, www.camp-kovacine.com.

Cres – gemütliche Cafés und Restaurants gruppieren sich ums Hafenbecken

Insel Cres
Karte S. 137

Essen

Rund um das Hafenbecken und an der Strandpromenade Richtung Hotel Kimen laden Gostionas und Cafébars zur Einkehr ein.

Restaurant Riva, an der Hafenpromenade. Hier isst man gute Fischgerichte. ☎ 521-107.

Grill Adria, in der Altstadtgasse zum Hafenbecken Cons, mit kleinem Innenhof. Gute Fischgerichte. Zazid, ☎ 571-520.

Restaurant Amfora, am Stadtplatz. Gute einheimische Küche. ☎ 571-288.

Konoba-Appartements Busola (***), gemütliches Restaurant, zudem werden Zimmer und Appartements vermietet. Creskih kopača 2, ☎ 571-676, www.cres-busola.com.

Restaurant Sv. Lucia, an der westlichen Uferpromenade Richtung Hotel Kimen (letzte Häuser), mit Anleger für Boote. Stilvoll und sehr guter Service, Fisch- und Fleischgerichte (auch nach Vorbestellung unter der Peka), Lammsuppe, Fuži und hauseigener Feigenschnaps. ☎ 573-222.

Restaurant Dalmacija, an der Strandpromenade stadtauswärts (nach Sv. Lucia). Lauschige, eingewachsene Terrasse, Fischgerichte, freundlicher Service. In der Nebensaison geschlossen. ☎ 425-406.

Gostionica Belona, traditionelle, gute Hausmannskost erwartet den Gast; Spezialitäten sind Lamm- und Fischgerichte. Šet. 20. trvanje 24 (östl. des Altstadtrings), Tel. 571-203.

Restaurant und Pizzeria im Autocamp Kovačine. Terrasse an der Uferpromenade. Die Camper waren vom Essen begeistert.

Sehr hübsch sitzt man im **Restaurant Marina** im Jachthafen. Gute Fischgerichte, gute Weinauswahl. ☎ 520-072.

• *Außerhalb* 4 km südlich von Cres in **Loznati** liegt die gemütliche Landkneipe **Bukaleta** im bayerischen Stil, mit überdachter Terrasse. Das Restaurant hat sich auf Lammgerichte spezialisiert: Lamm am Rost, gebacken, gebraten oder paniert und als Vorspeise Lammsuppe. Es gibt aber auch leckeren Schafskäse, dalmatinischen Schinken und Fischgerichte. Die nette Wirtin spricht deutsch. Geöffnet von Ostern bis Oktober. ☎ 571-606.

Baden/Sport

● *Baden* Rund um die Landzunge in Richtung Hotel Kiemen und Campingplatz finden sich neben dem betonierten Uferweg Kiesbuchten. Weiter gen Norden führt ein Pfad zu stilleren Buchten. Gegenüber von Cres liegt die Kiesbucht **Dražica** mit Bootsanlegestelle.

Etwas weiter entfernt, z. B. per Boot oder auch mit dem Fahrrad zu erreichen, sind die folgenden schönen Badebuchten: FKK-Strand **Nedomišlje** (2,2 km in Richtung Valun), der Kiesstrand **Sv. Blaž** (5 km nördlich), oder die **Blaue Grotte** unterhalb von Lubenice, mit Kiesstrand.

● *Sport* Flutlichttennisplätze, Morgengymnastik, Volleyball, Minigolf beim Hotel Kimen. Surfbrett- und Bootsverleih am Campingplatz.

● *Tauchen* **Tauchschule Diving Cres**, auf dem Autocamp Kovačine (deutsche Leitung, Inh. Nicole Kiefhaber & Mirko Obermann): Schule, Basis, Shop und Verleih, z. B. 5-Tages-Anfängerkurs inkl. Ausrüstung und Prüfungsgebühren etc. ab 299 €. Tieftauchen, Wracktauchen. Divemaster-Kurs 14 Tage 499 € und vieles mehr. Hier ist man bestens aufgehoben. ✆/✉ 571-706, www.divingcres.de.

● *Jachthafen* **ACI-Marina Cres**, schöne Marina in der Bucht von Cres gegenüber der Altstadt; eigene Zufahrt etwas südlich von Cres. Großzügige Anlage mit im klassizistischen Stil erbauten Hafengebäuden, schöne Cafés und Restaurant, Supermarkt, Nautic-Shop und Vermietung von Appartements. 455 Liegeplätze für Boote bis 25 m, 250 Stellplätze an Land, 10-t-Kran, 30-t-Travellift, Slipanlage, Boot- und Motorenservice; Wasser und Strom an den Stegen, Sanitäranlagen, Tankstelle. Verleih von Fahrrädern und Booten. Jadranska obala 22, ✆ 571-622, www.aci-club.hr. Für kleinere Boote Slipanlage im Zentrum oder beim Autocamp.

● *Bootsvermietung* Motorbootverleih im Hafen und am Jachthafen.

● *Seekajak* **Sea Kayak Adventure**, ✆ 095/901-0109 (mobil), www.seakayak.hr. Das Team hat Sitz in Banjol, Insel Rab. Ab Cres startet z. B. die Delphin-Tour.

● *Wandern* Von Cres aus gibt es schöne Touren durch Olivenhaine und entlang der Küste z. B. in Richtung **Sv. Blaž**. Infos und Karten über die Touristeninformation.

● *Radfahren* Cres bietet sich als Ausgangspunkt für Fahrradtouren in die Umgebung an. Auch hier hilft die Touristeninformation mit nützlichen Infos und Kartenmaterial. Fahrradverleih Autocamp Kovačine, bei Autotrans, Agentur Cres und im Jachthafen.

Valun

Die Fernsehserie „Der Sonne entgegen" machte den idyllischen Fischerort mit seinen alten Gebäuden an der weiten, türkisfarbenen Bucht bekannt.

Trotz der vielen Ausflugsfahrten nach Valun scheint die Zeit in dem autofreien Fischerstädtchen stillzustehen, nur am Ortsrand vergrößert sich Valun zaghaft mit kleinen Neubauten. Im ockerfarbenen Kirchlein im Zentrum ist die *Tafel von Valun* sehenswert.

Um die Kirche herum ziehen sich winklige Gässchen und blumengeschmückte Gärten, eine Uferpromenade mit gemütlichen Tavernen mit Blick auf das Hafenbecken säumt die Bucht. Tobende Kinder und tuckernde Schiffe sind die einzigen Geräuschquellen in der Idylle, die kein Autolärm stört.

Die Konoba Toš Juna mit ihrem mächtigen, Schatten spendenden Baum lädt nicht nur zur Stärkung ein. Sehenswert ist das *Lapidarium* an der Terrassenwand mit guten Kopien der wichtigsten glagolitischen Denkmäler: neben der Tafel von Valun sind auch die von Baška und Senj zu sehen sowie die Inschriften von Plomin, Krk und Osor, das Sakramentshaus aus Vrh, das Relief des Hl. Martin aus Senj und etliche Fragmente.

Oberhalb Valuns, an der Abzweigung nach Lubenice, der Ortsfriedhof und die *Kirche St. Markus*. Hier stand einst der Ort Bućev, dessen Einwohner sich im heutigen Valun niederließen.

Valun – kein Auto stört das Hafenidyll

● *Postleitzahl* 51557 Valun

● *Information* **Touristinformation**, an der Zufahrtsstraße kurz vor dem Hafenbecken. Geöffnet während der Saison tägl. 8–20.30 Uhr, ✆ 525-050, 📠 525-085, www.cresanka.hr.

● *Parken* **Autos** müssen oberhalb des Ortes auf dem groß angelegten, gebührenpflichtigen Parkplatz abgestellt werden. Zum Ein- und Ausladen kann man die Zufahrtsstraße bis zum Hafenbecken nehmen oder nördlich herum bis kurz vor das Restaurant Palac fahren, dort stehen Gepäckwagen zur Verfügung.

● *Einkaufen* Kleiner Obst- und Gemüsemarkt, Laden, Zeitungskiosk beim Parkplatz.

● *Übernachten* **Privatzimmer** ab ca. 42 € (Topsaison 50 €)/DZ.

● *Camping* *** Camp Zdovice**, nicht für Wohnmobile möglich, da das Auto ober-

halb des Ortes geparkt werden muss (siehe Parken). Der 1-ha-Platz zieht sich, von Steinmäuerchen unterteilt, terrassenförmig vom Strand den Hang hinauf. Oliven- und Feigenbäume spenden Schatten. Saubere Toilettenhäuschen mit Waschbecken und Duschen sowie 2 Stehduschen im Freien. Im Hochsommer sehr voll. 11 €/Pers. Geöffnet 1.5.–1.10. ✆ 525-050, www.cresanka.hr.

● *Essen* **Konoba Toš Juna** (Alte Mühle), in der Ortsmitte am Hafenbecken mit schattigem Baum und Lapidarium auf der Terrasse. Sehenswert sind auch die 200-jährigen Mahlsteine im Inneren der Konoba. Es gibt Käse, Schinken, alle Fischsorten, Krebse, Muscheln, Fleischgerichte und Wein von den umliegenden Weinbergen.

Gostionica „na moru", weiter Richtung Strand, mit Sitzgelegenheiten direkt am Meer. Fisch- und Grillgerichte. ✆ 525-056.

Baden: Am Kiesstrand mit Dusche. Ein Schleichweg führt die Bucht entlang zu weiteren Badeplätzen mit Fels und Kies für FKK-Freunde. Man kann sich auch mit Fischerbooten zu umliegenden Buchten bringen lassen, Preis und Abholung vorab aushandeln.

Wassersport: Paddel- und Tretbootverleih. Im Hafen zehn Anlegeplätze für Boote, Strom, Wasser und ein 2-t-Hebekran.

Die Tafel von Valun

Die kulturgeschichtlich bedeutsame Tafel enthält eine lateinische und glago-litische (altkirchenslawische) Inschrift aus dem 11.–12. Jh. Nur die erste Zeile ist in der Glagoliza geschrieben, der weitere Text ist in lateinischer Schrift. Die in die Sakristeiwand eingemauerte Tafel gilt als das älteste kroa-tische Sprachdenkmal.

Nicht geklärt ist, ob die Tafel von Valun eine Grabplatte oder eine Erinne-rungstafel darstellt, in der die Namen der Kirchenspender verewigt wurden. Gefunden wurde sie Anfang des 20. Jh. in der Vorhalle der Kapelle St. Mar-kus, der Pfarrkirche des heute verlassenen Ortes Bućev.

Lubenice

An der Westküste, etwa 6 km südlich von Valun, thront auf einem Fels-plateau hoch über dem Meer das einstige Piratennest, eine 3500 Jahre alte Fluchtburgsiedlung.

Ein Asphaltsträßchen zwängt sich zwischen Steinmauern, durch meterhohe Mac-chia und Kiefernwald via Podul nach Lubenice.

Die Natursteinhäuser schmiegen sich aneinander, und aus den Ritzen des Kopf-steinpflasters sprießen Blumen. Beim Spaziergang durch den Ort gelangt man durch ein frei stehendes Tor zur Friedhofskapelle. Dahinter, in einer Senke, liegen die Getreidefelder der wenigen noch gebliebenen Bewohner. Der Weg führt über Felsen ein Stückchen weiter nördlich, und es kann einem schwindlig werden, wenn man in die Tiefe blickt.

Vor dem alten Ortskern am Parkplatz steht die mit ihrer nüchternen Architektur so gar nicht ins Bild passende Kirche. Gegenüber am Platz der frei stehende Kirch-turm, daneben eine Snackbar und Sitzbänke im Freien – hier finden die Musik-veranstaltungen statt. Von hier bietet sich ein weiter Blick auf das Meer und die tief unten in Türkisfarben leuchtende Bucht. Auf Serpentinen geht es steil bergab zum kleinen Hafen.

- *Übernachten/Essen* Es gibt drei kleine Lokale mit Hausmannskost und Pensionen, z. B. **Lubenička Hibernicia** mit herrlichem Weitblick über das Meer, gutem Wein, Lamm, Oliven, Pršut und Käse.
- *Parken* Der Parkplatz ist gebührenpflichtig.
- *Baden* Tief unten am Feinkiesstrand; man läuft ca. 45. Min. hinunter (hoch wird es beschwerlich); leider schwemmt es mitunter Teer an. In der Nähe des Stran-des die von vielen Ausflugsbooten an-gefahrene **Blaue Grotte**: Bei mittäglicher Sonne leuchtet sie durch das Meer in strahlendem Blau.

Vraner See

An der Inselstraße unterhalb des kleinen Ortes Vrana, inmitten von macchiaüberwucherten Hängen, erstreckt sich der Vransko jezero, ein tief-blauer Süßwassersee.

Das Hinabsteigen und auch das Angeln ist verboten, da der See der Wasserversor-gung dient. Seit 1953 beziehen die Stadt Cres und die Städte der benachbarten Insel Lošinj ihr Trinkwasser aus dem Vraner See.

Früher vermutete man, dass der 5,7 km² große Süßwassersee unterirdisch vom Festland her gespeist wird. Inzwischen weiß man, dass er ein „Kryptodepressions"-

Hübsche Badebucht tief unterhalb des Felsplateaus von Lubenice

See ist: Die Wasseroberfläche des Vransko jezero liegt ca. 13 m über dem Meeresspiegel, sein Grund hingegen 75 m tiefer – ein Tummelplatz für verschiedenste Fischarten.

Richtung Martinšćica

Wir verlassen die Inselstraße bei der Kapelle Sv. Petar und fahren rechts ab über eine macchiabedeckte Hochebene.

Im Bergdorf **Štivan** rührt sich wenig; die Gostiona ist geschlossen, aber es gibt in einem Privathaus eine Touristeninformation mit Zimmervermittlung: pro Person ab 15 €, z. B. *** Appartements Nino. Die Badebuchten unterhalb des Orts sind über Fußwege erreichbar.

Fahren wir weiter hinunter zum Meer, folgt die Neubausiedlung **Miholašćica** mit vielen Privatzimmern, einigen Restaurants, Supermarkt und Badebuchten aus Fels und Kies. Von hier aus sind die vorgelagerte Insel *Zeča* und Istrien zu sehen.

Vor Martinšćica zweigt ein Sträßchen rechts ab nach **Vidocići** – ein Bergdorf mit alten Häusern und alten Menschen. Hier kann man sich eine Flasche Selbstgekelterten kaufen und beim Genuss weit über das Meer bis zu den Inseln Lošinj und Unije blicken.

Martinšćica

Die guten Bademöglichkeiten rundum, der nahe gelegene Campingplatz Slatina und der Jachthafen locken Scharen von Touristen an.

Ein paar Lokale gruppieren sich um den kleinen Dorfplatz und entlang der Uferpromenade. Es riecht nach Fisch, der Blick schweift über die Bucht und die vielen kleinen Schiffe.

- *Postleitzahl* 51556 Martinšćica
- *Information* **Touristinformation**, ✆ 574-107.
- *Verbindungen* Mehrmals tägl. **Busse** nach Cres und Mali Lošinj und per Fähre nach Rijeka.

Katamaran über Unije–Susak (Mo, Do, Sa 19.05 Uhr; ab Mitte Sept. 16.35 Uhr) nach Ilovik (nur Do 19.05 bzw. 16.35 Uhr) nach Mali Lošinj. Nach Cres–Rijeka Mo 8.15 Uhr, Do und Sa 7.40 Uhr. Information unter ✆ 666-100 (Jadrolinija Rijeka). Weitere Infos siehe Einleitung.

- *Geldwechsel/Telefonieren* Im Touristbüro oder am Campingplatz.
- *Einkaufen* Bäckerei, Laden, Zeitungskiosk und Obstmarkt am Parkplatz.
- *Übernachten* **Privatzimmer** je nach Kategorie ab 15 €/Pers.
- *Camping* ***** Autocamp Slatina**, 1 km von Martinšćica entfernt, einer der bestgelegenen Plätze. Der sehr gepflegte 15-ha-Platz erstreckt sich über zwei Buchten mit Kiesstrand und kristallklarem Wasser; terrassenförmig, durch Sträßchen unterteilt, Parzellen unter kleinen Bäumen mit eigenem Stromanschluss am Hang. An der vorderen Bucht Wohnwagenvermietung, hübsch, mit Platz zum Nachbarn, auch schöne Mobilhäuser. Es gibt einige Cafébars, Pizzeria, Restaurants, Supermarkt; am Strand Verleih von Booten und Wassersportgeräten;

Billardtische. Eigener kleiner FKK-Strandabschnitt. Ausreichend Waschhäuser mit Solarzellen, Kühlboxen, Bootsanlegestellen, Tauchclub. Im Hochsommer sehr voll. 7,30 €/Pers., Parzelle inkl. Zelt und Auto 5,50–7,70 €. Geöffnet 1.4.–31.10. ✆ 574-127, www.slatina-camping.de, www.camps-creslosinj.com.

- *Essen* Einige Konobas und eine Pizzeria am Hafenbecken sowie an der Uferpromenade.

Zum Beispiel die **Konoba Kastel**, ein 1600 Jahre alter Bau. Unter der Weinlaube auf der Terrasse kann man gut sitzen – die Weintrauben hängen dem Gast fast schon in den Mund. Es gibt Fischgerichte, z. B. Scampi, aber auch Gegrilltes.

An der Uferpromenade die **Gostionica Feral** unter schattigen Pinien und mit Blick aufs Meer.

*** Hotel-Restaurant Zlatni Lav, mit großer schöner Terrasse, kurz vor dem Autocamp. 25 komfortable Zimmer und 5 Familiensuiten. Gutes Restaurant. ✆ 574-020, reservation@hotel-zlatni-lav.com, www.hotel-zlatni-lav.com.

Daneben die **Diskothek**.

- *Tauchen* **Diving Center Triton**, am Autocamp Slatina, ✆ 091/5083-832 (mobil), www.triton-diving.hr.

Inselstraße Richtung Osor

Ab dem Straßenort Belej gehört der Südzipfel von Cres verwaltungsmäßig zur Insel Lošinj. Der Ort **Belej** bietet ein Restaurant mit preiswertem, gutem Essen, und es werden private Appartements und Zimmer vermietet. Das Umland ist karg und mit kleinen Büschen übersät. Ein schmales Sträßlein führt von Belej zur Westküste mit der **Bucht Korovačna** und zwei großen Felshöhlen, Kiesstrand und Anlegeplätzen für Boote.

Kurz nach Belej zweigt die Straße westlich nach **Ustrine** ab.

Ustrine

Kleiner Ort oberhalb der gleichnamigen Bucht an der Westküste der Insel. Ein asphaltiertes, aber gesperrtes Sträßchen schlängelt sich steil hinab zum Meer mit vielen Badebuchten.

Die Bucht mit ihrem Naturhafen war früher ringsum besiedelt. Noch heute stößt man auf halb verfallene Häuser. Wie auch in anderen Inselorten wanderten viele der Einwohner nach Italien oder Amerika aus, und abgesehen von den Sommermonaten leben nur noch wenige alte Menschen in Ustrine.

Der Weitblick und das Farbenspektrum der Sonnenuntergänge von Ustrine sind faszinierend. Apokalyptische Stimmung kommt auf, wenn sich dazu drohend die Bora ankündigt: schwarz-blaue Wolkenfronten, darunter grell hervorstechend das

Ustrine – tief unten leuchtet die buchtenreiche Küste mit vielen Badeplätzen

Gelbrot der Sonne. Der Küste vorgelagert die Insel Zeča, der Landzipfel von Lošinj mit dem Berg Televrin und weiter meerauswärts die Insel Unije. Das Sträßchen zur Bucht ist sehr schmal und sehr steil und daher für den öffentlichen Verkehr gesperrt. Ein Rangieren auf halbem Wege wäre kaum möglich. Das Auto oben im Ort parken und hinablaufen.

● *Übernachten* Im Ort werden **Privatzimmer** und **Appartements** vermietet. Z. B. **Pansion Sofija**, ca. 6 Zimmer und 2 Appartements; von der Terrasse toller Blick über die große Bucht. Die Hauswirtin kocht lecker, und wer möchte, bekommt Halbpension. Ustrine 10, ✆/📠 524-015.

● *Essen* **Bufet Panorama**, in diesem Gebäude war bis nach dem Zweiten Weltkrieg die Schule des Ortes untergebracht. Schöner Blick auf Ustrine und das Meer. Vom Grill gibt es Lammspieße und Fisch. Geöffnet nur während der Saison.

Baden: Rings um die Bucht Kies- und Felsbadebuchten, umgeben von üppiger Macchia, und etliche Bootsanlegeplätze. In der östlichen Buchthälfte tummeln sich die bunten Segel der Surfer vor der Bergkulisse. Von hier aus sieht man Osor mit der Kirche.

Punta Križa

Kurz vor Osor zweigt die Straße an die Ostküste nach Punta Križa ab – ein ruhiger Einkaufsort für den nahen Campingplatz.

● *Postleitzahl* 51554 Punta Križa
● *Information* **Touristinformation** am Campingplatz.
● *Übernachten* **Privatzimmer** (10–14 €/ Pers.) und **Appartements** über die Touristeninformation.
● *Camping* * **FKK Autocamp Baldarin**, ca.

3 km von Punta Križa, auf einer Landzunge von zwei tiefen Buchten begrenzt, im Kiefernwald. Im Hochsommer verwandelt sich die Anlage in eine Stadt der Nudisten. Supermarkt, Restaurant, Sportanlagen, Kinderspielplatz, Paddelboote, Bootsvermietung und Anlegestelle. Wohnwagen- und

Bungalowvermietung, Strom und Kühlschränke sind ebenso vorhanden wie idyllische Fels- und Kiesbuchten. Mit dem Boot kann man die vielen kleinen, bizarren Höhlen im Umkreis der Bucht entdecken. 7,30 €/Pers., Parzelle mit Zelt, Auto, Strom ab 6,50 €. Geöffnet 1.5.–1.10. ✆ 235-680, www.camps-cres-losinj.com.

• *Essen* Im Ort in der gemütlichen **Konoba** unter schattigen Bäumen. Oder vom Campingplatz aus in ca. 300 m zum Weiler **Pogana** und der gleichnamigen Konoba direkt am Meer mit Bootsanleger. Es gibt Fisch und Fleisch und dazu leckeren Wein. Uvala Poganan, ✆ 235-617.

Baden: Ca. 15 Min. Fußweg vom Ortskern bis zur Nordküste. Überall Bademöglichkeiten an der zerklüfteten Bucht. Pfade führen rundum.

Osor

In das uralte Städtchen, in dem heute nur noch knapp hundert Einwohner leben, führt eine kopfsteingepflasterte Gasse, gesäumt von blühenden Oleandersträuchern. Ein Auto hätte hier keinen Platz mehr. Ein Hauch von Kunst, Kultur und Geschichte sowie die nahen Campingplätze locken die Urlauber an.

Osor – Musikerin spielt vor der Kathedrale

Am kleinen *Hauptplatz*, vom Grün alter Bäume umgeben, sitzt man gemütlich vor dem einzigen Café des Ortes. Man blickt auf Fassade und Portal der 1497 erbauten prächtigen *Marienkathedrale*, die auch im Innern reich ausgestattet ist, und auf den mächtigen, frei stehenden Glockenturm. Dahinter die *Gaudentiuskirche* aus dem 15. Jh. mit Resten von Wandmalereien und einer gotischen Holzskulptur. Im ehemaligen *Rathaus* mit *Uhrturm* befindet sich heute ein *archäologisches Museum* (geöffnet 15. Juli–15. Sept. 10–13 und 19–22 Uhr, danach nur noch 10–12 und 18–20 Uhr; Mo Ruhetag). Es zeigt antike Kostbarkeiten aus der Stadt: Münzen, römisches Glas und Skulpturen, u. a. den Kopf des römischen Kaisers Augustus. Im *Bischofspalast*, der im 15. Jh. anstelle eines älteren Baus errichtet wurde, sind Messgewänder, eine Schatzkammer und im Hof eine Zisterne mit Flechtwerkornamenten zu bewundern. Die Überreste der altchristlichen Kathedrale und der Taufkapelle auf dem heutigen Friedhof stammen aus dem 6. Jh.

Bronzestatuen der Bildhauer Kršinić, Rosadrić und Ivan Meštrović sind überall im Ort zu entdecken: musizierende Frauen und Männer, die wohl an die

Festspiele für klassische Musik erinnern sollen, welche hier in der Saison zweimal wöchentlich stattfinden. Läuft man den von Mauern gerahmten Kopfsteinweg nordwärts, vorbei an Hausfassaden mit alten Patrizierwappen und historischen Steinfragmenten, gelangt man durch das ehemalige *Stadttor* mit dem geflügelten Markuslöwen. Etwas weiter entfernt die Ruinen des *Benediktinerklosters* und der dreischiffigen Basilika des Hl. Peter aus dem 11. Jh. Im 15. Jh. wurde die Abtei aufgegeben. Weiter nordwärts wird der Blick frei auf eine Ebene, die Küste und Teile der bis zu 4000-jährigen Stadtmauer. An der kleinen Bucht Bijar stehen malerisch die Ruinen des glagolitischen *Franziskanerklosters* und seiner Kirche Hl. Maria der Engel aus dem 15. Jh. 1841 verließen die Mönche das Kloster, seitdem verfällt das Bauwerk.

Der Verkehr rollt über die Drehbrücke bei Osor auf die Nachbarinsel Lošinj. Das Meer dazwischen hat Flussbreite. Die Brücke wird um 9 und um 17 Uhr für eine halbe Stunde geöffnet, um kleinere Schiffe passieren zu lassen.

Geschichte

Osor, in altgriechischen Quellen *Apsorus* genannt, ist die älteste Siedlung und die erste bedeutende Stadt von Cres und Lošinj. Pate stand sie auch bei der Namensgebung für beide Inseln: *Apsoros* – die Inseln von Osor. Unter dem illyrischen Stamm der Liburnen galt Osor als wichtige Station an der *Bernsteinstraße* (siehe auch Geschichte der Kvarner-Inseln). Die Liburner bauten die Kyklopenmauer, Fluchtburgen und Hügelgräber, und wahrscheinlich gruben sie (spätestens aber die Römer) auch den 11 m breiten Kanal zwischen Cres und Lošinj.

Der Ort am Fuß eines mächtigen Berges erlebte seine Blütezeit unter den Römern, als der Seeweg von Aquileia nach Salonae durch den Osorer Kanal führte. Damals war Osor eine Großstadt mit dem Status eines Munizipiums und soll 20.000 Einwohner gezählt haben. Geschützt von starken Stadtmauern gab es mehrere Tempel, ein Forum, Theater, Paläste. Osor hatte einen wichtigen Hafen, war Sitz der Marine von Ravenna und wurde 530 Bistum. Im 8. Jh. war Osor zusammen mit Krk, Rab und den großen dalmatinischen Städten den kroatischen Fürsten tributpflichtig. Dann wurde es unter den Sarazenen verwüstet.

> ### Osor – Geburtsstadt der Kuna
>
> Die kroatische Währung Kuna fand hier im Jahr 1018 ihren Ursprung. Die Stadt, die verwaltungsmäßig nach einem Siegeszug des Dogen Pietro Orseolo II. Venedig unterstellt werden sollte, erhandelte sich durch ihre begehrten Marderfelle den Status einer freien Stadt: Laut Vertrag kostete Osor die Freiheit 40 Marderfelle (Marder = kroat. Kuna) pro Jahr. Im Ort steht eine Plastik mit dem niedlichen Tierchen, die an den Marder-Tribut erinnert.

1498 bekam Osor eine neue Kathedrale und den Bischofspalast. Im 15. und 16. Jh., nach schlimmen Pest- und Malaria-Epidemien und nachdem der Hafen für große Schiffe zu klein geworden war, übersiedelte die Inselverwaltung wie auch die bischöfliche Residenz nach Cres – Osor verlor allmählich seine frühere Bedeutung. 1822 wurde das Osorer Bistum aufgelöst und dem Bistum Krk unterstellt. Und im Zweiten Weltkrieg wurde die Kathedrale zerstört; sie ist heute wieder aufgebaut.

Insel Cres
Karte S. 137

Weiter Blick vom Televrin auf den Süden von Lošinj

• *Postleitzahl* 51542 Osor

• *Information* **Touristagentur Jazon**, am Campingplatz Preko Mosta, ☎ 237-350, www.jazon.hr.

• *Post/Einkaufen* Am Hauptplatz.

• *Veranstaltungen* In der Kathedrale finden von Mitte Juli bis Mitte Aug. 2-mal wöchentl. Musikabende mit klassischer Musik statt.

• *Übernachten* **Privatzimmer** kosten je nach Kategorie ab 13 €/Pers. **Appartements** für 2 Pers. ab 38 €, 4 Pers. ab 61 €. Z. B. *** **Pension Osor**, Osor 28, Zimmer und Appartements, mit gleichnamigem Restaurant in Altstadtmitte. ☎ 237-221, 237-113.

• *Camping* ** **Autocamp Bijar**, an der Bucht Bijar im Kiefernwald, mit Nadelboden und felsigem Untergrund, der sich zur kleinen Kiesbucht in Furchen hinabschwingt. Bootsstege, Surfschule, Wasserski, Strom, Wohnwagenvermietung (4 Pers. 68 €), Laden. Über der Bucht die nachts beleuchtete Kirchturm von Osor. 7,30 €/Pers., Parzelle 6,50 €, geöffnet 1.5.–1.10, ☎ 237-027, www.camps-cres-losinj-com.

* **Autocamp Preko Mosta**, an der Brücke von Osor, bereits auf Losinj gelegen. Kleine Badebuchten mit klarem Wasser, gut zum Angeln. Blick auf Osor und den Meeresarm. Wohnwagenvermietung (4 Pers. 30 €);

insgesamt einfache Ausstattung und wenig Schatten. 6,50 €/Pers., Parzelle 5,50 €. Geöffnet 1.5.–1.10., ☎ 237-350, www.jazon.hr.

• *Essen* **Konoba Bonifačić**, oberhalb von Parkplatz und Anlegestelle. Sehr gut geführtes Lokal mit Terrasse. Die Fisch- und Lammgerichte sind empfehlenswert, zudem gute Vorspeisen und gute Weine. ☎ 237-413.

Konoba Livio, in einer Seitengasse der Hauptstraße. Kleines Lokal mit lauschiger überdachter Terrasse. Es gibt Pizzen und Essen aus dem Holzofen. ☎ 237-342.

Buffet-Pension Osor, in der Hauptgasse nördlich der Kathedrale, mit schattiger, pflanzenumrankter Laube. Es gibt Lamm, Fisch, Risotto. ☎ 237-221.

Restaurant Adria, an der Brücke, Terrasse mit wildem Wein berankt – hübscher Platz zum Speisen. Neben wechselnder Tageskarte gibt es Fischspezialitäten, auch Fischgulasch (Brodetto), verschiedene Risottos und Grillgerichte. Freundlicher deutschsprechender Wirt. ☎ 091/5954-374 (mobil).

Berghütte Osoršćica, in ca. 3 Std. Fußmarsch zu erreichen. Die Berghütte ist vom 1.6.–1.10 tägl., danach nur an den Wochenenden geöffnet. Getränke, Schinken, Käse. ☎ 098/403-469 (mobil).

Insel Lošinj

Auf Lošinj wehen die kalten Winde vom Festland nicht mehr so stark wie auf Cres – Lošinj ist milder, grüner und von ebenso grünen Inseln umgeben. Dank der Seefahrer, die exotische Setzlinge auf ihrer Heimatinsel anpflanzten, und des Tourismus, der bis ins 19. Jh. zurückreicht, entstanden Parks mit Palmen, Agaven, Oleander, Orangenhaine und viele Pinienwälder.

Das vielbuchtige Lošinj mit seinen rund 8000 Bewohnern auf nur 75 km² Fläche ist ein Touristenzentrum, das im Sommer überzuquellen droht. Und noch in der Nachsaison ist vor allem in Mali Lošinj und Veli Lošinj der Rummel groß. Wer dem ein wenig entgehen will, kann von Mali Lošinj auf die autofreien Inseln *Ilovik*, *Susak* und *Unije* übersetzen.

Verwaltungsmäßig gehört neben den umgebenden Inseln Ilovik, Susak, Unije, Male und Vele Sakrane noch das südliche Gebiet der Insel Cres bis zum Vraner See zur Insel Lošinj, für die Statistik nochmals 1000 Einwohner mehr. Die neue, breit ausgebaute Inselstraße lässt den Verkehr rollen und schont die kleinen Inselorte.

Geschichte

Lošinj stand bis zum 14. Jh. unter der Herrschaft von Cres. Erst durch einen Vertrag mit Osor erhielten die Siedler auf Lošinj ihre Autonomie. Ansonsten ist die

Geschichte Lošinjs mit der von Cres eng verknüpft. Mit dem Niedergang von Osor seit dem 16. Jh. (siehe Insel Cres) gewann Lošinj an Bedeutung. Die Bevölkerung, die vorher von Landwirtschaft und Viehzucht gelebt hatte, orientierte sich zum Meer hin: Fischfang, Seefahrt und Schiffsbau wurden neue Erwerbszweige, und die Blütezeit der Seefahrt in der zweiten Hälfte des 19. Jh. war auch für Lošinj eine gute Zeit; 1870 besaß die Insel 131 hochseetaugliche Segelschiffe und sechs Werften, nur in der nördlichen Adria machte ihr Triest den ersten Rang streitig. Bald aber konnte Lošinjs Seefahrertradition mit der modernen Dampfschifffahrt nicht mehr Schritt halten, und so setzte man seit Ende des 19. Jh. auf den Fremdenverkehr: 2580 Sonnenstunden im Jahresschnitt, mildes Klima und eine reizvolle Landschaft zogen eine wohlbetuchte Kundschaft an.

Wichtiges auf einen Blick

Telefonvorwahl: 051

Fährverbindungen: Wo nicht anders angegeben Jadrolinija, zudem Splittours, Venezian Lines und Emilia Romagna Lines. Die Fahrpläne sind sehr kompliziert, deshalb unbedingt vorher Infos einholen, da auch Änderungen möglich:

Katamaran Pula–Unije–Mali Lošinj–Ilovik–Zadar (Splittours): Anfang Juni–Ende Sept. Mi und Sa nach Pula um 18.45 Uhr, Zadar um 9.35 Uhr (Juli/Aug. zusätzlich Mo, Fr u. So um 18.25 Uhr nach Pula, 9.40 Uhr nach Zadar). Bis Pula bzw. Zadar ca. 7 €/Pers.

Personenfähre Mali Lošinj–Susak–Ilovik–Unije–Srakane V.–Mali Lošinj:

Mali Lošinj–Susak: Mo, Di, Do, Sa 5 und 14.30 Uhr (ab Anfang Sept. 6 Uhr bzw. 13.30 Uhr), Mi 7.20 und 14.30 Uhr, Fr 14.30 Uhr, So 13 Uhr.

Mali Lošinj–Ilovik: Mo und Fr 8.30 und 14.30 Uhr (Anfang Sept. 13.30 Uhr); Di, Do und Sa 8.40 Uhr; Mi 5 Uhr (Anfang Sept. 6 Uhr), So 18 Uhr.

Mali Lošinj–Unije: Di, Do, Fr und Sa 5 und 14.30 Uhr (Anfang Sept. 6 und 13.30 Uhr); So 13 Uhr.

Mali Lošinj–Srakane V.: Di, Do und Sa 5 und 14.30 Uhr (Anfang Sept. 6 und 13.30 Uhr), So 13 Uhr.

Katamaran Mali Lošinj–Ilovik–Susak–Unije–Martinšćica–Cres–Rijeka, ganzjährig tägl. 6 Uhr. Nur Mo alle Orte, ansonsten nach Ilovik Mo, Do, Fr, So; nach Susak tägl. außer Do; nach Unije tägl. außer Di und Do; nach Martinšćica Mo, Do und Sa.

Trajekt Mali Lošinj–Premuda–Silba–Olib–

Ist–Zadar: Ende Juni–Ende Sept.; Abfahrt nur Di, Do 16 Uhr (Juli/Aug. tägl., dann Abfahrt 16.30 Uhr). Nach Ist nur Di, Do, Fr, Sa.

Mit Venezia Lines (www.venezia lines.com) *Katamaran Venedig–Mali Lošinj:* April–Mitte Okt. 1- bis 7–mal wöchentl., pro Pers. 64 € (zzgl. 14 € Taxen u. Hafengebühren), retour 117 € (zzgl. 16 €). Infos über Agencia Lošinjska Plovidba und Jadrolinija in Mali Lošinj (siehe M. Lošinj).

Mit Emilia Romagna Lines (www. emiliaromagnalines.it) *Katamaran Rimini–Pesaro–Mali Lošinj:* Ende Juni–Anfang Sept. 2- bis 3-mal wöchentl., Fahrzeit 3:30 Std., 72 €/einfach, 130 €/retour (Topsaison 80 €, bzw. 145 €).

Ausflugsboote nach Susak, Ilovik, Silba und Unije, tägl. ca. 8–9 Uhr.

Busverbindungen: Regelmäßige Verbindung nach Veli Lošinj, Nerezine, 5- bis 8–mal tägl. zur Insel Cres und per Fähre nach Rijeka, Ljubljana und Zagreb.

Flugverbindungen: Der Flughafen Lošinj liegt auf der Halbinsel Kuril. Information und Kartenverkauf 1.5.–30.9., zudem in Mali Lošinj. Adresse: Aerodrom Lošinj, ☎/✆ 231-666, www.airportmalilosinj.hr. Regelmäßige Linien nach Zagreb, Split und Dubrovnik. Außerdem Berlin, Frankfurt, Split, Wien, Zürich (über Zagreb). Zudem Panoramaflüge, Avio-Taxi.

Öffnungszeiten der beweglichen Brücken: Privlaka (Mali Lošinj), 9 und 18 Uhr; Osor (zur Insel Cres) 9 und 17 Uhr für jeweils ca. eine halbe Stunde.

Tankstellen: Mali Lošinj, Nerezine.

Nerezine – Hafenidyll mit Bergkulisse Televrin

Nerezine

Der Ort liegt der Ostküste zugewandt am Fuß des Bergzuges Osorščica mit dem Televrin. Rasante Bautätigkeit hat das Gesicht des 400-Einwohner-Dorfs, das sich entlang der zergliederten Küste mit drei Hafenbuchten zieht, stark verändert.

Von der neu erbauten breiten Inselstraße, die jetzt oberhalb des Ortes den Autoverkehr vorbei leitet, sind nur ein paar alte Häuser zu sehen, die ein abgeschiedenes Idyll vermuten lassen. Doch der Ort ist lang und zieht sich vom Franziskanerkloster im Norden an der *Uvala Ufratar* entlang und über die *Uvala Rapoća* mit dem Campingplatz zum Zentrum von Nerezine, wo sich ein kleiner Jachthafen im Hafen *Luka Magazini* und der landeinwärts liegende alte Ort befinden. Südlich folgen die *Uvala Lučica*, die zur Marina ausgebaut wird, die *Bucht Artac* und eine weitere gut geschützte Hafenbucht, die umgeben ist von vielen Neubauten, die *Lučica Biskupija*. Die Gäste sind mit allem Wichtigen gut versorgt, es gibt ein Einkaufszentrum mit Supermarkt, Cafés rund um die nördliche Hafenpromenade, Pensionen aller Kategorien bieten jede Annehmlichkeit. Und auch die guten Wandermöglichkeiten zum Insel-Gipfel, dem 588 m hohen *Televrin*, schön gelegene Campingplätze und ein kleiner Jachthafen locken immer mehr Touristen an und wahrscheinlich noch mehr, wenn die neue größere Marina fertiggestellt ist. Trotz alldem kann man sich hier wohlfühlen, z. B. auf der italienisch anmutenden Piazza im Dorfkern mit ihren Cafés und den ausladenden Laubbäumen.

Nerezine wurde von kroatischen Siedlern im 14. Jh. gegründet. Das *Franziskanerkloster* mit Kirche und Kreuzgang aus dem 16. Jh. birgt Sehenswertes: z. B. das Altarbild aus dem *Cinquecento* mit dem hl. Franziskus im Gebet oder die Ikone

„Muttergottes mit Kind", das Werk eines venezianischen Meisters aus dem späten 15. Jh. Und im *Nereziner Feld* steht ein gut erhaltener Wehrturm aus dem 16. Jh., in dessen Umgebung Sie Spuren von Villen aus der Römerzeit entdecken können.

*I*nformation/*D*iverses

- *Postleitzahl* 51554 Nerezine.
- *Information* **Touristagentur Marina** am Hafenbecken (Luka Magazini), geöffnet Juni–Aug. tägl. 8–21 Uhr, sonst 8–14 und 16–20 Uhr, ℡ 237-038, 604-353, www.marina-nerezine.hr.
- *Verbindungen* **Bus**verbindung nach Mali Lošinj und zur Insel Cres.
- *Geldwechsel/Post* **Erste banka** neben Touristagentur, **Post** an der alten Durchgangsstraße.
- *Gesundheit* **Apotheke**, Trg Studenac 3, ℡ 237-226.
- *Einkaufen* Einkaufszentrum am Hafen, Obst- und Gemüseladen, Zeitungskiosk.

Morgens gibt es am Hafen fangfrische Fische direkt vom Kutter.
- *Veranstaltungen* **Kirchenfest Sv. Marija Magdalena** am 22. Juli. Das **Nereziner Fest** wird Anfang Mai gefeiert, dann bekommt man auch die Spezialität des Ortes – „Škanjate" (süßer Kuchen).
- *Jachthafen* **Marina Nezerine**, 60 Liegeplätze mit Strom, Wasser, Slipanlage und Schiffswerft. Biskupija b.b., ℡/ 237-033. **Hafenkapitän**, ℡ 237-380 (Juli/Aug.).
- *Tauchen* **Tauchbasis Kreiner**, Dolac b.b., ℡/ 237-362, www.kreiner-diver.cz. Das tschechisch-kroatische Team arbeitet nach SSI; ganzjährig geöffnet.

*Ü*bernachten/*C*amping/*E*ssen

- *Übernachten* **Privatzimmer** 12–16 €/Pers., Appartements z. B. für 2 Pers. ab 37 €, 4 Pers. ab 60 €.
- ***** Hotel Televrin**, schon von Weitem fällt der Blick auf den überaus hübschen Prachtbau am Hafen, das einstige 100-jährige Rathaus, das liebevoll und originalgetreu restauriert und erweitert wurde. Im Innern erwarten den Gast 13 komfortabel ausgestattete Zimmer und zwei Suiten, meist mit Blick auf den Hafen. In der Nebensaison werden einige Aktivitäten, u. a. Lesungen und Wandertouren über die Insel angeboten. Auch das Restaurant (siehe Essen) ist vorzüglich. Ein Platz zum Wohlfühlen! Ganzjährig geöffnet. DZ/F 94 € (Topsaison 110 €). ℡ 237-121, televrin@ri.t-com.hr, www.televrin.com.
- ***** Hotel Manora**, in Kontrastfarben gestrichenes Hotel mit Restaurant, das moderne Küche bietet. Zudem großer Pool, Fitness mit Sauna, Fahrradverleih und schöner Blick auf das Meer und Bergzug Osoršića im Hintergrund. Das Hotel liegt ortsauswärts an der alten Durchgangsstraße. 22 komfortable Zimmer, DZ/F 150 € (Topsaison 170 €). Geöffnet Ostern bis Ende Sept. Mandalenska b.b., ℡ 237-460, manora@manora-losinj.hr, www.manora-losinj.hr.
- *Camping* **** Autocamp Rapoća**, 5-ha-Platz direkt beim Ort und am Meer gelegen, mit Laden. Kiefern spenden Schatten. 7 €/Pers. (Topsaison 8,30 €), Parzelle inkl. Auto, Zelt 4,20 € (Topsaison 5,50 €). Geöffnet 1.5.–30.9. ℡ 237-145, www.lostur.net.
- *** Autocamp Lopari**, etwas außerhalb Richtung Osor gelegen, 15-ha-Platz im Föhrenhain, durch Steinmäuerchen unterteilt. Felsküste, betonierte Liegeflächen, kleine Kiesbucht. Neues Sanitärhäuschen, Warmdusche, Strom, Laden und Restaurant. Etwas preiswerter als Camp Rapoća. Es werden auch Appartements für 2–6 Pers. vermietet. Geöffnet 1.5.–30.9. ℡/ 237-127, www.lostur.net.
- *Essen* **Restaurant Televrin**, siehe auch Hotel. In der verglasten Loggia mit Blick zum Hafen oder auf der lauschigen Terrasse hinter dem Haus speist man frische Fische, Langusten oder leckere Fleischgerichte, dazu ausgewählte Weine; sehr guter Service. ℡ 273-121.

Am großen Hauptplatz eine **Pizzeria** und etliche Cafébars; zudem **Konoba Bonaparte**. Kleine **Beachbar** neben neuer Tankstelle.

Berghütte Osoršćica, in ca. 2:30 Std. wird die Berghütte erreicht. Geöffnet vom 1.6.–1.10., danach nur an Wochenenden. Es gibt Getränke, Schinken und Käse und nach telefonischer Bestellung weitere Gerichte unter der Peka (s. a. Wandern). ℡ 098/403-469 (mobil).

Wandern: Zum *Televrin* (588 m) auf markiertem Fußweg (roter Kreis) von Nerezine aus. Der Weg wurde 1887 vom österreichischen Fremdenverkehrsklub für die bequeme Besteigung des Thronfolgers Erzherzog Rudolf angelegt. Bis zur Kapelle *Sv. Nikola* auf dem Gipfel Sv. Mikul, der 557 m hoch ist, braucht man rund zwei Stunden. Eine weitere gute halbe Stunde dauert der Aufstieg bis zum Gipfel Televrin. Vor allem vom Gipfel Sv. Mikul bietet sich ein herrlicher Blick auf Lošinj, die umliegenden Inseln, die schroff abfallende Felsküste im Westen und in östlicher Richtung auf das Festland mit dem Velebit-Massiv in der Ferne. Auf dem markierten Weg kann man südlich bis Čunski in Richtung Mali Lošinj und nördlich weiter nach Osor laufen. Geht man vom Gipfel aus nach Norden, stößt man, ehe man sich wieder talwärts wendet, auf die *Berghütte Osorščica* (siehe Essen), meerwärts zweigt ein Weg hinab zur *Höhle des hl. Gaudentius* ab. Dem hl. Gaudentius, einem Osorer Bischof, ist es angeblich zu verdanken, dass die Inselgruppe Cres-Lošinj frei von Giftschlangen ist, da er die Inseln segnete ...

Wanderinfos Gut 5 Std. Wegzeit (mit Kondition weniger!) bis zum Gipfel, die Hälfte der Strecke schön schattig; rutschfeste Schuhe sinnvoll, Getränke und Essen ebenso! Auch mit Kindern machbar, dann mehr Zeit für Pausen einkalkulieren.

Nach Mali Lošinj

Weiter geht es auf der neuen Küstenstraße Richtung Süden. Die Insel wirkt wie eine sehr schmale, ins Meer hinausragende Landzunge.

Sveti Jakov: 2 km südlich von Nerezine liegt am Berg der alte Ort mit bunten, einfachen Häusern und Gärtchen davor. Palmen, Feigen- und Obstbäume gedeihen prächtig. Es gibt eine Touristagentur mit Zimmervermittlung und die Gostiona „4 Asa" mit Holztischen und Bänken unter Feigenbäumen. Daneben die Kirche mit glagolitischen Inschriften aus dem Jahr 1624. Ein Fußweg führt hinunter zum geschützten Hafen, unweit davon wurden römische Sarkophage gefunden. Die nahe gelegenen, teilweise sandigen Buchten eignen sich gut für Kinder. Am 25. Juli findet das *Kirchenfest von Sv. Jakov* statt, das groß gefeiert wird.

Bucht Lučica hinter Sv. Jakov: einige Fischer- und Wochenendhäuser, in der Nähe die Bärengrotte mit prähistorischen Knochenfunden.

Čunski liegt weiter südlich abseits an der Inselstraße. In der Umgebung finden sich Spuren der prähistorischen Gradina-Kultur und römische Überreste. Čunski wurde von einer kroatischen Bruderschaft im 16. Jh. gegründet. Die Ortschaft schmiegt sich pyramidenförmig an den Berg, oben thront der Turm der Pfarrkirche von 1784, dahinter ein paar Bergterrassen. Von dort aus weiter Blick auf die Küstenseite der Insel, auf Cres und bei klarem Wetter bis nach Rab und Pag. In der Saison kann man die alte *Olivenmühle* (Torać) besichtigen.

Halbinsel Kuril: Sie ist macchiabewachsen, mitunter findet man auch kleine Föhrenwäldchen. Abgesehen vom *Flughafen* im Norden und der Feriensiedlung *Artatore* an der gleichnamigen Bucht im Süden ist die zerklüftete Halbinsel unbebaut und bietet vielfältige Bademöglichkeiten an Felsplatten und kleinen Kiesbuchten– wer sucht, der findet! Wer Lust hat, kann die Halbinsel auf den Makadamwegen mit dem Mountainbike erkunden oder vielleicht auch per Pferd (es gibt hier ein kleines Gestüt).

Insel Lošinj Karte S. 153

Halbinsel Kuril – reger Bootsverkehr bietet Badenden eine nette Abwechslung

Eine Asphaltstraße führt von Čunski aus zum Flugplatz (siehe Insel Lošinj/Wichtiges auf einen Blick); danach beginnt Piste, und viele Pfade führen an die Küste, einer davon in südwestlicher Richtung zum Leuchtturm. Der Weg endet an einer großen Bucht mit weißen Felsplatten und Kieselsteinen; eine beliebte Anlegestelle für Motorboote. Südlich davon eine föhrenumstandene Bucht: Besonders sonntags herrscht hier reges Treiben, scharenweise kommen bepackte Familien den Waldweg entlang gefahren oder gleich direkt per Boot in die Bucht.

Zur Feriensiedlung **Artatore** an der gleichnamigen Bucht gelangt man von der Inselstraße aus: inmitten des Föhrenwalds Wochenend- und Ferienhäuser, die seichte Bucht ist gut für Kinder geeignet.

● *Information/Übernachten/Essen*

Informationsstand am Ortseingang (☏/🖷 2311-417) mit Zimmer- und Appartementvermietung.

Agentur Ana, Artatore 75, ☏ 235-003, www.pansion-ana.com. Neben Infos hier auch eigene Appartements und Unterkunftsvermittlung

Wer gute Küche liebt, sollte ins **Restaurant-Appartements Artatore** mit Terrasse (und modernem Flachbildschirm für Fussballspiele an der Wand!) gehen – das Lokal zählt zu den besten Kroatiens und seit 1972 steht die Chefin Janja Zabavnik selbst am Kochtopf; Spezialitäten sind Lamm aus der Peka, fangfrischer Fisch, Hummer auf Spaghetti und Jakobsmuscheln. Im Nebenhaus kann man in netten DZ für 42 € nächtigen. Geöffnet Ostern bis Anfang Nov. ☏ 232-932, www.restaurant-artatore.hr.

Nach Artatore ist Lošinj wieder zerklüftet, kleinere Eilande sind vorgelagert. Nur ein schmaler Streifen Land ragt noch aus dem Wasser. Hier liegt *Camping Poljana (siehe Mali Lošinj)*. Danach geht es über die Brücke von Privlaka (geöffnet für Schiffe um 9 und um 18 Uhr) nach Mali Lošinj.

Blick auf das buchtenreiche Mali Lošinj

Mali Lošinj

Das alte Seefahrer- und Kurstädtchen liegt am Ende einer geschützten, 5 km langen fjordähnlichen Bucht mit Fährhafen. Hier ist zum ersten Mal subtropisches Klima zu spüren – Palmen allerorten. Herrschaftliche Villen mit bougainvilleaumrankten Fassaden erinnern an den Glanz alter Zeiten.

Das ehemalige „Klein-Lošinj" ist heute eine stattliche 6500-Einwohner-Stadt sowie Touristenzentrum und Gemeindesitz von Cres-Lošinj. Cafés und Restaurants locken, doch es gibt auch stille Winkel in den verwinkelten Altstadtgassen. Und zum Baden verführt – seit über 100 Jahren – die kieferbestandene Halbinsel Čikat.

Valle d' Augusto heißt die große, tiefe Bucht, die einst der Flotte von Kaiser *Augustus* Schutz bot, als er im Jahre 31 v. Chr. zur Seeschlacht bei Aktium segelte. Stattliche Villen und buntbemalte Bürgerhäuser ziehen sich mit palmenbestückter Promenade und einladenden Cafés rund um das Hafenbecken. Die Braće Ivana i Stjepana Vidulića (Einbahnstraße!) bildet die Hauptachse von Ost nach West und ist Einkaufsstraße des Ortes – tütenbepackte Käufer quellen aus Geschäften und Markthalle. Die Straße führt hinab zum Hafenplatz (Trg republike hrvatske). Wasser speiende Fische, Palmen, Blumeninseln und Cafés sorgen für nettes Ambiente – ein Standort mit wunderbarem Blick auf die Bucht mit den zahlreichen Schiffen.

Geschichte

Mali Lošinj wurde im 14. Jh. von Einwanderern als *Malo Selo,* kleine Ortschaft, gegründet. Die Siedlung befand sich östlich an einer Bucht, wo um 1450 die Kirche Sv. Martin und der Friedhof entstanden. Malo Selo verlagerte sich südwestwärts und wuchs rasch um den Meerbusen herum, ein geräumiger, geschützter Hafen entwickelte sich. Später kam der Ort, inzwischen Mali Lošinj genannt, unter die Herrschaft der *Venezianer*. Sie bauten am Berg über der Bucht einen Beobach-

Der Hafenplatz – abendlicher Treffpunkt und Spielplatz

tungsturm und in der Nähe eine Marienkapelle, der Vorgängerbau der späteren Pfarrkirche.

Die Lošinjer, die zunächst von Viehzucht, Landwirtschaft (Weinbau, Olivenölgewinnung) und Fischfang lebten, setzten seit dem 17. Jh. verstärkt auf die Seefahrt; in der zweiten Hälfte des 17. Jh. gab es vier Küstenschiffe, Mitte des 18. Jh. besaß man das erste hochseetaugliche Segelschiff, Schiffsbau und Werft kamen dazu. 1794 wurde die erste Volksschule eröffnet, die Lehrsprache war – trotz der kroatischen Mehrheit – Italienisch. Anfang des 19. Jh. bekam Mali Lošinj eine Marineschule, in der bis heute unterrichtet wird; weitere Schiffswerften wurden errichtet, immer größere Schiffe liefen vom Stapel. Aus dieser Zeit stammen die prunkvollen Häuser der Seefahrer.

Doch die moderne Dampfschifffahrt drängte die Segler zurück; es war der Tourismus, der Mali Lošinj aus dieser Krise heraushelfen sollte und bis heute ein zentraler Erwerbszweig der Stadt geblieben ist. 1886 wurde der touristische Verein gegründet, der die Umgebung der Stadt bewaldete. 1892 wurde Mali Lošinj offiziell zum *Kurort* ernannt, in der Čikat-Bucht entstanden die ersten Hotels, in denen vor allem Gäste aus dem kaiserlichen Wien abstiegen. Um die Jahrhundertwende erwachte auch das kroatische Nationalbewusstsein. 1903 wurde die erste kroatisch-sprachige Volksschule eröffnet, die erste istrische Zeitschrift gegründet. Nach dem Ersten Weltkrieg und faschistischer Okkupation erkämpfte sich Kroatien 1945 die nationale Unabhängigkeit.

Information/Verbindungen

- *Postleitzahl* 51550 Mali Lošinj
- *Information* **Touristinformation (TZG)**, Riva lošinjskih kapetana 29, ✆/📠 231-884, 231-547, www.tz-malilosinj.hr. Geöffnet Mai–Sept. 8–20 Uhr, So 8–13 Uhr; sonst Mo–Fr 8–17 Uhr, Sa 8–13 Uhr.

Jadranka d.d, für Hotelbuchungen und Auskünfte. Dražica 1, ✆ 661-101, www.losinj-hotels.com.

Lošinjska Plovidba, Riva lošinjskih kapetana 8, ✆/📠 231-077, www.lostur.net. Zimmervermittlung, Ausflüge, Schiffstickets, Exkursionen.

Übernachten

1 Camping Village Poljana
2 Camping Čikat
3 Camping Kredo
4 Hotel Kredo
5 Guesthouse Helios
6 Villa Bianca
9 Villa Hortensia
1 Hotel Villa Ana
2 Hotel Bellevue
3 Villa Hygeia
4 Suites Mare Mare
5 Hotel Alhambra
7 Villa Deis
8 Hotel Apoksiomen
9 Villa Favorita
1 Hotel Villa Margarita
4 Hotel Aurora
9 Hostel More

Essen & Trinken

8 Konoba Cigale
10 Konoba Chalvien
16 Restaurant Baracuda
20 Konoba-Pizzeria Bukaleta
22 Konoba Silvana
25 Pizzeria Draga
26 Konoba Lanterna
27 Konoba Porto
28 Konoba Corrado

Nachtleben

7 Nachtclub Marina
11 Diskothek Anabella
23 Jazzclub/Bar Catacomba

Susak, Unije, Ilovik, Silba, Venedig, Zadar

Autocamp Poljana, Insel Cres

Camping Village Poljand

Vela Straža
62

Uvala Zabojci

Uvala Čikat

Uv. Blatina

Uv. Ostrugova

unčeana uvala

Veli Žal

Belveder
88

Kalvarija

Žalić

Poljana

Marina Mali Lošinj

Most Privlaka

Privlaka

Uvala Privlaka

Uvala Kadin

Uvala Zagazine

Uvala Sv. Martin

Valsenelska cesta

Ul. Brodogratitelja

Valsenelska cesta

Mare Mare Suites

Museum Apoksiomen
Mihičić - Kunstsammlung

Trg Repub. Hrvatske

Sv. Marije

Sv. Martin

Sv. Martin

Putvo

Riva Kapetana

Braća Vranja Stjepana

Bisso

Valsenelska cesta

Aroma garten

Veli Lošinj

Uvala Valdarke

U v a l a   M a l i   L o š i n j

Veralpin

Mali Lošinj

200 m

Agentur Cappelli, Kadin b.b (vor der Stadt, Abfahrt Richtung Trajekthafen), ☎ 231-582, www.cappelli-tourist.hr. Zimmervermittlung, Ausflüge, Flüge, Autovermietung.

Agentur Manora, Priko 29, ☎ 520-100, www.manora-losinj.hr. Gute Infos, Zimmervermittlung, Scooter und Fahrräder.

Autotrans, Riva lošinjskih kapetana (am Trajekthafen/Parkplatz), ☎ 231-110. Bustickets und Information.

Jadrolinija, Riva lošinjskih kapetana, ☎ 231-765. Fahrkartenverkauf.

Hafenamt, Priko 60, ☎ 231-438.

Marina Mali Lošinj, Privlaka b.b., ☎ 231-626.

● *Verbindungen* **Busse:** Hauptbusstation am Trajekthafen. Stadtbusverbindungen nach Čikat, Sunčana uvala und Veli Lošinj. Inselbusse nach Nerezine, zur Insel Cres und per Fähre nach Rijeka 5- bis 8-mal tägl.; 1- bis 2-mal tägl. Expressbusse nach Ljubljana und Zagreb. Auskunft Autotrans.

Schiffsverbindungen (siehe Einleitung Lošinj) nach Rijeka, Cres, Ilovik, Susak, Unije, Silba, Molat, Ist, Premuda, Zadar, Pula und Venedig. Information bei Jadrolinija oder Agencia Lošinjska Plovidba.

Flüge (siehe Einleitung Lošinj): Panoramaflüge, regelmäßige Linie nach Zagreb, zudem Charterflüge. ☎/☏ 231-666, www.airportmalilosinj.hr.

Diverses/Veranstaltungen (siehe Karte S. 161)

● *Geldwechsel* U. a. **Erste banka**, Riva lošinjskih kapetana 4. **Privredna banka**, Braće Ivana i Stjepana Vidulića 38. Alle mit Geldautomaten.

● *Post* Riva Lošinjskih kapetana und Braće Ivana i Stjepana Vidulića. Geöffnet 7–21 Uhr.

● *Auto* **Tankstelle:** oberhalb des Ortes, an der Hauptstraße nach Veli Lošinj und kurz vor der Brücke gegenüber Autocamp Poljana. **Parken:** Am Trajekthafen (bei Cappelli abbiegen) großer gebührenpflichtiger Parkplatz (8 KN/Std.). Ein weiterer großer gebührenpflichtiger Parkplatz bei der östlichen Abfahrt in das Zentrum.

● *Autovermietung* **Cappelli**, ☎ 231-582.

● *Taxi* Haltestelle z. B. Trg Republike Hrvatske, ☎ 231-102.

● *Einkaufen* Großer Supermarkt (auch So geöffnet) und Markthalle in der Braće Ivana i Stjepana Vidulića.

Fischmarkt gegenüber dem Hafenplatz, täg. 6–12 Uhr.

● *Gesundheit* **Apotheke** (ljekarna), Riva lošinjskih kapetana, ☎ 231-661; **Hospital**, Ul. D. Kozulića (oberhalb und südlich der Hafenbucht), ☎ 231-824; **Tierambulanz**, Del Conte Giovanni 9, ☎ 231-973.

● *Nachtleben* **Nachtclub Marina (7)**, im ausrangierten Schiff an der südl. Hafenpromenade (hinter Hotel Ana), mit großer Cocktailbar, Disktothek und Showprogrammen. Geöffnet Mai–Okt. 10–2 Uhr. Velopin b.b.

Jazzclub/Bar Catacomba (23), bei den Einheimischen nur „Konoba" genannt. Tägl. 21–1 Uhr Livebands, u. a. mit dem Besitzer Stravko und seinem Sohn Danko und Sessions mit vielen internationalen Gästen; gute Stimmung. Del Conte Giovanni 1.

Diskothek Anabella (11) in Hotel Ana.

● *Veranstaltungen* **Sommer in Mali Lošinj**, Konzerte am Hafenplatz. **Musiktag** am 21. Juni. **Jazzfestival**, in der 2. Julihälfte, 3 Tage. **Patronatsfest Sv. Martin**, 11. Nov. **Tennismeisterschaften** Juni, Juli und 3. Woche im Sept. **Segelregatta** von Lošinj, 1. Wochenende im Aug. **Neujahrs-Cup** der Unterwasserjagdwettbewerbe.

Aktuelle Termine weiterer Veranstaltungen in der Touristeninformation.

Übernachten/Camping/Essen (siehe Karte S. 161)

● *Übernachten* Zahlreiche Möglichkeiten im Zentrum von Mali Lošinj, schöner und ruhiger ist es an der Čikat- oder Sonnenbucht. In den Hotels in Mali Lošinj in den ersten 2–3 Augustwochen – den italienischen Ferien – nochmals erhöhte Topsaisonpreise!

Privatzimmer ab 15 €/Person. **Appartements** ab 38 €/2 Pers., Infos und Buchung bei den Agenturen.

● *Im Zentrum* **** Hotel Apoksiomen (18)**, mitten im Zentrum an der Uferpromenade steht der 100-jährige gelbe Prachtbau mit Restaurant und Terrasse, benannt nach dem Bronzefund des jungen Athleten (siehe Kasten S. 167). 25 stilvoll und komfortabel eingerichtete Zimmer mit Internetzugang, ausgestattet mit Gemälden namhafter kroatischer Künstler. Wunderschöner Blick über die Bucht. DZ/F 160 €. Riva lošinjskih kapetana 1, ☎ 520-820, hotel@apoksiomen.com, www.apoksiomen.com.

**** **Suites Mare Mare (14)**, 2007 neu eröffnet, direkt am Hafen und Promenadenbeginn. Im 19. Jh. war es das erste Hotel von Mali Lošinj und strahlte wie heute, in seiner für hier typischen roten Fassadenbemalung mit weißen Fensterläden. Es gibt unterschiedlich gestaltete und große Zimmer, gutes Frühstücksbuffet, PC und Internetzugang, Fahrradverleih. Ein besonderer Komfort ist die Kopfkissenauswahl! Zimmer und Suiten von 70 bis 200 €/2 Pers. Ganzjährig geöffnet. Riva lošinjskih kapetana 36, ✆ 232-010, info@mare-mare.com, www.mare-mare.com.

**** **Villa Deis (17)**, südlich und oberhalb der Altstadt mit Blick auf die Hafenbucht; die herrschaftliche Villa ziert ein schönes Fussbodenmosaik von 1867. 10 komfortable Zimmer mit Internetzugang im Biedermeierstil, teils mit Balkon. Gutes Restaurant Claudia. DZ/F 176 €. Haračića 13, ✆ 520-950, dies@ri.t-com.hr, www.hotelvilladeis.com.

*** **Hotel Villa Margarita (21)**, kleines Hotel nahe der Hafenbucht. Zimmer und Appartements mit Terrassen, gutes Restaurant. DZ/F 80–104 €. Bočac 64, ✆ 233-837 u. 233-838, hotel-villa-margarita@ri.t-com.hr, www.villa-margarita.hr.

*** **Hotel Villa Ana (11)**, am Ende der langen Hafenbucht. Zimmer- und Appartements, mit Restaurant, Sauna; auf der Terrasse Pool und schöner Blick auf die Stadt. Im Sommer nebenan Diskothek. DZ/F 100 €. Velopin 31, ✆ 233-223, info@vila-ana.hr, www.vila-ana.hr.

• *In der Sonnenbucht (Sunčana uvala)*
**** **Hotel Aurora (24)**, nach kompletter Renovierung und Neugestaltung 2008 eröffnet. Neben knapp 400 komfortablen Zimmern mit Wireless LAN dominiert das schön gestaltete Wellness- und Spacenter. Es gibt Tennisplätze (auch Flutlicht), Boot- und Surfbrettverleih, Spielplatz; Animation für Groß und Klein. Zum Baden kleiner Sandstrand, ansonsten Kiesbuchten und Felsbadestrände; sehr ruhige Lage. Etwas östlich gebührenpflichtiger FKK-Abschnitt am Felsstrand. Ganzjährig geöffnet. DZ/F mit Balkon und Meeresblick 142 € (Topsaison 166 €). ✆ 231-324, hotel.aurora@jadranka.t-com.hr, www.losinj-hotels.com.

**** **Villa Favorita (19)** und Dep. ** **Villa Jelena**, denkmalgeschützte Villa im Kiefernwald, 20 m vom Meer entfernt; mit Restaurant und kleinem Pool. Komfortable DZ/F 156 € (Villa Favorita), einfachere DZ/F 78 € (Vil-

la Jelena). ✆ 520-640, hotel@villafavorita.hr, www.villafavorita.hr.

• *An der Čikat-Bucht* An der Schiffsanlegestelle stechen das ** **Hotel Alhambra (15)** und Dep. **Villa Augusta** ins Auge, von Franz Joseph I. erbaut, gelegen zwischen Palmen, Agaven und Oleandern. Restaurant mit Terrasse zum Meer und Strandbad; Minigolf und Tennisplatz in der Nähe. Nur Mitte Juni–Mitte Sept. geöffnet. Einfache, aber große Zimmer. DZ/F ab 64 € (Topsaison ab 76 €). ✆ 232-022, alhambra@jadranka.t-com.hr, www.losinj-hotels.com.

**** **Villa Hygeia (13)**, seit 2007 beherbergt das ebenfalls um 1903 am Meer erbaute Gebäude (wenige Meter neben Alhambra) – heute der Gesundheitsgöttin gewidmet – wieder Gäste. Eingebettet in üppiger Flora werden 5 verschieden große Appartements mit Balkon oder Gartenterrasse ab 170 €/4 Pers. (Topsaison 190 €) vermietet. Frühstück gibt es für 7 €/Pers. im Hotel Alhambra. ✆ 232-022, www.losinj-hotels.com.

*** **Hotel Bellevue (12)**, 226 Zimmer, teils zur Meerseite und ganzjährig geöffnet, daher gut für die Nebensaison, dann auch ruhiger. Hallenschwimmbad mit Meerwasser, Massage- und Bestrahlungsraum, Fitnessraum, vollautom. Kegelbahn, Wassersportausrüstung, in der Saison Animation und Unterhaltungsprogramm … DZ/F mit Balkon, Meeresblick 88 € (Topsaison 106 €). ✆ 231-222, hotel.bellevue@jadranka.t-com.hr, www.losinj-hotels.com.

** **Villa Hortensia (9)**, Anfang des 20. Jh. erbaut, Dep. von Hotel Bellevue (Frühstück dort), 20 m vom Meer entfernt im Kiefernwald. Einfache Appartements 63 €/2 Pers. (Topsaison 65 €). ✆ 231-222, hotel.bellevue@jadranka.t-com.hr, www.losinj-hotels.com.

**** **Hotel Kredo (4)**, ruhige Lage direkt am Meer mit nettem Restaurant und am gleichnamigen kleinen Campingplatz. Gut ausgestattete Zimmer. Srebrna uvala, ✆ 233-595, www.kre-do.hr.

* **Hostel More (29)**, einfache Zimmer, zentrale Lage am Busbahnhof. I. i S. Vidulića 56, more@bluepoint.hr.

* **Guesthouse Helios (5)**, etwas abseits gelegener Flachbau. Sehr einfache Zimmer, DZ/F 60 € (Topsaison 64 €). ✆ 232-124, helios@jadranka.t-com.hr, www.losinj-hotels.com.

* **Villa Bianca (6)**, hinter Helios, einfaches DZ/F 38 €. ✆ 232-124.

• *Camping* *** **Camping Village Poljana (1)**,

Insel Lošinj
Karte S. 153

Mali Lošinj – die tiefe Bucht bot schon Kaiser Augustus Flotten Schutz bei Stürmen ...

ca. 3 km nördlich von Mali Lošinj Richtung Osor, nach der Brücke. 18-ha-Platz unter hohen Pinien, oberhalb der Inselstraße; Bootsanlegeplätze und Slipanlage an separatem Platz an der Inselstraße. Schöne Mobilwohnheime und Bungalows, auch de Luxe, und Wohnwagenverleih, Restaurant, Supermarkt; Surfbrettverleih und sonstige Sportarten. Modernisierte Sanitäranlagen, Wifi-Internet. Schöne Badebucht im Osten mit FKK-Abschnitt. Parzelle für 2 Pers. inkl. Auto, Zelt, etc. 26 € (Topsaison 33 €). Geöffnet 1.4.–31.10. ℡ 231-726, www.baiaholiday.com.

*** Camping Čikat (2), sehr großer, weitläufiger Platz an der Čikat-Bucht, Terrassen mit Steinmäuerchen im Pinienwald bis hinab zur Silberbucht. Fels und betonierte Liegeflächen. Laden, Restaurant, Stromanschluss, Wohnwagen- und Mobilheimvermietung möglich. 7,60 €/Pers., Parzelle ab 6 €. Wohnwagenvermietung für 52 € (Topsaison 79 €); Mobilheime mit einem Schlafzimmer Anfang Aug. 115 €, Ende Aug. 95 €; mit 2 Schlafzimmern Anfang Aug. 121 €, Ende Aug. 101 €). Geöffnet 1.4.–15.10. ℡ 232-125, www.camps-cres-losinj.com.

Camping Kredo (3), kleiner Platz am Meer mit Hotel und gutem Restaurant (neben Camp Čikat). Srebrna uvala, ℡ 233-595, www.kre-do.hr.

● *Essen* **Restaurant Baracuda (16)**, mit Blick auf den Jachthafen, Treffpunkt der Skipper. Im Schaukasten tummelt sich Meeresgetier; es gibt frische Fische wie Seehecht, Drachenkopf, Zahnbrasse, Hummer und Scampi. Gut geführt und immer gut besucht. Priko 31, ℡ 233-309.

Konoba Corrado (28), oben in der Altstadt nahe der Kirche, bietet traditionelle einheimische Gerichte. Der Besitzer Korado Morin und seine Frau Marica organisieren jährlich den Neujahrs-Cup im Unterwasser-Fischfang – er ist sozusagen Profi-Fischer, was sich in der Speisekarte niederschlägt: Auf den Tisch kommt, was gerade gefangen wurde, z. B. Tintenfische mit Steckrüben oder auch Hummer à la buzzara. Gegessen wird im lauschigen pflanzenumwucherten Vorgarten. Gegessen wird im netten Natursteinbau. Sv. Marije 1, geöffnet Juni–Ende Sept., ℡ 232-487.

Konoba-Pizzeria Bukaleta (20), hübsches Natursteingemäuer in der Altstadtgasse mit kleiner Terrasse, guter Service. Neben Pizzen sind die Spezialitäten frischer Fisch und Pekagerichte.

Konoba Silvana (22), hier isst man ebenfalls gute Hausmannskost. Spezialitäten sind Scampi buzzara oder Fisch aus dem Backofen. Lošinjskih pomoraca 2, ℡ 232-591.

Konoba Chalvien (10), gute preiswerte Küche in Hafennähe mit Blick aufs Meer. Spe-

... auch heute ankern hier gerne die Bootsbesitzer

zialitäten sind Scampi buzzara oder Lamm. Lošinjskih brodograditelja 84, ☎ 233-101.

Konoba Cigale (8), schöne Lage an der Čikat-Bucht neben dem Tauchcenter. Spezialitäten sind Fisch und Pekagerichte nach Vorbestellung. ☎ 238-583.

Pizzeria Draga (25), die Pizzen werden gelobt. Braće Vidulića 77.

Konoba Porto (27), an der Bucht Sv. Martin, nahe dem Friedhof. Hier isst man sehr gut Fisch, eine Spezialität sind Seeigel. Sv. Martin 35, ☎ 231-956.

Konoba Lanterna (26), gegenüber von Porto an der Bucht Sv. Martin. Man sitzt gemütlich an langen Bänken und Tischen. Es gibt Fisch- und Fleischgerichte. ☎ 233-625.

Sport

- *Baden* In der Čikat- oder Sunčana-Bucht (hinter Hotel Aurora) mit Feinkies und Fels; entlang dem Fußweg Richtung Veli Lošinj Felsküste.

- *Wassersport* Sportfischerei, Segelschule, Tauchschule, Bootsverleih und Surfschule auf der Halbinsel Čikat. Infos auch über die Hotels und Touristagenturen.

- *Tauchen* **Sanjin Dive Center**, in der Čikat-Bucht, neben Konoba Cigale (südlich von Hotel Diana). Geöffnet 1.4.–15.11. ☎ 238-583 und 233-900, www.diver.hr. **Tauchclub Sumartin**, Sv. Martin 41, ☎ 232-835. Geöffnet 1.4.–1.11.

- *Surf- und Kitesurfschule* In der Čikat-Bucht am Strand unterhalb von Hotel Bellevue, ☎ 231-222.

- *Boote* **Bootsführerscheinkurse** während der Saison: Hafenamt Mali Lošinj, Priko 60, ☎ 231-438.

- *Bootsverleih/Taxiboote* u. a. bei **Nadir Yacht Service**, Hafenplatz (kurz vor Schranke), ☎ 098/328-354, 098/216-725, www.nadir.hr. **Jachtcharter Jadranka Yachting**, Privlaka b.b., ☎ 233-086, www.jadranka-yachting.com.

- *Jachthafen* **Marina Mali Lošinj**, vor der Stadt, bewacht, 200 Liege- und 150 Stellplätze. Wird hauptsächlich von Transitreisenden besucht; großes Ersatzteillager, guter Motorenservice. 12-t-Travellift, 4-t-Kran. Wasser- und Stromanschluss, Tankstelle (vor der Brücke), sanitäre Anlagen, Wäscherei, Restaurant, Einkaufsläden. Zur Saison oft hoffnungslos überfüllt. Geöffnet in der Saison 7–22 Uhr. Privlaka b.b., ☎ 231-626. **Anlegestellen** ebenfalls im Stadthafen.

- *Wandern/Mountainbike* Entlang der Küste auf pinienbestandenem, schattigen Uferweg nach Veli Lošinj – wer Glück hat, sieht im Meer die Delphine springen.

Schön ist auch die Wanderung (oder besser noch eine Mountainbiketour) über den Bergzug Kalvarija (201 m) weiter Richtung Pogled (242 m) oder hinab zu schönen Buchten (siehe Veli Lošinj). Insgesamt wurden 140 km Wanderwege angelegt, genug um sich auszutoben.

● *Fahrräder, Scooter* u. a. bei Agentur Manora.

Sehenswertes

Eine schön angelegte Uferpromenade führt den Kai entlang Richtung Trajekthafen und Parkplatz. Babylonisches Sprachgewirr schiebt sich an den Terrassen der Lokale vorbei. Dickbauchige Palmen und Blumenrabatten säumen die Fussgängerzone, am Kai liegen Ausflugsboote, Segelschiffe und Fähren. Im neu renovierten Palast Kvarner, um 1900 erbaut, wurde 2009 die Dauerausstellung des Bronzemanns *Apoksiomen* (s. u. Kasten) eröffnet. Das Original, momentan in Zagreb aufbewahrt, findet hier sicherlich ein adäquates Zuhause.

Ruhiger wird es in den Seitengassen; einige führen steil hinauf zur Pfarrkirche *Sv. Marije* mit Spitzhaubenturm und zur *Bastei* – beide ragen aus der Dachlandschaft empor. Vom Kirchplatz bietet sich ein schöner Blick über die Stadt hinab zum Meer.

In der ehemaligen Volkshochschule ist heute die städtische *Kunstsammlung* untergebracht. Einen Teilbereich bildet die *Mihičić-Sammlung*, eine Ausstellung zeitgenössischer kroatischer Künstler, die benannt ist nach dem Stifter und Gründer Andro Vid Mihičić, einen anderen die *Piperata-Sammlung* mit 27 Werken italienischer Maler aus dem 17. und 18. Jh., die den Namen ihres Gründers Giuseppe Piperata trägt. (V. Gortana 35, ✆ 231-173; geöffnet 15. Juli–15. Sept. 10–13 und 19–22 Uhr, sonst 10–12 und 18–20 Uhr, Mo Ruhetag.)

Im Ortsteil Sv. Martin im Osten, auf der anderen Inselseite, liegt kurz vor dem kleinen Hafen der *Friedhof* von Mali Lošinj. Hier ruhen in prunkvollen Gräbern die sterblichen Reste der Schiffskapitäne. Die Friedhofskirche *Sv. Martin* aus dem Jahr 1450 ist das älteste Bauwerk von Mali Lošinj. Von hier aus führt ein schöner Fußweg entlang der kieferngesäumten Küste nach Veli Lošinj.

An der Straßenkreuzung Veli Lošinj/Halbinsel Čikat kann man im kleinen *Aromagarten* an den Heilpflanzen der Insel schnuppern – vor allem im Frühjahr lohnend (geöffnet Juli/Aug. 18–21 Uhr, Juni und Sept. 10–12 Uhr).

Die dicht bewaldete Landzunge *Čikat* erstreckt sich rund 2,5 km von Mali Lošinj gen Westen, ist im Süden zerlappt, von Wanderwegen durchzogen und fast rundum von einem asphaltierten Uferweg gesäumt. Die höchste Erhebung, der *Vela Straža* (62 m, auch Monte Bastion genannt), war ein beliebter Militärstützpunkt. Sie bietet einen schönen Weitblick über die tief einschneidende Hafenbucht von Mali Lošinj und die vorgelagerte Inselwelt. Die bis auf ein paar Hotels und zwei Campingplätze fast unbewohnte Landzunge weist rundum beschauliche Badeplätze an Fels- und Kiesbuchten auf – stattliche Villen erinnern an vergangene Zeiten. Der Kiefernwald, der sich bis Veli Lošinj und weiter gen Süden über die gesamte Halbinsel erstreckt, wurde Ende des 19. Jh. auf Initiative von *Ambroz Haračić*, Lošinjer Botaniker und Professor an der Seefahrtschule, zu Forschungszwecken und zur „Klimaverbesserung" angepflanzt. Als Dank erhielt er für sein Engagement in der Čikat-Bucht ein Denkmal. An der Spitze der Halbinsel Čikat bzw. an der Hafeneinfahrt steht die *Votivkirche Mariä Verkündung* (Annunziata), 1534 erbaut und im Jahr 1858 erweitert. Entlang der Uferpromenade spazierten die Kapitänsfrauen, um hier nach ihren Männern Ausschau zu halten oder für sie zu beten.

Eine schöne Wander- oder Mountainbiketour mit herrlichen Ausblicken führt von Mali Lošinj auf einem neu erbauten schmalen Asphaltsträßchen gen Süden über die Höhenzüge von *Kalvarija, Grogošćak* und *Pogled* (242 m) und endet an der Bucht *Mrtvaška*. Hier gibt es einen Parkplatz und es besteht Taxibootverbindung zur Insel Lošinj. Das Südostende von Lošinj ist unbewohnt und ebenfalls zerlappt, was Bootsfreunde und Badende freut (siehe dazu auch Veli Lošinj).

Fährt man an Mali Lošinj vorbei, sieht man ziemlich am Ortsende, unten in einer Bucht an der Nordostküste, den einstigen Ortskern mit dem Friedhof (siehe Mali Lošinj), der wie eine Insel mitten im Neubaugebiet liegt. Unterhalb der Straße führt ein Fußweg nach Veli Lošinj und zu kleinen türkisblauen *Badebuchten* (Auto an der Straße parken), umgeben von Föhrenwald. Die vorgelagerten Inseln *Vele* und *Mali Orjule* sind unbewohnt. Vor Veli Lošinj erreichen wir die Hotelstadt *Punta*.

Der athletische Bronzemann (Apoxyòmenos)

Ein kostbarer Schatz aus der Tiefe des Meeres wurde unweit von Veli Lošinj, zwischen den Inseln *Vele Orjule* und *Kozjak,* am 27. April 1999 gehoben: die Bronzestatue eines antiken, 192 cm großen Athleten, der ca. im 1. Jh. v. Chr. durch Schiffbruch, Ballastabwerfung im Sturm oder vielleicht auch um die Götter zu besänftigen, ins Meer gelangte.

Bei herrlichem Wetter und flacher See sichtete der belgische Tourist René Wouters bei einem Tauchgang in 45 m Tiefe das jahrtausendealte Kunstwerk. Die Statue, eingeklemmt zwischen Felsen, wurde geborgen und von einem 20-köpfigen internationalen Archäologenteam in 7 Jahren erforscht und restauriert. Nach langwierigen Materialuntersuchungen datierte man den Athleten auf das 2.–1. Jh. v. Chr., den zur Herstellung benötigten Prototyp auf das 4. Jh. v. Chr. Seine Schönheit in der Ausarbeitung deutet auf einen leider unbekannten Meister seines Faches hin. Sieben weitere Varianten eines *Apoxyòmenos* sind bis heute bekannt, die bisher bedeutendste Statue entdeckte man 1896 in Ephesus, ausgestellt im Kunsthistorischen Museum in Wien. Der Bronzemann von Lošinj gilt allerdings in Fachkreisen als am besten und fast vollständig erhalten. Seine letzte Ruhestätte erhält er ab 2009 im prachtvollen, zum Museum umgestalteten Palace Kvarner in Mali Lošinj. Kopien des Bronzemanns sind in Veli Lošinj im Uskokenturm und im Archäologischen Museum in Zagreb zu bewundern.

Veli Lošinj

Die älteste und ehemals größte Stadt der Insel Lošinj zieht sich, umgeben von üppigem Grün und durch einen Weinberg geteilt, an zwei Hafenbuchten entlang. Das Zentrum zum Schutz der Delphine ist hier aktiv.

Nur noch 900 Einwohner leben in dem Städtchen, in dem allergische und chronische Krankheiten behandelt werden. Seit 1885 ist Veli Lošinj (wie auch Mali Lošinj) aufgrund seines günstigen Klimas Luftkurort. Der renovierte Uskokenturm *Kula* beherbergt heute ein Museums- und Galeriezentrum, und es gibt ein *Delphin-Informationszentrum*.

Die alten Häuser Veli Lošinjs schmiegen sich in eine Senke, dazwischen Pinien, ein Kirchturm, Palmen und Zypressen, ein paar Agaven. Das Ortszentrum befindet sich an der *Riva-Bucht* in einem anheimelnden Kai-Geviert, an das sich Cafés und Gostionas mit ihren Terrassen reihen. Die Häuserzeilen erstrecken sich bis hinüber zur ruhigeren *Rovenska-Bucht*. Von hier aus führt ein Uferweg zu vielen Badeplätzen.

Delphin-Projekt – Adriatic Dolphin Project Blue World: Seit 1987 kümmert sich in Veli Lošinj ein zum Teil international besetztes Team zusammen mit dem Naturhistorischen Museum in Zagreb um die Erforschung und den Schutz der hier beheimateten Delphine. Im Gewässer rund um Cres und Lošinj leben rund 100–150 Große Tümmler *(Tursiops truncatus)*. Die Mitarbeiter des Blue World Teams würden dieses Gewässer um Lošinj gerne schützen, d. h. fischfang- und bootfrei machen, was allerdings auf massiven Widerstand stößt.

Westlich vom Uskokenturm sind Sitz und Ausstellungsraum von Blue World; ein 20-minütiges Video (auch in deutscher Sprache) gewährt einen kleinen Einblick in die Delphinwelt. Eintritt 10 KN/1,30 €, Jugendliche 7 KN/0,90 €, bis 6 Jahre gratis. Geöffnet Juli/Aug. tägl. 9–13 und 18–22 Uhr, Juni und Sept. nur bis 20 Uhr; Mai und Okt. Mo–Fr 9–16 Uhr, Sa 9–14 Uhr; im Winter (Nov.–April) Mo–Fr 10–14 Uhr.

Wer das Projekt unterstützen möchte, kann gegen eine Gebühr von 20, 35 oder 70 € *Pate* eines Delphins bzw. Mitglied werden. Sponsoren erhalten neben einer Urkunde ein T-Shirt sowie ein Foto „ihres" Delphins.

Information **Blue World (Plavi svijet)**, Kaštel 24, 51551 Veli Lošinj, ☏ 604-666, www.blue-world.org.

Geschichte

Veli Lošinj entwickelte sich aus mehreren Siedlungen. Die erste, *Velo Selo*, entstand im 13. Jh. Die Überreste des von den Mongolen verwüsteten alten Dorfes befinden sich auf dem Berg Sv. Nikola inmitten von Weingärten. Die Ruinen des Pfarrhauses heißen heute noch *Hramina*, Tempel. Hier wohnte der Priester und erledigte die kirchlichen, später auch die notariellen Geschäfte. Wie Mali Lošinj wurde Velo Selo später umbenannt – der Name „Veli Lošinj" wird erstmals 1398 in einem Vertrag erwähnt.

1455 befestigten die Venezianer die Stadt gegen die Uskoken. Gegenüber an der Hafeneinfahrt und an den Fels baute man 1480 die Pfarrkirche *Sv. Antun*, die 1774 im Stil des Barock umgestaltet wurde und wertvolle Gemälde birgt. 1510 wurde im Podjavori-Gebiet, dem fruchtbarsten von Veli Lošinj, die *Kirche der Engelhaften Madonna* errichtet. Zu dieser Zeit entstand auch ein kleiner Hafen in der *Rovenska-Bucht*. Die Bewohner der Siedlung lebten vom Fischfang, Ende des 16. Jh.

gab es die ersten Lošinjer Seefahrer, 1650 den ersten Hochseekapitän. 1799 lief das erste große Schiff auf den Kvarner-Inseln, die damals zu Österreich gehörten, im Rovenska-Hafen vom Stapel. Im 19. Jh. wurde der Hafen ausgebaut und eine Werft gegründet. Doch schließlich musste sich Veli Lošinj seinem Konkurrenten Mali Lošinj geschlagen geben – die große Hafenbucht bot Mali Lošinj die besseren Expansionsmöglichkeiten. Nach dem Niedergang der Segelschifffahrt seit Mitte des 19. Jh. entwickelte sich Veli Lošinj, wie Mali Lošinj, zu einem Urlauberort. Aus dieser Zeit stammt der subtropische Park mit dem Palais des österreichischen *Erzherzogs Karl Stephan von Habsburg,* in dem heute eine Klinik für allergische Krankheiten residiert.

*I*nformation/*D*iverses

- *Postleitzahl* 51551 Veli Lošinj
- *Information* **Touristagentur Turist** am Hafenbecken. ℘ 236-256, www.island-losinj.com. 9–12 und 17–21 Uhr.
Touristagentur Val, Stadteingang bei Kirche. Gute Infos, Zimmervermittlung. ℘/℘ 236-352; www.losinj-val.com. Ganzjährig 9–21 Uhr.
- *Verbindungen* Regelmäßige **Stadtbus**verbindung mit Mali Lošinj.
- *Geldwechsel* Nur Bankomaten.
- *Post* Am Hafenbecken, Juli/Aug. 10–12 und 17.30–22 Uhr, sonst 10–12 und 19–21 Uhr.
- *Parken* Am Straßenende großer gebührenpflichtiger Parkplatz.
- *Ausflüge* Zur Blumeninsel Ilovik, zur Liebesinsel Orjule.
Delphinbesichtigung mit Taxiboot (Fran oder Happyboat) in der Saison tägl. 11–17 Uhr, inkl. 3 Inseln, ca. 20 €. Abfahrt Riva-Bucht.
- *Seekajak* **Sea Kayak Adventure,** ℘ 095/901-0109 (mobil), www.seakayak.hr. Das Team hat Sitz in Banjol, Insel Rab. Ab Cres startet z. B. die Delphin-Tour.
- *Gesundheit/Wellness* Im Kurhaus Behandlung von chronischen Entzündungen der Atmungsorgane, von allergischen Krankheiten, Schuppenflechte und Erschöpfungszuständen. ℘ 236-111.
Wellness- und Beautyzentrum im Hotel Punta, ℘ 662-019.
- *Veranstaltungen* Am 26. Juli findet jedes Jahr das **Stadtfest** statt: Konzerte, Schwimmwettbewerbe, Wettbewerbe für die Kinder und gutes Essen sind geboten.
Delphin-Tag in Veli Lošinj am 1. Sa im Aug.

*Ü*bernachten/*E*ssen

- *Übernachten* **Privatzimmer** ab 14 €/Pers. **Appartements** für 2 Pers. ab 40–45 €. **Villa San,** Pension mit netten Zimmern, DZ ca. 40 €, Garina b.b., ℘ /℘ 236-219.
*** Pension Saturn, im Zentrum am Hafenbecken, mit Restaurant und Dachterrasse. DZ/F 64–72 €. ℘ 236-102, www.val-losinj.hr.
*** Hotel Mozart, gleich daneben, ebenfalls nett zu wohnen. DZ/F ca. 60 €. Kaciol 3, ℘ 520-041.
Pension Pjacal, hinter dem Kastell. Freundliche Zimmer, Minigalerie. Frühstück auf der herrlichen pflanzenumwucherten Terrasse. DZ/F 64 €. Kaštel 3, ℘/℘ 236-244.
Pension Veli Lošinj, in Seitengasse; hier wohnt man ruhig und gut und wer möchte, kann täglich Hausmannskost genießen. DZ/F 60 €; Halbpension 40 €/Pers. ℘ 236-166, www.volantis.hr/pension.
**** Villa Tamaris, direkt am Hafenbecken. Stilvoll restauriertes Haus mit Cafébar und Atmosphäre. 10 komfortable DZ/F mit Internetzugang 100 €. ℘ 867-900, vila.tamaris@ email.t-com.hr, www.vila.tamaris.com.
–* Hotel Punta, Alleinlage an der Landzunge nördlich der Altstadt. Wellness- und Beautycenter, Trimm-Kabinett, ärztl. Betreuung; Sportangebote und Vermietung von Ausrüstung, gute Bademöglichkeiten; Fahrradvermietung. Vor allem in der Nebensaison ein guter Standort. Wer sich hier einquartiert, sollte die neuen Studios und Appartementhäuser direkt am Meer wählen. DZ/F 100 € (Topsaison 121 €). ℘ 662-000, www.losinj-hotels.com.
*** Hotel-Restaurant Grbica, oberhalb vom Parkplatz mit schönem Meeresblick. 25 Zimmer, Pool und Tennisplatz. Gute neapolitanische Küche. DZ/F ab 100 €. Grbica b.b., ℘/℘ 236-186, www.hotelristorantecapri.it.
Hostel Zlatokrila, hübsche alte Villa, umgeben von einem Palmenpark, oberhalb des

Veli Lošinj – die beschauliche Riva-Bucht

Ortes zwischen den beiden Buchten. 60 Betten und kleines Restaurant. Geöffnet Mai–Sept. Kaciol 26, ✆ 236-312.
Jugendherberge Veli Lošinj, direkt am Hafen. Insg. 50 Betten für 2, 3 oder 5 Pers. Frühstück möglich, Bar, Terrasse, Internet, TV-Raum. Kaciol 4, ✆ 236-234, www.hfhs.hr.
● *Essen* **Restaurant Marina**, die Einheimischen loben die Grill- und Fischgerichte. In der Rovenska-Bucht sitzt man sehr schön

bei Candlelight in den **Restaurants Mol** (✆ 236-008) und **Sirius** (✆ 236-399). Beide bieten schmackhafte Fisch- und Grillgerichte. Zwischen beiden obigen liegt das nette **Restaurant/Bar Bora Bora**, hier kann man Internetsurfen und gut essen. ✆ 867-544.
Etwas oberhalb der Rovenska-Bucht liegt das **Restaurant Rovenska** mit schönem Blick und guter Küche. Rovenska 42, ✆ 236-220.

Kleiner Rundgang

Die Hauptstraße endet an einem schattigen Parkplatz, in der Nähe die Kirche der *Engelhaften Madonna* mit Zwiebelturm. Die verwinkelten Gassen mit dem in Jahrhunderten glatt polierten Kopfsteinpflaster führen zum Hafenbecken der Riva-Bucht. Überall stehen Palmen hinter efeuumrankten Steinmauern und verbergen die vornehmen Häuser der Lošinjer Seekapitäne. Der blühende Jasmin duftet betörend. Der *Uskokenturm*, Kula genannt, ist ein gutes Stück von der heutigen Hafenbucht entfernt, früher brach sich das Meer an seinen Grundfesten. Der Turm wurde renoviert und zeigt eine schöne historische Sammlung, u. a. eine Kopie des 1999 geborgenen griechischen Bronzemanns (siehe Kasten) und wechselnde Kunstausstellungen (geöffnet 15. Juli–15. Sept. 10–13 und 19–22 Uhr, sonst 10–12 und 18–20 Uhr; Mo Ruhetag).

Weiter nördlich und etwas westlich vom Hafenbecken hat das *Delphin-Projekt Blue World* (siehe Kasten) seinen Sitz.

Gegenüber am Hafenbecken erhebt sich mächtig die *Basilika Sv. Antun*, 1480 erbaut und 1774 im Barock umgestaltet; ihr Turm versteckt sich abseits im Pinienwald. In der Basilika eine Skulpturen- und Gemäldesammlung, darunter das Bild

„*Madonna und die Heiligen*" von Bartolomeo Vivarini (1455), ein großes Werk der venezianischen Schule. Östlich davon der Chorraum der alten Pfarrkirche. Oberhalb der Basilika, inmitten üppiger Vegetation und historischer Bauten, ein Park, der sich bei Mondlicht wie verzaubert präsentiert. Eine Promenade führt, vorbei an Weinbergen und Ruinen, hoch über dem Meer zur Rovenska-Bucht oder nördlich in Richtung Hotel Punta.

Baden: Im feinkiesigen *Strandbad,* südöstlich der Rovenska-Bucht, gedeihen Agaven an der Strandpromenade. Entlang der *Felsküste* kann man getrost die Hüllen fallen lassen, ins Wasser springen und schnorcheln. Üppiges Grün zwischen den Felsen und Föhrenhaine spenden Schatten. Bei klarem Wetter Sicht auf Rab, Pag und das Küstengebirge. Nach 30 Min. Wegzeit erreicht man vom Strandbad aus die *Krška-Bucht* mit Bootsanlegeplatz und die grobkiesige *Javorna-Bucht* mit Bootsanlegeplatz und Ruine. Das Wasser ist hier sauberer, und der Zugang zum Wasser ist leichter als vorne an der Felsküste. In weiterer 30 Min. ist die *Jamna-Bucht* erreicht, nach nochmals 20 Min. *Bočina.*

Gut 1:30 Std. läuft man über den Berg – vorbei an der Kapelle Sv. Ivan und mit herrlichem Ausblick über Veli Lošinj – auf einem schmalen Pfad hinab zu den südlichen Buchten *Balvanida* und *Krivica. Krivica,* ein tiefer, türkis leuchtender Buchteinschnitt mit Anlegeplätzen, ist föhrenbestanden; die Krivica wird aufgrund der zahlreich ankernden Jachten auch „Millionenbucht" genannt. In 15 Min. Fußweg erreicht man die *Balvanida-Bucht* mit einer Konoba. Hier kann man unter berankter Laube essen und trinken. Die Bucht selbst ist zum Baden nicht so schön, hat allerdings einen Anlegeplatz.

Gute Bademöglichkeiten bietet auch die Felsküste hinter dem Hotel Punta Richtung Mali Lošinj. Auf dem betonierten Fußweg entlang schattiger Pinien kann man schön spazieren und sich seinen Badefelsen suchen; teils Einstiegshilfen durch Leitern ins Meer.

Krivica-Bucht – auch „Millionenbucht" genannt

Insel Lošinj
Karte S. 153

Herrliche Inseln und Buchten warten auf Erkundung

Ausflugsinseln um Lošinj

Die Inseln Ilovik und Sv. Petar sind Lošinj vorgelagert. Touristisch erschlossen ist nur das blumenübersäte Ilovik. Trotz der täglich anlegenden Ausflugsboote kann man hier in üppiger Natur geruhsame Ferien verbringen. Bootsbesitzern bietet die Insel einen gut geschützten natürlichen Hafen.

Die beiden autofreien Inseln liegen wenige Seemeilen südlich der Insel Lošinj, von der sie das „Iloviker Tor" trennt. Die üppig bewachsene 5,8 km² große *Insel Ilovik* mit 80 Bewohnern bietet Unterkunft und viele Badebuchten an der zerklüfteten Küste – einige sogar mit Sandstrand. Die höchste Erhebung Iloviks ist der *Berg Dida* mit 92 m. Der 300 m breite Kanal, der die Insel von Sv. Petar trennt, gewährt – außer bei Südwind – den Jachten Schutz.

Fast unbewohnt ist die 1,5 km² große Klosterinsel *Sv. Petar*, die sich nördlich von Ilovik erstreckt. Hier ist auch der Friedhof von Ilovik.

Geschichte

Ilovik und Sv. Petar waren schon von den Römern bewohnt, die hier prachtvolle Villen errichteten – Mauerreste, Gräber, Münzen und ein Sarkophag zeugen von dieser Zeit. Spuren prähistorischer Bauten, die man auf Ilovik fand, deuten sogar auf eine noch frühere Besiedlung durch die Illyrer hin. Mauerreste der altchristlichen Andreaskirche aus dem 6. Jh. fand man in der Bucht Sićadrija.

Die Bauern aus Veli Lošinj bestellten auf Ilovik das in bischöflichem Besitz befindliche Land und gründeten Ende des 18. Jh. eine Siedlung. 1876 eröffnete man auf Ilovik die erste kroatische Schule des Lošinjer Inselraums. Die Inselbewohner sind auch heute noch Bauern und zudem erfahrene Fischer.

Auf Sv. Petar stand seit dem 11. Jh. ein Benediktinerkloster. Um 1600 bauten die Venezianer zur Verteidigung gegen die Uskoken eine Festung. Sie wurde 200 Jahre später von den Engländern bis auf Turm und Mauern zerstört, ebenso das Kloster, das man um 1900 ganz niederriss. Die Franziskaner errichteten weiter im Osten ein neues, kleineres Kloster.

Insel Ilovik

An einer Bucht liegt der gleichnamige Inselort mit seinen winkligen, blütenduftenden Gassen, der *Bastei* und den Hügeln im Hintergrund. Bunte alte Häuschen verstecken sich hinter Gärten; lieblich anmutend die Blumenpracht der Stockmalven, Mimosen und Hortensien, Oleander leuchtet in allen Farben, rosafarben der blühende Puderquastenstrauch. Auf dem fruchtbaren Boden gedeihen Orangen, Zitronen und Gemüse, über die Steinmäuerchen rankt Wein.

Eine kleine Gasse, parallel zum Hafenbecken verlaufend, ist die Hauptachse des Ortes, die sich vormittags mit den Touristen der Ausflugsboote füllt. Doch abends verbreitet sich am Hafen von Ilovik verträumte Beschaulichkeit. Jachten schaukeln im Wasser, und die wenigen Touristen, die geblieben sind, blicken auf die romantische Kulisse von Sv. Petar, die Reste der einstigen Festung und die Hügelkette von Lošinj.

*I*nformation/*V*erbindungen/*D*iverses

- *Telefonvorwahl* 051
- *Postleitzahl* 51552 Ilovik
- *Information* **Touristagentur Lipa**, Hauptgasse, ✆/☞ 235-925, www.ilovik.hr. Gute Auskünfte, Zimmervermittlung, Internet und Minishop.
- *Verbindungen* Siehe dazu auch Einleitung „Wichtiges auf einen Blick". **Schiffsverbindung: Personenfähre** Mali Lošinj–Ilovik–Mali Lošinj, von Ilovik nur 1- bis 2-mal tägl. *Katamaran Rijeka–Cres–Ilovik–Mali Lošinj*, Mo, Do, Fr und So. Nur Mo und So auch Susak und Unije. *Katamaran (Splittours) Pula–Unije–Mali Lošinj–Ilovik–Zadar.* **Taxiboot** zur Uvala Mrtvaška (Insel Lošinj). Wer in den Restaurants für knapp 10 €

speist (auch Lipa Minishop), kostenloser Transfer. ✆ 099/5162-349 (mobil), VHF 17. **Kein Bootstransfer** zwischen Ilovik und Sv. Petar.
- *Post* Beim Hafen, Geldwechsel möglich.
- *Einkaufen* Kleiner Supermarkt in der Hauptgasse, Kiosk, Bäckerei bei der östlichen Hafenbucht.
- *Veranstaltungen* **Ortsfest** am 29. Juni. Beginnt morgens mit einer Prozession und Musikkapelle, abends Tanz und gutes Essen.
- *Wassersport* Der Hafenkanal von Ilovik bietet viele Bojen zum Festmachen und guten Schutz, außer bei Südwind. Die Marina in Lošinj ist in der Saison oft überlastet, denn die Häfen der Inseln Silba, Olib und Unije sind, je nach Wind, nicht unbedingt sicher.

*Ü*bernachten/*E*ssen

- *Übernachten* **Privatzimmer** ab 15 € und **Appartements** ab 20 €/Pers., z. B. **Restaurant-Pension Dalmatinka**, ✆ 235-954. Schön wohnt man im neu erbauten **Appartementhaus** von Sabina Simičić, Ilovik 81, ✆ 235-904, 098/1826-120 (mobil), sabina.simicic1@ri.t-com.hr.
- *Essen* Siehe dazu auch „Taxiboot, Gratis-Transfer". Von der Cafébar und **Eisdiele** in der Hauptgasse überblickt man das Inselgeschehen. **Restaurant Amico**, nahe der Anlegestelle. Die Restaurantterrasse ist direkt am Meer.

Es gibt leckere Fisch- und Fleischgerichte, kalte Platten mit dalmatinischem Schinken, Käse, Oliven und Peperoni. ✆ 235-912. **Restaurant Porto**, am östlichen Hafenbecken mit großer Terrasse. Neben Rindfleischeintopf und „Sarma", den gefüllten Paprikaschoten, gibt es auch Fisch, Muscheln und Hummer. ✆ 235-929. **Restaurant-Pension Dalmatinka**, gegenüber von Porto, hier erhält man frisch gefangenen Fisch. ✆ 235-954. Dahinter noch **Pekara**, **Konoba Panino** mit Pizzen, Pasta, etc. ✆ 235-978.

Baden/Wandern: Ein Fußweg führt von Ilovik zur *Bucht Nozdre* im Westen – Kies und Fels mit klarem Wasser. Ein Stück südlich (ca. 45 Min. Gehzeit) die *Bucht Vela Draga* mit Schatten spendenden Bäumen und weißem Sand im Meer. Weitere Kies- und Felsbadebuchten an der Westseite.

Pflanzengesäumte Wege laden ein...

Bucht Pržine: Ein anfangs malvengesäumter Weg führt in ca. 30 Min. Gehzeit vom östlichen Hafenbecken zur Sandbucht an der Südküste. An der kleinen Kapelle muss man sich links halten. Steinmäuerchen unterteilen die Olivengärten, die kaum mehr bewirtschaftet werden. Zikadengeräusche, erschreckt von dannen züngelnde Salamander und überall Spinnennetze, deren Fäden gleich wieder gezogen werden, zerreißt man sie.

Pržine ist eine große, sehr flach ins Meer abfallende Sandbucht, in der oft Jachten ankern. Kein Schatten, Seegras und Kieselsteine dienen als Liegefläche, dazu schöner Blick auf die Inseln Premuda und Silba. Leider wird durch die Strömung oft Plastikmüll angeschwemmt.

Berg Dida ist mit 92 m die höchste Erhebung der Insel. Kleine Pfade führen vom Ort hinauf, an Steinmäuerchen entlang, hinter denen alte, verholzte Olivenbäume stehen. Von oben weiter Rundblick auf Ilovik mit dem Kanal und Sv. Petar, auf Lošinj mit den vorgelagerten Inseln Orjule und im Süden Premuda, Silba und Olib.

Zum *Vela Straža* (91 m) führen ebenfalls Pfade, die sich schließlich an Steinmäuerchen und im Dickicht verlieren. Von hier oben überblickt man den Kanalverlauf mit Sv. Peter und sieht bis zu den Inseln Orjule und Lošinj.

Insel Sv. Petar

Die Klosterinsel liegt in Schwimmnähe von Ilovik und ist überwuchert mit Macchia und knorrigen Olivenbäumen, um die sich kaum jemand kümmert. In der Inselmitte der Turm und die Mauerruinen der ehemaligen venezianischen Festung aus dem frühen 17. Jh., üppig bewachsen mit Palmen, Oleander, Mispel- und Zitronenbäumen. Das angebaute Haus stammt aus der Habsburgerzeit. Heute ist das ganze Areal in Privatbesitz, der Eigentümer hat all die Blütenpracht vor rund 25 Jahren angepflanzt.

Mit dem Schiff nach Unije

Etwas Glück gehört schon dazu, an einem bestimmten Tag zu einer bestimmten Insel zu kommen – erst recht zu einer bestimmten Zeit, angesichts der vielen Routen- und häufigen Fahrplanänderungen. Da ist es am
besten, auf dem Weg einfach zu genießen, was gerade kommt – z. B. sich
frühmorgens wie auf einem Schaukelpferd zu fühlen, weil die Bora wieder
mal bläst. Die Sonne geht auf, die Inseln ziehen vorbei. Eine ist mal eben so
groß, dass noch ein Fleckchen Land um den Leuchtturm herum zu sehen ist:
Male Srakane. 1,5 km lang ist sie, flach, mit Sandsteinsockel, schilfrohrbe-
wachsenen Ufern und ein paar Häuschen obenauf. Schlauchförmig, fast zu-
sammenhängend, folgt **Vele Srakane.** Die 4 km lange, knapp 1 km breite Insel zeigt sich auf der einen Hälfte schilfrohrbewachsen, in der Mitte ein paar
Häuser, eine Kapelle, dann folgt karges, steiniges Weideland mit der höchsten Erhebung, dem *Vela Straža* mit 60 m. In den Senken wächst überall
Schilfrohr, das sich enorm verbreitet – es sieht ganz danach aus, als ob Veli
Srakane, ebenso wie die Nachbarinsel Susak, zu einem Schilfrohrhügel wird.

Weiter westlich steht das Franziskanerkloster, das nur noch von einem Mönch bewirtschaftet wird. Ein zypressen- und rosmaringesäumter Weg führt zum Privathaus und weiter zur neuen Friedhofskapelle – hier endet für die Iloviker ihre letzte
Reise. Dahinter Bootsanlege- und Badestelle mit einer lächelnden Sonnenuhr. An
der Nordostseite der Insel weitere Felsbadeplätze und eine Grotte.
Keine Bootsverbindung zwischen Ilovik und Sv. Petar!

Sv. Petar – venezianische Ruinen in Grün verpackt

Unije – nur bei sommerlichen Events füllt sich der Ort mit Gästen

Insel Unije

Die mit kleinen Büschen bewachsene Insel ist autofrei, dafür gibt es einen Mini-Flugplatz. Auf einem flachen Ausläufer im Inselsüden ragt ein Leuchtturm in die Höhe, das Dorf Unije schmiegt sich in eine Bucht, vor der ein winziges Eiland liegt.

Knapp 17 km² ist Unije klein, an der Westseite der gleichnamige Ort mit 90 Einwohnern, von dem sich eine Landzunge nach Süden erstreckt, am Kap der einer Moschee gleichende Leuchtturm. Südostwärts bildet die Küste Badebuchten, der Nordosten der Insel ist zerklüftet. Steppenähnlich und sandig wirkt das flache Land, ganz im Gegensatz zu den Macchiahügeln.

Außer dem Dorf Unije gibt es auf der Insel wenig. Kaum Häuser, nur Weinstöcke in geschützten Lagen und Pfade, die zu den Feinkiessstränden im Osten der Insel führen. Vom kleinen Flugplatz außerhalb des Ortes werden die Schulkinder täglich, gegen einen Obolus mit einer subventionierten Cessna nach Mali Lošinj geflogen.

Unije ist eine Insel für Leute, die sich Zeit nehmen, sie zu entdecken, die Einsamkeit suchen und denen es genügt, wenn aus dem scheinbar eintönigen Grau Blumen zu leuchten beginnen – kleine Farbtupfer, die dem auffallen, der genau hinsieht. Aber auch Spuren aus frühgeschichtlicher und römischer Zeit wie illyrische Ringwälle und Villae rusticae sind bei Wanderungen über die Insel zu entdecken.

Die Kroaten, die die heutige Siedlung gründeten, lebten von Fischfang, Weinbau, Olivenöl und Gemüseanbau. Aus dem Jahr 1654 ist ein *Steintrog* mit glagolitischer Inschrift (siehe Insel Krk, Glagoliza) erhalten. Wer sich dafür interessiert, kann bei Familie Nikolić-Agatić nachfragen, die den Trog in ihrem Weinkeller aufbewahrt.

Der Leuchtturm am Südkap von Unije

Die *Pfarrkirche* aus dem 15. Jh. ist umringt von einfachen Häusern, manche bunt wie die Holzklötze einer Spielzeugstadt, dazwischen lugen zwei gedrungene Palmen hervor. Fast vor jedem Haus ein Gärtchen mit Terrasse, an der Wein, Kürbisse und Blumen ranken. Am Kai ein paar Boote und Jachten.

Doch der Tourismus hat auch in Unije Einzug gehalten. Geschäftiges Treiben herrscht, wenn die Fähre anlegt. Hinweisschilder zeigen dem Fremden, wo er Post, Touristeninformation, Flughafen, Zimmer findet. Gegen Abend füllt sich die kleine Hafenpromenade: Kinder, die durch die Gegend rennen, Alte, die auf den Holzbänken sitzen und sich die neuesten Neuigkeiten erzählen – es passiert jeden Tag genug, das es wert ist, ausgiebig besprochen zu werden.

- *Telefonvorwahl* 051
- *Postleitzahl* 51562 Unije
- *Information* **Touristagentur NIA**, Unije 96, ✆/📠 235-835, -750. Geöffnet Juni–Sept. 8–12 und 17–19 Uhr.
- *Verbindungen* **Schiffsverbindungen** siehe auch Einleitung „Wichtiges auf einen Blick". *Katamaran (Splittours) Pula–Unije–Mali Lošinj–Ilovik–Zadar.* *Katamaran Rijeka–Cres–Martinšćica–Unije–Susak–Ilovik–Mali Lošinj*: Mo, Mi, Fr, Sa und So (Stopps in Martinšćica, Susak, Ilovik nur 1- bis 2-mal wöchentl.).
Flugfeld Unije: Panoramaflüge, Flüge nach Mali Lošinj (ca. 50 € für max. 3 Pers.), aber auch nach Pula, bzw. Medulin-Flugplatz

(175 €). Infos über ✆ 098/280-290 (mobil, Hr. Drago).
- *Post* Mo–Fr 8–14 Uhr.
- *Einkaufen* Laden, Bäcker, Obststand (8–12 und 18–20 Uhr).
- *Veranstaltungen* **Kirchenfest Sv. Ana**, 26. Juli. **Sommer in Unije**, Juli/Aug. mit Konzerten u. a. in der Kirche. **Emigrantentag** am 3. Julisonntag. **Violinen-Sommerschule**, letzte Juliwoche mit Abschlusskonzert „Sonnenuntergangssonaten". Für die Jugendlichen gibt es viele Wassersport- und Beachvolleyballturniere.
- *Übernachten* Viele Einheimische vermieten **Privatzimmer**, teils aber ohne eigene Dusche/WC. Ca. 10 €/Pers. ohne Frühstück.

Pension Uniana, am Ortsrand im Westen, mit hübscher Terrasse, innen mit stilvollem Mobiliar. Für die Hausgäste wird makrobiotisches und vegetarisches Essen und Fisch serviert, alles fein gewürzt mit biologischen Zutaten. Gern gesehen sind Menschen mit Sinn für das Spirituelle (es werden u. a. Yogakurse angeboten). Es gibt nur wenige Zimmer. Fr. Asia, ✆/☎ 235-743, 098/371-357 (mobil), uniana@hotmail.com.

• *Essen*   **Restaurant Unije**, am Kai, Terrasse im rustikalen Stil mit Holzbänken und Tischen. Blick auf Meer und Hafen (Sonnenuntergang!). Fisch- oder Fleischgerichte. Ganzjährig geöffnet.

Konoba Palmira, ebenfalls in Strandlage; hier gibt es deftige Hausmannskost von fangfrischen Fischen, ebenfalls lecker die Lammgerichte aus eigener Haltung. Tel. 235-719.

Konoba Kod Joze, an der östlichen Bucht, mit überdachter Terrasse. Fisch- und Fleischgerichte.

Baden/Wandern: Bademöglichkeit beim Ort am Hauptstrand mit Sand-Feinkies-Kies. Weiter südlich findet man Schatten unter selbst gebastelten Schilfrohrdächern mit Blick auf die Kulisse von Unije.

Westlich des Ortes führt ein Pfad zum FKK-Revier mit Fels- und Kiesbuchten.

Wanderwege wurden über die gesamte Insel angelegt. Eine Tafel vor der Pension-Restaurant Uniana gibt einen Überblick.

Fußmarsch nach Süden: Ein Weg führt südwärts aus dem Ort, vorbei an einem kleinen sumpfigen Teich mit Enten. Links und rechts die Gemüsegärten der Bewohner. Ein Magazin mit landwirtschaftlichen Maschinen und prallen Getreidesäcken, danach trockenes Weideland mit Stechgras und Disteln, Getreidefelder und die macchiaüberzogenen Hügel im Hintergrund. Ziegen meckern und warten auf Wasser. Tiefblau leuchtet das Meer. Der Weg führt zum Kap mit dem Leuchtturm, bei dem sich ein Gärtchen mit Unterstellplatz für Esel und Ziegen befindet. Die Küste läuft hier flach aus, ab und zu wächst Schilfgras. Läuft man den Strand südostwärts weiter, folgen Feinkiesbuchen.

Fußmarsch nach Nordosten: Ein Weg führt zur Kapelle oberhalb des Ortes. Von hier weiter Blick rundum und auf die Nordostseite der Insel mit vielen Meereseinbuchtungen. Kleine, aus Steinen aufgeschichtete Gemäuer mit Schießscharten zeigen auf Lošinj und die Bucht von Ustrine, deren Häuser im Dunst liegen. Die Luft ist würzig, die karge Hochebene duftet von Salbei, Zistrose und Thymian. Nach unten Blick auf eine Bucht, in der Jachten ankern.

Insel Susak

Die Insel wirkt wie ein großer, schilfrohrbewachsener Sandhaufen, dessen Sand jedoch nur selten die Steilhänge bis ans Meer hinabrutscht. Einen einzigen Sandstrand gibt es, und der lockt viele Besucher, meist Tagesausflügler, auf die autofreie Insel. Doch wer länger bleiben möchte, findet hier Ruhe und Stille.

Aus der Ferne vom Schiff betrachtet erscheint die 3,8 km^2 große Insel Susak wie ein Klotz, der allmählich aus dem Dunst auftaucht, während Unije und die Kulisse von Lošinj langsam darin versinken. Aus der Nähe sind über den Steilabhängen aus Sandstein weingrüne Hochflächen zu erkennen, auf denen verstreut ein paar Natursteinhäuser stehen.

Vom Kirchturm überragt, zieht sich das Dorf vom Berg über den Hauptplatz zum Anlegeplatz hinab. Es ist unterteilt in Gornje Selo, das alte, obere Dorf, und in Donje Selo, das neue, untere Dorf – dazwischen ein steinstufiger Hohlweg, der beide Ortsteile verbindet. Ein Labyrinth aus verwinkelten Gassen mit uralten Häusern,

Ausflugsinseln um Lošinj

Susak – viele Emigranten bewohnen im Sommer
den von Schilf bewachsenen Hügel

abblätternden Fassaden und oft verschlossenen Fensterläden empfängt im alten Dorf den Besucher. Aber auch hier beginnt man zu sanieren. Der Kirchplatz mit weitem Blick über das Meer und auf Lošinj wurde erneuert und lädt zur Rast ein. Die Ruinen am Dorfrand sind vom Grün überwuchert, das sich von allen Seiten ins Dorf hineindrängt.

Auf der Inselhochebene eine Kapelle und ein Friedhof mit glänzend-weißen Grabsteinen, die fast alle denselben Familiennamen tragen. Pfade führen an Mauerresten vorbei durch Weinplantagen und enden oft im Schilf. Vor der großen Auswanderungswelle 1964 wurden hier zwei Millionen Weinstöcke bearbeitet, heute gibt es noch 60.000 alte Weinstöcke (Sujcan, Troišćina). 30.000 neue (Cabernet Sauvignon und Muscat) ließ ein italienischer Unternehmer anpflanzen.

Trotz der kurzen Entfernung zum Festland und zu den Nachbarinseln hatte Susak schon immer eine Außenseiterrolle, wie die Inseltracht und der mittelalterliche kroatische Dialekt belegen. Viele der früheren Bewohner sind nach Amerika ausgewandert, nur 150 sind geblieben. Die alten Männer sitzen in den Bars, die Jungen langweilen sich. Doch wenn im Hochsommer Jachten und Ausflugsboote die Urlauber an Land bringen, die Emigranten wieder auf ihrer Insel eintrudeln und die verschlossenen Türen und Fensterläden öffnen, wird es lebendig. Dann tanzen die Dorfschönen in der Volkstracht, zeigen die stämmigen, rotbestrumpften Beine, als wollten sie daran erinnern, dass der Minirock keine Erfindung der 1960er Jahre ist.

- *Telefonvorwahl* 051
- *Postleitzahl* 51561 Susak
- *Verbindungen* Personenfähre Mali Lošinj–Susak–Mali Lošinj (siehe auch Unije,

Ilovik), tägl. (Stopps nur 1- bis 2-mal wöchentl. auf Ilovik u. Unije).

Katamaran Rijeka–Cres–Susak Mali Lošinj, 1- bis 2-mal tägl.

In den Gassen von Susak

Ausflugsschiffe zur **Insel Susak** in der Hauptsaison tägl. von Mali Lošinj aus.

• *Post* Am Hauptplatz, 8–12 und 19–21 Uhr.

• *Einkaufen* Gut ausgestatteter **Supermarkt** am Anlegeplatz. Im alten Ortsteil gibt es die **Weinkellerei Cosulich**, Haus Nr. 660, geöffnet tägl. 10–22 Uhr. Hier wird der gute Inselwein in Flaschen abgefüllt, nummeriert und etikettiert. Es gibt ihn weiß, rot und als Rosé. Die Bewohner verkaufen roten Inselwein, Weintrauben oder was sie gerade anbieten können. Am Hauptplatz gibt es Stände mit Obst, Gemüse und Fisch.

• *Veranstaltungen* **Dani Križeva** (Tag des Kreuzes) in Sv. Nikola Kirche, 3. So im Juli; **Emigrantentag**, am letzten So im Juli, mit Konzert und Folkloretanz.

• *Übernachten* **Privatzimmer** und **Appartements**, direkt über die Vermieter.

• *Essen* **Konoba No 13**, am Jachthafen mit überdachter Terrasse und immer gut besucht. Hier gibt es frische Fische, Meeresfrüchte, Scampi und die Hausspezialität Hummer mit Spaghetti. Der Salat und die Kräuter kommen aus dem eigenen Garten. Ganzjährig geöffnet. ✆ 239-011.

Konoba-Appartements Barbara, im alten Ortskern hinter dem Kirchplatz. Kleines Lokal mit Gemälden an den Wänden und Biertischgarnituren vor der Tür. Leise tönt Jazzmusik. Fisch- und Fleischgerichte. Die Besitzerin Barbara Bušić gibt gute Infos, ist Dorflehrerin und hat 10 Kinder in den Klassen 1 bis 8. Susak 603, ✆ 239-128, 098/9035-479 (mobil).

Baden/Wandern: Der flache Strand beim Ort ist in der Saison oft mit Tagesausflüglern überfüllt und teils auch verschmutzt. Im Grunde gibt es nur einen *Sandstrand* auf der Insel; er ist vom Hafen aus Richtung Osten am Meer entlang in ca. 25 Min. zu Fuß zu erreichen. Die Bucht ist ins Grüne eingebettet und von ein paar Ruinen umgeben. Gegenüber sind Unije, Male und Vele Srakane, Lošinj und – abends – das rot leuchtende Küstengebirge zu sehen. Wer auf der Insel länger verweilt, kann über Pfade zu den stilleren Felsbadebuchten an der Südwestküste wandern. Vorsicht: auf im Gras verborgene Schlangen achten. Es soll auch Skorpione geben!

Rijeka – die Einkaufsmeile Korzo

Kroatisches Küstenland – von Rijeka nach Kraljevica

Das Kroatische Küstenland *(Hrvatsko primorje)* umfasst das Gebiet von Rijeka bis zur Mündung der Zrmanja am Eingang zur Halbinsel Ravni kotari mit der großen Hafenstadt Zadar.

Kurz vor Rijeka, bei Matulji, genießt man noch einen weiten, smogfreien Blick auf die Kvarner-Bucht und die futuristisch anmutende Silhouette der großen Hafen- und Industriestadt **Rijeka.** Küsten- wie Umgehungsstraße verlaufen um die Buchtspitze und führen durch die unattraktivste Küstengegend ganz Kroatiens: die Industriebucht von **Bakar.** Diesen Weg muss man jedoch nehmen, will man entlang der Küste tiefer in den Süden gelangen (alternativ kann man die Autobahn A3 in Richtung Karlovac nehmen und dann durchs Landesinnere auf der A1 gen Süden fahren). Kurz nach **Kraljevica** erreicht man über die Brücke die **Insel Krk.**

Rijeka

Die Handelsgroßstadt mit rund 154.000 Einwohnern ist Kroatiens drittgrößte Stadt, bedeutendster Hafen, Verkehrsknotenpunkt und wichtigstes Transitzentrum für Touristen. Zudem ist Rijeka Kunst- und Kulturzentrum des Nordens. Das italienische „Novecento" prägt heute die Architektur von vielen Prachtbauten. Zahlreiche Museen lohnen eine Besichtigung, ebenso ein Spaziergang hinauf zum Stadtberg Trsat mit seiner Wallfahrtskirche und Festung – ein Weitblick über die Metropole der Kvarner-Region und die Inseln ist garantiert.

Wegen der neuen, oberhalb Rijekas verlaufenden Umgehungsautobahn zwängt sich etwas weniger Verkehr durch die Stadt, die oft in einer Dunstglocke verschwindet. Die Altstadt birgt wunderschöne, aber zum Teil leider sehr marode Gebäude –

Zeugen einer langen Geschichte, in deren Verlauf zahlreiche Nationalitäten mit ihrem unterschiedlichen Kunstverständnis das Stadtbild prägten. Die Altstadt wird nun langsam saniert und zahlreiche prachtvolle Fassaden präsentieren sich in neuem Anstrich, die Fußgängerzone lädt zum Flanieren ein, entlang der breiten Uferpromenade Riva gibt es einige nette Restaurants und Trend-Lokale. Das Altstadtzentrum ist klein und alles befindet sich in Laufweite. Kulturfreunde finden eine Reihe interessanter Museen oder können das alte Theater besuchen. Berühmt ist Rijeka für seinen Karneval. Die Lage des Fährhafens mitten im Zentrum an der Uferpromenade Riva ist für Schiffsreisende günstig – so können auch sie der Stadt problemlos zumindest einen Kurzbesuch abstatten.

Geschichte

In der wechselvollen Geschichte Rijekas hinterließen bereits die Kelten und Römer ihre Spuren, vom 9. bis 12. Jh. gehörte die Ansiedlung zum kroatischen Königreich.

Im 13. Jh. wurde das damalige *Trsat* vom kroatisch-dalmatinischen Adelsgeschlecht Frankopan beherrscht, das für den Ausbau der Siedlung sorgte.

Nachdem die Stadt mit kurzen Unterbrechungen seit dem 15. Jh. als „St. Veit am Flaum" vom Hause Habsburg regiert worden war, erfuhr sie unter Karl VI. und Maria Theresia im 18. Jh. einen großen wirtschaftlichen Aufschwung. Unter der Herrschaft der Ungarn im 19. Jh. erlebte Rijeka seinen wirtschaftlichen Höhepunkt, der Hafen entwickelte sich zum achtgrößten Europas, die unterschiedlichsten Industriezweige entfalteten sich, und 1871 eröffneten die ersten Banken. Kapitalkräftige Kaufleute aus ganz Europa ließen sich nieder, investierten, und monumentale Bauten entstanden. Bedeutend für die Entwicklung der Stadt war die Gründung einer der ersten Ölraffinerien im Jahr 1882. Seinen wirtschaftlichen Niedergang erlitt Rijeka zwischen 1915 und 1918 mit der Seeblockade von Otranto.

Das Stadttor mit Uhrturm, 15. Jh.

Unmittelbar nach dem Krieg wurde Rijeka von italienischen Freischärlern unter der Führung des nationalistischen Schriftstellers *Gabriele d'Annunzio* besetzt, dann zwischenzeitlich zur Freistadt erklärt, um 1924 schließlich unter dem Namen *Fiume* doch dem italienischen Staat zugeschlagen zu werden. Die Wirtschaft stagnierte, und die Bevölkerung wurde zwangsweise „italienisiert". 1947 schließlich ging Rijeka durch eine Volksabstimmung an das damalige Jugoslawien zurück, nachdem es 1945 von der deutschen Besatzung befreit worden war.

1991 erklärte Kroatien seine Unabhängigkeit von Jugoslawien, Rijeka blieb vom Unabhängigkeitskrieg verschont. Inzwischen blüht die Wirtschaft der Stadt langsam wieder auf, unterstützt durch die Gründung von Freihäfen für Österreich und Ungarn. Neben Geschäftsleuten finden sich aber auch mehr und mehr Touristen in der Stadt ein, nicht zuletzt, da sie Sprungbrett für den Süden ist.

Karolina Riječka – die Heldin Rijekas

Karolina ist der Name einer mutigen Stadtbewohnerin des 19. Jh. Ihre „Frau" stand die Kaufmannsgemahlin während der Napoleonischen Kriege, als die Engländer versuchten, den Franzosen Rijeka abspenstig zu machen. Tapfer trat die hübsche junge Frau dem englischen Oberbefehlshaber gegenüber und bat ihn, wahrscheinlich mit einem tiefen Augenaufschlag, Rijekas Einwohner vor einem Bombardement zu verschonen. Tatsächlich fiel nur ein Kanonenschuss, die Kugel steckt noch heute in der St.-Veit-Kathedrale: Die Heldin von Rijeka war geboren. Heute noch erinnert man sich dankbar an Karolina, nach der u. a. Straßen, Kuchen und Cafés benannt sind.

Information

- *Telefonvorwahl* 051
- *Postleitzahl* 51000 Rijeka
- *Information* **TIC** (Turistički Informativni Centar), Korzo 33, ✆ 335-882, tic@ri.t-com.hr, www.tz-rijeka.hr, www.kvarner.hr (gesamte Region). Geöffnet Mitte Juni–Mitte Sept. Mo–Sa 8–20, So 8–14 Uhr, sonst Mo–Fr 8–

20, Sa 8–12 Uhr. Vermittelt auch Privatunterkünfte.

Generalturist, Trg Republike Hrvatske 8a, ✆ 212-900, 212-590, 📠 331-496. Unterkünfte, Informationen, Exkursionen, Flüge.

Jadrolinija Hauptbüro, Riva 16 (Zentrale), ✆ 666-111. Fahrkartenverkauf um die Ecke in

Splitska ulica, ☎ 211-444. Infos ☎ 060/321-321 (autom. Bandansage der Abfahrtszeiten). www.jadrolinija.hr. Geöffnet 7–18 Uhr, auch später (je nach Abfahrt der Schiffe), Sa 8–14.30, So 11.30–15 Uhr.
Croatia-Airlines, Jelačićev trg 5, ☎ 330-207, www.croatiaairlines.com. Geöffnet Mo–Fr 8–16, Sa 9–12 Uhr.
Air Adriatic, Riva 8, ☎ 325-425, ✆ 325-426, www.airadriatic.com. Geöffnet Mo–Fr 8–16, Sa 9–12 Uhr.
Autotrans, Riva 22, ☎ 212-228, ✆ 337-209, www.autotrans.hr. Fahrkartenverkauf für Bus und Flug, Informationen, Privatunterkünfte.

Rijeka Card, nach Erwerb erhalten Sie zwischen 15 und 50 % Ermäßigungen: u. a. im Doppeldeckerbus, in Museen und Galerien, Restaurants, Nightclubs und Diskos, Geschäften und einigen Hotels. Zudem beinhaltet sie eine kostenlose Nutzung öffentlicher Verkehrsmittel. Ab Stempelung 48 Std. gültig, 55 KN (ca. 7,60 €) für 1 Erwachsenen inkl. 1 Kind unter 12 Jahren! Erhältlich bei TIC u. etlichen Hotels (auch Opatija).

*V*erbindungen/*D*iverses (siehe *K*arte hinterer *U*mschlag)

● *Verbindungen* **Fähren**: *Katamaran (Jadrolinija), Rijeka–Cres–Martinšćica–Unije–Susak–Ilovik-Mali Lošinj*; Abfahrt Rijeka 17 Uhr, ab Anfang Sept. 14.30 Uhr (zu Schul-

Ivana Zajc und Palais Modello

beginn!), So 15 Uhr, hält bis auf Cres nicht tägl. überall. Nach Mali Lošinj je nach Stopps 3:30–4:30 Std. Fahrtzeit.
Katamaran (Jadrolinija) Rijeka–Rab (Stadt)–Insel Pag (Novalja); tägl. ganzjährig. Abfahrt Rijeka 17 Uhr , ab Anfang Sept. Abfahrt 14.30 und So 15 Uhr. Nach Rab 1:45 Std., nach Novalija 2:30 Std. Fahrtzeit.
Küstenlinie: *Rijeka–Split–Stari Grad (Hvar)–Korčula–Dubrovnik-Bari*: 2-mal wöchentl. (Mo und Fr, Abfahrt 20 Uhr), ganzjährig. Fahrtzeit bis Dubrovnik ca. 19 Std. Preise s. „Unterwegs in Kroatien". Tickets über Jadrolinija, gegenüber dem Fährhafen (s. o.). Hier auch Erste banka mit Geldautomat und Restaurants entlang der Riva.
Busse: Busbahnhof für **Überlandbusse**, Žabica 1, Info und Reservierung ☎ 060/302-10. Tickets und Gepäckaufbewahrung 5.30–21.30 Uhr. Fahrkarten recht preiswert; Busse zu den Inseln Krk, Rab, Cres–Lošinj, Zadar; ebenfalls stündl. Busse nach Zagreb, Fahrtzeit 1:30 Std., ca. 15 €; zudem Busse zum Flughafen Triest, ca. 2:30 Std. Touring-Busse nach Deutschland. In der Saison Reservierung erforderlich! *Achtung* am Busterminal teils unübersichtliches Ein- und Abfahren der vielen Busse, d. h. aufpassen, dass man seinen Bus nicht verpasst!
Busbahnhof für **Regionalbusse**: Jelačić trg, (östl. des Fährhafens beim Toten Kanal); Verbindungen innerhalb der Stadt, zudem mit Opatija (Nr. 32) und Richtung Crikvenica.
Flughafenbus, Abfahrt am Jelačić trg (Regionalbusbahnhof).
Bahnhof (Željeznički kolodvor): Krešimirova 1 (westl. v. Busbahnhof), ☎ 213-333, Information ☎ 060/333-444. Züge u. a. nach

Ljubljana, Zagreb (3- bis 4-mal tägl., ca. 10 €, 3:30 Std.). Anfang Juni–Ende Sept. Gepäckaufbewahrung (4–22.30 Uhr, 15 KN/24 Std.). Bankomat, Shops und Café (5–1 Uhr); gegenüber dem Bahnhof Bistro Voyager (5.30–23 Uhr). Bushaltestelle vor dem Bahnhofsgebäude: ins Zentrum (2 Haltestellen) mit den Linien 1, 1a, 2, 6, 7, 7a, 32. Richtung Opatija auf der gegenüberliegenden Seite mit Bus Nr. 32.

Flüge: *Flughafen Rijeka* (Zračna luka Rijeka), Hamec 1, Omišalj (Insel Krk, ca. 30 km südl.). ✆ 842-040, Flug-Info ✆ 842-132, www.rijeka-airport.hr. Am Flughafen (geöffnet 8–18 Uhr) gibt es Café, Infobüro, Duty-Free-Shop, Gepäckaufbewahrung. Bus Autorolej (Fahrplan beachten!) vom Jelačić trg für ca. 20 KN (ca. 3 €) oder Taxen ab 56 €.

Taxi: ✆ 970 (mobil 051). Auto-Taxi Rijeka: Terminals Riva (nähe Busbahnhof), ✆ 335-138; Matije Gupca (Nähe Theater), ✆ 335-417; beim Bahnhof, ✆ 332-893; hier kosten 5 km 40 KN, jeder weitere Kilometer 7 KN. Fahrt nach Opatija ca. 9 € (60 KN), zum Flughafen ca. 56 €. Zudem gibt es die billigeren Cammeo-Taxis (nur über tel. Anfrage), ✆ 313-313, hier kosten die Fahrten bis 5 km 13 KN, bis 10 km 40 KN, 15 km 50 KN.

Touristenbus: Großer offener Doppeldeckerbus fährt von Rijeka (Jadranska trg, hoch nach Trsat) nach Opatija, in der Saison 7-mal tägl., per Kopfhörer in deutscher Sprache Erklärungen zu Sehenswertem. 70 KN (10 €), 48 Std. Gültigkeit, 50 % Ermäßigung mit Rijeka Card.

• *Geldwechsel* Z. B. **Hypo-AlpeAdria**, Jadranski trg 3a, mit Geldautomat; Mo–Fr 8–20 Uhr, Sa 8–12 Uhr. **Privredna banka** d.d., Ante Starčevića 2, mit Geldautomat.

Privredna banka, mit Geldautomat am Bahnhof, Mo–Fr 8–19.30. **Erste banka**, Riva (beim Jadrolinija-Gebäude).

• *Post* Korzo 13 (Fußgängerzone), Mo–Fr 7–20, Sa 7–14 Uhr.

• *Autovermietung* U. a. **Avis**, Riva 8, ✆ 311-135, www.avis.hr; tägl. 8–20, So 8–12 Uhr. **Hertz**, Riva 6, ✆ 311-098 oder 01/4846-777, www.hertz.hr; 8–12 und 17–20, Sa 8–13 Uhr, So auf Nachfrage. **Dollar&Thrifty**, Riva 22, ✆ 325-900, www.subrosa.hr; Mo–Fr 8–20, Sa 8–13, So 8–11 Uhr. **ITR**, Trg Žabica, ✆ 211-058; Mo–Fr 8–19, Sa 9–13 Uhr.

Tower Center Rijeka, riesiges Shopping Center stadtauswärts im Stadtteil Pećine (Süden). Auf 5 Stockwerken und großer Parkarea werden alle Kaufwünsche abgedeckt: 150 Läden (u. a. zahlreiche Label-Marken), 8 Megashops, riesiger Supermarkt, Restaurants, Kino und Duty-free-Shops. Wer also zu Hause etwas vergessen hat, wir hier fündig. Di–Sa 9–21 (Mo erst ab 13 Uhr), So 10–19 Uhr.

• *Einkaufen* Hinter dem Theater großer Obst- und Gemüsemarkt; in der zweistöckigen Markthalle sämtliche Lebensmittel. In der Fußgängerzone das große Einkaufszentrum Robna Kuća; schräg gegenüber dem Café Slavica riesiger Süßwarenladen.

Spezialgeschäfte: Express usluge (Schuhreparatur), Janeza Trdine 19, ✆ 331-189. Foto Kurti (Fotogeschäft), Užarska 20, ✆ 333-013. Kolokvijum (Übersetzer), Matje Gupca 5, ✆ 338-056. Sprint (Fahrrad-Reparatur), Školjić 7a, ✆ 211-629. Öffnungszeiten Geschäfte 8–20, Sa 8–13 Uhr.

Krawattenladen Croata, Adamićeva 17.

Rijekas altes Volkstheater

• *Gesundheit* **Apotheken (Ljekarna)**: Centar, Jadranski trg 1, ℘ 213-101; Mo–Fr 24 Std. geöffnet, Sa 7–13, So 20–7.30 Uhr. Ljekarna Korzo, Korzo 22b, ℘ 211-036; Mo–Fr 7.30–20, Sa 7.30–13 Uhr. **Notfallklinik (Hitna medicinska pomoć)**, Branka Blečića b.b. (nördlich vom Bahnhof), ℘ 672-992, 24 Std. **Stadtkrankenhaus (Klinički bolnički centar)**, Krešimirova 42 (westl. der Altstadt in Richtung Opatija), ℘ 659-111. **Privatklinik Medico**, Meštrovićeva 2 (westlich der Altstadt in Richtung Opatija), ℘ 263-109 und 263-991; Mo–Fr 7.30–21, Sa 7.30–13 Uhr. **Private Zahnklinik Dental**, Lošinjska 16 (stadtauswärts Richtung Opatija), ℘ 634-313.
Tierklinik, Stube Marka Remsa 1 (westl. des Zentrums), ℘ 345-033; Mo–Fr 7–20, Sa 9–17, So 9–12 Uhr. Außerhalb dieser Zeiten im Notfall ℘ 091/2148-822 (mobil).

• *Nachtleben* Momentan „in" sind: **Opium Buddha Bar (10)**, groß, mit langer Cocktail-Bar im dunklen, orange-roten Inneren, mit Videos und trendiger Musik; sehr „hip", Sitzgelegenheit ohne Buddha-Flair auch im Freien. Riva 14. 7–3 Uhr, Fr–So bis 5 Uhr.
Capitano-Bar (11), gleich neben Opium Buddha Bar, ebenfalls mit Sitzgelegenheiten vor der Tür; beliebt bei den Einheimischen. Riva. 7–4 Uhr.
Hemingway-Bar (6), hübsches Inneres im Kolonialstil. Cocktails, Zigarren, Snacks und Latino-Musik. Korzo 28. 7–5 Uhr.
Dva Lava Bar (15), auf zwei Ebenen mit zwei Terrassen in modernem schwarzem Ambiente. Weine, Cocktails, Zigarren etc. Am Wochenende heizen DJs ein. Ante Starčevića 8. 7–23, Do–Sa bis 3 Uhr.
Indigo Lounge Bar und Restaurant (13), beim römischen Triumphbogen. Modernes Ambiente. Ab 23 Uhr wechselt die Restaurant- in die Nachtszene. DJs sorgen vor allem am Wochenende ein. Stara vrate 3 (beim Koblerov trg). Do–Sa 8–4 Uhr, sonst nur bis 24 Uhr, So Ruhetag.

Café-Bar Karolina (16), gegenüber am Kai im Glaspalast. Gute Musik und große Terrasse mit Blick auf den Hafen und die Fähren. Weine, Cocktails. Gat Karoline Riječke. 6–24 Uhr, Fr bis 2, Sa bis 4 Uhr.
Phaners-Pub (17), im exquisiten Schiffsstil, mit großer Bar ausgestattet, immer gut besucht. Internationaler Musikmix. Drinks und Snacks. Ivana Zajca 9. 7–1 Uhr, Fr/Sa bis 3 Uhr.
River Pub (1), Jazz, Rock und Karaoke in gemütlicher Atmosphäre. Frana supila 12. 7–2 Uhr, Do–Sa 10–4 Uhr, So 18–2 Uhr.

• *Veranstaltungen* Das große **Pilgerfest** zur Festung findet jährlich am 15. Aug. zu Mariä Himmelfahrt statt. Am 8. Sept. ist das kleinere Fest Mariä Geburt.
Sv. Vid-Fest, zu Ehren des Beschützers der Stadt, wird am 15. Juni gefeiert.
Feiertag der Muttergottes und Seefahrertag, 10. Mai.
Jährliches **Sommerfestival** mit Konzerten, Opern und Theateraufführungen von Ende Juni–Mitte Juli.
Karneval: Findet von Mitte Jan. bis Faschingsdienstag statt. Höhepunkt ist der Faschingssonntag mit großem Umzug. Am Faschingssamstag ist großer Kinderfasching. Es gibt Umzüge, „maskierte" Autos und jede Menge Faschingsbälle. Manche behaupten, der Karneval von Rijeka könne sogar mit dem von Venedig konkurrieren. Infos: www.ri.karneval.com.hr.
Auto- und Moto-Racing in Grobnik, ständig große Events wie „Motoracing Alpe Adria Champ" oder „Oldtimer-Racing" oder „Racing Sidecar" (Weltmeisterschaft). Automotodrom Grobnik, Soboli 55, Čavle, ℘ 259-222, www.grobnik.com.hr.

• *Sport/Surfen* Sehr gute thermische Winde frühmorgens bei Preluk (Station Campingplatz), zudem wellengeschützt.

Übernachten/Camping/Essen/Cafés (siehe Karte hinterer Umschlag)

• *Übernachten* **Privatzimmer** für kurze Zeit oder gar nur eine Nacht sind in Rijekas Altstadtzentrum rar. Besser man fährt an die Opatija-Riviera oder nach Crikvenica. Preis je nach Kategorie 15–30 €/Pers., z. B.: **Appartments Korzo (14)**, Korzo 2, ℘ 098/ 205-063 (mobil). **Pension Pernjak**, Pionirska 64, ℘ 622-069. **Pension Katarina Beljan**, Braće Stipčića 27, ℘ 412-211. **Slada Lukičić**, Lubljanska cesta 28 (Preluk), ℘ 276-307.

Andelko Sučić, Jurja Dobrile 17 (ca. 2 km westl. der Altstadt), ℘ 624-161.
**** Grand Hotel Bonavia (2), komfortables, ruhiges 120-Betten-Altstadthotel im 125 Jahre alten Gebäude. Stilsichere Modernisierung, kein Wunder – der Inhaber ist der bekannte Designer Štrok. DZ/F 160 €, Suiten ab 215 €. Dolac 4, ℘ 357-100, bonavia@bonavia.hr, www.bonavia.hr.

**** Hotel Jadran (19), 2006 nach Komplett-renovierung wiedereröffnet. Prachtbau von 1914 in ruhiger Lage direkt am Meer südöstlich im Stadtteil Pećine (Richtung Zadar). 66 Zimmer und 3 Appartements, Restaurant, Bar, Café. DZ/F mit Meerblick ca. 115 €. Šetalište 13 divizije 46, ✆ 494-000, www.jadran-hoteli.hr.

*** Hotel Neboder (12), 2007 komplett reno-vierter alter Prachtbau von 1920, mit 54 Zim-mern und – wie der Name besagt – eigent-lich mehr Wolkenkratzer. Kleine Zimmer, aber teils herrlicher Blick auf die Stadt und das Meer. DZ/F 76 €. Strossmayerova 1, ✆ 493-140, www.jadran-hoteli.hr.

** Hotel Continental (7), prachtvoller Altbau im Zentrum am Riječina-Fluss, mit dem schönen Café Cont unter 100-jährigen Kas-tanien. Im Innern sehr einfache Ausstat-tung. DZ/F 70 €. Šetalište Andrije Kačića Miošića 1, ✆ 372-008, www.jadran-hoteli.hr.

Jugendherberge (18), im Stadtteil Pećine (Richtung Zadar), in einer schönen Villa von 1898. 14 Zimmer (2–8 Betten), gut ausge-stattet mit Küche und Restaurant. Mit Früh-stück 17,60 €/Pers. Ganzjährig geöffnet. Šetalište 13 divizije 23, ✆ 406-429.

● *Camping* **** Autocamp Preluk**, ca. 10 km in Richtung Opatija. 10 ha großes Gelände direkt am Meer, mit schönem Blick auf die Opatija-Riviera – leider an verkehrsreicher Straße. Minimarkt und Snackbar, Kies-strand, kleiner Bootshafen, Slipanlage; allerlei Wassersportaktivitäten, vor allem Surfen – beste Winde. Gegenüber Cafébar und Treff der Jugendlichen. Hunde erlaubt. Ein guter Stopp für Urlauber, die Rijeka/Opatija besichtigen möchten. 4,50 €/Pers., Auto 2,60 €, Zelt 3 €. Geöffnet 1.5.–30.9. Pre-luk 1, ✆ 621-913. Weiterer Platz in Richtung Crikvenica, in Kraljevica.

● *Essen* **Zlatna Školjka (3)**, zentral bei der Fußgängerzone, mit modernem und anti-kem Mobiliar. Hier isst man bestens Fisch-spezialitäten. Tägl. außer So 11–23 Uhr. Kružna ulica 12, ✆ 213-782.

Restaurant Municipium (5), im stilvollen Palast mit ebenso stilvollem Interieur. Rije-kas feinste Adresse. Die Küche bietet beste traditionelle Küche, Fleisch und Fischge-richte, verfeinert angerichtet. Tägl. außer So 10–23 Uhr. Trg Riječke rezolucije 5, ✆ 213-000.

Taverna Brun (21), leckere Fisch- und Grill-gerichte. Der Inhaber wird sowohl für seine Koch- als auch seine Gesangskünste ge-schätzt. Tägl. außer So 10–22 Uhr, Sa 10.30–15.30 Uhr. Ivana Zajca 2, ✆ 212-544.

Restaurant Feral (20), einfaches, aber sehr gutes Lokal, von den Einheimischen gerne zum Fischessen besucht. Tägl. außer So 9–23 Uhr. Matije Gupca 5a, ✆ 212-274.

Konoba Nebuloza (4), gutes Lokal für Fisch- und Fleischgerichte. So Ruhetag. Titov trg 2b, ✆ 372-294.

Brasserie-Pub As (9), rustikaler Speise-raum, vor dem Haus große Fläche zum Sitzen, mit Blick über den großen Platz und die Fußgängerzone. Kuchen, Eis, Pizza, Fleisch- und Fischgerichte. Trg Republike 2.

Restaurant Pod Voltum (8), preiswertes und gutes Lokal für Fisch- und Fleischgerichte. Andrije Medulića (westl. vom Trg Grivica).

Konoba Tarsa, kleines, gemütliches tradi-tionelles Lokal in Trsat. Tägl. 11–24 Uhr. Josipa Kulfaneka 10, ✆ 452-089.

Restaurant Trsatika, oben auf der Festung Trsat, mit Garten. Beliebte Ausflugsgast-stätte. Es gibt einheimische und internatio-nale Küche. Ulica J. Rakovca 33, ✆ 217-087.

Bistro Cres, freundliches und sehr gutes, preiswertes Esslokal im Bahnhofsgebäude.

Prunkvolle Fassaden

Es lohnt sich, hier vor der Zugabfahrt einzukehren. Trg kralja Tomislava 1, ✆ 221-951.

● *Cafés* Auch für einen Café tagsüber bestens geeignet sind **Café-Bar Hemingway** und **Dva Lava** (s. „Nachtleben").

Café Cont (7), im Hotel Continental. Leckere Kuchen, u. a. auch Karolina-Kuchen; zudem Internet. Schöner Platz im Innern und im Freien unter Laubbäumen. Šet. Andrije Kačića Miošića 1.

Café-Bar Gradina, in der Festung Trsat. Wundervoller Blick, gemütliches, modernes Ambiente, leckere Kuchen und Eis. Zudem Konzerte und Veranstaltungen. 9–24 Uhr.

● *Internet-Club*   **MMC Palach**, Kružna 6 oder **Internet-Café Club Cont** (s. o.).

Stadtbummel

Verlässt man die Uferstraße Riva mit ihren Prachtbauten und überquert die folgende Durchgangsstraße, gelangt man in die **Fußgängerzone,** den Korzo, mit vielen Geschäften und Kaufhäusern. Durch das **Stadttor** (Uhrturm aus dem 15. Jh.) über einen modernen Platz mit Brunnen und Café geht es hoch zur *Altstadt*. Bis 1780 war sie von Stadtmauern umgeben, die bis auf wenige Teilstücke abgerissen wurden, da sie der Erweiterung der Stadt im Weg waren.

Beim Trg Grivica steht das älteste Bauwerk, ein **römischer Triumphbogen,** angeblich aus dem 4. Jh. Unklar ist bis heute, ob es sich dabei um ein Stadttor handelt oder um das Tor des Prätoriums. Letzteres würde bedeuten, dass hier einst die Festung Tarsatica stand, von der aus der liburnische Limes verlief – eine römische Befestigungsanlage aus der Zeit vom 2. Jh. v. Chr. bis zum 4. Jh. n. Chr. Überreste sieht man bei den Treppen zum Hügel Buonarroti nördlich der Altstadt.

Nördlich des Platzes die Kirche **Sv. Vid,** ein Rundbau nach venezianischem Vorbild mit riesiger Kuppel, rund angeordneten Altären und in Rosa und Lila gehaltenen Farbtönen im Innern.

Wir überqueren weiter nördlich die Ul. Žrtava fašizma und gehen westwärts hoch zum *Park*, einer Oase der Ruhe. Im ehemaligen Gouverneurspalast und Sitz Gabriele d'Annunzios (siehe Geschichte) sind das **Marine-** und das **Historische**

Festung Trsat – ein lauschiger Platz mit Weitblick

Museum untergebracht. In der Nähe befindet sich das **Stadtmuseum** und etwas östlich davon, über der Ul. Laginjina, das **Naturwissenschaftliche Museum** mit kleinem Aquarium und Zoo.

Gehen wir zurück zur Kirche Sv. Vid und halten uns südostwärts, stoßen wir auf den **Dom Sv. Marija** mit seinem von außen schlichten, abseits stehenden Turm am Ende einer Grünanlage. Er wurde im 12. Jh. erbaut und ist innen prächtig ausgestattet: reich verzierte Decken, viele Altäre, grüne und rosa Farbtöne und viel Gold.

Am **Toten Kanal** (Mrtivi kanal), einem früheren Flussarm der Riječina, hinter dem Dom entlang, schaukeln bunte Boote am Kai.

Vom regionalen *Busbahnhof* aus bietet sich ein guter Blick zum 138 m steil aufragenden **Berg Trsat** mit der *Festung,* der *Wallfahrtskirche der Muttergottes* und dem *Franziskanerkloster.* Wer hinaufsteigen möchte: Nordöstlich der Stadt am Ufer der Riječina beginnt der Wallfahrtsweg mit seinen 559 Stufen (Trsat ist auch mit Auto und Bus zu erreichen), oben kann man einen Kaffee trinken und die Aussicht auf Rijeka und die Kvarner-Bucht genießen.

Die **Festung Trsat** liegt strategisch günstig über dem Taleinschnitt der Rječina und kurz vor dem Meer – schon in illyrischer Zeit befand sich hier eine Fluchtburg. Die Römer bauten das Kastell *Tarsatica,* später wurde die Burg Sitz der Grafen Frankopan. Anfang des 16. Jh. wurde sie im Wechsel kurzzeitig Sitz der Venezianer und der Türken. Ende des 16. Jh. schließlich befestigte und modernisierte der Statthalter Gašpar Raab die Burg, nach der Zerstörung durch die Erdbeben von 1750 wurde sie allerdings verlassen. Ihr heutiges Aussehen mit Vormauern, Aussichtstürmen und Terrassen – eine Idylle aus altem Gestein und üppigen Pflanzen – schuf der letzte Burgbesitzer, der österreichische Feldmarschall *Graf Laval Nugent* von Westmeath (Irland), der sie im 19. Jh. erwarb und renovieren ließ. Zudem richtete er das erste Museum Kroatiens ein, das die verschiedensten Kunstwerke, Ausgrabungsgegenstände aus Süditalien und Skulpturen beherbergt. Leider wurden zahlreiche Exponate von seinen Erben verhökert, der kleine Rest wanderte ins Archäologische Museum in Zagreb. Gleich am Eingangstor prunkt ein venezianischer Löwe, der einst ein öffentliches Gebäude in Koper zierte. Von der unteren Terrasse aus gelangt man in ein Gewölbe, einst Gefängnis, heute kleine Galerie, von dem aus ein nicht zugänglicher Geheimgang bis zur Rječina hinabführt. Auf der oberen Terrasse befindet sich das im griechischen Tempelstil erbaute Mausoleum der Familie Nugent, das von einem steinernen Drachen bewacht wird. Im nordöstlichen Gebäudetrakt sind die Galerie Laval und ein Café mit Terrasse untergebracht – der für mich lauschigste Platz von Rijeka. Hier finden auch Konzerte und andere Veranstaltungen statt.

Die **Wallfahrtskirche der Muttergottes** mit Schatzkammer ist eine der bedeutendsten Pilgerstätten Kroatiens und soll zu einem pastoralen Zentrum erweitert werden. Im beschaulichen Kreuzgang des Franziskanerklosters erinnern Fotos an den Besuch von Papst Johannes Paul II., der Anfang Juni 2003 einige

Papst Johannes Paul II.

Küstenland Rijeka – Kraljevica
Karte S. 183

Tage hier verweilte. In Gedenken an ihn stellte man im Park vor der Kirche im Juni 2005 eine Papstbüste auf.

Der Wallfahrtsort Trsat

Die Entstehung des Wallfahrtsortes geht der Legende zufolge auf den Transport des angeblichen Wohnhauses (casa sancta) der Heiligen Familie von Nazareth mit Hilfe von Engeln nach Trsat am 10. Mai 1291 zurück. Am 10. Dezember 1294 sollen es dann die Engel weiter nach Loreto (bei Ancona/Italien) gebracht haben. Die Kirche wurde Ende des 13. Jh. von den Frankopanen errichtet, die heute noch erhaltenen ältesten Gebäudeteile datiert man auf die erste Hälfte des 15. Jh. Das heutige Aussehen der zweischiffigen Votivkirche ist geprägt durch ein Stilgemisch aus verschiedenen Epochen, die letzte bauliche Veränderung erfolgte im 19. Jh. Das Kircheninnere besticht durch wunderschöne barocke Altäre, das Franziskanerkloster mit seinem hübschen barocken Kreuzgang und dem zentralen Brunnen birgt zahlreiche Votivtafeln. In der kostbaren Schatzkammer (nicht öffentlich zugänglich) wird das als wundertätig bekannte gotische Triptychon der Heiligen Jungfrau von Trsat aufbewahrt, das einer Überlieferung nach den Kroaten im Jahr 1367 von Papst Urban V. gestiftet wurde – angeblich soll der Heilige Lukas die Ikone geschaffen haben. Viele gekrönte Häupter sowie bekannte Persönlichkeiten stifteten das kostbare Inventar der Kirche, so stammen u. a. die Leuchten von Kronprinz Leopold von Österreich, der vergoldete und mit Edelsteinen verzierte Doppeladler wurde von Karl V. gestiftet, das Messgewand von Maria Theresia und eine silberne Muttergottesfigur mit Kind aus der Hochrenaissance vom kroatischen Banus Tome Bakač Erdödy. Es gibt etliche Wallfahrten, die bedeutendste ist die zu Mariä Himmelfahrt am 15. August mit einer großen Prozession über den Wallfahrtsweg von der Altstadt aus.

Gehen wir weiter südwärts, über die Ul. Ivana Zajca, erreichen wir das im Stil der Renaissance und des Barock gehaltene **Volkstheater** der Wiener Architekten Helmer und Fellner. Das Theater trägt den Namen des kroatischen Komponisten *Ivan von Zajc* und erlebte 1885 seine erste Aufführung. Westlich des schön gestalteten Theaterplatzes die **Markthalle** mit verschiedensten Lebensmittel-, Fisch- und Fleischständen, davor Obst- und Gemüsestände.

Gegenüber der Straße die prunkvolle Fassade des **Palais Modello** (ebenfalls von Helmer und Fellner) mit Stilelementen der Hochrenaissance und des späten Barock. Heute ist der Prachtbau Sitz der Stadtbücherei und des Kulturzentrums der italienischen Minderheit. Ein paar Meter weiter westlich sieht man die riesigen Kräne und Schiffe vom Hafen.

Beim Busbahnhof, gegenüber dem Trg Žabice, steht die **Kapuzinerkirche Gospe Lurdske** (1904–1929 erbaut) mit prächtiger, fast modern anmutender Fassade und weiß-braun-roten Mosaiken. Der untere Teil wurde vom Architekten Giovanni Maria Cureto kreiert und ist Maria der Seelentrösterin geweiht, den oberen, etwas späteren Bau schuf Cornelius Budinis zu Ehren der Madonna von Lourdes. Weiter westlich in Richtung Bahnhof stehen die Backsteinbauten der einstigen Manufakturen. Östlich der Kapuzinerkirche steht der **Prachtbau Ploech,** der 1880 vom Architekten G. Zammattio geplant wurde. Ploech war maßgeblich an der Torpedo-Entwicklung beteiligt.

Museen

Schifffahrts- und Historisches Museum (im ehemaligen Gouverneurspalast): Das Museum dokumentiert die Geschichte der kroatischen Schifffahrt und zeigt Segelschiffsmodelle. Eine ausgestellte Schwimmweste der Karpathia erinnert an das Titanic-Schiffsunglück vom 14./15. April 1912. Die Karpathia, ein Schiff der Cunard Line, konnte als Erste zu Hilfe eilen. Weitere Exponate im prachtvollen Palast sind Bilder, Möbel und Waffen des 17. bis 19. Jh., eine Gedenksammlung des Geigenbauers Franje Kresnik (1869–1943) sowie Trachten aus der Umgebung. Im Außengelände stehen zwei Abschusskanonen für Torpedos, die Ivan Lupis 1878 erfand und hier testete.
Adresse/Öffnungszeiten Muzejski trg 1 (im Park), ✆ 213-578. Di–Fr 9–18, Sa 9–13 Uhr, So/Mo geschl.

Stadtmuseum: Gezeigt werden Dokumente aus der Geschichte der Arbeiterbewegung, über den Volksbefreiungskampf und die Revolution sowie eine Sammlung zur älteren und neueren Geschichte Rijekas.
Adresse/Öffnungszeiten Muzejski trg 1/1, ✆ 336-771. Mo–Fr 10–13 und 17–20 Uhr, Sa 10–13 Uhr, So geschl.

Naturwissenschaftliches Museum und botanischer Garten: Meeres- und Landesfauna sowie Heilpflanzen aus der Umgebung sind zentrale Themen des Museums. Dazu geologische Funde, eine Sammlung von Schnecken und Muscheln und im Aquarium Haie und Rochen. Um das Museum wurde ein kleiner botanischer Garten mit Gewächsen aus dem Adriaraum angelegt.
Adresse/Öffnungszeiten Lorenzov prolaz 1 (nordöstlich im Park), ✆ 334-988. Mo–Sa 9–19, So 9–15 Uhr.

Kapuzinerkirche Gospe Lurdske

Moderne Galerie: Jährlich wechselnde Kunstausstellungen im 2. Stock des Gebäudes: in den Jahren mit geraden Jahreszahlen die Internationale Ausstellung von Originalgrafik, in den ungeraden die Biennale der Jugend.
Adresse/Öffnungszeiten Dolac 1/II, ✆ 334-280. Tägl. 10–13 und 17–20 Uhr.

Wissenschaftliche Bibliothek: Die Bibliothek präsentiert wichtige Dokumente der *glagolitischen Tradition,* darunter früheste glagolitische Inschriften, handgeschriebene

Messbücher und die ersten Buchpublikationen aus der ersten glagolitischen Druckerei unter *Šimun Kožičić.*
Adresse/Öffnungszeiten Dolac 1, ℡ 336-129. Mo–Sa 8–20 Uhr.

Mit der **Rijeka Card** erhalten Sie 50 % Eintrittspreis-Ermäßigungen in Museen und Galerien. Siehe dazu unter „Information".

Ausflug zum Risnjak-Nationalpark

Nordöstlich, etwa 15 km Luftlinie von Rijeka entfernt, beginnt der Nationalpark Risnjak, ein Bergmassiv im Gorski kotar, das zum dinarischen Gebirgssystem gehört. Der Nationalpark umfasst eine Fläche von 63,5 km² – seine höchste Erhebung ist mit 1528 m der Berg *Veliki Risnjak* mit seinen zahlreichen Felsspitzen, von dem aus sich ein unvergesslicher Weitblick bietet. Der *Snježnik* ist mit 1506 m die zweithöchste Erhebung und liegt etwas nordwestlich. Der vorwiegend von Buchen, Tannen, Kiefern und über 30 geschützten Pflanzenarten geprägte Nationalpark zählt zu den waldreichsten Kroatiens. Auch die Tierwelt ist außerordentlich vielfältig, viele Vogelarten leben hier ebenso wie Braunbären, Wölfe, mehrere Arten von Gämsen und Luchse, denen das Gebirge seinen Namen verdankt (ris = Luchs). Dazwischen verstreut kleine Dörfer mit holzschindelgedeckten Häusern und kristallklare Bäche. Man kann wunderbare Wanderungen unternehmen, auf die Gipfel steigen oder die türkis leuchtende, stark strömende Karstquelle der *Kupa* am westlichen Abhang des Risnjak besuchen. Noch ist die Landschaft fast unberührt und touristisch kaum erschlossen. Im Leskatal (Beginn westlich der Nationalparkverwaltung in Crni Lug) kann man auf über 4 km einen interessant gestalteten Lehrpfad begehen.

Zum Risnjak: Von Rijeka zuerst die vierspurige Umgehungs- und Schnellstraße Richtung Karlovac nehmen, dann weiter auf der E65 bis Gornje Jelenje (ca. 24 km von Rijeka entfernt), danach die kleine Straße weitere 7 km in Richtung Lazac fahren. Ein Wegweiser führt zum Parkplatz in Vilje. Ab hier in zwei Stunden Aufstieg auf markiertem Wanderweg zur Berghütte Risnjak (1448 m). Sie ist vom 1.5. bis 31.10. geöffnet und hat ca. 15 Betten.

Eine Aufstiegs-Variante bietet sich über Crni Lug, dann weiter bis zum Nationalparkshäuschen von Bela Vodica. Dort parken, in ca. drei Stunden erreicht man von hier aus den Gipfel; ab der Berghütte wird der Aufstieg steil und beschwerlich.

Zum Snježnik: Die Zufahrt von Rijeka aus ist westlich über Platak zu nehmen. Dort parken und den Bergsteig zu einem weiteren Parkplatz entlang der Rimska cesta nehmen; hier kann man zwischen zwei Wegen zum Gipfel wählen: über Kroz grlo bis zum Sattel Rimska vrata oder über den Grat. Wer möchte, kann weiter zum Veliki Risnjak. In Platak ist die gleichnamige Berghütte (Planina dom Palatak) und auf dem Gipfel Dom Snježnik.

Zur Karstquelle Kupa: Anfahrt wie oben bis Gornje Jelenje und dann weiter über Mrzla Vodice und Crni Lug nach Razologe, insgesamt von Rijeka aus 70 km. Von Razologe erreicht man nach einem ca. 45-minütigen Fußmarsch die Quelle.

● *Informationen* **Nacionali Park Risnjak,** Bijela Vodica 48, 51317 Crni Lug, ℡ 836-133, ✉ 836-116, www.risnjak.hr oder auch für die Gesamtregion www.gorskikotar.com. *Bergwacht:* ℡ 091/5911-111 (mobil).

● *Übernachten* Großes und gutes Angebot in der Umgebung: in den **Berghütten** Risnjak (℡ 836-133), Snježnik, Platak (s. o.) und in Pensionen in den umliegenden Orten; zudem ***** Hotel Risnjak**, Delnice, Lujzinska

Blick auf das idyllische Bakar und das Risnjak-Gebirge

36, ☎ 508-160, info@hotel-risnjak.hr, www.hotel-risnjak.hr.

• *Essen* Etliche gute Restaurants in allen Orten, Spezialitäten sind hier Gerichte vom Wild, Frösche, Forellen und Pilze, zudem Waldfrüchte (u. a. Himbeeren, Schwarzbeeren, Brombeeren), aus denen leckere Nachspeisen und Kuchen gefertigt werden.

• *Sport* Mountainbiken, Klettern, Angeln, Paragliden, Rafting und auch Wintersport, v. a. auch in der weiteren Umgebung des Nationalparks Risnjak im Gorski kotar. Für Touren stehen auch Bergführer zur Verfügung, ebenso für Höhlenbesichtigungen.

Bucht von Bakar

Die Bucht von Bakar mit den Ortschaften **Bakar, Bakarac** und **Kraljevica,** 20 km südlich von Rijeka gelegen, ist ein fjordähnlicher, tiefer Einschnitt – ein riesiger natürlicher Hafen. Schon von Weitem ist die Bucht durch qualmende Schlote und Rauchschwaden zu erkennen, die über dem Hinterland der Bucht hängen. Schiffswerften, Raffinerien und die Funktion als Nebenhafen von Rijeka haben die einst schöne Bucht, an der die Thunfischschwärme vorüberzogen, verändert. Nur wenige Touristen verirren sich noch hierher, um historische Sehenswürdigkeiten zu besichtigen.

Die großen Leitern, die in die Bucht von Bakar ragen, sind übrigens Beobachtungsposten für „Thunfischwächter" und inzwischen die beiden letzten in der Adria. Zwischen Oktober und März sitzen die Wächter auf ihren Schwindel erregenden, luftigen Posten. Sobald ein Schwarm gesichtet wird, ertönt eine Sirene, die Netze werden geschlossen, und das Abschlachten beginnt.

Bakar und Bakarac

Bakar ist ein malerischer kleiner Ort mit wenig Touristen, meist Bootsbesitzern. Außer Industrieanlagen und überdimensionierten Pipelines, die die Bucht zum Teil unter Wasser durchqueren, bietet der Ort zwei Kirchen und ein Kastell. Die im 16. Jh. von den Frankopanen am höchsten Punkt errichtete Burg wurde im 18. Jh. umgebaut. Am südlichen Buchtende die Ansiedlung Bakarac mit kleinem Strand.

● *Übernachten* ** **Hotel Jadran**, schöne Lage am Hafen von Bakar mit Restaurant. Einfach ausgestattete DZ 54 €. ✆ 051/762-100, www.hotel-jadran-bakar.com.

** **Hotel Bakarac**, kleines 11-Zimmer-Hotel mit Restaurant im gleichnamigen Ort am Meer, gegenüber von Bakar. DZ/F 71 €. ✆ 051/285-107, www.hotel-bacarac.com.

● *Camping* **Autocamp Bakarac**, wie das gleichnamige Motel gegenüber dem Hafen. Zum Baden gibt es einen kleinen Strand. 3 €/Pers., Auto 2,20 €, Zelt 2,20 €. ✆ 051/285-125. Geöffnet 1.5.–30.9.

● *Veranstaltung* „Mare croaticum", Begegnung bildender Künstler Ende Juni.

Kraljevica

Ein verschlafener Ort mit zwei Hotels, Werftanlagen und einer Menge Öltanks. Lediglich die Schlösser, die nicht besichtigt werden können, erinnern an die Geschichte der Adelsgeschlechter *Frankopan* und *Zrinjski*, die hier im 17. Jh. eine Verschwörung gegen ihre österreichisch-ungarischen Lehnsherren ausheckten. Der Aufstand scheiterte an der rigorosen Gegenwehr Kaiser *Leopolds* von Österreich, der den Grafen *Zrinjski* 1664 ermorden ließ, die Tat aber als Jagdunfall tarnte. Den Bruder des Grafen, *Petar*, und seinen Schwager *Frankopan* lockte der Kaiser unter dem Vorwand, verhandeln zu wollen, nach Wien, wo beide 1671 wegen Hochverrats hingerichtet wurden.

Kraljevica war einstmals der erste Badeort an der kroatischen Küste; sein Hafen verlor jedoch mit dem Siegeszug von Eisenbahn und Dampfschifffahrt gegenüber dem Hafen von Rijeka an Bedeutung.

● *Telefonvorwahl* 051

● *Postleitzahl* 51262 Kraljevica

● *Information* **Touristeninformation**, am Hafen, ✆ 282-078. 7–21 Uhr.

● *Geldwechsel* **Erste banka**, Mo–Fr 8–19, Sa 8–12 Uhr.

● *Post* Im kleinen Zentrum, Mo–Sa 7–21 Uhr.

● *Essen* **Konoba Bujan**, im Weiler Meja, nördlich von Kraljevica im Hinterland. Seit 1932 wird dieses Lokal ausgezeichnet von der gleichnamigen Familie geführt. Spezialität sind Gerichte aus der Peka (Lamm, Kalb, Spanferkel). Meja 16, ✆ 809-500. Tägl. außer Mo 14–22 Uhr.

● *Übernachten* **Privatzimmer** (DZ), 20 €.

* **Hotel Almis**, kleiner Bau mit Restaurant am Hafen, neben der Bank. DZ ca. 35 €, ✆ 281-312.

** **Hotel Uvala Scott**, der gleichnamige englische Adelige kaufte Anfang des 19. Jh. das schöne Gelände um die Bucht Dubno (ca. 1 km südl. vom Ort) und lebte hier bis zu seinem Tod 1860. Heute stehen Pavillons zur Vermietung. DZ/F 54 €, Appartements bis zu 4 Pers. 65 €. ✆ 281-226, www.jadran-hoteli.hr.

● *Camping* **Autocamp Oštro**, auf der gleichnamigen Halbinsel. Teils schattiges Gelände in Werftnähe, steiniger Strand. Nette Studios zu vermieten. Geöffnet 1.5.–30.9. Ca. 4 €/Pers., Auto 3 €, Zelt 3 €. ✆/🖷 281-218, -404, www.novi-turist.hr.

Nach dem Ort **Kraljevica** endet die Bucht, und man gelangt auf die *Krički most,* die *Krker-Brücke* (Maut ca. 4,20 €). Bis 1990 trug sie den Namen Titos, der 1925/26 als Werftarbeiter hier arbeitete. Die Brücke scheint Erde und Mond zu verbinden, so kahl und leer wirkt die Insel Krk – doch nur von weitem.

Die 1300 m lange Krički most ist Krks wichtigste Verbindung zum Festland

Insel Krk

Nähert man sich der Insel über das gewaltige Brückenbauwerk der Krički most, zeigt sich Krk von der karstigsten Seite. Doch die Insel hat viele Gesichter – von kahl und karg bis üppig und grün. Durch Brücke, Flugplatz und ein enges Straßennetz ist die Insula Aurea, die Goldene Insel, die verkehrstechnisch am besten erschlossene Insel Kroatiens.

Krk ist ein bisschen größer als Cres und mit 410 km² die größte der kroatischen Inseln; rund 16.500 Einwohner leben hier. Erreichen kann man sie nicht nur per Fähre, sondern auch über die *Krički most,* eine beeindruckende Brücke, die sich 60 m über dem Meer in zwei Bögen und einer Gesamtlänge von 1310 m über den Meeresarm spannt. Wegen der guten Verkehrsanbindungen ist die Insel in der Hauptsaison vor allem in den Touristenzentren *Njivice, Malinska, Krk, Punat* und *Baška* oft überfüllt – trotz zahlreicher Badestrände und großer Campingplätze. Trotz alledem sind die Einheimischen sehr freundlich und um einen guten Service bemüht.

Bleiche Steinwüsten und eine schwer zugängliche Küste findet man im Nordosten und Osten. Grün wird die Insel im Westen, gegen Südwesten wächst Mittelmeerwald. Im bergigen Süden liegt die mit 569 m höchste Erhebung von Krk, der *Obzova.* Flach wird es im Norden. Dort liegt der *Omišalji-See,* ein sehr wichtiges Süßwasserreservoir der Insel, trotz seiner nur 0,25 km² Fläche. Auch Bäche gibt es auf Krk. Sie fließen im Mitteltal, das sich von der *Bucht von Omišalj* bis zur *Bucht von Baška* erstreckt, einer fruchtbaren Landschaft mit Wiesen, Weinbergen, Kornfeldern, Olivenhainen, Obst- und Gemüsegärten. Allerdings wird nur knapp ein Zehntel der Inselfläche landwirtschaftlich genutzt. Neben Viehzucht und Fischerei bilden die petrochemische Industrie im Nordwesten und vor allem der Tourismus wichtige Erwerbszweige.

In den Wäldern hat man Damwild und Wildschweine ausgesetzt, außerdem Fasane, die oft in Scharen auftreten. Im südlichen Inselgebirge horsten die riesigen Gänsegeier. Das Wappentier von Krk ist allerdings die Eule.

Bei Wanderungen in den Bergen unbedingt auf die giftige *Hornotter* (vipera ammodytes) achten (siehe dazu „Nordkroatien – das Land/Fauna").

An lukullischen Spezialitäten gibt es den süffigen, goldgelben Wein *Žlahtina*, der in der Gegend um Vrbnik wächst, und *Šurlice*, eine gedrehte Nudel, die meist auch hausgemacht auf den Tisch kommt, und gerne zu Gulasch oder Škampi gegessen wird.

Wichtiges auf einen Blick

Telefonvorwahl: 051

Fährverbindungen: *Trajekt* auf die *Valbiska–Lopar (Rab)*, ganzjährig, Ende Mai– Ende Sept. 4-mal tägl. (7.45, 11.45, 16, 20.30 Uhr), sonst nur 2-mal tägl. (7.45 und 15.15 Uhr). 5,10 €/Pers., Auto 31,25 €. Infos über Splittours, ℡ 863-180, www.splittours.hr.
Trajekt Valbiska–Merag (Insel Cres), ganzjährig von 5.45 bis 23.15 Uhr (10-mal); in der Hauptsaison 12-mal; 2,20 €/Pers., Auto 14,80 €.
Zwischen Crikvenica und Šilo verkehren nur Taxiboote.

Brückenverbindung: Die Verbindung zum Festland über die Krički most ist mautpflichtig und kostet 4,20 €.

Busverbindungen: Regelmäßige Verbindung nach Rijeka (5 €), Zagreb (13 €), zum Hauptort Krk und nach Punat, Baška und Vrbnik.

Flugverbindungen: *Flughafen Rijeka* (Zračna luka Rijeka), Hamec 1, Omišalj (kurz nach der Brücke Abzweig), ℡ 842-040, www.rijeka-airport.hr. Flug-Info ℡ 842-132. Am Flughafen (geöffnet 8– 18 Uhr) gibt es Cafébar, Infobüro (℡ 841-865), Duty-free-Shop, Gepäckaufbewahrung. Autotrolej Bus nach Rijeka-Jelačić trg (ca. 30 km) für ca. 20 KN (ca. 3 €) oder Taxen ab 56 €.

Tankstellen: Omišalj, Malinska, Krk, Baška, Valbiska.

Autovermietung: Omišalj-Flughafen, Njivice, Malinska oder Rijeka.

Autoverkehr: Achtung, am Fr Nachmittag gen Brücke und So Abend zurück gen Rijeka, herrscht starker Ausflugs- bzw. Rückfahrtverkehr. Viel Zeit und kilometerlange Staus einkalkulieren oder zu anderen Zeiten fahren!

Campingzubehör: Gasflaschen bei Fam. Hržic, Karinovo b.b., Malinska, ℡ 850-572.

Geschichte

Krk war schon in früher Vorzeit besiedelt – man findet Überreste aus der jüngeren Steinzeit sowie Wallburgen und Hügelgräber der Liburner. Bei den alten Griechen und Römern wird Krk als *Curicum* erwähnt – ein eigenständiges, städtisches Gemeinwesen, dessen Bewohner das Privileg des römischen Bürgerrechts besaßen. Viele Funde stammen aus dieser Zeit.

Im Verlauf der slawischen Völkerwanderung besiedelten die Kroaten die Insel vom Festland her, das byzantinische Dalmatien schrumpfte auf ein paar befestigte Städte wie Krk, Osor, Rab, Zadar, Trogir, Split, Dubrovnik und Kotor. Aus der Zeit des ersten kroatischen Staats, um 1100, stammt die *Tafel von Baška*, eine Schenkungsurkunde. In der Zeit, als Ungarn-Kroatien mit Venedig um Dalmatien stritt, erstarkten die Herren von Krk als lachende Dritte. Die *Frankopan*-Fürsten, wie sie sich später nannten, waren Beschützer der glagolitischen Volkstradition. 1288 wurde das alte kroatische Gewohnheitsrecht in einem Gesetzbuch zusammengefasst, das auf Kroatisch und in der *Glagoliza* niedergeschrieben wurde. Bis 1480 konnten sich die Frankopanen-Fürsten gegen Venedig behaupten, dann gerieten sie untereinander in Streit, und diesmal durfte sich der venezianische Doge freuen. Krks wechselvolle Geschichte bis zum Ersten Weltkrieg teilen auch die anderen Kvarner-Inseln. 1918 vereinigten sich Dalmatien und Kroatien, und damit auch Krk, zum Königreich Jugoslawien. 1945, nach dem siegreichen Ende des Befreiungskampfes, den Tito mit seinen Partisanen gegen die italienischen und deutschen Besetzer führte, folgte der Zusammenschluss mit dem sozialistischen Jugoslawien. Seit 1992 gehört Krk zur Republik Kroatien.

> ### Glagoliza – die glagolitische Schrift
>
> Die Glagoliza ist eine altslawische Schrift mit eigenen, aus dem Griechischen, Orientalischen und Slawischen abgeleiteten Formgebungselementen. Wahrscheinlich wurde sie im 9. Jh. von dem „Slawenapostel" Kyrillos aus Saloniki im Zuge seiner Bibelübersetzung zum besseren Verständnis des Inhalts geschaffen. Auf Krk ist die „Glagoliza" heute noch in vielen Steininschriften, Handschriften und Drucken zu sehen.
>
> Grundlage der glagolitischen Schrift sind die griechischen Kleinbuchstaben, die Lettern sind orientalischen Alphabeten entlehnt und wurden an die Lautbesonderheiten der slawischen Sprache angepasst und umgestaltet. Die Schrift fand Eingang in die slawische kirchliche Literatur und ist trotz des Widerstandes der lateinisch orientierten Papstkirche in ihrem westlichsten Verbreitungsgebiet (Istrien, nordadriatischer Raum mit Zentrum Insel Krk) bis in die Gegenwart erhalten geblieben.

Omišalj

In der Hauptsaison bevölkern Hotelgäste, Camper und Wochenendausflügler aus Rijeka die historische Stadt mit ihren 2000 Einwohnern – Omišalj ist neben Krk der älteste Ort der Insel. Unweit von Flughafen und Industrieanlagen thront er trutzig auf einem 82 m hohen Berg über dem Meer.

Weit schweift der Blick über die Bucht bis Opatija und die Insel Cres. Die Bucht ist heute von Industrieanlagen geprägt, dennoch lassen es sich viele nicht nehmen, hier ihren Badeurlaub zu verbringen. Vielleicht deswegen, weil Omišalj noch einer der wenigen ruhigen und gemütlichen Orte der Insel ist. Schmale Gassen führen an Natursteinmauern und Häusern mit gepflegten Gärten entlang – eine Oase der Ruhe. Rund um Omišalj wurden schöne Rad- und Wanderwege angelegt, hinzu kommen die alten Uferpromenaden zum Flanieren.

Die schöne Aussicht, die früher im Wortsinn ungetrübt war, lockte schon vor Jahrhunderten Menschen nach Omišalj. Im Mittelalter gehörte Omišalj zu den vier frankopanischen Städten. 1420 sicherten die Inselfürsten die Stadt durch ein Kastell, das erst im 20. Jh. niedergerissen wurde.

- *Postleitzahl* 51513 Omišalj
- *Information* **Touristinformation (TZO)**, in der Altstadt. Juli/Aug. Mo–Sa 8–21, So 8–12 und 18–21 Uhr; Mai, Juni, Sept. Mo–Fr 8–14, Sa 8–13 Uhr. ✆ 841-042. Außerhalb der Saison über Njivice, www.tz-njivice-omisalj.hr. **Agentur Su-Mo Tours**, am Kreisverkehr vor der Altstadt. ✆ 842-230, www.sumotours.hr.

Mai–Ende Okt. 9–20 Uhr (Juli/Aug. bis 21 Uhr), teils Pause von 14–16.30 Uhr. Zimmervermittlung und gute Infos.
- *Verbindungen* **Bus**: Regelmäßige Busverbindung mit Rijeka, Zagreb und über die Insel. **Flug**: Airport Rijeka/Krk, ✆ 051/842-132, Charterflüge; **Panoramaflüge und Aero Taxi** unter ✆ 841-774 oder www.albatros.hr.

Insel Krk Karte S. 198/199

Cessna 184 für 3 Pers. ca. 50 €/15 Min.

Taxi: zum Flughafen 12 €/2 Pers. (relativ teuer für die wenigen Kilometer).

● *Geldwechsel* **Erste banka** (beim Parkplatz), 8–14 Uhr, mit Geldautomat.

● *Post* Im Zentrum, Juli/Aug. 7–21 Uhr, sonst Mo–Fr 7.30–19 Uhr, Sa bis 14 Uhr.

● *Auto* Parken vor der Stadt, Parkplätze links und rechts der Hauptstraße.

● *Autovermietung* **Europcar** und **Mystik Tours**, Hamec 1 (Flughafen), ✆/℡ 841-300, ✆ 091/5934-359 (mobil).

● *Einkaufen* Supermarkt, Obst- und Gemüsestände.

● *Gesundheit* **Ambulanz**, Prikešte 15, ✆ 842-086. **Apotheke**, Kovačnica 11, ✆ 842-127.

● *Veranstaltungen* Am 15. Aug. wird der Kirchenpatron Mariä Himmelfahrt gefeiert, zudem **Stomorina**, das „Fest der ersten Früchte". Das Fest dauert 2 Tage, Musikkapelle und Folkloreaufführung auf dem großen Kirchenvorplatz. Im Sommer viele Veranstaltungen, u. a. das **Ethnofestival**.

● *Übernachten* **Privatunterkünfte** je nach Kategorie ab 30 € für das DZ. **Appartements** für 2 Pers. ab 43 €, für 4 Pers. ab 65 €. Frühstück ab 5 €/Pers.

** Hotel Adriatic, schöne Lage an der grünen Bucht, aber ohne Flair, große Reisegesellschaften machen hier Station. Badestrand mit Fels- und Betonliegeflächen. Einfache Zimmer, DZ/F 70 €. Ruhiger und netter wohnt es sich noch in den modernisierten **** Dependancen Marina und Primorka**, DZ/F 60 €. ✆ 842-126, www.hoteli-omisalj.hr.

**** Villa Isabella, kleines, familiär geführtes Hotel mit Restaurant, unterhalb obigen Hotels und direkt am Meer mit schöner Terrasse. Gut ausgestattet. DZ/F 70 €. Zagradi 39, ✆ 841-002, www.villa-isabella.de.

*** Guesthouse Delfin, nettes kleines Hotel mit Restaurant am Meer und an der Einbahnstraße gelegen – beste Wahl in Omišalj. Zum Abendessen geht man am besten zu Fuß in 15 Min. hinauf in die Stadt, per Auto muss man komplett außen herumfahren. Freundlicher Service. DZ/F 80 €. Mali Kijec 11, ✆ 867-780, projada@hotel-delfin.hr, www.hotel-delfin.hr.

Pension-Restaurant Barbi Gerga, am Altstadtbeginn. Appartementvermietung, ganzjährig geöffnet. ✆ 842-255, 842-105.

● *Camping* *** Camping Pušća**, der 8-ha-Platz ca. 4 km nördlich von Omišalj hat eine eigene Bucht. Wenig Bäume in der Steinwüste. Blick auf die Skyline Rijekas und die fast futuristische Anlage der Ölraffinerie

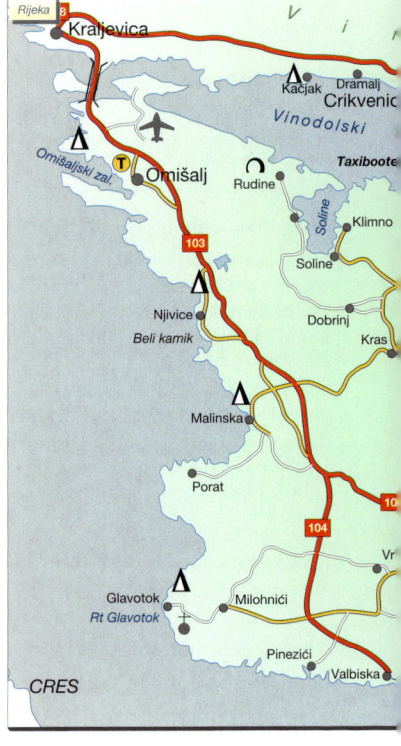

gegenüber. Bescheidene WC-Anlage, Strandduschen, Kühltruhe bei der Rezeption, Getränkebar, Paddelbootverleih. Flach ins Wasser abfallender Kiesstrand. 4,90 €/Pers., Auto 3,50 €, Zelt 4,90 €. ✆/℡ 841-440. Geöffnet April–Ende Sept.

● *Essen* **Restaurant Barbi Gerga**, guter Service und gutes Essen in nettem Ambiente. Man speist im gemütlichen Innern, im Hinterhof unter ausladenden Feigenbäumen oder vor dem Haus. Es gibt Fisch-, Fleisch-, Nudel- und Reisgerichte. Ganzjährig geöffnet. ✆ 842-255.

Konoba Ulikva, beschaulich und nett unter einem Olivenbaum beim Kirchplatz. Von hausgemachter Pasta bis hin zu Fisch ist alles schmackhaft. ✆ 841-004.

Restaurant Kaštel, beim Parkplatz, mit Terrasse. Spezialität sind Fleischgerichte und Pizza, guter Service. Ganzjährig geöffnet. ✆ 841-039

Konoba-Pension Riva, direkt am Hafen

bei der Pesja-Bucht. Fisch- und Fleischgerichte. Hier werden auch Zimmer vermietet. ℡ 841-777.
● *Baden/Wandern* Fels-, Kies- und Sand-
badebuchten. Uferweg zum alten Fischerhafen Uvala Pesja, in dem Jachten ankern.

Von hier unten führt ein steiler Fußweg
hoch zur Altstadt. Ein weiterer Weg führt
unten am Meer entlang in Richtung Landzunge Tenka Punta.
● *Wassersport* Kleiner **Jachthafen** und
Restaurant; **Hafenamt**, ℡ 842-053.

Sehenswertes

Eine Fußgängerzone führt in den alten Ortskern und zur *Marienpfarrkirche,* einer
dreischiffigen romanischen Basilika aus dem Jahr 1213. Die große Fensterrosette
von 1405 schuf Meister Sinoge. Der Glockenturm wie auch die an den Turm an-
schließende Loggia wurden im 16. Jh., die Kuppel im 17. Jh. erbaut. Das Eingangsportal der Kirche ziert ein Flechtwerkornament aus dem 9. Jh., im Innern sind glagolitische Inschriften und die Grabplatte des letzten Benediktinerabts aus dem Jahr
1471, ebenfalls mit glagolitischer Inschrift, zu sehen. Kleine verwinkelte Gassen
führen durch den Ort, dessen Harmonie nur die gelben Straßenkugelleuchten stö-
ren. Am Ortsende, wo sich das romanische *Kirchlein Hl. Anton* mit offener, säulen-
getragener Vorhalle duckt und der einstige Wasserturm steht, kann man nach Rijeka
hinübersehen, das nachts als Lichtermeer herüberstrahlt.

Omišalj – das römische Fulvinium übersteht auch die heutige Zeit

In der *Bucht von Sepno* prallen Gegenwart und Vergangenheit krass aufeinander. Einst stand hier das römische *Fulvinium,* in dem eine Pilgergemeinschaft lebte. Man sieht auf dem großen Gelände, bewachsen mit Zypressen und Oliven, Ruinen der frühchristlichen *Basilika Mira* aus dem 5. Jh. und der mittelalterlichen Benediktinerabtei *Sv. Nikola* – und eben Raffinerie, Pipeline und Tankerhafen und ruhige Badestellen.

Njivice

Auf der *Krčka Magistrale* weiter landeinwärts zeigt sich, dass die „Mondinsel" recht grüne Seiten hat: erst Buschwerk, dann Bäume und ein Süßwassersee. Von der *Krčka Magistrale* führt eine Abzweigung nach *Njivice.*

Der am Hang liegende 1500-Einwohner-Ort und einstige Landbesitz der Frankopanen zieht sich mit vielen in Grün gehüllten Privat- und Ferienhäusern hinab zum Meer und ist fest in den Händen des Tourismus, vom einstigen Fischerdörfchen ist fast nichts geblieben. Leicht verliert man die Orientierung, nimmt man nicht den richtigen Abzweig zum kleinen Zentrum auf der Halbinsel am Meer. Nördlich des Zentrums liegen die Hotels, der Campingplatz und ein Sportzentrum. Gebadet wird rund um Njivice.

● *Postleitzahl* 51512 Njivice

● *Information* **TZO**, Ribarska obala 10, ✆ 846-243, ✆ 847-662, www.tz-njivice-omisalj.hr. Juli/Aug. 8–21, So 8–12 Uhr; Juni und Sept. Mo–Fr 8–15, Sa 8–13 Uhr; sonst Mo–Fr 8–15 Uhr.

Aleta-Tours, Primorska 10, an der Kreuzung zum Zentrum, ✆ 847-333, www.ait.hr. Ganzjährig geöffnet, Hochsaison tägl. 7–22 Uhr,

sonst 9–15 und 19–21 Uhr. Zimmervermittlung, Ausflüge.

Agentur Sti-L Tours, Draga 31, ✆ 846-207. 7–12 und 17–21 Uhr.

● *Verbindungen* Regelmäßiger Busverkehr zu allen Inselorten. **Touristenbus** 2-mal wöchentl. nach Omišalj und zur Biserujka-Höhle.

- *Geldwechsel* **Erste banka**, 8–12 und 19–21 Uhr; Geldautomaten.
- *Post* 7–12 und 17–21 Uhr.
- *Gesundheit* **Ambulanz**, im Hotel Jadran, ℡ 846-846; **Apotheke**, Ribarska obala 10, ℡ 847-030.
- *Übernachten* **Privatunterkünfte** kosten je nach Kategorie ab 34 €/DZ.

Die Hotels reihen sich am Strand entlang.

*** Hotel Beli Kamik I und II, im Betonstil auf Bögen, am Meer. Tanzterrasse, Sportmöglichkeiten (Tennis, Minigolf, etc.). Fels- und Betonliegeflächen. DZ/F 67–75 € (Topsaison 82–92 €). ℡ 846-720, www.hoteli-njivice.hr.

** Bungalows Flora, die Anlage liegt hübsch am Hang im üppigen Grün, die Ausstattung ist allerdings sehr einfach. DZ/F 49 € (Topsaison 55 €). ℡ 846-720, www.hoteli-njivice.hr.

*** Hotel Jadran, im Reihenhausstil gebaut, innen rosa und freundlich. Nachtklub, Tennisplätze. Fels- und Betonliegeplätze. DZ/F 84 € (Topsaison 102 €). ℡ 846-720, www.hoteli-njivice.hr.

Pension-Restaurant Miramare, liegt direkt an der Uferpromenade mit schönen Zimmern. DZ/F 96 € (Topsaison 118 €). Ribarska obala 4, ℡ 867-740, www.miramarenjivice.hr.

- *Camping* **** Autocamp Njivice**, 10-ha-Platz, Supermarkt im Holzhaus, Stellflächen im Laubwald, Felsbucht mit betonierten Liegeflächen, abseits FKK. 5,20 €/Pers., Auto 2,70 €, Zelt 2,70 oder 3,20 €. Geöffnet 1.5.–30.9. ℡ 846-168, www.hoteli-njivice.hr.
- *Essen* **Restaurant Rivica**, traditionsreich und gut seit 1934. Hübsche Gartenterrasse unter schattigen Palmen und Kastanien, mit Blick auf den Hafen; innen sehr gediegen. Fisch- und Fleischgerichte, leckere Hausweine. Ribarska obala 15, ℡ 846-101.

Entlang der Hafenpromenade **Konoba Uijan** und **Restaurant Miramare**.

Café-Bar Sunset Beach, strohgedeckt, karibisch anmutend, nächtlicher Treff an der gleichnamigen Kiesbucht.

- *Sport* Die Hotels verleihen Surfbretter, Paddelboote, Wasserski, Fahrräder; außerdem Minigolf, Tischtennis und Surfschule im Hotel Beli Kamik und bei beiden Hotels Tennisplätze. An der Uferpromenade Wassersportzentrum mit Tauchclub. Fahrradverleih am Sunset-Beach und hinter Sunset-Beach Tauchclub Ronilački centar Nijivice, ℡ 091/2701-950 (mobil).

Baden: Außerhalb des Ortes Fels- und Kiesbadebuchten; z. B. schöner Feinkiesstrand am Sunset-Beach im Süden. Nördlich des Campingplatzes gelangt man über einen Fußweg zu schönen FKK-Buchten, z. B. *Uvala Dražica* und *Uvala Dumboka*. Von den Buchten aus sieht man bei klarem Wetter auf Cres und das Festland. Nach *Malinska* folgt der *„Paradiesweg"* dem Küstenverlauf, das Landspitzchen Čuf abschneidend – immer wieder finden sich gute Bademöglichkeiten.

Malinska

Das 2000-Einwohner-Dorf an einer weiten, bewaldeten Bucht mit kleinem Hafen ist heute ein Seebad mit einigem Rummel im Sommer. Auch Jugendliche kommen gern in den Ort, denn hier gibt es eine der wenigen Diskotheken der Insel. An der mit Palmen und schattigen Bäumen bestandenen Strandpromenade reihen sich Lokale, Souvenirläden und viele Cafés. Im 19. Jh. war Malinska der Verschiffungshafen für das mit Flaumeichen bestandene Hinterland. Die verkehrsarme Umgebung lädt zu Erkundungen und zum Mountainbiken ein. Altertümer finden sich u. a. im Weiler Porat.

Information/Diverses

- *Postleitzahl* 51511 Malinska
- *Information* **Touristinformation TIC**, Obala 46, ℡ 859-207, ℡/📠 858-254, www.tz.malinska.hr. Juni–Mitte Sept. 8–20 Uhr, sonst Mo–Fr 9–13 und 17–20 Uhr.

Agentur Apolinar, Dubašljanska 71, ℡ 869-011, www.apolinar.hr

Agentur El Pi Tours, am Ortseingang nach der Straßenkreuzung links, ℡ 859-770, www.elpi-tours.com. Geöffnet in der Saison 8–22 Uhr.

- *Verbindungen* Regelmäßiger **Bus**verkehr nach Krk und Rijeka.
- *Geldwechsel* **Privredna banka**, Obala 41.

Insel Krk Karte S. 198/199

Malinskas schöne Hafenpromenade

Erste banka, Lina Bolmarčića 33. Alle mit Geldautomat.

● *Post* Obala 45, Mo–Sa 7–21 Uhr.

● *Einkaufen* Großes **Einkaufszentrum**. Obst- und Gemüsemarkt in der Ortsmitte oberhalb der Durchgangsstraße. **Supermarkt** hinter dem Hotel Triglav.

● *Gesundheit* **Apotheke**, Lina Bolmarčića 33, ✆ 859-387. **Ambulanz**, Lina Bolmarčića b.b., ✆ 859-194 und 859-917. **Zahnambulanz** ✆ 858-731. **Zahnarzt** Dr. Anton Žgombić, Kvarnerska 41, ✆ 859-148.

● *Auto* Großer **Parkplatz** beim Einkaufszentrum. **Tankstelle** an der Durchgangsstraße, kurz nach dem Einkaufszentrum. **Werkstatt**, Novo naselje 17, ✆ 859-491.

● *Veranstaltungen* Musik- und Folkloreveran-staltungen, Ausstellungen im Juli und Aug.

● *Nachtleben* **Discothek Crossroad**, neben Touristagentur El Pi am Ortseingang, nur Juni–Aug. mit Livebands und angesagten DJs. Geöffnet 23-5 Uhr. www.crossroad-discotheque.com. **Club Boa**, Disco und Bar, neben Bushaltestelle; in der Saison tägl., sonst nur am Wochenende.

● *Sport* Paddelboot-, Wasserski-, Ruderbootverleih, Surfschule an der Uferpromenade. Nördlich, in Richtung Kap Čuf, Fels- und Kiesbadebuchten, auch in südlicher Richtung, jedoch überall sehr überlaufen. Fahrradverleih am großen Parkplatz beim Einkaufszentrum.

● *Tauchen* siehe Glavotok, **Correct Diving**.

*Ü*bernachten/*C*amping/*E*ssen

● *Übernachten* **Privatzimmer**, je nach Nähe zum Meer 22–35 € fürs DZ; Appartements für 2 Pers. ab 38 €, für 4 Pers. ab 63 €.

*** Hotel Adria, kleines 39-Zimmer-Hotel mit gutem Restaurant und hübscher Terrasse an der Uferpromenade und wenige Meter zum Strand. DZ/F 69 € (Topsaison 75 €). ✆ 859-170, -311, www.hotel-adria.com.hr.

*** Hotel Malin, ganz im Süden, mit großer Tanzterrasse, d. h. im Sommer laut! Dazu passend das Strandbad, gesäumt von der Türenflucht der Umkleidekabinen. Betonierte Liegeflächen, etwas Kies, kleiner Hafen. DZ/F 87 € (Topsaison 115 €). ✆ 850-234, www.hotelmalin.com.

*** Villa Rova, Familienbetrieb in Alleinlage auf schönem Gelände nahe dem Meer, kurz vor Porat im Ortsteil Vantačiči. Komfortable DZ/F 120 €. ✆ 866-100, rova@t-com.hr, www.vila-rova.hr.

**** **Hotel Pinia**, s. u. Umgebung.

● *Camping* Es gibt etliche kleine * **Privat-camps**, der Rasen vor den Häusern dient als Stellfläche. Hier die größten:

Camp Draga, 4,70 €/Pers., Zelt 2,50 €, Auto 1,70 €. Geöffnet Mai–Sept. Palih boraca 4, ✆/☏ 859-905.

Camp Bogović Ivan, Portić 4 (nahe dem Meer im Weiler Portić), ✆/☏ 859-306. Geöffnet April–Sept. Preise etwas höher wie Draga.

Camp Kranjec-Stašić Nevenka, geöffnet April–Sept. Mirka Radića 12, ✆ 858-173.

● *Essen* **Restaurant-Pizzeria Matteo**, Joakima Tončića 7 (nördlich des Hafen-beckens und der Promenade). Tipp von Ein-heimischen.

Für Fischgerichte geht man in die **Konoba Bracera**, Kvarnnerska 1, ✆ 858-700. Emp-fohlen wird auch **Konoba Intrada**, Obala 50, ✆ 859-222.

Ribarška Konoba, in Richtung Hotel Malin.
Lovačka Konoba-Pension, im Ortsteil Sv. Vid, oberhalb von Malinska.

Umgebung

Porat: Ruhiger kleiner Ort mit Fischerhafen südlich von Malinska. Im 19. Jh. war hier der Zollhafen für Holztransporte nach Venedig. Unweit des Dorfkerns steht ein *Franziskanerkloster* aus dem 15. Jh. mit einem Altarbild der Meister Girolamo und Francesco da Santacroce. Neben einer Olivenpresse von 1850 gibt es ein kleines Museum mit Bibliothek und einem Lapidarium, das Kopien von den ältesten glagolitischen Inschriften zeigt.

● *Post* 8–14 Uhr.

● *Einkaufen* Gemüseladen.

● *Übernachten* **** **Hotel Pinia**, moderner Rundbau mit Glasfronten und Balkonen, ei-nem Restaurant und großer Terrasse. Das Familienhotel liegt direkt am Meer, mit ei-gener Badebucht und Liegeflächen. Kom-fortable, mit Internetzugang ausgestattete Zimmer, von den oberen Stockwerken herr-licher Weitblick in Richtung Insel Cres. DZ/F ab 132 € (Topsaison ab 152 €). Es gibt auch

noch die preiswertere **Dependance Marica**. Porat b.b., ✆ 866-333, hotel-pinia@inet.hr, www.hotel-pinia.hr.

● *Essen* Am Hafen einige Restaurants, u. a. **Konoba Porat**, serviert Fischgerichte, ✆ 867-046. Gegenüber **Konoba Sidro**, ✆ 867-060.

● *Baden* Fußwege führen zu ruhigen **Ba-debuchten** mit Fels- und feinen Kiessträn-den um die südliche Landzunge sowie in Richtung Malinska.

Über Glavotok nach Krk

Auf staubiger Landstraße geht es weiter nach *Glavotok*. Im Landesinneren sind die Dörfer steingrau und urwüchsig, das Buschwerk ist dicht. Es wachsen viele Flaum-eichen, Steinmäuerchen durchziehen die Landschaft, ab und zu an der Straße ein Wasserloch und vereinzelt Weingärten.

Glavotok: Nur ein paar Häuschen, ein *Kiosk*, ein *Restaurant* (Fisch und Omeletts) mit *Pension* und der nahe *Campingplatz*. Unten am Meer ein kleines Hafenbecken voll bunter Boote und ein *Franziskanerkloster* mit Friedhof und Zypressen. 1468 schenkte der Inselfürst *Ivan Frankopan* das Grundstück den glagolitischen Mönchen, die darauf 1507 das Kloster und die Kirche Sv. Marija bauten. Die Klos-terbibliothek birgt eine Sammlung von Büchern und Handschriften in glagoliti-scher Schrift.

● *Camping* * **Autocamp Glavotok**, vor der Ortschaft rechts an einer kleinen Bucht, gegenüber die Berge von Cres. Gostiona mit Terrasse, Minimarkt, Obst- und Gemü-sestand; Bootsanlegestelle und Liegeplät-ze, Slipanlage. Einfache Sanitärhäuschen.

Der Platz liegt unter schattigen großen Föh-ren. Davor das Meer mit weißem Klippen-strand. Nördlich davon eine Kiesbucht mit Bootsanlegestelle. Sehr schön zum Baden. 5,75 €/Pers., Zelt 3,50 €, Auto 3,40 €. Ge-öffnet 1.5.–30.9. ✆ 862-117, ✆/☏ 862-119, www.kamp-glavotok.hr. Nach Glavotok kann man die Bucht entlang laufen.

● *Einkaufen* Im 3 km entfernten Milohnići gibt es einen kleinen **Supermarkt.**

● *Essen* **Konoba Tri Maruna**, im Weiler Poljica, 6 km östlich von Glavotok, kurz vor Nedadići. Hier gibt es leckere Hausmannskost.

● *Tauchen* **Correct Diving** (Hr. Branko Gašpar), Brzac 33, ✆ 869-289, 091/7964-656 (mobil), www.correct-diving.com. Die Tauchbasis ist am Campingplatz Glavotok, bietet Tauchausflüge, Nachttauchen und Tauchkurse. Auch Unterkünfte werden organisiert. Wer nicht in die Tiefe mag, kann auch Kajakfahren, Bogenschießen etc.

Von Glavotok schlängelt sich eine kleine Asphaltstraße Richtung Krk. Auf halbem Weg zum nächsten Ort, **Milohnići,** duckt sich das renovierte Kirchlein Sv. Krševan aus dem 9. Jh. Auf einer Anhöhe das alte Städtchen **Vrh**. Von hier aus schöner Blick hinunter nach Krk und Punat, die sich an der weiten Bucht gegenüberliegen, dahinter die Höhenzüge um den *Berg Obzova* mit weiß schimmernden, kahlen Kämmen.

Westlich von Milohnići kreuzen wir die breite Zubringerstraße, die zum südlich liegenden **Fährhafen Valbiska** führt. Hier legen die Fähren nach Merag (Insel Cres) und Lopar (Insel Rab) ab. Es gibt eine Pizzeria, die durchgehend geöffnet hat, und eine Tankstelle; ansonsten herrscht, wenn nicht gerade eine Fähre kommt, absolute Ruhe auf dem von dichter Macchia umgebenen großen Parkplatz.

Vor Krk Weinstöcke, Äcker und Neubauten, dann die Kirchtürme unten am Meer, ein Kloster und wieder Neubauten. In einem weiten Bogen gelangt man hinunter zur Altstadt.

Glavotok – Hafenidyll und Klostermauern

Krk – Blick auf das Bollwerk der Krker Fürsten

Krk

Hinter wuchtigen Bastionen und Stadttürmen versteckt sich die bereits in der Antike strategisch bedeutsame Seestadt. Schon seit der Römerzeit ist Krk die Hauptstadt der Insel, heute mit 3500 Einwohnern und einem Vielfachen an Besuchern im Sommer. Eine schöne Uferpromenade führt vom Altstadtkern entlang der buchtenreichen Küste.

Von den Römern mit einem Wall umgeben, zierte die *splendidissima civitas Curictarum* bereits antike Landkarten. Hier fand ein halbes Jahrhundert v. Chr. die Seeschlacht zwischen Pompejus und Cäsar statt. Insel und Stadt nahmen am Handel der antiken Welt lebhaft teil. Eine Menge gesunkener Schiffe, voll mit Amphoren, liegt hier am Meeresboden. Gegen Ende des 6. Jh. unterstand der Bischof von Krk dem Patriarchen von Aquileia. Im Mittelalter hatten die Frankopan-Fürsten hier ihren Herrschaftssitz. Heute ist Krk politisches und administratives Zentrum der Insel.

*I*nformation/*V*erbindungen/*D*iverses

- *Postleitzahl* 51500 Krk
- *Information* **Tourismusverband Stadt Krk (TZG)**, Vela placa 1, ✆ 222-414, www.tz-krk-hr. Mo–Fr 8–15 Uhr.

Tourismusverband Insel Krk, Trg Sv. Kvirina 1, ✆ 221-359, www.krk.hr.

TIC, Obala hrvatske Mornarice b.b. (Uferpromenade Altstadt), ✆/✆ 220-226. Beste Infostelle der Stadt. Juni–Aug. tägl. 9–21 Uhr; Mai/Sept. tägl. 8–20 Uhr. Außerhalb der Saison Infos bei TZG.

Touristagentur Aurea, Ortszufahrt/Kreuzung links, Vršanska 26 L, ✆ 222-277, www.aurea-krk.com. Zimmervermittlung,

Ausflüge, kompetente Information, guter Service, Auto- und Fahrradvermietung.

Agentur Krk Info, Slavka Nikolića 34 (Zufahrtsstraße zur Altstadt), ✆ 222-222, www.infokrk.com. Zimmervermittlung und Fahrradverleih.

Touristagentur Gaber, links gegenüber Aurea, ✆ 221-570. Zimmervermittlung etc.

Autotrans, am Busbahnhof (Altstadteingang am Hafen), ✆ 222-661, krk@autotrans.hr. 8–21 Uhr. Infos, Reservierungen, Privatzimmer, Fahrradvermietung.

● *Verbindungen* **Bus**: Busbahnhof am Hafen vor der Altstadt. Infos ✆ 221-111. Regelmäßig Busse nach Punat, Baška, Omišalj, Vrbnik, nach Rijeka (006Aede 1:30 Std., Fahrtzeit 1:20 Std.) und Zagreb (4-mal tägl. von Juni✆Ende Aug., einfach 20 €, retour 28 €). Zur Klosterinsel **Košljun** nur Taxiboot von Punat. Von Krk nur per Ausflugsschiff.

● *Geldwechsel* **Erste banka**, mit Geldautomat, Trg Bana J. Jelačića 4, zudem viele weitere und Geldautomaten.

● *Post* Bodulska ul. (westl. vom Altstadteingang Vela Placa); Mo–Sa 7–21, So 9–12 Uhr.

● *Autovermietung* **Auto Krk**, Zagrebačka b.b., ✆ 222-565, 098/241-200 (mobil), www.rentacarkrk.com. Ab 53 €/1–2Tage (Renault Clio).

● *Tankstelle* stadtauswärts Richtung Punat, Juli/Aug. durchgehend, sonst 6–22 Uhr. Kleine Tankstelle vor der Altstadt.

● *Parken* Beim Busbahnhof und oberhalb der Altstadt.

● *Gesundheit* **Apotheke Ljekarna Jadran**, Vela Placa, ✆ 221-133, Mo–Fr 8–12 und 17–20 Uhr, Sa 7.30–13 Uhr. **Ambulanz**, Vinogradska cesta, ✆ 222-029.

● *Einkaufen* Großer Obst- und Gemüsemarkt, Brot, Käse und Wurst am großen Platz vor der Altstadt (Trg Bana J. Jelačića); internationaler Zeitungskiosk.

● *Veranstaltungen* **Fest von Krk** mit Konzerten, Tanz und Essen vom 8.–10. Aug.
Sv. Quirin-Fest (Schutzheilige), am Trg Kampin und in der Kathedrale.
Krker Sommerfestspiele im Juli/Aug., Konzerte, Ausstellungen und Folkloredarbietungen. Veranstaltungskalender in Touristinformation.

● *Nachtleben* **Disco Jungle (4)** an der Stadtmauer, neben Vela Placa. Juli/Aug. tägl., sonst nur Fr/Sa.

Café-Cocktailbar & Galerie Volsonis (5) (s. a. Sehenswertes), Eingang zur Galerie über die Vela Placa oder zum Café mit lauschigem Innenhof von der Außenseite der Stadtmauer. Im Untergeschoss Bar, gute Musik und Videoclips über großen Flatscreen. Tägl. 8–24 Uhr, Fr/Sa bis 2 Uhr (außerhalb der Saison nur Fr/Sa offen). www.volsonis.hr.

Ü bernachten

1 FKK-Autocamp Politin
3 Appartements Nono
6 Appartements Štetić
7 Hotel Marina
9 Hotel Koralj
11 Hotel Dražica
13 Hotel Bor
14 Autocamp Bor
15 Autocamp Ježevac

C afés

5 Café-Cocktailbar und
  Galerie Volsonis
8 Café-Bar Kula

N achtleben

4 Disco Jungle
5 Cocktailbar
8 Café-Bar Kula

E ssen & Trinken

2 Konoba-Pizzeria Galija
3 Konoba Nono
10 Restaurant Galeb
12 Konoba Šime
16 Restaurant Karaka

100 m

Krk Stadt

---

*Ü*bernachten/*C*amping/*E*ssen

● *Übernachten* **Privatzimmer** kosten je nach Kategorie ab 30 € fürs DZ. **Appartements** für 2 Pers. ab 53 €, für 4 Pers. ab 67 € (Topsaison 81 €). Gegenüber der Altstadt nette Privatzimmer in Einfamilienhäusern mit Gärtchen.

**** Appartements Štetić (6), Neubau westlich des Zentrums, etwas oberhalb. Komfortable Zimmer mit TV, Föhn 45 € (ohne Frühstück), Frühstück oder HP möglich; es gibt auch Appartements. Slavka Nikolića br 3, ✆/✆ 221-907.

Appartements Nono (3), oberhalb des Strandbades und der gleichnamigen Konoba. 40 €/2 Pers. Krčkih iseljenika 8, ✆ 222-979, www.nono-krk.com.

Der Hafen von Krk bietet wenig Platz für Bootstouristen

**** Hotel Marina (7), direkt an der Hafenpromenade in der Altstadt. Erstklassig und modern renoviert, die Zen-Einrichtung mit guten Materialien schafft eine entspannte Atmosphäre. Große, gemütliche Terrasse zum Frühstücken oder abends zum Chillen. Sehr gut ausgestattete Zimmer. DZ/F 160 €. ✆ 221-357, www.hotelikrk.com.

*** Hotel Dražica (11) mit **Dependancen** (Lovorka und Tamaris), an der gleichnamigen Bucht östlich des Zentrums (ca. 10 Min. Fußweg entlang der schönen Uferpromenade). Touristische Würfelblocks mit insg. 237 Zimmern im Kiefernwald, Sportanlagen (Tennis, Volleyball etc.), großer Kinderspielplatz, Tanzbühne im Freien, Verleih von Motorbooten, Surfbrettern, Ruder- und Tretbooten; Kinderpool, großer Erwachsenenpool, Felsküste mit betonierten Liegeflächen und kleinen Kies-Sand-Buchten. Das Hotel organisiert Ausflüge nach Plavnik. Etwas ruhiger und preiswerter ist es in der abgelegenen **Dependance Lovorka**. Am schönsten und direkt an der Strandpromenade liegt das **Hotel Tamaris**, mit schöner Terrasse. DZ/F in Dražica und Tamaris ab 104 € (Topsaison 132 €), Lovorka 90 € (Topsaison 114 €). Šet. Dražica b.b., ✆ 655-755, www.hotelikrk.com.

*** Hotel Bor (13), kleines nettes und preiswertes Familienhotel mit 22 Zimmern, direkt an der Uferpromenade (vor Hotel Dražica) und umgeben, wie der Name besagt, von Pinien. DZ/F 50 € (Topsaison 60 €). Šet. Dražica b.b., ✆ 220-200.

**** Hotel Koralj (9), das 173-Zimmer-Hotel steht eine Bucht weiter östlich oberhalb der lauschigen Uferpromenade im Kiefernwald. Fitness- u. Beautybereich; Swimmingpool, betonierte Liegeflächen und Kieselbuchten, mit seichten, für Kinder gut geeigneten Naturplanschbecken. DZ/F 131 € (Topsaison 163 €). Vlade Tomašića b.b., ✆ 655-400, www.valamar.com.

● *Camping*   ***** Autocamp Bor (14)**, vor dem Kreisverkehr rechts nach oben. Liegt auf 1,3 ha oberhalb des Meeres, ein bisschen steinbruchartig, mit Blick aufs Neubaugebiet. 4 €/Pers., Zelt 3 €, Auto 2,50 €. Geöffnet 1.4.–31.10. ✆ 221-581, www.camp-bor.hr.

*** Autocamp Ježevac (15), vom Kreisverkehr aus zu erreichen. Großer, terrassenför miger, mit Steinmäuerchen unterteilter 11-ha-Platz am Hang zum Meer; Blick auf die ganze Bucht. Wiesen und Kiefernwald, Felsstrand. In der Saison hoffnungslos überfüllt. Neue Sanitäranlagen, Kühlboxen, Laden, Restaurant, Souvenirbuden, Obstverkäufer. Sportangebote: Tennisplatz, Minigolf, Surf- und Bootsverleih, Motor- und Ruderboote. W-LAN an der Rezeption und Restaurant. 6,10 €/Pers., Auto/Zelt/Strom 15,10 €. Mobilheimvermietung 100 €. Geöffnet 1.5.–15.10. ℡ 221-081, www.valamar.com.

*** FKK-Autocamp Politin (1), außerhalb, Richtung Punat. 5,6-ha-FKK-Platz am Meer mit Kiesstrand. Blick auf Plavnik und Cres. Nur teilweise schattig. Sehr gute Sanitärausstattung, Restaurant, Laden. 6,35 €/Pers., Auto/Zelt/Strom 15 €. Geöffnet Mitte April–Sept. ℡ 221-351, www.valamar.com.

• *Essen* Restaurants und Cafés entlang der Stadtmauer, z. B. **Café-Bar Kula (8)**, am Stadtturm. Daneben an der Uferpromenade das gute **Restaurant Galeb (10)** (℡ 221-261) mit Terrasse und Blick zum Meer. Neben dem Stadttor die immerzu gut besuchte **Konoba Šime (12)** (℡ 220-042) mit gemütlichem Inneren und Terrasse an der Uferpromenade.

Konoba-Pizzeria Galija (2), im Norden der Altstadt. Mehrere große Räume mit Kamin im Innern; leider nichts zum Draußen sitzen, lediglich die große Glasfront kann geöffnet werden. Die Küche bietet eine große Auswahl an Hausmannskost und flinken, guten Service. Ganzjährig geöffnet. Frankopanska 38, ℡ 221-250.

Konoba Nono (3), östlich der Altstadt und oberhalb des Stadtstrandes. Großer hoher Innenraum mit der dominierenden Olivenpresse, aus der das hauseigene Öl gewonnen wird, zudem ein großer Pizzaofen, weitere Produkte wie Pršut und Knoblauch hängen griffbereit von der Decke. Sitzmöglichkeiten auch auf der schönen Terrasse unter dem einladenden Segel. Frische Küche, serviert von einem engagierten jungem Team; es gibt u. a. Pizzen, Risottos, Pasta, Škampi, Fisch. Zudem nette Appartements. Geöffnet Ostern bis Anfang Okt. von 11–23 Uhr. Krčkih iseljenika 8, ℡ 222-221, www.nono-krk.com.

Restaurant Karaka (16), südwestlich der Altstadt beim Strand Plav (südl. Camp Ježevac) direkt am Meer. Im schönen Wintergarten speist man bei jedem Wetter vorzüglich, Spezialität sind Fischgerichte. Senjska ul. 8, ℡ 845-480.

Insel Krk Karte S. 198/199

Sport

• *Baden* An der Promenade mit Fels- und Kiesbuchten – je weiter östlich, desto ruhiger!
• *Sportmöglichkeiten* Tennisplätze, Motorboot-, Tretboot-, Ruderboot-, Surfbrettverleih am Hotel Dražica und am Campingplatz Ježevac.
• *Mountainbiken* Rund um Krk bieten sich wunderbare Wege für Fahrradtouren an; Verleih und Karte (auch TIC) Hotel Dražica, TA Aurea, bei Autotrans am Busbahnhof

und bei Krk-Info.
• *Wassersport* Jachthafen **Marina Krk** gegenüber der Altstadt, 30 Liegeplätze, mit Slipanlage und Werft. Zudem Bootsvermietung. ℡ 221-316.
Hafenamt, hinter der Zugangsstraße zur Altstadt, ℡ 221-380.
• *Tauchen* **Diving Center**, Camping Ježevac; Tauchausflüge etc. mit dem Schiff MB Zlatopružica. ℡ 221-876 und 226-848. Auskünfte auch über TIC.

Stadtbummel

Eine schattige Zürgelbaumallee und die Uferpromenade führen zum autofreien Altstadtkern. Um den Hauptplatz gibt es alles, was sich verschenken lässt, dazu ein großer Obst- und Gemüsemarkt. Jachten schaukeln in der Meeresbucht, Fischer flicken ungeachtet des Trubels ihre Netze. Die Hafenpromenade führt an Cafés und Restaurants vorbei und endet vor dem **Kastell**, das mächtig den Weg versperrt: ein vor 800 Jahren von den Krker Fürsten zum Schutz des Hafens erbautes Bollwerk, dessen dicke Mauern sich aus dem meerwasserumspülten Fels erheben. Der älteste, viereckige *Kastellturm* trägt eine Inschrift aus dem Jahr seines Baus, 1191. Daneben ein *Brunnen*. Am Hafen ragt mit sechszackigem Stern der *Sechseckturm*

(1407) in die Höhe, in den ein römisches Grabrelief eingefügt ist. Die venezianischen Dogen steuerten den dicken runden Turm bei. Ganz in der Nähe, vom Hafen aus durch das kleine Hafentor erreichbar, erhebt sich auf den Überresten der alten *römischen Thermen* die **Marienkathedrale,** die als Basilika im 5./6. Jh. erbaut wurde. Im 12. und 13. Jh. wurde sie vergrößert, sodass sie sich nun an die nebenan stehende Basilika Sv. Kvirin lehnt und daher durch einen Mauerdurchbruch betreten werden muss. Im Innern der Kathedrale zwei romanische Säulenreihen, Lesepulte aus der Renaissance, eine holzgeschnitzte Kanzel aus dem 17. Jh., der Bischofsthron und viele Seitenkapellen und Altäre. Ein Altar ist mit einer vergoldeten Silberreliefarbeit aus dem Jahr 1477 geschmückt, ein Werk von P. Koler. Der *Bischofspalast* bewahrt wertvolle Gemälde italienischer Meister aus dem 16. und 17. Jh. und u. a. das Polyptychon St. Lucia von Paolo Veneziano aus der ersten Hälfte des 14. Jh. (leider nicht zu besichtigen). In einem Seitentrakt der Kirche ist ein *Sakralmuseum* (tägl. 9–13.30 Uhr) untergebracht.

Neben dem Kathedraleneingang hat die *Galerie der Boote* mit Modellen von Skomeršić Željko ihre Pforten geöffnet.

Einen sehr ungewöhnlichen Kirchengrundriss und einen ebenso ungewöhnlichen Kirchenzugang besitzt die **Quirinuskirche** (Sv. Kvirin), die sich direkt an die Marienkathedrale anlehnt. Sie wurde im 10./11 Jh. im romanischen Stil zweistöckig erbaut, das dritte Seitenschiff ist heute der Straßendurchgang. Über den Glockenturm aus dem 16–18. Jh. kann die Kirche betreten werden.

Die Hauptgeschäftsstraße mit zahlreich abzweigenden Souvenirgässchen führt zum Platz *Vela Placa* mit Cafébars und einer Gemäldegalerie. Das Turmgebäude war einst *Haupttor* und Rathaus zugleich, seine große Uhr verkündet die Zeit auf einem 24-Stunden-Zifferblatt. Durch das Haupttor kommt man wieder zurück zur Zürgelbaumallee.

Vom Galeriebesitzer zum Kulturverwalter

Eigentlich wollte der Galerist Goran Stanić seinen Ausstellungsraum nur um einen Kellerraum für seine Bilderrahmen erweitern. Dass daraus ein Lebenswerk würde, war ihm erstmal nicht bewusst – bei seinem Aushub stieß er auf unermessliche Schätze aus dem Altertum, die er nach und nach mit eigenen Händen (und aus eigener Kasse) ausbuddelte. Das gesamte Gelände umfasst nun ca. 1000 m^2, geht in die Tiefe, verschachtelt sich in Nebenräumen mit Bars und einem hübschen großen Garten mit Olivenbäumen und Feigen. Sämtliche steinerne Sitzmöglichkeiten und Funde gehen bis auf das 3. Jh. v. Chr. zurück. Wertvollster Fund ist das ausgestellte Taufbecken (Volsonis); man geht davon aus, dass hier ein Privathaus (ca. 100 v. Chr.), stand. Heute tummeln sich in der **Galerie & Cafébar Volsonis** zwischen Glas, Altertum, Bars und großem Flatscreen mit Videoclips von Madonna und Rapidolen vor allem Jugendliche. Ein gelungener, guter Kontrast.

Östlich von Krk stößt eine Landzunge ins Meer, die eine tiefe Bucht abgrenzt. Der Landzunge gegenüber liegt Punat. In der Mitte der Bucht befindet sich die kleine **Klosterinsel Košljun,** fast am Ende, am Wegesrand, die geduckte, vorromanische Kirche **Sv. Dunat** aus dem 9. Jh.

Klosterinsel Košljun

Das mit Steineichen bewachsene, 6,5 ha große Stück Land war schon vor den Römern besiedelt. Im 13. Jh. gründeten die Benediktiner hier eine Abtei, die im 15. Jh. Franziskaner übernahmen. In der Marienkirche fällt das mehrteilige Hochaltar-Gemälde mit Madonna und Heiligen auf. „St. Quirin", der Schutzpatron von Krk, hält die Stadt in Händen – es ist die älteste Ansicht des Inselhauptortes. Noch immer leben und arbeiten hier einige Mönche, einer von ihnen, Fra Ivo Peran, zählt zu Kroatiens bekanntesten Komponisten – er schrieb Messen, Oratorien und eine Oper. Das Klostermuseum zeigt neben archäologischen Fundstücken eine reichhaltige Volkskunstsammlung, in der Klosterbibliothek werden glagolitische Handschriften und frühe Drucke aufbewahrt. Die Klosterinsel Košljun ist nur von Punat aus per Taxiboot zu erreichen. Eintritt 15 KN, Bootstransfer 20 KN; tägl. 9–18, So nur 9.30–12 Uhr.

Punat

Der Mastenwald des großen Jachthafens und der Marina verstellt den Blick aus der Bucht auf die Klosterinsel Košljun. Punat ist ein Paradies für Segler und ein Touristenzentrum, das schon im Frühjahr seine Tore öffnet. Auch die Wakeboarder haben sich die ruhige Bucht als Standort ausgesucht, um hier ihre internationalen Wettkämpfe auszutragen.

Der knapp 2000 Einwohner umfassende quirlige Ort, der seit 100 Jahren Touristen beherbergt, liegt an einer großen geschützten Meeresbucht, die mit dem offenen Meer nur durch die schmale Meerenge Usta verbunden ist. Diesem großen Naturhafen verdankt Punat seine aus einer langen Tradition erwachsene Entwicklung zum Nautikzentrum. Der Name Punat leitet sich von dem italienischen Wort „ponte" (= Brücke) her, der Ort selber wurde erstmals 1480 als *Villa di Ponte* erwähnt. Eine Besiedelung geht aber bis ins 6. Jh. zurück. Zeitzeugen sind die Kirche Sv. Donat und kleine Kapellen hinter dem Hotel Kanjat. Punats Bewohner lebten jahrhundertelang neben Feigen- und Weinanbau vor allem vom Verkauf ihrer Oliven. Auch heute noch ist Punat Zentrum der Ölverarbeitung. Im Hotel Kanjat finden Oliventage und Öldegustationen, zudem Seminare zur Verfeinerung und

Punat und Kroatiens älteste Marina – den Blick versperren Segelmasten

Einsetzung neuester Technologien zur Ölgewinnung statt. Auch hat man hier ein kleines *Ölmuseum* eingerichtet, an frühere Zeiten erinnert eine alte Ölmühle aus dem 18. Jh.

Die *Dreifaltigkeitspfarrkiche* stammt aus dem Jahr 1777 und birgt ein 30 Jahre älteres hölzernes Polyptychon. Ein Gässchengewirr durchzieht den Ort, am Hang stehen noch immer kleine Gehöfte mit steilen Steintreppchen und Weinreben über der Haustür. Noch höher zieht sich der Kreuzweg zu den *Tri križi* (Drei Kreuzen), von dem sich ein herrlicher Blick über Punat bis hinüber zur Stadt Krk bietet.

Wer die Lust am Wandern und den herrlichen Weitblicken auf die Inselwelt entdeckt hat, geht noch weiter, z. B. zum *Berg Obzova*, 568 m (siehe Wandern).

*I*nformation/*V*erbindungen/*D*iverses

● *Postleitzahl* 51521 Punat

● *Information* **TIC und TZO**, Pod topol 2, am südl. Ende der Strandpromenade und Bus-station, ✆ 854-860, ✆/📠 854-970, www.tz punat.hr. Juni–Mitte Sept. tägl. 8–21 Uhr, sonst Mo–Fr 8–16 Uhr. Gute Informationen.

Touristagentur Punat Tours, Obala 94, ✆ 854-104, www.etirs.iii.hr. Zimmervermitt-lung. 9–22 Uhr.

Touristagentur Marina Tours, Obala 81, an der Strandpromenade nahe der Post, ✆ 854-375, www.marina-tours.hr. Privatunterkünf-te, Boots- und Jachtcharter, Fahrkarten für alle Transportmittel; Wechselstube, Zimmer-

vermittlung. In der Saison tägl. 8–22 Uhr.

● *Verbindungen* Regelmäßig **Busse** nach Krk, Baška und Rijeka (im 2-Std.-Takt), 2-mal tägl. nach Zagreb. **Taxiboote** (20 KN, ca. 2,80 €) zur Klosterinsel Košljun (Eintrittskarte 15 KN); das Schiff pendelt von 9 bis 18 Uhr im 1:30-Std.-Takt. **Stadteisenbahn** (12 KN) stündl. zwischen Promenade und Marina von Ende Juni bis Sept.

● *Geldwechsel* U. a. **Erste banka** (Prome-nade), Mo–Sa 8–12 und 18–20 Uhr. Geldautomaten.

● *Post* Juli/Aug. Mo–Sa 7–21 Uhr, sonst 8–17.30 Uhr.

Übernachten/*Camping*/*Essen*

- *Übernachten* **Privatzimmer** je nach Kategorie 24–32 €/Zimmer. **Appartements** für 2 Pers. ab 48 €, für 4 Pers. ab 70 €.

*** Hotel Kanajt, gegenüber Jachthafen. Mit gutem Restaurant, Tennisplätzen, Segelschule. 21 komfortable Zimmer mit Internetanschluss. DZ/F 80–90 € (Topsaison 120–130 €). Kanajt 5, ℡ 654-340, info@kanjat.hr, www.kanjat.hr.

*** Hotel Omorika, modernisiertes 73-Zimmer-Hotel mit gutem Restaurant gegenüber dem Strand. DZ/F 94 € (Topsaison 116 €). Frankopanska b.b., ℡ 654-500, www.omorika-punat.com.

Jugendherberge, mit 90 Betten (3- bis 4-Bett-Zimmer) im Zentrum. Restaurant und Innenhof. Inkl. F 17,50 €/Pers. Geöffnet Mai–Sept. Novi Put 8, ℡ 854-037, www.hfhs.hr.

- *Camping* **** Camping Maslinik**, oberhalb im Ort. Platz für 100 Personen, Wiesengelände. 4 €/Pers., Zelt ab 2,80 €, Auto 3,40 €. Geöffnet Mai–Okt. Nicola Tesle 1, ℡ 091/1654-445 (mobil).

*** Camping Pila, riesiger Platz für 2000 Camper, ca. 500 m südlich des Zentrums in einem Kiefernhain am Meer. Moderne Sanitäranlagen mit Waschküche, Bootsanlegeplätzen, Cafés und Restaurant und Sportangebot. 6,10 €/Pers., Parzelle mit Auto/Zelt ab 10,60 €. Geöffnet Ende März–15.10. ℡ 854-122, ℡ 854-101, www.hoteli-punat.hr.

** FKK-Camping Konobe, 3 km südlich von Punat, in einer majestätisch-kahlen Bucht gelegen. Ebenso kahl auch der Platz für Caravans, der von Buschwerk begrenzt wird. Darin Schattenplätzchen für die Zelte. Von Felsen durchzogene Kiesbucht. Modernisierte Sanitäranlagen. Geschäft, Café und Restaurant. Großes Sportprogramm, Bootsankerplätze und Slipanlage. Bootsverbindung nach Punat. Preisgleich wie Pila. Geöffnet 15.4.–1.10. ℡ 854-036 und 854-049, www.hoteli-punat.com.

- *Essen* **Hotel-Restaurant Kanajt**, Restaurant, Pension, Jachtclub gegenüber der Marina. Auf der schattigen Terrasse treffen sich die Jachtler. Es gibt Fisch- und Fleischgerichte. ℡ 654-342.

Restaurant Marina, im Jachtclub mit schönem Blick auf Boote und Bucht. Gute Fischgerichte, Meeresfrüchte, leckeres Gulasch, guter Service. ℡ 854-132.

Konoba Ribice, oberhalb in der Altstadt. Man sitzt unter Feigenbäumen, umringt von Katzen: Es gibt nur Fisch, z. B. gebackene Sardinen oder Scampi, Salat und Brot, dazu offenen weißen Žlathina oder roten Pelješac. Als Nachspeise unbedingt den Feigenkuchen probieren. 17. Travnja 95.

Oberhalb von Punat, an der Umgehungsstraße in Richtung Stara Baška, das sehr gute **Fischlokal K'Ribaru**; neben ausgezeichnet zubereitetem Fisch auch Fleisch. Frühzeitig kommen oder reservieren. Starobašćanska 22, ℡ 854-554.

Sport/*Sonstiges*

- *Sport* **Tennis Punat**, Tennisanlagen neben Restaurant Kanajt. **Minigolf** Richtung Autocamp Pila. **Fahrradverleih** in Hotel Omorika.
- *Tauchen* **Divingcenter Magic** (der Tauchertreff), österr. Leitung unter Erwin Krupp. Pasjak 1, ℡ 855-120, www.magic-dive.at. Des Weiteren das ungarische Team **Octopussy Diving Center**, ℡ 855-707, www.octopussy.hu.

Tauchgebiete u. a. nahe Mali Plavnik bei der Selzine – eine Steilwand, übersät mit blauen Gorgonien – oder beim Indianerfels mit Steilwand und traumhaft bewachsenen Grotten.

- *Wakeboarden* Nahe der Kirche Sv. Dunat befindet sich das Wakeboard- und Waterskizentrum mit Café, Restaurant und Board-Shop. Von der erhöht liegenden Terrasse hat man einen herrlichen Blick auf die Anlage mit ihren Jumpern. Man kann sich Boards, Skier etc. ausleihen, und es gibt kompetente Lehrer wie Varna Laco oder Patrick. Hier werden jährlich im Sept. internationale Meisterschaften abgehalten. Info ℡ 091/2627-302 (mobil), www.wakeboarder.hr.

- *Jachthafen* **Marina Punat**, seit ca. 1964 in Betrieb (einer der ersten Gäste war ein Deutscher aus Friedrichshafen) und eine der ältesten Marinas, modern ausgebaut, 800 Liegeplätze im Meer, 300 Stellplätze an Land, 30-t-Kran. Reparaturservice, Motoren-Ersatzteillager. Gute Sanitäranlagen. Tennisanlage, Minigolf. Motor- und Segelbootverleih. Puntica 7. ℡ 654-111, www.marina-punat.com.

Insel Krk Karte S. 198/199

● *Wandern* Von Punat aus bieten sich herrliche Wandertouren an, z. B. zum Berg Veli vrh, **einfache** Wegstrecke ca. 3:15 Std., Obzova 3:20 Std., nach Stara Baška 5:30 Std. oder Baška 7 Std. Unbedingt an gutes Schuhwerk, sowie an reichlich Wassermitnahme und Essen denken! Keine Versorgung unterwegs und teils schattenloses Gelände! Gute Kondition Vorraussetzung!

● *Sonstiges* Fahrrad-, Scooter-, Vespa-, Motorboot-, Segelbootverleih. Auskunft bei Marina-Tours.

Umgebung

Nach *Stara Baška:* Die Teerstraße führt in südlicher Richtung weiter durch hohe Berge. Karstig-kahl ist die Landschaft, übersät mit messerspitzen Steinen und stechendem Kraut. Hier hält die Insel, was sie anfangs verspricht. Unten leuchtet eine kleine türkisfarbene *Bucht,* darin ein Mini-Eiland mit Leuchtturm, dahinter Cres und Plavnik und weitere vorgelagerte Inseln.

Camping ** **Campingplatz Škrila**, großer Kiesstrand, fast kein Schatten, dafür herrliche Alleinlage; Warmwasserduschen, Restaurant, Laden, Strandbar. 5,15 €/Pers., Zelt 4,15 €, Auto 4,15 €. Geöffnet 15.04–15.10. ✆ 844-678, www.skrila.hr.

Stara Baška ist ein altes Fischer- und Schafhirtendörfchen. Das Gebirge im Rücken, drängen sich die Häuser an das schmale Sträßchen, das in einer Bucht endet. Ein

paar Boote, ein paar Badende, *Fels- und Kiesstrand.* Oberhalb thronen klotzig ein paar Restaurants mit Pensionen. Ein Bergwanderweg führt hinüber ins Tal von Baška, Gehzeit 2 Std. (siehe Baška: Wandern).

● *Postleitzahl* 51521 Stara Baška

● *Information* **Touristagentur Zala**, im Ortskern bei der Kirche. Mai–Sept. 9–12 und 18–20 Uhr. ✆ 844-755, ✆/🖷 844-605.

● *Verbindungen* Keine Busse nach Punat.

● *Übernachten/Essen* Zahlreiche Appartements und Zimmer, auch mit HP oder VP. DZ ab 16 €, HP ca. 21 €/Pers. Appartements ab 30 €/2 Pers., z. B. **Pension Stanka** (✆ 844-654) direkt an der Straße, oder **Pension Mariana** unten an der Bucht (✆/🖷 844-661). **Pension-Restaurant Nadia**, Ostern bis Ende Okt., 30 m vom Tauchcenter entfernt. Hier übernachten gerne die Taucher. ✆ 844-663, www.nadia.hr.

● *Einkaufen* Im Ortskern ein Minimarkt.

● *Tauchen* **Tauchcenter Blue Dive**, 2008 eröffnet (Inhaber der Allgäuer Kroate Dragan Obucina & Stephanie Moritz); ganzjährig geöffnet. Verschiedenste Tauchkurse und Theorie (CMAS und PAIDI). Tauchausflüge mit dem eigenen Tauchschiff zu Steilwänden und Wracks in der nahen Umgebung. Um Übernachtungsmöglichkeiten im Ort wird sich gekümmert, es gibt Tauchpakete. Stara Baška 253, ✆ 844-629, 099/2186-786 (mobil), www.bluedive-krk.com. Tauchgebiet, s. a. Punat.

Wakeboarden –
für Profis und Anfänger

Vrbnik

**Ein verwinkeltes, geschichtsreiches Städtchen auf einem Fels an der Ost-
küste, der hier steil ins Meer abfällt. Vrbnik ist die Heimat des gelben
Žlahtina-Weines und lohnt wegen seiner Denkmäler und Kunstsammlun-
gen einen Besuch.**

Schon in vorgeschichtlicher und römischer Zeit war der Ort besiedelt. 1100 wurde
Vrbnik erstmals erwähnt und erhielt 1388 ein in glagolitischer Schrift abgefasstes
Statut. Danach war es ein Bollwerk der Fürsten von Krk und die Hochburg der
„Glagolismus"-Bewegung, die den slawischen Widerstand gegen die von Byzanz
und Rom kontrollierte Geistlichkeit organisierte.

● *Postleitzahl* 51516 Vrbnik

● *Information* **Fremdenverkehrsamt**, Trg Sv.
Ivana 2, ✆ 857-128, www.vrbnik.net. Information und Anmeldung für Stadtführungen.

● *Verbindungen* Leider schlecht. Sa/So
keine Busverbindung, ansonsten 6.30 Uhr
nach Punat und 12.15 Uhr nach Krk.

● *Geldwechsel* **Erste banka**, Mo–Fr 7.30–12
und 18–20.30 Uhr.

● *Post* Am Ortseingang, Mo–Sa 8–21 Uhr.

● *Einkaufen* Läden und Souvenirgeschäfte, am Parkplatz Minimarkt. Die Einheimischen verkaufen Žlathina-Wein, Feigen-,
Trauben- und Kräuterschnäpse, zudem
Vinothek Nadia.

● *Übernachten* *** **Hotel Argentum**, kleines
10-Zimmer-Hotel südlich und oberhalb des
Strandbades. Zimmer mit Balkon und Blick
auf die Stadt, Küstengebirge und Bucht.
DZ/F 126 €. Supec 68, ✆ 857-370, www.hotel-
argentum.com.

● *Essen* **Restaurant Gospoja**, nördlich und
oberhalb des Strandbades gelegen. Gute
Küche. ✆ 857-142.

Restaurant Nada hinter dem Kirchplatz, mit
großer Dachterrasse und gigantischem
Weitblick aufs Festland. Die Speisekarte ist
vielfältig und saisonbedingt, was frische
Ware garantiert. Hausgemachten Käse und
Schinken gibt es ganzjährig. Spezialität ist
Fisch, z. B. Wolfsbarsch in Salzkruste, aber
auch Lammfleisch; dazu gibt es den hauseigenen süffigen Žlathina-Wein oder auch
Schaumwein. Vinothek (s. u.). Glavača 22,
✆ 857-065. Mitte März–Ende Okt. tägl. 12–15
und 17–23 Uhr.

Vinothek Nada, hinter dem Restaurant im
Felsenkeller, hier befindet sich das hauseigene Wein- und Grappasortiment, von der
Decke hängt der luftgetrocknete Schinken;
gegenüber auf der kleinen Terrasse hoch

über dem Meer kann man die Leckereien
verkosten.

Am Hauptplatz laden für eine Pause zwei
Lokale ein: **Konoba Placa** und **Primorec**.
Serviert werden Käse, Schinken, Fisch- und
Fleischgerichte, dazu der kräftige offene
Hauswein Žlathina. **Konoba Luce** am Orts-
beginn bietet Hausmannskost, u. a. Šurlice
mit Gulasch oder Lammgerichte.

Einen Besuch wert sind **Weinkeller und Restaurant Katunar**, Sv. Nedija b.b., ✆ 857-393.

Gassenwinkel in Vrbnik

Sehenswertes

Die Häuser stehen dicht gedrängt, ab und zu zwängt ein Weinbauer seinen Drei-
radkarren durch die engen Gassen – das Auto muss man vor dem Ort parken.
Gegenüber vom Parkplatz duckt sich die Kapelle *Sv. Ivana* aus dem frühen 14. Jh.
Stadteinwärts gelangt man zu einem kleinen Platz mit zwei Lokalen, die zu einer
Rast zwischen der Besichtigung von Bibliothek und Kirche einladen. An der Ostseite des Platzes ist die rund 150 Bände zählende Bibliothek des Dinko Vitezić
Vrbničanin untergebracht. Zu ihren Schätzen gehört neben glagolitischen Handschriften aus dem 14.–15. Jh. der „Atlas Scholasticus et Itinerarius" von G. D. Koch-
ler, der 1748 in Nürnberg gedruckt wurde. Weiter nördlich die gotische *Kirche* aus
dem 15. Jh. Im Innenraum müssen sich die Augen erst an das Dunkel gewöhnen,
und man erkennt allmählich eine Holzkassettendecke mit Deckenmalereien, in der
Apsis ein reich verzierter Altar mit Holzschnitzereien und alten Gemälden.

Im abseits stehenden Kirchturm kann man eine *Ausstellung* zum Thema *„Wie
sehen Künstler Vribnik"* (Muzej Ilkovnog, Identiteta Vrbnika) mit einfallsreichen
Exponaten besuchen (15. Juli bis 15. Sept. 10–19 Uhr).

Am Hang unterhalb der Kirche befindet sich eine Aussichtsplattform, von der aus
Bucht, Ausläufer der Insel und das gegenüberliegende Festland schön zu über-
blicken sind. Am östlichen Ortsende die Kapelle *Sv. Marije* aus dem Jahr 1505. Ein
Stückchen weiter schweift der Blick tief hinunter auf die einladende Kiesbucht, den
Strand von Vrbnik.

Baden: Nordöstlich von Vrbnik liegt das Strandbad mit Kiosk in einer Kiesbucht;
ein oberhalb verlaufender Fußweg führt weiter in südlicher Richtung zu einsame-
ren Kies-Felsenbuchten.

Süffiger Žlahtina

Wer durch die Gassen Vrbniks flaniert, wird oft angesprochen, ob er den
Selbstgekelterten probieren will. Wir wollen – und treten durch ein Tor in
den Hof, wo steile Steintreppchen zur Haustür hinaufführen. Im Kellerge-
wölbe liegen zwei, drei Fässer. Säuerlicher Geruch steigt auf, eine Funzel
erhellt ein Bänkchen. Hier machen wir's uns bequem und bekommen ein
erstes Gläschen Žlahtina eingeschenkt. Wir probieren zwei Sorten, erst den
trockenen, leichteren, dann den schweren. Der tiefe Schluck von letzterem
hat's uns angetan, und wir laufen fortan beschwingt durchs Städtchen.

Dobrinj

**Auf einer 200 m aufragenden Anhöhe im Landesinnern, umgeben von
einem fruchtbaren Tal, leben die 200 Einwohner von Dobrinj. Von den
Fassaden der stattlichen Häuser bröckelt der Glanz der Vergangenheit.**

Dobrinj war, neben Omišalj, Vrbnik und Starigrad (Alt-Baška), der vierte *Außen-
kastellort* der Frankopan-Fürsten auf Krk, die im nahen Soline ihre Salzgärten
besaßen. Stadtmauern gab es in Dobrinj nie – die dicht aneinander gedrängten
Häuser mussten für den Schutz sorgen.

An der Treppe zum Marktplatz ein verwitterter *steinerner Pferdekopf,* der die
Zehntmaße zeigt, mit denen Naturalabgaben gemessen wurden. Hinter dem Platz

Dobrinj – Blick auf die Soline-Bucht und die Festlandküste

die *Pfarrkirche*, die 1100 erstmals in einem glagolitischen Dokument erwähnt wird; bunte Bilder ziehen sich als Deckenleiste um den Chorraum. Daneben ein kleines Sakral- und Ethnographisches Museum (9–12 und 18–21 Uhr). Weiter oben am Marktplatz der *Glockenturm*. Von hier sieht man weit ins Land hinab, das terrassenartig zur Soline-Bucht abfällt.

● *Information* **Touristverein**, Marktplatz, ✆ 848-344 und 848-244, 🖷 848-141.

● *Post* Am Marktplatz, Mo–Fr 7–12 und 18–21 Uhr, Sa 7–11 und 18–21 Uhr.

● *Einkaufen* Supermarkt.

● *Übernachten* **Privatzimmer** ab 15 €/Pers.

● *Essen* In der bei Einheimischen beliebten **Konoba Zora** gibt es Šurlice, eine Art Pasta, mit Gulasch.

Umgebung

Šilo: Durch üppig-grüne Weindörfer schlängelt sich die Straße nach Šilo. Viel los ist hier nicht – Touristagentur, Post, Bank, einige Lokale und Cafés an der Promenade am Hafenbecken und eine neu erbaute kleine Marina nur für kleine Motorjachten; etwas weiter, auf der anderen Seite der Landzunge, das *Autocamp Tiha* mit Fels- und Kiesküste – für Kinder ein guter Platz zum Planschen.

● *Postleitzahl* 51515 Šilo

● *Information* **Šilo-Turist**, Na Vodice 2, ✆/🖷 860-171, 098/211-630 (mobil), www.siloturist.hr.

● *Verbindungen* **Taxiboote** in 4 Min. 6-mal tägl. (7.15, 9.15, 11.15, 13.15, 16.15 und 19.15 Uhr) nach Crikvenica.

● *Übernachten/Essen* **Privatzimmer** ab 15 €/Pers. werden über die Touristagentur

vermietet..

*** **Autocamp Tiha**, 4-ha-Platz südlich des Ortes am Meer. Mit Restaurant und kleinem Sportangebot, gute Sanitäranlagen. 4,50 €/Pers., Zelt 2,70 €, Auto 2,50 €. Geöffnet 1.5.–30.9. ✆ 852-120 und 850-234, www.campsilo.com.

Zum Essen geht man am besten in das **Restaurant-Pension Zeba**.

Soline und **Čižići** liegen gegenüber der großen, seichten und durch einen Landvor-sprung gut geschützten Soline-Bucht, in der sich im Mittelalter die *Salzgärten* Dobrinjs befanden. Heute kann man den Heilschlamm für Privatkuren nutzen. Zwischen den beiden Dörfern erstreckt sich ein *Sandstrand,* vor der Bucht liegt ei-ne kleine Insel. Hier gibt es Privatzimmer.

Klimno liegt etwas nördlich von Čižići an der Soline-Bucht und ist bekannt für sein traditionsreiches *Bootsbauerhandwerk* und seine wohlschmeckenden Austern. Am Hafenbecken mit Jachten die Marina Klimno (✆ 853-137 und 853-149), die Res-taurants Lanterna, Oleander und Žal, ein kleiner Campingplatz (✆ 853-224, www.klimno.hr), ein Selbstbedienungsladen und viele Neubauten.

Interessant ist auch die mitten in der Macchia liegende *Biserujka-Höhle* bei **Rudine.** Mit Führung kann man die Stalagmiten und Stalaktiten der nur 12 m unter der Er-de gelegenen und 110 m langen Höhle bewundern. Inschriften bezeugen eine erste Höhlenbegehung vor über 100 Jahren, und es soll hier sogar ein Schatz versteckt sein. Sicherlich aber haben die Piraten ihre Schätze, die Biser-Perlen, in der Umge-bung vergraben. Zu entdecken gibt es auf jeden Fall den endemischen Krebs Alpio-niscus christiani. Die Biserujka-Höhle ist Juli/Aug. 9–18 Uhr, Juni 9–17 Uhr, Sept. 10–17 Uhr und April, Mai und Okt. 10–15 Uhr geöffnet, der Eintritt beträgt ca. 2 €, Infos auch bei Šilo-Turist in Šilo.

Nach Baška

Auf der *Krčka Magistrale* geht es vorbei an Krk und Punat und Richtung **Baška** wie-der hoch in die Berge – hier ein ganz ungewohntes Bild: Die felswüstigen Ausläufer des **Obzovas** bleiben rechter Hand liegen, die Straße schlängelt sich durch aus-gedehnte Kiefernwäldchen hügelan. Abwärts dann schroffe Felsabstürze und ein Weitblick auf Baška und die Insel Privić, den man nun auf dem neu geschaffenen Parkplatz und dem glagolitischen Willkommensgruß ungeniert genießen kann – der aus Stein gemeißelte Monolith symbolisiert den ersten Buchstaben des Alphabets „A" (mehr dazu „Glagolitischer Weg", Baška). Weiter bergab Akazien, Steineichen, Feigen, efeuumrankte Baumgerippe, eine Brücke. Nun weitet sich das Bachtal. Hier liegt, inmitten von Wein- und Gemüsefeldern, **Draga Bašćanska,** ein einfacher Ort mit Grillrestaurant, Post und Touristenbüro, das Privatzimmer vermittelt.

Von Draga Bašćanska zweigt die Straße ab zum alten Dorf **Batomalji.** Hier beginnt der Wanderweg zur *Wallfahrtskirche* „Zu unserer lieben Frau auf dem Berge" und eine zweistündige Bergwanderung hinüber nach *Stara Baška.*

In **Jurandvor** steht das frühromanische Kirchlein *Sv. Lucija.* Es wurde um 1100 auf den Überresten einer „villa rustica" und einer altchristlichen Kirche aus dem 6. Jh. erbaut. Im Boden entdeckte man eines der ältesten kroatischen Schriftdenkmäler, die aus dem frühen 12. Jh. stammende, 1851 entdeckte *Tafel von Baška* (siehe Ein-leitung „Insel Krk"). Die in glagolitischer Schrift verfasste Tafel ist eine Schen-kungsurkunde des Königs Dmitar Zvonimir, dem der Abt Držiha Land schenkte, auf den Abt Dobrovit mit seinen Klosterbrüdern die Kirche errichtete. Das Origi-nal der Tafel von Baška befindet sich in der Zagreber Akademie der Wissenschaf-ten und Künste, in der Kirche ist eine Kopie zu sehen. Außerdem finden hier gele-gentlich Konzerte statt, Festtag ist der 13. Dezember mit Messe. Geöffnet Juli und Aug. 9–21 Uhr, sonst 9–14 und 17–20 Uhr.

Sonstiges **Touristagentur** vermittelt Zimmer und Appartements. Es gibt einen Laden und die **Restaurants Volta** (✆ 856-149) und **Malin** servieren Hausmannskost.

Baškas weite Bucht – gesäumt von Karstgebirge

Baška

Wie Bauklötzchen reihen sich die Häuser des 1500-Einwohner-Städtchens in weitem Bogen an den Kies- und Sandstrand, auf dem sich die Sonnenhungrigen scharen. Weiße Karstberge umrahmen das Stadtbild. Darüber, am Fuß der kahlen Bergkette, befinden sich die Reste von Alt- Baška. Attraktion des Ortes sind neben dem guten und vielfältigen Übernachtungsangebot und den schönen Bademöglichkeiten die zahlreichen Wander- und Mountainbikewege in malerischer Landschaft.

Wenn im Spätsommer der Touristenrummel abnimmt, macht sich Beschaulichkeit in Baška breit, und die kilometerlange Promenade mit Palmen, immergrünen Bäumen und Badestrand lockt zum gemütlichen Flanieren. Im Hochsommer fährt die Bimmelbahn die Strecke stündlich ab, dann stauen sich hier die Menschen vor Eisdielen, Restaurants, Snackbars und Souvenirbuden und Boote drängeln sich im Hafenbecken. Im Durchschnitt sind es 100.000 Gäste pro Jahr, die Baška besuchen. Vielleicht werden es in Zukunft etwas weniger Touristen, denn der Fährbetrieb von der Insel Rab geht seit 2008 an Baška vorbei, nach Valbiska. Das Hafenbecken hätte für die großen Schiffe ausgebaut werden müssen und auch die schmale, steile Stichstraße hinab zum Hafen war für die heutige Masse an Autos und großen Wohnmobilen nicht mehr gerüstet. Die Stadtväter trauern dem erst jüngst gefällten Negativ-Beschluss nach, aus touristischer Sicht bringt diese Entscheidung allerdings mehr Ruhe und beste Wasserqualität.

Im Ortskern steht die *Pfarrkirche Sv. Trojice* (1773) mit gedrungenem Turm und vielen sehenswerten Gemälden, darunter Giacomo Palmas „Letztes Abendmahl" oder die „Jungfrau mit den Heiligen und Engeln" von Marko Marciala. Nebenan das *Heimatmuseum* (Juli/Aug. 17–22 Uhr). Das Meeresgetier kann man im **Aquarium** bestaunen, leider in teils viel zu kleinen Becken (während der Saison 9–21/22 Uhr, ✆ 860-171, Eintritt 30 KN, Kinder 5–12 Jahre 20 KN).

Die Gassen werden schmaler, man gelangt zwischen alten, grauen Häusern auf den Altstadtplatz mit Zypresse, Brunnen und weinumrankten Gebäuden, zwischen denen enge Treppchen hinab zum Kai führen.

Oberhalb von Baška stehen und liegen die Reste von Alt-Baška. Vom Ortseingang führt ein schmales Sträßchen in Serpentinen hinauf, das Auto sollte man besser unten stehen lassen. Ein herrlicher Panoramablick auf Baška, die Küste, die vorgelagerten Inseln und Rab belohnt den Aufstieg.

Alt-Baškas Geschichte reicht bis ins Altertum zurück; Anfang des 16. Jh. gaben die Bewohner den Ort auf und siedelten sich unten an der Küste an. Im einstigen Zentrum Alt-Baškas steht die frühromanische Kirche *Sv. Ivan*, deren gelber Glockenturm sich markant vom tiefblauen Himmel abhebt.

Ein Stückchen entfernt sieht man den Friedhof und die Ruinen der 1380 von den Venezianern niedergebrannten Burg Bosar, die die Einheimischen *Korint* nennen. Von hier kann man noch höher steigen und weit auf das Festland, Pag und die Inseln schauen.

Auf den Spuren der Glagoliza

Baška hat sich mit 33 Steinskulpturen, das glagolitische Alphabet symbolisierend, seinem wichtigen Kulturerbe verschrieben. Zeitgemäße Kulturpflege, Stadtverschönerung und den zahlreichen internationalen Gästen einen Zugang zum alten Kulturgut zu liefern, waren die Aufgaben, denen sich etliche Künstler unter Leitung des bekannten Bildhauers *Ljubo de Karina* stellten. Auch wurde der Verein Sinjali (= Zeichen) gegründet. Für die großen Werke wurde der gut zu verarbeitende weiße Kalkstein aus Istrien verwendet, für die kleineren das Gestein aus der Umgebung. Die formvollendeten Skulpturen stehen nun an wichtigen historischen wie auch schönen Plätzen in der Stadt, die man erkunden kann. Die Begrüßung, der große Monolith, der das „A" symbolisiert, steht am Talbeginn, ca. 5 km vor Baška. Am Strandende (westlich des Hotels Tamaris) findet man das „Z", welches in der Glagoliza allerdings nicht den letzten Buchstaben, sondern den neunten verkörpert. (Siehe auch Glagoliza, Einleitung Insel Krk).

Der Anfangsbuchstabe „A"

*I*nformation/*V*erbindungen/*D*iverses

● *Postleitzahl* 51523 Baška
● *Information* **TIC**, Kralja Zvonimira 114 (kurz vor Altstadt und Fußgängerzone), ☎ 856-817, 🖅 856-544, www.tz-baska.hr. Nur Information. Juli/Aug. tägl. 7–21, So 8–13 Uhr; Mitte Juni–Mitte Sept. Mo–Sa 8–20 Uhr; sonst Mo–Fr 8–15 Uhr.
Agentur Splendido, Kralja Zvonimira 148 (Zufahrtsstraße, beim Ortseingang), ☎ 856-116, ☎/🖅 856-616, www.splendido.hr. 8–22 Uhr. Zimmervermittlung, Fahrradverleih etc.
Agentur Primaturist, Kralja Zvonimira 98 (im Zentrum, am Beginn der Fußgängerzone), ☎ 856-132, ☎/🖅 856-971, www.primaturist.hr. 10–12 und 18–23 Uhr.
Šiloturist (Baška), S. Radića 26, ☎ 864-105, www.siloturist.hr. Zimmervermittlung.
Agentur D-Tomasi, im Hotel Corinthia II, ☎ 856-442, www.da-tomasi.hr. U. a. Vermittlung von geführten Bergtouren.
Agentur Igen, Draga Bašćanska 1b, ☎/🖅 844-095, www.igen.hr. Fahrrad- und Scooterverleih, Autovermietung (Smart).
● *Verbindungen* Regelmäßiger **Busverkehr** bis zu 8-mal tägl. (Wochenende weniger) über Punat, Krk, Malinska, Njivice, Omišalj, Kraljevica nach Rijeka (71 KN, ca. 10 €); 1-mal tägl. 8.45 direkt nach Zagreb. Wer zur Fähre nach Cres/Rab möchte, fährt per Bus bis Malinska, dort Umstieg nach Valbiska.

Taxiboote zu den Inseln Privić und Grugur, nach Rab und Senj und zur Badebucht Vela Luka verkehren bei gutem Wetter. Nach Lopar (400 KN), nach Vela Luka im 20-Min.-Takt, retour 100 KN (einfach 50 KN), Kinder halber Preis. U. a. Taxi Lord, ☎ 091/542-5142 (mobil, Hr. Dario Babić).
● *Geldwechsel* **Erste banka**, Kralja Zvonimira 114, mit Geldautomat; 8–15 und 17–20 Uhr (Juli/Aug. durchgehend bis 21 Uhr, außerhalb der Saison Mo–Fr 7–14 Uhr. Viele Bankomaten.
● *Gesundheit* **Apotheke**, Kralja Zvonimira (neben Erste banka), ☎ 856-900, 7.30–20.30 Uhr. **Ambulanz**, weiter östlich entlang der Fußgängerzone, nach Primaturist, ☎ 856-825 oder 856-826.
● *Post* Hinter Hotel Corinthia, Mo–Fr 7.30–21, Sa 8–12 Uhr.
● *Nachtleben* **Diskothek Cali**, 9 km entfernt in Draga Baška, im blauen Haus, in der Saison von 21–3 Uhr geöffnet.
● *Veranstaltungen* **Kirchenfest Sv. Ivan** am 24. Juni. **Fest zum Schaf**, mit Lammessen etc. am 2. Maiwochenende. Ebenfalls an diesem Wochenende **Corinthia-Cup** (Laser und Optimist) der Jugendlichen. **Fischertag** (Ribarska dan), 1. Wochenende im Aug. Im Sommer finden verschiedene Konzerte statt, Info über Agenturen.

*Ü*bernachten/*C*amping/*E*ssen

● *Übernachten* **Privatzimmer** 36 €; Frühstück ab 5 €. **Appartements** für 2 Pers. ab 46 €, für 4 Pers. ab 54 €.
–* Hoteli Baška, größerer Komplex mit Hotels, Dependancen und Villen im Westen der Stadt, gegenüber dem Badestrand. Es gibt einen großen, neu gestalteten Beauty- und Wellnessbereich, einen großen Pool und Sportangebote wie Tennis, Minigolf, Tauchen. ☎ 656-111, www.hotelibaska.hr.
- ***** Hotel Corinthia I, II, III**, das Hauptgebäude mit Pool und Wellnessbereich. Halbpension ab 72 €/Pers. (Topsaison 89 €).
- ****** Hotel Zvonimir**, das stilvollere Nebengebäude. HP ab 80 €/Pers. (Topsaison 98 €).
- ***** Villa Corinthia**, Nebengebäude mit hübschen Studios für max. 3 Pers. 134 € (Topsaison 164 €).
- ******–***** Atrium-Residenz**, bestausgestattete Zimmer und Appartements für 2–4

Pers. DZ 160–442 € (Topsaison 196–600 €).
*** Hotel Tamaris, Familienhotel, 2005 eröffnet, am westlichen Strandende nach Camping Zablaće. Im mediterranen Stil mit gutem Restaurant, lauschiger Terrasse und Blick zum Meer. DZ/F ab 106 €, mit Balkon 120 € (Topsaison 120 € bzw. 142 €), Appartements ab 90 € (Topsaison 100 €). Emilia Geistlicha b.b., ☎ 864-200, www.baska-tamaris.com.
● *Camping* **** Camping Zablaće**, beim Hotelkomplex am Meer, auf der Mündungswiese des Baches. Wegen des viel gepriesenen Strands überfüllt; in der Hochsaison auch sanitärmäßig überlastet und zum Teil sehr laut. Wenig Bäume, Kaltduschen, Restaurant, Kiosk, Internetcafé, Minigolf und Tennis. 6,10 €/Pers., Stellplatz Zelt/Auto/Strom 13 €, Parzelle ab 14,30 €, auch Mobilheimvermietung 100 €/6 Pers. Geöffnet ca.

*Vela Luka – die herrliche Badebucht kann man
auf einer schönen Wanderung erreichen*

1.4.–15.10. ✆ 856-909, ✆ 856-604,
www.campzablace.info.

Camping Mali Baška, kleinerer Platz hinter
Zablaće, mit 22 Parzellen. Mobilheim- (50 €)
und Wohnwagenvermietung (28 €). Pers.
5 €, Zelt 3 €, Auto 5 €, Parzelle 12 € (außerhalb der Saison starke Vergünstigung).
✆ 864-164, www.kamp-mali.hr.

*** FKK Camping Bunculuka, im Osten des
Städtchens, an eigener Bucht mit Sand-
und Kiesstrand. Schönes großes 5-ha-Ge-
lände unter Bäumen in einem Kessel, am
Hang durch Büsche und Steinmäuerchen
unterteilt. Gute Sanitäranlagen; kleiner Supermarkt, Restaurant mit Terrasse, Internetcafé, Bootsverleih, Kinderanimation.
Preis: geringfügig günstiger als Zablaće.
Geöffnet 1.5.–30.9. ✆ 856-806, ✆ 856-595,
www.bunculuka.info.

• *Essen* Rund ums Hafenbecken entlang
der Promenade Cafés und Restaurants mit
durchschnittlicher Küche: **Restaurant Cici-
bela**, das beste Restaurant der Stadt, an
der Strandpromenade mit großer Terrasse.
✆ 431-654.

Gostiona Bag, in der Mitte der Strandpromenade, mit Terrasse. ✆ 856-695.

Trattoria Franica, unter einer lauschigen,
von wildem Wein bewachsenen Laube und
mit Blick aufs Meer kann man sich die kreative Hausmannskost schmecken lassen.
Die Speisekarte ist auch in Glagoliza geschrieben und bietet u. a. Oktopus-Car-
pacchio, gegrilltes Lamm, Stockfisch in
Weißwein, Gulasch mit Šurlice.

Empfohlen werden noch **Restaurant For-
ca**, das einzige, das ganzjährig arbeitet,
und **Dario**, beide an der Uferpromenade,
zudem **Bistro Fontana** im Hotelkomplex .

Sport

• *Tauchen* **Delphin Diving**, Basis beim Hotel Corinthia; deutsche Leitung. Draga Baš-
čanska 38, ✆ 880-233,
www.tauchbasisdelphin.com.

Squatina Diving, Tauchkurse, Spezialkurse,
Nachttauchen, Wracktauchen etc. März–

Okt. Zarok 88a, am westlichen Strandende,
✆ 856-034, www.squatinadiving.com.

• *Windsurfing-Center* **Rare Bird**, an der
Uferpromenade und am FKK-Camp Bunculuka. ✆ 856-536, www.rare-bird.org.

Baden: Rund um die Bucht ein kilometerlanger Sand-Kies-Strand, der seicht ins
Meer abfällt und für Kinder gut geeignet ist. Beim Autocamp Zablaće lockt *Aqua-
Gun*, eine riesige Wasserrutsche. Östlich vom Campingplatz Bunculuka kleinere

Baška – Blick durch die Dächer auf die Insel Privić

Kiesbuchten. Dahinter die zwei größeren Strandbuchten *Vela Luka* und *Mala Luka* – zu Fuß allerdings ca. 3 Std. entfernt. Besser, man mietet sich ein Boot – in der Hochsaison pendeln ab der Mole (beim Restaurant Ribar) Taxiboote. An der Vela-Luka-Bucht gibt es ein Restaurant.

Auch die schönen Buchten *Bracol, Trstenova, Njivica* auf der gegenüberliegenden Insel *Prvić* sind mit dem Boot gut erreichbar. Auf Prvić nisten – passend zur kahlen, gespenstischen Mondlandschaft der Inselberge – riesige Gänsegeier, Schafe weiden und es wächst viel Salbei.

Insel Krk
Karte S. 198/199

Wandern

Baška ist idealer Ausgangspunkt für herrliche Wanderungen jeder Länge und mit eindrucksvollen Rundumblicken. Ein rund 100 km langes Wegenetz wurde ausgewiesen, eine Herausforderung vor allem für sportliche Naturen – viele Höhenmeter in gleißender Sonne müssen überwunden werden, traumhafte Ausblicke sind der Lohn. Aber es gibt auch für Familien mit Kindern einige nette Wege. Der Tourismusverband bietet Wanderbroschüren, Auskünfte und Informationen über geführte Wanderungen.

Wanderinfos vorab: Man sollte seine Kondition nie überschätzen! Hitze und schattenloses Gelände erschweren das Wandern erheblich. Für sehr viel Flüssigkeit und Proviant sorgen, Kopfbedeckung tragen. In dieser Bergwelt gibt es keine Unterkunfts- und Versorgungshütten. Wegmarkierungen sind zwar angebracht, aber durch Unwetter vielleicht auch unkenntlich, d. h. immer genügend Zeit einkalkulieren. Gute Wanderschuhe, also Schuhe mit rutschfestem Profil tragen! Schwierige Touren nur für Geübte! Nie alleine, am besten in der Gruppe gehen oder geführte Wanderungen buchen. Bei schlechten Wetterverhältnissen Wanderungen schon vorab unterlassen. Bei plötzlich aufkommenden Nebelfeldern am besten stehen bleiben und abwarten. Mobiltelefonmitnahme von Vorteil (**Bergrettung 112**). Bei längeren Touren im Hotel oder in der Pension Bescheid geben und Weg- und Streckenbeschreibungen zu Beginn erst einmal aufmerksam durchlesen. Ebenfalls auf die giftige Hornotter (vipera ammodytes) achten (s. a. Allgemein/Fauna).

Baška–Pass Vratudih–Stara Baška (grüner und roter Pfeil): Eindrucksvolle Strecke über das kahle Gestein des Bergrückens. Sehr gute Kondition ist nötig, leider in einem Tag hin und zurück nur auf gleichem Weg und nur im Frühsommer bei langer Helligkeit möglich! Gehzeit einfache Strecke ca. 3:30 bis 4 Std. Gutes Schuhwerk erforderlich, Proviant und Wasser nicht vergessen!

Der markierte Weg beginnt hinter dem Sportzentrum des *Autocamps Zablaće* und führt nordwärts Richtung *Batomalj*. Dann müssen wir uns südwestlich halten. Der Weg wird steiler und erklimmt den Pass Vratudih, 360 m. Von oben herrlicher Blick auf die Inseln Rab und Cres. Ab hier gehen wir auf dem roten Pfeil hinab, ein Trittsicherheit erfordernder Abstieg über Jasenova nach Stara Baška.

Baška–Šetnica (lila Pfeil): Diese Strecke zeigt uns das südöstliche Panorama. Leichte bis mittelschwere Route, leider hin und zurück auf gleichem Weg; Gehzeit einfache Strecke ca. 2 Std.

Auf schmalem Asphaltsträßchen zur *Kapelle Sv. Ivan* laufen, dort herrlicher Blick auf Baška. Weiter durch ein Föhrenwäldchen bis auf die kahle Hochebene. Der Aufstieg bis auf 380 m wird auch „Weg zum Mond" genannt. Von oben herrlicher Blick auf das Küstengebirge, Senj, die vorgelagerten Inseln Prvić, Grgur und Rab.

Baška–Kap Skuljica, Bracol-Bucht–Batomalj, Batomalj–Baška (roter, gelber und grüner Pfeil): Ein herrlicher Rundweg, der Kondition und gutes Schuhwerk erfordert; Gesamtgehzeit ca. 7:30 Std. Führer empfehlenswert. Für ausreichend Wasser und Proviant sorgen!

Wir starten mit roter Markierung beim *Autocamp Zablaće*. Ein Küstenweg führt oberhalb des Meeres nach Süden über den 185 m hohen *Bag* weiter zum *Kap Škuljica*. Weiter Blick auf die Inseln Prvić, Grgur, Rab und in der Ferne Cres. Bis dahin benötigen wir ca. 2 Std. Wir gehen zurück bis zum Berg Bag und zweigen nach Südwesten auf dem Weg mit gelber Markierung ab, ca. 1:30 Std. später sehen wir unten die *Bracol-Bucht* liegen. Nun wendet sich der Weg landeinwärts in nördlicher Richtung über die kahlen Berge. Nach rund 2 Std. Laufzeit stoßen wir auf die grüne Markierung und folgen ihr 1 Std. lang westwärts über Batomalj wieder nach Baška hinab.

Die Inseln Prvić, Sv. Grgur und Goli

Die Inseln liegen zwischen Krk und Rab und erscheinen von weitem kahl, sind aber im Innern von Garigue, Büschen und kleinen Wäldchen überzogen. Die **Insel Prvić** liegt der Insel Krk südlich zu Füßen und birgt herrliche Badebuchten. Nur die Meerenge *Senjska Vrata* trennt Prvić von Krk, gefürchtet bei Bootsbesitzern, wenn die Bora hier orkanartig bläst und kein Durchkommen zulässt. Dann heißt es, sich einen Ankerplatz an der borasicheren Westseite suchen und bei den Gänsegeiern, die hier ihre Nistplätze haben, und bei den Schafen, die begierig die Kräuter fressen, nächtigen.

Sv. Grgur ist der Insel Rab vorgelagert und zeigt sich nur zur Südseite busch- und waldreich, es gibt Damwild. Sv. Grgur war bis 1988 eine Gefängnisinsel. Das Straflager und die Fabrikhallen, in denen Möbel, Maschinenteile und Keramikfliesen hergestellt wurden, stehen an der Uvala Sv. Grgur, sind aber mit Müll verdreckt, also keinen Besuch wert. Auch hier gibt es schöne Badebuchten und Tauchgründe. Wer Glück hat, sieht Delphine springen.

Südöstlich von Sv. Grgur versteckt sich **Goli**, die „nackte" Insel: Auch sie war bis 1989 eine Gefängnisinsel, ihren weißen Kalkstein bauten die Strafgefangenen des früher hier angesiedelten Lagers ab.

All diese Inseln sind beliebt bei Bootsbesitzern und werden auch von Ausflugs- und Taxibooten angelaufen.

An der Uferpromenade von Rab

Insel Rab

Rab ist die grünste und eine der dichtest besiedelten Inseln der Kvarner Inselgruppe. Mildes Klima, üppige Pflanzenwelt, kilometerlange Badestrände und der schöne mittelalterliche Stadtkern des Kurorts Rab ziehen seit 1889 die Urlauber an.

Die Inselfläche von Rab beträgt nur 94 km², auf denen aber 8500 Menschen leben. So ist die Insel um den gleichnamigen Hauptort ziemlich zersiedelt – Rab ist die touristenreichste der Kvarner-Inseln. Und während sich ihre Bewohner früher von Ackerbau, Weinbau, Viehzucht, Fischfang und Handel ernährten, leben sie heute fast allesamt vom Fremdenverkehr. Im Sommer beherbergt die Insel Zehntausende Gäste, und vor allem in Lopar und um Rab ist der Rummel groß. Dafür bekommt man hier schon um Ostern Zimmer, viele Restaurants sind schon geöffnet, und man steht nicht, wie auf den meisten anderen Inseln, vor verschlossenen Türen. Für Mountainbikefreunde wurden 180 km Fahrradwege angelegt, auf denen die zahlreichen stillen Buchten erkundet werden können, besonders schön ist u. a. die waldreiche und autofreie Halbinsel Kalifront. Eine Genuss ist es sicherlich auch, per Seekajak um die Insel zu paddeln (siehe Banjol).

Rab ist nach Anzahl der Sonnenstunden einer der sonnigsten Orte Europas. Die Bergkette des *Kamenjak*, die im Nordosten bis auf 408 m ansteigt, schützt die Insel vor der Bora, dem trocken-kalten Wind, der im Frühjahr und im Winter vom Küstengebirge fällt. Im Herbst weht der feuchtwarme Südwind Jugo, dem schwere Wolken und Regen folgen. Im Sommer mildert von Westen der kühle Maestral die Hitze, und die Segler freuen sich.

Die Pflanzenwelt der Insel ist dementsprechend: spärlich im Nordosten, die Berge macchiabewachsen, kleinere Wäldchen in der Inselmitte. Es wachsen Tannen und Eichen, Oliven, Weinreben, Mandeln, Feigen und viel Obst und Gemüse in den fruchtbaren Tälern. Im Westen, auf der Halbinsel *Kalifront,* liegt das größte Waldgebiet Rabs mit Steineichen, Erdbeerbäumen und Tamarisken. Insgesamt sind 40 Prozent der Insel bewaldet – mehr Wälder hat nur noch die süddalmatinische Insel Mljet.

Ziegen und Schafe sind die Raber Haustiere, Esel sieht man hier immer weniger. Auch mitteleuropäische Wildtiere gibt es und Wildziegen, manchmal entdeckt man Adler und Königsgeier vom Küstengebirge, hier und da die Smaragdeidechse – doch die Schildkröten haben die Insel längst als ausgestopftes Souvenir verlassen. Noch findet man Seeigel, Seesterne, Seeschwämme und manchmal rote Korallen. Im tieferen Wasser leben Hummer und Scampi, Tintenfische, Delfine und Kraken und kleinere Haie.

Wichtiges auf einen Blick

Telefonvorwahl: 051

Fährverbindungen: *Trajekt Mišnjak–Jablanac,* die wichtigste Verbindung mit dem Festland im Südosten mit der Fährgesellschaft Rapska plovidba (✆ 724-122, www.rapska-plovidba.hr). Im Sommer fast ununterbrochen von 5.30–24 Uhr; Fahrtzeit 15 Min., 2 €/Pers., Auto 15,30 €. *Trajekt Lopar–Valbiska* (Krk), ganzjährig, Ende Mai–Ende Sept. 4-mal tägl. (7.45, 11.45, 16 und 20.30 Uhr), sonst 2-mal tägl. (7.45 und 15.15 Uhr). 5,10 €/Pers., Auto 31,25 €. Infos über Splittours, ✆ 021/352-533, www.splittours.hr.

Katamaran, 1-mal tägl. ganzjährig von Rab (Stadt) um 6.45 (So 9.45 Uhr) nach Rijeka; nach Novalja (Insel Pag) um 18.45 Uhr (ab Schulbeginn Anfang Sept. um 16.15 Uhr).

Personenschiff Rab–Lun (Schiff Amico), ganzjährig Mo, Mi, Fr–So 12 Uhr Rab, Lun Abfahrt 7.30 Uhr; Juli/Aug. zusätzl. Di, Do und Fr Rab 9 und 17 Uhr, Lun 10 und 16 Uhr. Info: Rapska plovidba, ✆ 724-122 oder 098/991-1409 (Amico). 4,20 €/Pers., retour 6,30 €.

Taxiboote (nur im Sommer) verkehren zwischen Rab–Liebesinsel–FKK-Strand Suha Punta; Rab–Banjol–Barbat; Rab–Lun-Jakišnica (auf Pag).

Busverbindungen: In der Saison 4-mal tägl. nach Rijeka (ca. 11 €), 1-mal tägl. nach Zagreb (16 €). Inselbusse befahren drei Hauptstrecken: Rab–Supetarska Draga, Lopar–Rab–Banjol–Barbat, Rab–Suha Punta–Kampor.

Tankstelle: In Rab und Banjol.

Flughafen: Nächstliegende sind Krk und Zadar.

Geschichte

Rab wird erstmals im 4. Jh. v. Chr. von dem griechischen Geografen *Mertorides* erwähnt. Später hieß Rab *Arbe.* In dieser Zeit kam es zu heftigen Kämpfen zwischen den ansässigen Liburnern und den vordringenden Griechen, die siegreich waren und z. B. in der Bucht Kampor und in Lopar Kolonien errichteten. Im 3. Jh. v. Chr. gründeten die Liburner einen neuen Staat. Die Griechen, die sich auf Sizilien verausgabt hatten, verließen die Insel, vergruben vorher ihre Schätze und hofften wiederzukommen. Aber es kamen die Römer, und Rab wurde eine römische Stadt, ein *Munizipium.* Zur Zeit der Völkerwanderung überrannten die von den Hunnen aufgescheuchten Goten das bereits labile weströmische Reich und auch die Stadt Rab, die das gleiche Schicksal ein weiteres Mal unter den Slawen erlitt. 750 wurde die Stadt unter der Herrschaft des byzantinischen Dalmatiens wieder aufgebaut.

Insel Rab
Karte S. 227

Dann wollte *Karl der Große* Dalmatien erobern, bekam aber die Inseln nicht. Durch den Aachener Frieden von 812 fiel Rab wie andere Städte zurück an Byzanz. Erst später erstarkten die fränkischen Vasallen im kroatischen Landesinnern. *Tomislav* ernannte sich 925 zum König Kroatiens, und Byzanz schenkte ihm die römischen Städte Krk und Rab, um ihn gnädig zu stimmen. Der Kirchenwind wehte jetzt nicht mehr aus Byzanz, sondern aus dem Vatikan – eine neue Kraft, die ihre Stärke letztlich Karl dem Großen zu verdanken hatte. Rab aber blieb Byzanz treu und erhielt als Geschenk für seine Botmäßigkeit die Gebeine des Hl. Christophorus.

Später rief man wegen Thronfolgekämpfen Venedig zu Hilfe. Venedig zögerte erst, schließlich besetzte es Osor, Zadar, Rab und andere Städte. So zu neuer Einigkeit gezwungen, gelangte Rab im 11. Jh. nach blutigen Kriegen wieder unter kroatische Herrschaft.

1107 stellte der ungarische König *Koloman* alle dalmatinischen Städte unter seinen Schutz. Dies missfiel Rab, es ließ sich lieber wieder von Venedig beschützen, lief 1403 zu Neapel über, wurde von Neapel wieder an Venedig verkauft – und blieb letztlich bis 1797 unter venezianischer Herrschaft.

1805 wurde Dalmatien und somit auch Rab in Napoleons Königreich Italien einverleibt. 1815 befürwortete der Wiener Kongress die Besetzung der Insel Rab und ganz Dalmatiens durch Österreich-Ungarn. Das bis dahin eigenständige Raber Bistum wurde mit dem von Krk zusammengelegt, Rab wurde bedeutungslos. Die Amtssprache war Italienisch, aber die Oberschicht widersetzte sich bis 1897 den Volksparteien, die die kroatische Sprache als Amtssprache wieder einführen wollten. Im Ersten Weltkrieg wurde Rab von Italien besetzt, gehörte danach zum Königreich Jugoslawien. Im Zweiten Weltkrieg schließlich folgten italienische und deutsche Besetzung und Partisanenkämpfe, 1945 wurde Rab unabhängig.

Nachdem sich zwischen den Weltkriegen der Tourismus gut entwickelt hatte, wurden 1956 erstmals wieder die Gästezahlen der Vorkriegszeit erreicht. Heute verzeichnet Rab über eine Million Übernachtungen jährlich.

Lopar

Zahlreiche große und kleine Badebuchten und der inzwischen weitbekannte „Paradiesstrand" machen den Fährort im Nordwesten der Insel für viele Urlauber attraktiv. Mit 1100 Einwohnern ist Lopar die zweitgrößte Siedlung auf der quellreichen, grünen Halbinsel.

Lopars Häuser liegen auf kleinen Hügeln, in Gruppen zusammenstehend, und tragen die Namen der dort wohnenden Familien. Der Ort ist umgeben von zwei großen Buchten: der *Bucht von Lopar* mit Fährhafen, Restaurants und Pensionen sowie der *Badebucht Crnika* im Südosten, mit der Hotelsiedlung San Marino, zahlreichen Restaurants, Pensionen, Campingplatz und großem Sportcenter. An die Bucht Crnika schließt die kleinere *Badebucht Livačina* mit Jachthafen und *Paradiesstrand* (Rajska plaža) an – hier weht auch die „Blaue Fahne". Alles in allem ist Lopar inzwischen ziemlich zersiedelt, und ein Paradies dürfte der Strand im Hochsommer eher für Leute sein, die Trubel und Menschenmassen suchen. Die Autos parken kreuz und quer, bei Platzmangel wird auch vor Privatgärten nicht Halt gemacht, und man braucht Nerven, um das Gewühl und die Rücksichtslosigkeit der Touristen auszuhalten. Hat man jedoch ein Fahrrad, besser noch ein Boot oder zieht man auf Schusters Rappen los, locken weiter entfernt ruhigere, kleine Badebuchten, 22 sollen es sein.

Auf dem *Kap Zidine* antike Ruinen, wahrscheinlich aus griechischer Zeit. Beim Anlegeplatz befindet sich eine Kirche aus dem 14. Jh., neben der der Einsiedler *Dominik* lebte. Ein anderer prominenter Eremit, der Steinmetz *Marinus*, wurde nach der Legende hier geboren; er gründete die Republik San Marino in Italien.

Marinus, der Eremit

Marinus ging im 3. Jh. nach Rimini (Italien), um bei der Erneuerung der Festung mitzuarbeiten. Während der Christenverfolgung unter Diokletian versteckte er sich in einer Höhle auf dem Berg Monte Titano. Ihm folgten Gleichgesinnte, die eine Kirche bauten und ein Kloster gründeten. Damit legten sie den Grundstein für ein neues Städtchen: den Stadtstaat San Marino.

● *Postleitzahl* 51281 Lopar
● *Information* **Touristeninformation**, am Ortsbeginn an der Straßengabelung. ✆ 775-508, 📠 775-487, www.lopar.com.
Agentur Dedan, im selben Gebäude, ✆/📠 775-105, www.dedan.hr. 8–22 Uhr.
Agentur Sahara, ✆ 775-633. www.saharatours.hr.
Agentur Uno, ✆ 775-444, Hier auch Fahrradvermietung.
● *Verbindungen* **Fährverbindungen** siehe Einleitung Rab. Auch nach Rijeka und Zagreb. **Busse** verkehren regelmäßig.
● *Geldwechsel* Geldautomat bei Touristeninformation (Straßengabelung).
● *Post* Neben Touristeninformation. Mo–Sa 7–21 Uhr.

● *Ambulanz* Tägl. neben Autocamp. ✆ 724-094.
● *Einkaufen* Supermarkt, Obst, Gemüse, Einkaufsläden im Zabavni-Center.
● *Veranstaltungen* Am 8. Sept. findet das **„Mala-Gospa"-Fest** statt: großer Markt in Richtung Fährhafen, Musik etc.
● *Ausflüge* Hotel und Touristenagenturen organisieren eine Inselrundfahrt und Ausflüge zu den Kornaten und nach Krk. Taxiboote ab dem Jachthafen nach Goli und Sv. Grgur.
● *Übernachten* **Privatzimmer** in den vielen Pensionen, je nach Kategorie ab 30 € im DZ, Frühstück ab 4 €/Pers. **Appartements** ab 35 € für 2 Pers.

Lopar – viel Getümmel am Paradiesstrand

*** **Hotel Epario**, ca. 200 m vor der Paradiesbucht. 25 nette DZ/F für 82 €. Lopar 456a, ℡ 777-500, hotel-epario@inet.hr, www.epario.net.

–* **Hotelkomplex San Marino**, hinter der großen Crnika-Bucht, nahe dem Paradiesstrand mit einfach ausgestatteten Zimmern. Langgestreckte Terrassen, gewelltes Dach, fehlt nur noch ein Surfer obendrauf. Zwischen Hotel und Autocamp Sport- und Freizeitzentrum **Zabavni-Center**, Disko-Club, Souvenirläden, Restaurants mit abendlichem Tanz. DZ/F in den Dependancen: *** **Plaža** und **Veli mel** 97 € (Topsaison 101 €), *** **Sahara** und **Rab** 89 € (Topsaison 98 €), ** **Lopar** 85 € (Topsaison 93 €). Vom Hotel aus Taxiboote zu Buchten auf der Halbinsel. ℡ 775-149, 667-788, www.imperial.hr.

*** **Pension-Restaurant Bellevue**, Neubau oberhalb des Zentrums. 18 gut ausgestattete Zimmer/Appartements mit Balkon. Kinderspielplatz, gutes Restaurant mit überdachten Plätzen. DZ mit HP 40 €/Pers. Lopar 574, ℡/℻ 775-613, www.bellevue.hr.

*** **Pension-Restaurant Dragica**, familiäre Atmosphäre, Garten, Restaurant mit schöner Terrasse, Kinderspielplatz, Internetcafé, gut ausgestattete Zimmer/Appartements. Die Küche bietet Produkte aus eigenem Anbau und selbst gefangene frische Fische.

DZ mit HP ca. 42 €/Pers. Lopar 562, ℡ 775-420, 775-428, vpaparic@inet.hr, www.pensiondragica.com.

• *Camping* *** **Autocamp San Marino**, am seichten Sandstrand Veli mel in der Crnika-Bucht. Großer Platz unter Pappeln, aber meist überfüllt. Warmwasser ist oft knapp, neue Sanitäranlagen. 6,30 €/Pers., Stellplatz (Auto oder Caravan, Zelt) 7,80 € (mit Strom 11,60 €), Parzelle (Auto oder Caravan, Zelt, Strom) zu 14,50 €. Mobilheime für bis zu 6 Pers. 120 €. Geöffnet 1.4.–30.9. ℡ 775-133, www.rab-camping.com.

• *Essen* Zu empfehlen: **Gostiona Feral** unter einer Weinlaube und die **Konoba Ankora** mit Grillgerichten, zudem **Restaurant Piano**. Für Pasta-Liebhaber das **Nudelhaus Creshendo** mit urigen Tischen und Bänken.

Zwei sehr gute Restaurants sind **Restaurant Lorenzo**, eine Oase der Ruhe mit Korbstühlen im lauschigen Hinterhof unter weinberankter Terrasse; schmackhafte Reis- und Nudelgerichte, saftige Spieße und Fischgerichte. Etwas weiter oberhalb **Restaurant Fortuna** mit gleichem Standard.

Weitere Tipps siehe Übernachten.

• *Nachtleben* Im **Zabavni-Center** Tanzterrasse, Nightclub und Disko, Spielautomaten.

Insel Rab
Karte S. 227

Baden: An der *Bucht Crnika* der Strand *Veli mel*, ein kilometerlanger Sandstrand, der so langsam ins Meer kriecht, dass man nach 100 m immer noch keine nassen Hosen bekommt – also bestens geeignet für kleine Kinder, jedoch in der Saison überlaufen.

Dahinter, nach dem Bootshafen Lučica, die *Bucht Livačina* mit dem so genannten Paradiesstrand *Rajška plaža*, eingerahmt von Felsen und dem Inselchen *Lukovac* in Sichtweite. Ein kleiner Föhrenwald bietet Schatten, wenn man es in der Gluthitze der fast windstillen Bucht nicht mehr aushält. Das Wasser ist hier ebenfalls ganz seicht und für Kinder optimal. Es gibt im Wäldchen ein Restaurant und auf dem Wasser ein Getränkeboot. Hinter der Landzunge *Puntica* schöne Felsbadestrände, etwas nördlich ist FKK möglich.

Wer dem Rummel entfliehen möchte, kann zu Fuß entlang der Küste in Richtung Norden seinen eigenen Strand suchen und überall kleine Badebuchten finden. Entlang der Bucht und zu den vorgelagerten Inseln fahren Taxiboote.

Oben auf dem Bergrücken herrliche Aussicht auf Sv. Grgur, Goli und das Küstengebirge. Kap für Kap fingert sich die Insel hier ins Meer.

• *Wassersport/Sport* **Zabavni-Center**, vor dem Autocamp am Veli mel. Tennisplätze, Minigolf, Fußballplatz, Restaurant, Eisdiele, Café, Disko. Beim Autocamp Wassersportverleih und Tauchclub. **Fahrradverleih** bei Agentur Uno.
An der Mole beim Jachthafen das **Lučica Wasserski-Zentrum** mit Wasserskischule, Flaschenfüllung, Parasailing, Banane, Jetski, Motor- und Tretbootverleih, Kanus und Kajaks.

• *Tauchen* **Diving Center Moby Dick**, nach CMAS, M**, Tauchkurse, Tauchgänge, Verleihausrüstungen, Flaschenfüllen, Schnupperkurse, auch Unterkunft. Inhaber Mladen Skapul, Lopar 493, ✆/℡ 775-577, ✆ 91/5201-643 (mobil), www.moby-dick1.com.
• *Bootshafen* **Marina Lučica**, 150 Liegeplätze für kleinere Boote, Kran und Slipanlage, Information im Hotel San Marino.

Supetarska Draga

Der Ort zieht sich mit vielen Neubauten und einer Marina an der tiefen, gleichnamigen Bucht entlang und über den Hügel bis zur anderen Meerseite. Hier auf der *Halbinsel Gonar* liegen auch die Siedlungen *Dumići, Donja Draga* und *Gonar* mit Badeplätzen und in die Bucht gestreuten Inselchen.

Einst hatte Supetarska Draga ein Kloster, das 1059 gegründet und im 16. Jh. wieder aufgegeben wurde. Der Ortsname leitet sich vom Kloster Sanctus Petrus in valle ab. Heute ist nur noch die romanische Kirche zu sehen – sie ist die älteste Kirche der Insel. Am Meer befinden sich die Überreste der letzten erhaltenen Wassermühle, die einst die Insel mit dem wertvollen Nass versorgten.

• *Postleitzahl* 51280 Supetarska Draga
• *Information* **Touristagentur Arbia**, Supetarska Draga 263, ✆/℡ 776-122.
• *Einkaufen* Supermarkt in der Marina und kleinere Läden Richtung Donja Draga.
• *Übernachten* Viele Privatzimmer werden angeboten – am Hang die **Pension Pivac**. Ebenso in Gonar und Dumići. DZ ab 25 €.
• *Essen* **Restaurant Galeb** (Grillgerichte und Schalentiere) und **Restaurant Maestral**, beide gegenüber der Marina. Im Jachthafen das **Restaurant Marina**.
Gegenüber, auf der südlichen Buchtseite des Jachthafens, **Restaurant Belveder**

(auch Stiegenwirt genannt) mit erhöht liegender schöner Terrasse; Spezialität ist neben Fischgerichten der Grillteller. ✆ 776-162.
Außerhalb von Supetarska Draga in Richtung Lopar: **Restaurant-Pension Bili As**, mit Sitzgelegenheiten direkt am Meer, Hummeraquarium, Bootsanleger am Restaurant; Appartement und Zimmervermietung. Supetarska Draga 217, ✆/℡ 776-226.
Noch weiter bergan, mit Blick auf Bucht und vorgelagerte Inseln: **Restaurant-Pension Zlatni Zalaz** (benannt nach den Sonnenuntergängen), schöne Terrasse, Bootsanlegestelle, ✆ 775-150.

Konoba Sv. Petar, in Richtung Rab beim Kloster Sv. Petar, frische Erzeugnisse aus Eigenanbau, natürlich auch frische Fische. ✆ 776-296.

Oben, im Ortsteil Gonar, die gute **Konoba Gonar** mit Spezialitäten vom Kamin. Supe-

tarska Draga 328, ✆ 776-638.

Unten, direkt am Meer mit schöner Terrasse, **Restaurant-Pension More**, frischer Hummer aus dem Becken und fangfrischer Fisch. Übernachtung 20 €/Pers. Supetarska Draga 321, ✆ 776-457, ✆/📠 776-202.

Badeplätze gibt es rund um die Halbinsel. Viele kleine Sand- und Kiesbuchten mit Blick auf die vorgelagerten Inseln *Maman, Srednjak, Sailovac.* Man muss aber etwas laufen, um sein Lieblingsplätzchen zu finden, mit eigenem Boot ist es einfacher.

● *Wassersport* Tauchschule und Wassersport-Center bei der ACI-Marina in Supetarska Draga, ✆/📠 776-145. Motorboot- und Surfbrettverleih.

Tauchclub Aqua Sport, in Gonar, Supetarska Draga 331, ✆ 776-145. Dort auch Boots-

vermietung, Wasserski und Jetski.

● *Jachthafen* **ACI-Marina Supetarska Draga**, ganzjährig geöffnet. 285 Liegeplätze, 150 Bootsplätze an Land, Werkstatt, 10-t-Kran, Slip; Sanitäranlagen, Supermarkt, Restaurant. ✆ 776-268, 📠 776-222, www.aci-club.hr.

Unverkennbar – die vier Kirchtürme von Rab

Insel Rab
Karte S. 227

Rab

Auf einer kielförmigen Landspitze gelegen, überstand die stark befestigte Stadt die Jahrhunderte relativ unbeschadet. Heute drängen sich die Touristen mit Kameras bewaffnet durch die Gassen zwischen Kirchen und Patrizierhäusern, um die Schönheiten des Altertums einzufangen. Seit 1889 ist Rab ein europaweit bekannter Kurort, 1936 wurde der erste FKK-Strand Kroatiens hier eröffnet. Die Stadt tut viel, um ihr gutes Image zu pflegen.

Wechselnde Machtverhältnisse im Mittelalter brachten es mit sich, dass sich viele Fürsten um Rab stritten, und weil die Stadt ihr Fähnlein meist in den richtigen Wind hängte, gelangte sie zu Reichtum.

Im 2. Jh. v. Chr. war Rab eine römische Befestigung, später eine römische Stadt mit Foren, Badehäusern, Aquädukten, einem Theater und Tempeln. Von 530 bis 1828 war sie Bischofssitz und wichtiger Flottenstützpunkt im Levantehandel. Wahrscheinlich siedelten sich die Slawen in der unsicheren Zeit der Völkerwanderung auch auf der Insel an und verwüsteten bei dieser Gelegenheit die Stadt. Ein zweites Mal wurde Rab im 15. Jh. zerstört – von ihren eigenen Bewohnern. Als die Pest umging, mauerte man die Häuser der Pestkranken zu und verbrannte sie mitsamt den Angehörigen. In den letzten 110 Jahren, seitdem Rab Kurort ist, hat man aber vieles getan, um das Städtchen, in dem heute 800 Menschen leben, wieder herauszuputzen. Unzählige schöne Cafés und Restaurants laden zum Verweilen ein, für die Nacht gibt es nette Cocktailbars. In dem charmanten mittelalterlichen Kleinod werden zahlreiche Veranstaltungen geboten, und an altem Kulturgut gibt es reichlich zu besichtigen. Die nahen Strände und Freizeitmöglichkeiten machen einen längeren Aufenthalt in der Stadt sehr reizvoll.

Information/Verbindungen/Diverses

● *Postleitzahl* 51280 Rab

● *Information* **TIC-Rab**, Trg Municipium Arba 8, ✆ 771-111, 📠 771-110, www.tzg-rab.hr. Mitte Mai–Sept. tägl. 8–21 Uhr (Juli/Aug. bis 22 Uhr), sonst Mo–Sa 8–15 Uhr. Informationen, Kartenmaterial.
TIC-Palit, vor der Altstadt im Einkaufszentrum Mali Palit. Nur Ende Mai–Mitte Sept., Öffnungszeiten wie oben.
Agentur Katurbo, im Einkaufszentrum Mali Palit vor der Altstadt, ✆ 724-495.
Agentur Kristofor in Mali Palit, ✆ 725-543, www.kristofor.hr. Zimmer, Ausflüge.
Agentur Numero uno, Obala M. Dominisa 5. Am Beginn der Uferpromenade, ✆ 724-688. In der Hauptsaison 8–1 Uhr. Zimmer, Fahrräder.

● *Verbindungen* **Busse**: Siehe Insel Rab/Einleitung. Busbahnhof (✆ 724-189) vor der Altstadt in Mali Palit (Einkaufszentrum). Achtung: Es gibt keine Busse zum Fährort Mišnjak, nur tägl. Expressbusse Rab–Rijeka oder Rab–Zagreb.
Taxiboote: Ab dem Altstadt-Leuchtturm (5 KN) zwischen Rab–Liebesinsel–FKK-Strand Suha Punta, Rab–Banjol–Barbat und Dolin. Schnellboote (8 Min).
Schiffsverbindung: Von Rab nach Lun-Jakišna (auf Pag) 9 und 17 Uhr, 45 Min.; Katamaran Rab–Rijeka, ganzjährig, 1-mal tägl. 6.45 Uhr, So 9.45 Uhr; zur Insel Pag (Novalja) 18.45 Uhr, bzw. ab Anfang Sept. (Schulbeginn) schon 16.15 Uhr, So 16.45 Uhr. Auskunft Jadrolinija.

● *Geldwechsel* **Erste banka**, Trg Municipium Arba. **Adria Alpe banka**, Markantuna Dominisa 1. **Erste banka**, Mali Palit (im Einkaufszentrum). Alle mit Geldautomat.

● *Post* Am Trg Municipium Arba. Mo–Sa 7–21 Uhr; weitere Filiale im Einkaufszentrum Palit.

● *Autos* Gebührenpflichtige Parkplätze am Hafenbecken (6 KN/Std.); großer **Parkplatz** nach dem Busbahnhof. **Tankstelle** am Kai (nach dem Jachthafen).

50 m

● *Gesundheit* **Ambulanz** in Banjol, ✆ 724-094. **Ärztehaus Mali Palit: internistische Ambulanz**, ✆ 724-094. **Tierarzt**, ✆ 724-153. **Apotheke Načeta**, Srednja ulica und in Mali Palit, ✆ 724-121.

● *Einkaufen* **Einkaufszentrum Mali Palit** (vor der Altstadt), mit Sportgeschäften, Boutiquen, Flaniermeile, Restaurants, Cafés. **Einkaufscenter Petra**, stadtauswärts Richtung Banjol. **Supermarkt** am Hafenbecken. In der **Hauptgeschäftsstraße** Srednja ulica viele Souvenirgeschäfte. Die Geschäfte sind im Hochsommer durchgehend Mo–Sa 6–22, So 12–17 Uhr geöffnet. Tägl. **Obst- und Gemüsemarkt** am Marktplatz.

● *Veranstaltungen* **Ostern**, 7 Tage Sonderprogramm mit klassischen Konzerten und Sport.

Kajak-Regatta um die Altstadt am letzten So im Mai.

Ritterspiele-Armbrustschützen, am 9.5., 25.6., 27.7., 15.8. Riesiges Spektakel mit historischen Kostümen, historischem Essen; Umzüge mit Fahnen durch die Altstadt und große Veranstaltung mit Armbrustschießen auf dem Trg. Sv. Kristofora.

Raber Festtage (Rapska Fjera), am 25./26./ 27. Juli werden die Stadtheiligen Sv. Jakov, Sv. Ana und Sv. Krištofor gefeiert. Ebenfalls ein historisches Fest mit historischen Kostümen, mittelalterlichem Essen, Buden und Demonstration alter Handwerkerkünste. Die Plätze sind mit Fackeln ausgeleuchtet, es gibt mittelalterliche Musik und Tanz.

Raber Sommer, im Juni, Juli und Aug. finden wöchentl. Folkloreaufführungen, Musikabende und Konzerte statt; darunter 10 Konzerte mit Blechmusik.

Raber Musikabende, 1-mal wöchentl., meist Do, Mitte Juni–Ende Sept. mit klassischen Konzerten nationaler und internationaler Musiker in der Kirche Sv. Križ.

● *Ausflugsfahrten* Inselrundfahrt mit dem Boot, z. B. nach Lun auf der Insel Pag, mit dem Tragflügelboot und weiter mit dem Bus zu den Plitvicer Seen oder mit dem Tragflügelboot in die Bucht Telašćica. Glasbootexkursionen tagsüber und abends.

● *Nachtleben* **Café-Cocktailbars** (s. a. Café) und **Pubs** in der Altstadt dicht beieinander, geöffnet bis 3 Uhr.

Tanzterrasse mit Live-Bands im Freien beim Restaurant Grand. **Diskothek Santos** in Pudarica (2 km östl. von Barbat).

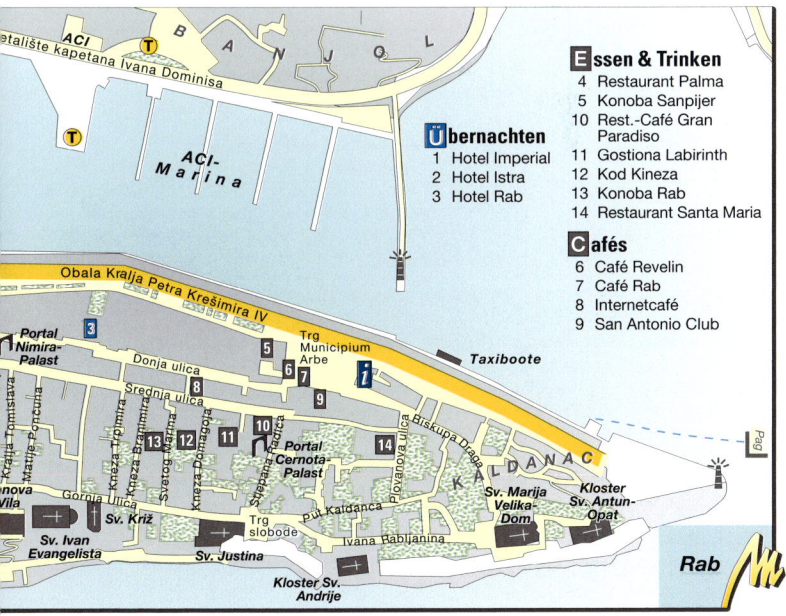

Insel Rab Karte S. 227

Essen & Trinken
4 Restaurant Palma
5 Konoba Sanpijer
10 Rest.-Café Gran Paradiso
11 Gostiona Labirinth
12 Kod Kineza
13 Konoba Rab
14 Restaurant Santa Maria

Übernachten
1 Hotel Imperial
2 Hotel Istra
3 Hotel Rab

Cafés
6 Café Revelin
7 Café Rab
8 Internetcafé
9 San Antonio Club

Übernachten/Essen & Trinken (siehe Karte S. 232/233)

● *Übernachten* In der Hauptsaison ist es oft schwierig, ein Zimmer zu bekommen; Ausweichmöglichkeiten in den Bade- und Hotelbuchten *Suha Punta* (5 km von Rab) oder *Banjol* (siehe Suha Punta, Banjol).

Privatzimmer ab 14 €/Pers. ohne Frühstück; Frühstück 4–6 €. In der Altstadt gibt es preisgünstige, aber einfache Privatquartiere, in der Regel Kat. **, also ohne eigenes Bad. Dafür wohnt man mittendrin und kann das Auto stehen lassen.

**** Hotel Arbiana, erst 2008 eröffneter Prachtbau von 1924 mit 28 Zimmern, am stillen Ende der Uferpromenade. Restaurant und Aperitif-Bar, Internet. Komfortable DZ/F zu 110 €, 140 €, 180 € und ab 250 € (Standard, Superior, Deluxe und Suiten). ✆ 775-900, sales@arbianahotel.com, www.arbianahotel.com.

*** Hotel Istra (2), stilvolles Gebäude mit 190 Betten, beim Hafenbecken am Park. Durch den Park ist man in wenigen Minuten am Strand. DZ/F 86 €. M. Dominisa b.b., ✆ 724-134, ✆ 724-050, www.hotel-istra.hr.

*** Hotel Rab (3), komplett renoviertes 138-Zimmer-Hotel in schöner Lage am Hafenbecken, in der Altstadt. Restaurant, kleiner Pool und Indoor-Schwimmbad, Spa-Bereich. Gut ausgestattete Zimmer. DZ/F mit Meerblick 102 € (Topsaison 126 €). Obala Krešimira 4, ✆ 602-000, reservations@hotelirab.t-com.hr, www.hotelrab.com.

*** Hotel Imperial (1), im Ortsteil Palit. 134 Zimmer, neu renoviert, sehr ruhig auf einer Anhöhe in einem Park gelegen, Tennisplätze und -schule; ca. 10 Min. bis zur Altstadt. DZ/F Meerseite und Balkon 111 € (Topsaison 123 €). ✆ 724-522, sales@imperial.hr, www.imperial.hr.

● *Essen* Überall in der Altstadt gibt es gute Restaurants und Konobas. Auswahl:

Restaurant-Café Grand Paradiso (10), die Gebäude der Stadtloggia und des Cernota-Palasts wurden zu einem großen, stilvollen Lokal vereint, das vielen hundert Gästen Platz bietet; zudem Vinothek und Café in der Stadtloge, Ausstellungen, ab und zu finden Konzerte statt. Man speist zwischen alten Säulen unter Palmen im grünen Innenhof auf erhöhter, luftiger Terrasse. Essensmäßig bleibt kein Wunsch offen, es gibt sogar Pizza. S. Radića 2, ✆ 771-109, 777-157.

Restaurant Santa Maria (14), stilvolles Fischlokal am östlichen Ende der Hauptgasse. Man sitzt wie in einer Schiffskajüte, in den Bullaugen hängen Bilder von Segelschiffen und Holzschiffsmodelle. Verschiedenartige, lecker zubereitete Fischsorten und Gemüse, große Weinkarte. Ul. Dinka Dokule, ✆ 725-695.

Gostiona Labirint (11), überdachter, aber luftiger und mehrstöckiger Innenhof. Man speist vorzüglich Fischspezialitäten und Meeresfrüchte. Srednja ulica 9, ✆ 771-145.

Konoba Rab (13), uriges Lokal mit Holzgebälk, Galerie und Kamin, in dem die Peka schmort. Es gibt Fisch, Fleisch (Spezialität Rabska grota – Fleisch, gefüllt mit Käse und Schinken, mit Gemüsesauce), verschiedene Peka-Gerichte (Lamm, Huhn, Kalbshaxe) nach Vorbestellung. Kneza Branimira 3, ✆ 725-666.

Kod Kineza (12), kleines Lokal mit offenem Kamin. Vorspeisen wie Oliven, Käse und Schinken sowie Beefsteak, dazu Wein und Schnaps. Svetog Marina.

Konoba Sanpijer (5), typische Konoba, es gibt nur Wein, Oliven, Käse und kleine gesalzene Fische (Sardellen), zum draußen Sitzen 2 rustikale Bänke. Östlich an der Hafenpromenade.

Restaurant Palma (4), hinter Hotel Imperial mit großer Terrasse. Hier speisen die Einheimischen gern, es gibt Reis-, Nudel-, Fisch- und Fleischgerichte.

Restaurant-Pension Nada, in Palit. Leckeres, preiswertes Essen, fangfrischer Fisch und gute Fleischgerichte. Gegenüber vermietet die Familie Faflja einfache, saubere Zimmer mit schönem Garten zum Frühstücken. Fam. Faflja, Monte Stipe, Palit 217, ✆ 724-871.

Schöne **Cafés**, auch für die Abende (bis 3 Uhr geöffnet), sind auf dem großen Platz Trg Municipium Arba, mit Blick aufs Meer, eingerahmt von stattlichen Palmen. **San Antonio-Club (9)** ist *der* Treffpunkt am Abend, innen barmäßig eingerichtet; man spielt die neuesten Charts. Daneben die Cafébars **Rab (7)** und **Revelin (6)**.

Internetcafé (8), Srednja Ulica, gegenüber Kneza Domagoia.

Auf dem Trg Municipium Arba gibt es einige lauschige Cafés

Stadtbummel

Das Auto lässt man am *Parkplatz* vor der Altstadt oder am Hafenbecken. Hier ankern oftmals prächtige Windjammer. Vorbei an bunten Souvenirständen erreicht man den großen Platz *Trg Municipium Arba* mit einladenden Cafés, eingerahmt von stattlichen Palmen und dem **Fürstenpalast** (jetzt Galerie) mit romanischen, gotischen und Renaissancefenstern sowie kunstvollen Reliefs zwischen den Steinquadern. Löwenköpfe mit weit aufgerissenem, halboffenem und geschlossenem Rachen stützten einst den Kundgebungsbalkon. Im Atrium werden Ausgrabungsfunde gezeigt.

Man spaziert am Kai entlang, vorbei am einstigen Hotel Riva, das majestätisch im Klosterpark liegt, hinauf zum Altstadtkern Kaldanac. Oberhalb des Parks das **Kloster Sv. Antun-Opat,** das eine vor den Türken geflohene Fürstin Ende des 15. Jh. in ein Frauenkloster umwandelte.

Nur wenige Meter westlich die **Domkirche Sv. Marija,** 1177 aus weißen und rosaroten Steinquadern errichtet und vom Papst persönlich geweiht. Die Säulen der dreischiffigen Basilika stammen aus antiken Bauten. Über dem Altar ein Baldachin, rechts und links davon geschnitztes, schwarzes Chorgestühl. Ein Stück weiter steht an der Gasse der riesige romanische **Glockenturm** (geöffnet 10–13 und 19.30–21/22 Uhr, Eintritt 10 KN). Die Zahl der Fensterbögen steigt mit der Zahl der Stockwerke. Das letzte – vierte – Stockwerk hat eine Balustrade, obenauf eine achtseitige Pyramide aus dem 15. Jh. Ein Kreuz mit fünf Äpfeln steht auf ihrer Spitze, im obersten Apfel werden Heiligenreliquien verwahrt.

Weiter westlich lehnt an der steil zum Meer abfallenden Felswand das **Kloster** und die **Kirche Sv. Andrije** aus dem 11. Jh. Heute leben hier noch sechs Schwestern des

Insel Rab
Karte S. 227

Benediktinerordens. Am Seitenaltar der Klosterkirche sind das Polyptychon von *Vivarini* (1485) und ein großes Gemälde mit den Kreuzwegstationen kollagenhaft vereint.

Dann stoßen wir auf den *Trg slobode,* an dem der alte Stadtteil Kaldanac endet. Der neuere Stadtteil ist im Festungsstil gebaut, die Straße längs der Mauer wurde während der venezianischen Besatzung im 15. Jh. errichtet. Neben dem Trg slobode die **Kirche Sv. Justina** mit einem Altargemälde aus der Tizianschule und einem Steinzwiebelturm. Die Kirche dient heute als Museum für sakrale Kunst.

In der Gasse Gornja ulica weiter westlich befindet sich das Kirchlein **Sv. Križ,** in dem wöchentlich klassische Konzerte stattfinden. Der Legende zufolge hat Jesus am Kreuz des Altarbildes die Einwohner der Stadt beweint: Sie blieben hochmütig, und so kam die Pest über sie.

Nur wenige Meter westlich von Sv. Križ, auf erhöhtem Gelände, der Kirchturm der einstigen **Basilika Sv. Ivan Evandelista** aus dem 7. Jh. Die Basilika war einst ein Schmuckstück mit fünf Altären, Kapitellen aus verschiedensten Epochen, schön ist immer noch das Fußbodenmosaik mit Flechtwerkornamentik. Neben der Basilika

die Ruinen des Klosters. Vom 11. Jh. bis Ende des 13. Jh. war hier ein Benediktinerinnenkloster, danach wurde es bis 1783 von den Franziskanern übernommen, anschließend war es Residenz der Bischöfe – nicht zuletzt wegen seiner Baufälligkeit wurde es 1833 aufgegeben. Heute ragen neben dem noch gut erhaltenen Kirchturm Säulenreste auf und Steinfragmente laden zum Ausruhen neben duftenden Wachholderbäumen ein.

Am Ende der Gornja ulica steht die Kirche **Sv. Krištofor** (geöffnet tägl. außer So von 9–12 Uhr) mit kleinem Lapidarium. Dann die Ruinen der **Burg Sv. Krištofor** aus dem 15. Jh. Wenn oberhalb der Steintreppen das Tor nicht verschlossen ist, kann man das bekannte Postkartenmotiv knipsen: „Rab mit vier Türmen, wie ein Dächerschiff ins Meeresblau gekielt." Wenn man das Gässchen und die Stufen wieder hinab Richtung Hafenbecken läuft, stößt man auf den großen, schön gestalteten *Trg Svetog Kristofora.* Dieser Platz, der heute für Veranstaltungen genutzt wird, war früher der einzige Zugang zur Altstadt.

Durch ein Tor betritt man den *Stadtpark Komrčar* – ein großer Park mit mächtigen Bäumen, die die Hektik der Stadt vergessen lassen. Hier befindet sich auch die Festung **Galjarda** aus dem 15. Jh. Davor zwei Brunnen und Stein-

Die Ruinen des Klosters Sv. Ivan Evandelista

bänke. Über eine Treppe gelangt man zurück zum *Marktplatz* mit Obst- und Gemüseständen.

Überquert man die Hauptgasse *Srednja ulica,* sieht man zu Beginn der Donja ulica das hübsche *Portal Nimira.* Vom einstigen Palast aus dem 15. Jh. steht außer dem Portal und den Grundmauern nichts mehr.

Läuft man die Hauptgeschäftsgasse *Srednja ulica* östlich, kommt man an einem Renaissance-Palast vorbei, an dessen Fassade noch Teile des Doppelkopfs des römischen Gottes Janus zu erkennen sind. Etwas weiter eine Palast-Ruine, dann die **Stadtloggia** mit Café und Vinothek, nebenan die städtische Turmuhr.

Geht man an der Stadtloggia rechts hoch, vorbei am prächtigen Portal und den Überresten des **Cernota-Palastes**, steht man oben wieder am Platz Trg slobode und kann die Aussicht aufs Meer genießen. Von dort gelangt man hinunter zur agavengesäumten *Seepromenade:* Hier brechen sich türkisfarben die Wellen an den Felsen und formen sie meisterlich wie ein Bildhauer. Läuft man hier unten entlang, erreicht man das *Seebad Jadran* und in einer knappen Stunde das **Franziskanerkloster Sv. Eufemija** (geöffnet 10–12 und 16–18 Uhr, Eintritt 10 KN).

Rab ist nicht nur für seine Baudenkmäler, sondern auch für seine **Künstler** und **Galerien** bekannt: z. B. *Gašpar Bolković Pik,* der 1929 in Rab geboren wurde und heute bei Ravensburg am Bodensee lebt. Der zeitkritische Künst-

Abendstimmung in Rab

ler arbeitet in Aquarell und Tempera. Im Erdgeschoss des Fürstenpalastes die *Galerie Knežev dvor* (tägl. 8–12 und 18–21 Uhr); in der Musikschule die *Galerie Banova villa* (durchgehend geöffnet). Regelmäßige Kunstausstellungen gibt es zudem in der *Kirche Sv. Nikola.*

Baden in und um Rab

Bademöglichkeiten an der Uferpromenade beim *Komrčar-Park* und im *Strandbad Škver.* Zur „Liebesinsel" *Frkanj* fährt vom Strandbad ein Taxiboot. Ein betonierter schmaler Fußweg führt rund um die Halbinsel durch üppige Pflanzenwelt. Es gibt Kies-, Sand- und Felsbuchten mit Blick auf die Bergkulisse und die Insel Dolin; z. B. die *Bucht Eufemija* im Norden oder südlich davon den FKK-Badestrand *Kandarola* mit kleinem Restaurant. An dem 1,5 km langen Strand wird Eintritt verlangt; und dieser Strand hat seine eigene Geschichte …

In der so genannten **Englischen Bucht** wurde der erste FKK-Strand Kroatiens eröffnet. Hier ließ der britische König Eduard VIII. im Jahr 1936 als einer der ersten Sonnenfreunde seine Hüllen fallen.

Weitere Strandbuchten (auch FKK möglich) bei *Suha Punta*. Die Strände haben keine Autozufahrt, Camping ist nicht erlaubt. Außerdem viele kleine Buchten auf der Halbinsel *Kalifront*, im Vorort *Banjol* und auf der Insel *Dolin*. Sehr gut erreichbar für alle, die mit eigenem Boot unterwegs sind.

● *Sport* Sportmöglichkeiten wie Tennis, Minigolf etc. beim Hotel Imperial. Fahrrad- und Scooterverleih bei Numero Uno.

● *Wassersport* Wasserskischule und Surfbrettverleih in Suha Punta; im Autocamp außerdem Verleih von Kajaks, Paddel- und Tretbooten. Motorbootverleih und Jachten in der Marina von Supetarska Draga, außerdem im Hafen Rab (Rapska plovidba) und bei Pende Vladimir in Banjol 258.

● *Tauchen* **Diving Center Mirko**, Barbat (siehe dort), und **Tauchzentrum Aqua** in Supetarska Draga (siehe dort). Tauchflaschenfüllstation in Rab, Club-Amfora, Ulica Biškupa Draga (Park Dorka).

● *Sportschifffahrt* **ACI-Marina Rab**, gegenüber der Altstadt, verfügt über 150 Liegeplätze. Reparaturservice, Ersatzteillager, Gas- und Benzintankstelle, Supermarkt, geöffnet Mitte März–Okt.; Sanitäranlagen mit Duschen, Restaurant. ✆ 724-023, 🖷 724-229, www.aci-club.hr.

Hafenamt, an der Hafenpromenade, ✆ 724-103.

Ausflüge um Rab

Wandern: Zum *Kamenjak* mit dem Berg *Straža* (408 m), dem höchsten Gipfel der Insel, gelangt man von Rab aus auf einem Fußpfad in 4 Std. Von hier aus weite Sicht über die Insel und in die Kvarner-Bucht.

Wer nicht so hoch hinaus will, geht in entgegengesetzter Richtung zur *Sv. Ilij Kapelle* auf dem 90 m hohen *Vrsi* und kann auf Rab hinunterschauen.

Zwischen den beiden Bergen verstreut liegt die Siedlung *Mundanije;* viel Ackerbau, kein Fleckchen bleibt ungenutzt.

Franziskanerkloster Sveta Eufemija: Am Ende der Bucht Eufemija. Zu erreichen auf der Straße Richtung Kampor oder in knapp einstündigem Fußmarsch entlang der Seepromenade (siehe Kampor).

Dundowald: Südlich des Ortes Kampor, auf der Kalifronthalbinsel. Dundowald ist ein kleines Waldgebiet mit mächtigen Kiefern, Pinien, Zypressen und Korkeichen mit oft üppigem Untergestrüpp, das zu den schönsten des Mittelmeerraumes zählt. Zu Fuß (ca. 2 Std.) oder noch besser per Mountainbike entlang der Bucht Eufemija zu erreichen.

Kampor

Mit Gehöften, Neubauten und ein paar alten Gebäuden erstreckt sich das Dorf zwischen der Kampor-Bucht und dem Strand Mel im Nordwesten und der Eufemija-Bucht mit dem Franziskanerkloster im Südosten.

Das heutige Zentrum von Kampor liegt an der gleichnamigen Bucht. Anziehungspunkt ist der breite Sandstrand Mel, der ganz flach ins Meer abfällt. Ideal für Kleinkinder und zum Sandburgenbauen, die besonders gut haltbar durch das Sand-/Tongemisch sind. In der Nähe finden sich die ältesten Spuren der Siedlung: Auf dem *Kap Kaštelina*, an der Bucht Miral im Norden, ragen die Ruinen einer griechischen Akropolis gen Himmel. Den Süden schließt die bewaldete Halbinsel Kalifront ab, zu der man herrliche Mountainbiketouren unternehmen kann.

Suha Punta – lauschige Anker- und Badebuchten

● *Information* **Agentur Matovica**, ✆ 604-199, www.matovica.hr. Zimmer, Fahrräder und Taxi.

● *Übernachten* Die Agenturen vermitteln **Privatzimmer** ab 11 €/Pers., Appartements ab 30 €/2 Pers.

● *Essen* **Restaurant Skipper**, meist gut besucht, ✆ 776-432; gut speist man auch im **Restaurant Eufemija** (✆ 724-334) und in der **Pizzeria Viktoria** an der Bucht. Empfohlen wird **Restaurant Planka**, am Sandstrand.

● *Baden* Am Strand Mel, allerdings schattenlos (Sonnenschirm!). Zufahrt per Auto möglich, Cafébar am Strand.

● *Tauchen* **Kron Diving Center** (deutsche Leitung), Kampor 413 a, ✆ 776-620, www.kron-diving.com. Ganzjährig geöffnet.

Insel Rab
Karte S. 227

Im Tal von Kampor finden sich noch die Überreste des *Konzentrationslagers* der italienischen Faschisten, in dem einige tausend Menschen ihr Leben ließen. Im Januar 1943 wurde eine Befreiungsfront im Lager gegründet, die politische und kulturelle Arbeit leistete. Als die Kapitulation Italiens bekannt wurde, entwaffnete man 2200 Soldaten und verhaftete den Kommandanten. Auf dem freien Feld, wo man die vielen Toten begrub, steht heute ein Grabmal. Im Innern befinden sich ein Obelisk und ein Wandmosaik, das an die Opfer des Zweiten Weltkriegs und den antifaschistischen Widerstand erinnert.

Franziskanerkloster Sveta Eufemija

Das Kloster auf einer Anhöhe am Ende der gleichnamigen Bucht ist benannt nach der kleinen Kirche *Sv. Eufemija* aus dem 13. Jh. Die Klosterbrüder bauten hier zwei Jahrhunderte später eine weitere Kirche, *St. Bernadin.* Über dem Hauptaltar ein Polyptychon der Brüder *Vivarini* aus dem Jahr 1485, in der Seitenkapelle links eine Ikone der Jungfrau Maria. Im kleinen Innenhof ein Brunnen und der Sarkophag der Fürstin *Mande Budrišić,* die in Rab das Frauenkloster gründete. Im Kloster befin-

Sv. Eufemija – ein nettes Ausflugsziel von Rab

det sich heute ein sakrales und volkskundliches Museum, dazu eine Bibliothek mit Inkunabeln aus dem 15. Jh.

Öffnungszeiten Museum: tägl. 10–12 und 16–18 Uhr, Eintritt 10 KN; ☎ 724-951. Zu erreichen: Straße Richtung Kampor oder in knapp einstündigem Fußmarsch entlang der Seepromenade.

Bruder Ambroz Testen

Einer der letzten Mönche des Klosters, der Künstler und Autodidakt Frater Ambroz Testen (1897–1984), war ein großer Maler, der seine Bilder – expressionistische Gemälde mit religiöser Thematik – anfangs meist verschenkte. Die schönen Reproduktionen seiner Werke auf Kunstpostkarten kann man käuflich erwerben.

Suha Punta

Südwestlich von Rab liegen im nadeligen Mittelmeerwald nahe dem Meer eine moderne Touristensiedlung mit Hotels, Bungalows und Pavillons und die Badebuchten Suha Punta, Veli žal, Pod vrtal und Matovica. Von hier aus kann man herrliche Fahrradtouren auf ausgeschilderten Wegen über die Halbinsel Kalifront zu vielen Buchten unternehmen.

- *Information* In den Hotels.
- *Übernachten/Essen* Privatzimmer/Appartements z. B. an der Bucht Gožinka. U. a. bei **Villa Sonja**, geräumige, voll ausgestattete Appartements, ruhige Lage, für 3 Pers. 70 €. Kampor 98, ☎/📠 725-426.

**** Pension-Restaurant Villa Anka, kurz vor der Hauptbucht und den Hotels gelegen. Komfortable DZ/F für 88 € (Topsaison 108 €) und gutes Restaurant (auch HP für 10 € mehr möglich). Suha Punta Nr. 90,

☎ 724-775, zeljko-suhapunta@hi.htnet.hr, www.suha-punta.com.

Restaurant-Pension Gožinka, riesige schattige Terrasse mit Blick auf die gleichnamige Bucht, mit Mole. Spezialitäten sind der geräucherte und luftgetrocknete Schinken und frische Fischgerichte. Im Nebenhaus DZ für ca. 40 €.

Hotelsiedlung Suha Punta (www.imperial.hr): ****–*** Eva**, mit Restaurant, Tennisplatz und Sportzentrum, Bootsplätze oberhalb der

Bucht Matovica im Kiefernwald. DZ/F Meerseite 81 € (Topsaison 95 €), *** Bungalows 78 € (Topsaison 91 €). ☏ 724-233.
*** **Carolina**, auf der Landzunge direkt am Meer, mit Schwimmbad, alle Zimmer mit Balkon/Meeresblick. DZ/F 105 € (Topsaison 121 €). ☏ 724-133, 667-788.

● *Sportmöglichkeiten* Tennisplätze, Minigolf, Wasserskischule. Surfbrett- und Wasserskiverleih, kleiner Bootshafen.

Baden: Schmale Pfade und Fußwege führen rund um Suha Punta zu schönen Buchten – auch mit FKK-Möglichkeiten. Nach Osten geht es zur bewaldeten Landzunge *Punta Gavranić* und zur Badebucht *Kandarola*. In Richtung Westen folgen die Buchten *Gožinka* (mit Felsbadestränden) und *Čifnata,* die so genannte Paradiesbucht mit dunklem Sand.

Banjol

Banjol zieht sich südöstlich der Stadt Rab an den Abhängen des Berges Kamenjak mit Ferienhäusern und mit Sand- und Kiesstränden an drei Buchten entlang. Eine ganze Reihe von Pensionen, der einzige Campingplatz auf diesem Teil der Insel und die Nähe zur Stadt Rab locken viele Touristen an.

● *Postleitzahl* 51280 Banjol
● *Information* **Touristinformation** beim Campingplatz, ☏ 724-032.
Agentur DER, ☏ 721-500, www.der.hr.
Agentur Eho, ☏ 725-950, ☏/☏ 724-032.
● *Ausflug/Seekajak* **Sea Kayak Adventure**, Banjol 341, ☏ 095/901-0109 (mobil), www.seakayak.hr. Das Team bietet Kajaktouren rund um Rab, aber auch zu den Kornaten, und eine Delphin-Tour auf Cres an.
● *Übernachten* Die Agenturen vermitteln **Privatzimmer** ab 10 €/Pers. **Appartements** ab 35 €.
–* **Hotel Padova**, gegenüber der Altstadt von Rab an der Meereseinbuchtung. Offene und geschlossene Schwimmbäder, Nachtclub, Spa-Bereich. Abends kann man von der Hotelterrasse oder den bequemen Korbstühlen bestückten Balkonen das viertürmige Rab bei Sonnenuntergang bewundern. Ca. 10 Min. in die Altstadt. DZ/F Meerseite 113 €, geräumige Appartements für 130 €. ☏ 724-444, -544, www.imperial.hr.
Pension-Restaurant Pio, Familienbetrieb gegenüber der Altstadt. Gutes Restaurant mit Terrasse. DZ/F 62 € (Topsaison 68 €), für 2 € mehr gibt es Halbpension. Banjol 37, ☏ 725-640, 725-641, info@pio-rab.com, www.pio-rab.com.
Pension-Restaurant Villa Petrac, auf der Landzunge gegenüber dem Campingplatz mit schönen Zimmern und gutem Restaurant. ☏ 771-088, info@villa-petrac.hr, www.villapetrac.com.
● *Camping* ** **Autocamp „Padova III"**, am Meer unter Kiefern und Laubbäumen. Fels-, Sand- und Kiesstrand; Restaurant, Supermarkt, Minigolf, Kegelbahn, Tennisplatz, Surfbrett- und Paddelbootverleih; Kühlschränke; Sanitäranlagen nicht so toll. Bis 23 Uhr Autoeinlass. An der Strandpromenade läuft man in 25 Min. zur Altstadt. 6,30 €/Pers., Stellplatz (Auto oder Karavan, Zelt) 7,80 € (mit Strom 11,60 €), Parzelle (Auto oder Karavan, Zelt, Strom) zu 14,50 €. Mobilheime für bis zu 6 Pers. 120 €. Geöffnet 1.4.–15.10. ☏ 724-355, www.rab-camping.com.
● *Essen* Zahlreiche Restaurants, Konobas und Pizzerias – die Entscheidung fällt schwer. Kleine Auswahl:
Pension-Restaurant Padova II, beim Campingplatz. Sehr gute Küche. Es werden auch Zimmer vermietet.
Gostionica Mila, kurz nach der Einfahrt zum Autocamp, oberhalb der Straße. Überdachte Terrasse, lecker zubereitete Fische, Fischrisottos und Fleischgerichte.
Nahe dem Meer, (östl. vom Autocamp) zwei gute Restaurants: **Perla** und **Marko Polo**.
Cáfebar Batana, östlich des Hotels Padova an der Strandpromenade. Bei leckeren Cocktails und Snacks kann man hier abends die letzten Sonnenstrahlen genießen.

Insel Rab
Karte S. 227

Barbat

Das Dorf unterhalb des Berges Kamenjak ist mit Banjol zusammengewachsen und bietet Sonnenhungrigen einen Kiesstrand, viele kleine Molen und etwas mehr Ruhe als Banjol: Die Ferienhäuser, umrahmt von Gärten, liegen näher am Meer, ab und zu vereinzelte Fischerhütten. Gegenüber erstreckt sich die vorgelagerte Insel Dolin. Am Strand die kleine Kirche *Sv. Stjepan;* hier stand im 14. Jh. ein Kloster, von dem aber nichts mehr geblieben ist. Neben der Kirche liegt ein Sarkophag aus dem 6. Jh.

- *Postleitzahl* 51280 Barbat
- *Information* **Agentur Eho**, ✆/🖥 721-009, www.eho.hr.
- *Übernachten* **Privatzimmer** in Einfamilienhäusern ab 11 €/Pers., z. B. an der Uferstraße mit Blick aufs Meer und auf die Insel Dolin.
- *Essen* **Restaurant Aco**, Fischrestaurant mit Blick von großer, baumumstandener Terrasse aufs Meer. Hier gibt's frischen

Hummer aus dem Bassin. ✆ 721-527. Ebenfalls zu empfehlen **Restaurant Leut** (✆ 721-074) und **Pizzeria-Buffet San Giorgo** mit Terrasse.
- *Einkaufen* **Eko Centar Natura Rab**, u. a. Olivenöle, Honig, Grappa. ✆ 721-927.
- *Tauchen* **Diving Center Mirko**, Barbat 710, ✆/🖥 721-154, www.mirkodivingcenter.com. Ganzjährig geöffnet.

Wandern

Spaziergang zur Ruine Sv. Damijan: Auf der Anhöhe des Berges Kamenjak nördlich von Barbat stehen die Ruinen des Kirchleins *Sv. Damijan* und einer griechischen Militärkolonie aus dem 4. Jh. v. Chr.

Kurz nach der Tankstelle zweigt eine Straße nördlich ab, dann den kleinen Steinplattenfußweg nehmen. Das mit Zypressen bestandene, von Steinmauern umgebene Ruinenfeld sieht man schon von unten. Steil steigt der schmale Pfad an. Westlich ein kahler, kegelförmiger Berg, von Mäuerchen unterteilt. Unten liegt Rab, der Blick reicht bis Kampor und zur Halbinsel Kalifront. Hohe Steinmauern grenzen das Gelände ein. Innen ein Gewirr von Ruinen, überwuchert von Zypressen, Wacholder, Salbei und Disteln – Ton in Ton die Farben der Steine und Pflanzen. Mittendrin das Halbrund der Kirchenkuppel mit einer kleinen Heiligenfigur auf einem Steinsims. Von hier überblickt man Dolin und das karge Ostende der Insel.

Die Ruinen von Sv. Damijan

Der Sage nach sollen im 4. Jh. v. Chr. die Griechen hier eine Militärkolonie unterhalten haben. Der Volksmund erzählt noch heute, dass bei einer Schlacht um die Festung Blut und Wein bis ins Meer geflossen seien. Eine andere Legende berichtet, es handle sich um die Überreste der antiken Stadt Ptolemeus Colentum. Am Fuß des Berges, bei der Siedlung Perčinići (zwischen Banjol und Barbat), sind bei Ebbe Mauern im Meer zu erkennen, die zu einer antiken Stadt gehörten. Man nimmt an, dass der ganze Festungskomplex als Zufluchtsort vor den Hunnen diente.

Zum Fährhafen Mišnjak

Hinter Barbat wird das Land immer karger. Der Kanal zwischen Rab und *Dolin* hat hier nur noch Flussbreite. Bei **Pudarica**, unten am Meer, ein Bootsanlegeplatz mit Kran, Cafébar und Diskothek Santos und viele *Sandbuchten.* Auch für Kinder gut geeignet, weil es seicht ins Wasser hineingeht. Allerdings befahren zahlreiche Motorboote und Surfer den Kanal. Zum Fährhafen Mišnjak hin wird die Landschaft immer kahler; büschelweise verleihen ihr vereinzelte Gewächse gelbe, grüne oder rötlichgraue Farbtupfer. So nimmt man von Rab einen ähnlichen Eindruck mit wie von Krk, nur ist die Insel hier nicht so bizarr, sondern weicher geformt.

Sonnenuntergang in Rab

Blick von der Burg Nehaj auf Senj und auf die Riviera Crikvenica

Kroatisches Küstenland – von Kraljevica nach Senj

Hinter Kraljevica führt die Küstenstraße am *Vinodolski kanal* entlang. Gegenüber, zum Greifen nah, die Insel Krk – kahl und grau im tiefblauen Meer. Die Straße führt zu den Touristenzentren **Crikvenica** und **Novi Vinodolski,** im Hintergrund das schützende Vinodol-Gebirge. Nach den beiden Orten fahren wir durch gebirgige, menschenleere Landschaft und umfahren den **Fjord Žrnovnica.** Eine halbe Autostunde später erreichen wir das geschichtsreiche Städtchen **Senj.** Auf diesem landschaftlich reizvollen Küstenabschnitt bis zur Halbinsel Ravni kotari ist für Autofahrer äußerste Konzentration angesagt – kurvenreiche Straße, Steigungen und in der Hauptsaison voll mit bepackten Autos. Wenn es dann noch regnet und sich die Straße mit einer Schmierschicht überzieht (siehe „Unterwegs in Kroatien"), dazu noch kräftig die Bora bläst, wird es anstrengend. Wer möchte, kann inzwischen zur Anfahrt oder Rückreise die im Hinterland neu gebaute, schnurgerade verlaufende Autobahn nehmen und dann zur Küste stoßen.

Riviera von Crikvenica und das Vinodol

Dieser Küstenstreifen – von der Insel Krk nur durch den schmalen Vinodolski-Kanal getrennt – zählt zu den ältesten für den Fremdenverkehr erschlossenen Gebieten an der Kvarner-Bucht. Das Meer ist hier ruhig und glatt wie ein großer See, Krk bietet Schutz vor heftigen Winden, und das milde, im Sommer niederschlagsarme mediterrane Klima sorgt für üppige Vegetation. *Vinodol,* das Hinterland der Riviera, ein bis zu 3 km breites und 25 km langes Tal, reicht von der Bucht von Bakar bis Novi Vinodolski und ist vom Meer durch einen 2 km breiten, bis zu 300 m hohen Bergrücken getrennt. Das Vinodol verlor seine landwirtschaftliche Bedeutung mit dem Ausbau der Fremdenverkehrszentren an der Küste. In der Antike war das fruchtbare Tal mit seiner günstigen Lage als Weinanbaugebiet bekannt. Seit dem Zweiten Weltkrieg sind die Weinfelder jedoch verwaist.

Crikvenica

Das Städtchen ist der touristische Mittelpunkt der „Riviera" und liegt an der Mündung der Dubračina. Wie Opatija hat es eine lange Tradition als Kurort, die bis ins Jahr 1888 zurückreicht. Prachtvolle Villen, eine schattige breite Uferpromenade und ein langer gepflegter Strand prägen das Stadtbild.

Hauptanziehungspunkt von Crikvenica (7000 Einwohner) ist der 2 km lange Sand-Kies-Strand, an dem die „Blaue Flagge" weht, der seicht ins Meer abfällt und für Kinder optimal zum Planschen ist. Die lange, gepflegte Uferpromenade mit stattlichen Palästen und Villen, Schatten spendenden Palmen, Pinien und Blumenrabatten lädt zum Bummeln ein oder um sich in einem der schönen Cafés und Restaurants niederzulassen – sie ist die Meile Crikvenicas. Am Abend locken Cocktailbars, Tanzterrassen und Discoclubs mit Unterhaltungsprogramm. Für die Bootsbesitzer wurde 1995 eine neue, rege genutzte Marina gebaut. Für Familien lohnt der Besuch des *Aquariums* (Vinodolska ul. 8; ganzjährig tägl. 10–19 Uhr, Juli/Aug. 9–21 Uhr; Eintritt 2,70 €, Kinder 4–10 Jahre 2 €), das auf 200 m² und in 24 Becken einheimische und Korallenriff-Fische zeigt.

Neu ist das *Archäologische Feld Ad Turres* neben dem Fußballstadion, nördlich der Magistrale. Bisher wurden 2000 m² erforscht, man fand Amphoren, Ziegel, Teller aus dem 1. Jh. v. Chr. bis 2. Jh. n. Chr. – das restliche Altertum schlummert noch.

Crikvenica – Blick auf den einstigen Sitz der Frankopanen, am Fluss Dubračina

Küstenland Kraljevica – Senj
Karte S. 247

Es kann nur im Sommer gegraben werden, wenn das Flussbett ausgetrocknet ist. Zudem wurde ein *Stadtmuseum* (Juni–Sept. 9–11 und 18–22 Uhr) im Rathauskeller (gegenüber Busbahnhof) eröffnet, wo man die Exponate besichtigen kann. Im 1. Stock befindet sich eine Galerie für Moderne Kunst.

Fast nahtlos ist Crikvenica mit den nördlich liegenden Ortschaften *Kačjak* und *Dramalj* und im Süden mit *Selce* zusammengewachsen, die ebenfalls Übernachtungsmöglichkeiten bieten. Den Küstenstreifen erreicht man über eine kleine Straße, die parallel zur Magistrale verläuft.

Zum Wandern und Mountainbiken lockt im Hintergrund der Vinodol.

Geschichte

Die Erweiterung des Hafens und der Bau der Eisenbahnlinie 1873, die Einrichtung einer regelmäßigen Dampfschifflinie nach Rijeka 1874, der Bau des ersten öffentlichen Strandbades 1888 und des ersten großen Hotels 1895 (das noch heute bestehende *Hotel Therapia*), dazu das anerkannt gute Klima und die gesundheitsfördernde Wirkung des Meerwassers: All dies lockte immer mehr Gäste vor allem aus dem nahen Österreich an. Der Bau weiterer Hotels – des *Crikvenica, Bellevue* und *Miramare* – Anfang des 20. Jh. zeugt von einem wachsenden Besucherstrom, der die Landwirtschaft als wichtigste Erwerbsquelle mehr und mehr verdrängte.

Lange führte Crikvenika ein beschauliches Dasein als wenig bedeutender Hafen für die Siedlungen auf den Höhen des Hinterlands. Die Römer hatten im Flussdelta die Militärsiedlung *Ad Turres* (Bei den Türmen) errichtet. Ende des 14. Jh. wurde ein Kirchlein an der Flussmündung der Dubračina erbaut, nach dem Crikvenika benannt ist (Kirche = crkva, im Dialekt „crikva"). Die Frankopanen ließen an die Kirche ein Kloster anbauen, das mit einem Rundturm befestigt war (daher der Name Kaštel), und schenkten es 1412 dem Mönchsorden der Pauliner. Viele Jahre war das Kloster eine Kultur- und Bildungsstätte, der bekannte Maler *Julio Klović* erhielt hier seine erste Ausbildung. 1786 wurde das Kloster aufgelöst, diente als militärische Heilanstalt, danach, unter der Verwaltung von *Vladimir Nazor,* einem kroatischen Dichter und Kämpfer, als Kinderheim. Auch dieses historische Bauwerk wurde schön restauriert und ist heute ein Hotel.

Crikvenica mit den zugehörigen Orten Dramalj, Jadranovo und Selce ist mit 25.000 Übernachtungsmöglichkeiten ganz auf den Tourismus eingestellt, selbst der große Parkplatz am Hafen reicht nicht mehr. Dem Verkehrsgedränge und der Parkplatzsuche kann man mit dem Touristenzug entgehen, der einen problemlos bis Kačjak im Norden und Selce im Süden chauffiert. Obwohl die Stadt als Kurort ganzjährig Gäste hat, sind, wie die Einheimischen sagen, der Mai und der September die schönsten Monate im Jahr.

*I*nformation/*V*erbindungen/*D*iverses

- *Telefonvorwahl* 051
- *Postleitzahl* 51260 Crikvenica
- *Information* **Tourismusverband,** Trg Stjepana Radića 1 (Hafen), ℘ 241-051, ℘/℡ 241-867, www.tzg-crikvenice.hr. Juli/Aug. tägl. 8–22 Uhr, später Mo–Sa 8–20 Uhr, Winter Mo–Sa 8–15 Uhr. Gute Informationen.
Crikvenica Tourist, im selben Gebäude wie Tourismusverband, ℘ 241-249, www.crikve

nica-tourist.net. Info, Zimmer, Fahrräder.
Jadran-Marketing, für Hotelbuchungen: ℘ 241-188, www.jadran-crikvenica.hr.
Adria Tours, Braće Dr. Sobol 16, ℘ 785-305, www.tibor-tours.hr. Gute Auswahl an Privatunterkünften.
Klek-Tours, Braće Brozičević 2, ℘ 241-444, www.klek-tours.com.
Ulli-Tours, I Kostrencica 2, ℘ 784-130,

www.ullitours.com. Guter Service bei der Zimmersuche.

• *Verbindungen* **Busstation** zentral in der Ortsmitte. Verbindungen zu allen umliegenden Orten sowie zu den größeren Städten an der Küste und im Inland. **Schnellboot** (☎ 098/369-846, mobil) nach Šilo/Insel Krk (Juli/Aug. 7, 9, 11, 13, 16 und 19 Uhr; Nebensaison nur 7.30, 9, 11 und 16 Uhr), ca. 3 €. **Taxiboote** mehrmals tägl. nach Vrbnik/Insel Krk und Novi Vinodolski.

Touristenzug: Im Juli/Aug. 8–24 Uhr von Crikvenica nach Norden entlang der Strandpromenade über Dramalj nach Kačjak und südlich bis nach Selce; Fahrpreis 20 KN.

• *Geldwechsel* **Erste banka**, im Zentrum, mit Geldautomat. Mo–Fr 8–20 Uhr.

• *Post* I. Skomerže 2 (neben Hotel International), Mo–Fr 7–20, Sa 7–14 Uhr.

• *Autoverleih* Z. B. Europcar, über Crikvenica Tourist.

• *Fahrradverleih* U. a. neben Sportplatz Jeličić.

• *Gesundheit* Im **Kurhaus Thelassotherapia** Meerwassertherapie für die Heilung von Atemorganen und Rheumatismus.

Auch die Schwimmbäder können genutzt werden. Gajevo šet. 21, ☎ 785-018, www.thalasso-ck.hr.

Therme Selce mit Spa-Bereich, I. L. Ribara 8, ☎ 764-076, www.terme-selce.com.

Apotheke Fudurić-Žužić, neben Touristeninformation, Trg Stjepana Radića 1, ☎ 241-101.

Touristen- und Notfallambulanz, Kotorska b.b., ☎ 241-111 (☎ 94).

Polyklinik, Dr. Ivana Kostrenčića 10, ☎ 785-132.

• *Jachthafen* Information und Reservierung von Liegeplätzen im Hotel International von 7–21 Uhr (☎ 241-867, 241-051). Anlegeplätze in Crni Mol, Stadthafen und Lučica. **Hafenamt**, Trg S. Radića 1, ☎ 242-321.

• *Tauchen* **Tauchzentrum Dive City**, nach Hotel Therapia, B. Buchoffer 18, ☎/☏ 784-174, ☎ 091/572-4776 (mobil), www.divecity.net. SSI, CMAS, NAUI, ganzjährig geöffnet.

• *Veranstaltungen* **Stadttag**, 14. Aug. (gefeiert wird 1 Woche lang, ab ca. 8. Aug.), mit Feuerwerk, Schwimmmarathon (von Šilo nach Crikvenica), Musik und Segelregatta. **Fischerfest**, letzte Woche im Aug.

● *Nachtleben* An der nördlichen Strandpromenade beim Jachthafen Crni Mol die **Cafébar Sax (9)** und **Pub (10)**, alle mit offenen Terrassen. Bester Platz zum Chillen und Essen ist **Café- und Lounge-Bar Sabbia (15)** mit Restaurant und Pizzeria, großer moderner Komplex in luftiger Konstruktion, direkt am Sandstrand, gemütlicher Open-Air-Betrieb, großzügige Bar im Innern. **Discoclub Phoenix (14)** (beim Hotel International), Juni–Ende Sept. ab 23 Uhr (Nebensaison nur noch Sa), Eintritt 30 KN; gespielt werden u. a. RnB Beat, Hipp-hopp. **Retro Club (2)**, im Hotel Omorika, im Sommer tägl. ab 23 Uhr, außerhalb der Saison nur noch Fr/Sa. Eintritt Sommer 30 KN, sonst 20 KN.

● *Baden/Sport* Am 2 km langen, mit der „Blauen Fahne" ausgezeichneten Sand-/Kiesstrand. Liegeflächen im Sand, im Wasser auch Kies und Steine. Alle Wassersportmöglichkeiten werden angeboten, u. a. bei Kirica nahe der Crni Molo (Parasailing, Wasserski, Banana), zudem strandmittig Beachvolleyball (auch Turniere), Kinderanimation u. a. mit Malwerkstatt. Klettern, Freeclimbing, Paragliden und Reiten im Hinterland in den Gemeinden von Vinodol möglich. Info in Agenturen.

Übernachten/Camping/Essen

● *Übernachten* In Crikvenica und Dramalj ausreichend **Privatzimmer**, DZ ab 20–30 €, **Appartements** ab 35 €/2 Pers.
Pension-Restaurant Tamaris (8), am nördlichen Strandende beim Jachthafen Crni Mol. Einfache Zimmer, gute Lage, nettes Restaurant mit lauschiger Terrasse und Blick aufs Meer. Gajevo šet. 6, ☏ 785-449, 275-831.
★★★★ Palace Hotel Therapia (4), erstes und ältestes Hotel am Ort (seit 1895), mit pracht-

Crikvenica

100 m

voller klassizistischer Fassade und Swimmingpool, umgeben vom üppigen Grün des Parks. 2006 nach Modernisierung mit großzügigem Wellnessbereich wieder eröffnet. DZ/F 140 €. B. Buchoffer 12, ✆ 709-700, www.therapia.hr.

*** Hotel Villa Ružica (11), stilvolle Villa (24 Zimmer, 12 Appartements) mit Dependance Villa Coltelli, umgeben von mächtigen Laubbäumen, oberhalb des Hotels Esplanade und des Strands. DZ/F ab 108 €. Bana Jelačića 1, ✆ 241-959, www.vila-ruzica.hr.

Untenstehende Hotels der **Jadran-Crikvenica-Hotelgruppe** buchbar unter: ✆ 241-188, -970, www.jadran-crikvenica.hr.

– **** Hotel International (16)**, preiswert und zentral am Hafen, Zimmer renoviert, trotzdem sehr klein und einfach. DZ/F 70–82 €. ✆ 241-880.

– ***** Hotel Esplanade (13)**, schnuckeliger Bau mit schöner Fassade am Ortsrand, vom Meer durch die Uferpromenade getrennt. DZ/F, teils mit Balkon zum Meer, ab 94 €.

Strosmajerovo šetaliste 52, ✆ 785-006.

– ***** Hotel Kaštel (12)**, schön restauriertes ehemaliges Paulinerkloster direkt am Meer und Strand. Einfach ausgestattete DZ/F ca. 90 €, ✆ 241-044.

– ***** Hotel Omorika (2)** mit Dependancen, am Hang inmitten von Grün oberhalb des Meeres an der Uferpromenade kurz vor Dramalj gelegen. Tennis, Disco, Wassersportgeräteverleih. DZ/F mit Balkon 94 €, günstiger in den einfachen Pavillons. M. Muzevica b.b., ✆ 785-023.

– **** Hotel und * Pavillons Ad Turres (5)**, am nördlichen Ortsbeginn oberhalb am Berg mit Pool. Einfache DZ/F mit Balkon 54 €, in den Pavillons 46 €. Tomislavova 111, ✆ 785-003, 🖷 785-069, www.jadran-crikvenica.hr.

● *Außerhalb* In Kačjak, 5 km nördlich, steht auf einer kleinen Halbinsel eine touristische Siedlung aus *** Pavillons** und **Bungalows**. DZ/F 50 €. ✆ 786-444, 🖷 786-262.

In **Dramalj**, 4 km nördlich, bietet der **** Hotel- und Pavillonkomplex Riviera** einfachs-

Die Meile Crikvenicas, die mit Blumenrabatten verzierte Uferpromenade

te Unterkünfte und Sportmöglichkeiten. DZ/F 65 €. ℡ 786-544, www.rivieradramalj.hr.

**** Grand Hotel Dramalj, schönes komfortables 58-Betten-Haus am Hang mit Swimmingpool, Restaurant und Internet. DZ/F ab 81 €. Braće Car 6, ℡ 787-160, www.grand-hotel.hr.

**** Hotel Vali, 2005 an der Uferpromenade eröffnet, modern und komfortabel, mit kleinem Strandabschnitt, Wellnessbereich und gutem Restaurant. DZ/F mit Balkon und Meeresblick ab 122 €. Gajevo šet. 35, ℡ 788-110, www.hotelvali.hr.

● *Camping*   *** Camping Kačjak**, kleiner Platz, für Zeltbesitzer geeignet. Geöffnet 15.5.–30.9.; ca. 4 €/Pers., Zelt 3 €, Auto 2,50 €. ℡ 786-250, ✆ 786-262.

● *Essen* 18 Restaurants haben sich in einem Club zusammengeschlossen (alle unten aufgeführten), die auf ihrer Speisekarte mind. 6 saisonale, traditionelle Gerichte der Crikvenicer Küche von Suppe bis Dessert anbieten.

– **Restaurant Moslavina (3)**, stilvolles Fischlokal mit überdachter Terrasse rund ums Haus; oberhalb des Jachthafens Crni Mol und der Uferstraße. Frische Fische, Brodettos, Buzara, Risottos, Salate, große Wein-

karte. Braće Dr. Sobol 13, ℡ 783-456.

– **Restaurant-Pizzeria-Loungebar Sabbia (15)**, moderne gute Küche, lauschige Terrasse oberhalb vom Meer am Sandstrand. Nach dem guten Dinner kann man eine Etage tiefer einen Cocktail trinken (s. Nachtleben). Strossmayerovo šet. 50 b, ℡ 781-301.

– **Restaurant Bego (1)**, schönes gemütliches Restaurant mit überdachter Terrasse oberhalb der Magistrale, in 10 Min. Fußweg zu erreichen. Spezialitäten sind Fischgerichte, u. a. Seeteufel in Kapernsauce. Basaričekova 50, ℡ 781-154.

– **Restaurant-Pension Burin (6)**, gutes Fischlokal, mit kleiner Terrasse, guter Service; Übernachtung. Ul. Dr. Ivana Kostrenčica 10a (bei Polyklinik), ℡ 785-209.

– **Restaurant Mendula (7)**, nördlich des Jachthafens Crni Mol an der Uferpromenade. Hier speist man gut Fisch- und Fleischgerichte. Gajevo šet 23.

Restaurant Trabakul (17), an der Strandpromenade, in Form eines Schiffes. Ebenfalls trad. Küche, aber nicht im obigen Club, u. a. Batuda (Eintopf aus Mais u. Bohnen) oder Gerste mit Brodetto, Šurlice mit Scampi oder das gute Maisdessert Hrmentunjača. Strossmayerovo šet. 10, ℡ 243-695.

Selce

Der kleine Ort liegt 3 km südlich von Crikvenica und ist von dort auf einem Uferweg erreichbar. Sehenswert die kleine Pfarrkirche *St. Katharina* von 1498. Die günstige Lage an einer Bucht förderte zunächst Selces Entwicklung als Hafenort für das im Hinterland gelegene Bribir. Im 18. Jh. galt der Ort als wichtigster Hafen des Vinodol. Auch in Selce blüht der Fremdenverkehr seit dem Ende des 19. Jh., wenngleich es in zeitgenössischen Prospekten lediglich als „schöner Ausflugsort in der Nähe von Crkvenica" bezeichnet wird. 1894 eröffnete die erste Badeanstalt und 1911 das „Rokan" (heute Hotel Slaven) – Selces erstes Hotel.

- *Telefonvorwahl* 051
- *Postleitzahl* 51266 Selce
- *Information* **Touristinformation** (Turistička Zajednica), ✆/℡ 765-165. **Turistik Agentur-Selce,** M. jelicica 14, ✆/℡ 764-094. **Sunrise,** ✆/℡ 764-151.
- *Essen* Vor dem Hotel Varaždin sind etliche Restaurants und Pizzerias, für abends Cafébars.
- *Übernachten* **Privatzimmer** (20–28 € für das DZ) und **Appartements** ab 43 €/2 Pers. vermitteln die Touristenagenturen. Hotelinformationen und Buchung auch unter www.jadran-crikvenica.hr.

*** Hotel Selce, an der Uferpromenade mit kleinem Bootshafen und Terrasse. Massage wird angeboten. DZ/F ab 134 €. ✆ 765-465, www.hotel-selce.com.

*** Hotel Esperanto, stilvoller Bau im kaiserlichen Gelb. DZ/F ab 104 €. Emila Antića 24, ✆ 764-666, www.hotel-esperanto.com.

**** Hotel Marina, hübsche moderne Villa mit großer, halbkreisförmiger Sonnen- und Restaurantterrasse, Wellnessbereich etc. Komfortable DZ/F ab 134 €, Emila Antića 78, ✆ 768-140, www.hotel-marina.net.

*** Hotel Varaždin, am Meer gelegen, mit zwei großen Pools, neuem Shopping-Center, Restaurants etc. DZ/F ab 88 €. Mihovila Jeličića 14, ✆ 764-111, www.jadran-crikvenica.hr.

* Hotel Slaven, sehr einfache Ausstattung, etliche Sportmöglichkeiten. DZ/F 76 €. ✆ 765-451, www.jadran-crikvenica.hr.

- *Camping* **** Camping Selce,** 8-ha-Platz, eingebunden in einen Bungalowkomplex. Schöner Strand, wenig Schatten; mit Tauchclub. Geöffnet 1.4.–31.10. 5,80 €/Pers., Zelt/Auto 7,50 €. ✆ 764-401, www.jadran-crikvenica.hr.
** Camping Uvala Slana, kleinerer Platz. Geöffnet 1.5.–15.9. Preise niedriger als Camp Selce. ✆ 764-624.

Küstenland Kraljevica – Senj
Karte S. 247

Orte im Vinodol

Mittelpunkt der Gemeinden im Hinterland des Vinodol waren die auf strategisch günstigen Höhen gelegenen Wallburgen und Kastelle. Von hier hatte man die Möglichkeit, mit den umliegenden Burgen oder dem Hafen zu kommunizieren. Zu diesen Orten, die alle nur ein paar Kilometer von der Küste entfernt sind, zählen vor allem *Drivenik, Grižane* und *Bribir.* Sportbegeisterten bietet das schöne hügelige Hinterland etliche Möglichkeiten: u. a. Mountainbiken auf ausgewiesenen Fahrradwegen, Paragliden, Freeclimbing oder Reiten (Informationen bieten die Touristenagenturen).

Grižane, unterhalb der Ruinen der Burg Badanj gelegen, gilt als Geburtsort von *Julius Clovius* (Juraj Julije Klović), einem der bekanntesten mittelalterlichen Miniaturmaler Europas. Anderen Quellen zufolge soll der Künstler im nahen Drivenik geboren sein, was dazu führte, dass beide Orte zur 400-Jahr-Gedenkfeier seines Todes Statuen in Auftrag gaben.

Bribir war neben Ledenice das Kirchen- und Verwaltungszentrum des Vinodol und wurde vom Fürsten *Bernardin Frankopan* entsprechend befestigt, nicht zuletzt, um Zuflucht vor den Türken zu bieten. Heute ist nur mehr ein Turm des alten Kastells erhalten, denn die Gemeinde ließ nach dem Ende der verhassten Feudalherrschaft 1848 Kastell und Befestigungen Zug um Zug abreißen. Sehenswert ist in der Barockkirche *St. Peter und Paul* das Gemälde „Fußwaschung" von *Jakopo Palma d. J.* Oberhalb von Bribir, im Wald, bieten die *Konoba Vagabund* und auch die *Jagdhütte Vepar* gutes Essen.

Juraj Julije Klović

Er wurde 1498 in Grižane geboren, starb 1578 in Rom und zählt zu den berühmtesten europäischen Miniaturmalern. Sein Handwerk erlernte er im Paulinerkloster in Crikvenica, doch es zog ihn nach Italien, wohin er 1516 übersiedelte. Dort verbrachte er fast sein gesamtes Leben; Bekanntheit und Ansehen erlangte er als Lehrer des großen Malers El Greco. Klovićs Gemälde hängen in namhaften Museen und Galerien von London, Paris, New York und im Vatikan.

Novi Vinodolski

Novi (3500 Einwohner), wie der Ort üblicherweise genannt wird, hat an touristischer Bedeutung gegenüber Crikvenica verloren und doch eine ganz eigene Ausstrahlung. Die Altstadt liegt auf einem Hügel um die Reste der alten Frankopan-Burg, die sich früher schützend über dem Eingang des Vinodol-Tals erhob. Ein angenehmer Ort, um sich in einem der Cafés rund um den alten Dorfplatz vom Strandrummel zu erholen oder um einzukaufen. Die neue Stadt breitet sich an der Meeresbucht Lišanj aus, wo sich auch die Hotels befinden.

Das 1225 von den Frankopanen erbaute Kastell war 1288 der Geburtsort des *Vinodoler Gesetzbuches*, das zu den bedeutendsten kroatischen Rechtsurkunden zählt und in altkroatischer glagolitischer Schrift verfasst ist. Grund für das Rechtswerk war die Unterwerfung der bis dahin freien Gemeinden unter die Feudalherrschaft der Frankopanen (Tribalj, Drivenik, Grižane, Bribir, Novi Vinodolski und die Weiler Belgrad und Kotor gehörten ebenso dazu wie Grobnik, Trsat, Hreljin, Bakar und Ledenice).

Das Kastell, 1750 durch ein Erdbeben beschädigt, wurde im 19. Jh. teils abgerissen, teils umgebaut. Heute beherbergt es das *Regionalmuseum* (tägl. 8–14 Uhr) mit einer Sammlung alter Volkstrachten und Volksbibliothek. Den alten Wehrturm hat eine Boutique besetzt. Die *Pfarrkirche* mit spätgotischem Altarraum wurde 1520 erbaut und im 18. Jh. im Stil des Barock verändert.

Information/Verbindungen/Diverses

- *Telefonvorwahl* 051
- *Postleitzahl* 51250 Novi Vinodolski
- *Information* **Touristinformation** (Turistička Zajednica), K. Tomislavova 6, ✆/✇ 244-306, www.tz-novi-vinodolski.hr. Mai–Ende Sept. tägl. 8–20 Uhr (Juli/Aug. bis 21 Uhr), sonst Mo–Fr 8–15, Sa 8–13. Gute Infos und Gratis-Internet.
Novi Tourist, gleich neben Touristinfo, ✆/✇ 792-210, www.novi-turist.hr.

- *Verbindungen* **Busbahnhof** vor der Tankstelle, 100 m von Touristinfo. Stündl. nach Crikvenica.
- *Geldwechsel* **Erste banka** mit Bankomat.
- *Post* Oberhalb der Tankstelle, Frankopanski trg 5. 7–21 Uhr.
- *Jachthafen* Nur teilweise geschützter Bootshafen mit Slipanlage und Kran; Tankstelle am Kai. **Hafenamt**, ✆ 244-345.

Novi Vinodolski vor dem Vinodol-Küstengebirge

Übernachten//Camping/Essen

● *Übernachten* **Privatunterkünfte** gibt es ab 20–27 € für das DZ, **Appartements** für 2 Pers. ab 38 €.

Pension Lavanda, hübscher Neubau mit komfortablen Zimmern, Internet und Restaurant. DZ/F 88 €. Kralja Tomislava 31, ✆ 792-293, www.pansion-lavanda.com.

Pension Maestral, oberhalb der Magistrale, mit Restaurant. Nette DZ/F mit Balkon 46–64 €. Korzo hrvatskih branitelja 45, ✆ 245-911, www.maestral.de.

** Hotel Lišanj, um die Jahrhundertwende erbaut und durch einen Neubau erweitert, eigener Strand mit Wasserrutsche. Den Gästen steht ein Kombi-Bus zur Verfügung; Tennisplätze, Minigolf, Tischtennis und internationales Showprogramm. DZ/F 81 €. Lišanjska 1, ✆ 665-600, www.lisanj.com.

***** Novi Spa Hotels & Resort, am nördlichen Ortsrand von Novi wurde auf dem ehemaligen Feriengelände Povile eine postmoderne große Ferienanlage mit edlem Design oberhalb des Meeres errichtet, Eröffnung war im Herbst 2008. Es bietet 130 komfortable Zimmer mit DSL-Internet, Flatscreen TV, verschiedene Restaurants und Bars, Kinderbereich mit Animation, große Poollandschaft (auch Kinderpool), Tennis und großen Spa-Bereich. DZ/F ab 160 €. ✆ 668-400, www.novi.hr.

● *Camping* *** Camp Punta Povile**, 2 km südlich von Novi (die dazugehörige Feriensiedlung ist momentan geschlossen). Kleiner Platz direkt am Wasser, z. T. unter Bäumen, aber Straßenlärm; kleine Snack-Bar. Für einen Stopp in Ordnung. Geöffnet 15.6.–15.9. 15 €/Pers. mit Zelt und Auto; auch Bungalowvermietung. ✆ 793-083.

Camping Katalinić, gleich hinter Camp Punta; ähnliche Verhältnisse.

● *Essen* Am besten in der Altstadt, z. B. **Konoba Lucija**, rustikaler Innenraum und schattige, lauschige Terrasse unter Bäumen. Traditionelle, aber verfeinerte Küche für Genießer – eins der besten Restaurants weit und breit: Vorspeisen wie Scampi-Risotto mit Fenchelsamen oder schwarze Gnocchi mit Scampi und Rohschinken oder Hammeltopf und feinster Palatschinken mit Feigenmarmelade und Salbeihonig. Vinodolska 6, ✆ 245-755.

Pizzeria Frankopan, für alle, die nicht ohne Pizzen auskommen – am Dorfplatz unter riesigem Kastanienbaum.

Sport

• *Baden*   An betonierten Liegeflächen beim Hafen, zu denen man allerdings hinabklettern muss. Weitere Möglichkeiten rund um den Ort an der Felsküste mit betonierten Molen.
Zudem Bootsvermietung und Tennisplätze.

• *Tauchen*   **Diving Centar Kruna**, Zagrebačka 1, ☎ 244-088, www.diving-kruna.com. Tauchkurse nach SSI, PADI, CMAS; Tauchexkursionen in die nahe Umgebung, z. B. zur Insel Krk. Unterkünfte im hauseigenen Hotel Kruna.

Umgebung

Ein Ausflug ins Vinodol-Hinterland führt uns nach *Ledenice* (8 km). Die Ortschaft samt Kastell war 200 Jahre lang Teil der „Schutzmauer des Christentums" *(Antemurale Christianitatis)* – ein wichtiges Bollwerk gegen die Türken. Reste der Befestigungen sind noch zu sehen, und überraschenderweise finden sich auf dem Friedhof steinerne Zeugen der mittelalterlichen *Bogomil*-Sekte – bogomilische Grabsteine, die sonst im Vinodol nicht vorkommen.

Von Novi Vinodolski nach Senj

Die Adria-Magistrale führt jetzt durch hügeliges, wesentlich kargeres Land. Rechts der Straße fällt die Küste steil ab, ungehindert schweift der Blick über das schroffe Gebirge von Krk. Die dürftige, karstige, für deutsche Augen ungewohnte Landschaft verschwindet oft im Dunst der sengenden Mittagshitze. Ab und zu bieten sich Gelegenheiten zum Baden, doch ein Platz zum Parken fehlt meist. Übernachtungsmöglichkeiten in den Orten **Klenovica** (9 km südlich von Novi), **Sibini** (ca. 7 km vor Senj) oder in **Bunica** (5 km vor Senj). Die Campingplätze an dieser Strecke sind meist sehr klein.

• *Übernachten*   ***** Villa Lostura**, im alten Kern von Klenovica, 7 km von Crikvenica. Direkt am Strand, mit Restaurant; verwinkelter, architektonisch gelungener Bau mit schönen Terrassen und 10 Appartements; Innenpool, Fitness u. Sauna. 88 €/2 Pers. (Topsaison 100 €). ☎ 796-252, www.villa-lostura.com. Unter gleicher Leitung auch die 2 untenstehenden Camps.

• *Camping*   **** Camping Klenovica**, teils schattenloser 12 ha-Platz am Meer. Ein aufgeschütteter Damm führt zu einer vorgelagerten winzigen Badeinsel. Surfmöglichkeit, Restaurant und Minimarkt. Mobilhausver-

mietung (4+1 Pers.) 85 € (Topsaison 105,50 €). Geöffnet 1.5.–30.9. 7,70 €/Platz, 5,40 €/Pers. ☎ 796-251, www.camp-klenovica.com.

* Autocamp Kozica, kurz vor Sibinj auf einer Landzunge. 3-ha- Platz mit kleinen Bäumen mitten in der Prärie. Geöffnet 1.5.–30.9. Preise wie Klenovica. ☎ 222-851, www.camp-kozica.com.

Camp Sibinj, in Sibinj (7 km nördl. von Senj) unterhalb der Magistrale mit guten Bademöglichkeiten an zwei Kiesbuchten, auch in der Hochsaison nicht überfüllt. Es gibt einen Kiosk und Frühstücksbrötchen. ☎ 796-916, 091/791-3250 (mobil).

Senj

Das uralte Seefahrer- und Handelsstädtchen birgt eine fast 2500-jährige Geschichte. Mittelalterliches Gassengewirr, prächtige Baudenkmäler und das Wahrzeichen der Stadt, die trutzige Festung Nehaj mit weitem Blick über die vorgelagerten Inseln, lohnen mehr als einen kurzen Abstecher.

Senj ist eine der ältesten Städte Kroatiens, seine Ursprünge reichen bis zu den Kelten zurück. Und Senj ist die Stadt der Bora – wenn sie bläst, fliegt alles durch die Luft, was nicht festgezurrt ist, selbst Autos können den Bodenkontakt verlieren.

Senj – Altstadt mit Uskokenfestung Nehaj

Dennoch braucht man sich nicht sorgen – die wuchtigen Mauern der als Fünfeck angelegten Altstadt bieten genügend Schutz. Rund 5500 Einwohner leben heute in dem historischen Städtchen, das sich im Spätherbst hinter frisch gehackten, nach Harz duftenden Holzhaufen verschanzt, um dem herben Winter zu trotzen.

Die Stadt liegt zwischen kahlem Fels an einer Hafenbucht, an der sich die Jadranska-Magistrale vorbeizwängt und die Straße zum nur 698 m hohen Vratnik-Pass ins Binnenland und zu den *Plitvicer Seen* (Plitvička jezera) hochschlängelt. Die kalten Kontinentalwinde können hier ungehindert über die niedrigen Gebirgspässe auf Senj herabfegen. Doch die gute Lage am Meer und die kürzeste Verbindung zum Vinodol-Hinterland begründeten die besondere Bedeutung der Stadt.

Geschichte

Senj wurde 432 v. Chr. von den Kelten gegründet. Im 2. Jh. *Senia* genannt, diente sie den Römern als wichtiger Umschlagplatz und strategisches Tor zum Hinterland. Im 7. Jh. wurde Senj von Awaren und Slawen völlig zerstört. Die günstige Lage der Stadt sorgte jedoch für einen schnellen Wiederaufbau.

Die Kroaten übernahmen im 9. Jh. die Herrschaft über Senj und gründeten im 12. Jh. ein Bistum. Danach fiel die Macht an die Herren von Krk, die Frankopanen, die der Stadt besondere Rechte verliehen. Dies leitete die Blütezeit von Senj ein. Die Stadt profitierte vom Fernhandel, ihre Bürger lebten im Wohlstand, der kulturelle und politische Austausch mit fremdländischen Kaufleuten entwickelte sich. Die Türken rückten zwar immer näher an Senj heran, doch die Frankopanen trugen Familienzwiste aus, statt sich um Senj zu kümmern. Im 15. Jh. entriss der ungarische König *Matthias Corvinus* den Frankopanen die Herrschaft über Senj und machte sie zu einer Königsstadt. Dann kamen die Habsburger und ein slawisches Bauernvolk – die Uskoken. Ende des 17. Jh. wurden die Türken zurückgedrängt, das Hinterland wurde befreit. Man begann mit dem Bau der *Josephinenstraße* (nach *Kaiser Joseph II.* benannt), die hier in Senj am *Großen Tor* endete. Die Stadt, ohnehin ein kulturelles Zentrum Kroatiens, setzte ihren Aufschwung zu Land und zu Wasser fort.

Die Uskoken

Die Uskoken, die „Flüchtlinge", sind ein serbisches und kroatisches Bauernvolk, das aus den türkisch besetzten Gebieten vertrieben wurde und sich in Senj ansiedelte. Es baute eine starke Flotte mit wendigen Booten und nahm den Widerstand gegen die Türken auf. Die Großmacht Venedig aber suchte ein friedliches Zusammenleben, denn sie versprach sich mehr vom Warenhandel und schloss 1540 mit dem Halbmond Frieden. Die Uskoken, inzwischen gefürchtete Seeräuber und Piraten, fühlten sich verraten, kämpften allein gegen die Türken weiter und störten durch Plünderungen und Überfälle den venezianischen Handel. Nach und nach provozierten diese Aktionen einen Krieg zwischen Venedig und Österreich, der durch den Pariser Frieden 1617 beendet wurde. In dem Vertrag verpflichtete sich Österreich, die Uskoken wieder ins Binnenland zu verbannen.

• *Telefonvorwahl* 053

• *Postleitzahl* 51270 Senj

• *Information* **TIC**, Stara Cesta 2, am Ortsbeginn beim Abzweig nach Plitvice. 8–13 und 17–20 Uhr. ✆ 881-068, www.tz-senj.hr.

Nationalparkverwaltung Velebit, **Nord-Velebit (Sjeverni Velebit)**, Obala kralja Zvonimira 6, ✆ 884-552, www.np-sjeverni-velebit.hr. 7–15 Uhr. Kartenmaterial, Auskunft.

Agentur Senia am Hafen. Juli/Aug. 8–22 Uhr, sonst 8–12 und 17–21 Uhr. ✆ 882-114, www.seniatours.com.

• *Verbindungen* **Busse** fahren vom Busbahnhof am Hafen 7- bis 8-mal tägl. nach Rijeka und Zadar. Keine Direktverbindung zu den Plitvicer Seen, nur mit Taxi oder Ausflug. Einzige Möglichkeit per Bus um 7.20 nach Otočac, dann Umstieg nach Plitvice. **Autotrans**, ✆ 881-235; Businfos.

• *Geldwechsel* **Privredna banka**, an der Hauptstraße; Mo–Fr 7–21 Uhr. **Erste banka**, mit Geldautomat, 8–11 und 17–20 Uhr, Ive Vlatkovića 2.

• *Post* An der Hauptstraße, 7–21 Uhr.

• *Ausflüge* Zu den Plitvicer Seen oder in das Velebit-Gebirge mit Botanischem Garten, auch mit eigenem Fahrzeug möglich.

• *Nachtleben* **Diskothek Magnus**.

• *Veranstaltungen* **Uskokentage**, von Fr–So am 2. Wochenende im Juli. **Sommerkarneval**, Anfang–Mitte Aug. **Smotra-Klapa-Fest**, im Juli.

• *Übernachten* **Privatzimmer** ab 10 €/Pers. **Appartements** für 2 Pers. ab 30 €.

*** Hotel Libra, das Stadthotel (ex Nehaj) an der Durchgangsstraße wurde im Frühjahr 2009 neu eröffnet, mit 39 Zimmern und 3 Appartements, gutem Restaurant und netter Terrasse mit Blick aufs Meer und kleinem Spa-Center. DZ/F 114 €. Tel. 881-051, hotel-libra@hotel-libra, www.hotel-libra.hr

Pension Hazienda, in Alleinlage 10 km südlich von Senj in Sv. Juraj, mit Restaurant, Tennisplatz, Markt; dazugehörig der Campingplatz Rača. DZ/F 50 €, Bungalows, z. B. für 4 Pers. 70 €. ✆ 883-069, ✆/📠 883-209.

• *Camping* *** Autocamp Škver II**, direkt in Senj am Meer, leider fehlt etwas Schatten. Ankerplatz, neue Sanitäreinrichtung. 5 €/Pers., Zelt 3 €, Auto 2,50 €. ✆ 885-250.

Weitere kleine Campingplätze finden sich rund um Senj:

Autocamp Bunica V (✆ 616-718) und **Bunica I** (✆ 616-716), 5 km vor Senj und kurz hintereinander; die Betreiber sind Brüder. Die erste, steile Abfahrt verpasst man leicht (nicht schlimm, gleich dahinter ist ja der andere Bruder); das Gelände am besten zu Fuß erkunden, da die Straße vor der Schranke am Platzeingang endet. Ca. 5 €/Pers., Zelt 3 €, Auto 2,50 €. Zum Essen geht man 200 m weiter über die Straße ins **Restaurant Bunica**.

Autocamp Uljča (✆ 882-193) 4 km südlich von Senj und **** Autocamp Rača Euro** (✆ 883-209) 10 km südlich in Sv. Juraj (siehe dort).

• *Essen* **Konoba Lavlji Dvor**, im Löwenhof aus dem 16. Jh., überdachter Innenhof und kleine Terrasse vor der Tür. Fisch- und Fleischgerichte. P. Preradovića 2, ℡ 881-738. Empfehlenswert auch **Restaurant Leut** (P.

Preradovića 6, ℡ 881-972) und **Konoba Val**, 1,5 km in Richtung Rijeka, mit schöner Terrasse am Meer.
• *Baden* Südlich vom Leuchtturm kleine Kiesstrände oder beim Strandbad.

Sehenswertes

Ohne ihre massiven **Mauern** und **Bollwerke** hätte sich Senj der ständigen Angriffe wohl kaum erwehren können. Die Stadt war bereits unter den Römern befestigt, die wenigen Türme und Mauern, die heute noch beeindrucken, stammen aus dem 13. bis 15. Jh. Einst umgaben Senj 13 Türme, verbunden durch Mauern, die zugleich als Rundgang dienten – über 1 km maß das städtische Befestigungssystem.

Am besten erhalten blieb der so genannte *Leo-Turm* im Nordosten der Stadt, den Papst *Leo X.* Anfang des 15. Jh. errichten ließ. Weiter östlich der *Lipica-Turm*, ein Rundturm, der durch das Erdbeben 1913 Schäden erlitt; ein Stück weiter der *Salpan-Turm*. Im Süden, dem Meer zugewandt, steht der *Šabac-Turm*, der 1955 restauriert wurde, und östlich gegenüber der *Nasa-Turm*.

Der größte Platz Senjs ist der barocke, brunnen- und blumengeschmückte *Cilnica-Platz* mit dem Stadttor (Großes Tor) am einstigen Ende der Josephinenstraße. Daneben das *Frankopan-Kastell* aus dem Jahr 1340. Hier ragt auch der Turm der 1943 zerbombten Franziskanerkirche empor, auf deren Grabplatten die Namen einer Frankopan-Fürstin und tapferer Uskoken verewigt sind (heute im Stadtmuseum zu sehen). Unweit davon steht das älteste Kulturdenkmal der Stadt, der **Mariendom** aus dem 11. Jh., ein dreischiffiges, romanisches Bauwerk, das im 18. und 20. Jh. restauriert wurde. Zu den Kunstschätzen der Kirche zählen das Wandgrab des Senjer Bischofs *Ivan Cardinalibus* sowie das Wappen der Familie *Petrović* von 1491 – eines der ältesten kroatischen Staatswappen. Der Dom gilt als Geburtsort der glagolitischen Schrift, die von hier in andere slawische Länder verbreitet wurde. Bereits 1248 erkämpfte sich der damalige Bischof vom Papst die Erlaubnis, in dieser Schrift zu schreiben. *Method*, dem Bruder *Kyrills*, wurde zu Ehren seines 1100. Todestages vor der Kirche ein Denkmal gesetzt.

Westlich vom Domplatz befindet sich das **Stadtmuseum** (Juli/Aug. tägl. 7–15 und 18–20, Sa 10–12 und 18–20 Uhr, So nur vormittags; sonst Mo–Fr 7–15, So 10–12 Uhr; Eintritt 15 KN) im noch gotisch beeinflussten Renaissancepalais *Vukasović* aus dem 15. Jh. Es zeigt eine archäologische und ethnographische Sammlung sowie die Entwicklung der Glagoliza und ihrer Buchdruckkunst. Südlich vom Domplatz das neu gestaltete Sakralmuseum (tägl. 10–12 und 18–20 Uhr, So nur vormittags) .

Im Stadtteil Gorica im Osten der Stadt ist eine *Druckerei* aus der frühen Neuzeit sehenswert, deren glagolitische Inschrift über der Eingangstür auf das Jahr 1477 hinweist. Hier wurden einige der ersten kroatischen Bücher und glagolitische Messbücher gedruckt. Erlernt haben die Senjer Domherren die Buchdruckerkunst in Venedig bei Meister *Andreo Torresani* (1451–1529), der als Erster Werke von Plato und Aristoteles druckte.

Im Süden der Stadt, oberhalb des Meers, ein kleiner Park, in dem Senjer Dichter, wie *Silvije Strahimir Kranjević* (1865–1931), mit ihren in Stein gemeißelten Versen die Stadt verewigt haben.

Auf einem Hügel oberhalb der Stadt ragt düster und trutzig das Wahrzeichen Senjs empor, die Uskokenfestung **Nehaj** (Nehaj = „Fürchte nichts"). Sie wurde 1558 unter General *Ivan Lenković* errichtet und zeigt heute auf drei Stockwerken glagolitische Inschriften und historische Dokumente. Ein Spaziergang auf das mit Ecktürmchen geschmückte Bollwerk lohnt sich: Der Blick reicht weit über die Stadt und die vorgelagerten Inseln.

Öffnungszeiten Burg Nehaj Tägl. Mai, Juni, Sept. 10–18 Uhr, Juli/Aug. 10–21 Uhr; es gibt auch ein Restaurant, das im Hochsommer bis 24 Uhr geöffnet hat. Eintritt 15 KN, Kinder 7 KN.

Verse an die Stadt von Senj

Wie Stahl – Dein Charakter, Du edler Drache / Muss man schwarze Scharen jagen / Du standhafter Löwe auf der Wache / Beharren wirst Du, Hüne der Kroaten / Mit klarer Stirn, kühn und verwegen / Von Widerstandskämpfern erweckt zum Leben. / Durch Jahrhunderte, alte und neue / Der Freiheit galt stets Dein Schwur der Treue!

Silvije Strahimir Kranječević

Ausflug zu den Plitvicer Seen

Die Plitvicer Seen im gleichnamigen Nationalpark sind ein Erlebnis! Die Karstgebieten eigenen Prozesse lassen immer neue Kaskaden, Wasserfälle und Staubarrieren entstehen – immer neue Formen bildet die Naturgewalt des Wassers. Die Seen und der Nationalpark sind seit 1949 geschützt und stehen heute auf der UNESCO-Liste des Weltnaturerbes der Menschheit.

Das Gebiet der Plitvicer Seen hat eine Fläche von 29.482 ha, zwei Drittel davon sind Wald und nur 2 % sind für die Gäste zugänglich. Funde bezeugen eine Besiedlung bereits in vorchristlicher Zeit, die Gegend blieb aber ohne größere wirtschaftliche Bedeutung. 1896 baute die „Gesellschaft zur Gestaltung und Verschönerung der Plitvicer Seen" das erste Hotel.

Nur einer strengen Reglementierung ist es zu verdanken, dass trotz Touristenlawinen (770.000 Gäste im Jahr 2005) die Unberührtheit der Landschaft erhalten blieb. Das war nicht immer so. Mitte der 1970er Jahre war das ökologische Gleichgewicht ernsthaft bedroht. Daraufhin verbannte man die schweren Busse und Pkws, die die empfindlichen Kalkbarrieren erschütterten, aus dem Park, legte außerhalb riesige Parkplätze an und sorgte dafür, dass sich der Besucherstrom nur auf den eigens angelegten Pfaden und Stegen bewegte. Leichte Panoramabusse bringen heute die Touristen zu weiter entfernten Punkten, und ein Elektroboot befährt den Kozjak-See.

Hauptsehenswürdigkeit des nur 100 km von der Küste entfernten Parks sind die sechzehn Seen, deren Wasser sich über Stufen und Barrieren in großen Wasserfällen und Kaskaden von einem See in den nächsten ergießt, um schließlich nach 8 km und einem letzten Wasserfall in den Fluss Korana abzufließen. Umgeben von dicht bewaldeten, bis auf 1200 m ansteigenden Berghöhen, zeigt sich das absolut klare Wasser meist in leuchtendem Türkis; auf dem Grund sind versteinerte Bäume und Pflanzen deutlich zu erkennen. In den urwaldartigen Wäldern leben Rehe, Bären, Wildschweine, Wildkatzen und Wölfe. Die Luft ist erfüllt vom Duft der üppigen Vegetation, die sich hier ungestört nach ihren Regeln entfalten kann und für eine Vielzahl von farbenprächtigen Schmetterlingen einen idealen Lebensraum abgibt.

Das einzigartige Naturschauspiel entsteht durch ein typisches Karstphänomen, das hier, unbeeinflusst vom Menschen, noch immer so ablaufen kann wie vor Tausenden von Jahren. Das ist auch der Grund für das wissenschaftliche Interesse an den Plitvicer Seen, denn bis heute ist das exakte Zusammenwirken der komplexen Prozesse nicht restlos aufgeklärt. Das in der Luft vorhandene Kohlendioxid wird in einem chemischen Prozess im Wasser zu Kalk umgebaut. Pflanzen und Kleinstlebewesen beschleunigen den Vorgang. Es bilden sich Kalkablagerungen, die zusammen mit Pflanzen und Moosen immer höhere Barrieren bilden, das so genannte Travertin. Jährlich wachsen die als natürliche Staustufen wirkenden Hindernisse um ein bis drei Zentimeter, der Wasserspiegel in den Seen steigt, und das Wasser muss sich seinen Weg über Kaskaden und Wasserfälle bahnen – die Durchströmungsstellen verändern sich dabei ständig. Das heutige Barrierensystem ist vor rund 4000 Jahren entstanden und damit geologisch sehr jung. Das hat vermutlich klimatische Gründe, denn in der Eiszeit stagnierte dieser für Karstgebiete typische Prozess. Heute zeigt die Natur mit immer neuen Grotten, Barrieren, Wasserfällen und Seen ihre gewaltige Gestaltungs- und Veränderungskraft.

Besuch im Park

Der Nationalpark ist über zwei Eingänge zugänglich, jeweils einer befindet sich an den Oberen und an den Unteren Seen. Der auf der Eintrittskarte abgedruckte Plan zeigt unterschiedlich lange, mit Farbsymbolen und Buchstaben gekennzeichnete Wanderrouten. Die Eintrittskarte berechtigt auch zur Fahrt mit dem Elektroboot über den großen See.

Es werden Halbtagestouren angeboten, man sollte sich jedoch wenigstens einen ganzen Tag Zeit für den Besuch nehmen. Die Badesachen muss man leider zuhause lassen, das Baden ist inzwischen strengstens untersagt.

Ausgangspunkt Eingang 1: Von hier bietet sich ein grandioser Blick auf den größten Wasserfall. Auf einem schmalen, über Holzstege und -treppchen abwärts in eine Schlucht führenden Weg nähert man sich den Wasserfällen, die sich durch ihr Rauschen schon von fern bemerkbar machen. Der Vorteil der Route von den Unteren zu den Oberen Seen ist, dass man den größten Wasserfall (Plitvicer-Fall) sonnenbeschienen erlebt und nach dem Fußmarsch die Bootsfahrt vor sich hat. Unterhalb vom Eingang 1 ist auch die *Höhle Šupljara (Großes Loch)*. Flussaufwärts an der Korana ist noch die *Golubnjača-Grotte*.

Beim Wandern auf angenehmen Holzwegen erlebt man Natur pur: glasklare Wasserbecken, in denen Fische regungslos stehen, üppig wuchernde Vegetation in und außerhalb des Wassers, unzählige Wasserfälle und Kaskaden in jeder erdenklichen Größe. Wer sich nicht zurückhält, hat, ehe er sich versieht, einen ganzen Film verknipst, und stellt zu Hause fest, dass er „nur" Wasserfälle abgelichtet hat.

Am großen *See Kozjak* liegt – ideal für eine Pause – ein großer Picknickplatz mit Selbstbedienungsrestaurant und vielen Buden, deren Tresen sich unter den angebotenen Leckereien biegen. Von hier startet das Elektroboot, das lautlos über den glatten, großen See gleitet. In der Nähe des *Eingangs 2* kann man ebenfalls rasten und picknicken.

Ein Erlebnis ist auch eine Bootstour (Ruderbootverleih) durch den Reichtum der unberührten Natur. Da liegen Kröten und Frösche faul auf Seerosenblättern, Fischschwärme durchpflügen plötzlich das ruhige Wasser, und in der klaren Tiefe erspäht man Wasserschlangen und bizarrste Formen versteinerter Bäume und Pflanzen.

Ein 5 km langer Wanderweg flussaufwärts an der Korana Richtung Campingplatz wurde vom Eingang 1 aus angelegt; es geht vorbei an der *Golubnjača-Grotte* und dem alten Dorf Korana.

Über Kaskaden und Fälle bahnt sich das Wasser immer wieder neue Wege

Schöne Holzwege erschließen die Seenlandschaft

Ausgangspunkt Eingang 2: Vom *Eingang 2* aus gelangt man auf schönen Fußwegen, ebenfalls über Holzstege und -brücken, zur Oberen Seenplatte und weiter zum *Prošcasko-See.* Hier ist es fast noch idyllischer und etwas ruhiger.

Die Panoramabusse, so genannt wegen ihrer großen Fensterfronten, bringen den Besucher von Eingang 1 über Eingang 2 bis zum *Prošcasko-See.* Doch die Fortbewegung per Pedes ist unbedingt vorzuziehen. Abends kann man sich dann vom Panoramabus bequem zu seinem Ausgangspunkt zurückbringen lassen.

*N*ational*p*ark/*I*nformation

- *Telefonvorwahl* 053
- *Postleitzahl* 53231 Plitvička jezera
- *Nationalpark Plitvice* **Nationalparkverwaltung**, ✆ 751-015, 751-014; 🖷 751-013, www.np-plitvicka-jezera.hr. 8–16 Uhr.

Öffnungszeiten: *Eingang 1* ist ganzjährig geöffnet; Juli/Aug. 8–20 Uhr, Juni/Sept. 8–19 Uhr; sonst bis 17/18 Uhr. *Eingang 2* ist nur von Ostern bis Okt. geöffnet.

Eintritt: Jan.–März und Nov.–Dez. Erwachsene 11 € (80 KN), Kinder unter 7 Jahre frei, Kinder 7–18 Jahre 6,30 € (45 KN); April–Okt. Erwachsene 16,70 € (120 KN), Kinder 7–18 Jahre 13,90 € (100 KN). Eine kompetente Führung gibt es für 97,30 €/4 Std. (700 KN); jede weitere Std. 200 KN. Es muss in Kuna bezahlt werden! Die Karte ist einen Tag gültig, wird aber kostenfrei so lange verlängert, wie man mit Hotel- oder Campingplatz-Stempel die Übernachtung nachweist. Der Eintrittspreis umfasst Parkgebühr (am Eingang 1 beträgt die Parkgebühr in der Hauptsaison 9 € extra), Bus- und Bootsfahrten.

Verbindungen: Auf dem Kozjak-See verkehrt das Elektroboot. Die Panoramabusse verbinden die beiden Eingänge und auch die beiden Seen. Boot und Busse fahren von 8 Uhr bis Sonnenuntergang mindestens jede halbe Std., bei Bedarf häufiger.

Ruderboote: Anlegestelle am Kozjak-See.

- *Information* Touristeninformation und Bankomat an den Eingängen 1 und 2; jeweils geöffnet von 7 Uhr bis Sonnenuntergang. Alle Plitvicer-Seen-Infos sowie Hotelbuchung z. Zt. über ✆ 751-015, www.np-plitvicka-jezera.hr.

- *Anfahrt* Mit dem Flugzeug über die Flughäfen von Zadar und Zagreb und von dort mit öffentlichen Bussen; mit dem Pkw von der Küste kommend am besten von Senj, Karlobag oder Zadar; aus dem Landesinneren am besten über Karlovac. Kein Direktbus von Plitvice nach Senj, man muss in Otočac umsteigen (Verbindung nur 1-mal tägl.). **Tanken**: Nächste Tankstelle ca. 10 km nördlich in Grubovac (Richtung Karlovac) oder ca. 18 km südlich bei Korenica (Richtung Zadar).

Übernachten/Camping/Essen (siehe Karte S. 259)

• *Übernachten*   **Privatzimmer** sucht man selbst, z. B. im 2 km südlich entfernt liegenden Ort Mukinje. Hier gibt es viele hübsche ruhige *** **Pensionen**. Weitere auch in Richtung Karlovac.

Im Nationalpark bei Eingang 2 liegen alle Hotels, idyllisch und ruhig inmitten von üppigem Mischwald oberhalb der Seen.

Die Hotels können direkt oder über die Zentrale des Nationalparks gebucht werden (s. o.).

*** **Hotel Jezero (2)**, oberhalb vom Kozjak-See. Bestausgestattetes, modernisiertes 210-Zimmer-Hotel mit zusätzlich 7 Suiten, zudem 5 behindertengerechte Zimmer; Restaurants und Bar; Internet. Das Jezero bietet Kinderspielzimmer, Whirlpool, Sauna, Beauty-Center, Sport- und Tennisplatz. Komfortable Zimmer mit TV, Minibar, AC; gutes Frühstücksbuffet. DZ/F 118 €, Appartements160 €. ✆ 751-400.

–* **Hotel Plitvice (3)**, 51-Zimmer-Hotel mit Restaurant. Drei Kategorien werden geboten. DZ/F je nach Lage und Ausstattung 96, 106 oder 116 €. ✆ 751-100.

** **Garni Hotel Bellevue (4)**, das preisgünstigste Hotel. 60 einfach ausgestattete Zimmer. DZ/F 74 €. ✆ 751-700.

*** **Motel Grabovac**, ebenfalls preisgünstige Übernachtungsmöglichkeit. Zimmer und Restaurant, ca. 12 km vom Nationalpark in Richtung Zagreb (nach Campingplatz Korana). DZ/F 70 €. ✆ 751-999.

Turist Grabovac – Camping, am Rande des Ortes. Schöne Anlage mit Restaurant auf 40.000m² im Wald, mit Holzhäuschen und ebenfalls aus Holz erbautem Gästehaus Jelena. Man kann auch zelten. DZ/F ab 60 €. Geöffnet Ende April bis 1. Okt. Grabovac 102, ✆ 047/784-192, www.camp-turist.hr.

*** **Motel Macola**, in Korenica, 15 km südl. Richtung Zadar. Nette Zimmer mit Balkon. Restaurant, Sauna, Fitness. DZ/F 72 €. Trg sv. Jurja, ✆ 776-228, www.macola.hr.

• *Camping*   *** **Autocamp Korana**, schöner, schattiger 35-ha-Platz abseits der Straße Richtung Karlovac–Zagreb, ca. 10 km vom Eingang des Nationalparks. Im nahen Korona-Fluss kann gebadet werden; 50 km Wanderwege sind von hier aus ausgeschildert. Moderne Sanitäranlagen, gutes Restaurant, Café, gut sortierter Supermarkt. Geplant sind Tennisanlagen und weitere Sportmöglichkeiten. Geöffnet Mai–Sept. 9 €/Pers., Auto 2 €, Zelt 3 €. Auch einfache Holzhütten (ohne Bad/WC) werden vermietet,34 €/2 Pers., mit Frühstück 42 €. ✆ 751-888 oder über den Nationalpark. Wanderweg Richtung Seen oder per Bus morgens um 9 Uhr, Rückfahrt um 17 Uhr.

*** **Autocamp Borje**, 6,5-ha-Gelände im Wald, mit gleichnamigem Restaurant in Korenica, 15 km in Richtung Zadar. Geöffnet Mai–Ende Sept. 9 €/Pers., Auto 2 €, Zelt 3 €. ✆ 751-789, -790.

• *Essen* Wer an den Seen unterwegs ist, verpflegt sich am besten über das dortige, gute Angebot. Am Eingang 1 Kiosk mit leckeren Strudeln; gegenüber am Parkplatz das gute **Restaurant Lička kuća (1)** mit offenem Kamin, das traditionelle Lika-Küche bietet, u. a. leckere frische Käsesorten aus dem Velebit, zudem Grillspezialitäten, Gerichte aus der Peka und frische Forellen. ✆ 751-024.

Restaurant Degenija, vom Eingang 1 ca. 8 km in Richtung Karlovac, mit kleiner überdachter Terrasse.

Ansonsten gibt es bei Eingang 2 das **Restaurant Poljana** (✆ 751-092); in **Korenica** (15 km in Richtung Zadar) **Restaurant Borje**, ✆ 751-777, mit Autocamp.

• *Sport* **Mountainbike**: Es gibt einen Verleih bei Punkt 4, nur von Juni–Mitte Sept. Innerhalb des Seengebietes ist allerdings Fahrradverbot. Gefahren werden kann oben entlang den Straßen und weiter Richtung Campingplatz. Im Ort Rakovica (Richtung Karlovac) sind im Touristbüro (✆ 047/784-450) Informationen und Karten erhältlich.

Marathon Plitvička: jährlich Ende Mai, wer mag kann 42,195 km um die Seen joggen.

Imposanter Blick auf den „Großen Wasserfall"

Kroatisches Küstenland – von Senj nach Prizna

Der rund 50 km lange Abschnitt der Küstenstraße über **Jablanac** (Fährhafen für **Insel Rab**) und weiter, am Velebit entlang, nach **Prizna** (Fährhafen für **Insel Pag**) verläuft zum überwiegenden Teil nicht direkt am Meer. Vereinzelt winden sich abenteuerliche Straßen mit enormen Gefällestrecken von der Magistrale zu kleinen Orten hinunter, ohne Straßenbegrenzungen und weitgehend ohne Ausweichmöglichkeiten – Orte, die man besser mit dem Schiff anfährt.

Naturpark Velebit

Das größte Gebirge Kroatiens und zugleich das längste des Dinar-Massivs reckt sich mit seinem höchsten Gipfel, dem *Vaganski vrh*, bis zu 1757 m in den Himmel. Weithin, bis zu den Inseln, ist das mächtige *Velebit-Massiv* sichtbar, das sich in der Abendsonne rosarot verfärbt. Im Herbst und Winter braust die gefürchtete Bora mit ihren Sturmböen vom Velebit herab und fegt weg, was nicht niet- und nagelfest ist. So verwundert es nicht, dass der Gebirgszug in der Literatur verewigt wurde und Forschungszwecken diente. Jedem sein Heiligtum: Was den Griechen der Olymp und den Slowenen der Triglav, ist den Kroaten der Velebit ...

Mehr als 2000 km² ist der Naturpark Velebit groß und damit das größte unter Naturschutz stehende Gebiet Kroatiens. Der Naturpark umfasst die Nationalparks *Nord-Velebit* und *Paklenica* sowie die Totalreservate *Hajdučki* und *Rožanski kukovi*. Der Gebirgszug erstreckt sich über eine Länge von 145 km vom *Berg Vratnik* (Primorje-Gebiet), östlich von Senj, bis zum bereits zu Dalmatien gehörenden Karstfluss Zrmanja im Südosten und ist reich an Flora und Fauna. Trotz des südlichen Breitengrads liegt die Durchschnittstemperatur in den Bergen die Hälfte des Jahres nur knapp über dem Gefrierpunkt (mit großen Tag- und Nachtschwankungen). Schnee gibt es zwar bis Mai, doch für Wintersport ist der Velebit nicht geeignet, dafür bestes Revier zum Wandern, Bergsteigen, Klettern und Mountainbiken.

Gerne besucht werden der *Botanische Garten Velebit* mit dem *Berg Zavižan*, nördlich davon der *Berg Vučjak*, weiter südlich *Rožanski kukovi*, oberhalb von Karlobag der Pass *Oštarijska vrata* und der *Nationalpark Paklenica*. Etwas außerhalb, am nordwestlichen Randgebiet, kann man das *Bärenrefugium* bei Kuterevo besuchen. Winnetouliebhaber können im südlichen Velebit bei Starigrad Paklenica und am Canyon Zrmanja auf den Spuren und den Drehorten von Winnetou und Old Shatterhand wandeln, ob organisiert per Jeep, per Schiff (s. Starigrad Paklenica, Novigrad) oder individuell per Mountainbike.

Überhaupt ist der Velebit ein Eldorado für Mountainbiker, viele unberührte Makadamstraßen führen durch die gigantische Bergwelt. Gute Orientierung, Werkzeug und Kartenmaterial sind Pflicht!

● *Information* **Naturpark Velebit**, Zentrale, Kaniža Gospićka 4b, 53000 Gospić, ✆ 053/560-450; Nebenstelle in 53274 Krasno, ✆ 053/851-600; www.velebit.hr. **Nationalpark Nord-Velebit**, Zentrale in 53274 Krasno, Krasno 96, ✆ 053/665-380; Nebenstelle in 53270 Senj, Obala kralja Zvonimira 6, ✆ 053/884-552; www.np-sjeverni-velebit.hr. **Nationalpark Paklenica**, Franje Tudmana 14a, 23244 Starigrad Paklenica, ✆ 023/369-202, -155, www.paklenica.hr.

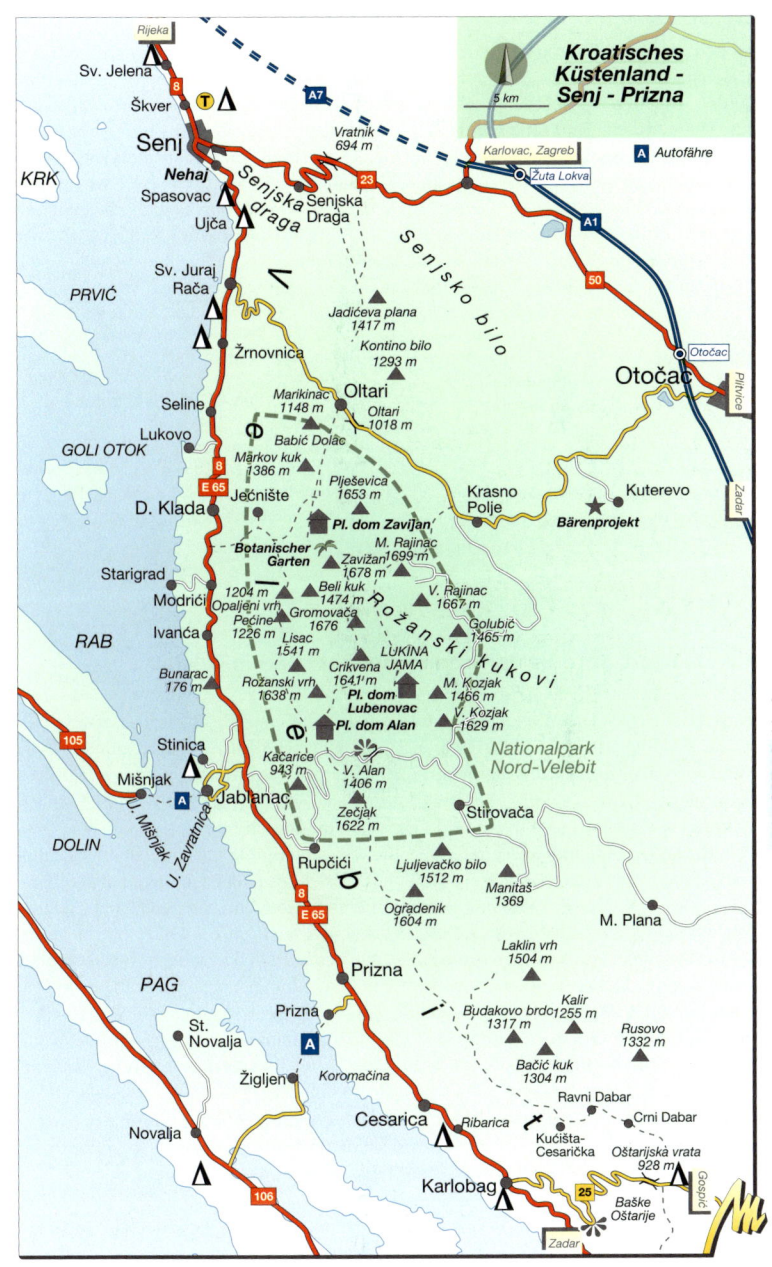

Kroatisches
Küstenland -
Senj - Prizna

5 km

Karlovac, Zagreb

Ⓐ Autofähre

Rijeka

Sv. Jelena

Škver

Senj

Nehaj

Spasovac

Ujča

KRK

Senjska draga

Senjska Draga

Vratnik
694 m

Žuta Lokva

A7

23

A1

50

Senjsko bilo

Sv. Juraj
Rača

PRVIĆ

Žrnovica

Jadićeva plana
1417 m

Kontino bilo
1293 m

Otočac

Plitvice

Otočac

Seline

Marikinac
1148 m

Oltari

Oltari
1018 m

Lukovo

GOLI OTOK

Babić Dolac

Mar:kov kuk
1386 m

Plješevica
1653 m

Krasno
Polje

Kuterevo

Zadar

D. Klada

Ječnište

8

E 65

Pl. dom Zavižan

Botanischer
Garten

M. Rajinac
Zavižan 1699 m
1678 m

Bärenprojekt

Starigrad

Modrići

1204 m

Beli kuk
1474 m

V. Rajinac
1667 m

Ivanča

RAB

Opaljeni vrh
Pecine
1226 m

Gromovača
1676

Lisac
1541 m

Golubić
1465 m

Rožanski kukovi

Bunarac
176 m

Rožanski vrh
1638 m

Crikvena
1641 m

LUKINA
JAMA

M. Kozjak
1466 m

Stinica

Mišnjak

A

Jablanac

U. Mišnjak

U. Zavratnica

105

Kačarice
943 m

Pl. dom
Lubenovac

Pl. dom Alan

V. Alan
1406 m

V. Kozjak
1629 m

Nationalpark
Nord-Velebit

DOLIN

Rupčići

Zečjak
1622 m

Stirovača

8

E 65

Ljuljevačko bilo
1512 m

Manitaš
1369

PAG

Prizna

Prizna

Ogradenik
1604 m

M. Plana

Laklin vrh
1504 m

St.
Novalja

A

Budakovo brdo
1317 m

Kalir
1255 m

Rusovo
1332 m

Žigljen

Koromačina

Bačić kuk
1304 m

Ravni Dabar

Crni Dabar

Novalja

Cesarica

Ribarica

Kučišta-
Cesarička

Oštarijská vrata
928 m

106

Karlobag

25

Baške
Oštarije

Zadar

Gospić

Küstenland Senj – Prizna

Karte S. 265

Sv. Juraj

In den ersten Buchten nach Senj lässt es sich noch gut baden, für eine Kaffee- oder Essenspause sei aber der Abstecher nach *Sv. Juraj*, ca. 9 km südlich von Senj, empfohlen. Der beschauliche Ort, an dem die Magistrale knapp vorbeiführt, zieht sich am Meer entlang. Rund um den Hafen gibt es mehrere Restaurants und gemütliche Cafés. Zum Sonnen schwimmt man am besten zu einem kleinen Inselchen hinüber. Am Ortsausgang zweigt die landschaftlich sehr schöne Straße über Oltari in den *Nationalpark Nord-Velebit* mit *Botanischem Garten* ab (12 km). Noch etwas weiter auf der Gebirgsstraße von Oltari in Richtung Otočac liegt beim Örtchen *Kuterevo* das Bärenrefugium, das ebenfalls einen Ausflug lohnt.

● *Information* **Touristagentur**, ☏ 053/883-209.

● *Übernachten/Essen* Zahlreiche Privatunterkünfte. Gut und nett speist man in **Konoba Gušti** mit Blick auf den Hafen.

● *Camping* ** **Autocamp Ujča** (☏ 882-193) 6 km nördlich in Richtung Senj an einer schönen Bucht. Café, Tauchschule (www.dive-croatia.com) und Kiosk. 4,50 €/Pers., Auto/Zelt je 3,50 €. Geöffnet 1.5.–1.10. ☏ 884-626, www.camp-ujca.com.

*** **Autocamp Rača Euro**, 1 km südl. von Sv. Juraj am Meer. Schöner Platz und nette Kiesbucht unterhalb der Magistrale, ca. 200 Plätze, teils Laubbäume, Konoba und Bar, Tennisplatz, Tauchschule (www.tauchen-explorator.de; Frank Kühn). 5,50 €/Pers., Auto 3,50 €, Zelt 3,50 €. Geöffnet 1.6.–30.9. ☏ 053/883-209.

Autocamp Žrnovnica, kleiner Platz an der gleichnamigen Bucht. Es gibt Süßwasserquellen. Preis: etwas niedriger als Rača Euro Camp. ☏ 053/883-010.

Nationalpark Nord-Velebit und Botanischer Garten Velebit (Velebitski botanički vrt)

Der Botanische Garten liegt im Nationalpark Nord-Velebit, an der Nordseite des Zavižan (1677 m) auf 1433 bis 1500 m Höhe. Er wurde 1967 angelegt und umfasst rund 50 ha, zusammen mit dem angrenzenden Reservat Zavižan-Balinovac 118 ha.

Zahlreiche Pflanzen wurden als Anschauungsmaterial hier angesiedelt: Neben bekannten wie Alpenrose, Enzian und Edelweiß finden sich 600 alteingesessene, „autochthone" Arten, zudem weitere 300, die aus anderen Teilen des Velebit zusammengetragen wurden, sowie viele endemische, d. h. nur hier vorkommende Pflanzen. Jede der Pflanzen trägt ein Namensschildchen. Der Botanische Garten umfasst Wälder (u. a. Wacholder, Bergkiefern, Rotbuchen, Fichten), Wiesen, Steinflächen und eine Quelle. Vom Informationshäuschen führt ein 600 m langer Naturlehrpfad rund um eine Doline und talabwärts.

Um den Artenreichtum des Velebit besonders verdient machte sich der ungarische Botaniker Arpad Degen (1866–1934); 2200 Pflanzen sammelte er, bestimmte und verzeichnete sie und veröffentlichte seine Forschungsergebnisse in den 1930er Jahren.

Vom Botanischen Garten aus kann man auch die umliegenden Gipfel des Nationalparks erkunden – die Aussicht aufs Meer und das Umland ist phantastisch. Erst 1999 wurde dieser Teil des Naturparks Velebit, der Nord-Velebit, zum Nationalpark erklärt.

1 km nördlich, am Fuß des Bergs Vučjak (1645 m), steht die bewirtschaftete Berghütte Zavižan (1594 m) mit meteorologischer Station. Wer gut zu Fuß ist, kann

auch den Premužić-Pfad (Touristenpfad) gehen; der Weg führt vom Botanischen Garten durch die Rossijeva koliba (bizarre Felslandschaft) über den Berg Veliki Alan nach Oštarije. Für die Gesamtstrecke muss man rund 18 Stunden rechnen (komplette Wanderausrüstung und Essensmitführung erforderlich! Wegstrecke verläuft meist einfach.).

Nördlich des Botanischen Gartens liegt das 80 ha große Reservat Visibaba (Schneeglöckchen), Standort der kroatischen Sibirea, anschließend das Waldreservat Borov vrh mit autochthonen Schwarzföhrenbeständen. Südlich des Bergs Zavižan die unter besonderem Schutz stehenden Rožanski kukovi (1220 ha) mit speziellen geomorphologischen Phänomenen, daneben noch Hajdučki kukovi mit der erst 1993 entdeckten Lukina jama – mit 1392 m die tiefste Grotte Kroatiens und die achttiefste weltweit. Wegen des schlüpfrigen Terrains und verdeckter Grotten die Reservate besser nicht ohne Führer begehen. Die südöstliche Parkgrenze bildet das große, einmalige Waldreservat Štirovača.

● *Anfahrt* Von Sv. Juraj auf der Straße hoch in Richtung Krasno Polje. In Oltari die Abzweigung Richtung Zavižan nehmen (insgesamt ca. 17 km). Ab dem Nationalparkhäuschen Sića in Šisan (Eintritt 30 KN/3 Tage) 12 km weiter auf gut präpariertem Makadam durch mächtige Buchenwälder zum Botanischen Garten. Weiter führt der Makadam Richtung Lukovo Šugarje.

● *Information* **Nationalpark Nord-Velebit**, Zentrale in 53274 Krasno, Krasno 96, ☎ 053/665-380; Nebenstelle in 53270 Senj, Obala kralja Zvonimira 6, ☎ 053/884-552; www.np-sjeverni-velebit.hr.

● *Übernachten* **Konoba Jure**, in Krasno. Ca. 5 einfache Zimmer (pro Pers. 150 KN mit Frühstück) und Schlafsaal für 10 Pers. ☎ 053/851-100.

Berghütte Zavižan (1594 m), einfache Übernachtungsmöglichkeit. 26 Bettenlager, 100 KN/Pers. Getränke und einfache Mahlzeiten. Geöffnet Juni–Okt. ☎ 053/614-209, 724-766.

Schutzhütte Rossijeva koliba (1580 m), auf halbem Weg zum Berghaus Veliki Alan. Schlaflager für max. 8 Pers. Ohne Versorgung. Es gibt Wasser und Holz.

Weiter südlich das Berghaus **Veliki Alan** (1305 m), 46 Betten in 5 Räumen, Töpfe zum Kochen vorhanden (Selbstverpflegung!). Anfahrt mit dem Auto von Jablanac aus. Wegzeit von Hütte Zavižan in ca. 5 Std. auf dem Premužić-Pfad.

Das Bärenkind Ljubo Lik

Ausflug zum Bärenrefugium Kuterevo: Beim gleichnamigen Ort liegen, mitten in der üppigen Natur an den nordöstlichen Abhängen des Velebit-Gebirges, die Bärengehege, die besichtigt werden können. Das Projekt wurde 2001 ins Leben gerufen, unterstützt von verschiedensten in- und ausländischen Stiftungen (u. a. auch von der Berliner Naturschutzstiftung). Momentan leben, nach Alter getrennt (1 und 6 Jahre), sechs junge verwaiste Bären in jeweils zwei Gehegen auf 1 ha (das Gelände soll auf 5 ha erweitert werden). Daneben gibt es auch eine inzwischen sehr beliebte Volontärstation (mit Volontären auch aus Deutschland), ein Büro und einen Bärenfriedhof. Die Jungbären kommen aus den unterschiedlichsten Regionen Kroatiens und wären in freier Wildbahn nicht lebensfähig gewesen. Um Überlebensfähigkeit und Immunität gegen Krankheiten zu erlangen, müssen die Tiere mindestens zwei Monate lang Muttermilch erhalten. Acht Monate Muttermilch benötigen die Bären, um die für ein Leben in freier Natur notwendige Entwicklung durchlaufen zu können. Verwaiste Bären brauchen dementsprechend viel Zuwendung und besondere Pflege. Das Projekt leitet vor Ort Ivan Crnković Pavenka, der lange Zeit in Deutschland lebte. Auch die Dorfbevölkerung wurde in das Projekt integriert und sorgt für preiswerte Übernachtungsmöglichkeiten für Besucher. Geöffnet von Ostern bis Ende November.

● *Adresse/Anfahrt/Übernachten* **Bärenrefugium**, Pod crikvom 103, 53225 Kuterevo, ☎ 053/799-222, www.kuterevo-medvjedi.hr. Voranmeldung unter ☎ 091/5835-412 (mobil). Ein freiwilliger Beitrag von mindestens 2 € Erwachsene, 1 € Kinder wird erwartet.

Schöne Unterkünfte in der Umgebung, ca. 12 €/Pers. Anfahrt: Von Sv. Juraj ca. 35 km nach Kuterevo (Abzweig von der Hauptstraße in Richtung Otočac, ca. 10 km hinter Krasno Polje, dem Holz-Schild Medvid/Bär folgen).

Die Küstenstraße entfernt sich kurz nach Sv. Juraj vom Ufer. Erst eine schmale Stichstraße, die unmittelbar nach einem Tunnel abzweigt, bringt uns mit 15 % Gefälle wieder ans Meer und zum Dorf **Lukovo,** das sich mit ein paar Häusern, Kirche und Friedhof um eine Bucht mit schmalem Felsstrand erstreckt. Die Zimmervermittlung übernimmt ein Kiosk.

Die nächste Möglichkeit, ans Meer zu kommen in **Starigrad,** 7 km weiter südlich. Auf der Straße ist gerade Platz für ein Auto, die fehlende Straßenbegrenzung zehrt an den Nerven des Beifahrers. Wer sich hier einquartiert, macht nachts keinen Ausflug in die nächste Stadt.

Jablanac

Der kleine Fischerort ca. 45 km südlich von Senj ist Fährhafen für die Insel Rab und Ausgangspunkt für Ausflüge in den Nationalpark Nord-Velebit. In Jablanac stand die mittelalterliche Ansiedlung *Ablana*, 1179 wurde der Ort erstmals erwähnt, im 16. Jh. wurde er von den Türken niedergebrannt, die Einwohner flüchteten auf die gegenüberliegende Insel Rab. Seit dem 17. Jh. ist Jablanac wieder besiedelt. Heute dominiert der wehrhaft wirkende Neubau des Hotels Ablana das Dorfbild, altertümlich, fast idyllisch der Hafen mit seiner Kirche. 1 km südlich züngelt die 1 km lange, unter Naturschutz stehende fjordartige *Bucht Zavratnica* ins Land. Auf einem Fußpfad kann man von Jablanac aus in ca. 20 Min. die Bucht erreichen.

● *Verbindungen* **Trajekt** Jablanac–Misnjak (Insel Rab) im Juli/Aug. früh und abends halbstündlich, tagsüber stündl., von 4–23 Uhr; sonst fast stündl. von 5.30–22 Uhr mit Linie Rapska plovidba. Information ✆ 051/724-122. **Bus**: Es gibt keine direkte Busverbindung nach Jablanac, hier halten nur die Busse Rab–Rijeka oder Rab–Zagreb. Die Busse der Linie Split–Rijeka halten oben an der Küstenstraße (ca. 45 Min. zu laufen!).

● *Übernachten* ***** Hotel Ablana**, dominanter 50-Betten-Neubau oberhalb des Ortes.

Restaurant/Bar, gut ausgestattete Zimmer und Appartements mit Balkon und Blick auf Rab. DZ/F 90 €. ✆ 053/887-216, www.am-hoteli.hr.

● *Essen* **Konoba Stina**, südlich der Bucht Zavratnica, nur vom Meer aus zugänglich. Herrlicher Blick von der erhöht liegenden überdachten Terrasse, umgeben von Olivenbäumen, aufs Meer und auf die Landzunge Lun der Insel Pag. Vorzügliche Fischgerichte. 10–22 Uhr. Maslenica b.b., ✆ 887-924.

Küstenland Senj – Prizna
Karte S. 265

Jablanac – Fährhafen zur Insel Rab, ansonsten ein Ort im Dornröschenschlaf

Blick auf die Pager Bucht und den Thunfisch-Beobachtungsturm

Hinter Jablanac windet sich ein Sträßchen zuerst 7 km auf Asphalt, dann 10 km auf Makadam hinauf in den Nationalpark Nord-Velebit. Von der einfachst bewirtschafteten Berghütte Alan (1305 m) kann man zum *Veliki Alan* (1406 m) laufen oder weiter auf dem *Premužić-Pfad* (siehe Nord-Velebit) nach Norden oder in Richtung Süden.

Kurz nach **Prizna** zweigt die Straße ab zum Fährhafen für die Insel Pag. Abgesehen von ein paar Kiosken, die Getränke und Sandwichs verkaufen, besteht der Fährort nur aus der Anlegestelle. Wer etwas Zeit hat, bis die Fähre ablegt, und vielleicht noch baden möchte, fährt die Adriamagistrale weiter bis **Cesarica** und **Ribarica** (ca. 6 km vor Karlobag).

Insel Pag

Faszinierend, gleichzeitig unwirklich und erschreckend wirkt diese Insel: wie eine Mondlandschaft mit endlosen, von Mäuerchen durchzogenen Steinwüsten. Sengende Sonne auf dem gleißend weißen Geröll, das sich vom tiefblauen Meer scharf abhebt. Im Frühsommer bildet das Gelb der Disteln auf den Geröllhalden einen leuchtenden Kontrast. Entlang der Inselflanken ziehen sich zahllose Badebuchten, die man oft ganz für sich alleine genießen kann. Pag ist ein Paradies für Individualisten.

Die fünfte der großen Inseln im Kvarner-Golf zählt schon zu den norddalmatinischen Inseln. Durch die Brücke zum Festland im Südosten rückt Pag in Zadars Nähe. Pag ist 60 km lang, im Südosten bis zu 10 km breit, an der Nordwestspitze nur 2 km. Auf 285 km² leben hier 8450 Menschen, die sich ihren Lebensunterhalt mit Schafzucht, Fischerei, Weinbau, Fremdenverkehr und in den Salzgärten beim Inselhauptort Pag verdienen.

Mit der Stadt *Pag* und vor allem *Novalja* hat die Insel zwei Zentren, und trotz all seiner Reize ist das von tiefen Buchten zerklüftete Pag noch nicht zu sehr von Touristen überlaufen. Rund um die Insel gibt es zahllose Badebuchten an Sand- und Kiesstränden und meist weht auch die „Blaue Flagge". Für Mountainbikefans hat man ein breites Netz an ausgewiesenen Radwegen angelegt.

Der venezianische Gelehrte und Priester *Abbé Fortis* beschrieb ihre Bewohner als wild und ungehobelt. Es sei, „als hausten sie in der Wildnis ohne Umgang mit höflichen Menschen. Die Bessergestellten, die glauben, bessere Manieren zu haben als das Volk, sind in Kleidung, Benehmen und anmaßendem Auftreten erst recht groteske Figuren. Die Unwissenheit der Geistlichen ist kaum vorstellbar", berichtet Fortis um 1770. Abgesehen davon, dass ihm die Pager zu unmanierlich waren, fand er wohl auch keine angemessene Unterhaltung: „Sie waren alle so mit der Salzgewinnung beschäftigt, dass sie keinen anderen Gesprächsstoff kannten."

Wichtiges auf einen Blick

Telefonvorwahl: 053 (Gebiet Novalija), 023 (ab Kolan).

Allgemein: Zur Insel Pag gelangt man über die Brücke im Südosten, wenn man bei Posedarje die Autobahn oder die Magistrale verlässt, oder per Fähre.

Fährverbindungen: *Trajekt Prizna–Žigljen*, in der Saison nonstop stündl. rund um die Uhr. 2 €/Pers., Auto 12,20 €.

Katamaran Rijeka–Rab–Novalja, ganzjährig 1-mal tägl. von Novaljia um 6 (So 9 Uhr) nach Rijeka und nach Novalja (Insel Pag); Abfahrt Rijeka 17 Uhr (ab Schulbeginn, Anfang Sept., um 15 Uhr).

Personenschiff Lun–Rab (Schiff Amico), ganzjährig Mo, Mi, Fr–So Lun 7.30 Uhr, 12 Uhr Abfahrt Rab; Juli/Aug. zusätzl. Di, Do und Fr Lun 10 und 16 Uhr, Rab 9 und 17 Uhr. Info: Rapska plovidba, ✆ 724-122 oder 098/991-1409 (Amico). 4,20 €/Pers., retour 6,30 €/Pers.

Busverbindungen: Regelmäßig zu allen Orten der Insel; zudem von Novalja und Pag nach Rijeka, Zadar, Split und Zagreb (Preise etc. siehe Novalja).

Tankstellen: Novalja und Pag; Juni–Sept. durchgehend geöffnet.

Karstig und kahl ist Pag. Kräuter und Sträucher sind in die Geometrie der Steinmäuerchen eingezwängt, und die 20.000 Schafe fressen begierig die letzten Reste des mageren Weidelands. Die Folgen menschlichen Raubbaus an der Natur sind auf der Insel deutlich zu sehen. Es waren Venezianer, die die Wälder für den Schiffsbau abholzten. Durch die starken vom Festland über die Insel peitschenden Fallwinde hatten neue Bäume und Sträucher kaum mehr eine Chance, die Bodenerosion nahm zu. In die unbewachsenen Flächen konnte der Regen ungehindert eindringen, und mit seiner Kohlensäure zersetzte er langsam das Kalk- und Dolomitgestein. Selbst die Bemühungen der Einwohner, die fleißig Stein für Stein zu Mäuerchen zusammentrugen, um das Land vor den Winden zu schützen, zeigen wenig Erfolg, ein Wiederaufforsten scheint fast unmöglich.

Die *Pager Bucht* ist eine fruchtbare, größtenteils jedoch überflutete Talwanne. Bei Novalja und Pag ist die Insel am grünsten. Hier gibt es Gärten und Felder und bei Novalja den *Wald Straško* mit Steineichen, Aleppokiefern und Zypressen. Ab und zu eine Pinie. An geschützten Stellen gedeihen die immergrünen Hartlaubgewächse, ansonsten nur Garigue mit Salbei, Thymian, Immortellen und vielen Disteln. Der Karstsee *Velo Blato* im Süden ist von Schilfgras umstanden und Brutstätte für viele Wasservögel; seine unterirdischen Quellen dienen auch der Trinkwasserversorgung. Sumpfschildkröte und griechische Landschildkröte, Zikaden, Eidechsen, Nattern und Sandvipern sind auf der Insel Pag heimisch – Fasane und Rebhühner

Insel Pag
Karte S. 272/273

wurden ausgesetzt, damit ihnen die Jagdurlauber den Garaus machen können; und vom Velebit, dem Küstengebirge, schaut manchmal ein Gänsegeier vorbei. Berge durchziehen die Insel der Länge nach und ragen in der Mitte bis zur höchsten Erhebung, dem *Sveti Vid*, 348 m auf. Die Berge sind zur Küste hin steil, fallen aber in ihren buchtenreichen Ausläufern sanft zur offenen See ab, wo vorgelagert die Inseln *Skrda* und *Maun* liegen. Letztere hat ein paar Hirtenkaten und Badebuchten im Südwesten. Ansonsten gibt es *Kies-Sand-Strände* in der Pager Bucht und an der Südwestseite der Insel.

Auf Pag wird es im Sommer durch die kühlen Maestral-Winde nicht zu heiß; der Winter ist mild und regenreich durch den Südwind Jugo, der das Meer zu Dreimeterwellen auftürmt. An der Nordostseite tobt die trockenkalte Bora, die sich durch die von den Bergen her wehende Tramuntana, den Nordwind, ankündigt und mit ihren Böen die Salzgischt peitscht, das Land ausbleicht und zum Glitzern bringt. Im Herbst stürmt der Grbin mit Regen von Südwesten.

Rheumakranken seien die Schlammbäder bei den *Pager Salinen* empfohlen. Der Heilschlamm mit seinem hohen Schwefelanteil, auf den Körper gepackt und an der Sonne getrocknet, lindert die Beschwerden.
Eine weitere Besonderheit der Insel sind die geklöppelten *Pager Spitzen*, *Čipka* genannt. Noch heute sitzen die Frauen in den Gassen von Pag vor ihren Häusern und arbeiten an den bizarren Deckchen.

Inselspezialitäten sind der bekannte Pager Schafskäse *Paški sir*, eine Art Parmesan, der durch die salzigen Weiden seinen besonderen Geschmack erhält, die wohlmundenden *Weine*, wie der kraftvolle Dessertwein *Prošek*, der goldgelbe *Žutica* und der weiße *Paški gegić* und – nicht zu vergessen – die in der Gegend um Lun gedörrten leckeren *Feigen*, die Frauen zum Kauf anbieten.
Für nächtliche Vergnügungen sorgen die zahlreichen Open-Air-Bars und Diskotheken an der Pager Bucht; die angesagtesten europäischen DJs werden im Sommer eingeflogen und internationales junges Publikum tanzt und fühlt sich prächtig.

Sportliche Naturen können *Tauchen, Surfen, Wakeboarden, Wandern, Klettern* oder auf dem 130 km langen angelegten Fahrradnetz die gesamte Insel per *Moun-*

tainbike erkunden. Auf der Insel gibt es erstaunlich viele *Bike-&-Bed-Unterkünfte* (www.bike-bed.com, www.crobike.com), vor allem um Pag und Povljana.

Geschichte

Die Liburner errichteten im ersten Jahrtausend v. Chr. auf Pag ihre Wallburgen und Grabstätten. Um das 1. Jh. waren es die Römer, die Befestigungsanlagen zur Verteidigung gegen illyrische Stämme errichteten, so auch das große *Castrum Cissa* (bei der heute bekannten Bucht Caska), das sie zum Hauptsitz der Insel machten, und kleinere, wie das Hafencastrum Navalia (heute ungefähre Lage von Novalja), weitere bei Pag, Kolan und Košljun. Reste einer römischen Seefestung sieht man heute z. B. noch in Svetojanj am Velebit-Kanal. Etwa dreihundert Jahre später, 361, versank die römische Stadt Cissa bei einem Erdbeben im Meer, Mauerreste kann man noch im Meer finden. Die Überlebenden retteten sich ins *Castrum Navalia*, das nun zur neuen Inselhauptstadt aufstieg, eine starke christliche Gemeinde bildete und Pilgerziel wurde. Im 4. und 5. Jh. wurden hier drei Basiliken erbaut.

Auf die byzantinische Herrschaft folgten die kroatischen Könige. Einer ihrer letzten, König *Krešimir IV.*, machte 1071 eine verhängnisvolle *Schenkung*. Die Nordhälfte von Pag gab er der byzantinisch-dalmatinischen Stadt Rab, die Südhälfte schenkte er Zadar, das damals ebenfalls noch dem Oströmischen Reich unterstand (siehe Geschichte Insel Rab). Dann kämpften die ungarisch-kroatischen Könige mit den venezianischen Dogen um Dalmatien; Bistum Rab stritt mit Bistum Zadar um den Rest von Pag mit den Gewinn bringenden Salinen. Zadar machte die zu Rab gehörende Stadt *Navalia*, die zeitweilig Kesa hieß, 1203 dem Erdboden gleich. Nun verlagerten sich die bischöflichen Zwiste in die Inselmitte, nach Pag. Die Stadt Pag kämpfte um ihre Selbständigkeit: Zwar hatte sie durch die Salzgewinnung an Bedeutung gewonnen, und auf eben dieses Salz hatte Zadar ein Auge geworfen. Dem Streit machte 1376 der Kroatenkönig *Ludwig der Große* ein Ende, als er Pag zur freien Stadtgemeinde erklärte. Nach seinem Tod verkaufte *Ladislaus* seine Rechte auf Dalmatien – dies betraf Zadar und Pag – an Venedig. Rab fürchtete um seine Pager Ländereien und erkannte vorsichtshalber die Oberhoheit des Dogen an. Die

Insel Pag
Karte S. 272/273

Einwohner der Stadt Pag siedelten sich am Meer an, das mittelalterliche Pag hieß fortan *Stari Grad*. Kirchlich blieb die Insel Zadar untertan, Venedig behielt sich das Salzmonopol vor. Unter Österreich erwachte das kroatische Nationalbewusstsein, Pag wurde wieder eine administrative Einheit. Man baute Straßen, und Dampfschiffe liefen die Häfen an. Der heutige Name der Insel und ihres größten Ortes geht auf das lateinische Wort *pagus* (Dorf) zurück. Bis 1983 gehörte die Nordwestspitze, die Halbinsel Lun, zur Gemeinde Rab, dann mal wieder zu Zadar, heute untersteht sie verwaltungsmäßig der Lika-Senj-Region.

Nach Novalja

Žigljen: Fähranlegestelle im Norden der Insel, gegenüber dem Festland. Die Straße windet sich den kahlen Steinhügel hinauf, bald wird der Blick frei auf die Pager Bucht, danach Abzweig Richtung Nordwesten.

Stara Novalja: Die alte Fähranlegestelle im Nordwesten ist heute beliebter Ferienort – die Bucht ist auf ganzer Länge mit neuen Häusern zugebaut, trotzdem herrscht geruhsame Stimmung. Zu den Anwesen gehört meist ein kleiner Strand, und das Meer ist sehr sauber. Am Buchtende die *Sandbucht Trinćel* mit Bootsanlegestelle. Nach wenigen Fahrminuten sichtet man das Meer wieder von Süden; an der Einbuchtung liegt Novalja.

● *Information* **Tourismusverband**, ✆ 651-077, www.tzstaranovalja.hr; 7–15 Uhr. **Agentur Sv. Marija**, ✆ 662-250, ✆ 662-160.
● *Post* 8–12 und 15–19 Uhr.
● *Einkaufen* Etliche Minimärkte.
● *Übernachten* Großes Angebot an Unterkünften, Vermittlung über die Agenturen. **Privatzimmer** 8–10 €/Pers., **Appartements** ab 34 €/2 Pers.
Kleines **Privatcamp** unter Pinien.
● *Essen/Übernachten* Sehr zu empfehlen das **Fischrestaurant Arka**, ✆ 651-125, sowie das **Restaurant Bolero**, das Peka-Gerichte nach Vorbestellung anbietet (✆ 651-219). Am Ende der Bucht **Cafébar Trin** und **Konoba Tony**.
Vinski Podrum Boškinac, am Ortsende nach der Bucht Trinćel, Straßenabzweig nach Osten. Ca. 1 km Makadam. Mitten im grünen Tal liegt der Natursteinbau im mediterranen Stil mit hübscher Terrasse; gehört zum Kreis Chateau Relais. Gehobener Standard. Komfortable Zimmer, DZ/F ab 150 €. Novaljsko polje, ✆ 663-500, info@boskinac.com, www.boskinac.com.
● *Tauchen* In dem kleinen Ort gibt es eine große Auswahl an Tauchclubs, vor allem auch an tschechischen Anbietern. Empfohlen werden:
Lagona Divers (dt. Team), Livići 85, ✆ 651-328, ✆ 098/1631-008, über Deutschland ✆ 09406/90550, www.lagona-divers-pag.com. Geöffnet März bis Nov. Kurse von PAIDI und CMAS bis Tauchlehrer. Schöne Unterkünfte u. a. bei Pension Mama werden organisiert.
Ocean Pro (tschech. Team), Puntica 97, ✆ 098/1646-185 (mobil), www.oceanpro.cz. Wer mit Englisch kein Problem hat, ist hier bestens aufgehoben. Gut ausgerüstet, auch PS-starkes Speedboot.
Blue Bay Diving (ung. Team), Rupica 16, ✆ 091/8871-810 (mobil).

Novalja

Das einstige Fischerdorf liegt an einer weit geschwungenen Bucht mit breiter Promenade, ein Marktplatz ziert den alten Ortskern, zahlreiche Zeugen aus römischer Zeit warten auf Entdeckung. Novalja war zeitweise Hauptstadt der Insel und hat sich wegen der vielen Strände in der Umgebung zum Badeort und touristischen Zentrum gemausert – bei Nacht locken die Diskotheken zum Ausschwärmen.

Rund 2500 Einwohner leben in der Kleinstadt, dem Touristenzentrum der Insel, aber nach Pager Maßstäben: Es gibt zwei unauffällige Hotels, viele Pensionen, Lokale und den gut gelegenen Campingplatz mit Sportzentrum in der Nähe. Doch

Novalja – frühmorgens wird am Hafenbecken um die Fische gefeilscht

auch hier bleibt die Zeit nicht stehen, und Jahr für Jahr wird um das Städtchen herum kräftig gebaut, Neubauten mit Pensionen und Appartements fressen sich immer tiefer in unberührte Natur.

Den alten Ortskern mit seinen wenigen verwinkelten Gassen hat man jedoch schnell durchquert, sofern man nicht an irgendeiner Haustür beim Wein- oder Käse-Probieren hängen bleibt – von Obst bis Knoblauch wird feilgeboten, was der Garten hervorbringt. Die *Loža*, der Hafenplatz, und der angrenzende, vom Grün der Sophorabäume beschattete Marktplatz, sind die belebtesten Flecken im Ort. Von den Cafés rund um den Platz kann man den feilschenden Frauen an den Obst- und Gemüseständen zusehen. Dazwischen ein paar Stände mit Pager Spitzendeckchen – alte Frauen in Schwarz sitzen häkelnd dahinter. An der mit Palmen, Lorbeer, Oleander und Tamarisken bepflanzten Uferpromenade reihen sich Straßenkneipen, Eisdielen und die unvermeidlichen Souvenirbuden. Frühmorgens erwacht Novalja am Hafenbecken wieder zum einstigen Fischerdorf: Kähne, gefüllt mit bunten großen und kleinen Fischen, warten auf Abnehmer und Feilscher, die bald auch von allen Seiten angelaufen kommen. Novalja war übrigens früher bekannt für die Thunfischjagd, um die Pager Bucht standen etliche Thunfischbeobachtungstürme. Nur noch einer bei Caska blieb erhalten.

Als *Caska (Cissa)* versank, wurde Novalja zur neuen Inselhauptstadt. Das alte Weinbauerndorf Novalja gibt es noch heute – und in der archäologischen Sammlung *Stomorica* (neben der Pfarrkirche St. Katharina) die zu Stein erstarrte Geschichte einer glanzvollen Zeit: Gezeigt werden ein Inschriftenstein mit bischöflichem Taufspruch aus dem 4. Jh., Funde aus zwei frühchristlichen Kirchen des 5. und 6. Jh. und Reliquiare.

Von den Römern wurde eine *unterirdische Wasserleitung* gebaut, die von Polje (= Feldflur) bis zum Hafen durch den Fels verläuft, 44 m tief und 1402 m lang.

Insel Pag Karte S. 272/273

Durch acht senkrechte Schächte gruben 16 Mann gleichzeitig im Stollen. Einer der Schächte, das italienische Loch, befindet sich bei der *Stara škola* (Alte Schule). Den Stolleneingang gegenüber dem Rathaus *(Kralja Zvonimira)* hat man überbaut und darin das **Stadtmuseum** eingerichtet (Juli/Aug. 9–13 und 18–22 Uhr, sonst Mo–Sa 9–13 Uhr). Mit Führung kann man in den Schacht hinabsteigen und ca. 200 m weit an römischen Quadern entlanglaufen. Das Museum zeigt u. a. Amphoren aus der Mitte des 2. Jh. bis zum Ende des 1. Jh. v. Chr. (s. u.), eine Fotoausstellung von *Damir Fabianić* und wechselnde Ausstellungen. Für Taucher gibt es eine besondere Überraschung: Die restlichen fast 100 Amphoren, die 2004 von dem Taucher *Dražen Peranić* ca. 1 km östlich von Žigljen bei der Vlaška-Mala-Bucht gefunden wurden, können am Meeresgrund besichtigt werden, sind allerdings durch einen Stahlnetzkäfig gesichert. Etwas östlich vom Stadtmuseum das schön gestaltete *Archäologische Museum Stromorica* (Öffnungszeiten wie Stadtmuseum, Eintritt gilt für beide Museen).

Die Steinklötze an der Uferpromenade und am Marktplatz entstammen römischen Steinbrüchen; am Marktplatz stehen frühchristliche Sarkophage, daneben erhebt sich die *Kleine Kirche,* 1828 anstelle eines im 17. Jh. abgerissenen Vorgängerbaus errichtet. Im Innern ist ein ikonenhaftes Madonnenbild zu besichtigen, das seit 1534 als wundertätig gilt. Hinter der Kleinen Kirche stieß man 1974 bei Erdarbeiten auf die Grundmauern einer frühchristlichen Basilika, deren Apsis mit 13 m Durchmesser die größte der Region Römisch-Dalmatien ist. Zudem legte man Mosaike frei, die aus dem 4. oder 5. Jh. stammen. Der Mosaikboden ist in der Kirche unter einer Glasscheibe zu bewundern.

Die *Kirche St. Katharina* nördlich vom Marktplatz wurde im 18. Jh. errichtet, sie brannte nieder und wurde 1906 wieder aufgebaut; sehenswert ist der aus Carrara-Marmor gefertigte Hochaltar mit einem Relief von Ivan Rendić.

Information/Verbindungen/Diverses

- *Telefonvorwahl* 053
- *Postleitzahl* 53291 Novalja
- *Information* **Touristinformation (TZG)**, Mitte der Uferpromenade, ✆/📠 661-404, www.novalja.hr. Juni–Aug. tägl. 7–22 Uhr (15. Juli–15. Aug. bis 23 Uhr), Sept./Okt. tägl. 7–21 Uhr, Nov.–Mai Mo–Fr 8–15 Uhr.

Agentur Sunturist, Kranjčevićeva (am Ortseingang), ✆ 661-211, www.sunturist.com. Juli/Aug. 7–22 Uhr, sonst 8–20 Uhr.

Nebenan **Agentur Chery**, Braće Radić, ✆ 662-174. Schiffsverbindungen, Zimmer etc.

Naqvalia Kompas, ✆ 661-102, www.navalija-kompas.hr.

Agentur Aurora Travel, ✆ 663-493, www.aurora-travel.hr. Zimmer etc.

Jadrolinija, Rückseite von Hotel Loža.

Autotrans, ✆ 661-655, am Hafen.

- *Verbindungen* **Busse:** Bushaltestelle für Lokalbusse westl. der Mole. **Zentralbusbahnhof** außerhalb von Novalja, gegenüber Tankstelle (Busverbindung zwischen beiden Haltestellen), Tickets 10 KN. Infos über Autotrans oder andere Agenturen (z. T. sind die Bustickets bei Autotrans am teuersten). Zu allen Fährabfahrts- und -ankunftszeiten Busverbindungen zwischen Pag und Novalja nach Žigljen. Vor dem Campingplatz hält der Bus ebenfalls. Im Juli/Aug. viele Direktbusse u. a. bis zu 10-mal tägl. nach Zagreb (Fahrzeit 5:20 Std., Fahrpreis 24 bzw. 31 € mit Autotrans), sonst nur 3-mal tägl. Nach Rijeka ganzjährig 2-mal tägl. (5.40, 12.15 Uhr, Fahrzeit 3 Std., Fahrpreis 21 €). Nach Zadar 5-mal tägl. (Fahrzeit 1:45 Std., Fahrpreis 9 bzw. 10,50 €). Nach Split 2-mal tägl. (4:15 Std.), 9 und 13.30 Uhr (bis Dubrovnik in 9 Std.!).

Bus zum Strand Zrće (Abfahrt bei Mole, Stopp auch Busbahnhof), 5.20 und 11 Uhr, danach stündl. bis 19 Uhr), im Hochsommer auch nachts.

Taxi: u. a. nach Lun, ca. 14 €.

Schiffsverbindungen siehe Einleitung Pag.

• *Geldwechsel* Alle Banken verfügen über Geldautomaten. Meist 8–20 Uhr (mit Mittagspause), Sa nur vormittags. **Erste banka**, Braće Radić; zudem **Privredna banka**, Trg bazilike; **Credo banka**, Braće Radić.

• *Post* Trg Loža, Mitte Juni bis Mitte Sept. Mo–Fr 7–20.30, Sa 8–12 und 18–20.30 Uhr.

• *Gesundheit* **Ambulanz**, Braće Radić, ☎ 661-367; **Apotheke**, Dalmatinska ul., ☎ 661-370, Mo–Sa 8–13 und 17–21, So 10–12 und 19–20 Uhr.

• *Ausflugsfahrten* Vermitteln die Agenturen: nach Rab, Lošinj, Silba, zu den Kornaten und den Plitvicer Seen.

• *Tankstelle* Oblizanica, am Ortsausgang und Kreuzung Richtung Fähre bzw. Pag. Juni–Sept. durchgehend

• *Einkaufen* Mehrere gut sortierte Supermärkte, z. B. am Ortseingang und -ausgang, Obst- und Gemüsemarkt, internationaler Zeitungskiosk.

• *Galerie* **Galerija kunkera**, nördl. der Kralja Zvonimira und westl. der Kirche St. Katharina. **Galerija Vesinaart**, Kralja Zvonimira; im Sommer meist 8–12 und 19–22 Uhr.

• *Internetcafé und Hotspots* **La Paloma**, (Trg Bazilike); im **Hotel Loža** und am Platz davor; **Café Harpun**, Braće Radić; zudem Hotspots am Autocamp Straško und Zrće-Strand.

• *Nachtleben* Beste Adresse ist z. Zt. die **Disco-Bar Cocomo-Club** (neben Mobby Dick), man kann im Freien unter Palmwedelschirmen sitzen und Cocktails schlürfen. Am **Zrće**-Strand tobt nachts der Bär: **Discothek Zrće** (22–3 Uhr); **Diskothek Aquarius** und **Papaya**. In allen Lokalitäten gibt es Snacks, Gegrilltes und Pizzen. **Caska**-Strand, **Disco-Club Kalypso** (22–3 Uhr); **Cocktailbar Tri Sunca** und **Žal** (10–2 Uhr). In der Saison werden die besten europäischen DJs eingeflogen.

In Novalja

• *Veranstaltungen* **Mariä Himmelfahrt**, 15. Aug., Prozession von Novalja nach Pag. **Patronatsfest Sv. Anton**, 13. Juni. **Kultursommer Novalja**, Mitte Juni bis Mitte Sept.; viele Events, u. a. Ethno-Festival, Klassik- und Klappakonzerte.

Übernachten/Camping/Essen

• *Übernachten* **Privatzimmer** je nach Kategorie ab 30 € ohne Frühstück. **Appartements** ab 40 €/2 Pers.

** Hotel Liburnija, hinter Palmen am Meer, nur die Lage ist gut. Älteres, abgewohntes Hotel ohne AC. Einfachste Ausstattung mit TV und kleinem Kühlschrank, aber ohne Balkon und abends Musik auf der Terrasse. DZ/F mit Meerblick 80 € (Topsaison 102 €, zu teuer!). In den Dependancen etwas billiger. ☎ 663-381, www.turno.hr.

*** Hotel Loža, am Kai, jeden Abend Piano-musik auf überdachter Terrasse. DZ/F mit Meerblick 106–144 €. ☎ 661-313, www.turno.hr.

Villa Paščić, im Ortskern, westlich vom Marktplatz, mit Konoba 85. Moderne, aber zum Teil etwas stickige Zimmer. DZ/F ca. 100 €. ☎ 663-680, www.otok-pag.net.

• *Camping* ***** Autocamp Straško**, zählt wegen der herrlichen Lage zu den Top 10 von Kroatien. 57 ha großes Areal an der Südwestküste 2 km östl. vor der Stadt mit kilometerlangem Kieselstrand (Blaue Flagge).

Schatten spenden Steineichen, Strandkiefern, Zypressen und Olivenbäume. Weißer Fels- und Kiesstrand. 1/3 des Geländes ist den FKK-Freunden reserviert. Supermarkt, Restaurants, Pizzeria, Cafés, Tennisplätze, Beautycenter, Kletterinsel, Tauchclub und großes Sportprogramm, Verleih von Surfbrettern. Hotspot, Bankomat; Animation für Groß und Klein. 7,70 €/Pers., Parzelle 18,50 € (nicht parzelliert 15 €); schöne Mobilbungalows 94 € (Topsaison 108 €) und Wohnwagenvermietung. Touristenzug pendelt in die Stadt. Geöffnet Mitte Apri.–Mitte Okt. ✆ 661-226, www.turno.hr.

• *Essen* Zahlreiche Restaurants und Cafébars gibt es entlang der Hauptstraße und versteckt in Nebengassen.

Restaurant Starac i More, beste Fischküche am Ort. Spezialität: die Fischsuppe. Meist lange Wartezeiten; großer Gartenbetrieb unter Fischernetzen. Braće Radić, ✆ 662-423.

Restaurant Stari Mlin (Alte Mühle), Gerichte vom Holzkohlengrill. Obala Petra Krešimira IV, ✆ 662-275.

Konoba 85, an Hotel Paščić angeschlossen. Gute Fischgerichte. ✆ 663-680.

Konoba Ankora, westlich des Marktplatzes. Überdachte Terrasse, weißer Oleander säumt den Eingang. Im Angebot z. B. Hummer, Froschschenkel und natürlich Gegrilltes. Ribarska 10, ✆ 661-363.

Restaurant Riva, am Beginn der westl. Uferpromenade. Gute Atmosphäre und beste Küche durch frische Zutaten. Spezia-

lität sind Fisch- und Scampi-Gerichte. Obala K. Doomagoja 4, ✆ 661-965.

Restaurant Laguna, ganz im Westen an der Strandpromenade. Gehobene Preise, dafür romantische Atmosphäre mit Kerzenlicht und Blick aufs Meer. Leckere Steaks oder Fische vom Holzofen. Primorska 26, ✆ 662-217.

Restaurant Basilika, kurz vor Laguna, bei der Mole. Edle Pinienmöbel und schickes Ambiente, kreative moderne Küche auf Basis alter Tradition. Spezialitäten sind Fisch- und Krustengerichte, u. a. Lobster aus der Peka. Gehobenes Preisniveau. Primorska 42, ✆ 661-969.

Restaurant Antonio, am Ortseingang. Gute Fischgerichte, vielfältige italienische Küche. Obala Petra Krešimira IV, ✆ 661-441.

Bistro Steffani, Ortsmitte (Hauptstraße). Nettes Ambiente und italienische Küche. Es gibt Salate, Reis- und Nudelgerichte, etliche Vorspeisen. Hier treffen sich vor allem Jugendliche, um sich für die lange Nacht zu stärken.

Konoba Antika, klein und gemütlich mit offenem Kamin und Antikem, u. a. ein Piano von 1622 oder Mussolinis Trompete aus dem Jahr 1938. Zur Unterhaltung plaudert die Papageiendame Jagoda. Verfeinerte dalmatinische Küche, u. a. Scampi mit Pfirsich-Risotto. Trg Bazilike b.b., ✆ 661-712.

Restaurant Moby Dick, an der Hauptstraße (Ortsmitte). Bequem und hübsch sitzt man in Korbstühlen und speist Fisch oder Fleisch. ✆ 662-488.

*B*aden/*S*port

• *Baden* Gute Bademöglichkeiten am Kiesstrand in der großen Bucht von Novalja. Auch für Kinder bestens geeignet, da es seicht ins Wasser geht. Wem es hier zu überlaufen ist, der kann um das **Kap Gaj** herumlaufen zur **Babe-Bucht** mit felsigem Strand und sandigem Grund. Ein paar Kilometer entfernt die Sandbucht **Trinćel**. Oder man fährt in die Pager Bucht zum Sand-Kies-Strand von **Caska**. Nebenan der Kiesstrand von **Zrće** (gebührenpflichtiger Parkplatz, Hotspot; sehr viel Rummel), allerdings weht die „Blaue Flagge". Frühmorgendliche Putzkolonnen säubern den Strand von den nächtlichen Gelagen. Östlich vom Autocamp Straško (ebenfalls Blaue Flagge) der Kiesstrand **Braničevica** (bei Gajac-Feriensiedlung). Mehr zu Baden siehe Abschnitt Pager Bucht.

• *Sonstiges* **Sportzentrum** neben dem Campingplatz mit Tennisplätzen, Minigolf, Tischtennis, Basketball, Boots- und Surfbrettverleih sowie Restaurant.

Bootsverleih über die Agenturen, im Autocamp und an der Zrće-Bucht. Surfbrett- und Paddelbootverleih an der Zrće-Bucht.

• *Fahrradfahren* **Fahrradverleih** bei der Busstation, beim Hotel Liburnija und im Autocamp Straško. Von Novalja aus kann man herrliche Touren Richtung Lun (Vorsicht auf der Hauptstraße) oder auf dem Uferweg nach Pag unternehmen.

• *Tauchen* Tauchclub im **Autocamp Straško** (✆ 562-419). Zudem etliche in Stara Novalija (siehe dort).

• *Wakeboarden und Bungeejumping* Die große Anlage ist südlich vom Zrće-Strand.

Tausendjährige Zeitzeugen unter Naturschutz – wilde Olivenbäume bei Lun

Halbinsel Lun

Wie eine Lanze stößt die Halbinsel von Novalja nordwestwärts ins Meer. Ihre Bewohner bauen Wein und Oliven an, züchten Vieh und schichten Steine zu Mäuerchen zum Schutz des verkarsteten Landes gegen den Wind.

Richtung Lun verläuft die Straße zwischen niedrigen Mauern: Karg und steinig ist das Land, nur Feigen- und Olivenbäume gedeihen hier. Auf der einen Seite das Küstengebirge, auf der anderen tiefblau das Meer. In der Ferne erheben sich die Inseln Lošinj, Silba und Olib. Oben an der Straße wirkt alles einsam und verlassen, nur ab und zu ein Esel, Schafe, die unter den knorrigen, ausladenden Olivenbäumen Schatten suchen. Schmale Asphaltwege zweigen zu Weilern auf der Südwestseite der Insel ab, die sich langsam dem Tourismus öffnet.

Potočnica: Fels- und Kiesbuchten umgeben den Ort, ein kurvenreiches Sträßchen führt hinab zur kleinen Siedlung. Am Hafenbecken wird Fisch gegrillt; es gibt Zimmervermietung.

Autocamp Škovrdara, ca. 10 km von Novalja entfernt, kleiner familiärer Platz unter ein paar Olivenbäumen direkt am Meer; einfache Duschen kalt/warm; Kerzenscheinromantik, da kein Strom. Trotz allem sehr schöner Platz. Getränkeverkauf. Pers. 3 €, Zelt und Auto je 2,70 €. ☎ 091/886-369 (mobil), www.camp-skovrdara.com.

Dražica: Ein schmales Asphaltsträßchen, eingezwängt zwischen Buschwerk und Mäuerchen, schlängelt sich tief zum Meer hinab.

● *Camping* **Autocamp-Pension Dražica**, schöner terrassierter Platz unter Olivenbäumen an einer stillen Bucht. Grillengezirpe ist in der Mittagshitze das einzige Geräusch. Unterhalb des Camps Kies-/Felsstrand und Pfade zu weiteren Buchten. In der gemütlichen **Konoba Mul** gibt es dalmatinische Gerichte. Pers. 4,70 €, Stellplatz (Auto/Zelt) 7 €. Geöffnet 1.6.–31.9. Caravans können ab Hauptstraße gezogen werden! Es werden auch Zimmer vermietet. Deutschsprachige Leitung. ☎ 661-294, 098/416-759 (mobil, im Sommer), www.autocampdrazica.com.

Insel Pag
Karte S. 272/273

Jakišnica: Einfamilienhäuser zwischen Oliven- und Feigenbäumen ziehen sich hinab bis zum Meer und zum Hafenbecken. Rund um Jakišnica Kies- und Felsbuchten. Die Einheimischen braten sich ihren Fisch vor der Haustür. Der Ort wird oft mit Ausflugsbooten von Rab „beglückt".

• *Übernachten* **Privatzimmer** ab 10 €/Pers., z. B. in der **Pension Stella di Mare** mit Garten oder in der **Pension Jakišnica**, ✆ 654-700. Zudem Appartementvermietung.

**** Hotel Luna, neu erbautes komfortables Hotel, das beste der Insel, mit gutem Restaurant, Wellnesscenter, großem Außenpool, fast direkt am Meer. ✆ 654-700,

www.luna-hotel.hr.

• *Essen* Am Hafenbecken **Konoba Sidro** (✆ 668-093) und **Palma** (✆ 668-117), die ebenfalls Zimmer vermietet.

Schöne Lage am Hafenbecken hat auch **Bistro-Pension Toni**, nette Zimmer und gute Küche. ✆ 668-087.

Zum **Einkaufen** gibt's einen kleinen Laden.

Dudići: Kurz vor Lun führt eine Abzweigung zu dem Olivenweiler mit sehr gutem Fischrestaurant und Pension Crnika unter Schatten spendenden Bäumen direkt am Hafenbecken (✆ 665-105, 665-104). Rechts vom Ort führt ein Waldweg zu vielen kleinen *Kiesbuchten.*

Lun: Kleiner Ort an der Straße, versteckt hinter Steinmäuerchen und Gärten. In einer Kneipe mit schilfgedeckter Terrasse bekommt man Pager Käse, luftgetrockneten Schinken und Wein – ein Ort zum Ausspannen. Wenn einem hier jemand aufgeregt nachläuft, so nur, weil er ein paar frische Feigen verkaufen möchte, die übrigens sehr lecker sind. Beschaulich ist der unter Naturschutz stehende 23,6 ha große Olivenhain mit knorrigen bis zu 1000jährigen wilden Olivenbäumen (olea oleaster).

Tovarnele: Am äußersten Zipfel im Nordwesten der Insel. Ein ruhiges, verschlafenes Örtchen mit einfachen Häusern, die sich bis zum Meer hinabziehen. Ab und zu kommen Ausflügler von Rab hierher, wo man in den Restaurants das Essen und die herrlichen Sonnenuntergänge genießen kann.

• *Information* **Fremdenverkehrsamt**, nur Mitte Juni–Mitte Sept., ✆ 665-005.

• *Verbindungen* Regelmäßig **Busse** nach Novalja. Tägl. **Boot**sverbindung nach Rab (siehe Einleitung Pag).

• *Post* 8–14 Uhr.

• *Einkaufen* Laden und Zeitungskiosk.

• *Übernachten* **Privatzimmer** kosten um die 8 €/Pers.; auch Appartements.

• *Essen* **Gostiona Jadran**, oberhalb des kleinen Hafenbeckens. Hier isst man gut Fisch- und Grillgerichte.

Buffet Torvanele, gegenüber der Hafenbucht unter schattigen Bäumen.

Die Pager Bucht

Die weite, von weißen Bergen umschlossene Pager Bucht mit Sand- und Kiesstränden zeigt sich auf der Karte wie ein langer Schlauch, nur nach Osten öffnet sich die Meerenge zum Velebit-Kanal. Auf der Nordostseite verteilen sich ein paar Dörfer, am Ende der Bucht im Süden liegt der Hauptort Pag.

Zrće-Bucht: Von einem Kiefernwäldchen ist sie gesäumt, umrahmt von weißgrauer Bergkulisse; dazwischen spült das Meer feinen Kies aus, der im Wasser in Sand übergeht. Der Strand ist gepflegt und erhielt die „Blaue Flagge". Frühmorgens, nach den Zechgelagen, rücken die Putzkolonnen an. Leider wurde die Bucht sehr kommerzialisiert: Clubs, Snackbars, Cafés mit Hotspots, Wasserpark und Wakeboardanlage und ein großer Parkplatz (12 KN/Std.), auf dem die Blechlawinen rasten, beherrschen den einst idyllischen Platz. Im Hochsommer tobt hier der Bär, die besten europäischen DJs werden per Helikopter eingeflogen und gastieren zu gigantischen Stundenlöhnen. Es gibt Poolparties und sonstige Events, es wird getanzt und gefeiert. Der Strand zählt zu den beliebtesten Sommer-Partymeilen von ganz Kroatien.

Pager Bucht – Badespaß am Caska Strand

● *Essen/Unterhaltung*   **Discothek Zrće;** **Diskothek Aquarius** und **Papaya; Cocktailbar/Nightclub Plaža; Zrće-Snackbar.** In allen Lokalitäten gibt es Pizza, Gegrilltes, Snacks. Abends ist Discobetrieb von 22–

3 Uhr. Ein Bus verkehrt mit Novalja Juli/Aug. bis 5 Uhr morgens, sonst nur tagsüber.
● *Sport*   Boots-, Surfbrett-, Sonnenschirmverleih, Wakeboardanlage, Bungeejumping.

Caska-Bucht: Ein paar Häuser zählt der gleichnamige Weiler, am türkisfarbenen Meer der 100-jährige Thunfischbeobachtungsturm und *Sand-Kies-Strand*, unter dem Meeresspiegel die Mauerreste des untergegangenen Cissa. Oberhalb der Bucht, auf einem Hügel, stehen die Ruinen der Kirche Sv. Juraj aus dem 11. Jh.

● *Essen/Unterhaltung*   **Disco-Club Kalypso**, nördlich am Strand, mit schilfgedeckten Barhütten; Getränke, Snacks. In der **Emko-**

Bar (bis 23 Uhr) gibt es Strudel, Palatschinken und Pizza. **Cocktailbar Tri Sunca** und **Žal** (10–2 Uhr).

Richtung Metajna: Steinwüste begleitet die Strecke; die karg-grünen Flächen sind unterteilt von ungezählten Mäuerchen, die die Landschaft von weitem wie ein Labyrinth erscheinen lassen. Oberhalb das Felsgebirge. Die Straße führt an den Dörfern **Kustići** und **Zubovići** mit vielen Neubauten vorbei. Zwischen Zubovići und Metajna am Uferweg *Sand- und Kiesstrände*.

● *Übernachten* In beiden Orten gibt es **Appartements** ab 32 € und **Privatzimmer** ab 7 €/Pers. (auch HP möglich).

● *Post* In Zubovići; 8–12 und 18–21 Uhr.
● *Essen* **Konoba Marina** mit Terrasse.

Metajna und **Halbinsel Zaglava:** Auch in Metajna gibt es Privatzimmer; an der Hafenbucht, an der auch die Straße endet, die Cafébar *Draga* und *Gostionica Riva*. Busverbindung nach Novalja und Taxischiffe nach Pag.

Die Halbinsel Zaglava ragt hornförmig ins Meer. In der Talsenke wachsen Schilf und die Reben für einen schweren Rotwein. Die Bucht *Ručica* auf der anderen Seite, von karstweißen, nackten Bergen eingezwängt, ist über den Fußweg zu erreichen, der das Horn schnurgerade durchschneidet. Der Kiesstrand bietet einen Blick

Insel Pag Karte S. 272/273

auf die Stadt Pag, aber keinen Schatten. Oberhalb des Strandes eine *Konoba* mit Meeresblick, man sitzt luftig auf dem Holzbalkon. Oberhalb der Ručica-Bucht verläuft ein schmaler Pfad weiter durch das weiße Gestade zur *Slana-Bucht*. Freeclimber betätigen sich an den Felsen hinter dem Ort.

● *Information* **Fremdenverkehrsamt**, nur 15.6.–15.9. ✆ 667-188.

● *Übernachten* **Pension Laguna**, das Haus der gastfreundlichen Familie liegt am Meer mit Kiesstrand; schöne, gut ausgestattete Zimmer mit Meerblick. Es gibt Frühstücksbuffet und wer möchte, bekommt auch leckeres Abendessen. Preiswert und sehr gut. Fam. Jure Datković, Metajna 104, ✆ 667-160, -161.

Bucht Barkariž und **Sv. Duh**: Beide Buchten liegen an der Westseite der Pager Bucht; vor Kolan auf die alte Inselstraße abbiegen – sie windet sich ebenso kühn wie die Steinmäuerchen über die Hügel. Schilfrohrfelder, ab und zu eine Schar Rebhühner. In den Buchten ist FKK möglich; der *Kiesstrand* mit seichtem Sandgrund ist für Kinder gut geeignet. Auch hier verlangt man inzwischen Eintritt (ca. 1,50 €).

● *Camping* **Campingplatz Sv. Duh**, auf einer großen, durch Tamariskenbüsche unterteilten Wiese kann man in ruhiger Umgebung zelten. Sanitärmäßig leider eine Katastrophe – doch weiter westlich gibt es Süßwasserquellen. Neben dem Platz die Spirit-Bar mit Getränken und Gegrilltem. 4 €/ Pers., Zelt 1,70 €, Auto 1,40 €.

Von der *Sv. Duh-Bucht* westwärts bis zur *Katarelac-Bucht* und ostwärts bis zur *Dubrava-Bucht* gibt es viele einsame Badestrände mit Kies und Sand.

Kolan

Die Ortschaft unterhalb der Inselstraße ist die einzige Ansiedlung im Landesinneren. An den Häusern überall Verkaufsschilder für Wein, Käse und Schinken, Frauen sitzen beisammen und häkeln. Im alten Schulhaus befindet sich ein kleines *Ethnographisches Museum* (Haus-Nr. 25; Mi, Sa, So 18–20.30 Uhr). Es werden Trachten, historische Haushaltsgegenstände und Werkzeuge gezeigt. Von Kolan aus kann man die mit 348 m höchste Erhebung der Insel, den *Sv. Vid*, besteigen – herrlicher Rundumblick auf die Insel und in die Ferne.

● *Post* 8–12 und 18–21 Uhr.

● *Einkaufen* Supermarkt.

● *Übernachten* **Privatzimmer** gibt es in den alten Häusern ab 10 €/Pers., **Appartements** ab 35 €/2 Pers.

● *Essen* **Grill/Konoba**, in der Ortsmitte, mit Blick auf das Tal von Kolan. Sehr ruhige Lage, guter Service und preiswertes Essen. **Restaurant Smrika**, an der Inselstraße, mit Terrasse. Es gibt Fisch und Gegrilltes. Nebenan eine neu erbaute Pension. In der Ortsmitte ist eine **Käserei**.

Wandern: Bergtour zum Sv. Vid (348 m)

Etwa 300 m nach dem Ortsende von Kolan in Richtung Pag zweigt in der großen Rechtskurve ein Schotterweg (rote Kreismarkierung) links ab. In der Bergsenke wächst Wein, umgrenzt von niedrigen Mauern. Der Weg verengt sich dornig. Ein Gatter versperrt den Pfad, und die Aufschrift bittet um das erneute Schließen des Tores (wegen der Schafe). Dahinter verändert sich die Landschaft schlagartig – es begrüßt uns Steinwüste mit nur noch kleinen Kräuterbüscheln zwischen den Steinhalden.

An der Weggabelung geht es links hoch. Geradeaus weiter kämen wir in rund 2 Std. nach Pag und in einer halben Stunde nach Šimuni. Halbzeit. Nun geht's steil bergan. Blaue und gelbe Disteln und Salbei bedecken die Steinwüste, kratziges Gebüsch gesellt sich dazu. Eine Ebene folgt – ein Wassertümpel, blökende Schafe und nur noch Steine. Von hier aus erblickt man ein altes Gemäuer auf der Bergspitze, auf das wir zusteuern. Es entpuppt sich als Kirchenruine; daneben das Gipfelkreuz. Herrlicher Rundblick belohnt den Aufstieg: Unten liegt Pag an den Salzfeldern, in der Ferne Rab, Cres, Lošinj und die Inseln bis nach Zadar mit dem Küstengebirge im Hintergrund. Freeclimber finden am Nordhang ein Aktionsfeld.

Für die gesamte Wegstrecke (hin und zurück) benötigt man ca. 3 Std. Der Pfad ist markiert (roter Kreis). Gutes Schuhwerk erforderlich! Das Auto am besten am Ortsende von Kolan parken.

Mandre

Ein ruhiges Fischerdorf an der Südküste der Insel, das alte Ortszentrum liegt am kleinen geschützten, von Kiefern umstandenen Hafen. Fischernetze sind ausgebreitet, Kähne schaukeln im Wasser. In den Neubauten am Rand von Mandre werden Appartements und Zimmer vermietet. Gegenüber die Inseln Skrda und Maun und in der Ferne Olib.

- *Telefonvorwahl* 023
- *Postleitzahl* 23293 Kolan-Mandre
- *Information* **Touristinformation** am Hafenbecken, ✆ 682-203. 7–12 und 18–20 Uhr (nur Juli/Aug.). **Agentur Duza**, Primorska 41, ✆ 697-694, 098/9178404 (mobil). Gut organisiert, Zimmervermittlung.
- *Post* Am Hafenbecken; 8–11 und 18–20 Uhr.
- *Verbindungen* Regelmäßig **Busse** nach Pag und Novalja.
- *Einkaufen* Obst-/Gemüsestand und Supermarkt.

- *Übernachten* **Restaurant-Pension „5 Ferala"**, 2-stöckiger Neubau direkt am Meer mit großer Terrasse. Fisch und Gegrilltes. DZ mit Frühstück 35 €; Appartement mit 2 Zimmern, Bad/WC und Balkon 41 €. ✆ 682-123. Weitere **Pensionszimmer** z. B. im Haus Nr. 18 (direkt am Meer mit Terrasse und kleinem Strand) ab 10 €/Pers.
- *Essen* **Gostiona Porat**, Ortsmitte, mit Terrasse und leckeren Fischgerichten. **Gostiona/Grill Mandre**, am Ortseingang. Ebenfalls am Ortseingang die **Eisdiele.**
- *Tauchen* **Diving Club Mandre**, ✆ 697-321.

Baden: Am Uferweg zum Teil mit Kies aufgefüllte Badestellen. *Bademöglichkeiten* entlang der Bucht Richtung Šimuni, jedoch schlechter Zugang zum Meer wegen der Felsen und der großen Kieselsteine. Wer ein Boot hat, findet auf der *Insel Maun* sehr schöne Badeplätze.

Šimuni

Der Ort liegt an der Südküste an einer fjordartigen Bucht mit kiefernbewachsenen Hängen, die wenigen Häuser verstecken sich hinter dem Grün der Büsche und Bäume. Das große Hafenbecken bietet Jachten geschützte Ankerplätze und wurde zu einer ACI-Marina ausgebaut. In der Suha-Bucht ein sehr guter Campingplatz.

- *Telefonvorwahl* 023
- *Postleitzahl* 23293 Kolan-Šimuni
- *Information* **Touristinformation**, ✆ 697-437.
- *Verbindungen* **Busse** nach Pag und Novalja. Busstopp an der Straße oberhalb des Campingplatzes.
- *Einkaufen* Im Ort nur Wein- und Gemüseverkauf. Laden im Campingplatz.
- *Übernachten* **Privatzimmer** ab 9 €/Pers. ***** Hotel-Pizzeria Olea**, nettes 10-Zimmer-Hotel mit guter Pizzeria, ca. 50 m vom Strand. DZ/F ca. 60 €. Geöffnet Mai bis Ende Sept. ✆ 697-439, info@villaolea.hr, www.villaolea.hr.

- *Camping* ***** Autocamp Šimuni**, 1 km nördl. von Šimuni, in der Rundung der Bucht von Suha mit Blick auf die Insel Maun. Großer 48-ha-Platz in einem Pinienwäldchen, leichte Hanglage, steiniger Untergrund; Fels- und Kiesstrand. Minimarkt, Café, Restaurant, Windsurf- und Tauchschule, Bootsanlegeplätze. Mobilheim- (ab 110 €/4 Pers.) und Wohnwagenvermietung. Im Hochsommer wenig Freiraum, da zu kleine Parzellen. Sanitäranlagen in Strandnähe in schlechtem Zustand. 8 €/Pers., Parzelle 17 €. Geöffnet 1.5.–1.10. ✆ 697-441, www.kamp-simuni.hr.

Insel Pag
Karte S. 272/273

Šimuni – auch hier gibt's einen geschützen Jachthafen

• *Essen* **Grill/Bistro Šimuni**, im Ort, mit kleiner, schattiger Terrasse unter ausladendem Pinienbaum. Die Karte bietet Gegrilltes und Fisch.

Restaurant Marina Šobar, direkt am Hafenbecken, innerhalb der Marina. Fisch- und Fleischgerichte.

• *Jachthafen* **ACI-Marina Šimuni**, 150 Liegeplätze im Meer, 30 an Land, Slip, 15-t-Kran. Die Liegeplätze verfügen über Wasser- und Stromanschluss, bewachten Park-platz, sanitäre Anlagen, Wäscherei, Restaurant, Minimarkt. Ganzjährig geöffnet. ✆ 698-020, 698-021, www.aci-club.hr.

• *Tauchen* **Šimuni-Diving**, der Tauchclub ist neben der Marina untergebracht. Österreichische Leitung, Ausbildung nach CMAS und WDI. Auskünfte ✆ 697-321.

Tauchschule Foka (Hr. Vedran Dorušić) am Campingplatz, ✆ 091/5302072 (mobil), www.foka.hr.

Weiter verläuft die Strecke an Macchiahängen und Steinwüsten entlang; unten im Meer sieht man dunkle, weißgesäumte kleine Inseln im Dunst: Vir, Molat, Ist, Olib, Maun und Skrda. Schließlich schlängelt sich die Straße bergab. **Pag** liegt an der Landbrücke zwischen Bucht und Saline. Oberhalb der Bucht ein Felsmassiv wie der Grand Canyon, dahinter das Küstengebirge, zartrosa in der Abendsonne, die die Salinengevierte in der Bucht rot-lila färbt.

Pag

Der Hauptort der Insel (2300 Einwohner) breitet sich am Ende der gleichnamigen Bucht aus, die sich nach der Landbrücke in den rechteckigen Formen der Salinen fortsetzt. Das Städtchen besitzt einen gut erhaltenen Altstadtkern.

Streng geometrisch wie die Salinen ist auch der Grundriss der Altstadt, den *Juraj Dalmatinac,* ein großer dalmatinischer Baumeister, entworfen hat. 1483 wurde mit dem Bau begonnen, 20 Jahre später stand die Stadt. Die nach Dalmatinac benannte Hauptstraße, zu der die Gässchen parallel verlaufen, kreuzt sich mit einer Querstra-

Blick auf Pag und seine Salinen

ße am Hauptplatz, dem *Trg kralja Petra Krešimira IV*. Hier steht ein Denkmal für den Baumeister und die *Basilika* mit prachtvoller Fassade. Pag wirkt ruhig, es gibt wenig Unterhaltungsprogramm. In den schnurgeraden, engen Gassen, in die die geöffneten Fensterläden ragen, sitzen schwarz gekleidete Frauen Spitzendeckchen häkelnd vor den Haustüren, äugen, plauschen und bewegen virtuos ihre Nadeln.

Die *Große Straße* (Vela ulica), die eigentlich auch nur eine Gasse ist, führt vom Hauptplatz gerade nach unten zur Uferpromenade. Nachts leuchten bunte Lämpchen zwischen den grauen Natursteinhäusern. Dazwischen Laubbäume, ein Marmorbrunnen, dessen Geplätscher das Geplauder der Gäste im Café untermalt. An der Uferpromenade die üblichen Souvenirstände, Cafés und Restaurants, wo man im Rhythmus der Hammondorgel speisen kann.

Information/Verbindungen/Diverses

- *Telefonvorwahl* 023
- *Postleitzahl* 23290 Pag
- *Information* **TIC**, Trg Petra Krešimira IV, ✆/℡ 611-301, 611-286, www.pag-tourism.hr. Mai–Ende Sept. tägl. 8–22 Uhr, sonst Mo–Fr 8–16 Uhr.
Agentur Meridijan 15, A. Starčevića 1 (neben Hotel Pagus), ✆ 612-162, www.meridijan15.hr. 8–20 Uhr. Zimmervermittlung etc.
Agentur Perla, J.B. Jelačića 21, ✆ 600-003, www.perla-pag.hr. Zimmervermittlung.
- *Verbindungen* **Busse** nach Novalja (3- bis 5-mal tägl., 2,80 €), Rijeka (2-mal tägl., 23 €), Zagreb, Zadar, Split. Busbahnhof am alten Fährhafen. Verbindungen und Preise siehe

auch Novalja.
- *Geldwechsel* **Erste banka**, mit Bankomat, Vela ulica; Mo–Fr 8–11 und 17–20 Uhr.
- *Post* Uferpromenade, Mo–Sa 7–21 Uhr.
- *Einkaufen* Großer **Supermarkt**, Ortsbeginn. Im Laden **Paška sirana** (Produkte von Pag), Vela ulica, gibt es Käse, Wein, Schnaps etc. – alles von der Insel Pag.
- *Tankstelle* Östlich vom Zentrum (Zadarska ul.), hinter Kreuzung nach Novalja.
- *Veranstaltungen* **Stadtfest**, 5. Aug. **Mariä Himmelfahrt** 15. Aug., große Prozession, Beginn 18 Uhr an der alten Kirche in Stari Grad. **Mala Gospa**, 8. Sept. (kleine Prozession, siehe Kasten, Madonna von Stari

Insel Pag
Karte S. 272/273

Grad), Beginn um 17 Uhr am Hauptplatz von Pag, 18.30 Messe in Stari Grad. **Sommer von Pag**, tägl. Events mit Theateraufführungen und Abende mit klassischer Musik oder Klappa. **Sommerkarneval** am letzten Juliwochenende.

• *Gesundheit* Hinter dem Campingplatz ein Bassin für **Schlammpackungen** (gut gegen Rheuma und Abnützungserscheinungen), aber ohne ärztliche Aufsicht.

Ambulanz, Uskočka/Zadarska ulica, ✆ 611-001. **Apotheke**, östlich der Fußgängerbrücke, ✆ 611-043.

• *Nachtleben* Auf der kleinen Landzunge (bei der Fußgängerbrücke) vor der Altstadt, dicht nebeneinander: **Discothek Magazin No 5**, kurz vor der Fußgängerbrücke, große Tanzfläche im hohen Raum, Natursteinmau-

ern; ab und zu Livemusik; geöffnet 22–3 Uhr. **Olympic-Club**, im gleichnamigen Center hinter Ambulanz. **Vanga-Club**, Open-Air-Terrasse, direkt vor der Fußgängerbrücke.

• *Sport* **Olympic-Center**, hinter Ambulanz (Landzunge und Stadtstrand), mit Fußballplatz, Tennis, Volleyball, Beachvolleyball, Bars und Pizzeria.

• *Nautik* **Anlegemöglichkeiten** (mit Strom/ Wasser) am Stadthafen, bis zu 15 Boote. **Hafenkapitän**, ✆ 611-023. Bootsverleih.

• *Tauchen* **Tauchbasis** neben Hotel Pagus. **Tauchclub** an der Fußgängerbrücke. ✆ 091/2430-163 (mobil).

• *Fahrrad* Verleih: Agentur Galija, Šet. V. Nazora, ✆ 098/306-602 (mobil). Beim Hotel Pagus und an der Fußgängerbrücke. **Fahrradmarathon** 53 km, 1. Sa im Juli.

Reticella-Spitzen – Čipka

Schon im alten Venedig waren die Pager Reticella-Spitzen, schlicht Čipka genannt, berühmt und begehrt, und zu österreichischen Zeiten nähten Pagerinnen am Wiener Hof von Kaiser Franz-Joseph. Die Spitzen aus feinem Garn wurden später auch in Klöppeltechnik hergestellt, es gab im Ort auch eine Spitzenklöppelschule. Inzwischen wurde sie neu eröffnet, um jungen Frauen die alte Handarbeitskunst innerhalb von neun Monaten zu vermitteln. Im Gebäude östlich der Basilika, am Trg kralja Petra Krešimira IV, wurde ein kleines Museum für Spitzendeckchen eröffnet (in der Saison 9–12 und 19–22 Uhr).

Übernachten/Essen

• *Übernachten* **Privatzimmer** ab 15 €/Pers. ohne Frühstück. Die schönsten liegen nördlich der Stadt, an der Bašaca-Bucht oder auch im Süden an der Pager Bucht. **Appartements** ab 35 €/2 Pers., z. B. **Aparthotel Belveder**, mehrstöckiges Haus nordwestlich der Stadt nahe dem Meer, mit Restaurant, Swimmingpool. Zimmer (ca. DZ/F 60 €) und Appartements. Šet. A. Starčevića., ✆ 612-564.

** **Hotel Tony**, kleines, einfaches Hotel, nördlich vom Hotel Pagus in ruhiger Lage, oberhalb von schöner Badebucht. Internet. DZ 48 €. Dubrovačka ulica 3, ✆/📠 611-370, www.hotel-tony.com.

**** **Hotel-Restaurant Pagus**, nordwestlich der Stadt direkt am Feinkiesstrand. Komfortabel modernisiert und erweitert, schönes Wellness- und Spacenter mit Meerblick, Innen- und Außenpools. Sehr gutes und

schönes Restaurant mit großer Terrasse (Sonnenuntergänge!) und Lounge-Bar. DZ/F mit Balkon zum Meer 132 € (Topsaison 150 €). Šet. A. Starčevića, ✆ 611-310, hotel-pagus@coning.hr, www.coning.hr.

**** **Hotel Mediterran**, hinter Hotel Pagus, nicht in direkter Strandlage. Restaurant und Bar, beheizter Außenpool im 1. Stock, Massagen und Tauchschule. Komfortable Zimmer, DZ/F 130 € (Topsaison 140 €). Šet. A. Starčevića, ✆ 492-200, info@meridijan15.hr, www.meridijan15.hr.

**** **Hotel Plaža**, direkt am Meer in Richtung alte Straße nach Novalja. Komfortable Zimmer, großer Außenpool, Sauna, Fitness und Restaurant. DZ/F ca. 122 €. Ul. Marka Marulić 14, ✆ 600-855, hotel.plaza@zd.hinet.hr, www.plaza-croatia.com.

*** **Hotel-Restaurant Biser**, westlich von Hotel Plaža, nicht weit vom Meer, schön und ruhig gelegen, Kiesstrand. Ganzjährig geöffnet. DZ und Balkon 80 €. A.G. Matroša 10, ✆ 611-333, ✆/🖂 611-444, hotel-biser1@zd.htnet.hr, www.hotel-biser.com.

● *Essen* Eine Vielzahl von Restaurants verwöhnen den Gaumen.

Restaurant Na Tale, neben der Apotheke. Wer einmal wieder üppige Portionen auf seinem Teller haben möchte, dazu von guter Qualität und von hilfsbereitem, charmanten Personal serviert, ist hier richtig. Die Küche ist vielfältig, mit frischen Produkten, lecker u. a. die Medaillons mit Pager Käse und Pršut gefüllt. Einziges Manko: nur ein kleiner Essbereich ist unter freiem Himmel. Die Besitzer leiten einen Tauchclub, daher natürlich auch frische Fische. Stepana Radića 2, ✆ 611-194.

Konoba Barcarola, beim Hafen mit Blick aufs Meer.

Restaurant Dubrava, direkt an der Uferpromenade beim Fußgängerübergang. Gute Lage und gute Fischgerichte. Branimira obala.

Restaurant Dva Ferala, eingerahmt zwischen altem Gemäuer. Hier isst man gut Lammfleisch am Spieß. Stjepana Radića.

Konoba Bile, nördlich des Kirchplatzes. Typische Weinstube, gemütlich und rustikal im Innern, Sitzgelegenheiten auch vor der Tür. Treffpunkt Einheimischer. Guter hauseigener Zutica-Wein und Grappas, zudem

Sonntags Treff der Jugend

Schinken und Käse. Ul. Jurja Dalmatinca 35.

Konoba Taverna, schräg gegenüber dem Hotel Pagus mit gemütlicher, pflanzenumrankter Terrasse. Fisch- und Fleischgerichte.

Baden: Rund um Pag gibt es Sand-Feinkies-Strände. Am Kiesstrand *Prosika* (Stadtstrand) weht die „Blaue Flagge" und man kann sich mit Peloid, dem heilsamen Schlamm einschmieren. Meist ist es hier aber sehr voll. Wer es ruhiger mag, geht zu den Buchten Richtung Novalja, in die *Bašaca-Bucht* im Norden oder umrundet die unbewohnte Landspitze mit einer Vielzahl an Buchten.

Sehenswertes

Das Mittelschiff der dreischiffigen *Basilika* am Hauptplatz Trg Kralja Pedra Krešimira IV. wird von acht sehenswerten Arkadenbögen getragen – von den Kapitellen gleicht keines dem anderen. Schön auch die filigrane große Rosette, die an Pager Spitzen erinnert; der Glockenturm aus dem Jahr 1562 wurde nie vollendet. Unvollendet blieb auch der *Bischofspalast*, der Plan dazu entsprang reinem Wunschdenken – Pag wurde nie Bischofssitz. Im *Fürstenpalast* gegenüber der Basilika befindet sich heute ein Supermarkt, im dazugehörigen Uhrturm war früher das Stadtgefängnis. An der Uferstraße Reste der städtischen Befestigung, ein Stück weiter das *Benediktinerkloster*, das 1318 in Alt-Pag gegründet wurde und wertvolle Kunstschätze birgt.

Die Salzgärten: Sie erstrecken sich hinter Pag ostwärts. Schon 1215 wurden sie urkundlich erwähnt. Auch im Jugoslawischen Staat war Pag nach Ulicinj (Montenegro) das wichtigste Salinenwerk des Landes. Salinen (lat. *salinus* = „zum Salz gehörig") bestehen aus flachen, betonierten oder früher mit Ton ausgestampften Becken,

Insel Pag
Karte S. 272/273

Schöne Aussicht von Stari Grad auf Pag und die Salinen

in die man Meerwasser einleitet. Durch die Sonnenwärme verdunstet das Wasser und der hochwertige Rückstand, die Sole, wird in Sudpfannen gepumpt und durch Verdampfersysteme zur beschleunigten Kristallisation gebracht. Früher überließ man diesen Prozess ebenfalls der Sonne. Die Pager *Salzfabrik Solana* ist modernisiert und bringt mit 30.000 t die größte Jahresproduktion Kroatiens. Kleinere Betriebe sind in Nin und Ston.

Von der Milch zum Pager Käse

Die besondere Note des Pager Käses ergibt sich aus der würzigen Pager Schafsmilch. Die Schafe sind das ganze Jahr über im Freien und fressen die salzigen Kräuter, die im Sommer der sengenden Hitze ausgesetzt sind. Die Bauern liefern die Milch in Bottichen ab. Sie wird in Wannen gefüllt und erhitzt, fermentiert, in mit Leinentüchern ausgelegte Formen gefüllt und zwei bis drei Stunden ruhig stehen gelassen, danach gepresst, bis alles Wasser ausgetreten ist, und in Salzwasser gelegt. Dieser Vorgang wird zweimal wiederholt. Schließlich wird der Käse nochmals drei Tage in Salzwasser gelegt, herausgenommen, gepresst und getrocknet. Die Käselaibchen lagern dann mindestens drei Monate bei konstant kühlen 14 °C, sie werden jeden Tag kontrolliert und gedreht. Die Laibchen haben ein Gewicht von ca. 2 kg und kosten um die 25 €. Ein tolles Souvenir.

Die Pager Käserei: Hier wird der berühmte Pager Käse *(Paški sir)* produziert. Die Bauern beliefern die Käserei mit wertvoller Schafsmilch. Da sie dies aber nur sechs Monate im Jahr, von Februar bis September, tun können (die Kuhmilch wird vom Festland importiert), gibt es drei verschiedene Käsesorten: halb Kuh- und halb Schafskäse, reinen Schafskäse (sehr schmackhafter, würziger Parmesan) und reinen Kuhkäse.

Die Madonna von Stari Grad

Als im 15. Jh. die Pest wütete und die Pager sich nicht anders zu helfen wussten, holten sie die holzgeschnitzte gotische Madonna aus der Kirche von Alt-Pag (Stari Grad) in ihre Stadt – und die Epidemie klang ab. Zum Dank feiert die Bevölkerung das Ereignis alljährlich an Mariä Himmelfahrt (15. August) mit einer Prozession. Die Madonnenskulptur steht dann bis 8. September am Ort ihres wundersamen Wirkens, in der Basilika zu Pag. Bei der kleinen Prozession Mala Gospa wird sie wieder zurückgetragen, um ihren Platz für ein weiteres Jahr in Stari Grad einzunehmen.

Stari Grad: Stadtauswärts Richtung Novalja zweigt östlich ein Sträßchen ab und führt entlang der Saline nach Stari Grad. Breite Steinstufen ziehen sich den Hang hinauf. Auf dem Kirchplatz mit großen Schatten spendenden Bäumen die romanische Basilika aus dem 13. Jh., daneben die Ruinen eines Franziskanerklosters und der Stadtbefestigung, die sorgsam rekonstruiert wird. Bis auf die Kirche wurde Stari Grad im 15. Jh. für den Bau des heutigen Pag abgetragen. Seit der Pestepidemie (siehe Kasten) führt alljährlich eine Prozession aus Pag hierher. Dann werden die Kirchenpforten geöffnet und man kann den geschnitzten Madonnenaltar in Blau und Gold bestaunen.

Košljun

Der Ort liegt an der gleichnamigen Bucht und war einst Schiffsstation des österreichischen Lloyd. Aus dieser Zeit stammen der Leuchtturm und das Aleppokiefernwäldchen mit seiner sturmzerzausten Frisur. Steiniger Strand mit ein paar Bootsstegen, gegenüber die Insel Vir.

• *Übernachten/Essen* **Privatzimmer** (ab 10 €/Pers.) und **Appartements** (ab 30 €) in den Häusern mit Gärten an der Uferstraße oder Ferienhäuschen in der neu erbauten Sommersiedlung. **Restaurant-Pension Renato**, nahe am Meer mit großer Terrasse, sehr ruhig gelegen, Bootsanlegesteg. Es gibt Fisch- und Fleischgerichte. DZ/F 40 €. ℰ 632-045. **Autocamp Košljun**, schöner Platz, Sanitäranlagen in Ordnung. 4 €/Pers., Zelt 3,50 €, Auto 3 €.

Salzgärten und Schilfgras begleiten die Inselstraße; dazwischen am Wegesrand eine Salzfabrik, alte graue Häuser und von Schilf überwucherte Ruinen. Bei *Gorica* folgt die Abzweigung nach Povljana. Die schmale Straße ist von hölzernen Strommasten gesäumt und führt die *Bucht von Košljun* entlang, die sich fjordartig verengt. An der Einbuchtung *Minica* Bademöglichkeiten im flachen Wasser. Vorbei an Sumpfgebieten, Karstwüste und Natursteinhäuschen gelangt man zu einem fruchtbareren Landstrich.

Povljana

Der kleine Ort Povljana ist von Wein- und fruchtbaren Gemüsefeldern umgeben. Nach allen Seiten wachsen stetig Neubau-Feriensiedlungen. Badefreuden bieten zahlreiche ruhige Buchten mit schönen Sand-, Kies- und Felsstränden und die flache Landschaft lädt zum gemütlichen Fahrradfahren ein.

Am kleinen Hauptplatz im Ortszentrum gibt es ein paar Läden, Obst- und Gemüsestände. Alte Frauen und Männer verkaufen mit breitem Lachen Produkte aus

Insel Pag Karte S. 272/273

eigenem Anbau wie Öl, Essig und Wein, aber auch selbst gestrickte Wollsocken. Auf den Mauern liegen riesige Kürbisse und warten auf Käufer. Männer schaffen Schaffelle und Wolle auf Schubkarren herbei, die alten Frauen verspinnen das wollige Weiß. Vor allem nach Westen hat sich Povljana stark mit Neubauten erweitert. Diese Siedlung heißt nun Dubrovnik und erhielt auch einen schönen Feinkiesstrand und eine rundum verlaufende Uferpromenade.

Gegenüber die Insel Vir, nur durch den Kanal von Povljana getrennt. Einsam und verlassen steht eine alte kroatische Kapelle aus dem 11. Jh. am Meer. Sie wurde von Kroaten erbaut, die im Osten von Povljana, jenseits der Feldflur, an der Bucht Stara Povljana lebten.

- *Telefonvorwahl* 023
- *Postleitzahl* 23292 Povljana
- *Information* **Tourismusverband**, Stjepana Radića 20 (westlich vom Hauptplatz), ✆/📠 692-003, www.tz-povljana.hr. Mo–Sa 8–12 und 18–21, So 9–11 Uhr.

Nebenan im gleichen Haus die **Agentur Porat Povljana** mit großem Angebot an Privatunterkünften. ✆ 692-003, www.povljana.eu.

Etwas weiter westlich die **Touristagentur P&M**, ✆/📠 692-054.

- *Verbindungen* Regelmäßig **Busse** nach Pag und Zadar.
- *Post* Neben Touristeninformation; Mo–Sa 7–12 und 18–21 Uhr.
- *Geldwechsel* Touristeninformation, Post.
- *Einkaufen* Es gibt von der Bäckerei bis zum Supermarkt alles, was man benötigt.
- *Übernachten* **Privatzimmer** ab 30 € ohne Frühstück; **Appartements** ab 35 €. Wer nur eine Nacht bleiben möchte, hat Schwierigkeiten, ein Zimmer zu bekommen – und wenn, ist es teuer. Siehe auch unter Essen.

**** Villa Kaštel, schöner Neubau am Strand Dubrovnik mit beheiztem Pool und Blick aufs Meer. Mit gutem Restaurant Jardin. Es gibt 8 Zimmer und 3 Suiten. DZ/F ab 98 €. Kralja Tomislava b.b., ✆ 692-830, kastel1@zd.t-com.hr, www.vila-kastel.hr.

- *Camping* **Mali Dubrovnik**, westlich des Orts, an der Bootsanlegestelle. Pers. 4 € inkl., Parken 5 €. Geöffnet 1.5.–1.10. Kralja Petra Svačića b.b., ✆/📠 692-331.

Camp Tomi, großer Platz mit Zelt-, Caravan- und Mobilheimverleih (58 €/4 Pers.) An der Rezeption erhält man gute Auskünfte, es werden auch Appartements vermittelt. Im Juli/Aug. gibt's Animation. 6,50 €/Pers., Auto 5,50 €, Zelt 5 €. Geöffnet Juni–Ende Sept. Stjepana Radića b.b., ✆ 692-114, www.campingtomi.com.

- *Essen* **Restaurant Jardin**, gehört zur Villa Kaštel, schöne Terrasse und Meerblick oder Sonnenuntergang. Es gibt franz.-dalm. Küche, frischen Fisch, Lobster, Muscheln. ✆ 098/165-3636 (mobil).

Hier im Westen liegt auch das **Restaurant-Pension Lanterna**, nahe dem Strand Dubrovnik. Kralja Tomislava b.b., ✆ 098/165-3636 (mobil, Besitzer wie oben).

Restaurant Nirvana, schöne Terrasse unter Pinien mit weitem Blick über die Bucht. Fisch- und Fleischgerichte. Stjepana Radića. Stjepana Radića 43.

In Richtung Strand (südlich des Ortes) die **Pension Perilo** und **Konoba Sirena** mit Pizza; in beiden Häusern Zimmervermietung, meist mit HP.

Baden: Rund um den Ort gute Bademöglichkeiten und drei Mal weht an allen großen Buchten die „Blaue Flagge". Ganz im Westen gibt es Sandbuchten, u. a. die Plaža Dubrovnik mit Uferpromenade, Cafés und Restaurants. Fußwege führen ostwärts über die Stara Povljana zur Sandbucht Plaža Perila und weiter zur spitz ins Meer ragenden Halbinsel Prutna. Auch über die Halbinsel führen Fußwege zum Südzipfel – direkt gegenüberliegend die Insel Vir mit ihrer Landbrücke.

Nach Vlašići und Smokvica und von Dinjiška bis zum Inselende

Schwärme fliegender Ameisen, schwarz wie Windsäulen, begleiten die Fahrt. Im Schilf versteckt liegt der Süßwassersee *Velo Blato,* der im Winter auf das Fünffache

*Die Schafe sind in der Bevölkerungsüberzahl –
Blick auf die Pager Bucht und den Velebit*

seiner Fläche anschwillt – Lebensraum für viele verschiedene Wasservögel. Es wurde ein Hochstand zur Vogelbeobachtung errichtet.

Vlašići: Schon in der Nachsaison schläft Vlašići den Schlaf der Gerechten – die Eisdiele verriegelt, das Touristenbüro geschlossen, ein paar Esel auf dem Fußballplatz. Im Umkreis gedeihen die grünsten Wiesen auf Pag, dahinter ein paar Neubauten mit Zimmervermietung, ein Steilhang und die *Bucht von Vlašići* mit Feinkiesstrand, der seicht ins Meer geht – das Wasser ist allerdings nicht sehr klar.

● *Information* **Touristinformation**, Vlašići-Smokvica, Ortsmitte, ✆ 616-002. Mitte Juni–Aug. tägl. 9–12 und 19–21 Uhr.
● *Einkaufen* **Supermarkt**, Mo–Sa 6.30–11.30 und 18–20, So 11–11.30 Uhr.

● *Übernachten* Es gibt **Privatzimmer** ab 8 € und **Appartements**.
● *Essen* In der **Konoba-Bar** oberhalb des Strandes auf luftiger, schattiger Terrasse. **Eisdiele** in der Ortsmitte.

Smokvica: Vor Vlašići zweigt die Straße ab zu dem Örtchen am Ende der Stara Povljana-Bucht; Häuser gruppieren sich auf einem Plateau oberhalb des Meeres, von hier bietet sich ein herrliches Panorama: Gegenüber ragt die Halbinsel Prutna ins Meer, dahinter liegt das Festland mit dem uralten Städtchen Nin.

Auch in Smokvica gibt es Privatzimmer und Appartements; Wein- und Käse werden angeboten. Pfade führen zu Badebuchten hinab.

Das alte Salinendorf **Dinjiška** liegt an der gleichnamigen schlauchartigen Einbuchtung. Konobas, Privatzimmer, Camp und Feinkiesstrand liegen direkt an der Straße, die sich die Bucht entlang durch karges Grün schlängelt. Nach der Fischer- und Sommersiedlung **Miškovići** folgt Steinwüste; die Bucht weitet sich, darin verstreut ein paar Inselchen. Schon sieht man das Meer von der anderen Seite, im Hintergrund schiebt sich das Küstengebirge ins Blickfeld – Pags letzte Spitze im Südosten ist erreicht. Unten am Meer eine Burgruine, darüber schwingt sich die Brücke zum ebenso wild zerklüfteten Festland.

Insel Pag
Karte S. 272/273

Pass Oštarijska vrata – Weitblick aufs Meer und das Landesinnere

Kroatisches Küstenland –
von Karlobag nach Ravni kotari

Die Küstenstraße wird ihrem Namen gerecht – begleitet vom Velebit-Massiv windet sie sich kurvenreich am Meer entlang auf **Starigrad Paklenica** zu. Die schroffe, felsige Landschaft hinter Karlobag wirkt menschenleer. Vereinzelt weisen *Sobe*-Schilder und kleine Privatcamps auf Übernachtungsmöglichkeiten hin, Straßenrestaurants verheißen dem Magenknurren des Reisenden Abhilfe. Die wenigen Ortschaften liegen in kleinen, malerischen Buchten.

Karlobag

Das altrömische *Vegium* – das spätere kroatische *Bag* und heutige Karlobag – wurde in seiner Geschichte mehrfach zerstört. Der Namenszusatz erinnert an Erzherzog *Karl*, der die von den Türken 1525 niedergebrannte Stadt wieder aufbauen ließ. Karlobag verdankt seine historische Bedeutung einem Gebirgspass, der eine gute Verbindung nach Gospić und ins Velebit-Hinterland sicherstellte.

Ende des 17. Jh. kam es zu einem revolutionären Aufstand der landlosen Bauern und Hirten des Velebit. Sie marschierten zur Küste und setzten sich in einem von Türken, Österreichern und Piraten zerstörten Dorf, dem heutigen Karlobag, fest. Fünfhundert entschlossene Männer stießen von dort zur *Likaplatte* vor, verjagten die Grundherren und teilten deren Besitz gerecht unter sich auf. Diese frühchristliche oder frühkommunistische Gemeinschaft hatte nur ein Jahr Bestand und ließ sich dann für den blutigen Kampf gegen die Türken einspannen.

Zwei Jahrhunderte lang bauten die Österreicher an der Straße über den *Stara-Vrata-Pass*, die Karlobag noch besser mit dem Hinterland verbinden sollte. Über

diese Straße, von der man eine wunderbare Aussicht über den Velebit-Kanal und die Insel Pag hat, wurden im 19. Jh. riesige Holzmengen aus den Wäldern der Lika herangeschafft. Diese Route ist bis heute eine wichtige Verbindung zur Eisenbahnstation in Gospić, zu den Plitvicer Seen und nach Zagreb.

Außer den Ruinen einer alten Burg oberhalb des Ortes und einem Kapuzinerkloster besitzt Karlobag keine großen Sehenswürdigkeiten. Ohne nennenswerte Bademöglichkeiten war der Ort, abgesehen von seiner bewegten Vergangenheit, in den letzten Jahren nur mehr als Fährort für Pag interessant, die Linie wurde jedoch eingestellt. Bergsteigern und Wanderern dient Karlobag als Ausgangspunkt für Touren in das Velebit-Gebirge.

Umgebung: Für einen lohnenswerten Ausflug, evtl. mit Übernachtung, bietet sich **Baške Oštarije** an. Von hier aus gibt es sehr schöne Wanderwege in die *Dabarski kukovi* des Velebit, die Aussicht ist grandios – der Blick schweift über den Velebit und über die Kvarner-Inseln. Highlights sind hier die Berge *Ljubičko brdo* (1320 m) und die *Kiza* (1274 m). Für beide Touren muss man ca. 6 bis 7 Std. rechnen, Kartenmaterial gibt es in Karlobag oder im Hotel Velebno. Auch Kletterern und Freeclimbern bietet die Gegend schöne Steige und Mountainbikern wunderbare Touren.

- *Telefonvorwahl* 053
- *Postleitzahl* 53288 Karlobag
- *Information* **Tourismusverband**, Trg. Dr. Franje Tudmana 2, ✆/🖷 694-251, www.tz-karlobag.hr. Geöffnet 7–22 Uhr.
- *Verbindungen* Sehr gute **Busverbindung** an der Küste zwischen Rijeka und Zadar sowie zur Bahnstation in Gospić. Die Busse nach Zagreb fahren über die Plitvicer Seen.
- *Übernachten* **Privatzimmer** kosten etwa 10 €/Pers.

** Hotel Zagreb, mit kleinem **Camp**. Liegt oberhalb des Meeres, Kiesstrand. Nette DZ/F ca. 65 €. ✆ 694-032.

Hotel Velinac, im Zentrum mit Restaurant. Für einen Stopp in Ordnung. Trg dr. F. Tudmana, ✆ 694-008.

*** Hotel Velebno, liegt in Alleinlage bei Baške Ostarije, ca. 22 km von Karlobag entfernt – ein idealer Ausgangspunkt für Velebit-Touren. Ähnelt einer großen Berghütte; mit Restaurant, Terrassen. Einfache DZ/F 68 €. Der Bus von Karlobag hält hier 3-mal tägl. Brušane, ✆ 674-005, www.bag.hr.

In Baške Ostarije gibt es noch schöne Unterkünfte in Holzbungalows, u. a. **Vila Vele-** **bita** (✆ 574-065, mobil 098/9610-042) und **Kukina Kuča**, Cesta Marije Terezije.

● *Camping* Es gibt mehrere kleine Campingplätze: **Plitka Draga**, ✆ 886-080. **Žalo**, in Lukovo Šugarje (17 km), ✆ 695-095. **Ribarica**, in Ribarica, ✆ 886-056. **Velebit**, östlich von Baške Ostarije (22 km) in Richtung Gospić; wunderschöne Lage auf 924 m Höhe am Bach mit Blick auf das Felsmassiv. Geöffnet Juni–Ende Aug.; ✆ 091/5473-211 (mobil, 17–20 Uhr Rezeption).

Gut 30 km hinter Karlobag trifft die Magistrale erstmals wieder auf einen größeren Ort: **Tribanj-Krušćica** – eine Ansiedlung von Häusern und Camps, mit der imposanten Bergwelt des Velebit im Hintergrund. Auch von hier kann man auf Wanderwegen den Velebit erkunden. Markierte Pfade und einige schmale Asphaltsträßchen (gut zum Mountainbiken!) führen in über 1200 m Höhe, es gibt Berghütten, allerdings ohne Verpflegung. Interessant ist beim Dorf Ljubotić (s. u. Wandern) ein Lehrpfad, auf dem man die Totenraststeine *Mirila* (s. u. Kasten) besichtigen kann.

● *Information* Die besten Informationen über den Velebit erhält man in der Nationalparkverwaltung im 10 km südlich gelegenen Starigrad Paklenica (siehe dort).

● *Übernachten* **Privatzimmer** – ein DZ kostet 15–20 €.

● *Camping* **Autocamp Vrata Velebita** (Trbanj-Ljubotić), idyllischer Platz unter Steineichen oberhalb des Meeres auf ca. 300 m. Vom Plateau Blick auf die vorgelagerte Hügelkette und das Meer, im Hintergrund das Velebit-Felsmassiv. Moderne Sanitäranlage, Küche. Es gibt Lamm, eigenen Honig, hausgemachten Käse; es gibt auch ein kleines Bienenmuseum. Ausflüge in den Velebit werden organisiert. Geöffnet 15.4.–15.10. (oder nach Bedarf). Auch 2 ausgestattete Bungalows sind zu mieten. Anfahrt von Trbanj-Krušćica, nach 3,5 km ist der Weiler Ljubotić erreicht. Put Ljubotića, ✆/🖷 023/333-516, ✆ 091/584-3914 (mobil).

Autocamp Punta Šibuljina, im gleichnamigen Ortsteil von Tribanj (12 km südl.). Schöner schattiger Platz, davor kleiner Obst- und Gemüsemarkt; warme Dusche nur morgens und abends; 200 m langer felsiger Kiesstrand.

Bei Tribanj gibt es weitere **Autocamps**.

● *Wandern* **Lehrpfad (Poučna Staza) Mirila Ljubotić**: Auf ca. 5 km Länge kann man gut erhaltene Totenraststeine besichtigen. Laufzeit ca. 2 Std., gutes Schuhwerk und Wasser erforderlich. Einfache Wegstrecke. Herrliche Ausblicke auf das Meer und die Inseln.

Blick auf Karlobag und die Insel Pag

Starigrad Paklenica

Der nahe Paklenica-Nationalpark mit seinen bizarren Schluchten, die schon in Winnetou-Filmen als Kulisse dienten, lockt die Gäste an. Heute hört man keine Pferdehufe mehr dröhnen, sondern das Rasseln der Sicherungsketten und Steigeisen der Kletterer, die sich an den Schluchtwänden in Schwindel erregende Höhen hocharbeiten.

Bereits von weitem ist das Hotel Alan, das einzige Hochhaus des Straßendorfs, zu erkennen. Ein Blick hinüber in die mächtige Berglandschaft entschädigt jedoch für manche Bausünde. Der Eingang zum Paklenica-Nationalpark ist gleich am Dorfende. Die Touristen sind meist junge, drahtige Kletterfans, und viele von ihnen nächtigen auf den zahlreichen kleinen Campingplätzen rund um den Ort. Da das Klettern in den letzten Jahren immer populärer wurde, ist es kein Wunder, dass immer mehr Gäste kommen. Hier gibt es Klettersteige in allen Schwierigkeitsgraden und, nicht zu vergessen, das nahe Meer mit seinen herrlichen Badebuchten, wo man nachmittags ausspannen kann. Auch immer mehr Wander- und Mountainbikefreunde kommen, erforschen auf den angelegten Pfaden die imposante, unberührte Bergwelt, erfrischen sich dabei ab und an im glasklaren Wasser des Baches Velika Paklenica. Allein 150 km Wegstrecke kann man im Nationalpark Paklenica mit seinen beiden Schluchten zurücklegen, zudem warten Ökotrails zu altem Brauchtum (s. Mirila), endlose Gebirgspfade und Makadamwege durch die herrliche Landschaft des südlichen Velebit. Und wo sonst kommt man in den Genuss, morgens in der Kletterwand zu hängen oder eine Bergtour zu machen und nachmittags seinen müden Körper an den Strand zu betten und dabei vom Indianerhäuptling Winnetou und seinem weißen Blutsbruder Old Shatterhand zu träumen!

Auf Winnetous Spuren

Winnetoufans können in und um Starigrad Paklenica auf den Spuren von Winnetou und Old Shatterhand wandeln. Zwischen 1962 und 1968 wurde hier der größte Teil der Karl-May-Filme mit Lex Barker und Pierre Brice gedreht. Zahlreiche Drehorte waren u. a. in der Schlucht Velika Paklenica, auf dem Tulove grede (hier starb Winnetou), am Canyon Zrmanja (Río Pecos oder Colorado) und natürlich auch an den Plitvicer Seen und den Krka Wasserfällen. Allein 10 Filmschauplätze bietet die Velika-Paklenica-Schlucht, u. a. zu „Der Schatz im Silbersee", „Unter Geiern", „Winnetou und Shatterhand im Tal der Toten". Es gibt ein Winnetou-Museum im alten Teil des  Hotels Alan, jährliche Winnetou-Festivals, Events und Kongresse und eine riesige europäische Fangemeinde – oben am Tulove grede auf den Geierwiesen eine Karl-May-Fanbox. Zu den Drehorten werden organisierte Jeep-Safaris unternommen, auch werden Bootstrips von Starigrad Paklenica und auch von Novigrad oder Obrovac in den Canyon Zrmanja angeboten. Sportliche nehmen ihr Mountainbike und gutes Kartenmaterial (über TIC).

Küstenland Karlobag – Ravni kotari

Karte S. 293

Starigrads Geschichte beginnt in der Römerzeit mit der Siedlung *Argyruntum*. Ihren Namenszusatz legte sich die Stadt zu, als der südliche Ausläufer des Vele-bit zum Nationalpark erklärt wurde. Wahrzeichen von Starigrad ist die Ruine eines Wehrturmes der Večka-Burg aus türkischer Zeit, den Rest hat sich das Meer genommen.

Mirila – Totenraststeine

Entlang der Gebirgswege im Velebit findet man Mirilas, die sog. Totenrast-steine – eine einzigartige Begräbniskultur, die vom 17. Jh. bis 1957 ausgeübt wurde. Um ihre Toten von den abgelegenen Höfen im Velebit-Gebirge zur

nächsten Dorfkirche und zum Friedhof zu transportieren, muss-ten die Angehörigen oft sehr wei-te Strecken bewältigen. Es wurde ihnen erlaubt eine Rast zu ma-chen, damit der Tote seinen letz-ten Gruß an die Sonne senden und seine Seele Frieden finden konnte. Diese Ruheplätze wur-den sorgfältig ausgesucht und be-finden sich meist in schöner La-ge. Der Tote wurde mit Platten nach seiner Größe vermessen, am Kopfende wurde ein Sockel-stein angebracht. Die Sockelstei-ne wurden verziert, früher nur mit Symbolen, später mit dem Namen und Todestag des Verstor-benen. Danach wurde der Tote zum Friedhof getragen und beer-digt. Die Mirilas wurden von den Angehörigen häufiger besucht und mehr verehrt als das Grab selbst. Zwei markierte Lehrpfade (Poučna Staza) bringen uns die-sen Brauch näher. Einer befindet sich oberhalb von Starigrad Paklenica (3 km, 1:30 Std. Wegzeit), ein weiterer um das Dorf Lubotić (10 km in Rich-tung Trbanj-Krušćica, dann Abzweig und weitere 3,5 km). Gutes Schuhwerk (unebener, felsiger Weg) und Wasser erforderlich. Herrliche unberührte Landschaft garantiert. Bei TIC ist eine kleine Wanderkarte erhältlich.

Information/Diverses

- *Telefonvorwahl* 023
- *Postleitzahl* 23244 Starigrad Paklenica
- *Information* **Touristinformation TIC**, Trg Tome Marasovića 1 (nördl. Ortsbeginn, ge-genüber Hafen), ✆ 369-255, www.rivijera-

paklenica.hr. Mitte Juni–Ende Sept. tägl. 8–21 Uhr, sonst Mo–Fr 8–15 Uhr.
Nacionalni park Paklenica, (Nationalpark-verwaltung), Ul. Dr. Franje Tudmana 14a, ✆ 369-202, 369-155, www.paklenica.hr. Mo–

Fr 8–15 Uhr, zusätzlich in der Hochsaison Sa/So 8–12 und 18–21 Uhr. Hier gibt es Infos, Bücher und gutes Kartenmaterial, DVDs; auch geführte Touren können gebucht werden.

Infostation mit detailliertem Kartenmaterial, Büchern etc. am Nationalpark-Eingang Paklenica.

Agentur Koma Maras, F. Tudmana 14 (neben Apotheke), ☎ 359-206, www.koma-maras.hr. Fahrräder, Scooter, Autos und Exkursionen.

Agentur Rajna, ☎ 098/272-878 (mobil), www. hotel-rajna.com. Exkursionen und Fotosafari (ab 2 Pers.) per Jeep in den Velebit.

• *Verbindungen* Siehe Karlobag.

• *Geldwechsel* Kleine Bank mit Bankomat vor der Nationalparkverwaltung, allerdings bei Öffnung (vormittags und spätnachmittags) immer Warteschlangen.

• *Post* Ortsmitte.

• *Einkaufen* **Outdoor-Shop**, neben Tankstelle.

• *Gesundheit* **Apotheke**, kurz nach Tankstelle, ☎ 369-258. **Ambulanz**, Starigradski Zidari (Straße gegenüber N.P.-Verwaltung), ☎ 369-238, ganztägig geöffnet.

• *Veranstaltungen* **Big Wall Street Climbing**, Ende April bis Anfang Mai, internationaler Treff und Meisterschaften der Freeclimber in der Paklenica-Schlucht.

Winnetoufest, jährlich im April wird für ein paar Tage auf Winnetous Spuren gewandelt, mit Schauspielern, Stuntmen, Statisten, Lagerfeuer und Pferden. www.winnetou-filmland-kroatien.de.

Zudem viele **Aktionswochen** wie Fahrrad-, Wander- und Höhlenwochen, Abenteuerwoche, Trekkingfest. Siehe Website TIC.

• *Ausflüge* Es gibt eine ganze Reihe interessanter Ausflugsmöglichkeiten in geringer Entfernung: Zadar, Rafting und Bootstouren auf der Zrmanja, Nationalpark Plitvice und Nationalpark Krka bei Šibenik und natürlich der Nationalpark der Kornaten. Zudem organisierte Berg- und Mountainbiketouren sowie Kletterkurse. Highlights sind auch Jeepsafaris zu Winnetou-Drehorten.

*Ü*bernachten/*C*amping/*E*ssen

• *Übernachten* **Privatzimmer** je nach Ausstattung im DZ 20–30 €. **Appartements** für 2 Pers. 35–50 €.

*** Hotel Vicko, an der Durchgangsstraße am nördlichen Ortseingang. Der Neubau hat einige Terrassen und wirkt wie eine kleine Burg, vielleicht auch deshalb, weil Familie Katić bereits um 1500 als Adelige erwähnt wurden. Das Restaurant der Traditionsherberge legt Wert auf gesunde, ursprüngliche Kost und errang schon etliche Auszeichnungen. 24 nette Zimmer. DZ/F 100 €. ☎/☏ 369-304, www.hotel-vicko.com.

**** Villa Vicko, unterhalb vom Hotel an der Küste. 2004 erbautes Haus mit 16 Zimmern und Appartements (etwas teurer wie das Hotel) mit Balkon und Garten. Reservierung s. o.

*** Hotel Alan, 9-stöckiger Bau mit über 200 modernisierten Zimmern, kurz vor der N.P.-Zufahrt. Von der obersten Etage herrlicher Ausblick, ansonsten ist das Hochhaus in dieser Landschaft fehl platziert. Zum Hotel gehören Campingplatz und kleiner Strand. Kinderfreundlich, Restaurant, Café, Pool, großes ansprechendes Spa-Center, Wassersportmöglichkeiten, Tauchschule, Fahrradverleih. Das Hotel beherbergte zu Drehzeiten von Winnetoufilmen die Filmcrew, in Erinnerung daran wurde in einem Nebengebäude ein Winnetou-Museum eingerichtet. Ende Juni bis Anfang Sept. nur all-inclusive möglich, ab 104 €/Pers. im DZ; sonst auch DZ/F. ☎ 369-236, www.bluesunhotels.com.

* Pension Roli, kleines, preiswertes Haus, zentral am Hafen. Restaurant und Terrasse mit Blick aufs Meer. Einfache Zimmer mit Balkon. DZ/F ca. 40 €. ☎ 369-018.

** Hotel Rajna, kurz nach der N.P.-Zufahrt. Sehr gutes, bekanntes Restaurant mit Terrasse. Die Wirtsleute Marin Marasović und seine Frau sind sehr bemüht, beherbergten schon viele begnadete Bergsteiger und Kletterer, sind Winnetoufans, organisieren Ausflüge in den Velebit und verleihen auch Fahrräder. Saubere nette Zimmer/Appartements mit TV, AC für ca. 48 €/2 Pers. ☎ 369-121, rajna-paklenica@inet.hr, www.hotel-rajna.com.

Haus Varoš, ca. 600 m oberhalb von Starigrad Paklenica in Dadići-Škilijći. Der wunderschöne renovierte und denkmalgeschützte Hof mit 2 Nebengebäuden von 1850 liegt am Ökotrail mitten in der Natur. Auf 200 m² können bis zu 12 Pers. wohnen, pro Tag 280 €. Infos über Hotel Rajna.

*** Pension-Restaurant Croatia, nach der Zufahrt zum N.P. im Ortsteil Seline. Neubau mit großer überdachter Terrasse direkt am

Küstenland Karlobag – Ravni kotari

Karte S. 293

Meer. Komfortable DZ/F ca. 60 €. Put jaza b.b., ✆ 369-190, www.pansion-croatia.com.

*** Pension-Restaurant Kiko, ein Stückchen südlicher, nach Pension Croatia, im Ortsteil Seline, auch am Meer gelegen. Die Küche hat einen guten Ruf. ✆ 369-784, www.pansion-kiko.com.

***Pension Andelko, gut geführtes Haus direkt am Meer (nördl. vom Hafen) mit 17 Zimmern und 2 Appartements mit Balkon. S. Bušljete 3, ✆ 369-307, www.pansion-andjelko.com.

● *Camping* Im Ort gibt es fast 20 Campingplätze; hier sind nur die größten beschrieben. Viele kleine Plätze liegen nahe der Zufahrtsstraße zum Nationalpark.

* Camping-Pension Plantaža, am nördlichen Ortseingang im schattigen Wäldchen und direkt am Strand. Betonierte Molen, auf denen man gut liegen kann, ragen ins Wasser, sonst Kiesstrand mit Strandduschen; wenig Sanitäranlagen. Ca. 100 Stellplätze. 4,70 €/Pers., 3,30 €/Zelt, 3,20 €/Auto; zudem Zimmer- und Appartementvermietung (***). Put Plantaže 2, ✆ 369-131, www.plantaza.com.

* Camping-Pension Michael, kleiner, netter, gut geführter Platz für 30 Zelte neben Camp Plantaža, ebenfalls direkt am Meer und unter Föhren. Im Haupthaus Zimmer- und Appartementvermietung (***). Put Plantaže b.b., ✆ 369-137, mile.ramic1@zd.t-com.hr.

** Autocamp Nationalpark, schöner Platz im Föhrenwäldchen am Meer hinter der N.P.-Verwaltung. Kleine Kiesbuchten und Fels, Sanitäreinrichtungen für die Hochsaison etwas knapp bemessen. Kleiner Super-markt am Eingang und Café-Snackbar. 5,50 €/Pers., Parzelle ab 8,20 €. Geöffnet 15.3.–15.11. ✆/☎ 369-202.

** Bluesun Autocamp Paklenica, auf einer Wiese neben Hotel Alan, dessen Einrichtungen benutzt werden können. Kinderspielplatz, Boot- und Paddelbootverleih; Grill-Pizzeria am Strand, Minimarkt. Tennis, Basket- und Handball, Minigolf. Geöffnet 15.3.–1.11. 6,90 €/Pers., Parzelle ab 10 €. ✆ 209-062, www.bluesunhotels.com.

Autocamp Pisak, kleiner Platz, idyllisch und ruhig am Meer auf der gleichnamigen Halbinsel im Ortsteil Seline gelegen. Sanitäranlagen in Ordnung. Geöffnet 1.4.–1.11. 4,20 €/Pers., Parzelle ab 5,50 €. Put bunarića b.b., ✆ 656-129.

● *Essen* Im Restaurant **Restaurant Vičko** mit seinen großen Terrassen wird sehr gelobt, erhielt viele Auszeichnungen – siehe Hotel Vičko. Spezialität sind Fischgerichte. ✆ 369-304.

Restaurant Rajna, mit Terrasse. Hier wird leckere Hausmannskost gekocht; bekannt für guten Fisch, leckere Fischplatte mit Kalamaris, Rochen und Wolfsfisch; auf Bestellung gibt es Fischbrodetto in Tomatensauce mit Polenta. ✆ 369-130.

Zudem empfehlenswert **Restaurant Paklenica**, an der Zufahrtstraße zum Nationalpark; in Marasovići die gute Konoba im **Ethno-Haus** (Mai–Okt. 14–18 Uhr); gute Fischgerichte gibt es auch im **Restaurant Dalmatia** am Meer. Empfehlenswert auch die **Restaurants Croatia** und **Kiko** im Ortsteil Seline; im Ortsteil Tribanj-Kruščica wird das **Restaurant Karlo** am Meer gelobt.

Paklenica-Nationalpark

Der 1949 zum Naturschutzgebiet erklärte Nationalpark umfasst zwei wilde Karstschluchten des Velebit-Gebirges – das mit 150 km Länge größte kroatische Gebirgsmassiv. Der Zugang zur größeren Schlucht, der *Velika Paklenica*, beginnt am Ortsende von Starigrad und führt zuerst über eine schmale Asphaltstraße am Weiler Marasovići mit Natursteinhäusern und Stallungen vorbei – hier besteht die erste Möglichkeit zu parken; nach weiteren 2 km endet das Sträßchen an einem relativ kleinen Parkplatz beim Nationalparkhaus (Haupteingang/Eingang 1), der meist schon frühmorgens belegt ist. Ab hier heißt es laufen. Je tiefer man in die Schlucht eindringt, desto enger wird sie. Die Wände türmen sich immer steiler, bis sie fast senkrecht aufragen, an manchen Stellen bis zu 400 m hoch. In dieser rauen, urwüchsigen, faszinierenden Landschaft wirken die verbissenen Mountainbikefahrer und die Kletterer und Freeclimber, die mit minimaler, doch hoch spezialisierter Ausrüstung im Fels hängen, wie Eindringlinge

Durchwandert man die Schlucht, wandelt sich das in Küstennähe mediterrane Klima in kontinentales; die gerodete Landschaft in Küstennähe weicht reicher Flora und großen Wäldern. Buchen-, Eichen- und Kiefernwälder bedecken fast die Hälfte des Nationalparks – gute Lebensbedingungen für die vielfältige Tierwelt. Die *Velika-Paklenica*-Schlucht ist 10 km lang, der Höhenunterschied beträgt 1600 m. Man sollte sich deshalb nicht ganz unvorbereitet auf den Weg machen, gerade wenn man übernachten will.

Beide Täler – das kleinere der *Mala Paklenica* (Eingang 2) erreicht man über den Ort Seline – sind im Lauf der Jahrtausende durch Verwitterung und Erosion entstanden. Damals flossen hier die Bäche noch oberirdisch. Von der ungebändigten Kraft des Wassers, das auch heute bei Regenfällen sturzbachartig durch den Canyon schießt, zeugen die für Karstgebiete typischen Grotten und Höhlen. Die größte Tropfsteinhöhle ist die 175 m lange *Manita peć*, die über Velika Paklenica in etwa 2 Std. zu erreichen ist (Wanderrouten siehe unten).

● *Anfahrt* Da nur kleine Parkplatzflächen zur Verfügung stehen, verkehren, wenn der hintere Parkplatz voll ist, von 9–15 Uhr Pendelbusse.

● *Information/Öffnungszeiten* **Rezeption Nationalpark Velika Paklenica** (Haupteingang/Eingang 1), ℡ 023/369-803. Ganzjährig geöffnet. Kiosk, Souvenir-Shop mit Kartenmaterial etc.
Rezeption Nationalpark Mala Paklenica (Eingang 2), bei Seline. Geöffnet Mai bis Ende Oktober.
Grotte Manita peć, 10–13 Uhr. Juli bis Sept. tägl., Juni und Okt. nur Mo, Mi, Sa; Mai nur Mi und Sa; April nur Sa.

● *Eintritt* Die Nationalpark-Gebühr beträgt von April bis Okt. 40 KN (5,50 €)/Erwachsene (restl. Monate nur 30 KN), 20 KN (2,70 €)/Kinder 7–18 Jahre, unter 7 Jahre gratis. Eine 3-Tages-Karte inkl. Klettererlaubnis kostet von April bis Okt. 80 KN/11 € (120 KN/16,60 € für 5 Tage); in den restlichen Monaten 60 KN/3 Tage, 90 KN/5 Tage.
Für den Besuch der Grotte Manita peć müssen 15 KN/2 € (Erwachsene), 10 KN/1,50 € (Kinder 7–18 Jahre) extra bezahlt werden.

● *Essen* **Ethno-Haus** in Marasovići (Zufahrt), kleines Museum und Konoba. Mai–Ende Okt. 14–20 Uhr. **Lugarnica Hütte**, tägl. Mitte April bis Ende Okt. geöffnet. **Dom Paklenica**, tägl. Mitte Apr. Bis Ende Okt., mit Übernachtungsmöglichkeiten in Schlaflagern.

Sport

Die Hauptsportart dürfte hier **Klettern** bzw. das sog. **Free-Climbing** sein – es gibt über 300 Touren in allen Schwierigkeitsgraden. Eine Kletterschule befindet sich im Nationalpark, eine Klettererlaubnis muss eingeholt werden. Infos bei der Nationalparkverwaltung und bei TIC. Literatur und Kletterführer etc. bei der NP-Verwaltung (siehe „Wissenswertes von A bis Z/Literatur").

Küstenland Karlobag – Ravni kotari Karte S. 293

Auch **Mountainbiketouren** in den Schluchten sind beliebt. Organisierte Touren (neben Mountainbiken auch Klettern, Kajak, Trekking, Höhlenforschung) u. a. über Rado Sport (www.radosport.hr).

Beste **Bademöglichkeiten** mit Feinkiesbuchten und Schatten spendenden kleinen Bäumen rund um die Ruine des Wehrturms Većka (südlich vom Hotel Alan); ebenfalls schöne Buchten gibt es auf der Halbinsel Pišak im Ortsteil Seline. **Tauchclub** beim Hotel Alan, **Bootsvermietung** am Hafen.

Wandern: Auf angelegten Pfaden oder hoch ins Gebirge. Organisierte Touren gibt es über die NP-Verwaltung, Proviant, Schlafsack etc. muss man allerdings mitbringen und selbst hochtragen. Es gibt in diesem Gebiet ca. 15 einfachst ausgestattete Berghütten, die von Mai bis September geöffnet sind. Man kann natürlich auch nur Tagestouren unternehmen. Die Damen in der NP-Verwaltung kennen sich gut aus und geben gern nützliche Tipps.

Wander- und Mountainbike-Routen durch die Schluchten und auf Höhenwegen

▸ **Familien-Wanderung in die Velika-Paklenica-Schlucht bis Dom Paklenica:** Einfache Wegstrecke bis auf den etwas anstrengenden Aufstieg (s. u.), insgesamt 6 Std. Wegzeit. Es gibt bewirtschaftete Hütten; Badesachen für schöne Stopps nicht vergessen.

Wenige Meter nach dem Haupteingang des Nationalparks kann man die alte Paklenica-Mühle betrachten. Der Hauptweg führt vorbei an den gewaltigen Schluchtwänden; dann folgt der anstrengendste Teil dieser Wanderung, ein ca. 45-minütiger Aufstieg über die in den Fels gehauenen Stufen, den Velika-Paklenica-Bach entlang, bis zum Schluchtrand. Rechts erblickt man das gewaltige weiße Massiv des *Anića kuk* (eine gefährliche Herausforderung für Kletterer und Free-Climber, die einige von ihnen mit dem Leben bezahlten). Dann verläuft der Weg ebener, mal ist der Wildbach nahe, mal tiefer unten; kleine Kaskaden beschleunigen seinen Lauf, oder er überwindet größere Felsbrocken und stürzt dann mit Getöse in ein Becken. Am Wegesrand geben Flaumeichen und Rotbuchen Schatten. Ab und zu bietet sich die Möglichkeit, sich im Bach zu erfrischen, an einigen Stellen auch unter einem Wasserfall und in den Becken ein Bad zu nehmen oder die Kinder einfach nur plantschen zu lassen – drumherum nichts als Stille (allerdings nur in der Nebensaison!). Nach ca. 1:15 Std. kommt der Abzweig zur Grotte *Manita peć* (s. o. Öffnungszeiten), wer mag, kann sie in 30 Min. steilen Aufstiegs erreichen. Auf dem Hauptweg weiter bietet sich in ca. 45 Min. ein Stopp bei der *Lugarnica*-Hütte (Mitte April–Ende Okt.) an. Hier bekommt man Getränke und Snacks. Nach weiteren ca. 30 Min. erreicht man die Unterkunftshütte *Dom Paklenica*. Sie ist recht gut auf Gäste eingerichtet – aber nicht mit gut ausgestatteten österreichischen Hütten zu vergleichen, wo man vom Apfelstrudel bis Zwiebelrostbraten so einiges verspeisen kann. Die Hütte dient auch Alpinisten als Station für Proviant, da es im Umkreis keine anderen Versorgungsmöglichkeiten gibt. Von der Dom Paklenica kann man noch höher in die einsame Bergwelt des Velebit bis auf über 1700 m wandern, phantastische Ausblicke über das Bergmassiv und das Meer genießen, Gänsegeier beobachten, vielleicht einem Wildschwein begegnen. Aber Vorsicht: Nur erfahrene Alpinisten sollten dieses Gebiet bewandern, und der gefürchtete Fallwind, die Bora, tritt hier ebenso mächtig wie unbarmherzig auf.

▶ **Rundweg Velika Paklenica – Mala Paklenica:** Für diese eindrucksvolle Tour braucht man ca. 7 Std. Ausgangspunkt ist wieder das Nationalparkhaus in der Velika-Paklenica-Schlucht (Eingang 1).

Nach ca. 1:15 Std. (kurz vor dem Abzweig zur Grotte *Manita peć*) geht ein markierter Pfad rechts ab. Steiler Anstieg, vorbei am *Jurasova*-Massiv und zur kleinen Siedlung Jurline mit ihren Natursteinhäusern. Weiter führt der Weg Richtung *Mala Paklenica*. Diese Schlucht ist weit weniger besucht als ihre große Schwester. So konnten sich hier Gänsegeier in Ruhe einnisten. Der Weg hinab in Richtung Seline verläuft unspektakulärer, aber in der Hauptsaison wohl auch ruhiger.

▶ **Ökotrail (Poučna Staza)**, der angelegte Makadamweg, der vor allem in Richtung Osten gut zum Mountainbiken ist (Höhenunterschied 100 m), zieht sich oberhalb von Starigrad Paklenica über 8 km an den Abhängen des Velebit entlang. Besichtigt werden können westlich von Starigrad Paklenica, oberhalb von Matkovača (400 m), die Totenraststätten *Mirila*; hier geht es auf 900 m bergan (besser zu Fuß!). Vom Zentrum Starigrad Paklenica gen Westen verläuft der Weg über Marasovići (Ethno-Haus), dann zweigt der Weg kurz vor dem Eingang zum Nationalpark ab und verläuft wieder oberhalb des Ortes mit schönem Weitblick auf die Küste. Wir kommen durch winzige Weiler mit schönen alten Gehöften wie Škiljići, Jurline, Jusupi. Kurz nach Jukići besteht die Möglichkeit, in die Schlucht Mala Paklenica zu gelangen. Dann weiter über Bucići nach Reljani. Ab hier muss man wieder hinab zur Magistrale oder man fährt den schönen Weg wieder zurück.

Hinab in die Schlucht Velika Paklenika

Starigrad Paklenica/Umgebung – Richtung Rovanjska und Obrovac

Auf den letzten gut 10 km bis zur Halbinsel *Ravni kotari* (s. u.) verläuft die Magistrale meist am Meer entlang. Beim kleinen Nachbarort *Seline* und auch danach finden sich immer wieder gute Bademöglichkeiten. Wer in dieser Ecke übernachten will, braucht nicht lange zu suchen. Der touristische Rummel wird überragt von der gewaltigen „Wildwest"-Kulisse des schroffen, kantigen, fast nackten Velebit-Massivs.

Rovanjska: ein Straßendorf am breiten Buchtende mit ein paar Pensionen, Restaurants und gigantischem Blick auf den Velebit. Einzige Attraktion ist hier die nahe

Tropfsteinhöhle *Špilija Modrić*, ca. 1 km nördlich des Ortes und wenige Meter östlich der Magistrale (ausgeschildert!). Ihr Eingang misst nur 1,80 m x 1,30 m, sie ist insgesamt 829 m lang. Auch im Inneren wechseln sehr enge Passagen mit breiten Öffnungen, in denen sich herrliche Stalagmiten und Stalaktiten in verschiedenen Formen befinden. Ganzjährig hat die Temperatur angenehme 17–18°C. Die Höhle ist nur organisiert (s. u.) zugänglich. Eine Führung (auch in Deutsch) mit Ausstattung dauert ca. 2:30 Std. Auch für Kinder ab ca. 6 Jahren interessant und machbar. Treffpunkt Restaurant Bartol.

Zara-Adventure (Hr. Marijan Buzov), Danijela Farlattija 7, Zadar, ✆ 098/348-437 (mobil), www.zara-adventure.hr. Reservierung mind. 1 Tag im Voraus, Eintritt 26 € (auch Kinder), inkl. Helm, Licht, Schutzkleidung und Versicherung.

Hinter *Rovanjska* geht es über die Meerenge und die sie überspannende Brücke Maslenica – ein imposanter Anblick. Hier gibt es viele Varianten der Weiterfahrt: über die neue Autobahn Richtung Šibenik oder nach Zagreb via Plitvicer Seen oder auf der Landstraße über Ražanac auf die Insel Pag oder nach Nin und Zadar.

Obrovac: Bei Rovanjska zweigt die Straße gen Osten in Richtung Obrovac und Gračac ins Hinterland ab. Kurz nach Jesenice können Sie einen Abstecher zum *Pueblo Plateau* (Pariževačka glavica) oberhalb vom *Canyon Zrmanj* machen – 400 m tief fällt der Blick hinab auf den Fluss Zrmanj, der hier kurz vor seiner Mündung ins Novigradsko more beeindruckend durchs Gestein bricht. Diese atemberaubende Landschaft diente schon bei Winnetoufilmen als gigantische Kulisse, heute ist das Plateau leergefegt, außer bei Festspielen, dann lodert das Feuer und es werden Zelte aufgebaut. Weiter führt die Straße in wenigen Kilometern nach Obro-

Ruine Večka – eine beliebte Badestelle nach sportlicher Aktivität

Canyon Zrmanj – beeindruckende Kulisse für Western- und Winnetoufilme

vac, das heute vor allem wegen Rafting- und Kajaktouren besucht wird. Von hier aus werden auch gerne Touren zur nahen *Krupa*, einem Nebenfluss der Zrmanja, unternommen.

● *Boot-, Rafting- und Kajaktouren* Der Canyon Zrmanj ist ein beliebtes Ausflugsziel per Boot. Von Starigrad Paklenica, Novigrad (s. a. Halbinsel Ravni kotari) und Obrovac bieten Agenturen Exkursionen an.
Flash Tour (Inh. Frane Sinovčić), ☎ 098/774-

651 (mobil). Organisiert Raftingtouren von Kaštel Zegarski bis Muško vei (nahe Obrovac), 14 km, ca. 3–4 Std.
Agentur Riva-Putnička, ☎ 098/438-709, -711, -715 (mobil).

In die Bergwelt des Velebit um den M. Alan und Sv. Rok: Kaiser Franz Joseph erbaute 1830 diese Gebirgsstraße über den Pass M. Alan (1044 m) in Richtung Norden. Kurz vor Zaton Obovački zweigt diese schmale Straße nach Norden ab und schraubt sich Kurve um Kurve höher, der Blick fällt hinab auf die Autobahn mit Raststation und weit auf das Meer. Bis zur Kirche *Sv. Franjo* mit Aussichtspunkt ist die Straße asphaltiert, danach fährt man auf gutem Makadam durch unberührte gigantische Landschaft. Achtung! Wegen Minengefahr sollte man nicht von der Straße abzweigen (mit Schildern gekennzeichnet). Man passiert die zackigen Felsformationen des *Tulove grede*, wo unterhalb auf den Geierwiesen Winnetou starb. Hier, in der Wildnis, steht auch ein Fanpostkasten – die Umgebung wurde freundlicherweise von Minen geräumt! Weiter führt der Makadam durch das Gebirge gen *Sv. Rok* (ab Abzweig Hauptstraße ca. 45 km). Nach weiteren 15 km über Lovinac stoßen wir bei Gornje Ploča in Autobahnnähe wieder zur Zivilisation. Weiterfahrt Richtung Korenica (Plitvicer Seen) oder nach Süden in Richtung Gračac möglich.

Küstenland Karlobag – Ravni kotari
Karte S. 293

Norddalmatien

Die Brücke Maslenica – Verbindung zwischen Kvarner-Region und Dalmatien

Dalmatien –
Halbinsel Ravni kotari

Die Meerenge bei Novigrad verbindet den Velebit-Kanal mit dem Meer von Novigrad (Novigradsko more) und dem kleinen Meer von Karin im Süden. Hier mündet die Zrmanja, ihr Süßwasser mischt sich mit den salzigen Fluten der Adria, und hier endet das Kroatische Küstenland und beginnt Dalmatien. Ravni kotari, fruchtbare Halbinsel und Hinterland der Festung Zadar, war zwei Jahrhunderte lang Schlachtfeld im Kampf zwischen Türken und Christen und heiß umstrittenes Gebiet im Jugoslawien-Krieg.

Die *Zrmanja* ist ein aus unterirdischen Wasserläufen gespeister Karstfluss, dessen Oberlauf teilweise ebenfalls unterirdisch fließt – er nähert sich hier bis auf 10 km der Krka. Seine Mündung ist flussaufwärts bis Obrovac schiffbar, links und rechts ragen die Felsen der Zrmanja-Schlucht imposant in die Höhe.

Die über 300 m lange, fast 60 m hohe *Maslenica-Brücke,* die über den schmalen Schlund der Meerenge von Novigrad auf die Halbinsel *Ravni kotari* führt, wurde im letzten Krieg von den Krajina-Serben zerstört. Bis zur Erneuerung der Brücke 1997 führte der Verkehr über eine Ponton-Brücke und danach am Novigrader Meer entlang nach *Posedarje.* Dies alles ist Vergangenheit – heute überquert die brandneue Autobahn A1, die vom bergigen Landesinneren hier auf die Küste stößt, die Meerenge. Die Autobahn verläuft nach wenigen Kilometern in Richtung Zadar, im Landesinnern in Richtung Split.

Das einstige verschlafene Örtchen **Posedarje** liegt heute zentral neben der Magistrale und der Autobahn (mit Ausfahrt!). Die Bademöglichkeiten sind gut, am Strand finden sich schattige Bäume, einige Restaurants, es gibt Privatcamps, Privatunterkünfte und eine sehenswerte romanische Pfarrkirche.

● *Essen/Übernachten* ***** Hotel Lucija**, 3-stöckiges modernes Haus am Meer mit gutem Restaurant und herrlicher Terrasse. Serviert werden frische, hausgemachte Produkte und Fisch. Es gibt 16 gut ausgestattete Zimmer (DZ/F ab 86 €) und Appartements (105 €/4 Pers. und Frühstück) und eigenen Badestrand. Tunjarice b.b., 23242 Posedarje, ✆ 023/266-844, prodaja@hotel-lucija.hr, www.hotel-lucija.hr. Geöffnet Mai–Mitte Okt.

Pension Zora, freundliche, nette Atmosphäre; eigener Obst- und Gemüseanbau. Nur kurzer Weg zum Strand. DZ/F mit Balkon ca. 60 €. ✆ 023/266-367.

1 km südlich von Posedarje geht es links ab nach *Novigrad* (11 km). Auf dem Weg dorthin an der schattenlosen Küste überall Bademöglichkeiten, doch ist das Wasser sehr flach, und man muss weit in das eher schlickige Binnengewässer hineinwaten. Beliebter Badeplatz ist eine aufgeschüttete Mole, die zu einer kleinen Insel mit dem *Heiliggeistkirchlein* (Sveti Duh) aus dem 15. Jh. führt.

Novigrad

An einem schmalen, fjordähnlichen Meeresausläufer breitet sich das Städtchen aus; seine Häuser schachteln sich den Berg hinauf, um den kleinen Hafen zieht sich die Promenade, und nur die Ruinen zweier mittelalterlicher Verteidigungsanlagen erinnern daran, dass Novigrad einst eine strategisch bedeutende, gut befestigte Stadt war. Attraktion der Gegend sind heute die Rafting-Touren, die auf der nahen *Zrmanja* organisiert werden.

Mit der von den Fürsten *Gusići-Kurjaković* erbauten Festung aus dem 13. Jh. verbindet sich in tragischer Weise das Schicksal zweier Frauen. Während der Wirren um die ungarisch-kroatische Thronfolge nach dem Tod *Ludwigs I. von Anjou* wurde die Königin-Witwe *Elisabeth* mit ihrer Tochter *Maria* in der Novigrader Festung gefangen gehalten. Zu allem Unglück hatte der nach der Krone trachtende König *Sigismund* aus dem Hause Luxemburg Maria gewaltsam zur Heirat gezwungen. Ihre Mutter wurde 1387 erdrosselt. In der altkroatischen Pfarrkirche *St. Martin* wird ein kostbarer Brokatumhang aufbewahrt, den nach der Überlieferung Elisabeth webte und vor ihrem Tod den Frauen schenkte, die die letzten Stunden bei ihr verbrachten. *Ladislaus von Neapel*, der sich in Zadar zum Gegenkönig Sigismunds krönen ließ, verkaufte Dalmatien, einschließlich Zadar und Novigrad, sowie die Insel Pag für 100.000 Golddukaten an Venedig. Die Stadtrepublik eroberte von Novigrad aus das durch die Türken geschwächte dalmatinische Ungarn-Kroatien.

● *Telefonvorwahl* 023
● *Postleitzahl* 51466 Novigrad
● *Information* **Touristinformation** an der Uferstraße, ✆ 364-031. Mo–Sa 7–15 Uhr.
● *Ausflüge* **Flashing Tour** (Hr. Frane Sinovčić), organisiert Rafting-Touren auf der Zrmanja (siehe Obrovac). Weitere Rafting-Agenturen siehe unter Zadar/Sport. Exkursionen per Boot oder auch Rafting-touren auch unter ✆ 091/731-9055 in Novigrad.

● *Übernachten* **Privatzimmer**, DZ ca. 15 €; **Appartements** mit 2–6 Betten kosten 20–51 €.
● *Camping* Die Uferstraße führt am Büro der INA-Raffinerie Zagreb vorbei direkt zum kleinen, einfachen und sauberen **Camp**, das zudem preiswert ist. Der Platz ist fast schattenlos, sonnengebadet wird auf Kies und auf einer Betonmole; kleiner Laden. Vom Humor der Besucher dieses doch recht ruhigen Flecks zeugt die Benennung der Campingstraße: „Bora-Boulevard".

Bei Posedarje zweigt die Hauptstraße Richtung Ražanac und im weiteren Verlauf zur Insel Pag ab. Nach ca. 4 km zweigt von dieser Route (N 106) ein Sträßchen zum idyllisch am Meer gelegenen Fischerort **Vinjerac** ab (auch erreichbar über die kleine Straße direkt nach der Maslenica-Brücke). Die Sicht hinüber zum Velebit-Massiv ist gewaltig, Taxiboote verkehren mit Starigrad Paklenica und es gibt die gute *Konoba Pece* (✆ 275-069), die vorzügliche Fischgerichte anbietet.

Wieder zurück auf der Hauptstraße, führt die Strecke nach 13 km zu einer Stichstraße ans Meer und nach Ražanac, das, getrennt durch den Velebit-Kanal, schräg gegenüber von Starigrad Paklenica liegt. Der Blick auf das imposante Velebit-Massiv im Hintergrund ist bei klarem Wetter grandios.

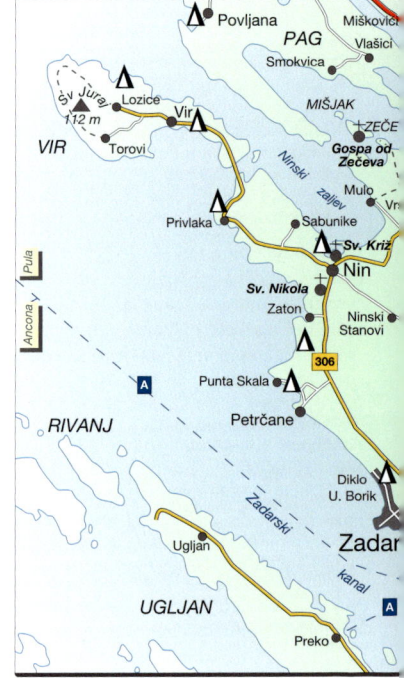

Ražanac

Ein Ort mit sympathischer Atmosphäre, wenn auch ohne markanten Charakter; das Leben hier geht noch seinen ursprünglichen, vom Tourismus kaum gezeichneten Gang. Die Bewohner haben und nehmen sich mehr Zeit, sitzen bei Musik und selbst gekeltertem Wein zusammen, flanieren abends zwischen Dorfplatz und Restaurant. Neben *Sobe*-Schildern werben Schilder für den hausgemachten Wein – und der ist gut. Am Ortsstrand betonierte Liegeflächen. Das Meer ist ruhig, und im steten Wind lässt es sich prima surfen.

• *Essen*   Kleines **Restaurant** gegenüber dem Hafenbecken, im Hintergrund die Kapelle. Sehr schön sitzt man im **Café** am Dorfplatz; hier trinken die Einheimischen gern ihren Schoppen.

• *Übernachten*   **Privatzimmer** kosten 10–17 €; auf Hinweisschilder achten.

• *Camping*   **** Autocamp Planik**, schattig unter Pinien, großer, ruhiger Platz, zum Meer mit Sandbucht 300 m. Restaurant und Kiosk. 4,30 €/Pers., Auto 3,50 €, Zelt 3,40 €. ✆ 651-431, www.planik.hr. Geöffnet Mitte Mai bis Ende Sept.

Ražanac/Umgebung

Wer mit dem eigenen Fahrzeug unterwegs ist, wird die kurzen Entfernungen auf Ravni kotari schätzen. Ein abendlicher Abstecher nach Zadar (20 km) über die gut ausgebaute Verbindungsstraße ist immer drin.

Fährt man weiter Richtung Insel Pag (von Ražanac nur 10 km), zeigt sich die Halbinsel mit dem auf Pag weisenden Sporn von *Rtina* in ihrer rauen Schönheit, unberührt und ländlich ist sie abseits der Magistrale. Der Blick schweift rundum übers Wasser, das Meer ist glatt, die vielen kleinen Buchten erscheinen wie Seen. Nur wenige Häuser stehen einsam in dieser karstigen Landschaft. Der Anblick der Inseln Pag und Vir am Haltepunkt vor der Brücke ist gespenstisch – unbewohnbare Steinwüste, Mondlandschaft.

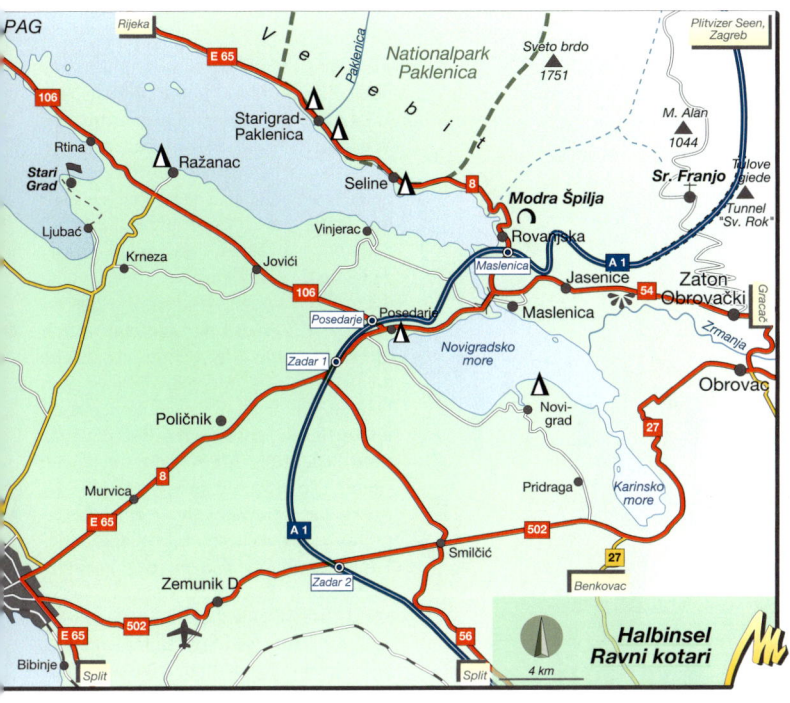

Die Strecke Ražanac–Zadar führt durch eine flache, landwirtschaftlich genutzte Ebene, überall eiförmige, um einen Holzpfahl aufgeschichtete Strohhaufen, zudem kann man sich hier gut mit Obst und Gemüse, das an den vielen Kiosken verkauft wird, eindecken.

Nin

Kirchenbaukunst, illyrische Gräber und der mutige Bischof Grgur Ninski machen das Städtchen interessant. Der für Kroatiens Geschichte so bedeutsame Ort strahlt heute eine friedvolle Ruhe aus: schattige Bäume, blühende Gärten, wenig Tourismus.

Die geschichtsträchtige kleine Idylle mit ihren Denkmälern hat man schnell abgelaufen. Als Standquartier ist Nin hervorragend geeignet, um z. B. per Mountainbike die Halbinsel Ravni kotari oder die umliegenden Inseln auf vielen ausgewiesenen Fahrradrouten zu erkunden.

Im 14. Jh. buddelten die Niner aus Sicherheitsgründen einen Graben, mit dem sie die Halbinsel zur Insel machten. Zwei Brücken verbinden deshalb Nin mit dem Festland; die Stadttore und Teile der Befestigung sind noch erhalten. Ein romanischer Campanile überragt die kleinen Häuser des Lagunenstädtchens.

Geschichte

Nin wurde von den illyrischen Liburnern gegründet, Hunderte von Gräbern aus dieser Zeit wurden entdeckt – einer der reichhaltigsten illyrischen Funde Dalmatiens. Die Quellen belegen, dass Nin schon im 4. Jh. v. Chr. ein großes liburnisches Wirtschafts- und Kulturzentrum war. Ende des 1. Jh. kamen die Römer und befestigten *Aenona.* Die Stadt erhielt den Status eines Munizipiums, war bedeutende Hafenstadt und nannte Forum, Aquädukt, Amphitheater sowie einen der größten Tempel Kroatiens ihr Eigen.

Nach der Zerstörung *Aenonas* durch die Awaren im 7. Jh. bauten kroatische Siedler den Ort unter dem slawischen Namen Nin neu auf, das als Königsstadt und erster kroatischer Bischofssitz zentrale Bedeutung für Kroatien erlangen sollte. Um 800 versuchten fränkische Missionare, die Einwohner zum Christentum zu bekehren. Ein bedeutender Fund aus dieser Zeit ist das *Višeslav-Taufbecken.* Bischof *Gregorius (Grgur Ninski,* 10. Jh.), als kroatischer Nationalheld bis heute verehrt, führte von hier den Kampf gegen den dalmatinischen Klerus von Split um die Beibehaltung der slawischen Sprache im Gottesdienst.

Nin stand seit 1328 unter der Herrschaft Venedigs und wurde im 15. und 16. Jh. vorsorglich zerstört, um den Türken keinen unversehrten Stützpunkt zu lassen. 1699 baute man Nin wieder auf, doch ihre frühere Bedeutung erlangte die Stadt nie mehr – Nin blieb im Vergleich zu Zadar unbedeutend.

Bischof Gregorius zürnt dem Klerus

Nins einziger Industriezweig ist heute die Meersalzgewinnung in den seichten Lagunen. Wegen der Reinheit der Natur, des langen, seichten Meeresabschnitts und reichhaltiger Funde des Peloid-Meeresheilschlamms wird in Nin ein größeres Gesundheitszentrum geplant. Die Heilkraft des Meeres nutzten schon die Römer, wovon Überreste römischer Thermen zeugen.

Nin gehört neben Zadar zu den derzeit 123 europäischen Mitgliedern des 1990 gegründeten *Walled Towns Friendship Circle* (WTFC).

*I*nformation/*V*erbindungen/*D*iverses

- *Telefonvorwahl* 023
- *Postleitzahl* 23232 Nin
- *Information* **Touristinformation (TZG)**, Trg Braće Radića 3 (vor Fußgängerbrücke),

✆ 264-280, www.nin.hr. Mai–Okt. tägl. 8–20 Uhr (Juli/Aug. bis 21 Uhr), sonst Mo–Fr 8–15 Uhr.

Agentur Zaton Plus Travel, neben Touris-

teninfo. ℡ 265-548, www.zaton.hr. Zimmervermietung.

Agentur Lotos, gegenüber vom Trg Braće
Radića, ℡ 265-555, www.lotos-nin.com. Zimmervermietung und Fahrradverleih.

• *Verbindungen* Bushaltestelle bei der
Post. **Bus** nach Zadar stündl. 5.10–20.50 Uhr.
Touristenzug Zaton–Nin, Juni–Sept. 9–
22 Uhr, halbstündl.

• *Post* Vor der Altstadt, mit Wechselstube;
Juni–Sept. Mo–Sa 7–21 Uhr (Pausen: 9.30–
10 und 17–17.30 Uhr), sonst 8–14 Uhr.

• *Veranstaltungen* Am 1. Mo im Mai **Sv.
Marija-Prozession** zur vorgelagerten Insel
Zečevo (zudem am 5. Mai und 5. Aug.). Mit
Booten wird hinübergeschippert, und in der
kleinen weißen Kapelle gibt es eine Messe.
Im Sommer Veranstaltungen im **Kulturhaus**
(gegenüber Sv. Križ) mit Galerie Višelav
(Juli/Aug. 18–22 Uhr).

• *Geldwechsel* **OTP banka**, mit Geldautomat, in der Altstadt.

• *Gesundheit* **Apotheke Kremić**, Kraljičin
put 2, ℡ 264-491. Mo–Sa 8–20, So 8–12 Uhr.
Ärztehaus, Zadarska 25, ℡ 265-031 (Dr.
Pekić-Jurišić) und ℡ 264-550 (Dr. Georgijev).
8–20 Uhr, Sa/So Bereitschaft. Hier auch
Erste Hilfe (Bereitschaft), ℡ 264-888. Zudem
auch **Zahnarzt**, ℡ 264-544 (Dr. Šarić).

Ganz kostenfrei kann man seine schmerzenden Gelenke und sonstigen Wehweh-
chen u. a. an der **Ninska Laguna** wieder
auf Vordermann bringen – man schmiert
sich einfach mit dem heilsamen schwarzen
Peloid ein; es stinkt zwar, aber es hilft –
viele Gäste haben auch ohne gesundheitli-
che Probleme einfach ihren Spaß, sich in
dem Morast zu wälzen.

• *Einkaufen* Minimarkt vor dem Altstadtkern, Obst- und Gemüsemarkt hinter der
Post. Großer Supermarkt in Richtung Vir.

Übernachten/Camping/Essen

• *Übernachten* **Privatzimmer** kosten 20–
30 €/DZ mit Dusche, einstöckige **Apparte-
menthäuschen** mit Balkon und Terrasse für
2 Pers. 35–50 €, z. B. ****** Appartements Vila
Vukić**, im Ortsteil Mulo (4 km außerhalb), 15
schöne Appartements mit Balkon, Klimaanlage, Minibar, Pizzeria, 30 m vom Meer entfernt; ℡ 360-321. **Pension Valentina Vidić**,
Bana Jelačića 34, ℡ 265-002, Zimmer ab
35 €. **Appartements Dejanović**, Biogradska
9, ℡ 264-147, www.nin-dejanovic.com.

**** Villa Dalibor, im Ortsteil Ždrijac, nördlich der Salinen. Mit Garten und Pool, mehr
für Kinder; wenige Minuten vom Strand
entfernt. Appartements mit Terrasse. DZ
55 €. ℡ 264-502, www.vila-dalibor.com.

** Aparthotel Condura Croatica, herrliche
Lage oberhalb des Sandstrands in Ninske
Vodice (6 km nördlich). Von der Restaurantterrasse Blick aufs Küstengebirge. Appartements ab 65 €. Put Škrile 1, ℡ 272-330,
www.condura-croatica.hr.

• *Camping* **Autocamp Dispet**, nördlich der
Salinen, gegenüber der Altstadt an der
Lagune. Fast schattenloses Camp ohne
Restaurant und Laden, aber preisgüns-
tig: 8 €/2 Pers., Zelt, Auto. ℡ 098/1643-051
(mobil).

Autocamp Nick, hinter Dispet, schön gelegen beim Strand Žrijac, mit ähnlicher Ausstattung. Ul. Nikola i Stiven Burela,
℡/℡ 264-048.

Schöne Lage im Norden der Altstadt haben
auch **Autocamp Nin**, ℡ 264-031 und vor allem **Autocamp Ninska laguna**, ℡ 264-265,
265-574, www.ninskalaguna.hr. Es ist der
größte Platz, gegenüber der Lagune, mit
neuen Sanitäranlagen.

Camping Peroš, schon kurz vor Zaton mit
Pool und Pizzeria.

• *Übernachten in Zaton (2 km südl. von
Nin)* Die Touristensiedlung **Holiday Village
Zaton** mit **Autocamp** und **Appartements**
entstand 1982 in einem Kiefernwäldchen, ist
ca. 1,5 km vom Ort Zaton entfernt. Hier lebt
es sich wie in einer eigenen Stadt: In punk-
to Unterhaltung und Sport ist nahezu alles
geboten, es gibt Restaurant, Pizzeria, Supermarkt, Taverne, Konditorei, Internet.
Bootsanlegestelle mit Slipanlage; Wind-
surf- und Wasserskischule, Tauchschule
und Tauchclub, Reitstall; Paddel- und Ruderboote, Parasailing, Minigolf, Tischtennis, Fahrradverleih und Animation; Tanzterrasse und Kroatiens größte **Diskothek Saturnus**. Runde, windgeschützte Bucht mit
flachem Wasser und Sand-Kies-Strand, Kinderspielplatz, Wasserrutsche, Swimmingpool. ℡ 280-280, 280-315, www.zaton.hr.

Appartements, verschiedene Kategorien
(***/****), für 2–5 Pers.; 2 Pers. 95 €/116 €
(Topsaison 103 €/124 €), 4 Pers. 122 €/165 €
(Topsaison 130 €/178 €), 5 Pers. 162 €/198 €
(Topsaison 174 €/214 €). Geöffnet Mai–Sept.

Dalmatien – Halbinsel Ravni kotari

Karte S. 308/309

● *Camping in Zaton* **** **Autocamp Zaton**, schön schattig unter Kiefern. Es gibt auch schöne Mobilhäuser (max 6 Pers.) mit Terrassen zu 119 bzw. 125 € (2 Du/WC), Topsaison 139 bzw. 146 €. 9,10 €/Pers., Parzelle für Zelt/Auto ab 22 €. Geöffnet Mai–Okt. ✆ 280-280, www.zaton.hr.

An der Rezeption werden auch **Privatunterkünfte** vermittelt. Regelmäßige **Busverbindung** von/nach Zadar.

● *Essen* **Konoba Branimir**, neben Kathedrale Sv. Križ. Das Natursteingebäude mit überdachter Terrasse wurde auf den Grundmauern eines königlichen Hauses aus dem 9.–11. Jh. errichtet. Spezialitäten sind Cripnjagerichte (Gerichte aus der Peka)

mit Oktopus, Lamm, Kalb, zudem Hummer, Fischgerichte und Fischcarpaccio – bester Platz in Nin. ✆ 264-866.

Restaurant Sokol, gleich hinter dem Stadttor, in von Wein überwachsenem Innenhof. Es gibt Pizza, Fisch- und Fleischgerichte. ✆ 264-412. Des Weiteren in der Altstadt zu empfehlen **Konoba Stara kužina**, mit schönem Garten, und **Konoba Kalalarga**.

Konoba Burela, gegenüber von TIC, mit nettem Garten und Blick auf die Altstadt.

Fischrestaurant Aenona, unter Schatten spendenden Laubbäumen, befindet sich gegenüber von Sv. Križ. ✆ 264-052. Gut und gemütlich ist auch **Restaurant Perin Dvor**. ✆ 264-307.

Sehenswertes

Beispielhaftes Zeugnis für altkroatische Kirchenbaukunst ist die vollständig erhaltene Kirche *Sveti Križ* (Heiligkreuz) aus dem 9. Jh., die „kleinste Kathedrale des

Christentums" (ganztägig geöffnet). Bauherr war der damalige Gespan (Stadtverwalter) Godežav; sein Name, eine der ältesten erhaltenen Inschriften der Zeit, ist über der Tür verewigt.

Lange rätselten die Forscher, warum bei einem derart vollkommenen Bau nicht darauf geachtet wurde, die Mauern gerade zu ziehen. Des Rätsels mögliche Lösung fand *Mladen Pejaković*, ein Maler aus Dubrovnik. Er ging davon aus, dass sich der Bauplan am einfallenden Sonnenlicht orientierte – das heißt, dass das Gebäude Kirche, Uhr und Kalender zugleich war und die Fenster- und Türöffnungen wie die gesamte Konstruktion genau nach dem Sonneneinfall angelegt wurden.

Neben der Kirche sieht man die Fundamente eines römischen Tempels, den einst die Statuen zahlreicher römischer Kaiser zierten. Die Tempelanlage zählt zu den größten ihrer Art in Kroatien. Sieben der Statuen, darunter die Bildnisse der Kaiser Tiberius und Augustus, sind heute im Archäologischen Museum von Zadar zu bewundern.

Die *Pfarrkirche Sv. Anzelmo* (St. Anselmus) an der Hauptstraße stammt in ihrer jetzigen Form aus dem 18. Jh. und

Sv. Križ, die kleinste Kathedrale des Christentums (9. Jh.)

Anselmus und Ambrosius, die Schutzpatrone von Nin (ca. 12. Jh.)

wurde anstelle einer romanisch-gotischen Kathedrale errichtet; erhalten sind nur noch die Seitenkapelle, die Reliefs und das Nordportal. Der romanische Glockenturm daneben stammt aus dem 12. bis 13. Jh. Anselmus, der Überlieferung nach einer der 70 Jünger Jesu, bekehrte in Gallien die Menschen zum Christentum, kam nach Nin und wurde dort der erste Bischof der Stadt. Sehenswert ist die *Schatzkammer* mit Gold- und Silberpretiosen aus Nin. An der Außenfassade prangen die vom Ursprungsbau erhaltenen Reliefs von Anselmus und Ambrosius, der beiden Schutzpatrone von Nin. Die kleine Kirche des *St. Ambrosious* aus dem 13. Jh. steht im Norden der Stadt.

Auf dem Dorfplatz gegenüber der Kirche steht die *Bronzestatue des Bischofs Gregorius.* Dem kroatischen Bildhauer *Ivan Meštrović* gelang ein eindrucksvolles Standbild des Bischofs, der zürnend oder mahnend in Richtung Kirche einer imaginären Zuhörerschaft seine Worte entgegenzuschleudern scheint.

Einen Besuch wert ist auch das kleine *Archäologische Museum* der Stadt (Juli/Aug. 9–22 Uhr, sonst kürzer, Eintritt 10 KN). In drei kleinen, kühlen Räumen zeigt es unter anderem Bauteile und ein Modell der Tempelanlage. Leider werden zahlreiche Fundstücke aus Nin in den Museen von Zadar, Split und Zagreb verwahrt – so das *Taufbecken von Fürst Višeslav* aus der Zeit der Christianisierung um 800. Eine Kopie des Beckens, gefüllt mit Geldscheinen und kleinen Münzen, ist im Museum zu bewundern.

Die im Südosten der Altstadt gelegenen *Salzgärten*, schon seit Römerzeiten in Betrieb, können besichtigt werden. Es gibt auch einen kleinen Shop mit Salzprodukten (Juni–Mitte Sept. tägl. außer So 10–17 Uhr, sonst nach Reservierung; ☎ 264-764. Eintritt 5 KN).

Etwas außerhalb, an der Straße nach Zadar, steht auf einem Hügel, geschützt von zwei Pinien, die kleine Wehrkirche *Sv. Nikola* aus dem Ende des 11. Jh. Sie hat einen dreiblättrigen Grundriss, bekam während der Türkenkämpfe einen Wachtturm mit Zinnen auf die Kuppel gesetzt und ähnelt seitdem einer kleinen Festung.

In der Umgebung von Nin gibt es vorchristliche Hügelgräber mit Grabbeigaben und anderen Zeugnissen aus liburnischer Zeit.

Die Tränen der Madonna von Zečevo

Nördlich von Nin liegt in Sichtweite der Küste das Inselchen Zečevo. Einst besiedelten Eremiten die Insel und erbauten der Muttergottes zu Ehren eine Kirche. Als aber im Jahr 1500 die Bürger von Zadar und Nin einen Angriff der Türken heldenhaft abwehrten, fielen diese aus Rache über Zečevo her, brandschatzten Kirche und Kloster, ermordeten die Eremiten und raubten die Madonnenstatue.

Die Türken warfen die Statue achtlos ins Meer, doch diese, so weiß die Legende, schwamm schnurstracks wieder nach Zečevo zurück. Schon auf halbem Weg begannen die Glocken von selbst zu läuten, und die Bauern eilten von den Feldern herbei, sahen das Wunder und verehrten das heilige Bildnis umso mehr. Bald veranlasste der Bischof von Nin den Wiederaufbau der Kirche, und ein paar Jahre später, 1516, erschien der Witwe Jelena die Madonna von Zečevo ganz lebendig – aus der Statue kamen Tränen. Nach wiederholten Besuchen in der Kirche holte die Witwe am 5. Mai die Würdenträger herbei, damit auch diese die Erscheinung sehen könnten, und alle kamen und sahen die Tränen der Muttergottes. So weit die Überlieferung.

Seit diesem Tag führt jedes Jahr am 5. Mai eine Prozession nach Zečevo, die Gläubigen kommen mit ihren Booten, um der weinenden Madonna zu Ehren eine Messe zu feiern.

Baden: Nördlich der Altstadt am *Sandstrand Ždrijac;* auf der Uferstraße vorbei an der Salzfabrik und den Campingplätzen Dišpet und Nick. Weiter östlich liegt der *Strand Zukve* mit gleichnamiger Siedlung. Nördlich von Nin an der Ninska Laguna (ca. 3 km) ist ein herrlicher flach abfallender Sandstrand; hier kann man sich auch mit dem heilsamen Peloid einschmieren. Schön ist die Bademöglichkeit in Ninske Vodice (6 km nördlich Richtung Vir, kurz vor Privlaka rechts ab) am so genannten Königsstrand, *Kraljičina plaža;* auch mit dem Fahrrad gut erreichbar. Hier gibt es Sandstrand, allerdings einige Steine im Wasser, Beachbar, Windsurfzentrum (s. o.) etc. und einen wundervollen Blick auf das Küstengebirge Velebit. Genügend Bademöglichkeiten gibt's auch in Richtung *Vrsi* und in Richtung *Vir* an der Ostküste (langer Sandstrand).

• *Tauchen* **Scuba Adriatic**, im Holiday Village Zaton, ✆ 280-350; 098/686-999 (mobil), www.scubaadriatic.com.

• *Windsurfen* **Surfmania**, am Kraljičina plaža in Ninske Vodice, www.surfmania. net. Geöffnet 15. April–15. Nov. Surfbrettverleih und Schule, auch Kitesurfen. Ab nachmittags gute Surfwinde vom Velebit.

• *Reitzentrum Zaton* Reitschule, Ausritte, Kutschfahrten, Ponys. ✆ 099/442-160 (mobil), www.horse-center-libertas.hr.

• *Mountainbike* Die flache Halbinsel Ravni kotari eignet sich bestens für Touren verschiedener Längen, z. B. in die Metropole Zadar, 24 km entfernt. Fahrradverleih ist bisher nur in Zaton möglich. Fahrradkarten gibt es in der Touristinformation.

Nin/Umgebung

Rund 6 km südlich von Nin erreichen wir **Petrčane,** einen kleinen, reizvollen Ort mit Bäumen an der lang gezogenen Bucht (Kiesstrand) und luxuriösen, in den Hang gebauten Häusern. Auf den Ufermauern braten die Sonnenanbeter, entlang der Straße gemütliche Cafés und Restaurants.

Ninska Laguna – seichtes Meer und imposante Kulisse

Auf der nördlich von Petrčane gelegenen Landzunge liegt **Punta Skala,** eine riesige, modernisierte und erst ab Juli 2009 eröffnete Ferienanlage, mit allem Komfort und Sportmöglichkeiten.

- *Telefonvorwahl* 023
- *Postleitzahl* 23231 Petrčane
- *Information* **Touristinformation,** ✆ 364-052. Mo–Sa 8–20 Uhr.
- *Verbindung* **Bus** nach Zadar und zurück mindestens 7-mal täglich.
- *Übernachten* **Privatzimmer** kosten 15–21 €. **Appartements** mit 2–8 Betten 30–66 €.

*** **Hotel Pinija,** große, wunderbar gelegene Anlage auf einer Halbinsel in einem Pinienwäldchen direkt am Meer (Kiesstrand). Friseur, Minimarkt, Restaurants und Europcar-Autovermietung. Im Sportangebot Surfen, Wasserski, Tauchen und Tennis, Minigolf und Bootsverleih. Mitte Juni bis Mitte Sept. nur wochenweise Vermietung. DZ/F 110–134 €, ✆ 202-500, www.pinija.hr.

- *Camping* Vor der Schranke des Hotels Pinija links fahren – hier finden sich mehrere **Privatcamps.** Teilweise recht hübsch und am Meer gelegen. 7 €/2 Pers., Zelt, Auto.
- *Übernachten in Punta Skala*

****–***** **Falkensteiner Hotels & Residences Punta Skala,** int. renommierte Architekten kreierten aus der alten Anlage das größte und modernste Resort an der kroatischen Küste, Eröffnung Sommer 2009. Auf der bewaldeten gleichnamigen Halbinsel mit Sand-Kies-Strand wurden auf 29,6 ha Fläche luxuriöse Unterkünfte geschaffen (LAN-Internet und Flachbildschirm obligatorisch). Zudem gibt es auf 8000 m^2 Appartementanlagen (teils Residenzen) mit Shops, Restaurants und Bars; zum Relaxen und Regenerieren geht man ins Beauty- und Spacenter. Groß ist auch das Sportangebot und die Animation für Groß und Klein: Tennis, Tauchclub, Beachvolleyball, etc. zudem ein Nautikcenter; in Planung eine Marina und ein Golfplatz.

- **** **Family Hotel Diadóra** mit 252 Familienzimmern. In der Topsaison 159 €/Pers./All-inclusive.

- ***** **Hotel & Spa Iadera,** 210 Zimmer mit Balkon oder Terrasse. Superior DZ/F ab 330 € (Topsaison). Information unter ✆ 492-913, www.punta-skala.com, www.falkensteiner.com.

Die Ruine des einst zum Schutz gegen Piraten erbauten Kastells von Vir

Insel Vir

Früher konzentrierte sich das Leben auf der kleinen, kargen Insel auf den gleichnamigen Hauptort – für die Bewohner des nahen Zadar ein beliebtes Ausflugsziel. Doch in den letzten Jahren hat die Ursprünglichkeit von Vir gelitten – durch den Bau von Ferienwohnungen wurde die Insel zersiedelt, ganze Küstenabschnitte verwandelten sich in Großbaustellen.

Über Nin und Privlaka geht es auf der 1979 erbauten Brücke über das tiefblaue Meer nach Vir. Bis auf ein paar Hügel mit den charakteristischen Steinmäuerchen ist die 22,5 km² große, von 600 Menschen bewohnte Insel karstig, kahl und flach. Von der Vegetation her ähnelt sie Pag – viele Steine und dazwischen ein paar Kräuter.

Neubausiedlungen ziehen sich die ganze *Sapavac-Bucht* in der Nähe von Vir entlang, im Norden breiten sie sich an der *Radnjača-Bucht* bei Lozice aus. Trotzdem braucht man für die Insel ein robustes Auto, denn die Asphaltstraße führt nur bis Torovi, wenige Kilometer hinter Vir. Oder man wandert die Makadam-Straßen entlang, die sich über die sanften Hügel hinab zum Meer und zu kleinen, meist felsigen Badebuchten schwingen. Mountainbiker finden hier zahlreiche Wege. Die Insel besuchen hauptsächlich kroatische Feriengäste, die hier ihre Grundstücke besitzen. Ausländische Touristen findet man selten und wenn, bleiben sie nur ein paar Tage.

Die Insel war schon in vorgeschichtlicher Zeit besiedelt. Auf dem 112 m hohen *Bandira* finden sich Überreste einer illyrischen Burgruine und ein paar Quader der 700 Jahre alten Kapelle *Sv. Juraj.* 1069 wird Vir in der Schenkungsurkunde des kroatischen Königs *Krešimir* erstmals erwähnt. Aus venezianischer Zeit erhalten sind die Grundmauern eines Kastells, das zum Schutz gegen Piraten erbaut worden war.

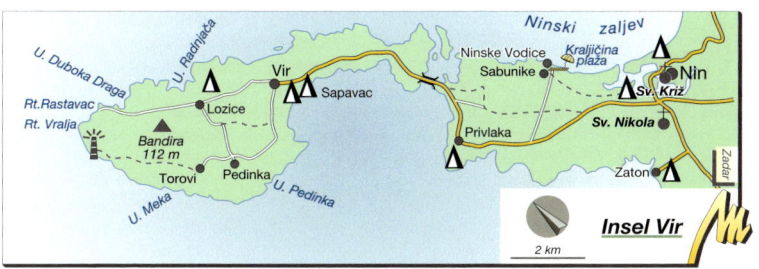

Vir

Der Inselhauptort zieht sich an der weiten *Sapavac-Bucht* in die Länge – vom neueren Ortsteil Uvala Luka bis zur Ortsmitte und zum alten Hafenbecken im Westen. Das quirlige, von Autos überquellende Zentrum mit Marktständen und Verkaufsbuden ist erstmal kaum zu finden. Am Hafen gibt es noch etwas ursprüngliches Inselleben, neben Fischerbooten stehen Holzfässer für den Fang parat. Sonnenhungrige tummeln sich am Fels- und Kiesstrand. Er verläuft weiter westwärts bis zur Burgruine mit einem karstig-kahlen Berg im Hintergrund.

Die Dorfkirche *Sv. Juraj* aus der Mitte des 19. Jh. wurde auf den Fundamenten einer kleinen Kapelle erbaut. Daneben ragt der frei stehende Kirchturm ins wolkenlose Blau. Etwas außerhalb des Ortes, Richtung Torovi, steht seit dem 13. Jh. die Friedhofskirche *Sv. Ivan,* die frühere Hauptkirche von Vir.

*I*nformation/*D*iverses

- *Telefonvorwahl* 023
- *Postleitzahl* 23234 Vir
- *Information* **Touristinformation**, kurz vor dem Hafenbecken. Mo–Sa 7–20 Uhr. ✆/📠 362-196, www.otok-vir.info.
Tourist Center & Shop Ivo, östlich vom Zentrum zum Meer, ✆/📠 362-240, 098/351-6643, avd-koncept@zd.t-com.hr. Zimmervermittlung, Ausflüge, Boote etc.
- *Verbindungen* Regelmäßig **Busse** nach Nin und Zadar, stündl. 5.30–21.30 Uhr. Ticketverkauf neben Restaurant Katarina.
- *Post* Ortsende Richtung Lozice; Mo–Sa 8–20 Uhr.

- *Geldwechsel* Post und Touristinformation.
- *Einkaufen* Mehrere Supermärkte, Bäckerei, Obst- und Gemüsestände.
Krawattenladen Croata, Široska ul. 24.
- *Gesundheit* **Ambulanz**, kurz vor dem Hafenbecken, ✆ 362-769.
- *Veranstaltungen* Am 28. Aug. **Dorffest** mit Prozession zu Ehren von Sv. Ivan, außerdem Folkloreveranstaltung mit Tanz und gutem Essen.
- *Nachtleben* **Disco-Bar Mora**, kurz vor der Post nach rechts; im Freien eine große Terrasse mit Springbrunnen.

*Ü*bernachten/*C*amping/*E*ssen

- *Übernachten* Die Touristinformation vermittelt **Privatzimmer** ab 15 €/DZ. **Appartements Ivo**, kurz vor dem Meer, an der Promenade mit Terrasse, Garten und kleinem Anlegehafen; 2 Pers. 40–50 €; ✆/📠 362-240. Gemütlich und familiär ist auch **Pension Bašić**, ruhig gelegen, mit großer Terrasse und Garten, auf Wunsch auch HP, Preise etwas niedriger; ✆ 362-224. **Appartements**

Spavalice, 3 Pers. ca. 50 €; Put Spavalice 1 (nähe Kirche), ✆ 362-033, ✆/📠 363-064.
- *Camping* Es gibt nur einfache, komfortlose Campingplätze: **Camping Sapavac**, an der gleichnamigen Bucht bei Vir, schattiger Platz. ✆ 091/207-2267 (mobil).
*** Camping Matea, an der Bucht Radovanjica, gute Ausstattung. ✆ 362-474, 📠 362-102.

* Campingplatz Vir, komfortloser, kleiner Platz im Zentrum.

* Camping Luka, kleiner Platz östlich von Camp Matea.

Autocamp Slatina, nordöstlich von Vir, nahe dem Meer, mit betonierten Liegeflächen. Steiniger, ruhiger Platz unter Kiefern mit kleinem Restaurant; die Duschen sind in einer Nische im Freien.

● *Essen* **Gostiona Viranka**, Ortsmitte. Mit großer, teils überdachter Terrasse. Auch innen sitzt man recht gemütlich; gut, preiswert und flinker Service.

Restaurant Bili Galeb, direkt am Meer, hübsche Terrasse, Bootsanlegeplätze. Fisch- und Fleischgerichte.

Konoba Kod Spavalice, Natursteinhaus mit großem, gemütlichem Innenhof unter Fischernetzen, innen rustikal mit großem Kamin; Fischbecken. Fisch- und Fleischspezialitäten. Put Spavalice 1 (nähe Kirche), ✆ 362-033.

Weitere Inselorte

Lozice: Von Vir führt die Asphaltstraße an die Nordküste nach Lozice. Unterhalb die *Radnjača-Bucht,* deren westlicher Küstenabschnitt sich zu einer einzigen Baustelle entwickelt hat. Die Grundstücke am Meer sind fest in der Hand der Städter. Willkürlich stehen Einfamilienhäuser mitten in der Landschaft, umgeben von Baumaterial und Betonmischmaschinen. Die Straße weiter Richtung *Kap Rastavac* finden sich noch schöne Buchten, z. B. die von roten Sandsteinfelsen umgebene *Duboka Draga.*

Die roten Sandsteinfelsen von Duboka Draga

● *Essen* **Konoba Stipe**, Sitzgelegenheit auf der mit bunten Sonnenschirmen bestückten, von ein paar Bäumchen gesäumten Natursteinterrasse. Es gibt Fisch und Gegrilltes. Auch Minimarkt. ✆ 362-143.

● *Übernachten* **Privatzimmer** ab 13 €/Pers.

Vorbei am Friedhof von Vir führt die Teerstraße weiter Richtung **Torovi.** Ein paar alte Steinhäuser, Hühnerställe, Weingärten, Steinmäuerchen, die die Hügel geometrisch unterteilen, würzig duftender Weg hinab zum Meer. Voraus im Dunst liegt die Inselkette mit Olib, Ist, Molat, Sestrunj, Uglijan. Noch weiter reicht die Sicht vom 112 m hohen *Bandira* (nach Torovi den Makadamweg hoch) – herrlicher Rundblick von Vir bis Nin und Zadar, über die Inselkette vor Zadar, im Osten auf Pag und das Velebit-Küstengebirge. Und beim Blick auf den Boden entdeckt man die 700 Jahre alten Grundmauern der *Sv. Juraj*-Kapelle, die rekonstruiert werden soll.

Die Straße führt weiter nach Westen bis zum *Leuchtturm,* nur wenige Autofahrer verirren sich hierher. Besser auch, man schnallt sich den Rucksack um und macht sich zu Fuß auf die Suche nach einem Badeplatz am *Fels-* und *Kiesstrand.*

Zadar – das Landtor und der Hafen Foša, einst einziger Stadtzugang

Zadar

Gesäumt vom großen Fährhafen und von wuchtigen Mauern beschützt, liegt Zadars malerische Altstadt auf einer Landzunge. Die einstige Hauptstadt Dalmatiens ist eine Stadt der Baudenkmäler und Museen, eine Stadt zum Flanieren, Einkaufen sowie Sprungbrett zu vielen Inseln. Nicht zuletzt durch den Flughafen hat sich die 76.000-Einwohner-Metropole zu einem modernen Geschäfts- und Touristenzentrum entwickelt.

In den autofreien Gassen und auf den Plätzen drängen sich die Menschen über glatt poliertes Marmorpflaster durch die 2000-jährige Vergangenheit Zadars – ein buntes Gewirr verschiedenster Stilepochen und Baudenkmäler, die die Jahrhunderte überstanden und immer wieder restauriert wurden. Auch im Zweiten Weltkrieg und besonders im Krieg zwischen 1991 und 1994 hat die Altstadt sehr gelitten. Doch davon ist heute fast nichts mehr zu sehen; mit großem Aufwand wurde das historische Zentrum wiederhergestellt, alte Plätze wie z. B. der *Trg pet bunara* (5-Brunnen-Platz) oder die Landspitze mit den *Meeresorgeln* oder dem *Gruß an die Sonne* wurden neu gestaltet. Reges Treiben herrscht in den Einkaufsstraßen und am *Narodni trg* (Nationalplatz), am Markt mit vielen Obst-, Gemüse- und Souvenirständen. Beschaulich ist es dagegen abends bei einem Konzert auf dem römischen Forum. Wegen ihrer Kirchenschätze wird Zadar auch die Stadt von Gold und Silber genannt, der Besuch einiger Museen lohnt. In jedem Fall ist die Stadt ein paar Tage Aufenthalt wert – zudem ist sie ein guter Standort für schöne Ausflüge in die Umgebung. Auch an Mountainbikefans wurde gedacht – schöne ausgewiesene Fahrradstrecken führen von Zadar über die Halbinsel Ravni kotari oder einfach nur zum nächsten Badestrand. Für Sonnen- und Badehungrige sind die Strände nicht allzu weit, und im Stadtteil Borik liegt – direkt am Meer – ein riesiger Hotelkomplex mit Freizeitzentrum. Noch etwas weiter, im Vorort Diklo, finden sich ebenfalls schöne Strände und Unterkunftsmöglichkeiten.

Karte S. 324/325

Zadar

Geschichte

Erstmals erwähnt wurde Zadar von den Griechen im 4. Jh. v. Chr. Unter den Römern hieß die Stadt *Jadera* und *Diadora*. Als das antike Salona bei Split von den Slawen und Awaren zerstört wurde, stieg Zadar 614 zur Hauptstadt des byzantinischen Dalmatiens auf. Häufig kam es zu Kämpfen mit den Venezianern. Zum Empfang von Papst *Alexander III.* sang das stolze Volk von Zadar nicht lateinische, sondern slawische Lieder. Doch 1409 verkaufte der letzte ungarisch-kroatische König, *Ladislav Napuljski* (Ladislav von Neapel), Zadar zusammen mit ganz Dalmatien für 100.000 Dukaten an Venedig. Die Türken besetzten im 16. Jh. das Hinterland der Stadt. Unter österreichischer und französischer Besatzung wurde Zadar erneut Hauptstadt Dalmatiens. Im Vertrag von Rapallo 1922 wurde die Stadt Italien zugesprochen, das damit einen wichtigen Seehafen erhielt. Zadar verlor jedoch an Bedeutung, da es vom Hinterland isoliert war. Nach der Kapitulation Italiens 1943 besetzten deutsche Truppen die Stadt. Am Ende des Zweiten Weltkriegs war sie fast völlig durch deutsche Bomben zerstört. 1947 wurde Zadar dem Staat Jugoslawien angegliedert. Man begann mit dem Wiederaufbau, restaurierte die Kunstdenkmäler, und Zadar entwickelte sich zu einem modernen Wirtschafts- und Fremdenverkehrszentrum. 1991 wurde dem Aufschwung eine jähes Ende gesetzt. In diesem Jahr, nach der Unabhängigkeitserklärung Kroatiens, besetzten Serben die Region um Knin (die Krajina), die Bemühungen um Autonomie scheiterten. Die serbische Armee sprengte die Maslenica-Brücke und rückte bis nahe an Zadars Tore heran. Vom Hinterland abgeschnitten, hielten die Bewohner in Kellern und Bunkern dem dreijährigen Beschuss stand oder verließen per Fähre das Land. Es gab viele Tote und Verwundete. Trotzdem begann man in der Altstadt bereits während des Krieges mit der Restaurierung. Das ist lange her. Heute erwartet den Besucher eine prachtvolle Stadt, in der man in noblen Geschäften von Benetton oder Calvin Klein shoppen oder sich den zahlreichen Kulturgütern widmen kann.

Korinthische Säule und Kirchturm von Sv. Stošija (12. Jh.)

Information

- *Telefonvorwahl* 023
- *Postleitzahl* 23000 Zadar
- *Information* **TIC**, Mihe Klaića 2 (am Narodni trg), ℡ 316-166. Mai–Okt. tägl. Mo–Fr 8–20, Sa/So 9–13 Uhr, Juli/Aug. tägl. 8–22 Uhr (teils auch bis 24 Uhr). Information

und Privatzimmer.
Infostelle-Tifon – Autobahn (Ausfahrt Zadar), Mai–Mitte Okt. tägl. 8–22 Uhr.
Tourismusverband Zadar (TZG), I. Smiljanica b.b., ℡ 212-412, www.visitzadar.net. Kein Publikumsverkehr!

Tourismusverband der Region (TZŽ), Sv. Leopolda Bogdana Mandica 1, ✆/📠 315-107, 315-316, www.zadar.hr. Kein Publikumsverkehr!

Agentur Jureško Aquarius, Nova Vrata b.b., ✆/📠 224-120, 212-919. Mo–Sa 8–20 Uhr. Zimmervermittlung, Exkursionen.

Croatia-Express, Široka ulica (ggü. Kompas), ✆ 250-502, 📠 250-499. Fahrkartenverkauf.

Jadrolinija, Liburnska obala 7, (hinter dem Busbahnhof), ✆ 254-800, www.jadrolinija.hr. 6–17 und 18–22 Uhr, So 7–13.30 und 15–22 Uhr.

Generalturist, Obala kneza Branimira 1, ✆ 318-997, www.generalturist.com. Tägl. 8–20 Uhr. Privatunterkünfte und Ausflüge.

Miatours, Vrata Sv. Krševana, ✆ 254-400, 254-300, www.miatours.hr. Information über Tragflügelboote nach Ancona, Božava. Tägl. 8–21 Uhr.

Marlin Tours, R.K. Jeretova 3 (gegenüber Brücke), ✆ 305-920, www.marlin-tours.hr. Ausflüge.

Terra-Travel, Matije Gupca 2° (Diklo), ✆ 337-294, www.terratravel.hr. Ausflüge und Fahrradverleih.

Zara-Adventure (Hr. Marijan), Danijela Farlattija 7, ✆ 342-368, www.zara-adventure.hr. Ausflüge, u. a. Špilja Modrić.

Zadar in your pocket, kostenlose Infobroschüre über Events, Nightlife, Restaurants, Sehenswürdigkeiten. Bei TIC erhältlich.

Verbindungen/Ausflüge

• *Verbindungen* **Ruderboot**, (5 KN) überquert Bucht zwischen Fährhafen und Leuchtturm (in Saison frühmorgens bis Mitternacht) – eine jahrhundertealte Tradition.
Touristenzug: Borik–Zadar–Borik, 6-mal tägl. 5,50 €/retour, Kinder 4–8 Jahre 1,30 €
Busse: Haltestelle an der Liburnska obala (am Kai vor der Stadtmauer), Verbindung zum Busbahnhof. Der **Busbahnhof** liegt 2 km außerhalb der Altstadt im Südosten, in der Ante Starčevića 1; Auskünfte ✆ 211-938 (Lokallinien), ✆ 211-555 (zu anderen Städten). Gepäckaufbewahrung tägl. 6–22 Uhr, 1,20 KN/Std. Verschiedene Busunternehmen wie Autotrans, Punta Mica Line und Contus (s. u.): 3-mal tägl. nach Zagreb (17 €, 2:30–3 Std. Fahrtzeit), mehrmals nach Rijeka und stündl. nach Split. Innerhalb der Stadt kostet das Ticket im Bus 8 KN, im Vorverkauf am Kiosk 13 KN/2 Fahrten. Nach Borik alle 15 Min. – stündl. startet auch ein Taxiboot vom Kai. Zubringerbusse zum Flughafen.
Für alle weiteren Fahrten Reservierung erforderlich! Von Zadar werden auch große Städte in Deutschland angefahren. Eine gute und komfortable Buslinie nach Split, Zagreb und Deutschland ist Contus (Büro im Busbahnhof, ✆ 314-477, 314-202, www.contus.hr). Infos am Busbahnhof, bei Contus, Croatia-Express und Touring-GmbH, Deutschland (✆ 069/790-350).
Züge: Bahnhof 2 km südöstlich der Altstadt beim Busbahnhof, Ante Starčevića 4, **Zugauskunft** ✆ 060/333-444 (nationale Info-Zentrale), www.hznethr oder über Croatia-Express. Um nach Zagreb, Split, Šibenik zu kommen, muss man den Lokalzug nach Knin (100 km) nehmen und dort umsteigen (rund 2 Std.). Mit dem Bus geht es schneller und bequemer. Fahrpreis Zadar–Zagreb ca. 28 €, Fahrtzeit 6 Std. (schnellste Verbindung!).
Flüge: Der Flughafen Zračna luka Zadar (✆ 313-311, 205-800 Fluginfo, www.zadar-airport.hr), liegt 9 km südöstlich von Zadar (Zubringerbusse vor der Altstadt am Kai und am Busbahnhof, ca. 25 KN, u. a. für Germanwings, ca. 3 Std. vor Abflug). Linienverkehr mit Pula, Zagreb und Dubrovnik. Ab Zagreb intern. Verbindungen mit München, Frankfurt, Wien, Zürich usw., in der Saison auch Charterflüge nach Deutschland. Flugpreis: Zadar–Zagreb ab 80 €.
Croatia Airlines hat kein Stadtbüro mehr, nur noch am Flughafen oder Hotline, ✆ 062/777-777, www.croatiaairlines.hr.
• *Schiffsverbindungen* An der Landspitze legen die großen Autofähren an; im Hafenbecken, gegenüber der Stadtmauer, die Trajekts nach Ugljan, Dugi Otok usw.; für diese Inseln auch Fahrkartenverkauf im Kiosk gegenüber an der Stadtmauer.
Trajekts: *Linie 431 Zadar–Preko (Ugljan)*, 6.20–23 Uhr fast stündl., in der Hauptsaison noch 5.30 und 23.59 Uhr.
Linie 434 Zadar–Brbinj (Dugi Otok), 3- bis 4-mal tägl.
Linie 435 Zadar–Bršanj (Iž), 2-mal tägl.
Linie 401 Zadar–Ist–Olib–Silba–Premuda–Mali Lošinj, Juni bis Ende Sept. 1-mal tägl.

Eine alte Tradtion blieb erhalten, per Bootsmann zur Neustadt

Abfahrt 9 Uhr (Nebensaison weniger); nach Ist nicht Mo, Mi, So.

Linie 433 Zadar–Rivanj–Sestrunj–Zverinac–Molat–Ist, 5-mal wöchentl., Ist nur Mo und Mi. Zudem Katamaran (s. u.)

Katamaran (Split Tours), Juni bis Ende Sept. 2-mal (Juli/Aug. 5-mal) wöchentl. Zadar–Ilovik–Mali Lošinj–Unije–Pula (4 Std.). Ilovik und Unije werden im Juli/Aug. auch nur 2–mal wöchentl. angelaufen.

Personenfähren und **Katamaran**:

Katamaran (Linie 9406) Zadar–Sali–Zaglav (Dugi Otok), bis zu 3-mal tägl.

Personenfähre (Linie 405a) 1-mal tägl. (10 Uhr).

Katamaran (Linie 9403) Zadar–Molat–Brgulje–Zapuntel–Ist, 1-mal tägl.

Personenfähre (Linie 405) Zadar–Mali Iž–Veli Iž–Mala Rava–Rava, 1-mal tägl.

Italienfähren (Reservierung im Voraus erforderlich): *Zadar–Ancona* (Jadrolinija), ganzjährig 4-mal wöchentl.; 1-mal tägl. in der Saison; Fahrtzeit 8 Std.

Tragflügelboot Zadar–Božava–Ancona, Anfang Juni bis Mitte Sept. Fr, Sa (2-mal; nicht Božava), So; 70 € (Sa 80 €); Fahrtzeit 3:30 Std. Info über Miatours (s. o.).

Katamaran Emilia Romagna Lines (www.emiliaromagnalines.it), 1-mal wöchentl. (Sa) im Aug. von Pesaro nach Zadar (Fahrtzeit 4:30 Std.). Preise (siehe Anreise).

● *Ausflüge* Z. B. Raftingtouren auf der Zrmanja (s. Obrovac und Novigrad); zu den Nationalparks Krka-Wasserfälle, Plitvicer Seen, Paklenica oder Kornaten. Auskunft über Agenturen (s. o.). Zudem Höhlenbesuch in der Špilja Modrić bei Rovajnska (s. Umgebung von Starigrad Paklenica).

*A*dressen/*D*iverses (siehe *K*arte *S.* 324/325)

● *Geldwechsel* **Erste banka,** Obala kneza Branimira 6 (gegenüber Fußgängerbrücke), und Ul. Široka 1 mit Geldautomat; **OTP,** Trg Sv. Stošije 3, mit Geldautomat. **Zagrebačka banka,** Knezova Šubića Bribirskih 4, mit Geldautomat.

Alle Banken: Mo–Fr 8–20, Sa 8–12 Uhr.

● *Post* Ul. Šimuna Kožičića Benje (zwischen Seetor und Forum), Mo–Sa 7.30–21 Uhr (Sa nur bis 20 Uhr). Gegenüber der Altstadt (über die Fußgängerbrücke, dann nördlich), in der Josipa Jurja Strossmayera, Mo–Fr 7–20, Sa 7–14 Uhr. **Hauptpost,** Kralja S. Držialava 1 (östlich, vor der Altstadt), ☎ 316-841, hier auch Poste restante, Mo–Sa 7.30–21 Uhr (Sa nur bis 20 Uhr).

● *Taxi* Beim Busbahnhof und Kai. Zentrale: ☎ 251-400. Start 25 KN, zzgl. 8 KN/km.

• *Parken* Alle Parkplätze sind gebührenpflichtig. Hinter der Altstadtmauer am Kai –
aber aufpassen, hier stehen auch die Autos, die auf die Fähre warten. Auf der gegenüber liegenden Seite vom Hafenbecken
nach der Fußgängerbrücke und ein Stück
weiter östlich am Hafenbecken an der Obala kneza Branimira. Parkplätze südlich und
östlich des Forums. Auch Garagenvermie-
tung, Auskunft über Touristagenturen.

• *Gesundheit* **Krankenhaus** (bolnica), Bože
Perčića 5, ☎ 315-677, 10 Min. von der Altstadt, beim Hotel Kolovare. **Ambulanz-Not-
fall**, 24 Std., Ivana Mažuranića 28 b (nahe
Jachthafen), ☎ 239-811. **Apotheken** (ljekarna) mit Bereitschaft: **Centar**, Jurja Barakovića 2, ☎ 302-920; **Donat**, Braće Vranjanina
14, ☎ 251-342 und 215-480. Mo–Fr 7–21, Sa
7.30-13.30 Uhr.

• *Auto-/Fahrradvermietung* Z. B. **Dollar &
Thrifty**, Bože Perčića 14 (Hotel Kolovare),
☎ 315-733; am Flughafen, ☎ 098/424-891
(mobil).

H-Zadar, Bana Josipa Jelačića 1, ☎ 236-600.
8–20 Uhr.

Eurobike, Obala kneza Branimira 6c (östl.
von Fußgängerbrücke), ☎ 241-243. Riesiger
Komplex mit Verkauf, Verleih, guter Service, Equipment. Mo–Fr 8–21, Sa 8–13 Uhr.
Fahrradverleih auch über **Terra-Travel**
(s. o.).

• *Einkaufen* Frisches **Obst** und **Gemüse**
tägl. bis 18 Uhr am Markt. **Fischmarkt** tägl.
7–12 Uhr (hinter dem Tor beim Obstmarkt).
Die Ulica Široka mit ihrer Verlängerung
nach Westen ist die Hauptgeschäftsstraße:
Supermarkt, Buchhandlung, Textil-, Schuh-
und Kosmetikläden aller namhaften Firmen.
Spezialität von Zadar ist der Maraschino:
ein klarer süßer Likör aus den Kernen der
Weichselkirsche Maraska; zudem die Kräuterschnäpse Belinkovac und Vlachovac.

• *Internet* **Hotspots**: im Arsenal (auch Mul-
timediacenter), Trg tri bunara; Café-Bar The
Garden, Marina Zadar. **Internetcafés**: Multi-
net, Stomirica 8 (südöstl. Rest. Dvi Ribara).
Libar, Stjepana Radića 11b.

• *Nachtleben* Zadar bietet eine große Aus-
wahl an verschiedensten Lokalen für den
Abend. Beliebtester Szenetreff der Studen-
ten ist um die Ul. Stomorica: viele kleine
Bars, u. a. **Bar Kut (17)**, gute Musik, im
Sommer sitzt man im Freien.

Café-Cocktailbar The Garden (5), Ul. Bedemi zadarskih pobuna, auf der Stadtmauer
mit Blick auf den Fährhafen. Groß, unter
schattigen Bäumen mit Sitzkissen auf der
Mauer, Snacks, Cocktails, zum Chillen und
Feiern sanfte Jazztöne, Latin, House oder
Breaks. Hotspot zum Surfen, zudem
Schach. – Auch tagsüber an heißen Tagen
bester Platz der Stadt! 10.30–1.30 Uhr.

Maya Pub-Café (4), Liburnska obala 6, am
Fährhafen mit erhöhter Terrasse. Tagsüber
nettes Café, abends tobt der Sound, auch
Livebands. 7–3 Uhr.

Arsenal, Trg tri bunara. Café-Loungebar, Vinothek und Restaurant (Pizzen, Snacks, Salate), abends Szene-Treff an der langen
Bar; riesiger Innenraum mit modernen So-
fas, vor allem in der Nebensaison viele verschiedene Musik-Events, auch im Freien
Sitzmöglichkeiten. 7–4 Uhr.
www.arsenalzadar.com.

Yachting Volkswagen Bar, in der Borik Marina. Moderne Bar, Cocktails, Livemusik.

• *Weitere nette Café-Bars* (8–1 Uhr), u. a.
Café-Bar Barca, westl. vom Jachthafen und
der Mole, lauschiger Platz am Meer; **Jazz
Club (20)**, Matice dalmatinske 9; **Toni (11)**,
Mihe Klaića 6; **Rio (22)**, nette Latino- und
House-Musik, Putevac 5; **Gagica**, Matoša 8,
Borik (hier 7–3 Uhr geöffnet).

Diskothek-Club Forum (3), Ul. Marka Maru-
lića. Musikmix, House, 3 Bars. Fr/Sa 23–
4 Uhr.

Gotham club, Marka Oreškovića 1a. Livemusik, Go-go-Tänzer in Käfigen!, Café etc.
23–4 Uhr. Neustadt (Richtung Diklo).

Diskothek Saturnus, in Zaton (20 km entfernt, kurz vor Nin), riesig.

Casino Zadar, Ivana Mažuranića (bei Marina Zadar), ☎ 239-400. 20–5 Uhr.

• *Veranstaltungen* **Klassische Konzerte**,
mehrmals die Woche von Juli bis Mitte
Aug. in der Kirche Sv. Donat. Tägl. **Musikabende** am Narodni trg. **Mitra Sonata**, bei
den Meeresorgeln an der Mole ankern trad.
Schiffe mit Klappa-Gruppen. **Theatersommer**, Mitte Juli bis Mitte Aug. **Zadar snova**
(„Zadar der Träume"), neues internationales
Theater, in den letzten beiden Augustwochen. **Vollmondfest** im Juli, an der Uferpromenade liegen alte trad. Schiffe, es gibt
Klappas und – ganz romantisch, Kerzenbe-
leuchtung! Ein besonderer Event!

Streetfestival Kalelarg-Art, in der Široka ul.,
3 Tage Ende Juli mit Musik und Performance.

Zadar More, im Okt. 1 Woche Vorträge und
Ausstellungen zum Thema „Meer", zudem
alte Schiffe und Workshops zum trad.
Bootsbau.

Zadar

Karte S. 324/325

Übernachten/Camping/Essen

● *Übernachten* **Privatzimmer**, ab 40 €/DZ ohne Frühstück. Vermittlung siehe Agenturen. Schöne Privatzimmer/Appartements an der Uferstraße in Richtung Diklo/Borik. U. a. **Hotel Villa Hrešeć** (s. u.); **Villa Ivana**, Appartements und Zimmer, Obala kneza Domagoja 14 (Puntamika), ✆ 335-871; ***** Appartements Maria**, DZ/F ca. 50 €, Straße nach Borik, Put Petrića 24, ✆ 334-244, www.pansionmaria.com; **Appartements Basioli**, in Diklo, moderne Ausstattung, Blick aufs Meer, Appartements 60–100 €, Krešimirova obala 116, ✆ 331-129.
Momentan gibt es nur zwei Innenstadthotels. Alle anderen Hotels sind im Stadtteil Diklo, ein großer Hotelkomplex im Stadtteil Borik.

● *Innenstadthotels* ****** Hotel Bastion (6)**, beste Lage am Trg 3 bunara. Im Mai 2008 eröffnet und stilsicher eingerichtet. Die Gäste können auf den Grundmauern eines Kastells des 13. Jh. schlummern. Auf Gourmetfreunde wartet das gute **Restaurant Kaštel**, mit lauschigem Außenbetrieb auf der Gartenterrasse. Oder man nimmt einen Absacker in der glitzernden Kristallbar. Wi-Fi-Zugang in den 28 komfortablen Zimmer und Suiten mit Frühstück ab 181 €. Bedemi zadarskih pobuna 13, ✆ 494-950, info@hotel-bastion.hr.
*** Hotel Kolovare (21), 1 km östlich der Altstadt kurz vor dem Meer. Modernisiertes, gut geführtes 200-Zimmer-Hotel, ruhig hinter grünen Hecken, mit Swimmingpool, Tennisplatz, großer Terrasse. Zum Strand nur über die Uferstraße; moderne, komfortable Zimmer mit Sat-TV, Balkon; großes Frühstückbuffet. DZ/F ca. 167 €. Bože Perčića 14, ✆ 211-017, 203-200, www.hotel-kolovare.com.

● *Außerhalb* ***** Hotel Villa Hrešeć**, an der Uferstraße in Richtung Puntamika. Wunderschöne renovierte Villa mit Zimmern, Appartements und großzügigen Balkonen, Restaurant, pflanzenumwucherter Garten mit Pool. Blick auf die Altstadt von Zadar. DZ/F 120 €. Obala kneza Trpimira 28, ✆ 337-570, info@villa-hresc.hr, www.villa-hresc.hr.
*** Hotel-Restaurant Tamaris, modernes, kleines Hotel mit gutem Restaurant (s. u.). DZ/F ca. 65 €. Zagrebačka 5, ✆ 318-700, www.tamaris-zadar.com.

● *Falkensteiner Hotels & Resort Borik* Die Hotelgruppe Falkenstein hat die Hotelanlage Borik übernommen, modern und komfortabel ausgestattet. Sie liegt im Kiefernwald am Meer im Stadtteil Borik.
Es gibt zwei All-inclusive-Hotels und ein Apart-Hotel. Vorherrschend ist ein riesiges Freizeit- und Sportangebot mit Animation, es gibt auch eine Marina. Falkensteiner Hotels & Resorts Borik, Majstora Radovana 7, ✆ 206—100, www.falkensteiner.com.
- ****** Hotel Adriana Select**, ein sog. Lifestyle-Hotel mit 48 komfortablen Junior-Suiten im modernen Design, mit großen Balkonen. Wellness- und Beautyoase, Pool, Gourmetküche; gedacht für Ruhe Suchende. 136 €/Pers. mit HP.

Essen & Trinken
1 Café Branimir
2 Café Atrij
6 Restaurant Kaštel
7 Rest. Kornat
8 Café Lovre
9 Konoba Skoblar
10 Café Forum
12 Konoba Martinac
13 Konoba Na po ure
14 Restaurant Stipe
15 Cyber Café
16 Rest. Dva Ribara
18 Konoba Stomorica
19 Restaurant Foša

Cafés
4 Maya Pub-Café
5 Café-Cocktailbar The Garden
11 Café Bar Toni
22 Café-Bar Rio

Nachtleben
3 Disco Forum
4 Maya Pub-Café
5 Café-Cocktailbar Th Garden
11 Café Bar Toni
17 Bar Kut
20 Jazz Club
22 Café-Bar Rio

Zadar

100 m

- **** **Club Funimation**, All-inclusive-Anlage, Fun und Animation verbirgt sich hinter dem Namen und ist die Devise des Hotels; im Mittelpunkt steht Aquapura Borik, eine große Wasserlandschaft mit Rutschen etc., zudem ein großes Sport- und Aktionsangebot. 110 €/Pers.

- *** **Hotel Donat**, All-inclusive-Hotel mit Sport- und Freizeitanimation, Pool etc. 81 €/Pers.

● *Weitere Hotels im Stadtteil Borik*
*** **Hotel Mediteran**, modernes, gut geführtes 30-Zimmer-Hotel, 500 m vom Meer entfernt. Komfortable Zimmer mit AC oder einfacherer Ausstattung; Garten, Pool, Restaurant mit Terrasse und Blick auf die Insel Ugljan, große Auswahl an Fleischgerichten

und frischem Fisch. DZ/F 70–90 €. Matije Gupca 19, ✆ 337-500, hotel-mediteran@zd.t-com.hr, www.hotelmediteran-zd.hr.

***** **Hotel President**, edles, ausgefallenes Hotel im Stil des 18. Jh. Zimmer und Suiten ebenfalls in diesem Stil, mit Balkon, mosaikverzierten Marmorbädern und modernster Schließtechnik. Bar Royal Club und Restaurant Vivaldi mit Kopien bekannter Ölgemälde. Raffiniert zubereitete Speisen, z. B. Orada in Salzlake, Kalbssteak im Lammtaschentuch, dazu ausgesuchte Weine. Leider keine Terrasse, nur ein lauschig-kleiner, kiwibewachsener Pavillon. Eigener Strandabschnitt 300 m entfernt. DZ/F ab 207 €. Vladana Desnice 16, ✆ 333-128, 333-696,

Karte S. 324/325   Zadar

Lauschige Ecken zum Ausruhen gibt es viele in Zadars Altstadt

info@hotel-president.hr, www.hotel-presi dent.hr.

*** Hotel-Restaurant Niko, direkt am Meer, guter Service, gut ausgestattete DZ/F für 120–150 €. Gutes Restaurant (s. u.). Obala kneza Domagoja 9, ☎ 331-138, -880, rest-hotel-niko@net.hr, www.hotel-niko.hr.

Restaurant-Pension Amfora, gegenüber Hotelkomplex Borik. DZ/F mit Balkon ab 60 €. Gutes Restaurant, gute Pizza und Fisch. A.G. Matoša b.b., ☎ 091/3333-108 (mobil).

● *Jugendherberge* **Omladinski Hotel**, 3 km nördl. des Zentrums im Stadtteil Puntamika, mit Bus 5 ab Busbahnhof erreichbar. 2005 renoviert und gut gestaltet mit Restaurant und Sportplatz, in ruhiger Lage. 2–8 Pers.-Zimmer 17 €/Pers. inkl. Frühstück. Obala K. Trpimira 76, ☎ 331-145, ☏ 331-190, www.hfhs.hr.

● *Camping* *** Camping Borik**, neben der Hotelanlage Falkensteiner, Mitbenutzung der Hotelangebote möglich. 9,5-ha-Gelände unter Föhren mit kleinem Kies-Sandstrand, Restaurant, Supermarkt. Geöffnet 1.5.–30.9. 7,30 €/Pers., Auto/Wohnmobil ab 9 €. ☎ 332-074.

● *Essen* **Restaurant Foša (19)**, malerisch am alten Hafen Foša gelegen, rustikal und sehr gemütlich. Terrasse direkt am Meer, umgeben von wuchtigen Mauern; Blick auf die Lichterkette von Ugljan und auf die Zitadelle gegenüber. Aus den Boxen tönt kroatische Musik. Große Auswahl an Fisch, aber auch Fleisch-, Reis- und Nudelspeisen.

Ul. Kralja Dmitra Zvonimira 2, ☎ 314-421.

Restaurant Kornat (7), am Fährhafen mit Blick von der Terrasse auf die Trajekts. Leckere, moderne dalmatinische Küche, große Weinkarte, guter Service. Spezialitäten sind Fischgerichte und schwarzes Risotto. Liburnska obala 6, ☎ 254-501.

Restaurant Stipe (14), Ul. Plemića Borelli. Man speist in einem etwas düsteren Innenhof, dafür ist das Essen gut. Fisch- und Fleischgerichte.

Restaurant/Pizzeria Dva Ribara (16), gleich um die Ecke vom Restaurant Stipe in der Ul. Blaža Jurjeva. Ganz modern mit kleiner Terrasse unter weißen Schirmen, freundliches Lokal, ebenso freundlich der Service. Pizza, Fisch- und Fleischgerichte.

Konoba Martinac (12), kleines, stilvolles und gemütliches Lokal mit Terrasse im Innenhof. Dalmatinische Gerichte. A. Paravije 7.

Konoba Na po ure (13), eine typische kleine Konoba mit dalmatinischen Speisen wie gegrilltem Fisch, Pašticada. Auch für einen schnellen Imbiss zwischendurch bestens geeignet. Špire Brusine 8.

Konoba Stomorica (18), in der gleichnamigen Gasse und auch gegenüber im Hinterhof. Es wird angestanden, um einen Platz zu erhaschen. Gute, preiswerte dalmatinische Hausmannskost, lecker u. a. das Schwarze Risotto oder Sardinen.

Konoba Skoblar (9), am lauschigen Platz Trg Petra Zoranića (bei 5 Brunnen). Eines der ältesten Lokale der Stadt mit nettem Ambiente, guter Küche, u. a. Peka-Gerichte und Fisch. ☏ 213-236.

Restaurant Ankora, Gourmetrestaurant etwas außerhalb (nördlich der Marina). Hübsche Terrasse und stilvolles Ambiente. Neben Hummer und Fischgerichten ist das Ankora für seine Steaks beliebt. Auch Pizza. Reservierung empfehlenswert. Oko Vrulja 10, ☏ 439-491.

Fischrestaurant Niko, traditionsreiches Fischlokal mit großer, überdachter Terrasse gegenüber der Marina Borik an der Uferstraße. Im Winter wird der kleine Innenteil benutzt und ab und an musiziert. Sehr guter Service, frische Fischgerichte in allen Varianten und Krustentiere; als Nachspeise z. B. leckeres Tiramisú. Immer gut besuchtes Lokal, Reservierung sinnvoll. Auch Zimmervermietung. Obala kneza Domagoja 9, ☏ 331-138.

Restaurant Lungo Mare, schön zum Sitzen auf schattiger Terrasse, gutes, landestypisches Essen, guter Service. Obala kneza Trpimira 23 (gegenüber der Altstadt), ☏ 331-533.

Restaurant Roko, gutes Fischlokal in Borik. Fangfrisch vom Besitzer, was gerade im Netz war. Put Dikla 74, ☏ 331-000.

Restaurant Tamaris, modern, einem kleinen Hotel angeschlossen. Hierher gehen die Zadarer, um Lamm zu speisen; große Weinkarte. Zagrebačka 5, ☏ 318-700.

• *Cafés* **Café Lovre (8)**, schön gelegen am Narodni trg. Man hat immer etwas zum Gucken. Kuchen, Eis, Säfte etc.

Cafe Atrij (2), stilvolles Ambiente, ein paar Stühle und Tische im Freien; guter Kaffee, Cocktails und Pianomusik. Jurja Barakovića.

Café Branimir (1), gegenüber der Fußgängerbrücke. Viele Tische und Stühle im Freien, großes Kuchenangebot, Eis, guter Cappuccino, Blick auf die Altstadtkulisse und die Abendsonne.

Café Forum (10), Blick auf das Forum. Eis, Kaffee, Kuchen.

Cyber Café (15), ital. Café, Spire Brisome 8. E-Mail, chat, PC-Spiele etc. Tägl. 9–24 Uhr, Sa 9–14 und 20–24 Uhr, So 20–24 Uhr.

Sport/Jachthafen

• *Sport* Großes Angebot beim Hotelkomplex Borik. Kurse (Tennis, Wasserski, Surfen) und Verleih von Sportgeräten. Siehe Falkensteiner Hotels & Resort Borik.

• *Rafting/Canyoning* Knapp 40 km nordöstlich von Zadar und etwas östlich der Maslenica-Brücke mündet die Zrmanja. Etwas landeinwärts bei Obrovac bahnt sich die Zrmanja einen Weg durch die Berge – hier ist es ideal zum Raften und Canyoning.
In Obravac gibt es die **Agentur Riva-Putnička**, ☏ 098/438-709, -711, -715 (mobil), die im Hochsommer stündl. Touren zwischen 10 und 17 Uhr anbietet. **Flash Tour** (Inh. Frane Sinovčić), ☏ 098/774-651 (mobil), organisiert Raftingtouren von Kaštel Zegarski bis Muško vei (nahe Obrovac), 14 km, ca. 3–4 Std.
In Zadar: **Bora Tours**, Majstora Radovana 7, ☏ 337-760. 9–19 Uhr.
Siehe auch Information/Agenturen.

• *Mountainbike* Verleih/Service u. a. gegenüber der Altstadt bei **Eurobike** (siehe Agenturen). Ausgewiesene Fahrradstrecken rund um Zadar in Richtung Insel Pag und nach Süden in Richtung Vraner See und Biograd. Fahrradkarten in den Agenturen erhältlich.

• *Tauchen* **Diving Center Fluctus**, Majstora Radovana 7 (am Borik-Strand), ☏ 337-644, www.extra-divers.li. Kurse nach PADI, SSI. Für Kinder ab 8 Jahren steht spez. Tauchausrüstung zur Verfügung.
Zadar Sub, Dubrovačka 20a, ☏ 214-848, www.zadarsub.hr.

• *Jachthäfen* **Marina Zadar**, 300 Liegeplätze zur See, 200 an Land. Über 50 % jedoch dauerbelegt. 6,5- und 15-t-Kran, 50-t-Slip. Reparaturwerkstatt (spez. Volvo) und Holzbauwerft. Gute Sanitäranlagen, Restaurant, Snackbar; Charterfirmen. Ul. Ivana Meštrovića 2, ☏ 332-700, 204-862, www.tankerkomerc.hr.
Hafenkapitän, Liburnska obala 8, ☏ 254-888.
Marina Borik, mit 220 Liegeplätzen zur See, 50 an Land, Jachtservice, Slipanlage, 20-t-Lift, Restaurant und Café-Bar. Obala kneza Demagoja 1, ☏ 333-036, www.marinaborik.hr.
Die nächsten Marinas sind in Bibinje-Sukošan (groß und schön!) und auf der Insel Iž oder Insel Pag (Šimuni).

• *Jacht- und Motorbootcharter* In der Marina mehrere Charterfirmen, u. a. **Asta-Yachting**, Matice dalmatinske 6, ☏ 322-180, 317-720.

Die romanische Kirche Sv. Krševan, 12. Jh.

Rundgang durch die Stadt

Von der alten Stadtbefestigung sieht man noch die Turmmauern, und von den einst vier Stadttoren sind noch zwei erhalten. Das Befestigungssystem stammt aus dem 15. und 16. Jh., als Zadar sich gegen die Türken wappnen musste.

Vom Fährhafen gelangt man durch das **Seetor** ins Stadtinnere. Die Außenfront des Tores ziert der venezianische Löwe, die Innenseite trägt das Stadtwappen und eine Tafel, die den Sieg über die türkische Seeflotte 1571 bei Lepanto feiert. Wer mit dem Auto angekommen ist, kann sich erst einmal in einem der kleinen Straßencafés an der ehemaligen Hauptstraße, der Šimuna Kožičića Benje, niederlassen und sich von der Parkplatzsuche erholen. Hier saßen schon die Römer, und ihre Sandalen polierten so manchen Pflasterstein. Oder man begibt sich gleich auf Besichtigungstour. Neben dem Seetor befindet sich das **Narodni muzej** (National- oder Volksmuseum) mit einer kulturgeschichtlichen und einer naturwissenschaftlichen Abteilung, die Fauna, Flora und Fossilien Dalmatiens zeigt. Anhand von Modellen kann man sich einen Überblick über die Stadt verschaffen und die bauliche Entwicklung Zadars gut nachvollziehen.

Öffnungszeiten April–Sept. Mo–Fr 9–12 und 17–20, Sa 9–13 Uhr; Okt.–März nur Mo–Fr 9–13 und 17–19 Uhr.

In Richtung Osten fällt der Blick auf die Kirche **Sv. Krševan.** Die heutige Kirche wurde im 12. Jh. im romanischen Stil erbaut, die Außenfassade zieren beachtenswerte Blendarkaden und drei Apsiden. Die Arkadenwände im Kircheninneren werden von antiken Säulen mit korinthischen Kapitellen getragen. Sehenswert auch der Barockaltar mit Marmorstatuen der Schutzheiligen von Zadar (Sv. Stošija, Sv. Krševan, Sv. Šimun) von 1701 sowie ein wunderschön bemaltes Kruzifix, das wahrscheinlich *Jacopo di Bonomo* 1380 gestaltet hat. Die Kirche gehörte lange Zeit den Benediktinern – das Kloster wurde im Zweiten Weltkrieg zerstört.

Läuft man hinter der Kirche in östliche Richtung (Ul. Brne Kmarutica), gelangt man zum großen bunten **Markt** *(tržnica)* mit Obst, Gemüse und Souvenirständen. Gleich daneben, an der Stadtmauer, wird frühmorgens der **Fischmarkt** *(ribarnica)* abgehalten.

Hält man sich vom Marktplatz aus südöstlich, kommt man nach einigen Minuten zum *Narodni trg,* dem Volksplatz, den heute die Porträtzeichner bevölkern. Bei einem Tässchen Kaffee kann man in Ruhe die angrenzenden Renaissancefassaden aus dem 15. Jh. genießen: die inzwischen verglaste städtische Loggia, die Stadtwache mit dem **Ethnographischen Museum** und dem Rathaus. Das Ethnographische Museum bietet einen Einblick in die Fischerei, die Wohnkultur und zeigt alte Trachten und Schmuck (Öffnungszeiten s. u.). Die **städtische Loggia** *(Gradska Loža)* zeigt Wanderausstellungen, u. a. „Man and the Sea" oder die zeitgenössischen Arbeiten von „The Blue Salon".

Öffnungszeiten Museum und Loggia April–Sept. Mo–Fr 8–12 und 18–21, Sa 9–13 Uhr; Okt.–März Mo–Fr 9–12 und 17–20, Sa 9–13 Uhr.

Touristenmagnet – das römische Forum

In der Hauptgasse (E. Kotromanić) weiter östlich steht die Kirche **Sv. Šimun.** Sie stammt aus dem 12. Jh., vereint aber durch ständige Umbauten die verschiedensten Stilrichtungen. Im Inneren prunkt der eine Vierteltonne schwere, aus Zedernholz gefertigte *Sarkophag des Hl. Šimeon.* Der mit vergoldetem Silberblech ummantelte Schrein, verziert mit Reliefs und der Plastik des Heiligen, wurde um 1380 vom Mailänder Goldschmied *Francesco di Antonio da Sesto* geschaffen; er zählt zu den bedeutendsten Goldschmiedearbeiten Dalmatiens aus jener Zeit.

Ein kurzer Abstecher führt zu den nördlich liegenden Befestigungsmauern und dem **Antique Museum** *(Muzej Antičkog Stakla;* Poljana zernaljskog odbora 1), das erst im Sommer 2008 seine Pforten öffnete. Es zeigt Gläser, Porzellan u. a.

Wer sich für moderne Kunst interessiert, sollte die **Moderne Galerie** *(Moderna galerija,* Ulica Medulićeva 2, südlich von Sv. Šimun) mit Werken dalmatinischer Maler und Bildhauer besuchen (tägl. 9–12 und 17–20, Sa 9–13 Uhr, So geschlossen).

Weiter östlich befinden sich Teile einer fünfeckigen mittelalterlichen Festung, die sich an die wuchtige Stadtmauer beim **Trg pet bunara** (Platz der fünf Brunnen) und dem **Kapitänsturm** anlehnt. Im Turm wohnten der Stadtfürst (Bürgermeister) und der Capetano, der von den Venezianern eingesetzte Verwalter. Die hintereinander

Zadar Karte S. 324/325

stehenden Ziehbrunnen auf dem Platz dienten bei Belagerungen der Wasserversorgung. Unterhalb vom Trg pet bunara, am Trg P. Zoranića, stieß man jüngst bei Ausgrabungen ebenfalls auf Altertümer, das Gelände mitten auf dem idyllischen Platz ist eingezäunt. Oberhalb der wuchtigen Bastionen erstreckt sich ein schattiger Park mit Blick auf den kleinen Hafen *Foša* im ehemaligen Wassergraben und auf das reich verzierte **Landtor** aus dem Jahr 1543. Das Tor mit seiner Zugbrücke war damals die einzige Verbindung Zadars zum Festland.

Entlang der schattigen Uferpromenade läuft man durch einen Park mit Palmen zum Ruinenfeld des **römischen Forums.** Es war 90 x 45 m groß und an drei Seiten von Säulenhallen und Statuen umgeben, daneben stand ein prachtvoller Tempel. Heute blickt man auf das geschichtsträchtige Pflaster, auf dem Schmuckverkäufer ihre Ware feilbieten, auf Säulenreste und Grabmäler, die als Sitzbänke und Turnplätze für Kinder herhalten. Mittendrin ragt eine gut erhaltene, 14 m hohe korinthische Säule gen Himmel, die im Mittelalter als Schandpfahl diente. Die Kulisse des Platzes bildet die monumental wirkende, in schlichtem Halbrund erbaute Kirche **Sv. Donat** aus dem frühen 9. Jh. – eines der beliebtesten Fotomotive Zadars; mit 27 m Höhe ist sie eine der größten Kirchen des frühen Mittelalters. Als Baumaterial dienten Reste römischer Bauten. Bei Belagerungen wurde Sv. Donat immer wieder als Speicher benutzt, heute weiß man ihr Inneres wegen der hervorragenden Akustik zu schätzen und veranstaltet darin Konzerte.

Neben dem Forums-Platz ragt mächtig der Glockenturm des Doms auf, der an die Kathedrale von Rab erinnert. Die dazugehörige Kirche, **Sv. Stošija,** stammt aus dem 12. bis 13. Jh. Säulchen und Arkaden schmücken die dreischiffige Basilika, zwei Rosetten und prächtige Portale ihre Stirnseite.

Rechts vom Platz das sehenswerte **Archäologische Museum** mit Funden aus den verschiedenen Epochen der Stadt ab dem 1. Jh. v. Chr.

Öffnungszeiten April–Sept. Mo–Sa 9–12 und 17–20, So 9–12 Uhr, Okt.–März nur Mo–Sa 9–14 Uhr. Eintritt 10 KN, Kinder, Studenten 5 KN.

Daneben das Benediktinerkloster mit der dreischiffigen Kirche **Sv. Marija** von 1091, im 16 Jh. modernisiert. Die Adelige Cika aus Zadar soll das Kloster 1066 gegründet haben. Der schöne Glockenturm aus dem 12. Jh., den König *Koloman* errichtete, blieb unverändert. Das Kloster birgt das großflächige **Museum Gold und Silber,** das Kirchenschätze vom 8. bis zum 18 Jh. zeigt und eine der wertvollsten Sammlungen Kroatiens ist.

Östlich des Forums, vorbei an vielen Steinquadern und Säulen, steht die mittelalterliche, im 18. Jh. barockisierte serbisch-orthodoxe Kirche **Sv. Ilija** mit einer wertvollen Ikonensammlung aus dem 16. bis 18. Jh. Leider sind die Kirche und das Ikonenmuseum bis auf Weiteres geschlossen.

Im Südwesten der Altstadt das **Franziskanerkloster** *(Trg Sv. Franje)* mit der Schatzkammer (Mo–Sa 9.30–15 Uhr). Kloster und Kirche wurden im 13. Jh. im Stil der Gotik errichtet, durch häufige Umbauten kamen weitere Stilelemente hinzu. Einst war *Trg Sv. Franje* das einzige Franziskanerkloster an der östlichen Adriaküste, und noch heute fungiert es als Ordenszentrum. Das weite Kircheninnere birgt mehrere Altäre und ein Chorgestühl im Stil der venezianischen Gotik. Daneben eine kleine Renaissance-Kapelle mit dem Altarbild des *hl. Franz von Assisi.* Den im selben Stil erbauten Kreuzgang zieren fein gearbeitete alte Steinreliefs. In der Sakristei befindet sich die Schatzkammer, deren kostbarstes Stück ein großes bemaltes Kruzifix aus dem Jahr 1180 ist. Es gilt als das älteste Kroatiens.

Gehen wir nordwärts durch die ruhige *Ul. Br. Bilsić*-Gasse, stoßen wir auf die barockisierte Renaissancekirche **Gospa od Zdravlja**. Etwas nördlich, beim *Trg tri bunara* (Drei-Brunnen-Platz), blickt man auf das große **Arsenal,** das 1752 als Hafenlager erbaut wurde. Heute ist es im Innern modernisiert und birgt Boutiquen, Infocenter, Internetraum, Bibliothek und Restaurant/Bar.

An der südlichen Altstadthalbinsel verläuft die Uferpromenade mit schattigen Sitzbänken unter Kiefern und einigen Besonderheiten, z. B. der **Alfred Hitchcock-Tafel:** Dieses Portraitfoto, das um die Welt ging, zeigt den bekannten Regisseur mit seiner ihm eigenen Mimik. Es wurde hier im Mai 1964 von dem Fotografen *Ante Brkan* geschossen, als Hitchcock Zadar besuchte und sagte: „Das ist der schönste Sonnenuntergang, den ich je sah". Ein Stückchen weiter entlang der Uferpromenade trifft man auf Stufen am Meer und auf staunende Touristen und ganz ungewöhnliche Klänge …

Meeresorgeln (Morske orgulje)

Gehen wir meerwärts zur Südwestspitze der Altstadthalbinsel, hören wir schon von Ferne manchmal laute, manchmal ganz feine Töne, gleich einer Symphonie. Es sind die Meeresorgeln, die ertönen. Auf den breiten Stufen am Meer können wir uns niederlassen und ihrem Klang lauschen – sie sind „die" Attraktion Zadars und

locken viele neugierige Besucher, die alle sehr erstaunt versuchen zu erkunden, woher diese Musik kommt. Besonders laut und klangvoll wird das Orchester, wenn ein Schiff vorbeifährt oder gar der Jugo bläst. Das Meer inspirierte den Architekten *Nikola Bašić* aus Murter schon in seiner Kindheit. Nun wurde sein Traum mithilfe des *Komponisten Ivica Stamać* aus Molat und einiger Hydraulikfachmänner in die Tat umgesetzt. Hierfür leitete man an der Kaimauer das Meerwasser durch 35 Röhren, an deren Enden Orgelpfeifen angebracht wurden. Bašić's Meeresorgeln wurden 2006 in Barcelona als bestes europäisches Projekt für urbane öffentliche Plätze prämiert. So bezaubernd das „Meereskonzert" für die Touristen sein mag, einige Anwohner finden es auf Dauer weniger unterhaltsam …

Gruß an die Sonne

Ein weiteres faszinierendes Werk von *Nikola Bašić* lässt die Besucher an der Landspitze staunen: Fast außerirdisch wirken die zu einem großen Kreis angeordneten mehrschichtigen Glasplättchen mit eingebauten Beleuchtungselementen, die den Sonnenuntergang beeindruckend einfangen und in seinem Farbenspektrum spiegeln. Auch das Sonnensystem mit Umlaufbahnen wird dargestellt. Als Vorlage dienten historische Pergamentzeichnungen aus dem Universitätsarchiv Zadar, der ältesten Universität des Landes, damals von den Dominikanern geleitet.

Berg Straža (Insel Ist) – herrlicher Weitblick über die Norddalmatinischen Inseln

Archipel vor Zadar

Die Inselkette nordwestlich von Zadar ist vom außerkroatischen Tourismus noch weitgehend unberührt – ein Tipp für Individualisten, die Abgeschiedenheit und Stille lieben und auf größeren Komfort gern verzichten.

Einheimische oder ausgewanderte Kroaten verbringen hier im Juli und August ihre Ferien. Meist werden die Inseln von Bootsbesitzern angelaufen, und nur wenige, wie *Silba*, haben sich schon länger auf Urlaubsgäste eingestellt. Es sind Eilande, die viel Ruhe und Abgeschiedenheit ohne großen Komfort bieten und zu Erkundungen auf Pfaden einladen, die mitunter in der undurchdringlichen Macchia enden. Die Schiffsverbindungen vor allem nach Zadar wurden etwas verbessert, zudem verkehren auch Trajekts; ein Auto ist hier für den Urlauber allerdings unnötig, da es kaum Straßen gibt. Den Einheimischen dient der Pkw zum Transport oder in den Städten zur Fortbewegung.

Wichtiges auf einen Blick

Telefonvorwahl: 023
Verbindungen: Die meisten **Schiffe** kommen von Zadar, nur 1-mal tägl. von/nach Mali Lošinj (Insel Lošinj). Man sollte sich bestens über Hin- und Rückfahrt informieren, Änderungen möglich. Zwischen Mali Lošinj und Zadar verkehrt ein Trajekt, das aber nicht für den offiziellen Autotransport, sondern für den Transport von Baumaterialien für die Einheimischen vorgesehen ist. Einzig zur Insel Iž kann, wer mag, sein Auto mitnehmen, was sich aber absolut nicht lohnt und nur der Umwelt schadet.
Geldwechsel: Keine Banken, nur Poststationen, die oft nur wenige Stunden geöffnet haben. Nur Bargeldwechsel.
Informationen: Die Touristeninformationen vor Ort haben bis auf Silba nur im Juli/Aug. geöffnet. Beste Informationen erhält man in Zadar oder auch unter www.zadar.hr.
Einkaufen: Nur kleine Läden.

Insel Olib

Von der Fähre aus wirkt die autofreie Insel wie ein mit Buschwald und Kiesbuchten verzierter einsamer Inselfladen. Um die schönen Badeplätze wussten bisher meist nur Bootsbesitzer oder junge Kroaten, die mit dem Vorgefundenen zufrieden waren und auf weiteres Amüsement keinen Wert legten.

Das flache, durch Steinmäuerchen unterteilte Olib ist 25,6 km² groß und bis auf wenige bewirtschaftete Wein- und Olivenplantagen von Macchia überwuchert. Der gleichnamige Inselort liegt ziemlich zentral an der schmalsten Stelle nahe der Westküste – nur 1,4 km sind es zum östlichen Meeresufer. Der Ort Olib ist von Weinfeldern, Olivengärten und Schafweiden umgeben, je weiter entfernt, desto verwilderter und urtümlicher. Pfade führen zu Badebuchten im Osten und Süden. Im Osten sieht man die Insel *Plavnik*, in der Ferne *Pag* und das Küstengebirge und im Westen, zum Greifen nah, Silba. Olib war einst eine der dichtest besiedelten Inseln im Zadarer Archipel. Die heute noch verbliebenen 200 Menschen leben hauptsächlich vom Fischfang, daneben ein wenig vom Tourismus und der Landwirtschaft.

Geschichte

Schon zur Römerzeit war Olib besiedelt, ab 1409 gehörte es, wie alle Inseln des Archipels, zu Venedig. Die heutigen Siedler kamen vor über 500 Jahren von Vrlaka aus der Gegend von Split und waren Bauern. Ein Splitter Bischof versprach dem Völkchen auf der Flucht vor den Türken eine Insel namens *Ulbo*, wenn sie fleißig das Land bearbeiten würden. Unter ihrem Anführer, Pater *Juraj Cetinjanin,* siedelten sie sich 1476 auf der Insel an. Sie brachten ein Holzkreuz mit, das man heute in der *Pfarrkirche Sv. Marije* besichtigen kann. Die Insel gehörte damals der adligen Familie der *Filipis,* der die neuen Siedler Abgaben zahlen mussten. Sie bauten hauptsächlich Wein und Oliven an, züchteten Schafe und verkauften ihre Erzeugnisse in

Der Wehrturm von Olib (Ende 17. Jh.)

die Städte und nach Italien. Um 1900 starb der Clan der Filipis aus, und ein geachteter Bischof schlug vor, das Land aufzukaufen und unter den Bauern aufzuteilen. Am 14. Mai 1900 bekamen die Oliber ihr Land und waren frei. Wirtschaftlich erwies es sich allerdings als unklug, das Land derart aufzuteilen. Als dann noch die Reblaus die Weinstöcke vernichtete, war die Existenzgrundlage dahin. Vor dem Ersten Weltkrieg begann die erste Emigrationswelle in die USA und nach Australien – bis dahin zählte Olib noch 2030 Bewohner. Nach dem Zweiten Weltkrieg sank die Zahl weiter rapide, ein neuer Auswanderungsschub setzte ein und viele suchten ihr Glück in New York und Kalifornien. Heute leben nur noch 200 alte Menschen hier, viele Häuser stehen leer.

Archipel vor Zadar

4 km

Im Juli und August trifft man auf viele Männer mit Schirmmützen und breitem amerikanischem Slang, die ihre alten Häuser oder die der Eltern renovieren oder einfach nur Urlaub in der früheren Heimat machen. Abends plauscht man dann in der Konoba oder in der Post, wo man schnell mal in den Staaten nachfragt, ob alles o. k. ist.

● *Postleitzahl* 23296 Olib

● *Information* **Touristinformation** am Hafen, ✆ 370-162; in der Saison Mo–Sa 16.30–20.30 Uhr.

● *Verbindungen* Trajekt (Linie 401): Zadar–Olib (1-mal tägl.), Olib–Silba (1-mal tägl.), Olib–Premuda (1-mal tägl.), Olib–Ist (3-mal wöchentl.), Olib–Mali Lošinj (4-mal wöchentl.).

● *Einkaufen* Laden am Kirchplatz (Mo–Sa 8–12 und 15–20 Uhr), daneben Metzgerei; Minimarkt und Obstverkäufer am Hafen.

● *Veranstaltungen* **Fischfest** am 2. Sa im Aug. Dann gibt es kostenlos Fisch für alle Gäste.

● *Übernachten* Privatzimmer, DZ ab 24 €, **Appartements** ab 30 €.
Restaurant-Pension Amfora, nahe Hafen, Neubau mit großer pflanzenumrankter Terrasse, gutes Restaurant. DZ/F ca. 40 €.

✆ 376-010 und 211-383.

● *Essen* **Gostionica Olib**, große überdachte Terrasse mit Tanzfläche in der Mitte. Die Musik wechselt zwischen Rock und Fox. Einfache, deftige Küche mit Fleisch- und Fischgerichten.

Gostiona Amfora, in einer kleinen, mit Blumentöpfen geschmückten Laube vor dem Garten. Die Besitzerin ist Französin. Treff der Jachtler. Preise wie auch Essen sind etwas anspruchsvoller. Es gibt Fisch- und Fleischgerichte.

Konoba Plavnik, am Hafenbecken mit Tischen und Stühlen unter Strohmattendach. Treff der Einheimischen zum Kartenspiel und Plausch. Es gibt nur Getränke.

Nett ist's auch bei Miki in der **Cafébar Grobak**, bei guter Musik und Cocktails.

Sehenswertes

Das Ortsbild von Olib prägen bunt angemalte, stattliche Häuser mit fruchtbaren Gärten und Weinstöcken und der imposanten Velebit-Kulisse im Hintergrund. Aus dem Ort ragt der Kirchturm der Pfarrkirche *Sv. Marije* auf. An ihrer Rückseite steht eingemauert die ehemalige Kapelle, die 1786 zu dieser Kirche vergrößert wurde. Das geräumige Kircheninnere ist in hellen Farben ausgemalt und mit bunten Glasleuchtern geschmückt. Neben fünf Altären birgt sie das schlichte Holzkreuz, das die kroatischen Siedler 1476 aus ihrer alten Heimat mitbrachten. Es stand frü-

her in der kleinen *Sv. Stošije*-Friedhofskapelle, in der auch ihr Anführer Pater *Juraj Cetinjanin* begraben liegt. Heute noch steht im Friedhof das geduckte Kirchlein von 1632 gegenüber der stattlichen neuen Kirche. Im Inselosten, nahe der Slatinica-Bucht, die Kapelle *Sv. Rok* aus dem Jahr 1888, die nach einer Pestepidemie als Votivkirche diente. Die Kirche *Sv. Nikola* (1881) steht im Südwesten der Insel an der gleichnamigen Hafenbucht – und direkt neben der Kapelle aus dem 17. Jh., die in eine Sakristei umgewandelt wurde. Etwas weiter westlich sieht man die Ruinen der Kirche und des *Klosters Sv. Ante Opata*, das ab 1934 eine Klosterschule beherbergte. Zwischen 1727 und 1948 lebte hier die Ordensgemeinschaft Peter und Paul, die die glagolitische Schrift pflegte (siehe Krk, Glagoliza), und es gab 179 Priester, die bis 1968 an dieser Schrift festhielten.

Neben der Pfarrkirche Sv. Marije steht eine riesige, einem Fußballplatz gleichende *Zisterne* aus dem Jahr 1913. Südlich davon, inmitten von Weinstöcken, ein *Wehrturm* aus dem Ende des 17. Jh. Das 1934 erbaute *Monument* in Hafennähe erinnert an die Inselübergabe durch die Familie Filipi an die Oliber Bauern am 14. Mai 1900. Der Freikauf aus der Leibeigenschaft wurde seitdem am 15. Mai gefeiert. Später verlegte man das Fest auf Anfang August, wenn sich die Auswanderer zum Urlaub wieder auf ihrer Heimatinsel einfinden. Der Kontakt zu den Zurückgebliebenen ist immer noch sehr innig. Einige Emigranten unterstützen die Insel mit Spenden, und dem beginnenden Tourismus begegnen sie sehr kritisch: Probleme der Müllbeseitigung, die geringe Größe der Insel, die alten Häuser, die urwüchsige Natur – es ist sehr verständlich, dass sie ihre Heimat unberührt vorfinden möchten, aber welche Alternative haben die wenigen verbliebenen Bewohner?

Baden

In der großen Bucht beim Ort gibt es Kies- und betonierte Liegeflächen, Umkleidekabinen, Toiletten und Stranddusche. Weiter südlich davon Kiesbuchten. Ein Fußpfad führt in rund 20 Min. auf die Ostseite der Insel zur *Slatinica-Bucht*. Sehr seicht und sandig ist der Strand, man kann allerlei Krebsgetier beäugen und blickt auf das Velebit-Gebirge. Links und rechts der Bucht wird es grobkieselig und felsig. Nach Südwesten führt ein Pfad zur *Sv. Nikola-Bucht* mit der gleichnamigen Kapelle oberhalb des Ufers. Im Nordwesten liegt die *Draga-Bucht* mit Kies- und Felsstrand.

Insel Silba

Die Bewohner von Silba haben sich längst mit dem Tourismus angefreundet und gehen auf die Bedürfnisse der Gäste ein – doch noch ist die Insel ruhig und natürlich, ein kleines Idyll. Die Schönheiten von Silba entdeckt man auf den macchiagesäumten Wegen zu vielen Fels-, Sand- und Kiesbuchten.

300 Menschen leben auf der 15 km^2 großen Insel, die, obwohl unweit der Insel Lošinj gelegen, noch zum Zadar-Archipel gehört. Die Insel ist flach, es wachsen vielerlei Macchiagehölze. Zu den Sand- und Kiesbuchten wurden Pfade angelegt. Alles wirkt etwas lieblicher und nicht so urwüchsig wie auf der Nachbarinsel Olib.

Silba war wie Olib schon zur Römerzeit besiedelt, im 10. Jh. wurde die Insel unter dem Namen *Selbo* erstmals erwähnt. Seit 1409 gehörte sie zu Venedig und nach dessen Fall 1797 zu Zadar. Die Blütezeit der Insel lag im 17. und 18. Jh., als Silba ein wichtiges Seefahrerzentrum war.

Die Bewohner von Silba lebten nicht von der Landwirtschaft, sie waren Seefahrer. Die Insel war reich – bis zum Ersten Weltkrieg gab es hier noch 190 Segelschiffe. Zwar verdrängten die Dampfschiffe bald die traditionellen Segler, doch die Menschen konnten sich nie so recht mit der Umstellung auf Schafzucht und Fischfang anfreunden. Wie Olib liegt auch der Inselhauptort Silba in Inselmitte, seine Häuser ziehen sich die wenigen hundert Meter von der Ostküste über einen Hügel zur Westküste hinüber.

Silba ist längst kein Geheimtipp mehr; es wurde fleißig gebaut und die Haupterwerbsquelle dürfte mittlerweile der Tourismus sein. Dennoch bemüht man sich wenig um Gäste – sie sind da oder auch nicht – es sind mehr die Einheimischen selbst, die sich hier in ihrem Idyll zurückziehen und ab und an ihre übrigen Zimmer vermieten. Das wichtigste Verkehrsmittel ist mittlerweile, anstelle des Esels, der Kleinbulldog – ein fahrbares Maschinchen mit Lenkstange, das man vor einen Anhänger spannt. Ebenso löste der elektrische Strom die Kerzenscheinromantik ab. Doch ab und zu wird man durch ein Gewitter zurück in alte Zeiten versetzt, dann werden wieder die Petroleumlampen hervorgeholt, und es wird noch beschaulicher. Trotz aller Neuerungen hat sich der Ort seine Ursprünglichkeit bewahrt, die Neubauten fügen sich mit all ihrer Pflanzenpracht gut in die alte Bausubstanz ein.

Wer den Ort oder gar die Inselschönheit entdecken möchte, sollte gut zu Fuß sein!

● *Postleitzahl* 23295 Silba

● *Information* **Touristbüro**, Ortsmitte, gegenüber Kirche, ✆ 313-175, www.tz.silba.net. Geöffnet vormittags. Wenig Informationen.

● *Verbindungen* Der **Fährhafen** liegt im Westen; nur wenn es stark stürmt, legt die Fähre im Osten an. **Jadrolinija-Büro** am Fährhafen, ✆ 370-010; 6–12 Uhr und ehe die Fähre ablegt. Silba ist mit Zadar, Mali Lošinj (zudem Premuda und Olib) 1-mal tägl. verbunden (*Trajekt Linie 401*), 4-mal wöchentl. mit Ist .

● *Post* In der Quergasse Richtung Liebesturm; Mo–Sa 7–21 Uhr.

● *Geldwechsel* Post.

● *Gesundheit* **Ambulanz** beim Liebesturm, geöffnet Mo und Do.

● *Einkaufen* Mehrere Läden im Ort; Obst- und Gemüsestand am Kirchplatz. Kurz nach Liebesturm und gegenüber Fischladen.

● *Übernachten* **Privatzimmer/Appartements** ab 25/35 €. Die schönsten Pensionen liegen an der westlichen Hafenbucht.

● *Essen* Es gibt einige Lokale, u. a. **Pizzeria/Restaurant Velebit** am Hauptplatz neben der Kirche. Hier sind auch Bäckerei und Cafés.

Konoba Zalić, in der Hauptgasse oberhalb der westlichen Hafenbucht; überdachte, von Blumenkübeln umgebene Terrasse. Hier speist man gut Fisch und Fleisch, was gerade frisch ist – jedoch muss man Zeit mitbringen.

Konoba Mule, gemütliche Schenke kurz vor dem östlichen Hafenbecken.

Restaurant Silba, am östlichen Hafenbecken.

● *Nachtleben* **Skipper Club**, südlich vom Kirchplatz; Essen, Trinken, Tanzfläche im Freien; Spielautomaten, Billardtische, dazu heißer Sound von 22–3 Uhr.

● *Wassersport* **Jachthafen Silba**, im Osten, hier auch **Hafenamt** (✆ 370-047), geschützter Hafen (bis auf Bora und Tramontana, dann zur Westseite ausweichen). Wasserauftanken möglich, zwei Slipanlagen für kleine Boote. In der Bucht Sv. Ante 30 Bojen.

Sehenswertes

Der Ort Silba zieht sich vom Fährhafen im Westen über einen Hügel bis zum Jachthafen im Osten; ein verzweigtes, betoniertes Wegenetz verbindet den Ort mit den Badebuchten. Die Hauptwege sind mit Bäumchen bepflanzt und beleuchtet – verlaufen kann man sich in dem Labyrinth von Gassen trotzdem leicht. Um die Buchten im Westen und Osten ziehen sich Uferpromenaden mit Sitzbänkchen zum Verweilen. Im Inselosten viele Jachten.

Mit oder auf den Liebsten warten…

Am Hauptplatz Obst- und Gemüsestände und ein einsamer Kirchturm – die dazugehörige barocke *Pfarrkirche* (Mitte des 16. Jh.) steht ein paar hundert Meter weiter. Hier wurde früher die silberne Krone aufbewahrt, die beim alljährlich am 25. Dezember stattfindenden *Königswahl*-Fest als Schmuck diente. Heute befindet sie sich im so genannten Paštorić-Haus, einst ein kleines *Privatmuseum,* das aber momentan geschlossen ist.

Die älteste Kirche des Ortes, *Sv. Marko,* steht etwas südlicher auf dem Friedhof. Es ist ein mittelalterlicher Bau mit wertvollem Holzaltar.

Eine Gasse biegt nördlich zum sechseckigen *Liebesturm* ab, um den sich eine Freitreppe hinaufwindet. Ende des 18. Jh. ließ Kapitän *Petar Marinić* diesen Turm für seine „grande amore" errichten, auf dass sie immerzu Ausschau nach ihm halten konnte. Wie auf den anderen Inseln des Archipels sind viele Bewohner Silbas ausgewandert, erst der Tourismus brachte einen bescheidenen Aufschwung.

Archipel vor Zadar
Karte S. 334/335

Rund um die Insel gibt es viele versteckte Badebuchten

Wassersport/Baden

Für den schnellen Sprung ins Wasser eignet sich der Strand an der westlichen und östlichen Uferpromenade – teils Sand, Kies und Fels. Schöner, jedoch weiter entfernt die FKK-Buchten bei **Sv. Ante, Nozdre** und **Pernastica.**

Nach **Sv. Ante:** Vom Hauptweg an der Kirche nach Süden abbiegen (ausgeschildert) und eine gute halbe Stunde laufen – meist unter schattigen Bäumen und durch üppiges Grün, das sich im Frühjahr als ein blühendes Meer von Ginster, Baumheide, Rosmarin, Zistrosen und Liliengewächsen zeigt und im Herbst im leuchtenden Rot des Mastix-Strauchs und im Gelborange des Erdbeerstrauchs. Die Vegetation reicht fast bis ans Meer. In der *Sv. Ante-Bucht* eine kleine Kapelle und Ankerplätze. Weiter südlich folgen die Kies- und Sandbuchten *Kavrova Dobra Voda* und *Slatina*, die auch für Kinder bestens geeignet sind.

Nach **Nozdre** am besten den Weg kurz vor dem Jachthafen nach Süden nehmen, auch dort rundum sehr schöne Badebuchten.

Nach **Pernastica:** Vom Hauptweg im Ort nach Norden, vorbei am Liebesturm. Hier muss man gut zu Fuß sein (ca. 1 Std.). Doch schon vorher gibt's Bademöglichkeiten in der **Paprenica**-Bucht – ein Strand mit großen Kieseln und interessanter Unterwasserwelt. Danach führt der Weg durch ein Wäldchen. In der Bucht von **Pernastica** Sand- und Kiesstrand.

Insel Premuda

Auf dem kargen Inselchen steckt der Tourismus noch in den Kinderschuhen. Premudas Hauptanziehungspunkte sind das Tauchgebiet um die „Kathedrale" und die schönen türkisblauen Badestrände.

Premuda, die nordwestlichste Insel des Zadarer Archipels, ist 9 km² groß. Ihr vorgelagert sind kleine Inseln, Masarine genannt. Die meisten der 100 Inselbewohner leben im Ort Premuda. Der alte Ortskern liegt oberhalb des *Hafens Loža* im Nord-

Premuda ist ein beliebter Anlaufpunkt für Taucher und Bootsbesitzer

osten und ist auf betoniertem Fußweg zu erreichen – von oben ein herrlicher Blick auf Silba und die umliegende Inselwelt. Auch im Ort Premuda entstehen rund um die alten Natursteinhäuser viele Neubauten. Ein Fußweg führt hinab zur Westseite zum Hafen Krijal (wird nur bei Bora angelaufen). Das Meer leuchtet in Türkistönen. Für Taucher gibt es hier ein sehr schönes Revier, die *Kathedrale,* mit einem Eingang in 30 m Tiefe und Ausgang in 10 m Tiefe. Auch bei Bootsbesitzern ist der *Hafen Krijal* mit seinen netten Restaurants sehr beliebt, nicht zuletzt deshalb, weil er vor der stürmischen Bora schützt. Etwas südlich noch die unbewohnte Bucht Premuda.

- *Postleitzahl* 23294 Premuda
- *Information* Über das Restaurant.
- *Verbindungen Trajekt (Linie 401):* Zadar–Premuda–Silba–Olib und nach Mali Lošinj, 1-mal tägl.; Premuda–Ist, 4-mal wöchentl.
- *Post* Im Ortskern, vormittags geöffnet.
- *Einkaufen* Zwei kleine Läden.
- *Gesundheit* Jeden Mi 8–9.30 Uhr ist die **Ambulanz** im Ort tätig. ✆ 370-135, 098/714-221 (mobil).

- *Übernachten* **Privatzimmer** kosten ab 20 €/DZ.
- *Essen* **Restaurant Masarine**, am Hafen Krijal, mit überdachter Terrasse; bekannt für sehr gute Fischgerichte. ✆ 396-025.
Nebenan, ebenfalls am Hafen Krijal, die **Konoba Grmalj** mit Terrasse. Hier isst man vorzüglich Lamm und Zicklein. 13–24 Uhr. ✆ 396-070.

Südöstlich von Premuda liegt die Insel **Škarda,** dann folgen **Ist** und **Molat** – alle auf einer Linie mit weiteren verstreuten Inselchen.

Insel Ist

Hauptsächlich Bootsbesitzer sind es bisher, die zum Übernachten und Essen im Hafen der autofreien Insel einlaufen – und Unterwasserbegeisterte, die mit dem hier ansässigen Tauchclub auf Entdeckungsreise gehen. Langsam hält auch auf Ist der Tourismus Einzug.

Von der Ortschaft sind es nur ein paar hundert Meter zur nördlichen und südlichen Bucht, noch kürzer ist es zur Nachbarinsel Molat. Die höchste Erhebung von Ist und der Inseln rundum ist der *Berg Straža* mit 174 m. Die 150 Bewohner des

Archipel vor Zadar
Karte S. 334/335

kargen, rund 10 km^2 großen Eilands leben von etwas Schafzucht, Landwirtschaft und vor allem vom Fischfang. In letzter Zeit stellte man sich mehr und mehr auf den Tourismus ein. So eröffneten einige Restaurants, die vor allem von den abendlich ankommenden Bootsbesitzern besucht werden.

Um 1500 wurde die Insel unter dem Namen *Gistum* erstmals erwähnt. Ihre Bewohner lebten vom Fischfang, von der Seefahrt und besaßen eine eigene Flotte. Heute haben viele Ister auf französischen Schiffen angeheuert.

- *Postleitzahl* 23207 Ist
- *Information* **Touristinformation** am Hafen, ℡ 372-517. In der Saison 8–11 und 18–21 Uhr. **Ist-Tourist**, Ortsmitte, ℡ 372-419, 📠 372-464. Falls geschlossen, nebenan im Restaurant Maestro nachfragen.
- *Verbindung* *Trajekt (Linie 401):* Zadar–Ist–Olib–Silba–Premuda–Mali Lošinj, 4-mal wöchentl. *Trajekt (Linie 433):* Zadar–Rivanj–Sestrunj–Zverinac–Molat–Ist, 5-mal wöchentl. *Katamaran (Linie 9403):* Zadar–Molat–Brgulje–Zapuntel–Ist, 1-mal tägl.
- *Post* Nördlich des Hauptplatzes; Mo–Fr 8–12 und 18–21, Sa 8–15 Uhr.
- *Gesundheit* **Ambulanz**, Ortsmitte; der Arzt pendelt zwischen Ist und Molat; ℡ 372-510.
- *Einkaufen* Es gibt 3 Läden; in der Saison kleiner Obst- und Gemüsestand am Hafen.
- *Übernachten* Im Ort gibt es einige einfache **Privatzimmer** ab 10 €/Pers.; **Appartements** ca. 15 €/Pers. Z. B. *** **Pension Maestro**, s. u. **Diving Center**, vermietet auch Zimmer/Appartements zu 45 €/3 Pers.; pro Pers. 5 € Frühstück oder 10 € Abendessen. Auch in der Pension **Caruba** nette Zimmer.

- *Essen/Übernachten* Beste Adresse ist **Restaurant Katy**, ganz im Osten an der Uferpromenade, mit großer Terrasse und Blick auf die Bucht. Große Weinauswahl, sehr gute Fischgerichte und Gegrilltes. An der Promenade im Ort **Restaurant-Pension Caruba** mit großer Terrasse. Hier speist man ebenfalls sehr gut Fisch – zu gehobenen Preisen. Gegenüber, ohne Blick aufs Meer, dafür mit Garten.
Restaurant-Pension Maestro mit leckeren Fisch- und Fleischgerichten und gutem Service.
An der Promenade **Cafébar** mit Eis, Kuchen, Espresso.
- *Tauchen* **Diving Center Ist**, am Hafen. Taucherausrüstung- und Flaschenverleih, Kompressorstation, verschiedene Tauchkurse. HP, inkl. täglichen Bootsausfahrten mit Non-Limit-Tauchen; die Leitung spricht englisch/deutsch. 📱/📠 372-419, ℡ 098/339-600 (mobil), www.dalmatia-ist.com.
- *Jachthafen* **Marina Ist**, 40 Liegeplätze, Strom, Wasser, Dusche, Toiletten. 📱/📠 372-464. **Hafenamt**, ℡ 372-449.

Der Ort Ist breitet sich von der *Široka-Bucht* im Südosten bis zur *Kosirača-Bucht* im Nordwesten aus. Wie ein kleines Labyrinth erscheint der Ortskern mit seinen Natursteinhäusern: viele Gassen, gesäumt von Mäuerchen, hinter denen es üppig wuchert. Im Ortszentrum ein kleiner Laden. Ehe dieser aufmacht, versammeln sich die Leute davor, sitzen auf der Bank und plaudern – vermutlich ein ebenso wichtiges Ereignis wie die Sonntagsmesse. Die Dorfkirche ist im Innern in rosa und meeresblauen Farbtönen gefasst. Die wenigen Touristen bedenkt der Pfarrer mit einem Gebet. An der Promenade blüht der Oleander, in der Hafenbucht ankern neben alten Fischerbooten stolze Jachten, im seichten, sandgrundigen Wasser planschen Kinder. Spätnachmittags laufen die Jachten ein und die Promenade mit ihren Restaurants füllt sich. Auf der Westseite wurde ebenfalls eine Hafenmole errichtet, hier ankern hauptsächlich die Einheimischen.

Dagegen ist es auf der anderen Küstenseite ruhig. Ein paar alte Fischerhütten und ein Anlegeplatz mit bunten Kähnen – nur Boote laufen ständig zum Fang aus.

Auf dem *Berg Straža* (174 m) oberhalb von Ist steht eine *Kapelle,* die man über einen Serpentinenweg in einer halben Stunde erreichen kann. Von oben ein herrlicher Ausblick über die Inselwelt ringsum: unten spielzeugähnlich der Ort, im Nordwesten Lošinj, im Osten das Küstengebirge und im Süden in der Ferne das lang gezogene Dugi Otok.

Baden: An der Promenade mit betonierten Liegeflächen. Bessere Bademöglichkeiten in der *Kosirača-Bucht;* Pfade führen durch Macchia zu Felsbadebuchten mit Blick auf vorgelagerte Inselchen.

Insel Molat

Die mit üppiger Macchia bewachsene Insel empfiehlt sich wie der Inselnachbar Ist nur für Individualisten und Bootsbesitzer. Wer Ruhe sucht, gerne wandert, gegen einfache Zimmer und meist felsige Badebuchten nichts einzuwenden hat, ist auf Molat richtig.

Wer möchte, kann inzwischen sogar sein Auto mit dem Trajekt auf die Insel bringen – leider. Meist sind es jedoch nur der Arzt und der Bäcker, die die schmale Inselstraße entlang düsen. Molat ist von vielen Buchten zerklüftet und reckt im Süden einen langen Arm ins Meer. 27 km² ist die Insel groß, 200 Einwohner leben in den Ortschaften Molat, Brgulje und Zapuntel mit dem Fährort Porat, deren Ortskerne oberhalb des Meeres angelegt wurden – zum Schutz vor Piraten. Die Menschen hier lebten seit alters her vom Fischfang, und mit Makrelen und Blaufischen erzielten sie gute Fänge. Daneben verdienten sie ihren Unterhalt als Schafzüchter, machten schmackhaften Käse und bauten Wein an.

Wichtiges auf einen Blick

Touristinformation: 23292 Molat, ☎ 371-799; vormittags geöffnet.

Verbindungen: Molat hat drei **Fährhäfen**: Molat, Bruglje und Zapuntel, die aber nicht immer alle angefahren werden. *Katamaran (Linie 9403):* Zadar–Molat–Bruglje–Zapuntel–Ist, 1-mal tägl.

Trajekt (Linie 433): Zadar–Rivanj–Sestrunj–Zverinac–Molat, 1-mal tägl.

Post: Molat, 8–12 und 18–21 Uhr.

Übernachten: In Molat und Bruglje.

Essen: In Molat und Bruglje.

Auch auf Molat sind die meisten Bewohner nach Nord- und Südamerika ausgewandert. Die Insel besitzt ein paar Erhebungen, die höchste, der *Knežak*, ragt 142 m hoch aus dem Meer. Ein schmales Asphaltsträßchen verbindet die Inselorte: im Südosten Molat, in der Mitte Brgulje, im Nordwesten Zapuntel mit dem Fährort Porat. Die Landschaft ist felsig und mit Erdbeerbäumen, Zistrosen, Wacholder, Baumheide und vielen Gewürzkräutern dicht bewachsen – in Meeresnähe wächst die gelb blühende Immortelle.

König Eduard VIII.

Der englische König Eduard VIII., anscheinend ein passionierter Inselfreund, machte 1936 mit Wallis Simpson nicht nur auf Rab, sondern auch auf dem abgeschiedenen Molat Station. Seine Hoheit verkosteten den Käse und geruhten zu bemerken, man habe nie zuvor einen besseren gegessen. Dazu schlürften die königlichen Lippen den köstlichen Wein, der den königlichen Gaumen mit vollendetem Genuss ergötzt haben soll. Die lustvollen Urlaubswochen in Kroatien hatten schwerwiegende Folgen: nur 8 Monate später verzichtete Eduard VIII. auf seine Krone und heiratete die geschiedene Wallis, seine große Liebe – welch Skandal!

Archipel vor Zadar
Karte S. 334/335

Molat – der große Hauptort der idyllischen Insel

Und auch einen Poeten besitzt Molat: *Fahrudin Nikšić*, 1929 in Mostar geboren, heiratete auf der Insel ein. Wer das Kroatische beherrscht, kann seine Gedichte über Molat lesen; Nikšićs Werke stehen in der großen Bibliothek im Touristbüro.

Molat wurde in der zweiten Hälfte des 10. Jh. von den dalmatinischen Romanen besiedelt, die der Insel den Namen *Melata* gaben. Seit alters her ist Molat durch seine Fischerei bekannt. Schon 995 wird über den Verkauf der Fischereigewässer der Insel durch die Gemeinde Zadar an adlige Familien berichtet. Seit dem 11. Jh. gehörte die Insel dem Benediktinerkloster Sv. Krševan aus Zadar, ab 1409 herrschten die Venezianer auf Molat.

Molat

Der Inselhauptort zieht sich von der Anlegestelle an der *Lučina-Bucht*, an der ein rot-weiß gedecktes Haus mit spitzturmigem Erker auffällt, den Hügel hinauf. Oben steht die Kirche *Sv. Marija* aus dem Jahr 1479 mit ihrem ockerfarbenen Kirchturm. Hinter Mäuerchen inmitten von wucherndem Wein und Gemüsegärten Natursteinhäuser. Am Hauptplatz dominiert das frühere Rathaus, in dem auch die Schule und das Touristenbüro untergebracht waren. Die Dorfatmosphäre ist sehr heimelig, jeder kennt jeden, auch die wenigen Urlaubsgäste sind schnell bekannt. Das bisher fehlende üppige Süßwasser ließ den Plan, die Insel zu einem Jagdrevier für Fasane zu machen, platzen. Es wurden zwar Fasane ausgesetzt, aber in Ermangelung des raren Wassers stürzten sich die Federtiere auf die wohl mundenden, ebenso raren Weintrauben.
Nördlich des Ortes Molat, auf dem Weg zur Jazine-Bucht, weisen drei Türme auf ein ehemaliges Konzentrationslager der Italiener hin.

● *Gesundheit* **Ambulanz** (siehe Ist), Mo–Sa 7–13 Uhr.

● *Einkaufen* **Kiosk** am Hafen, im Juli/Aug. durchgehend geöffnet. **Laden** bei der Post,

Mo–Sa 8–12 und 18–20, So 17–20 Uhr. **Bäckerei**: an der Jazine-Bucht und beim Gemeindehaus, es gibt Brot und leckeren *burek* (pizzaförmige Stücke aus einer Art Strudelteig mit Quark, Fleisch, aber auch süß, mit Äpfeln gefüllt).
● *Übernachten* **Privatzimmer** kosten ab 10 €/Pers. Am Hafen werden **Appartements** vermietet.

● *Essen* **Restaurant Mare**, am Hafen mit großer Terrasse.
● *Baden* **Jazine-Bucht**, an der Nordseite (in 10 Min. erreichbar). Die Bucht hat Süßwasserquellen, einen Anlegeplatz und ist kiefernumstanden. Seicht und sandig ist der Meeresgrund, mit großen weißen Kieselsteinen. Ostwärts geht es durch Kiefernwald zu weiteren Buchten.

Bruglje

Das Asphaltsträßchen führt auf den Bergkamm von Molat (eine halbe Stunde Fußmarsch) und zu dem Dorf in der Inselmitte. In nördlicher Richtung fällt der Blick auf weiß gesäumte, vorgelagerte Inseln und auf das bei wolkigem Himmel wie Marmor wirkende Velebit-Gebirge. Am Wegesrand wachsen Stechginster, Myrte, Ölbaum, Erdbeerstrauch, Mastix, Wacholder und Baumheide – es riecht harzig-würzig.

Auf dem von alten Natursteinhäusern und Ruinen umgebenen Dorfplatz gibt es eine Zisterne, im Hintergrund ragt der Campanile empor. Tomaten und Kohl wachsen in den weinberankten Gärten.

Die Straße führt hinab zum neu angelegten Hafenbecken an der Südküste (Fußmarsch 15 Min.). Jachten ankern vor der Inselsilhouette. Gegenüber eine kleine, kieferngrüne Insel, im Hintergrund kegelförmig die zweithöchste Erhebung des Archipels. Neubauten und nummerierte Anlegeplätze reihen sich entlang der Bucht, die eine Lagune schützend umschließt.

● *Einkaufen* Am Dorfplatz ein kleiner **Laden**; Mo–Sa 9.30–13 und 17.30–20.30 Uhr.
● *Übernachten* **Privatzimmer** und **Appartements**; in den Restaurants nachfragen.
● *Essen* **Grill Janko**, am Hafen, mit herrlichem Blick und weinberankter Terrasse oberhalb des Meeres – die blauen Trauben wachsen einem in den Mund. Es gibt lecker zubereiteten Fisch – am besten soll er schmecken, wenn er in Weinstockreisig geräuchert wurde.
Grill Papa, westlich an der Promenade, Terrasse mit Blick aufs Meer. Die Fische, die

man essen möchte, kann man individuell auswählen.
● *Wassersport* **Jachthafen Bruglje**, gut geschützt, mit Strom und Wasser; besser noch am Ende der großen Bucht von Bruglje, einer der bestgeschützten natürlichen Ankerplätze im Umkreis.
● *Baden* An den betonierten Liegeflächen. Ganz im Westen grobkiesige Abschnitte. Zwischen Molat und Bruglje kleine Sandbuchten, die nur mit dem Boot zu erreichen sind.

Zapuntel

Die Straße führt von Bruglje weiter nach Zapuntel (45 Min. Fußmarsch). Der Ort mit seinen alten Häusern liegt 2 km vom Meer entfernt in einem Tal. Früher wurde hier auch Wein angebaut, inzwischen liegen die Felder brach. Bekannt war der Ort durch seine Kalkbrennerei. 1464 wird er erstmals als *Zampotel* schriftlich erwähnt. Die *Pfarrkirche Marijina* wurde 1579 erbaut und in letzter Zeit erneuert. Es gibt eine Kneipe und einen Laden. In Richtung Nordwesten führt die Straße zur Anlegestelle Porat mit *Gostiona* und gut geschützten *Liegeplätzen*. Gegenüber, zum Greifen nah, die Insel Ist.

Insel Zverinac

Die macchiaüberzogene, 4,5 km² große Insel liegt nordöstlich vor Dugi Otok. Der gleichnamige Ort mit 100 Einwohnern breitet sich oberhalb des Meeres aus. Ein paar Häuser, ein Restaurant – nach Zimmern muss man sich durchfragen. Die Insel wird meist von Bootsbesitzern als Zwischenstation oder von Bozava (Dugi Otok) aus für Badefahrten angelaufen. Die Anlegehäfen *Zverinac* und *Kablin* liegen an der Südwestseite. Ein Weg verläuft über die Insel an der höchsten Erhebung, dem *Klis* mit 117 m, vorbei. Am 31. Juli feiert man hier das *zveriŝku feŝtu* – das Inselfest.

Die Zverinacer sind tüchtige Bauern, die sich mit dem Anbau von Oliven, Wein und Feigen beschäftigten. Viele der Felder liegen jedoch wegen der vielen Auswanderer brach. Noch immer berühmt sind der Käse und der Wein aus Zverinac.

1421 tauchte der Name der Insel erstmals in Dokumenten auf. Im 16. Jh. gehörte sie adligen Familien aus Zadar. Bis 1746 existierte der Palast der Familie Fanfogna. Auch auf Zverinac fand man Spuren römischer Besiedlung.

Verbindungen   Trajekt (Linie 433): Zadar–Rivanj–Sestrunj–Zverinac–Molat, 5-mal wöchentl.; nach Ist nur 2-mal wöchentl. (Mo, Mi).

Inseln Sestrunj und Rivanj

Nur noch 150 Menschen leben auf **Sestrunj** und im gleichnamigen Ort, der hoch oben auf den Fels gebaut ist. 14 km² ist die mit Buschwerk dicht bewachsene Insel groß, höchste Erhebung ist der Berg *Obručar* mit 186 m. Pfade führen zu Buchten und durch die Bergwelt. An der Südostseite die kleinen Anlegestellen *Kablin* und *Dumbočica.* Touristisch ist Sestrunj so wenig erschlossen wie Zverinac. Nach Zimmern muss man sich durchfragen.

Die Bewohner leben von Fischfang, vom Olivenanbau und Wein. Sie orientieren sich an Božava (Dugi Otok). Im 10. Jh. erwähnte ein byzantinischer Schreiber die Insel als *Estiun,* auf deren Hügel Gračinica bereits die Illyrer lebten.

Im Osten die wesentlich kleinere und flache Insel **Rivanj** mit ein paar vorgelagerten Eilanden. Nur 60 Menschen leben noch auf Rivanj – die einzige Verbindung zur Außenwelt ist die Fähre.

Verbindungen   Wie Insel Zverinac (s. o.).